Betriebswirtschaftslehre des Handels

Klaus Barth • Michaela Hartmann
Hendrik Schröder

Betriebswirtschaftslehre des Handels

7., überarbeitete Auflage

 Springer Gabler

Univ.-Prof. Dr. Klaus Barth
Leverkusen, Deutschland

Dr. Michaela Hartmann
Hamburg, Deutschland

Univ.-Prof. Dr. Hendrik Schröder
Universität Duisburg-Essen, Campus Essen
Essen, Deutschland

ISBN 978-3-8349-3425-3   ISBN 978-3-8349-7184-5 (eBook)
DOI 10.1007/978-3-8349-7184-5

Die Deutsche Nationalbibliothek verzeichnet diese Publikation in der Deutschen Nationalbibliografie; detaillierte bibliografische Daten sind im Internet über http://dnb.d-nb.de abrufbar.

Springer Gabler

Springer Fachmedien Wiesbaden ist Teil der Fachverlagsgruppe Springer Science+Business Media
(www.springer.com)

Für Hedy Barth

Vorwort zur siebten Auflage

Es ist geschafft! Das Buch „Betriebswirtschaftslehre des Handels" geht in die siebte Auflage. Die Leserinnen und Leser erwarten an dieser Stelle einen Überblick darüber, was sich zu der vorangegangenen Auflage, die im Jahr 2007 erschienen ist, verändert hat. Diese Erwartung wollen wir gern erfüllen.

Das allein zum Gegenstand des Vorwortes zu machen, reicht uns als Autoren nicht aus. Wir möchten an dieser Stelle auch die Gelegenheit nutzen, etwas Grundsätzliches zur handelswissenschaftlichen Ausbildung sowie zur Positionierung dieses Buches zu sagen. Wir möchten auf einige – nennen wir es – Missstände und Fehlentwicklungen hinweisen und uns anmaßen, den Leserinnen und Lesern den „rechten Pfad der Tugend zu weisen". Uns ist durchaus bewusst, dass eine solche Position als arrogant und überheblich angesehen werden kann. Es geht uns aber vielmehr darum zu fragen, in welche Richtung sich handelsbetriebliche Publikationen und Studiengänge, insbesondere an Universitäten, entwickeln sollten. Bevor wir auf diese Position eingehen, der wir den Charakter eines Manifestes zuschreiben, wollen wir mitteilen, worin sich die aktuelle Auflage von der vorangegangenen unterscheidet.

Wer einen Garten mit Bäumen, Büschen, Blumen und Rasen zu pflegen hat, wird sich eine gewisse Zeit lang darauf beschränken, Zweige zurückzuschneiden, den Rasen zu mähen, verdorrte Blumen zu entsorgen und sie durch neue zu ersetzen. Die Struktur des Gartens bleibt in dieser Zeit unverändert. Irgendwann kommt der Zeitpunkt, an dem man sich fragt, ob der eine oder andere Baum gefällt, ein neuer Weg angelegt, Blumenrabatten verlegt oder aufgegeben werden müssen. Diesen Punkt haben wir gesehen, als wir 2011 die Arbeiten zu der siebten Auflage dieses Buches aufgenommen haben.

Wir haben nicht nur das Inhaltsverzeichnis von einer alphanumerischen auf eine dezimale Gliederung umgestellt, wir haben nicht nur die Hauptgliederungspunkte und etliche Unterpunkte wie folgt neu ausgerichtet …

1. Die wirtschaftliche und wissenschaftliche Einordnung des Handels und seiner Institutionen

2. Die Bestimmungsmerkmale der Handelsbetriebe

3. Die Erscheinungsformen des Binnenhandels

4. Das strategische Handelsmanagement

5. Das operative Handelsmanagement

    5.1 Das Absatzmarketing
    5.2 Das Beschaffungsmarketing
    5.3 Die Warenbewirtschaftung

6. Das Handelscontrolling

… wir haben nicht nur den Tabellen und Abbildungen eine neue Form gegeben, zahlreiche Texte umgeschrieben, gestrichen, hinzugefügt …

Wir haben uns vor allem mit der Frage beschäftigt: Wo ist Neues aufzunehmen und Altes aufzugeben? Dabei mussten wir uns mit dem seit vielen Jahren bekannten Problem herumschlagen, „neue" Themen und Begriffe daraufhin zu untersuchen, was an ihnen tatsächlich neu und daher wert ist, aufgenommen zu werden. Bei unseren Diskussionen und Entscheidungen haben wir uns von der Maxime leiten lassen, Bewährtes zu belassen, auch wenn es mit vermeintlich altmodischen Begriffen daherkommt, und auf „Neues" zu verzichten, wenn es erkennbar nur alter Wein in neuen Schläuchen ist. Wir setzen uns damit möglicherweise dem Vorwurf aus, aktuelle Entwicklungen zu ignorieren. Einen solchen Vorwurf halten wir aber für unberechtigt, wenn es sich eben nicht um eine tatsächlich neue Entwicklung handelt, sondern nur um das Aufhübschen von Bewährtem und das Einbringen von „Buzzwords" und Neologismen, um Aufmerksamkeit um ihrer selbst willen, aber nicht wegen neuer Inhalte zu erzeugen.

Wenn wir an bewährten Theorien und Aussagen festhalten, dann nicht nur, weil uns das wissenschaftlich geboten ist, sondern vor allem auch deshalb, weil wir eine gewisse Ignoranz und Arroganz bei bestimmten Personen und Personenkreisen feststellen müssen, denen es gut täte, sich einmal mit den Grundlagen zu beschäftigen. Da gibt es sogenannte investigative Journalisten, selbst ernannte Handelsexperten und Handelsversteher, die durch die Medien geistern und uns die Handelswelt neu erklären wollen.

Nach wie vor stören die Anglizismen, die oftmals wenig zur Verständigung beitragen, sondern offenbar bewusst und gewollt als Verständigungsbarrieren aufgebaut werden. Sie zu überwinden sehen sich dann nur die Absender, wie z. B. Unternehmensberatungen, in der Lage.

Ein anderes Problem ist die Anglophonie, auf das jüngst, das heißt im Mai 2014, der Sprachwissenschaftler *Jürgen Trabant* in der *Frankfurter Allgemeine Sonntagszeitung* hingewiesen hat: „Die letzten fünf Jahre habe ich an einer englischsprachigen Hochschule in Deutschland unterrichtet. Da merkte ich: Alles, was ich in meinem Forscherleben getan habe, kommt in der abgeschlossenen Anglo-Welt nicht vor. Aus anderen Sprachen wird nichts wahrgenommen und nur wenig ins Englische übersetzt, und wenn, dann müssen es die anderen selbst bezahlen. Ganze Bibliotheken von Wissen verschwinden auf Nimmerwiedersehen in der exklusiven Anglophonie."

Weiterhin möchten wir vor dem überbetonten Kriterium der Anwendungsorientierung warnen. Es stellt keinen zielführenden Beitrag zum wissenschaftlichen Fortschritt dar, sondern ist der Rückfall in die Zeit der handels- und rechentechnischen Anleitung und könnte zu dem Vorwurf einer allein technisch ausgerichteten „Kunstlehre" führen. So manche Praktikerregel würde bei der Überführung in den akademischen Unterricht aufgrund der sogenannten Anwendungsorientierung als nicht zweckmäßig entlarvt. Theorien zu entwickeln und ihre Aussagekraft empirisch zu überprüfen, ist das eine. Gestaltungsempfehlungen für die Anwendung in der Praxis zu geben, ist etwas anderes; denn hierfür werden spezifische Informationen aus dem Anwendungsumfeld, dies sind vor allem die Firmen, benötigt, über die die Hochschulen nicht verfügen (können). Unsere Aufgabe muss daher eine theoriegeleitete Ausbildung sein, die die Absolventinnen und Absolventen befähigt, praktische Probleme zu strukturieren, den relevanten Informationsbedarf zu identifizieren und zu decken sowie einen geeigneten Lösungsmechanismus anzuwenden.

Einen an dieser Stelle letzten Punkt möchten wir noch anfügen. Offenbar gibt es eine auf mittelalterlichen Überlieferungen gründende Re-Ideologisierung, wie es *Schenk* (2013) treffend beschreibt: Unternehmerische Ziele werden mit neuen Inhalten versehen. So lässt sich zum Beispiel die in den 1930er Jahren empfohlene gemeinwirtschaftliche Wirtschaftlichkeit nicht operationalisieren, auch dann nicht, wenn man sie unter die Überschrift „Collaborative Planning, Forecasting and Replenishment" packt und von einer wirtschaftsstufenbezogenen sowie wirtschaftsstufenübergreifenden Effizienzsteigerung spricht, an der zahlreiche Marktteilnehmer beteiligt sein sollen. Zudem werden Begriffe wie „Nachhaltigkeit" und „Fair-trade" mit beliebigen politischen Inhalten versehen.

Wir sind uns bei der Formulierung derartiger Sätze – man kann auch sagen: Vorwürfe – bewusst, viel Angriffsfläche für Kritik und Gegenrede zu erzeugen. Man sitzt ja schließlich im Glashaus! Aber vielleicht ist ja gerade das unsere Absicht, jene aus der Deckung zu locken, die sich hinter Anglizismen, Anglophonie, Praktikerregeln, politisch verbrämten Inhalten und „neuen" Managementansätzen verschanzen, und sie zu einer inhaltlich ausgerichteten Diskussion anzuhalten.

Wenn ein Werk wie dieses so umfangreich überarbeitet worden ist, dann kann es auch bei mehrfachem Korrekturlesen nicht ausbleiben, dass Fehler vorhanden sind und dass uns nicht alles so gelungen ist, wie es unsere Absicht war. Wir bitten daher unsere Leserinnen und Leser, uns ihre Anmerkungen und Verbesserungsvorschläge mitzuteilen. Wir werden sie bei der achten Auflage berücksichtigen.

Am Ende gilt es Dank zu sagen, zunächst den Wissenschaftlichen Mitarbeiterinnen und Mitarbeitern des Lehrstuhls für Marketing und Handel in Essen: Ina Druwen, Steffen Ehrmann, Stefanie Hofmann, Daniel Jäger, Christian Knobloch, Sophie König, Anna-Lena Lauber, Sabine Lauderbach und Julian Mennenöh, sowie den studentischen Mitarbeiterinnen und Mitarbeitern: Bahtiyar Duysak, Nadine Hofmann, Lena Spielvogel, Matthias Thöne, Janine Ungar und Mona Wichmann. Sabine Lauderbach möchten wir zusätzlich dafür danken, dass sie die Koordination am Lehrstuhl und mit dem Verlag übernommen hat. Dass sich so viele Personen an diesem Werk beteiligt haben, liegt zum einen an der umfassenden Überarbeitung, zum anderen auch an der langen Bearbeitungszeit von fast drei Jahren, in der es den einen oder anderen Personalwechsel gegeben hat.

Danken möchten wir auch Frau Barbara Roscher und Frau Jutta Hinrichsen vom Lektorat des Springer Gabler Verlages. Sie sind unserer Bitte nachgekommen, der Leserfreundlichkeit und der Kundenorientierung Vorrang zu geben vor produktionstechnischen und formatbezogenen Restriktionen.

Hendrik Schröder, Essen, und Klaus Barth, Leverkusen, im August 2014

Inhaltsverzeichnis

1 Die wirtschaftliche und wissenschaftliche Einordnung des Handels und seiner Institutionen

1.1 Der Binnenhandel und die Gesamtwirtschaft

1.1.1 Der Handelsbetrieb als Bestandteil des gesamtwirtschaftlichen Distributionssystems

In einer arbeitsteilig gegliederten Volkswirtschaft fällt dem Handel als Distribution die Aufgabe zu, die räumlichen, zeitlichen, qualitativen und quantitativen Spannungen zwischen den Vorgängen der Produktion und der Konsumtion auszugleichen. Diese weitgefasste Handelsaufgabe umschließt jeglichen Austausch von Gütern und Dienstleistungen. Dazu gehört z. B. auch die Leistungsverwertung jener Industrie- und Landwirtschaftsbetriebe, die den Absatz ihrer Erzeugnisse selbst übernehmen (Direktvertrieb).

Handel kann einerseits als Funktion und andererseits als Institution verstanden werden. Der **funktionale** Handel ist mit dem Begriff Distribution identisch, das sind alle Tätigkeiten, um die Spannungen zwischen Produktion und Konsumtion zu überbrücken. Der **institutionale** Handel erfasst nur jenen Teilbereich des Güteraustauschs zwischen den Organisationseinheiten der Wirtschaft (Betriebe, Haushaltungen), der von den darauf spezialisierten Betrieben durchgeführt wird. Dazu zählen vor allem die Groß- und Einzelhandelsbetriebe, die sich durch ihre Stellung in der Wertkette und somit durch Abnehmerkreise unterscheiden und deren Hauptaufgabe nicht in der Gütererzeugung, sondern in der Beschaffung und im Absatz von Waren ohne wesentliche Be- und Verarbeitung besteht. Diese Betriebe des institutionalen Handels bilden das Erkenntnisobjekt der Handelsbetriebslehre. Die Handelsbetriebslehre ist als eine auf einen bestimmten Wirtschaftszweig bezogene Konkretisierung der Allgemeinen Betriebswirtschaftslehre (neben anderen, z. B. Industriebetriebslehre, Bankbetriebslehre) zu verstehen.

Für die Einschaltung von Handelsbetrieben in die Distribution bieten sich zahlreiche Möglichkeiten an. Prinzipiell können sie an jeder Stelle des Distributionssystems als Verbindung zwischen den Wirtschaftsgliedern mitwirken. So können Handelsbetriebe erstens mit kollektierender Funktion an der Weiterleitung der Erzeugnisse der Urproduktion an die nachfolgenden Wirtschaftsstufen der Produktion und Konsumtion beteiligt sein (z. B. der Aufkaufhandel im landwirtschaftlichen Bereich). Ihr Schwerpunkt liegt dabei auf der Beschaffungsseite.

Handelsbetriebe können zweitens als Bindeglieder zwischen den verschiedenen Bearbeitungs- und Verarbeitungsstufen der Produktion eingeschaltet werden. In diesem Fall spricht man vom Produktionsverbindungshandel, der noch nicht endgültig verwendungsreife Zwischenprodukte umschlägt (z. B. Werkstoffhandel).

Und drittens können Handelsbetriebe für den gewerblichen und den privaten Bedarf bestimmte Fertigfabrikate von den Endproduzenten oder von vorgelagerten anderen Handelsbetrieben kaufen, um sie durch Verkauf der endgültigen Verwendung zuzuführen. Man bezeichnet dies als Produktions- oder Konsumwarenhandel.

Gemäß dem funktionalen Charakter der Distributionsaufgabe lassen sich keine Gesetzmäßigkeiten für die Ein- und Ausgliederung von Handelsbetrieben in das gesamtwirtschaftliche Distributionssystem aufstellen. Das Entscheidungsproblem, ob der Produzent die Distributionsaufgabe selbst übernimmt oder an darauf spezialisierte Institutionen überträgt, reduziert sich auf die Frage nach der **wirtschaftlichen Bewältigung der Handelsfunktionen**. Lediglich bei Konsumwaren kommt es in der Regel zur Einschaltung von Handelsbetrieben, da die Versorgung des privaten Verbrauchers aufgrund des hohen Grades der Dezentralisation des Absatzes bisher nur schwer von den Herstellern selbst durchgeführt werden konnte. Allerdings schafft das Internet auch hier Vertriebsalternativen. Eine Sonderstellung nimmt das Handwerk ein, das seine Produkte zumeist direkt an die Haushaltungen absetzt und aus diesem Grund Handwerkshandel betreibt.

Neben wenigen manipulierenden Funktionen wie z. B. der Sortierung, Mischung und Verpackung finden im Handelsbetrieb keine transformatorischen Prozesse statt. Damit zählen die Handelsbetriebe zum Bereich der Dienstleistungsbetriebe. Unter Einsatz verschiedener sachlicher und personeller Produktionsfaktoren erstellen sie **Handelsleistungen**, die als Kombination fremderstellter Sachleistungen mit eigenerstellten Dienstleistungen zu verstehen sind. Die Wertschöpfung des Handelsbetriebes besteht darin, noch nicht verwendungsreife Sachleistungen der Industrie durch handelsspezifische Dienstleistungen einer werterhöhenden Verwendungseignung zuzuführen.

Agiert der Handelsbetrieb in einem **marktwirtschaftlichen System**, so stellt er sich als Handelsunternehmung dar, die sich durch die Merkmale Planungsautonomie, Marktrisiko und erwerbswirtschaftliches Prinzip auszeichnet. Demnach kann die Handelsunternehmung ihren Wirtschaftsplan selbst bestimmen, ohne dass staatliche Lenkungsbehörden Einfluss nehmen können. Der Entscheidungsträger im Handelsbetrieb ist dann gezwungen, seine Leistungen an den Bedürfnissen des Marktes auszurichten. Er wird dabei von dem Bestreben geleitet, bei der Erstellung und Verwertung von Leistungen einen Gewinn zu erzielen, weil der Unternehmung aus der Sicht ihrer Eigentümer im Sinne der Einkommenserzielung eine instrumentelle Funktion beizumessen ist.

Hier ist jedoch darauf hinzuweisen, dass die Betriebswirtschaftslehre in der politischen Diskussion in eine ethisch-normative Richtung gedrängt wird, so dass das Ziel der Gewinnerzielung durch Hygienefaktoren wie Fairtrade, Nachhaltigkeit und Corporate Social Responsibility (CSR) zu flankieren wäre.

Die **Handelsbetriebslehre** hat zum einen die Aufgabe, mit beschreibenden, erklärenden und prognostischen Aussagen zur Erreichung des kognitiven Erkenntniszieles beizutragen.

Zum anderen kann sie im Sinne eines praktisch-normativen Wissenschaftsverständnisses – was unter Wissenschaftstheoretikern nicht unumstritten ist – die Aufgabe erfüllen, gestalterische Aussagen zu formulieren. So liefern instrumentelle Aussagensysteme z. B. Handlungsempfehlungen für den zweckmäßigen Einsatz marktbearbeitungspolitischer Instrumente, um bestimmte Absatzziele erfüllen zu können. Mit der Gesamtheit dieser Aussagensysteme sollen die Entscheidungsträger in der Handelsunternehmung nicht nur in die Lage versetzt werden, die Strukturen und die Aktivitäten von Handelsbetrieben nachzuvollziehen, sondern sie sollen auch befähigt werden, bestimmte Gestaltungsprobleme zu lösen, die z. B. die Wahl des geeigneten Betriebstyps und des Standortes, die Gestaltung der handelsbetrieblichen Strukturorganisation und Entscheidungen über den zielgerechten Einsatz des marketingpolitischen Instrumentariums betreffen. Anders ausgedrückt: Der Entscheidungsträger wird befähigt, selbstständig Diagnose und Therapie durchzuführen.

1.1.2 Die Bedeutung der Handelsleistung für das Sozialprodukt

Im Laufe der letzten 150 Jahre, und diese Feststellung gilt für alle hoch entwickelten Industrienationen, ist der Anteil der Handelsleistung am Sozialprodukt kontinuierlich gewachsen. Untersuchungen von *Colin Clark*, *Jean Fourastié* und *Wilhelm Röpke* belegen in der ersten Hälfte des 20. Jahrhunderts, dass der Dienstleistungsbereich unter Einschluss des Handels, der sogenannte tertiäre Sektor, gegenüber der Urproduktion (primärer Sektor) und der verarbeitenden Industrie (sekundärer Sektor) überproportional gestiegen ist (vgl. Behrens 1972, S. 8 ff.). Für das Jahr 2011 betragen die Anteile des primären Sektors in Deutschland 1,6 %, des sekundären Sektors 24,6 % und des tertiären Sektors 73,8 % (vgl. Statistisches Bundesamt 2012a). Üblicherweise werden Werte für den Drei-Sektoren-Ansatz ausgewiesen. Andere Autoren differenzieren darüber hinaus noch in den quartären Sektor (Informationsdienstleistungen) und den quintären Sektor (Entsorgungswirtschaft).

Für die Expansion des Handelsbereiches innerhalb des tertiären Sektors lassen sich mehrere Gründe anführen, die außerhalb und innerhalb der Handelsbetriebe zu finden sind. Zunächst zu den externen Gründen:

- Die steigende Produktivität in der Industrie hat zu einem **Rückgang der durchschnittlichen Arbeitszeiten** geführt. Zudem haben sich die Arbeitszeiten verkürzt, die Urlaubszeiten verlängert und die Teilzeitarbeit zugenommen. Daraus folgt mehr Freizeit, die die Nachfrage nach Dienstleistungen und damit auch nach Handelsleistungen stimuliert.

- Steigende Produktivität und Massenfertigung sind das Ergebnis **technischer Rationalisierungsprozesse**. Man kann aber erst dann auch von einer Ökonomisierung sprechen, wenn entsprechende Maßnahmen in der Distribution den Absatz der Mehrproduktion sichern. Massenproduktion erfordert also Massendistribution. Diese Kausalität wird dadurch verständlich, dass einerseits zwar bei steigender Produktionsmenge aufgrund von Lernkurveneffekten die Fertigungskosten pro Erzeugniseinheit sinken, andererseits steigen jedoch in der Regel, um Marktwiderstände zu überwinden, die Distributionsintensität und damit die Distributionskostenbelastung pro Erzeugniseinheit an. Infolge steigender Absatzkosten durch Vertrieb und Werbung nimmt demzufolge der Anteil der Distributionskosten an den Gesamtkosten eines Gutes gegenüber seinen Produktionskosten einen immer größeren Anteil ein. Der Forderung nach Massendistribution wird dadurch zu entsprechen versucht, dass neue Betriebstypen des Handels mit rationellerer Prozessbewirkung entstehen, um dadurch einen Beitrag zum gesamtwirtschaftlichen Produktivitätsfortschritt zu leisten.

■ Die Anforderungen an die Quantität und Qualität der Handelsleistung werden auch durch die veränderten **Ansprüche der Verbraucher** beeinflusst. Diese fordern zum Zwecke ihrer eigenen Beschaffungsrationalisierung breitere und tiefere Sortimente sowie eine entsprechende Ausstattung mit Verkaufsfläche und Kundendienstleistungen, die den Einkauf erleichtern sollen (One-Stop-Shopping). Sie fordern gleichzeitig aber auch solche Geschäftstypen, die stärker auf die speziellen Bedürfnisse bestimmter Kundensegmente eingehen. Daraus folgen eine je nach Kaufanlass unterschiedliche Inanspruchnahme von Betriebstypen und eine vagabundierende Nachfrage. Die Bandbreite der Kundenbedürfnisse wird vor allem geprägt durch zunehmende Souveränität der Konsumenten (Grad der Informiertheit, Selbstbewusstsein etc.), durch die Zunahme älterer Kunden und durch den steigenden Anteil von Kunden mit Migrationshintergrund, die besondere Anforderungen an Produkte und Dienstleistungen haben.

■ Auch hat eine **veränderte Bevölkerungsstruktur** zu einer Veränderung der Distributionsaufgaben geführt. Vor Beginn des 20. Jahrhunderts lebten nur ca. 5 % der Bevölkerung Deutschlands in Städten. Im Jahr 2010 lebten dagegen rund 85 % in städtischen und halbstädtischen Gebieten (vgl. Statistisches Bundesamt 2012b). Städtische bzw. halbstädtische Gebiete sind Gebiete, die mehr als 500 bzw. 100 Einwohner je km² aufweisen und die einzeln oder als zusammenhängendes Gebiet benachbarter Gemeinden, die derselben Dichtekategorie angehören, mindestens 50.000 Einwohner haben (vgl. Eurostat 2014).

Ein Indikator für die Expansion des Handelsbereiches ist die Entwicklung der **Verkaufsfläche im Einzelhandel**. Von 77 Mio. qm im Jahr 1990 ist die Verkaufsfläche über 109 Mio. qm im Jahr 2000 auf 120 Mio. qm im Jahr 2010 gestiegen. Ein Treiber sind die Einkaufszentren, deren Zahl von 93 (1990) über 279 (2000) auf 428 (2010) gestiegen ist. Waren es zunächst die Großstädte, in denen die Planer und Betreiber Einkaufszentren errichtet haben, so suchen und finden sie mittlerweile auch Standorte in Mittel- und Unterzentren.

Ein weiterer Indikator ist die Entwicklung des **Distanzhandels (Versandhandel)**, insbesondere des Handels über Online-Shops. Im Jahr 2009 wurden 29,1 Mrd. € Umsatz im gesamten Versandhandel getätigt, davon mit 15,5 Mrd. € erstmals mehr als die Hälfte in Online-Shops. Auch haben in den Online-Shops die Zahl der Käufe insgesamt als auch die Ausgaben pro Kauf zugenommen (**Abbildung 1.1**). 2012 betrug der Umsatz im Distanzhandel 39,3 Mrd. €, das sind 9,2 % des Umsatzes im Einzelhandel; 27,2 Mrd. € haben die Online-Shops beigesteuert (vgl. bvh 2011, 2013). Grundlage für diese Werte sind die Antworten aus Kundenbefragungen, keine tatsächlich getätigten Umsätze.

Abbildung 1.1 Die Entwicklung der Umsätze im Distanzhandel in Deutschland

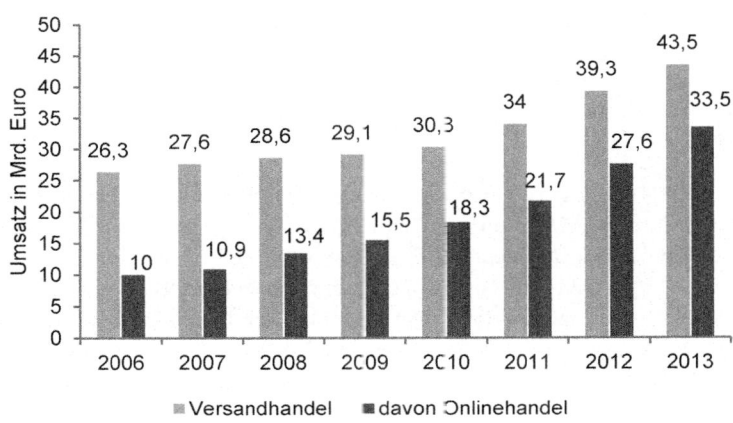

Quelle: bvh 2013

Interne Ursachen für eine relativ starke Expansion des Handelsbereiches sind vor allem die sehr dienstleistungsintensiven Umsatzprozesse des Handelsbetriebes, die im Vergleich zur Industrie in einem viel geringeren Umfang der Mechanisierung zugänglich sind. Hinzu kommt, dass die Nachfrage nach Handelsleistungen, insbesondere im Einzelhandel, nur schwierig zu prognostizieren ist, sowohl was die Menge als auch was die Zeit betrifft. Daher müssen die Handelsbetriebe die notwendigen sachlichen und personellen Kapazitäten vorhalten, um die Nachfrage der Kunden zu befriedigen. Dies kann zu temporären Überkapazitäten führen, vor allem beim **Faktor Arbeit**.

Aufgrund der Tatsache, dass weit über die Hälfte der Betriebskosten eines Handelsbetriebes durch den Faktor Arbeit verursacht wird, hat sich die handelsbetriebliche Rationalisierung auf die Substitution von Personal durch den **Faktor Kapital**, vor allem Raum, konzentriert. Diese Substitution wurde insbesondere durch die Einführung der Selbstbedienung ermöglicht, einer Form der Absatzkontaktgestaltung, die nicht nur die Beratungsfunktion reduziert, sondern auch personelle Leerkosten verhindert, weil der Arbeitseinsatz der Mitarbeiter, losgelöst von der stochastischen Entwicklung der Kundennachfrage, besser planbar wird.

Dieser für den Handelsbetrieb typische Substitutionsprozess ist mit seinem Beitrag zum Produktivitätsfortschritt jedoch kaum mit den Rationalisierungsbemühungen im Industriebetrieb vergleichbar, die dort auf einen höheren Automatisierungsgrad der Fertigung gerichtet sind. Es handelt sich nämlich nur um eine Verlagerung der Arbeit, indem der Kunde als betriebsexterner Faktor in den betriebsinternen Prozess der Faktorkombination integriert wird. Die Einführung der Selbstbedienung im Handelsbetrieb lässt sich demzufolge auch als Substitution des betriebsinternen Faktors Arbeit durch den betriebsexternen Faktor Kunde kennzeichnen. Dies spiegelt sich in den Wertschöpfungsbeiträgen der Wirtschaftsstufen wider. Während die Bruttowertschöpfung (Gesamtwert der im Produktionsprozess erzeugten Waren und Dienstleistungen, abzüglich des Wertes der Vorleistungen) je Erwerbstätigem im produzierenden Bereich 2010 im Vergleich zum Vorjahr um 9,8 % stieg (vgl. Statistisches Bundesamt 2012c), fielen die Veränderungen im Einzelhandel gegenteilig aus. Hier sank die Bruttowertschöpfung je Beschäftigtem um 7,5 % (vgl. Statistisches Bundesamt 2013a).

Zudem ist seit 1980 eine geringere durchschnittliche jährliche Wachstumsrate im Handel festzustellen als in den 1970er Jahren. Denn während diese Wachstumsrate in den 1970er Jahren nominal bei 9,7 % und real bei 5,4 % lag, sank sie in den 80er Jahren auf nominal 5,5 % und real 4,1 %, jeweils für den Bereich Westdeutschland. In den 90er Jahren erreichte sie nur noch 1,9 % nominal und 0,9 % real, für den Bereich Gesamtdeutschland (vgl. EHI 2002, S. 90). Dies ist insbesondere darauf zurückzuführen, dass die Möglichkeiten zur Substitution von Personal durch Kapital sowie zu Personaleinsparungen weitgehend ausgeschöpft sind und sich die Umstrukturierungsprozesse der 1980er Jahre im Handel vornehmlich auf den Unternehmungs- und dispositiven Bereich konzentrieren. Die Entwicklung des nominalen Umsatzes im Einzelhandel ab dem Jahr 2000 zeigt **Abbildung 1.2**.

Abbildung 1.2   Entwicklung des nominalen Umsatzes im Einzelhandel in Deutschland 2000 bis 2013 (Stand: Januar 2013, * Prognose)

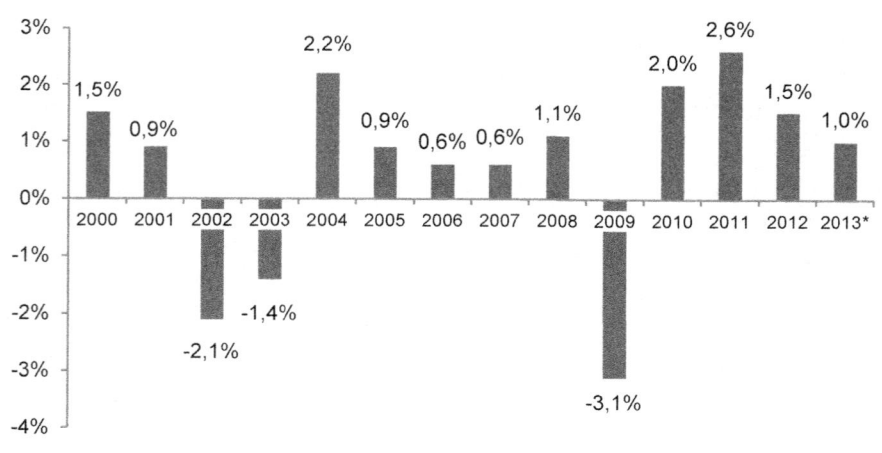

Quelle: Vgl. Statistisches Bundesamt 2013a

Fazit: Die steigende Nachfrage nach Handelsleistungen einerseits sowie die Substitution des Faktors Personal durch den Faktor Raum andererseits bei unterdurchschnittlicher Entwicklung des Automatisierungsgrades haben zu einem erheblichen Zuwachs an Raumkapazitäten geführt. Auch zukünftig ist ein Anstieg der Nachfrage nach Handelsleistungen zu erwarten, der weiterhin zu Wachstumsimpulsen im Handelssektor führen wird, in erster Linie getrieben durch neue Informationstechnologien und damit durch neue Angebotsformen und Intermediäre.

1.1.3 Kooperation und Konzentration im Handel

Die Geschichte des deutschen Einzelhandels ist wesentlich geprägt durch Kooperation und Konzentration von Handelsunternehmungen (z. B. Berekoven 1986). **Kooperation im Handel**, genauer gesagt: horizontale Kooperation auf der Handelsebene, bedeutet, dass sich Unternehmungen bei grundsätzlichem Erhalt der wirtschaftlichen und rechtlichen Selbstständigkeit durch Verträge zur Zusammenarbeit verpflichten. **Konzentration im Handel** bedeutet, dass die Zahl der Handelsunternehmungen in einer Branche abnimmt und sich die Marktanteile auf weniger Unternehmungen konzentrieren (vgl. Olbrich 1998, S. 3). So ist im Lebensmitteleinzelhandel seit vielen Jahren ein anhaltender Konzentrationsprozess zu beobachten, bei dem viele Handelsunternehmungen aus dem Markt ausgeschieden oder übernommen worden sind (z. B. Spar, Bremke & Hörster, Kloppenburg, Ihr Platz, WalMart). Entsprechend haben andere Unternehmungen Marktanteile gewonnen, insbesondere die Top 5: Lag ihr Marktanteil 1980 noch bei 26,3 %, so stieg er über 44,7 % (1990) und 62,2 % (2000) auf 76,6 % im Jahr 2010. Bei solchen Zahlen ist immer zu prüfen, ob sie tatsächlich ausschließlich Umsätze aus der untersuchten Branche, hier: Lebensmittel, betrachten oder noch Umsätze anderer Branchen enthalten. Bei Lebensmitteln ist es zudem sinnvoll, zwischen Food und Non-Food zu unterscheiden; allerdings sind die Definitionen nicht einheitlich.

Ende des 19. und Anfang des 20. Jahrhunderts sind viele **kooperierende Gruppen des Handels**, als Einkaufsgenossenschaften (z. B. Edeka, Rewe), als freiwillige Ketten (z. B. SPAR, A&O) und als Konsumgenossenschaften (z. B. Großeinkaufs-Gesellschaft Deutscher Consumvereine, Bielefelder Konsum-Verein eG, später AVA AG), und viele **Filialsysteme** (z. B. Kaiser's Kaffee, Tengelmann) entstanden (vgl. z. B. Berekoven 1986, S. 44 ff.). Sie verfolgten vor allem das Ziel, ihre Position gegenüber der Industrie zu verbessern. Durch die Bündelung einer größeren Nachfragemenge gelang es ihnen, den Zwischenhandel auszuschalten und bessere Einkaufskonditionen zu erlangen.

Für die zunehmende Konzentration in der Folgezeit sind mehrere Gründe zu nennen. Aus **gesamtwirtschaftlicher Sicht** sind es verschlechterte wirtschaftliche Rahmenbedingungen, der zunehmende Wettbewerbs- und Kostendruck, das Bestreben, die eigene Position gegenüber der Industrie zu stärken, um Kostenvorteile zu erzielen, das freiwillige Ausscheiden vieler kleiner Handelsunternehmungen sowie die Internationalisierung im Handel.

Solange die Rationalisierungsbemühungen vornehmlich auf die Auslastung der Produktionskapazitäten ausgerichtet sind, fordern sie zwangsläufig die Massendistribution der produzierten Waren. Dies begünstigt infolgedessen jene Handelsbetriebe, deren Rationalisierungsanstrengungen über die Mengenkomponente realisiert werden, und fördert gleichzeitig die weitere Konzentration.

Ursachen für das Ausscheiden vieler kleinerer Unternehmungen sind insbesondere die wachsende Arbeitszeitbelastung der Inhaber, das sinkende Einkommen sowie das Nachfolgeproblem. Die aus der Betriebsaufgabe resultierende Verteilung der Ressourcen auf die übrigen Unternehmungen begünstigt den Trend zu wachsenden Betriebsgrößen.

Die zunehmende Beteiligung ausländischer Unternehmungen im Inland und die Beteiligung inländischer Unternehmungen an Handelsbetrieben im Ausland verbessert einerseits die Finanzkraft, andererseits die Ressourcenverfügbarkeit. Die daraus resultierende importierte Ausweitung der Marktstellung hat erhebliche Auswirkungen auf den inländischen Konzentrationsprozess.

Aus **einzelwirtschaftlicher Sicht** sind folgende Ursachen der Konzentration zu nennen. Da ist zunächst die Konditionenpolitik der Industrie, insbesondere die Nebenleistungspolitik. Die Industrie zeigt mit wachsender Betriebsgröße des Handels eine steigende Bereitschaft zur Übernahme von Distributionsfunktionen, wodurch sie die Kosten dieser Handelsunternehmungen selektiv übernimmt und sie dadurch entlastet.

Großunternehmungen des Handels diversifizieren in andere Branchen. Dies ist insbesondere bei Unternehmungen des Lebensmitteleinzelhandels zu beobachten, die Investitionen in der Bau- und Heimwerkerbranche (z. B. Rewe, Tengelmann), in der Elektro- und Elektronikbranche (z. B. Rewe) und in der Bekleidungsbranche (z. B. Tengelmann) getätigt haben. Das fördert die branchenübergreifende Konzentration.

Filialunternehmungen haben die Möglichkeit, weniger erfolgreiche Handelsbetriebe (Filialen) im Wettbewerb zu subventionieren. Sie setzen die Erfolgsbeiträge anderer Filialen an bestimmten Standorten ein, um den Preisdruck gegenüber der Konkurrenz zu erhöhen oder um den Marktaustritt und damit die Überlassung der Nachfrage an die Konkurrenz zu verhindern. Quersubventionen können also das Ausscheiden marktschwacher Betriebe aus dem Markt verzögern oder vermeiden und den Marktaustritt leistungsstarker Handelsbetriebe fördern. Dadurch steigt die Konzentration. So ist die Zahl der Geschäfte im Lebensmitteleinzelhandel von 64.250 im Jahr 2000 auf 38.300 im Jahr 2012 gesunken (vgl. IRI Group 2011, S. 5).

Rationalisierungsmaßnahmen über die Betriebsgröße bieten die Möglichkeit der Kostendegression (dieselben Leistungen mit weniger Kosten erwirtschaften) sowie der Wirkungsprogression (mit denselben Kosten mehr Leistungen erwirtschaften). Verkäufe unter Einstandspreis, die marktstarke Anbieter systematisch einsetzen können, haben zu einem erheblichen Rückgang kleiner und mittlerer Handelsunternehmungen geführt. So sind insbesondere großflächige Betriebstypen wegen der Kompensationskalkulation und Discounter wegen der begrenzten Artikelanzahl mit hohem Umschlag dazu in der Lage, mit niedrigen Preisen Wettbewerbsvorteile zu erzielen. In diesem Zusammenhang sind auch neue Managementtechniken und Rationalisierungstechnologien zu nennen, mit denen sich die Informations-, Güter- und Geldströme effektiver und effizienter gestalten lassen. Sie verschaffen kapitalstarken Handelsunternehmungen einen Wettbewerbsvorteil.

Der Wunsch von Kunden, Großeinkäufe zu tätigen (One-Stop-Shopping), um die Transaktionskosten zu senken, fördert die Errichtung und Verbreitung von großflächigen Handelsformaten, vor allem von Waren- und Kaufhäusern, von Verbrauchermärkten und von Einkaufszentren. Auf den deutlichen Anstieg der Zahl an Einkaufszentren in Deutschland während der letzten 20 Jahre haben wir bereits oben hingewiesen. Handelsunternehmungen mit kleinflächigen Betrieben haben dagegen nicht die Möglichkeit, die von den Endkunden geforderte Breite und Tiefe des Sortiments zu führen sowie die Waren zu niedrigen Preisen anzubieten. Kleinere und mittlere Handelsbetriebe können grundsätzlich den Wunsch nach Erlebniskäufen, nach Fachberatung und nach Dienstleistungen decken. Große Handelsunternehmungen drängen durch Betriebstypendiversifikation auch in diesen Bereich hinein und verdrängen kleine und mittlere Handelsunternehmungen.

Neben den ökonomischen sind auch **rechtliche Ursachen** für die Konzentration im Handel zu nennen. Wir greifen hier Regelungen der Standortwahl, der Ladenöffnungszeiten und der Fusionskontrolle heraus. Nach dem Zweiten Weltkrieg kannten großflächige Einzelhandelsbetriebe kaum Restriktionen, wenn es darum ging, eine Baufläche zu finden. Dies hat sich schrittweise geändert. Die Verschärfung des Bauplanungsrechts mit den Novellierungen der **Baunutzungsverordnung (BauNVO)** seit 1977 hat Handelsunternehmungen mit großflächigen Betrieben begünstigt, insbesondere an solchen Standorten, deren Genehmigung im Laufe der letzten Jahre schwieriger oder sogar unmöglich wurde. Viele großflächige Betriebe, die vor 30, 35 oder 40 Jahren angesiedelt wurden, würden heute möglicherweise keine Genehmigung erhalten. Das Bauplanungsrecht gewährt in diesem Fall einen „Artenschutz", der zugleich die Erfolgsaussichten anderer Handelsunternehmungen verringert: Die Verlagerung von Standorten aus der Innenstadt an die Peripherie wird be- oder verhindert, und die Bedingungen für den Eintritt neuer Marktteilnehmer werden erschwert. Hochkonzentrierte Märkte, wie etwa der Lebensmitteleinzelhandel in der Bundesrepublik Deutschland, verlangen von Marktneulingen, dass sie ihre Distribution ökonomisieren. Wer eine bestimmte Anzahl an Standorten benötigt, um eine effiziente Logistik aufbauen zu können, wird jedoch kaum in kurzer Zeit mit der Ansiedlung an den gewünschten Orten rechnen dürfen. Die kritische Masse an Standorten zu erreichen, bleibt daher Handelsunternehmungen mit großer Finanzkraft vorbehalten. Entweder sind sie in der Lage, eine „Big-Bang-Strategie" zu verfolgen, d. h. vorhandene Unternehmungen zu kaufen und damit ihre Standorte zu übernehmen – auch und vor allem solche, die unter dem „Denkmalschutz" der BauNVO stehen. Oder sie haben den finanziellen Atem für eine „Salami-Strategie", d. h. einen Standort nach dem anderen zu übernehmen, sobald sich dies anbietet, und die damit verbundenen Kostennachteile auszugleichen, sei es durch Gewinne in anderen Branchen, sei es als ausländische Unternehmung im Heimatmarkt. Letztlich ist es also auch dem verschärften Bauplanungsrecht zuzuschreiben, dass die Konzentration im Handel beschleunigt wird (vgl. Ahlert/Schröder 1999, S. 269 ff.).

Seit seinem Inkrafttreten im Jahr 1957 hat das **Ladenschlussgesetz** in mehreren Novellierungen die zunehmende Ausdehnung der Ladenöffnungszeiten erfahren. Zuletzt beschloss der Bundestag im Jahr 2003, die Öffnungszeiten am Samstag um vier Stunden bis 20 Uhr zu verlängern. Durch die Föderalismusreform 2006 sind die Regelungen zum Ladenschluss zur Ländersache geworden. Einige Bundesländer, wie Baden-Württemberg, Berlin, Brandenburg, Bremen, Hamburg, Hessen, Niedersachsen, Nordrhein-Westfalen und Schleswig-Holstein, räumten den Händlern die Möglichkeit ein, von montags bis samstags rund um die Uhr zu öffnen, also von 0 bis 24 Uhr (zu Änderungen siehe weiter unten). Unter Kostenaspekten profitieren von dieser Freiheit jene Angebotskonzepte, die den Faktor Personal durch den Faktor Fläche substituieren, also die großflächigen Einzelhandelsbetriebe. Kleinere und mittlere selbstständige Handelsbetriebe müssten im Vergleich dazu überproportional steigende Kosten und – soweit der Inhaber selbst tätig ist – das Maß an „Selbstausbeutung" steigern. Soweit sie das finanziell nicht leisten können oder wollen, fördert die Liberalisierung der Ladenöffnungszeiten den Marktaustritt dieser Geschäfte und damit die Konzentration im Handel.

Die Kontrolle der Konzentration erfolgt in Deutschland über das **Gesetz gegen Wettbewerbsbeschränkungen (GWB)**. Allerdings kennt das GWB nur die Kontrolle der Fusion, nicht aber die Kontrolle der Entflechtung. Dies bedeutet, dass Handelsunternehmungen durch die Errichtung neuer Standorte (Geschäfte) wachsen können, ohne dass ihnen hierbei kartellrechtliche Fesseln angelegt werden könnten (internes Wachstum). Nur wenn es um die Übernahme von Handelsunternehmungen geht (externes Wachstum), kann der Staat über § 36 Abs. 1 GWB eingreifen: „Ein Zusammenschluss, durch den wirksamer Wettbewerb erheblich behindert würde, insbesondere von dem zu erwarten ist, dass er eine marktbeherrschende Stellung begründet oder verstärkt, ist vom Bundeskartellamt zu untersagen." Eine Ausnahme von diesem Grundsatz liegt vor, „wenn die beteiligten Unternehmen nachweisen, dass durch den Zusammenschluss auch Verbesserungen der Wettbewerbsbedingungen eintreten und diese Verbesserungen die Behinderung des Wettbewerbs überwiegen."

1.1.4   Die Handelsbetriebe und ihre Umwelt

Jede Handelsunternehmung ist in eine komplexe und dynamische Umwelt eingebunden, von der sie beeinflusst wird, die sie aber auch selbst beeinflussen kann. **Abbildung 1.3** zeigt die Bereiche, aus denen die Herausforderungen für einen Einzelhändler kommen. Die **globale Umwelt** besteht aus Faktoren, die alle Wirtschaftsstufen in einem Markt gleichermaßen betreffen: Technik, Rechtsordnung, Kultur, Natur, Politik und Gesellschaft. **Technischen Fortschritt** zeigen z. B. Warenwirtschaftssysteme, Scannersysteme, Werkzeuge für Data-Warehouses, Data-Mining und Database-Marketing sowie Abrechnungssysteme und Informationssysteme entlang der Wertkette vom Zulieferer über den Hersteller und Handel bis hin zum Verbraucher.

Die **Rechtsordnung** tangiert mit der Legislativen, ihren Gesetzen und Verordnungen und der Rechtsprechung in starkem Maß die Ausgestaltung der Marketing-Instrumente (Schröder 1992; Ahlert/Schröder 1999). Das Recht gibt nicht nur Restriktionen vor, wo z. B. die Ansiedlung bestimmter Einzelhandelsbetriebe ausgeschlossen ist, welche Preisgestaltung unzulässig und wie und wo nicht geworben werden darf, sondern vermittelt auch Schutzpositionen gegenüber Wettbewerbern. Denkt man zuerst an den gewerblichen Rechtsschutz, dann sind die Schutzpositionen deutlich geringer ausgeprägt als in der Industrie. Für Einzelhändler ist vor allem der Markenschutz interessant, um z. B. Handelsmarken und Storebrands zu sichern. Alle Bereiche der Rechtsordnung sind von Dynamik gekennzeichnet: Neue Gesetze werden – nicht zuletzt durch Vorgaben der Europäischen Union – eingeführt (z. B. das Verbraucherkreditgesetz von 1990, dessen Regelungen später in das BGB aufgenommen wurden), bestehende Regelwerke werden überarbeitet (z. B. das Gesetz gegen Wettbewerbsbeschränkungen – GWB, das Gesetz gegen den unlauteren Wettbewerb – UWG) oder ersatzlos gestrichen (z. B. das Rabattgesetz und die Zugabeverordnung). Zudem unterliegt die Rechtsprechung dem Wandel, insbesondere wenn sich die Wertungsgrundlagen ändern (so z. B. die Abwendung von einem extrem schutzbedürftigen und die Hinwendung zu einem besser informierten Verbraucher).

Abbildung 1.3   Die Einbettung einer Unternehmung des Einzelhandels in ihre Umwelten

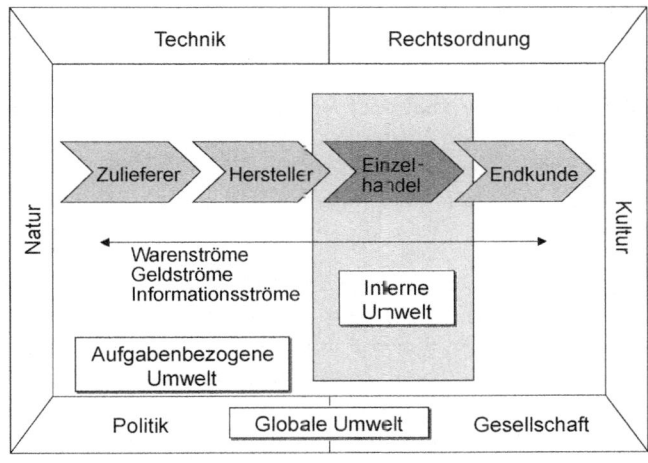

Quelle: Schröder 2012b, S. 21

Die **aufgabenbezogene Umwelt** ist durch die Beziehungen gekennzeichnet, die eine Unternehmung, hier: die Einzelhandelsunternehmung, zu ihren Transaktionspartnern (vor allem Industrie, Großhandel, Endkunden) unterhält. Durch sie entsteht ein vielschichtiges Beziehungsgeflecht, in dem die Unternehmung versucht, die verschiedenen Anspruchsgruppen im Sinne der eigenen Ziele zu beeinflussen, kurzfristig wie auch langfristig. Einfluss auf die Art der Beziehung nehmen neue Managementtechniken, vor allem solche, die das wirtschaftsstufenübergreifende Handeln zum Gegenstand haben. Hierzu zählen z. B. Lean Management, Total Quality Management (TQM), Efficient Consumer Response (ECR), das das Supply Chain Management und das Category Management umfasst, Collaborative Planning, Forecasting and Replenishment (CPFR), Vendor Managed Inventory (VMI), Co-Managed Inventory (CMI) und Buyer-Managed Inventory (BMI). Der Fortschritt solcher Techniken wird von dem Ziel getrieben, die Effektivität und die Effizienz von Informations-, Güter- und Geldströmen in der Distribution zu erhöhen (Schröder 2012b).

Was die **Kunden** betrifft, so verzeichnen die letzten Jahrzehnte einen einschneidenden Wandel. Während in den 1950er Jahren die Befriedigung der Grundbedürfnisse als Kaufmotiv im Vordergrund stand, war in den 1960er und 1970er Jahren von der „Überflussgesellschaft" die Rede, in den 1980er Jahren setzte die Diskussion um den Umweltschutz und den Umgang mit nicht erneuerbaren Ressourcen ein. In der Folgezeit sind zahlreiche Typisierungen entwickelt worden, um das Verbraucherverhalten und die Werthaltungen zu beschreiben, wie z. B. Hedonismus, Smart-Shopping, hybrides Kaufverhalten, multioptionales Kaufverhalten, paradoxes Kaufverhalten und LOHAS (Lifestyle of Health and Sustainability). Über die Vielfalt der Begriffe und der Systematisierungen kann man trefflich streiten. Boshaft kann man sagen, dass jeder Berater, jede Werbeagentur, jedes Marktforschungsinstitut eigene Kreationen hervorbringt. In einem Punkt dürften sich aber alle Protagonisten einig sein: Die Merkmale und die Verhaltensweisen der Kunden sind noch nie so facettenreich wie heute gewesen. Die Kunden sind auf der einen Seite besser informiert, souveräner und mobiler. Auf der anderen Seite gibt es Kunden, die schutz- und hilfebedürftig sind. Diese Polarisierung dürfte sich in den kommenden Jahren mit der demographischen Entwicklung verschärfen: hier die mobilen, agilen, interessierten und kauffreudigen älteren Menschen, dort jene, die mehr körperliche Beschwerden haben, unter nachlassender Sinneskraft leiden und zunehmend pflegebedürftig sind. Hieraus ergeben sich zahlreiche Anforderungen an das Handelsmanagement, wie die Beziehungen zu den Kunden zu gestalten sind.

Der technische Fortschritt hat das Verhalten der Endkunden und ihre Rolle in der Wertkette in den letzten Jahren maßgeblich verändert. Endgeräte, wie z. B. Smartphones und Tablet PCs, versetzen sie in die Lage, an den von ihnen gewünschten Zeiten und Orten zu kommunizieren, Informationen einzuholen und Informationen abzugeben. Sie nutzen Social Media, wie z. B. *Twitter, Xing, myspace* und *Facebook,* um untereinander zu kommunizieren, und Plattformen für Social Shopping und Kundenbewertungen, wie z. B. *Golocal, Gutehomepage* und *Yelp* (vormals *Qype*), um eigene Erfahrungen mitzuteilen oder Erfahrungen von Dritten einzuholen. In der Beziehung zu den Anbietern artikulieren sie ihre individuellen Anforderungen an Produkte und Dienstleistungen. Für die Handelsunternehmungen ergeben sich daraus u. a. folgende Herausforderungen:

- der Auf- und Ausbau von Mobile Commerce und Electronic Commerce (kann man dazwischen überhaupt noch trennen?),

- die Abstimmung der elektronischen Kanäle mit anderen Handelskanälen (stationärer Einzelhandel, klassischer Katalogversand) in einem Multichannel-System,

- die Entwicklung neuer Dienstleistungen (z. B. Location-Based Services, die den Kunden auf nahegelegene Handelsleistungen hinweisen, und Apps, das sind Anwendungsprogramme, die die Kunden auf ihre Smartphones herunterladen können),

- der Auf- und Ausbau von Social Media, um die Kunden in ihrer Umgebung zu erreichen sowie

- die Einbeziehung der Kunden in die Leistungserstellung (Stichworte sind z. B. Mass Customizing, Prosumer und Personalisierung vor. Leistungen).

Die **interne Umwelt** setzt sich aus den Ressourcen, Strukturen und Beziehungen innerhalb einer Unternehmung zusammen. Die angesprochenen Managementkonzepte spielen auch hier hinein, soweit sie sich beispielsweise auf die internen Lieferanten-Kunden-Beziehungen und die Restrukturierung von internen Informations- und Kommunikationsprozessen beziehen.

Weitere Herausforderungen ergeben sich aus der **Internationalisierung** im Einzelhandel. Am Beispiel des Bekleidungseinzelhandels in Deutschland lässt sich ablesen, welchen Einfluss der Markteintritt ausländischer Anbieter hat. Sie haben mit ihren Konzepten die vormals mittelständische Struktur des Einzelhandels stark verändert: Ausländische Filialsysteme und vertikal organisierte Unternehmungen, die die Wertkette von der Produktion über den Handel bis zum Verbraucher beherrschen, haben aufgrund ihrer besseren Fähigkeiten weniger effiziente Unternehmungen aus dem Markt gedrängt.

Wie die einzelnen Umwelten zusammenwirken, kann man am Beispiel des elektronischen Handels verdeutlichen. Das Bereitstellen von **Handelsleistungen im Internet** bedeutet Selbstbedienung. Für die Kunden verbessert sich die Möglichkeit, mehr Informationen über konkurrierende Angebote durch den Einsatz von Suchmaschinen, von intelligenten Agenten und Informationsbrokern zu erhalten. Dies führt bei homogenen Produkten zu einem preis- bzw. kostenorientierten Wettbewerb. Zwar kann man versuchen, dieser Vergleichbarkeit durch Zusatzleistungen, Paketpreise (Price-Bundling) und Exklusiv- oder Handelsmarken zu begegnen; jedoch sind diesen Maßnahmen Grenzen gesetzt, insbesondere durch unterschiedliche Eignungsgrade von Waren und Dienstleistungen für den elektronischen Vertrieb. So kann bei digitalen Produkten (z. B. Software und Informationsdienstleistungen) die räumliche Transposition direkt über das Netz erfolgen. Dann entfallen Distributionszwischenstufen in der Wertschöpfungskette (vgl. Schmalen/Sauter 2002, S. 388 ff.), die Möglichkeiten der Erbringung von Zusatzleistungen werden geringer, es kann zur Margenerosion kommen. Wird hingegen der Handel nicht-digitalisierbarer oder nicht-digitalisierter Produkte (Warum diese Differenzierung? Ein Stuhl ist nicht digitalisierbar, ein Buch ist es, kann aber auch nicht-digitalisiert vertrieben werden) nur in ausgewählten Transaktionsphasen elektronisch unterstützt, so bedarf es daneben auch physischer Prozesse; gemeint sind damit nicht-digitalisierte Prozesse, schließlich sind elektronische Prozesse auch physischer Natur. Der **elektronische Distanzhandel** erfordert dann eine hohe Logistikkompetenz, um der Anforderung der Kunden nach Convenience gerecht zu werden.

Ist der Kunde durch einen Einkauf der Handelsunternehmung bekannt, können im Sinne des CRM-Ansatzes Bedarfsprognosen, Produktpräsentationen, die Regie beim Auswahlvorgang und die Finanzierungsberatung auf sein Profil zugeschnitten werden (vgl. Hartmann 2002, S. 80 f.). Eine solche Individualkommunikation wird immer stärker an Bedeutung gewinnen. Darüber hinaus kann selbst eine kundenindividuelle Fertigung digitaler sowie nicht-digitaler Produkte für den Massenmarkt durch das sogenannte Mass Customization realisiert werden, wenn sich die Schnittstellenkompatibilität und Just-in-Time-Fertigung gewährleisten lassen (vgl. Hansen/Hohm/Mekwinski 2002, S. 254 ff.).

Die **Akzeptanz elektronischer Prozesse** hängt vor allem von folgenden Voraussetzungen ab:

- Rechtssicherheit und sichere Zahlungssysteme,
- hohe Sicherheitsstandards und vertrauliche Behandlung der Kundeninformationen (Wie gehen Politiker mit *Prism, Tempora* und anderen Internet-Überwachungssystemen um?),
- zeit- und ortsunabhängige Verfügbarkeit benutzerfreundlicher, technisch zuverlässiger Geräte und Anwendungen sowie
- ausreichende Preistransparenz und ausgeglichenes Kosten-Nutzen-Verhältnis.

Technische Entwicklungen, die den Ausbau von Electronic Commerce unterstützen, sind:

- die Miniaturisierung der Endgeräte,
- die Leistungssteigerung bei Rechnern sowie Speicherkapazitäten,
- die überwiegende Digitalisierung bei zunehmenden Übertragungsgeschwindigkeiten und größeren Bandbreiten,
- Innovationen in der Daten- und Informationsübertragung,
- neuartige Soft- und Middleware, letztere z. B. für Sicherheitstechnologien,
- Standardisierung von Informationen und Kommunikation.

Zu **anwendungsbezogenen Entwicklungen elektronischer Medien** zählen u. a:

- die Einbettung von Alltagsgegenständen in die vernetzte Umwelt, etwa in Form sogenannter intelligenter Objekte (z. B. Inhouse-Kühlschrank),
- die Verknüpfung elektronischer Prozesse mit Prozessen der sinnlichen Wahrnehmung (Augmented Reality), etwa QR-Codes, mit denen sich Produkte bestellen lassen (z. B. *Tesco* und *Emmas Enkel*), oder Filme, die eingespielt werden, wenn man die Kamera eines Smartphones über eine Seite in einem Katalog (z. B. *IKEA*) oder über ein Produkt in einem Geschäft bewegt,
- Location-Based Services, d. h. die Ortung von identifizierten Objekten oder Personen bei gleichzeitiger Erweiterung ihres geographischen Aktionsradius,
- Push-Dienstleistungen und Push-Produkte, wie z. B. Mobile Video on Demand,
- interaktive Spracherkennung (Voice Browsing) und agentenbasierte Steuerung der Umwelt,
- nahtlose Vernetzung verschiedener IuK-Systeme (PCs, Mobiltelefone, POS-Systeme, Radios, Kiosksysteme sowie intelligente Objekte wie Kleidung, Hausgeräte, etc. mit RFID-Tags) für gemeinsame Anwendungen, wie etwa das Intelligente Haus „InHaus" (www.inhaus-duisburg.de).

Die externe Umwelt (technische Entwicklung, politische Positionen etc.) wirkt auf die Akteure in der Wertschöpfungskette und die Gestaltung der aufgabenbezogenen Umwelt (Angebot von digitalisierbaren und personalisierten Produkten und Dienstleitungen, elektronische Unterstützung von Abverkaufs- und Kaufprozessen etc.), was wiederum auf die interne Umwelt wirkt (Lagerhaltung, Personalschulungen, Einführung und Ausbau von CRM). Ebenso gut sind jeweils Wirkungen in die entgegengesetzte Richtung vorhanden.

Der Ikea-Katalog 2014 steht ganz im Zeichen von Augmented Reality. Kommt Ihnen das bekannt vor? Klar. Schon der letztjährige Katalog experimentierte mit Digitaltechnik und floppte grandios. Hoffentlich wird es im August besser. Wenn es eines Beweises dafür bedarf, dass Print lebt, dann ist das der Ikea-Katalog. Er gehört in das haushaltliche Bücherregal wie früher nur der Brockhaus, der Duden, das Telefonbuch und – je nach Neigung – die Bibel oder der Koran. „Erst mal sehen, was Ikea hat", wurde zum geflügelten Diskussionsansatz einer ganzen Generation (geboren irgendwann zwischen 1960 und 1985), sobald ein Mitglied der Tischrunde auf die Idee kam, man könnte doch vielleicht etwas an der Einrichtung ändern. Selbst heute noch treibt es Studentenpärchen irgendwann in die Vorstädte, wo sie sich – gestärkt durch ein reichhaltiges Kötbullar-Frühstück – in den verwinkelten Gängen auf die Suche nach der eigenen Zukunft machen. […]

2013 war man mit der – originell betitelten – Aktion „Let's Netz" gestartet und verband Katalog und App. Augmented Reality (AR) heißt die Technik, die es dem User erlaubt, im Smartphone den im Katalog abgebildeten Schrank tatsächlich zu öffnen. Und darin findet er Schrankbretter. Man hält es kaum für möglich. Auch die Schubladen im Kastenbett Brimnes lassen sich tatsächlich ausziehen. Ein Wunderwerk der Technik.

Auf 44 Seiten prangt das kleine Smartphone-Symbol rechts oben, das dem User Interaktivität suggerieren soll. Die Interaktivität besteht darin, dass der Nutzer zunächst die Ikea-Katalog-App herunter zu laden hat. Diese hat im Download 6,3 Megabyte. Das funktioniert. Will man dann aber Produkte scannen, lädt die App die eigentlichen Katalog-Daten nach. Sage und schreibe 58 Megabyte. Und wofür? Das weiß eben keiner, weil der Call-to-action nur heißt „Scannen und mehr entdecken". Die Erklärungsseite bleibt auch ziemlich vage: „Über den ganzen Katalog verteilt warten jede Menge Videos, Animationen, Bildergalerien, Tipps und interaktive Funktionen darauf, von dir entdeckt zu werden". Hmm. 44 = jede Menge? Was sind „interaktive Funktionen"?

Interessanterweise verzichtet die Erklärungsseite auf einen Hinweis zur Downloadgröße. Sie verzichtet auch auf einen QR-Code, mit dem man den User direkt zur Ikea-App (es gibt nämlich zwei verschiedene) in den jeweiligen Store lotsen könnte. […]

Natürlich ist es viel zu spät für gute Ratschläge. Aber damit der nächste Artikel an dieser Stelle bereits vorbereitet und mit Futter versorgt wird, hier meine ganz persönliche Wunschliste in Sachen Augmented Reality an Ikea.

1. Sagt den Usern, sie benötigen ein funktionierendes WLan für den Download.

2. Macht einen QR-Code auf die Erklärungsseite, damit ich nicht im AppStore über die Suche gehen muss.

3. Löst genau den gleichen Link aus, wenn ich den Code aus Versehen mit einem klassischen Codescanner wie Barcoo scanne.

4. Schreibt zum jeweiligen Link, was nach dem Scannen passiert.

5. Packt die Codes auch auf die Möbel im Laden, dann haben alles was davon.

6. Dafür braucht es natürlich ein öffentliches und kostenfreies WLan im Store. Gut für junge Zielgruppen, jede Wette.

7. Hinterlegt eine Bestellfunktion bei den Produkten, die mit digitaler Verknüpfung ausgestattet sind.

8. Und denkt euch sinnvolle Mehrwertanwendungen aus, die die Simulation ergänzen. Wie wäre es zum Beispiel mit einem PDF-Generator, der Screenshots vom neuen Möbel in alter AR-Umgebung zieht und daraus einen hübschen Individualkatalog fertigt. (Hmmm, Geschäftsmodell?) Den könnte man dann per eMail (Uihh: Kundenbindung!) zu den Usern schicken.

(Quelle: Puscher, F., www.absatzwirtschaft.de/content/online-marketing/news/ikea-katalog-2014-sie-machen-es-schon-wieder;80323, Abruf: 2013-08-13)

Wir wollten an dieser Stelle nicht den Eindruck erwecken, das Thema E-Commerce überzustrapazieren. Es eignet sich aber gut, um Entwicklungen zu beschreiben. Dies soll am Ende des Kapitels noch aus der Perspektive der Endkunden geschehen. Denn sie sind der Dreh- und Angelpunkt allen geschäftlichen Denkens und Tuns – oder sollten es zumindest sein. Wir greifen dazu auf eine Passage aus einem 2002 veröffentlichten Artikel zurück (Schröder 2002a, S. 274):

„Mit dem Internet haben neue Marktgesetze Einzug gehalten: Globale Verfügbarkeit, verringerte Informationsasymmetrie, steigende Markttransparenz, Abbau von Wechselbarrieren und Reduktion der Transaktionskosten (vgl. z. B. Barth/Schmekel 1998, S. 57 ff.; Meffert 2000, S. 2 ff.; Wirtz 2000, S. 107 ff.). Von Internet-Ökonomie ist die Rede und von der Annäherung an den vollkommenen Markt. Die Begründungen sind nachvollziehbar: Intermediäre helfen bei der Suche nach Produkten, Dienstleistungen und niedrigen Preisen, der nächste Anbieter ist für den Kunden nur „einen Click weit entfernt", der Zugriff auf ein global verfügbares Angebot zwingt die Anbieter zu schnellen Reaktionen, und für den Verbraucher verlagert sich der Ort des Geschehens von unbeliebten Einkaufsstätten mit unfreundlichem Personal an Orte, an denen er in Ruhe Angebote vergleichen und auswählen kann.

Es finden sich sofort zahlreiche Beispiele, auf die diese Gesetze zutreffen. Die Aussagen reizen aber gleichzeitig zu der Frage, ob es sich bei einigen Punkten nicht genau umgekehrt verhält: Märkte werden intransparent, Transaktionskosten nehmen zu und Kaufrisiken steigen. Worin können die Ursachen für diese Antithese gesehen werden?

1. Electronic Shopping bedeutet für Verbraucher, dass sie neue Geschäftsmodelle erfahren, in denen **Güter-, Geld- und Informationsströme anders organisiert** sind als im stationären Einzelhandel.

2. Ein Teil der Handelsfunktionen verlagert sich vor den Anbietern auf die Verbraucher. Sie müssen daher ihre **Entscheidungsmodelle restrukturieren**: Andere Handlungsmöglichkeiten, Zielsetzungen und Entscheidungskriterien sind die Folge.

3. Der **Umfang und die Qualität der Informationen**, die im Zuge von Kaufentscheidungsprozessen beim Electronic Shopping aufgenommen und verarbeitet werden, weichen von jenen des stationären Einzelhandels ab.

4. Bewährte **kognitive Strukturen** sind nur in begrenztem Maße verwendbar. Cognitive Maps von Geschäften des stationären Einzelhandels können den Suchprozess in Electronic Shops kaum unterstützen.

5. Soweit die Betreiber von Mehr-Kanal-Systemen, sog. Click-and-Mortar-Unternehmungen, die Marktauftritte ihrer Vertriebswege unterschiedlich gestalten (Store Brand, Sortimentszusammensetzung, Preishöhe, Rabattsystem etc.), trägt dies zu einer **zusätzlichen Belastung der Verbraucher** bei.

Konsequenz: Die Informationsbelastung der Verbraucher steigt, und die Anforderungen an die kognitive Steuerung von Kaufentscheidungsprozessen nehmen zu. Wer als Electronic Retailer den Bedürfnissen der Verbraucher zu wenig Beachtung schenkt, wird mit Misserfolgen rechnen müssen, die bis zum Marktaustritt führen. Die Liste der sog. „dot.gones" ist bereits sehr lang."

Was ist unsere heutige Aussage? Möge die globale Umwelt noch so viele Verheißungen haben, sie wollen angemessen in die Gestaltung der aufgabenbezogenen und der internen Umwelt aufgenommen werden.

1.2   Die wissenschaftliche Einordnung von Handelsbetriebslehre und Handelsforschung

Die wissenschaftliche Einordnung der Handelsbetriebslehre soll auf zwei Wegen erfolgen, zum ersten als dogmengeschichtlicher Aufriss, um die Handelsbetriebslehre entwicklungsgeschichtlich verstehen zu können, zum zweiten über Forschungsansätze, um zu zeigen, auf welchen methodologischen Bahnen sich die Forschung um Erkenntnisgewinnung bemüht hat.

1.2.1   Zur Geschichte der Handelsbetriebslehre

Geht man davon aus, dass die Klassiker der Wirtschaftslehre die Aufgaben, Leistungen und Institutionen der gewerblich tätigen Menschen unter der Bezeichnung Handel zusammenfassen (Wirtschaft = Handel), dann wird deutlich, wie sehr eine geschichtliche Betrachtung des Handels ausgeweitet werden müsste. Ideengeschichtlich stand die Lehre vom Handel stets im Spannungsverhältnis von Volkswirtschaftslehre und Betriebswirtschaftslehre, so dass die Geschichte des Handels im Grunde genommen sowohl als Geschichte der Volkswirtschaftslehre als auch als Geschichte der Betriebswirtschaftslehre zu verstehen wäre (vgl. Leitherer 1961, S. 64 ff.). Diesem Anlass entspräche ein historischer Aufriss, der sowohl mit den scholastischen Wirtschaftsethikern *Thomas von Aquin* und *Heinrich von Gent* (13. Jahrhundert) als auch mit den Autoren der verkehrs- und rechnungstechnischen Anleitungen von *Pegolotti, Chiarini* und *Pacioli* (15. Jahrhundert) beginnen müsste. Wer sich mit dieser Zeit näher befassen möchte, dem empfehlen wir die Bücher „Kaufleute wandeln die Welt – Die Geschichte des Handels von den Anfängen bis zur Gegenwart" von *Ernst Samhaber* und „Sozialgeschichte des 15. – 18. Jahrhunderts – Der Handel" von *Fernandel Braudel*.

Bis in das zweite Jahrzehnt des 20. Jahrhunderts war die namentliche Identität von Betriebswirtschaftslehre und Handelsbetriebslehre zu beobachten. Noch 1912 wurde an einigen deutschen Handelshochschulen die Privat- oder Betriebswirtschaftslehre unter der Bezeichnung Handelsbetriebslehre in den Vorlesungsverzeichnissen angekündigt. Aus diesem Grund ist die Geschichte der Handelsbetriebslehre bis zum Beginn des 20. Jahrhunderts weitgehend gleichzeitig die Geschichte der Betriebswirtschaftslehre, für die die von *Seÿffert* (1971, S. 31 ff.) vorgeschlagene Epocheneinteilung gilt:

■ die Frühzeit der verkehrs- und rechnungstechnischen Anleitungen (bis 1674),

■ die systematische Handlungswissenschaft (1675 – 1804, *Savary, Ludovici* und *Leuchs*),

■ die Niedergangszeit der Handelswissenschaften (19. Jahrhundert),

■ die Aufbauzeit der beschreibenden Handelstechnik (1898 – 1911).

Als Ergebnis der Industrialisierung rückt der Industriebetrieb eigentlich erst sehr spät, dann jedoch umso nachdrücklicher, als Erkenntnisobjekt neben den Handelsbetrieb. Ansatzpunkt für die hier interessierende historische Betrachtung ist die Entwicklung der Handelsbetriebslehre zu einer Wirtschaftszweiglehre. Mit der „Allgemeinen Handelsbetriebslehre" von *Johann Friedrich Schär* (1911) erreicht der Aufbau der Handelsbetriebslehre als Zweiglehre einen ersten Höhepunkt.

Eine bis auf die Gegenwart maßgebliche und umfassende Darstellung der Institutionen des Handels, eine Zusammenfassung aller derzeitigen Erkenntnisse der jungen Handelsbetriebslehre, bietet im Jahre 1918 die Publikation von *Julius Hirsch* „Der moderne Handel". Die Zeit wurde für die Behandlung betriebswirtschaftlicher Spezialfragen des Binnenhandels als reif angesehen (vgl. Schenk 1970, S. 53 f.).

1929 wurden das Kölner Einzelhandelsinstitut (heute: Institut für Handelsforschung, IfH) sowie die Forschungsstelle für den Handel in Berlin (FfH) gegründet. Mit ihnen begann die empirische Handelsforschung in Deutschland.

1932 erscheint das von *Seÿffert* herausgegebene Handbuch des Einzelhandels, in dem Wissenschaftler (Hellauer, Kosiol, Mellerowicz, Ruberg u. a.) und Praktiker (Buddeberg, Stüssgen, L. Tietz) über den Einzelhandel und seine Führungsprobleme umfassend unterrichten. Als praktische Probleme der Zeit von 1926 bis 1933 stehen Themen wie Rationalisierung der Warenverteilung, Sortenvielfalt, Verstopfung der Absatzkanäle, Technik des Vertriebs,

Analyse der Distribution und die absatzpolitische Bedeutung des Markenartikels im Mittelpunkt. Diese Themen lassen eine wirtschaftsstufenübergreifende Betrachtungsweise der Distribution erforderlich erscheinen, um die Warenwege von der Industrie über den Handel bis zum Verbraucher zu analysieren. Diese Entwicklung zwischen 1926 und 1933, die Entfaltung einer über die Institutionenlehre hinausgehenden Lehre von der Absatzwirtschaft, in der die Handelsbetriebe nur einen Teil des Ganzen ausmachen, verläuft in etwa parallel zu der sich in den USA entwickelnden Marketinglehre.

Im Gegensatz zur amerikanischen Marketinglehre, die unter pragmatischen Aspekten alle auf den Güterabsatz gerichteten Marktaktivitäten integriert (absatzpolitische Instrumente, Absatzvorbereitung, Institutionen), bilden sich in Deutschland spezielle Lehren wie z. B. Marktforschung, Konsumforschung, Werbung und Fabrikhandel heraus. Damit setzt eine Zeit der auseinanderstrebenden Spezialforschungen ein, die sich insbesondere nach dem Zweiten Weltkrieg unter dem Zeichen des Methodenpluralismus fortsetzt. Verstärkend wirken an dieser desintegrativen Tendenz des Faches eine Fülle von Forschungsträgern mit (Fachzeitschriften, Rationalisierungsgemeinschaften, Hochschulen, Verbände, Institute), so dass nur mit Mühe eine Übersicht über den Stand der handels- und absatzwirtschaftlichen Forschung gewonnen werden kann (vgl. Schenk 1974, Sp. 500). Es hat sich heute jedoch die Einsicht durchgesetzt, dass es keine Lösung im Sinne des Erkenntnisfortschritts wäre, die Handelsbetriebslehre innerhalb der Marketinglehre aufgehen zu lassen. Dies wäre ein zu enges, ursprünglich nur an den Problemen des Absatzes der Industrie orientiertes Auswahlprinzip. Heute ist es selbstverständlich, dass auch die Handelsunternehmung im eigenständigen Marketing ihre Werttreiber für den Markt- und Kundenerfolg zu fokussieren hat.

Die Handelsbetriebslehre als eine wirtschaftszweigspezifische Konkretisierung der Allgemeinen Betriebswirtschaftslehre muss versuchen, wie im übrigen alle Wirtschaftszweiglehren, sich die Erkenntnisse der sogenannten funktionalen Betriebswirtschaftslehren zu eigen zu machen und diese auf ihr Erkenntnisobjekt zu beziehen. Diese Forderung bedeutet, dass in die Betriebswirtschaftslehre des Handels z. B. solche Gebiete zu integrieren sind, wie sie sich als betriebswirtschaftliche Beschaffungs-, Absatz-, Finanzierungs-, Organisations- und Planungslehre herausgebildet haben. Schließlich ist unter dem Einfluss neuer Medien der Handel erneut in den Mittelpunkt des wirtschaftlichen Interesses gerückt.

1.2.2   Ansätze der Handelsforschung

Forschungsansätze können kognitive und pragmatische Erkenntnisziele verfolgen. Das kognitive Erkenntnisziel ist darauf gerichtet, die Realität zu beschreiben, Zusammenhänge zu erklären sowie Entwicklungen zu prognostizieren (vgl. Schanz 2009, S. 84 ff.). Es geht darum, die Realität wiederzugeben und deskriptive Aussagen zu formulieren in dem Sinne: So ist die Realität. Das praktische (pragmatische) Erkenntnisziel ist darauf gerichtet, Handlungsempfehlungen zu entwickeln. Es geht darum, die Realität vorzugeben und normative Aussagen zu formulieren in dem Sinne: So soll die Realität sein.

Der Handel als Erfahrungsobjekt der Forschung, d. h. der Teil der Realität, der Hintergrund und Ausgangspunkt des Erkenntnisstrebens ist, lässt sich als ökonomisches Makrosystem durch Elemente und Beziehungen zwischen diesen Elementen beschreiben. Elemente sind die Institutionen als Organisationseinheiten, die Handelsfunktionen prägen das Beziehungsgeflecht zwischen den Institutionen. Dieses Beziehungsgeflecht liefert die Grundlage für die auf die Ware als Objekte des Handels gerichteten Transaktionsprozesse.

Diese Struktur der Distribution als ökonomisches Makrosystem zeigt die Richtung, auf welchen methodischen Bahnen sich die Handelsforschung mit Hilfe partieller Forschungsansätze um Erkenntnisgewinnung bemüht hat. Durch Konzentration auf eine institutionen-, funktionen- und warenorientierte Forschung wurde eine ganzheitliche Theorie des Erkenntnisobjektes zu entwickeln versucht, die der modernen Forschungsperspektive der Betriebswirtschaftslehre folgend durch entscheidungsorientierte, systembezogene und verhaltenswissenschaftliche Ansätze zu ergänzen ist (vgl. Barth 1974b, Sp. 703 ff.).

Die erste Gruppe von Ansätzen sind fachspezifische (materielle) Forschungsansätze, die zweite Gruppe fachübergreifende (interdisziplinäre, formale) Forschungsansätze (vgl. Ahlert 1996, S. 34 ff.).

1.2.2.1   Fachspezifische Ansätze in der Handelsforschung

1.2.2.1.1   Der institutionenorientierte Forschungsansatz

Innerhalb der partiellen Ansätze der Handelsforschung ist die Institutionenlehre das älteste Aussagensystem. Der institutionenorientierte Ansatz arbeitet mit drei Methoden. Die statistisch-deskriptive Methode beschreibt und systematisiert die Erscheinungsformen des Handels (Klassifizierung, Typisierung). Die historisch-genetische Methode zeichnet die vergangene Entwicklung von Erscheinungsformen des Handels anhand von Kennzahlen auf und prognostiziert zukünftige Entwicklungen. Die explikative Methode versucht den Wandel von Betriebsformen zu erklären, wie dies z. B. *Malcom McNair* („Wheel of Retailing"), *Robert Nieschlag* („Dynamik der Betriebsformen") und *Sylvia Berger* („Store Erosion") tun.

Kritiker monieren am institutionenorientierten Ansatz, dass mit ihm der Produktivitätsnachweis des Handels nicht zu erbringen sei. Zudem hinke die Forschung bei der Beschreibung der Erscheinungsformen des Handels häufig den Entwicklungen in der Praxis hinterher und gebe nur wenige Anstöße für die Entwicklung neuartiger Typen.

Die wohl wichtigste Aufgabe dieses Forschungsansatzes ist in der Ökonomisierungsfunktion zu sehen. Einen Weg zu dieser Ökonomisierung liefert z. B. der Betriebsvergleich. Der Betriebsvergleich ist gekoppelt mit einer systematischen Betriebsanalyse als ein Instrument der Führungshilfe, das diagnostische und therapeutische Einsichten in die Effizienz der handelsbetrieblichen Faktorkombination und Funktionsausübung liefert.

1.2.2.1.2   Der funktionenorientierte Forschungsansatz

Der funktionenorientierte Ansatz baut auf der traditionellen Handelsfunktionenlehre auf. Er kennzeichnet den gesamtwirtschaftlichen Wertschöpfungsbeitrag des Handels mit Hilfe der sogenannten transpositorischen Grundfunktionen, die sich aus der Grundfunktion des Handels ergeben, nämlich der Überbrückung von Diskrepanzen zwischen Hersteller und Verbraucher. Die Diskrepanzen betreffen die drei zwischen Hersteller und Verbraucher fließenden Ströme: Realgüter (Waren, Dienstleistungen; Rückgaben), Nominalgüter (Geld, Kredite) und Informationen. Im Hinblick auf die Waren betreffen die Handelsfunktionen den Ausgleich von räumlichen, zeitlichen, qualitativen und quantitativen Unterschieden. Weitere Funktionen beziehen sich auf die Überbrückung von Liquiditätsengpässen sowie von Informationsasymmetrien. Verschiedene Autoren, wie z. B. *Seyffert*, *Oberparleitner* und *Sundhoff*, haben die **Handelsfunktionen in Katalogen** systematisiert.

Man kann die Auffassung vertreten, dass Handelsfunktionen zu qualitativ-explikativen Aussagen führen, die erstens den Vorwurf der Unproduktivität des Handels im Vergleich zur Industrie, Landwirtschaft und Handwerk abwehren. Denn für den Laien ist die Handelsleistung als immaterielle Leistung kaum „fassbar". Zweitens lieferten sie die ergänzende Basis für die Systematisierung der Handelsinstitutionen. So sind funktional determinierte Betriebstypen das Ergebnis von Veränderungen in der Absatzmethode durch Funktioneneingliederung (Auslieferung), Funktionenausgliederung (Beratung, Zustellung), Funktionenschöpfung (Projektplanung, Personalschulung bei Kunden) und Funktionenfortfall (Manipulation und Verpackung, Auszeichnung).

Ein Fortschritt für die wissenschaftliche Erkenntnisfindung wäre gewonnen, wenn es gelänge, die Handelsfunktionen zu operationalisieren. Es fehlt jedoch noch an einer Theorie zu ihrer Messung. Auch der zur Lösung empfohlene **Transaktionskostenansatz** trägt nicht zur Überwindung des Operationalisierungsproblems bei (vgl. Gümbel 1995, Sp. 1013 ff.). Die fehlende Operationalität der Handelsfunktionen erweist sich insbesondere im Rahmen handelsbetrieblicher Kalkulationen als Nachteil. So sind zwar die Kosten der Sachleistung in Form des wertmäßigen Wareneinsatzes, jedoch nicht die Kosten der im Einzelfall nachgefragten Dienstleistungen der Sachleistung zurechenbar. Das Problem tritt vor allem dann auf, wenn die Kunden die Artikel eines Sortiments mit unterschiedlichem Intensitätsanspruch der Handelsfunktionen verlangen, etwa im Bereich der Beratungszeit.

Obwohl der funktionenorientierte Forschungsansatz im Vergleich zu den übrigen materiellen Ansätzen der Handelsforschung wesentliche Einsichten in die Marktaufgaben von Handelsbetrieben liefert, wird sein Nutzen für die Lösung einzelbetrieblicher Umsatzprozesse aufgrund der eben beschriebenen Messprobleme häufig als wenig geeignet angesehen. Andererseits zeugen wettbewerbsrechtliche Urteile und die Trennung von Haupt- und Nebenleistung in der Diskussion um die Nachfragemacht des Handels von einem mangelnden Einblick in die betriebswirtschaftliche Leistung des Handels, die erst mit Hilfe der Funktionentheorie transparent wird. In diesem Sinne kann auch der Transaktionskostenansatz (siehe hierzu Picot 1986, S. 1 ff.; Coase 1937, S. 386 ff.) keinen wesentlich neuen Erkenntnisfortschritt liefern, wenn man die Aufgabe des Handels auf die des bloßen Transaktionskostenminimierers reduziert. „Unternehmertum in der Distribution kann nichts anderes sein als Rationalisierung der Transaktionskosten". (Picot 1986, S. 4)

Zwar hat der Transaktionskostenansatz im Rahmen neuerer Schulen der Wirtschaftstheorie eine Weiterentwicklung erfahren. Als jüngere Forschungsrichtung ist vor allem die **Neue Institutionenökonomie** zu nennen (vgl. hierzu insbesondere Kaas 1992, S. 3 ff.; Nelson 1970, S. 312). Sie ist quasi der Korpus für vier theoretische Ansätze: Die Informationsökonomie, die Theorie der Property Rights, den Principal-Agenten-Ansatz sowie den Transaktionskostenansatz. Die Neue Institutionenökonomie hat aber nicht zu einem Paradigmenwechsel geführt, sondern baut auf bestehenden theoretischen Ansätzen auf und entwickelt diese weiter. So wird im Gegensatz zur Neoklassik angenommen, dass Marketing gerade dann seinen Sinn erhält, wenn Unsicherheit, begrenzte Rationalität, unvollkommene Informationen und Opportunismus vorliegen. Aber auch in diesem neueren Theoriegerüst kann der Transaktionskostenansatz keinen Erklärungsbeitrag zur Operationalisierung von Handelsfunktionen liefern, denn die Leistungsseite bleibt nach wie vor vernachlässigt.

Tatsächlich konzentriert sich die Unternehmenspolitik im Handel unter Ausnutzung möglicher markt- und ökonomisierungspolitischer Freiheitsgrade aber gerade auf die betriebliche Leistungspolitik, die in der Erfüllung solcher Handelsfunktionen besteht, die den ökonomischen Bedürfnissen der Handelsleistungen nachfragenden Wirtschaftssubjekte (Industrie und Konsument) Rechnung tragen. Solange Handelsfunktionen nicht in die marktpolitischen Konzeptionen des einzelnen Handelsbetriebes einbezogen werden, würde der Prozess der Strategiebildung in der Handelsunternehmung ohne Beachtung realer gesamtwirtschaftlicher und marktlicher Anforderungen ablaufen. Damit die Transaktionskosten nicht ohne Leistungsbezug bleiben, lassen schließlich auch die Verfechter des Transaktionskostenansatzes nach einer Umterminologisierung (der Handel als Quantentransformator, Dienstleistungs- und Informationsspezialist) die Handelsfunktionen wieder aufleben.

1.2.2.1.3   Der warenorientierte Forschungsansatz

Die jeweilige Funktionsausübung und daher die Absatzgestaltung der Institutionen sind von den spezifischen Merkmalen der Handelsobjekte (Waren) abhängig. Denn eine an der Realität orientierte Handelsforschung muss davon ausgehen, dass die große Spannweite in den Warenkategorien nach recht unterschiedlichen absatzorganisatorischen und absatzpolitischen Lösungen verlangt (vgl. Knoblich 1974, Sp. 172 ff.). So dominieren bei dienstleistungsintensiven Investitionsgütern häufig der Direktabsatz und die persönliche technische Beratung, wohingegen bei Konsumgütern in der Regel der indirekte Absatz zum Zwecke der ubiquitären Distribution und die stufenübergreifende Media-Werbung Vorrang haben. Aus diesem Grund ist es notwendig, dass die Handelsforschung auch praktisch verwertbare Aussagen über den Absatz bestimmter Warentypen anstrebt.

Ein Beispiel für die Leistungsfähigkeit des warenorientierten Forschungsansatzes liefert z. B. die Einteilung der Konsumgüter nach Maßgabe der ihnen zugrunde liegenden Einkaufsgewohnheiten. So kann die von *Copeland* entwickelte Systematisierung nach Convenience Goods, Shopping Goods und Specialty Goods – später erweitert von *Enis* und

Roering um Preference Goods – für absatzmethodische und standortpolitische Entscheidungen herangezogen werden, aber auch zur Erklärung des Käuferverhaltens (vgl. Raffée 1974, S. 153 ff.).

Offensichtlich liefert der warenorientierte Forschungsansatz einen weiteren Zugang zu einer ganzheitlichen Betrachtung handelswirtschaftlicher Probleme. Es ist infolgedessen sinnvoll, eine Warenlehre in die Handelsforschung zu integrieren und sie als ein Teilstück – quasi als dritte Dimension – neben den Institutionen- und den Funktionenansatz treten zu lassen.

1.2.2.2   Fachübergreifende Ansätze in der Handelsforschung

1.2.2.2.1   Der aktionsanalytische Forschungsansatz

Der aktionsanalytische bzw. entscheidungsorientierte Ansatz verfolgt das pragmatische Wissenschaftsziel, nämlich praktisch-normative Aussagen zu formulieren. Der Praktiker soll Aussagen erhalten, mit welchen betrieblichen Mitteln er seine betrieblichen Ziele erreichen kann.

Der aktionsanalytische Ansatz untersucht den Zusammenhang zwischen dem Aktionsrahmen (Makroumwelt, Mikroumwelt), den Aktionsprinzipien (Handlungsgrundsätze), den Zielen und den Aktionsbereichen (absatzwirtschaftlich, beschaffungswirtschaftlich) bzw. Aktionselementen (Gestaltungsvariablen innerhalb eines Aktionsbereiches).

Dieser Ansatz schafft nach *Ursula Hansen* (1990) aufgrund seiner Integrationskraft die Grundlage für ein ganzheitliches Aussagensystem der Handelsforschung: Die Partialanalyse wird durch das Denken in ganzheitlichen Systemen aus der Sicht der betrieblichen Entscheidungsträger abgelöst. Er überwindet die isolierte Analyse einzelner nebeneinandergestellter betrieblicher Arbeitsvorgänge (Prozesse) und stellt den Entscheidungsträger in das Zentrum einer nach Operationalität und Verbesserung der prognostischen Leistungsfähigkeit strebenden Theorie.

1.2.2.2.2   Der systemtheoretische Forschungsansatz

Der systemtheoretische Ansatz zählt ebenfalls zu den formalen (interdisziplinären) Forschungsansätzen. Die Handelsbetriebsführung, die von ihrem Verständnis her immer marktorientiert sein musste und des Etiketts „Marketing" nicht bedurft hätte, kann auf der Grundlage des kybernetischen Systemansatzes als eine Entscheidungen treffende Steuereinheit angesehen werden, die nach Handlungsmöglichkeiten sucht, deren Konsequenzen prognostiziert und zu optimalen Lösungen im Hinblick auf die Zielsetzungen kommt. Der Handelsbetrieb ist Teil eines Systems, das aus Elementen und aus Beziehungen zwischen diesen Elementen besteht. Je nach der Betrachtungsweise der Institutionen können im Distributionsbereich Makro- und Mikrosysteme unterschieden werden (vgl. Meffert 1974, Sp. 144 f.). **Makrosysteme** umschließen das Marktverhalten mehrerer Institutionen, wobei Produzenten, Handelsbetrieb, Distributionshelfer (Absatzhelfer und Beschaffungshelfer), aber auch die Haushaltungen als Systemelemente zu sehen sind. **Mikrosysteme** hingegen erfassen intraorganisationale Entscheidungsinterdependenzen in Bezug auf das Beschaffungs- und Absatzverhalten der einzelnen Institutionen, die Handelsfunktionen ausüben.

Die Handelsforschung als ein Teilbereich der Betriebswirtschaftslehre befasst sich im Sinne des systemtheoretischen Ansatzes mit der Steuerung und Regelung von Transpositionssystemen zur Überwindung der Spannungen zwischen Produktion und Konsumtion (funktionale Betrachtung). Regelung bedeutet, auf äußere Entwicklungen zu reagieren, entweder dadurch, dass man mit Maßnahmen auf sich nicht in die gewünschte Richtung entwickelnde Größen reagiert (Feedback) oder dadurch, dass die Sollgrößen angepasst werden (Feedforward). Durch diese Rück- bzw. Vorwärtskopplungen unterscheidet sich die Regelung von der Steuerung. Je besser die Beschreibungs-, Erklärungs-, Prognose- und Entscheidungsmodelle zur Abbildung des Entscheidungsfeldes sind, desto wirksamer kann der Entscheidungsprozess zur Regelung und Steuerung des jeweiligen Systems gestaltet werden.

Der Systemansatz bedeutet vor allem für die Institutionenlehre eine Erweiterung auf die dort wahrzunehmenden und lange Zeit vernachlässigten Managementfunktionen. Diese duale system- und entscheidungsorientierte Forschungsperspektive verknüpft nämlich die Entscheidungsproblematik und die Gestaltungsfragen von Handelsbetrieben sowie die Steuerung des Verhaltens der in ihnen wirkenden Personen. Somit wird eine integrative Konzeption für die Zusammenfassung der noch weitgehend isoliert und partiell behandelten Aussagen zur Zielbildung, Planung, Organisation und Kontrolle sowie deren Einwirkung auf die für den Unternehmungserfolg so wichtige Mitarbeitermotivation in Handelsbetrieben ermöglicht.

1.2.2.2.3   Die verhaltenswissenschaftlichen Forschungsansätze

Um das Verhalten der Systemelemente zu verstehen, bedarf es einer verhaltenswissenschaftlichen Analyse. Die verhaltenswissenschaftlichen Ansätze haben zum Ziel, das Zustandekommen und die Wirkungen marketingpolitischer Maßnahmen mit Hilfe verhaltenswissenschaftlicher Konstrukte zu beschreiben, zu erklären und zu prognostizieren sowie Techniken zur Steuerung des menschlichen Verhaltens abzuleiten. Ansätze der Käuferverhaltensforschung – der folgende Überblick findet sich bei *Foscht* und *Swoboda* (2011, S. 23 f.) – sind die **vergleichende Verhaltensforschung**, die von tierischem auf menschliches Verhalten schließt, die **Tiefenpsychologie**, die sich mit dem Unbewussten der Persönlichkeit beschäftigt, der **biologische Ansatz**, der sich mit den Wirkungen des zentralen Nervensystems befasst, hierzu gehört auch der an Interesse und Untersuchungen zunehmende Bereich der Hirnforschung (Consumer Neuroscience).

Weitere Ansätze sind der **Behaviorismus** (S-R-Paradigma), der ausschließlich beobachtbare Variablen untersucht, ohne psychische Prozesse zu berücksichtigen, der **Neobehaviorismus** (S-O-R-Paradigma), der zusätzlich intervenierende Variablen (Konstrukte, wie etwa Motive, Einstellungen und Zufriedenheit) betrachtet sowie die **kognitive Psychologie**, die Informationsverarbeitungsprozesse (Aufnahme, Verarbeitung und Speicherung von Informationen) im Zusammenhang mit bewussten Entscheidungen analysiert. **Soziologische**

Ansätze untersuchen, wie sich biologische Bedingungen auf die sozialen Beziehungen auswirken.

Ansätze mit Relevanz für die Handelsforschung sind z. B. das Anreiz-Beitrags-Konzept (March/Simon 1958), das Konzept der Gate-Keeper-Rolle (Lewin 1943), das Konzept der Marketing-Führerschaft (z. B. Kümpers 1976) sowie die Konflikt- und Kooperationstheorie (z. B. Steffenhagen 1975).

1.2.2.3   Exkurs: Das Konzept der „Dynamik der Betriebsformen" zur Beschreibung und Erklärung der Entwicklung im Handel

Einen breiten Raum in der Handelsforschung nehmen Ansätze ein, die sich mit der Beschreibung und Erklärung von Betriebstypen im Handel befassen. Sie finden sich unter den Überschriften: Evolutionstheorien (dialektischer Ansatz), Anpassungstheorien, Verdrängungstheorien, Lebenszyklustheorien, Marktlücken- oder Nischentheorien, Polarisierungstheorien und Theorie der Gegenmacht (vgl. z. B. Tietz 1993, S. 1314).

Die oben erwähnten Arbeiten von *Malcom McNair* („Wheel of Retailing") und *Robert Nieschlag* („Dynamik der Betriebsformen") können zu den Verdrängungstheorien gezählt werden (vgl. Tietz 1993, S. 1315), die von *Sylvia Berger* („Store Erosion") zur Lebenszyklustheorie. Zu den besonders kontrovers diskutierten Ansätzen gehört die „Dynamik der Betriebsformen" von *Nieschlag* (1954). Wir widmen der Diskussion um diesen Ansatz hier einigen Raum, weil wir sie als Anschauungsstück (Lehrstück) wissenschaftlicher Auseinandersetzung verstehen.

Nieschlag verfolgte das Ziel, die Entwicklungen von Betriebstypen im Handel systematisch nachzuzeichnen und zu erklären. Der Kern seiner Beobachtungen und Überlegungen ist, dass sich neue Betriebstypen im Handel nach einem bestimmten Muster herausbilden, in den Markt eingeführt werden, verbreiten und schließlich wandeln. *Nieschlag* unterscheidet bei diesem Vorgang zwischen der Entwicklungs- und Aufstiegsphase sowie der Ausreifungs- und Assimilationsphase.

In der **Entwicklungs- und Aufstiegsphase** wird ein neuer Betriebstyp konzipiert und in den Markt eingeführt. Eine aggressive Preispolitik ermöglicht es ihm, den Markt zu erschließen und Marktanteile zu gewinnen. Der Händler kann niedrige Preise realisieren, weil er Kostenvorteile nutzt. Diese resultieren aus günstigen Beschaffungspreisen oder aus dem Verzicht auf Leistungen gegenüber den Kunden, wie z. B. Beschränkungen in der Werbung, im Sortiment, in der Geschäftsausstattung und im Angebot von Kundendienstleistungen (Trading-down). Der Erfolg dieses neuen Betriebstyps lockt weitere Anbieter auf den Markt, der Betriebstyp breitet sich somit aus.

In der sich anschließenden **Reife- und Assimilationsphase** sehen sich die Innovatoren veranlasst, ihr Ausgangskonzept zu überarbeiten, das Leistungsbündel zu erweitern und den Pfad der Niedrigpreise zu verlassen. Der Betriebstyp wandelt sich, gewinnt an Qualität und entwickelt sich nach oben (Trading-up).

Die Gründe für diesen Schrittwechsel sieht *Nieschlag* darin, dass Unternehmer manchmal schon nach kurzer Zeit meinen, nun den Kunden mehr bieten zu müssen, dass alles schöner sein und auch Neues gezeigt werden müsse. Zudem geht er davon aus, dass die Pionierunternehmer bestrebt sind zu expandieren und deshalb die bisherigen Grenzen ihrer Aktivitäten aufgeben wollen (vgl. Nieschlag/Kuhn 1980, S. 94).

Das Sortiment wird erweitert und umstrukturiert, die Geschäftsausstattung wird anspruchsvoller, und die Zahl der Kundendienstleistungen steigt. Bisherige Kostenvorteile gehen durch das Trading-up verloren. Als Folge werden die Preise erhöht und nähern sich dem Preisniveau der traditionellen Betriebstypen. Die Annäherung der Preisniveaus vollzieht sich auch bei den traditionellen Betriebstypen; denn diese haben den Preis gesenkt, um die durch den Markteintritt des neuen Betriebstyps entstandenen Wettbewerbsnachteile aufzuholen. Durch diesen Vorgang der Assimilation entsteht ein Vakuum im preisaggressiven Bereich, in das nun neue Betriebstypen vorstoßen können, und der beschriebene Prozess beginnt von neuem.

In der Mitte der 1980er Jahre hat eine erneute, **kontrovers geführte Diskussion** eingesetzt, die sich damit befasst, ob und inwiefern den Aussagen von *Nieschlag* ein explikativer Theoriegehalt zugeschrieben werden kann. So sieht *Marzen* (1986) die Theorie als falsifiziert an. Zahlreiche institutionelle Entwicklungen des Handels entsprechen nach seiner Meinung nicht den von *Nieschlag* aufgestellten Gesetzmäßigkeiten. *Marzen* nennt als Belege:

Es gelang Discountern mit einer aggressiven Preispolitik, erfolgreich in die Märkte einzutreten. Doch die von *Nieschlag* prognostizierte Assimilation dieses Betriebstyps mit dem Fachhandel konnte bisher nicht verzeichnet werden. (Anmerkung: Diese und die folgenden Beispiele sind im Lichte ihrer Zeit zu sehen, als die Diskussion geführt wurde. Das waren die 1980er Jahre.)

Andere Betriebstypen haben sich ohne eine aggressive Preispolitik im Markt etabliert, und zwar durch eine innovative Sortimentspolitik und eine anspruchsvolle Ladengestaltung, wie sie z. B. bei Boutiquen und Paperbox-Geschäften zu finden sei.

Im Gegensatz dazu gebe es nach dem Discount-Prinzip arbeitende Handelsbetriebe, wie z. B. SB-Warenhäuser, die ihr Angebot an Kundendienst- und Bedienungsleistungen ausgeweitet haben, ohne den ursprünglichen Pfad der aggressiven Preispolitik zu verlassen.

Darüber hinaus entständen neue Betriebstypen auch durch den Einsatz innovativer Kommunikations- und Informationstechniken, womit z. B. das Tele-Shopping, Home-Buying und Home-Screen-Shopping angesprochen sind

Marzen (1986, S. 285) fasst seine Kritik mit dem Satz zusammen: „Die Entwicklungen im Distributionssektor haben sich wesentlich komplizierter, differenzierter und vielgestaltiger vollzogen, als in der ‚Dynamik der Betriebsformen' von 1974 prognostiziert".

Eine andere Position nimmt *Potucek* (1987) ein. Die von *Marzen* aufgeführten Ausnahmen seien durchaus mit den Aussagen *Nieschlags* über die Entwicklung von Betriebstypen konform und es gelänge *Marzen* nicht, die empirische Irrelevanz des „Gesetzes" von der Dynamik der Betriebsformen nachzuweisen. *Nieschlag* habe – so *Potucek* (1987, S. 290) – auch andere Antriebskräfte als eine aggressive Niedrigpreispolitik für das Entstehen neuer Betriebstypen gesehen und in seine Theorie aufgenommen. Neue Betriebstypen versuchen „... den Bedürfnissen, Wünschen und Vorstellungen der Verbraucher bzw. bestimmter Verbrauchergruppen auf neue oder neuartige Weise Rechnung zu tragen, oder – mit anderen Worten – eine eigene Marketing-Konzeption zu entwickeln." (Nieschlag 1974, Sp. 367)

Im Unterschied zu *McNairs* „Wheel of Retailing", das ausschließlich preistheoretisch orientiert ist, sei *Nieschlags* Konzept wettbewerbsdynamisch angelegt und repräsentiere ein betriebstypenstrukturelles Evolutionsmuster, das die meisten Entwicklungsvorgänge in der Realität einzufangen vermag (vgl. Nieschlag 1974, Sp. 367). Des Weiteren stammten die von *Marzen* dargestellten Ausnahmen aus dem Bereich problemvoller, beratungsintensiver Konsumgüter des aperiodischen Bedarfs, bei denen aggressive Preise eine weitaus geringere Rolle spielen als bei weniger problemvollen Waren (vgl. Potucek 1987, S. 291). Andere Autoren sehen den Unterschied in den Konzepten von *McNair* und *Nieschlag* nicht und übertragen die am „Wheel of Retailing" geübte Kritik auf das Konzept der „Dynamik der Betriebsformen" (vgl. Barth 1988, S. 119 ff.).

F.W. Köhler (1990, S. 60) weist darauf hin, dass *Nieschlag* bei allen neuen Betriebstypen, also im Handel mit problemlosen und problemvollen Waren, das dynamische Element gesehen habe: „Die neuen Betriebsformen suchen die Aufgabe, ... die in der optimalen Versorgung der Bevölkerung mit allen Waren und den damit zusammenhängenden Diensten (besteht), besser zu erfüllen, als es der Handel bisher vermocht hat." (Nieschlag 1974, Sp. 367)

F.W. Köhler (1990, S. 59) betrachtet, ähnlich wie *Müller-Hagedorn* (1985, S. 23), das Konzept der „Dynamik der Betriebsformen" im zeitlichen Kontext seiner Entstehung und fordert, das „Modell um weitere betriebstypenstrukturelle Evolutionsmuster zu ergänzen und deren empirische Relevanz nachzuweisen. Somit werden der Informationsgehalt erhöht und die Universalität der Aussagen *Nieschlags* eingeschränkt." Er erweitert daher das Modell des „Trading-up" von *Nieschlag* um die Evolutionsmuster des „Trading-down", des „High-level-trading" und des „Low-level-trading" (**Tabelle 1.1**).

Tabelle 1.1   Betriebstypenstrukturelles Evolutionsmuster

Preispolitik \ Verlaufsrichtung	up	down
Veränderung	Trading-up	Trading-down
Beibehaltung	High-level-trading	Low-level-trading

Quelle: F.W. Köhler 1990, S. 61

Die empirische Relevanz dieser Evolutionsmuster sieht *F.W. Köhler* (1990, S. 62 ff.) durch die Praxis bestätigt. Die Strategie des „Trading-up" finde sich bei Warenhäusern, Supermärkten, Verbrauchermärkten, in serviceorientierten Fachmärkten und im Versandhandel wieder. Zu den Ausprägungen der „Trading-down"-Strategie rechnet er die SB-Filialen des Fachhandels (z. B. *Hettlage*), die Discountfilialen der Nahrungs- und Genussmittel-Filialisten (z. B. Plus bei Tengelmann) und die neuorientierten Warenhaustypen, wie z. B. „Spartaner" von *Karstadt*, „Horten Extra" von *Horten* und „Nahversorger" von *Hertie*.

Beispiele für das „High-level-trading" sind Spezialgeschäfte (*Candy-Company* im Süßwarenbereich, *Harvey's* und *Fil-à-Fil* bei Krawatten etc.), City-Passagen, Tiefkühlheimdienste (*Eismann, Bofrost* etc.) und Boutiquen. Zum Bereich des „Low-level-trading" zählen preisaggressive Betriebstypen, wie z. B. *Aldi, C&A, Schlecker*, aber auch Postengeschäfte, die sich auf die Vermarktung von Havariewaren spezialisiert haben.

Für die Entwicklung von Betriebstypen gelte, dass sich diese nicht einander ablösen, wie *Nieschlag* es formuliert hat. Vielmehr sei zu beobachten, dass Handelsunternehmungen zu Mehrfachstrategien greifen. So werden beispielsweise Betriebstypen diversifiziert, modifiziert, inkludiert bzw. exkludiert oder auch Partien vermarktet, um z. B. die Strategie des „Trading-down" umzusetzen.

Die Diskussion zeigt, dass viele Entwicklungen neuer Betriebstypen dem Gesetz der „Dynamik der Betriebsformen" von 1954 gehorchen. Bereits in der überarbeiteten Fassung von 1974 trägt *Nieschlag* den veränderten Rahmenbedingungen Rechnung, weitere Phänomene lassen sich somit einfangen. Erweiterungen des ursprünglichen Modells, wie sie von *Müller-Hagedorn* und *F.W. Köhler* vorgeschlagen worden sind, lassen erwarten bzw. haben bereits bestätigt, dass auch bisherige „Non-Conforming Examples" eigenen Gesetzmäßigkeiten gehorchen.

Welchen Aussagewert haben nun diese Erkenntnisse für die Handelsforschung? Das erweiterte Modell der „Dynamik der Betriebsformen" trägt dazu bei, die Entwicklungen im institutionellen Handel systematisch und differenziert zu erfassen und nachzuzeichnen. Folglich darf diesem Modell ein hoher deskriptiver Theoriegehalt zugeschrieben werden.

Nieschlags Hypothesen über die „Dynamik der Betriebsformen" dürfen eher als deterministisch denn als probabilistisch angesehen werden (vgl. Müller-Hagedorn 1985, S. 23.). Verbunden ist mit einer deterministischen Hypothese zwar ein größerer Informationsgehalt, aber ebenso eine größere Zahl von Falsifikatoren, worauf zahlreiche Kritiker immer wieder mit „Non-Conforming Examples" hingewiesen haben. Die Berücksichtigung unterschiedlichen Händler- und Verbraucherverhaltens sowie verschiedener Rahmenbedingungen führt zu einer Mehrzahl von Hypothesen, deren Allgemeingültigkeit und Informationsgehalt zwar geringer sind, deren Zahl von Falsifikatoren aber ebenfalls gesunken ist. Insoweit steigt auch der explikative Theoriegehalt.

Die prognostische Aussagekraft, auch eines modifizierten erweiterten Modells, bleibt nicht ohne Vorbehalte. Verlässliche Prognosen über die Entwicklung eines Betriebstyps sind problematisch. Dies verdeutlichen in **Tabelle 1.2** seine möglichen Entwicklungspfade nach dem Markteintritt. Ein mit einer aggressiven Niedrigpreispolitik in den Markt eingetretener Betriebstyp hat sowohl die Option des „Trading-up" als auch des „Low-level-trading". Es ist aber weder genau vorhersehbar, welcher Pfad noch zu welchem Zeitpunkt dieser eingeschlagen wird.

Entsprechend ist das Entscheidungsfeldmodell einer Handelsunternehmung, die sich rechtzeitig auf den neuen Betriebstyp einstellen will, durch strukturelle und substantielle Ungewissheit geprägt (vgl. Ahlert/Schröder 1990, S. 67). Es ist zum einen ungewiss, welche strategische Stoßrichtungen der Konkurrenz den Zustandsraum charakterisieren, und zum anderen fehlen Informationen über deren konkrete Ausprägungen.

Tabelle 1.2   Modellerweiterung der „Dynamik der Betriebsformen"

Instrumente \ Marktphase	Marktzutritt	Marktbehauptung
Nichtpreispolitik	(1) / (3)	
Niedrigpreispolitik	(4) / (2)	

(1) = High-level-trading, (2) = Low-level-trading, (3) = Trading-down, (4) = Trading-up

Quelle: F.W. Köhler 1990, S. 61

Trotz der Ungewissheit über die eindeutige Entwicklungsrichtung neuer Betriebstypen und den Zeitpunkt des Marktzutritts sowie des Übergangs in die Marktbehauptung, ist es für eine Handelsunternehmung zwingend notwendig, sich intensiv mit dem Markteintritt neuer Betriebstypen und deren strategischen Optionen zu befassen. Die unzureichende Auseinandersetzung mit neuen Betriebstypen hat in der Vergangenheit – wohl angesichts der noch vorhandenen eigenen starken Position – wiederholt zu Fehleinschätzungen und folglich eigenem Fehlverhalten geführt. So sahen die klassischen Warenhäuser Mitte der 1960er Jahre die Anfangserfolge preisaggressiver Betriebstypen wie der Verbrauchermärkte und der SB-Warenhäuser nur als vorübergehende Erscheinung und unterschätzten erheblich die Anziehungskraft niedriger Preise dieser meist peripher gelegenen Einkaufsstätten.

Die Forderung von *Müller-Hagedorn* (1985, S. 24), den „Bewährungsgrad von Aussagen über das Verhalten von Händlern bei der Planung ihrer Geschäftsstätten zu erkennen", geht nicht nur an die Wissenschaft, sondern ebenso an die Praxis. Folgendes Beispiel mag dies belegen: Tritt in der Lebensmittelbranche ein Discounter in die unmittelbare Standortnachbarschaft eines Supermarktes, dann kann es sein, dass dieser einige Kunden an den Discounter verliert, aber auch andere hinzugewinnt, die beim Discounter bestimmte Artikel

(z. B. Fleisch, Obst) nicht finden und diese dann im Supermarkt kaufen. Solange der Discounter auf gewisse Leistungen gegenüber den Kunden verzichtet, wie z. B. Beschränkungen in der Werbung, im Sortiment, in der Geschäftsausstattung und im Angebot von Kundendienstleistungen, ergänzen und substituieren sich diese beiden Betriebstypen in bestimmten Sortimentsbereichen. Gehen die Manager des Supermarktes davon aus, dass der Discounter auch in Zukunft die Strategie des „Low-level-trading" verfolgt, könnten sie überrascht sein, wenn der Discounter eines Tages „aufrüstet", d. h. den Pfad des „Trading-up" einschlägt.

Die Kenntnis denkbarer strategischer Stoßrichtungen des Discounters und die dazugehörigen Rahmenbedingungen, unter denen sich solche Evolutionsmuster vollziehen, hätten ihn vor diesen Überraschungen schützen und rechtzeitig zu Gegenmaßnahmen greifen lassen können.

1.2.3   Die Entwicklung der Handelsforschung

Mit dem wirtschaftlichen Fortschritt in der Bundesrepublik Deutschland haben sich nach dem Zweiten Weltkrieg die Schwerpunkte der Handelsforschung verlagert (vgl. Barth 1995, Sp. 870 ff.). In den fünfziger Jahren standen neuartige Betriebsvergleiche und Betriebsanalysen mit innovativen Fragebogenprogrammen im Mittelpunkt. Außerdem beschäftigte sich die Forschung zu dieser Zeit mit quantitativen und qualitativen Konsumentenanalysen, den ersten Preis- und Sortimentsvergleichen und den Chancen der Selbstbedienung.

In den sechziger Jahren wurden die ersten großangelegten Branchen- und Sektorenanalysen für den Groß- und Einzelhandel vorgelegt, so dass künftige Umsatz- und Flächenentwicklungen erstmalig prognostizierbar wurden. Aufgrund der beginnenden Konzentrationsprozesse stellten Untersuchungen über die optimale Betriebs- und Unternehmungsgröße im Handel einen weiteren Forschungsschwerpunkt dar.

In den siebziger Jahren setzte sich die Handelsforschung verstärkt mit den Führungs- und Personalproblemen des Handels auseinander. Neben neuen Ansätzen zur Personaleinsatz- und Personalentwicklungsplanung standen Fragen der betrieblichen Bildungsarbeit im Mittelpunkt des Interesses. Einen weiteren Forschungsinhalt bildeten die Kooperationssysteme des Handels, so dass neue Modelle zur Umstrukturierung und Weiterentwicklung bestehender Verbundgruppen entwickelt werden konnten.

In den achtziger Jahren begann der Einfluss der Berater als Handelsforscher. Zu dieser Zeit wurden Warenwirtschaftssysteme, interne Informationssysteme sowie Marktbearbeitungs- und Erfolgsrechnungskonzepte (z. B. Direkte-Produkt-Profitabilität) für den Handel entwickelt. Neben ersten Studien zur Internationalisierung waren Positionierungs-, Profil- und Identitätsstrategien des Handels zentrale Aspekte der Forschung.

In den neunziger Jahren begleitete die Handelsforschung in Deutschland den Wiedervereinigungsprozess, so dass andere Themen in den Hintergrund traten. Die Öffnung Osteuropas und der EU-Binnenmarkt boten ein weiteres Betätigungsfeld. Die Einflussfaktoren für den Erfolg von Handelsunternehmungen bildeten einen zusätzlichen Forschungs-schwerpunkt. Die Erfolgsfaktoren sind Grundlage für strategische Entscheidungen, ins-besondere zur Erzielung von Wettbewerbsvorteilen. Aus diesem Grund bemüht sich die Erfolgsfaktorenforschung, strategisch bedeutsame Parameter als Ziel- und Planungsgrößen zu identifizieren (vgl. Trommsdorff/Bienert 1992, S. 17 ff.; Ahlert/Krönfeld 1994, S. 87 ff.). Ein weiteres Forschungsinteresse lag im Bereich des Interaktionsmanagement, bei welchem Möglichkeiten der vertikale Abstimmung zwischen Handel und Industrie diskutiert wur-den (vgl. Tietz 1992, S. 16 ff.). Dazu zählen auch Managementkonzepte wie z. B. das Effi-cient-Consumer-Response-Konzept (ECR). Es handelt sich dabei um den Übergang von der intra- zur interorganisationalen Prozessorganisation mit dem Ziel einer Ökonomisierung der gesamtwirtschaftlichen Wertschöpfungskette durch die Transformation des Systems vom „Stauprinzip" zum „Fließprinzip", das sich an den Kunden ausrichtet.

In diesem Jahrzehnt und in der Folgezeit befasste sich die Handelsforschung mit strukturel-len und wettbewerbspolitischen Entwicklungen der Distribution in den neuen Bundeslän-dern, in den Ländern der EU sowie in den mittel- und osteuropäischen Staaten. Die Unter-suchungen über neue Distributionssysteme in den mittel- und osteuropäischen Staaten beschäftigten sich vor allem mit der Privatisierung von Handelsunternehmungen und mit den für den Vertikal- und Horizontalwettbewerb bedeutsamen Entwicklungen auf der Angebots- und Nachfrageseite. Im Gegensatz dazu standen bei Untersuchungen in den westeuropäischen Staaten Fragen der Machtphänomene im Vordergrund. In diesem Zu-sammenhang wird die Wettbewerbsposition der kleinen und mittleren Handelsunterneh-mungen im Vergleich zu den umsatzstarken Groß- und Filialunternehmungen des Einzel-handels erörtert. Weiterhin werden Entwicklungen der verschiedenen Typen von Handels-kooperationen und Franchisesystemen aus handels- und wettbewerbspolitischer Sicht dargestellt (Ifo-Institut Jahresbericht 1993).

Jede Änderung in der globalen, in der aufgabenbezogenen und in der internen Umwelt stellt die Handelsforschung vor neue Aufgaben. Wenn der Gesetzgeber als Teil der globa-len Umwelt z. B. die Ladenschlusszeiten verändert, etwa mit dem Dienstleistungsabend (von 1989 bis 1996 konnten die Händler ihre Geschäfte donnerstags bis 20.30 Uhr öffnen, anstatt nur bis 18.30 Uhr), so stellt sich die Frage, wie sich dies auf die Verbraucher, die Handelsunternehmungen und die Beschäftigten auswirkt. In diesem Rahmen wurden z. B. Veränderungen der Verkehrsströme, Frequentierung der Innenstädte, Attraktivitätsent-wicklung einzelner Einkaufsbereiche sowie Maßnahmen der Städte als Reaktion auf uner-wünschte Auswirkungen des Dienstleistungsabends analysiert. Auch in der Folgezeit wur-den die gesetzlichen Ladenöffnungszeiten verändert, womit dieses Feld gut die hohe Dy-namik der Rechtsordnung verdeutlicht. Ab Ende 2006 durften Verkaufsstellen in Nord-rhein-Westfalen mit Ausnahme der Sonn- und Feiertage von 0 bis 24 Uhr geöffnet sein (allgemeine Ladenöffnungszeit). Seit Mai 2013 ist die Öffnung an Samstagen „nur noch" in der Zeit von 0 bis 22 Uhr möglich.

Eine wichtige Herausforderung ist die Umsetzung des methodischen und technischen Fortschritts im Handel. Die Handelsforschung strebt mit Hilfe spezifischer Forschungsme-thoden nach inhaltlicher Erkenntnisgewinnung ihres Untersuchungsobjektes. Deshalb wird sie sich auch mit der Weiterentwicklung von Forschungsmethoden, die den spezifischen Anforderungen des Handels gerecht werden, auseinandersetzen müssen. Ein Schwerpunkt sind seit geraumer Zeit computergestützte Verfahren. Fragen, die sich in der jüngeren Vergangenheit gestellt haben und auch in der Zukunft stellen werden, lauten z. B.: Wie wirken sich neue Informations- und Kommunikationstechnologien, stark getrieben durch die Miniaturisierung im Bereich der Mikroelektronik, den Fortschritt der Speichertechniken und den rapiden Preisverfall für Hardware- und Softwareleistungen, auf die Beziehungen der Marktpartner aus? Wie verändern sich das Beschaffungsverhalten und das Kaufverhalten? Welche Kanäle nutzen die Mitglieder einer Wertkette für die Güter-, Geld und Informationsströme? Wie beeinflussen elektronische Prozesse die Geschäftsmodelle? Wie verändert sich die Zusammensetzung der Mitglieder einer Wertkette?

Neben der Entwicklung geeigneter Methoden zur Strukturierung und Gestaltung innovativer Betriebstypen werden auch künftig Verfahren zu ihrer Effizienzprüfung entstehen. Außerdem wird die eingehende Beschäftigung mit Fragen aus den Bereichen des Handelsmanagements, der sozialen Verantwortung (Stichwort: Corporate Social Responsibility), des Handelsmarketings, der Personalpolitik, der Warenwirtschaft, der Kassen- und Zahlungssysteme, der Logistik, der Internationalisierung, der neuen Medien, des Verhaltens der Endkunden sowie der Gestaltung der Kundenbeziehungen (B2B wie B2C) von besonderer Bedeutung sein. Der Versuch, eine vollständige Liste von relevanten Themen zu erstellen, muss scheitern. Die Losung lautet vielmehr: Da eine Welt ohne Handel nicht vorstellbar ist und die Welt den Handel prägt, werden alle Elemente der Umwelt stets das Forscherinteresse anregen.

2 Die Bestimmungsmerkmale der Handelsbetriebe

Zu den Bestimmungsmerkmalen der Handelsbetriebe werden die Handelsfunktionen, die Strukturmerkmale sowie die Faktoren der handelsbetrieblichen Leistungserstellung gezählt. Die **Handelsfunktionen** zeigen zunächst aus der gesamtwirtschaftlichen Perspektive, welche Aufgaben die Handelsbetriebe im Rahmen der Warendistribution zwischen Produktion und Konsumtion erfüllen. Daraus ergeben sich auch die einzelbetrieblichen Aufgaben und Distributionsverrichtungen, die wiederum, weil aus ihnen die betriebsspezifischen Leistungen erwachsen, merkmalsbestimmend und gruppenbildend sein müssen. So folgen z. B. aus der gesamtwirtschaftlichen Aufgabe der Zeit- und Raumüberbrückung einzelbetriebliche Lager- und Transportfunktionen.

Die **Strukturmerkmale** determinieren die Erscheinungsformen von Handelsbetrieben. Der von der Unternehmung gewählte Warenkreis (z. B. Spezialgeschäft oder Warenhaus), der Standort (z. B. kostenorientiert auf der grünen Wiese, passantenorientiert in der City oder als Online-Shop) sowie das Umsatzverfahren (z. B. Automatenabsatz, Katalog- und Selbstbedienung) sind als leistungs- und gruppenbestimmende Merkmale anzusehen.

Die **Art der Faktorkombination** entscheidet über die vom einzelnen Handelsbetrieb zu erstellende Leistung. So sind z. B. der Automatenabsatz, der Bedienungsabsatz, der Selbstbedienungsabsatz und der Online-Absatz das Ergebnis einer unterschiedlichen Kombination von handelsbetrieblichen Leistungsfaktoren.

Jede Erscheinungsform eines Handelsbetriebes lässt sich mit seiner spezifischen Leistung als Punkt in einem dreidimensionalen Raum darstellen, der durch Handelsfunktionen (Verrichtungsarten), Strukturmerkmale und Faktorkombinationen definiert wird.

2.1 Die Handelsfunktionen

Die weitgehend immaterielle Leistung des Handelsbetriebes hat nicht nur für den Laien immer wieder Anlass zu Missverständnissen gegeben. Fehldeutungen der Handelsleistung, die aus der Annahme der Unproduktivität des Handels erwachsen sind, findet man nicht nur bei mittelalterlichen Denkern und in Schriften der Reformationszeit, sie wurden durch die Arbeiten des *François Quesnay* und der Frühsozialisten *Charles Fourier* sowie *Robert Owen* konserviert und haben sich bis in die Gegenwart in unsachgemäßen Zeitungsdarstellungen gehalten. Auch die Trennung von Haupt- und Nebenleistung in der wettbewerbsrechtlichen Diskussion zur Nachfragemacht des Handels und die sogenannte Funktionstheorie des BGH zeugen von mangelndem Einblick in die betriebswirtschaftliche Leistung der Handelsbetriebe, insbesondere des Einzelhandels.

Es ist daher nicht verwunderlich, dass die Entwicklung der Handelswissenschaft immer wieder durch Versuche gekennzeichnet wird, die Leistung des Handels im Allgemeinen und die des Handelsbetriebes im Besonderen im Rahmen der gesamtwirtschaftlichen Wertschöpfungsprozesse zu erläutern. Dieser Zielsetzung hat die Handelsforschung durch den Entwurf solcher Kataloge Rechnung getragen, in denen auf unterschiedliche Art und Weise die Funktionen des Handels systematisiert worden sind. Insbesondere sind die Funktionsschemata von *Oberparleiter, Hellauer, Seÿffert, Buddeberg, Hoppmann, Marré, Sundhoff* und *Behrens* zu erwähnen. *Marré* hat sie in einer vergleichenden Übersicht zusammengestellt (vgl. Marré 1974, Sp. 711 ff.; Schenk 1970, S. 55 ff.).

Allen Funktionsschemata ist ihre zunächst gesamtwirtschaftlich ausgerichtete Beschreibungs- und Erklärungsaufgabe zu eigen, die unterstellt, die auf weitgehend technischen Transformationsprozessen beruhende industrielle Leistungserstellung sei in der Regel einsichtiger als die sich vornehmlich aus immateriellen Leistungen ergebende Wertschöpfung des Handels.

Obwohl der funktionenorientierte Forschungsansatz im Vergleich mit den übrigen methodischen Ansätzen der traditionellen Handelsforschung bislang noch die wesentlichsten Einsichten in den Distributionsprozess geliefert hat, wird sein Nutzen für eine entscheidungsorientierte Marketinglehre und für die Lösung einzelbetrieblicher Marketingprobleme als wenig geeignet angesehen. Die unterschiedliche Beurteilung des funktionenorientierten Forschungsansatzes in seiner heuristischen Leistungsfähigkeit zur Kennzeichnung der verschiedenen Problemfelder, insbesondere von Handelsbetrieben, ist im Wesentlichen darin begründet, dass der Funktionenbegriff in der handelswissenschaftlichen Literatur eine differenzierte Interpretation erfahren hat. Neben seiner Nutzung zur Ausdeutung gesamtwirtschaftlich notwendiger Transpositionsvorgänge in der Distribution wird der Terminus „Funktion" im Sinne von Aufgabe (vgl. Seÿffert 1971, S. 26) oder im Sinne von Verrichtungen (vgl. Engelhardt 1966, S. 160) verwendet. Vor allem aus der verrichtungsorientierten Sicht wird der Bezug zu den die Absatzpolitik bestimmenden Variablen vermisst und daher der Nutzen für die Entscheidungsfindung bei konkreten absatzpolitischen Wahlmöglichkeiten verworfen (vgl. Burkheiser 1970, S. 54). Dieser definitorische Dissens kann jedoch mit dem Hinweis geklärt werden, dass die Aufgabe und deren Erledigung als zwei Seiten ein und desselben Problemkomplexes angesehen werden können (vgl. Conrads 1975, S. 90). Infolgedessen besteht die Aufgabe bzw. Funktion des Handelsbetriebes darin, die vielfältigen und immer wieder neu entstehenden Spannungen zwischen Produktion und Konsumtion zu überwinden, wobei die Erfüllung dieser Aufgabe durch die Faktorkombination im Wege einzelbetrieblicher Verrichtungen eine betriebliche Leistung darstellt (vgl. Bouffier 1956, S. 22).

Die Unternehmenspolitik im Handel konzentriert sich daher unter Ausnutzung möglicher markt- und ökonomisierungspolitischer Freiheitsgrade auf die betriebliche Leistungspolitik, die in der Erfüllung solcher Handelsfunktionen besteht, die auf die Bedürfnisse der nachfragenden Wirtschaftssubjekte ausgerichtet sind (vgl. Kuhlmeier 1980, S. 31). In diesem Sinne bedeutet die Übertragung der zunächst gesamtwirtschaftlich ausgerichteten Funktionentheorie auf die einzelbetriebliche Aufgabenerfüllung keine contradictio in adjecto (vgl.

Schenk 1970, S. 18), sondern eine logische ökonomische Verknüpfung, der *Leitherer* durch die Unterscheidung von makro- und mikroökonomischen Handelsfunktionen Rechnung zu tragen versucht.

Der einzelne Handelsbetrieb kann nur solche Funktionen erfüllen, die gesamtwirtschaftlich von Bedeutung sind. Anders formuliert müssen die gesamtwirtschaftlich notwendigen Funktionen im Wege einzelbetrieblicher Aufgabenerfüllung erbracht werden. Solange Handelsfunktionen nicht in die absatzpolitische Konzeption des einzelnen Betriebes einbezogen werden, läuft der Zielsetzungsprozess in der Handelsunternehmung weitgehend ohne Berücksichtigung von gesamtwirtschaftlichen und gesellschaftlichen Anforderungen ab (vgl. Thies 1978, S. 96).

2.1.1   Das System der Handelsfunktionen

Der klassische funktionenorientierte Forschungsansatz, wie ihn insbesondere *Sundhoff* verfeinert hat, kennzeichnet den gesamtwirtschaftlichen Wertschöpfungsbeitrag des Handels mit den transpositorischen Grundfunktionen, die erbracht werden müssen, um den Zustand bloßer Sacheignung von Wirtschaftsgütern zu überwinden, also zu transponieren. Die Güter erhalten ihre Verwendungsreife erst durch solche Maßnahmen, die zu einer Situationseignung durch Überwindung von zeitlichen, räumlichen, quantitativen und qualitativen Spannungen zwischen Produktion und Konsumtion führen.

Zu den transpositorischen Grundfunktionen zählen Sachgüterumgruppierungs-, Bedarfsanpassungs-, Marktausgleichungs- und Sachgüteraufbereitungsvorgänge (**Abbildung 2.1**).

- Der Vorgang der **Sachgüterumgruppierung** wandelt die erzeugungsorientierten Leistungsgüterkombination um in eine für die Situationseignung nach Art und Menge bedarfsorientierte Ge- und Verbrauchsgüteraggregation. Fertigungstechnisch bedingte Programme müssen in bedarfsorientierte Sortimente transponiert werden.

- Der Vorgang der **Bedarfsanpassung** ist auf die Erfüllung von Überbrückungsaufgaben ausgerichtet. Durch die Kombination einer fremderstellten Sachleistung (Ware) mit einer handelsbetrieblichen Dienstleistung (Transport, Lagerung, evtl. Finanzierung) werden räumliche und zeitliche, aber auch finanzielle Inkongruenzen ausgeglichen, so dass eine verwendungsreife Leistung entsteht.

  Zum Vorgang der Bedarfsanpassung zählen auch sogenannte Sicherungsfunktionen, als Objektsicherung und als Subjektsicherung. Zur Objektsicherung zählen Maßnahmen der Qualitätssicherung sowie der Leistungsschutz auf der Grundlage vertraglicher oder freiwilliger Handlungen, die zu Garantie- oder Kulanzleistungen führen.

  Unter Subjektsicherung sind Sicherungsmaßnahmen gegenüber Lieferanten und Verwendern zusammenzufassen. Einerseits werden Absatz- und Entgeltrisiken gegenüber den Lieferanten übernommen. Andererseits werden gegenüber den Verwendern Beratungs- und Umtauschleistungen erbracht, die das ökonomische, technische und soziale Risiko des Kaufs reduzieren.

Abbildung 2.1   Katalog der Handelsfunktionen

A. Sachgütergruppierungsfunktionen

    1. Sortimentsfunktionen

        a) Produktorientierte Sortimentsbildung

        b) Konsumptionsorientierte Sortimentsbildung

    2. Quantitätsfunktionen

        a) Sachgütersammlung

        b) Sachgüterverteilung

B. Bedarfsanpassungsfunktionen

    1. Überbrückungsfunktionen

        a) Raumüberbrückung

        b) Zeitüberbrückung

    2. Sicherungsfunktionen

C. Marktausgleichsfunktionen

    1. Markterschließungsfunktionen

        a) Marktuntersuchung

        b) Marktbeeinflussung

    2. Umsatzdurchführungsfunktionen

        a) Umsatzakquisition

        b) Umsatzabwicklung

D. Sachgüteraufbereitungsfunktionen

    1. Qualitätsfunktionen

        a) Sortierung

        b) Mischung

    2. Vollendungsfunktionen

        a) Manipulation

        b) Montage und Wartung

Quelle: Vgl. Sundhoff 1965, S. 762 ff.

■ Der Vorgang der **Marktausgleichung** bezieht sich auf die Abstimmung von Angebot und Nachfrage durch Maßnahmen der Marktuntersuchung und Marktbeeinflussung. Zum Marktausgleichsvorgang zählt aber auch die Durchführung der Umsatzaufgabe, die in der Akquisition und in der Abwicklung des Umsatzes besteht. Die Umsatzakquisition enthält die kommerziellen Verrichtungen bis zum Abschluss des Kaufvertrages. Unter den Aufgaben der Umsatzabwicklung sind die Auslieferung, die Fakturierung und die Rechnungseingangskontrolle zusammenzufassen.

■ Zu den Maßnahmen der **Sachgüteraufbereitung** zählen z. B. die Sortierung, die Manipulation und die Installation. Dies sind zwar strenggenommen Güterumwandlungsleistungen (z. B. Veredelung und Mischung im Lebensmittelbereich, Montage technischer Geräte, Anarbeitung im Stahlhandel), sie erwachsen jedoch traditionell aus den Distributionsvorgängen.

2.1.2 Der Funktionenwandel im Zeichen der Ökonomisierung

Soweit die auf dem Wege einer Ware zwischen Hersteller und Konsument insgesamt zu erfüllenden Handelsfunktionen zu vielgestaltig und zahlreich sind, um sie alle gleichzeitig in <u>einer</u> Betriebsstätte zu bewirken, kann es in der Distribution (funktionaler Handel) ökonomisch sinnvoll sein, sie arbeitsteilig zu verrichten.

Wenn man die Leistung des institutionalen Handels als Kombination aus einer fremderstellten Sachleistung und einer selbsterstellten Dienstleistung kennzeichnet (vgl. Buddeberg 1959, S. 10), dann können sich im Rahmen der handelsbetrieblichen Planungsautonomie Maßnahmen der Ökonomisierung nur auf den Prozess (Verrichtung) der Dienstleistungserstellung sowie auf die Qualität und die Quantität der „produzierten" Dienstleistungen erstrecken. Der hier verwendete **Begriff der Ökonomisierung** umschließt alle Entscheidungen, um die bei der Erstellung der Handelsleistung anfallenden Kosten zu verringern und/oder das auf Umsatzerzielung gerichtete Leistungsprodukt zu verbessern (vgl. Klein-Blenkers 1964, S. 184 ff.). Damit rücken die Handelsfunktionen in den Mittelpunkt einer markt- und entscheidungsorientierten Betriebswirtschaftslehre des Handels. Denn der um Ökonomisierung bemühte Entscheidungsträger hat erstens das Leistungsprodukt auf der Grundlage der Marktuntersuchung marktadäquat zu konzipieren, so dass das Leistungsprofil des Betriebes möglichst mit dem Bedürfnisprofil der durch die Marktforschung definierten Kunden übereinstimmt. Er hat zweitens den Leistungsprozess zu planen, damit zum einen aus der Sicht des Kunden ein optimales Preis-Leistungs-Verhältnis erreicht und zum anderen aufgrund der betrieblichen Zielsetzung eine befriedigende Rentabilität des investierten Kapitals erwirtschaftet werden kann.

Die **optimale Funktionserfüllung** in den Dimensionen Zeit, Raum, Qualität, Quantität, Kosten und Leistungen (Umsatz) ist aufgrund der Vielzahl von Einflussgrößen und dynamischer Wirtschaftsabläufe ex ante unbekannt. Daher liefert der Wettbewerb das Entdeckungsverfahren (vgl. Hayek 1968, passim) zur Koordination der in der Distribution herrschenden Arbeitsteilung und zur Verbesserung der handelsbetrieblichen Marktleistungen durch erfüllte Handelsfunktionen. Infolgedessen muss dem einzelnen Handelsbetrieb ein genügend großer Freiraum gewährt werden, damit das komplexe Problem einer optimalen Bewirkung von Handelsfunktionen durch Produzenten, Absatzmittler, Distributionshelfer und Endkunden gelöst werden kann. Es gibt keine Handelsfunktion, die als typisch für eine Wirtschaftsstufe oder gar eine Gruppe von Handelsbetrieben anzusehen ist und nur von diesem erbracht werden darf. Die in der Rechtsprechung formulierten anderen Ansichten können zur Funktionenzementierung und infolgedessen zu einer Verhinderung der Ökonomisierung führen.

Aus gesamtwirtschaftlicher Sicht stellt sich die Ökonomisierung der Distribution als ein dauerndes Auswahlverfahren möglichst wirtschaftlicher Funktionsausübung durch die unterschiedlichen alten und neuen Absatzinstitutionen dar. Aus der Perspektive des einzelnen Handelsbetriebes, der davon auszugehen hat, dass seine Funktionserfüllung im Rahmen des Wettbewerbs immer wieder zur Disposition gestellt wird, kann das Auswahlproblem wirtschaftlicher Funktionserfüllung zu einem Wandel in der Funktionenwahrnehmung führen. Unter dem **Funktionenwandel** werden in der handelswissenschaftlichen Literatur alle Fälle der zwischenbetrieblichen Aufgaben- bzw. Funktionenverschiebung verstanden (vgl. Minninger 1968, S. 25). Unter der Voraussetzung, dass auf dem Warenweg zwischen Produzent und Konsument ein Mindestumfang von Handelsfunktionen erfüllt werden muss, zwingt die Ausgliederung einer Funktion aus einem Betrieb zu einer korrespondierenden Eingliederung in einen anderen Betrieb. Jedoch ist der Funktionenwandel nicht nur Ausdruck von zwischenbetrieblichen Funktionenverschiebungen. Neue Ideen zur Marktbearbeitung und Marktsicherung sowie der technische Fortschritt führen zur Schöpfung neuer und zum Fortfall nunmehr überflüssiger Funktionen.

Der Entscheidungsträger hat bei derartigen Ökonomisierungsprozessen im Rahmen von Kostenstudien und Umsatzschätzungen zu klären, ob bei

- einer **Funktioneneingliederung** (z. B. Zustellung) sowie

- einer **Funktionenschöpfung** (z. B. das Angebot von Betriebsberatungsleistungen durch den Großhandel für Kunden auf der Einzelhandelsebene)

die mit diesen Maßnahmen verbundenen Kostenzuwächse kleiner als die zu erwartenden Erlösverbesserungen sind. Er hat weiter zu prüfen, ob bei

- einer **Funktionenausgliederung** (z. B. Bedienung) sowie

- einem **Funktionenfortfall** (z. B. Umtauschrechte im Rahmen der Subjektsicherungsfunktion)

die diesen Entscheidungen zu verdankenden Kosteneinsparungen größer als die aus der zu realisierenden Funktioneneinschränkung resultierenden Erlöseinbußen sind (siehe **Abbildung 2.2**).

Die Funktionenreduktion (Fortfall oder Ausgliederung von Funktionen) und die Funktionenexpansion (Schöpfung oder Eingliederung von Funktionen) stellen marktstrategische Maßnahmen des Handelsbetriebes dar, die in Anlehnung an die angelsächsische Marketing-Literatur als Trading-down und Trading-up bezeichnet werden. Es handelt sich dabei vor allem um absatzpolitische Überlegungen, um über die Einengung oder Ausweitung der Handelsleistung das preispolitische Entscheidungsfeld derart zu verändern, dass das Preis-Leistungs-Verhältnis der Betriebsstätte im Sinne aktiver Nachfragelenkung besser auf das Bedürfnis- und Nutzenprofil der Kunden abgestimmt werden kann.

Abbildung 2.2   Funktionenwandel in der Distribution

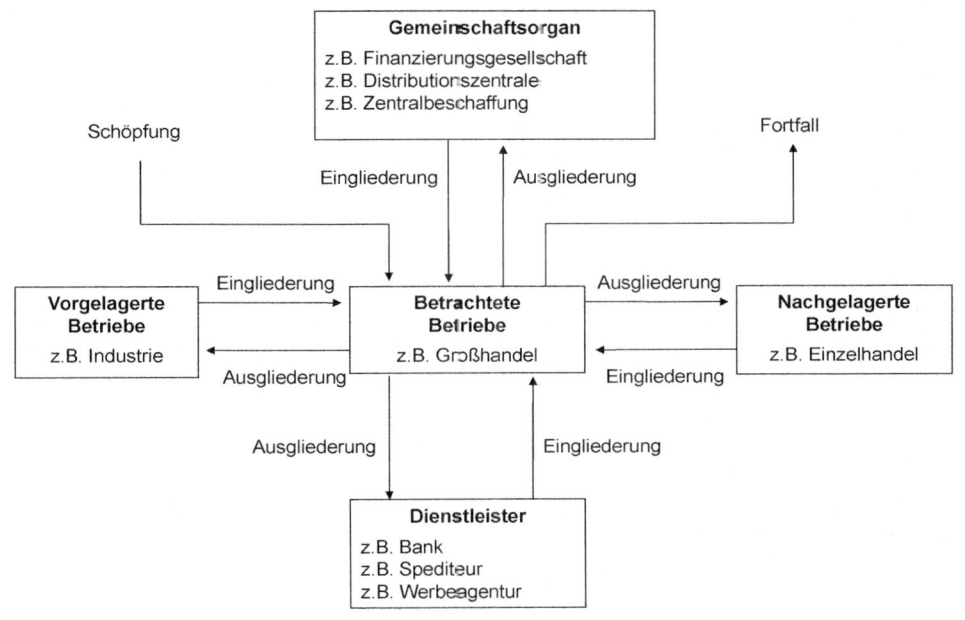

Die Funktionenwandlungen kennzeichnen aber nicht nur den Umfang der Ökonomisierungsmaßnahmen im Handel. Eng damit verknüpft sind die daraus resultierenden Ausschaltungstendenzen bestimmter Betriebsformen bzw. Betriebstypen. Wird in einem zu starken Maße auf die Ausübung von Handelsfunktionen verzichtet oder können die für den Absatz von Gütern notwendigen Verrichtungen von vor- oder nachgelagerten Betrieben wirtschaftlicher ausgeübt werden, dann besteht die Gefahr, dass dem Handelsbetrieb die Ausschaltung aus dem Markt droht.

Wie diese Selektionsmechanismen wirken, wurde bereits bei der Behandlung gesamtwirtschaftlicher Handelsstrukturen erörtert. Gerade die große Zahl der jährlich aus dem Markte ausscheidenden Groß- und Einzelhandelsbetriebe zeigt, inwieweit deren Aufgabe auch von vor- und nachgelagerten Betrieben sowie **neuen Intermediären** ausgeübt werden kann.

Die Fragen der Funktionenwandlungen sowie der Ein- und Ausschaltung von Betriebstypen ist in den letzten Jahrzehnten selten so intensiv diskutiert worden, wie nach dem Aufkommen elektronischer Geschäftsmodelle. Die pointierte These lautete: Die „New Economy" wird die „Old Economy" verdrängen. Ihren Widerhall fand diese These in den Aktienkursen von sogenannten Pure Playern, gemeint sind damit Unternehmungen, die ihre Leistungen ausschließlich über elektronische Kanäle anbieten, deren Werte in astronomische Höhen schossen und die Brick-and-Mortar-Firmen, Unternehmungen des stationären Handels, weit hinter sich ließen. Die virtuelle Welt schlägt die reale, physische Welt. Ein größerer Unsinn ist wohl selten geschrieben worden, basierte er doch allein auf der Annahme, dass die bisherigen ökonomischen Regeln durch neue abgelöst würden.

Richtig ist vielmehr Folgendes. Erstens hat das Internet die Möglichkeit geschaffen, dass sich neue Märkte und neue Formen von Akteuren entwickeln. *Fritz* (2004, S. 65 f.) spricht von virtuellen Intermediären (Cybermediäre), die er in marktfunktionsbegründende Intermediäre und marktfunktionssichernde Intermediäre unterteilt (**Abbildung 2.3**).

Abbildung 2.3   Akteure auf elektronischen Märkten

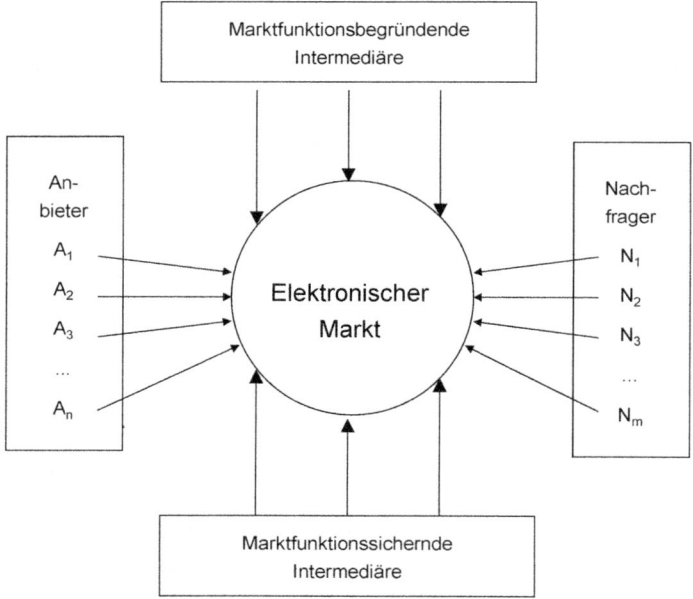

Quelle: Fritz 2004, S. 66

Marktfunktionsbegründende Intermediäre schaffen die Basisfunktion elektronischer Märkte und bieten den virtuellen Begegnungsraum von Angebot und Nachfrage. Erscheinungsformen sind Marktbetreiber ohne vermittelnden Eingriff, Marktbetreiber mit vermittelndem Eingriff – sie koordinieren, indem sie Transaktionspartner zuordnen – und Finanzdienstleister zur Sicherstellung des elektronischen Zahlungsverkehrs. **Marktfunk-**

tionssichernde Intermediäre reduzieren die Marktunvollkommenheiten und senken Transaktionskosten. Erscheinungsformen sind z. B. Inhaltepaketierer, Treuhänder, Zertifizierungsstellen, elektronische Notare, Suchwerkzeuge, Portal-Sites und Software-Agenten.

Zweitens hat das Internet zu einer Entbündelung der traditionellen Handelsfunktionen geführt (Albers/Peters 1997), was auch damit einhergeht, dass bestimmte Absatzmittler und Absatzhelfer an Bedeutung verloren haben, bis hin zum Marktaustritt. *Albers* und *Peters* unterteilen die Handelsfunktionen in physische Distribution, Sortimentsfunktion, Informations- und Beratungsfunktion, finanzielle Transaktionsfunktion sowie Organisation von Verbunddienstleistungen und zeigen Wege auf, wie sich Handelsfunktionen entbündeln lassen (**Abbildung 2.4**).

Abbildung 2.4   Die Funktionsentbündelung im Handel

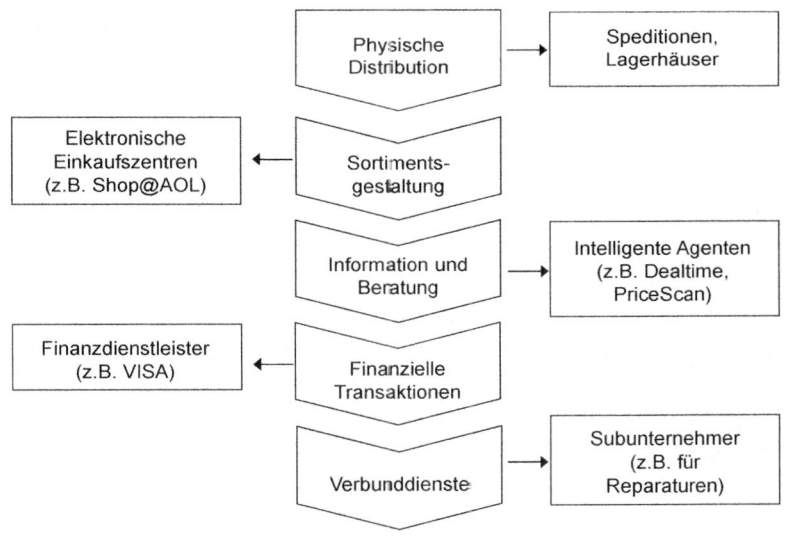

Quelle: Fritz 2004, S. 258, in Anlehnung an Albers/Peters 1997

Über die **physische Distribution** digitalisierbarer Güter sagen sie, dass für diese die maximale örtliche und zeitliche Verfügbarkeit gilt. Über nicht-digitalisierbare Güter heißt es, dass der Kunde auf den Webseiten des Anbieters jederzeit Informationen über die Verfügbarkeit eines Produktes und den Status seiner persönlichen Bestellung erhalten kann. Es lassen sich Zwischenlagerstufen und dadurch Transaktionskosten senken. Die physische Distribution kann von anderen Handelsfunktionen entbündelt und auf spezialisierte Logistikfirmen übertragen werden (Outsourcing). Bei der **Sortimentsfunktion** kann der virtuelle Händler mehr Artikel anbieten als der stationäre, da im Online-Shop nicht die Verkaufsfläche als begrenzender Faktor wirkt. Die Endkunden können durch das One-Stop-

Shopping ihre Transaktionskosten senken, da sie eine geringere Anzahl von Händlern physisch aufsuchen müssen. Die **Informations- und Beratungsfunktion** kann durch Verwendung von Texten, Bildern und Ton selbst übernommen und auf Spezialisten übertragen werden. Als neue Form haben sich "Informationsmakler" entwickelt, z. B. Preisagenturen, die dazu beitragen, dass die Kunden ihre Suchkosten stark reduzieren können. Bei **finanziellen Transaktionsfunktionen** können Kreditkartenunternehmungen eingeschaltet werden. Das Risiko lässt sich durch handelsfremde Akteure reduzieren, die mit ihrer Reputation die Seriosität von Anbietern garantieren. Die Organisation von **Verbunddienstleistungen** ist in der Weise möglich, dass Subunternehmer integriert werden, ohne dass dies nach außen sichtbar wird, oder gezielt auf Drittanbieter hingewiesen wird oder diese vermittelt werden. *Albers* und *Peters* kommen 1997 zu dem Fazit, dass Electronic Commerce auf vielen Feldern die weitgehende Entbündelung von Teilaktivitäten der traditionellen Wertschöpfungskette des Handels ermöglicht und dass zunehmend klassische Handelsfunktionen durch global agierende, handelsfremde Akteure übernommen werden.

Drittens ist es wenig sinnvoll, von virtuellen Firmen, virtuellen Prozessen oder virtuellen Welten zu sprechen. Es ist zwar richtig, dass „virtuell" nicht das Gegenteil von „real" ist im Sinne von irreal oder fiktiv. Es ist aber ebenso wenig sinnvoll, den Gegensatz von nicht-physisch (virtuell) und physisch zu kommunizieren. Wenn man von metaphysischen Vorgängen absieht, gibt es nichts Nicht-Physisches, auch nicht im Internet. Ebenso wenig ist es hilfreich, neue Begriffe für die „New Economy" zu prägen, wo bewährte Begriffe vorhanden sind (**Tabelle 2.1**). Dies ist eher als Beleg dafür zu werten, dass man sich in den bewährten Lehren nicht auskennt oder (und) dass man ein Forschungsfeld separieren will, um dort als Spezialist aufzutreten.

Viertens, und dies ist der wichtigste Punkt, ist es richtig, dass auch im Zeitalter des Internets die bewährten ökonomischen Regeln nicht aufgehört haben zu gelten. Völlig zutreffend haben dann auch einige Vertreter der BWL in der Zeitschrift *<e>Market* im Jahr 2000 diese Standpunkte formuliert. *Sönke Albers* (Christian-Albrechts-Universität, Kiel): „Das Online-Marketing tritt neben die klassischen Marketing-Formen und wird diese nicht ablösen.", *Arnold Hermanns* (Universität der Bundeswehr, München): „Die alte Industrie steigt in Internet und E-Commerce ein und kann die neuen Anbieter verdrängen.", *Bernd Skiera* (Goethe-Universität, Frankfurt am Main): „Erfolg kann nur haben, wer die ökonomischen Grundprinzipien auch im Internet zu verstehen lernt." und *Arnold Picot* (Ludwig-Maximilians-Universität, München): „Arbeitsteilung und Vernetzung der Internet-Spezialisten stellen das Management vor eine neue Herausforderung." (zitiert in Matzdorf 2000)

Insoweit sollte das Ergebnis lauten, dass die „New Economy" nicht die „Old Economy" verdrängt und dass nicht eine virtuelle neben einer realen Welt existiert, sondern dass, wie es einmal formuliert wurde, die „True Economy" entstanden ist und dass sich die virtuelle mit der realen Welt verbunden hat, allerdings – und dies steht außer Frage – mit vielen neuen Geschäftsmodellen sowie mit neuen Strukturen und Verhaltensweisen der Marktteilnehmer.

Tabelle 2.1   Neologismen der New Economy und ihre Referenzpunkte

Begriff der „New Economy"	Inhalt	Begriff der bewährten BWL
Intermediäre	Wirtschaftssubjekte, die in den Distributions-kanal eines Gutes vom Hersteller bis zum Endverbraucher eingeschaltet sind und Funktionen übernehmen, die den Übergang der Verfügungsrechte bewirken oder unter-stützen	Absatzmittler, Absatzvermittler
Dis-Intermediation	Ausschaltung von Zwischenhandelsstufen	Angliederung von Handelsfunktionen
Re-Intermediation	Bündelung von Gütern und Inhalten	Ausgliederung von Handelsfunktionen
Marketplace	Anbieter und Nachfrager auf herkömmlichen Marktplätzen	Ort, wo Angebot und Nachfrage aufeinander-treffen
Marketspace	Anbieter und Nachfrager auf virtuellen bzw. elektronischen Marktplätzen	
One-to-One (1-to-1, 1-2-1, O2O)- Marketing (Peppers/Rogers 1997)	auf den einzelnen Kunden zugeschnittenes Marketing	„Tante Emma weiß, was ihre Kunden wünschen"

2.1.3   Der Zusammenhang zwischen Handelsfunktionen und absatzpolitischem Instrumentarium

Die Analyse der Handelsfunktionen hat gezeigt, welche distributionswirtschaftlichen Aufgaben die einzelne Handelsunternehmung übernehmen kann und in welchem Maße der einzelne Betrieb dann durch Funktionenwahrnehmung am Prozess der gesamtwirtschaftlichen Wertschöpfung beteiligt ist. Es ist daher auch schlüssig festzustellen, dass die Bündelung, die Intensität und die Qualität der von einem Handelsbetrieb ausgeübten Funktionen gleichzeitig den Markterfolg sowie die Rentabilität der Betriebsstätte bestimmen.

Mit diesen Überlegungen wird die in der Vergangenheit vornehmlich auf die gesamtwirtschaftliche Distributionsökonomisierung gerichtete Diskussion der Handelsfunktionen auf eine einzelwirtschaftliche Marketingperspektive gelenkt. Denn die Gestaltungsmöglichkeiten bei der Erfüllung von Handelsfunktionen kennzeichnen die Freiheitsgrade des marktpolitischen Entscheidungsfeldes einer Handelsunternehmung, um in akquisitorischer Hinsicht positiv auf die Wirtschaftssubjekte einzuwirken, die Handelsleistungen nachfragen.

Die Möglichkeit, dass zwischen der Qualität, Intensität und Kombination erfüllter bzw. verrichtungsfähiger Handelsfunktionen und dem akquisitorischen Potenzial der Handelsbetriebe ein Zusammenhang besteht, ist offensichtlich nicht deutlich genug gesehen worden, oder es ist der Brückenschlag von der gesamtwirtschaftlichen zur einzelwirtschaftlichen Interpretation der Handelsfunktionen nicht vollzogen worden. Anders ist es nämlich nicht zu erklären, wenn man sich bei der Systematisierung der absatzpolitischen Instrumente für den Handelsbetrieb vornehmlich von der für Industriebetriebe oft als gültigen angesehenen Gliederung (etwa den 4Ps für Place, Product, Price und Promotion) leiten lässt, statt den Besonderheiten der handelsbetrieblichen Leistungserstellung Rechnung zu tragen.

Die marktstrategische Zielsetzung, Nachfrage auf den Handelsbetrieb zu lenken, wird durch den Einsatz absatzpolitischer Instrumente erreicht, deren System aus folgenden Fragestellungen abgeleitet werden kann:

- Welche **Leistungen** des Handelsbetriebes werden auf dem relevanten Markt verlangt und können im Sinne des Unternehmungszieles ausreichende Nachfrage mobilisieren?

  Die Antwort auf diese Frage wird durch die noch zu behandelnden Freiheitsgrade der Leistungspolitik gegeben.

- Zu welchen **Entgeltbedingungen** soll der Handelsbetrieb seine Leistungen am Markt anbieten?

  Zu den Instrumentalvariablen der Entgeltpolitik zählen die Preispolitik, die Rabattpolitik sowie die die Höhe des Entgelts bedingenden Zahlungs- und Finanzierungskonditionen. Leistungspolitik und Entgeltpolitik entsprechen sich gegenseitig, da der Umfang und die Intensität des handelsbetrieblichen Leistungsangebotes nur über die entsprechende Preisgestaltung aus der Sicht des Käufers einen subjektiv messbaren Ausdruck und Wert erhalten (vgl. Schüller 1967, S. 266).

- Welche **medialen Maßnahmen** soll der Handelsbetrieb ergreifen, um die potenziellen Nachfrager über das Preis-Leistungs-Verhältnis zu informieren und zum Kauf der mit Dienstleistungen verknüpften Sachleistungen (Waren) zu motivieren?

  Neben den klassischen Formen der Absatzwerbung zählt man die Präsentationspolitik zu einer weiteren Instrumentalvariablen handelsbetrieblicher Beeinflussungspolitik; denn von der warenspezifischen Verkaufsraumgestaltung, der intralokalen Standortentscheidung im Hinblick auf die Platzierung der Ware sowie der Zahl von Frontstücken eines Artikels (Facings) im Warenträger gehen solche Impulse aus, die den individuellen Kaufentscheid fördern können.

Da die Handelsleistung ein komplexes Gebilde aus Sachleistungen und Dienstleistungen darstellt, ist die Leistungspolitik des Handelsbetriebes mehrdimensional. Wenn man das handelsbetriebliche Leistungsangebot als Hauptgrund für das Zustandekommen eines Absatzkontaktes ansieht, so richten sich die übrigen absatzpolitischen Instrumente der Beeinflussungspolitik, die Entgeltpolitik und die Kommunikationspolitik, an der Leistungspolitik aus (vgl. Kuhlmeier 1980, S. 35, 80 ff.). Geht man bei der Ableitung marktpolitischer Aktionsparameter von dem von *Sundhoff* entwickelten Katalog von Handelsfunktionen aus, so zeigt **Abbildung 2.5**, wie sich die Parameter der Marktpolitik systematisieren lassen.

Auf dieser Grundlage kann man den Zusammenhang zwischen dem marktpolitischen Instrumentarium und den Handelsfunktionen, die die Leistung des Handelsbetriebes ausmachen, wie folgt beschreiben: Die marktpolitischen Instrumente sind Ausdruck der unternehmerischen Willensbildung für die zielführende Wahl eines marktbeeinflussenden Mitteleinsatzes. Die Handelsleistungen als erfüllte Handelsfunktionen sind das Ergebnis der sich nach der Wahl des Instrumentaleinsatzes ergebenden und durch Faktorkombination zu bewirkenden Verrichtungen.

Die **Sortimentspolitik** drückt die betriebliche Willensbildung im Hinblick auf eine aus der kundenorientierten Sicht der Handelsunternehmung akquisitorisch optimale Artikel- und Warengruppenzusammensetzung aus. Die Sortimentsleistung hingegen ist das Ergebnis der sich aus der absatzpolitischen Willensbildung ergebenden Verrichtungen, nämlich produktionsorientierte Fertigungsprogramme zu bedarfs- und verwendungsgeeigneten Sortimenten zusammenzustellen. Dabei werden insbesondere auf die Sortimentsbreite und Sortimentstiefe gerichtete Leistungen betont.

Die **Quantitätspolitik** drückt die betriebliche Willensbildung im Hinblick auf eine aus der Sicht der Handelsunternehmung optimale Mengentransposition aus. Die Quantitätsleistung wiederum ist das Ergebnis der sich aus der absatzpolitischen Willensbildung und der notwendigen Faktorkombination ergebenden Verrichtung, die im Zusammenhang mit der Produktion anfallenden Großmengen in verwendungsgeeignete Teilmengen umzusetzen.

Die **Überbrückungspolitik** formuliert die betriebliche Willensbildung für eine aus der Sicht der Handelsunternehmung optimale Wahrnehmung von Aufgaben der Raum- und Zeitüberbrückung. Darunter fallen die Standortpolitik, die Zustellungspolitik, die Lieferbereitschaftspolitik sowie die Geschäftszeitenpolitik. Die Überbrückungsleistungen sind eine Folge der sich aus der absatzpolitischen Willensbildung ergebenden Verrichtungen, welche die aus räumlichen und zeitlichen Inkongruenzen resultierenden Spannungen zwischen Produktion und Konsumtion mit Hilfe von Transport- und Lagerleistungen, aber auch mit einer differenzierten Betriebsbereitschaft überbrücken und ausgleichen.

Abbildung 2.5   Absatzpolitische Instrumente der Handelsunternehmung

I.   Leistungspolitik
      A.   Sortimentspolitik
            1. Sortimentsbreitenpolitik
            2. Sortimentstiefenpolitik
            3. Sortimentsniveaupolitik
      B.   Quantitätspolitik
      C.   Überbrückungspolitik
            1. Raumüberbrückungspolitik
                  a)   Standortpolitik
                  b)   Zustellungspolitik
            2. Zeitüberbrückungspolitik
                  a)   Lieferungsbereitschaftspolitik
                  b)   Geschäftszeitenpolitik
      D.   Sicherungspolitik
            1. Objektsicherungspolitik
                  a)   Qualitätssicherheitspolitik
                  b)   Garantie- und Kulanzpolitik
            2. Subjektsicherungspolitik
                  a)   Beratungspolitik
                  b)   Umtauschpolitik
      E.   Umsatzdurchführungspolitik
            1. Akzelerationspolitik (Einkaufsschnelligkeit)
            2. Servicepolitik (Einkaufsbequemlichkeit)
      F.   Sachgüteraufbereitungspolitik
            1. Manipulationspolitik
            2. Technische Kundendienstpolitik

II.   Entgeltpolitik
      A.   Preispolitik
      B.   Rabattpolitik
      C.   Konditionenpolitik

III. Kommunikationspolitik
      A.   Werbepolitik
      B.   Präsentationspolitik
            1. Verkaufsraumgestaltung
            2. Intralokaler Warenplatz
            3. Zahl der Frontstücke
      C.   Öffentlichkeitsarbeit

Die **Sicherungspolitik** kennzeichnet die betriebliche Willensbildung im Hinblick auf eine aus der Sicht der Handelsunternehmung akquisitorisch wirksame Wahrnehmung von unterschiedlichen Sicherungsaufgaben, um die vom Verwender im Zusammenhang mit dem Kauf der Ware befürchteten technischen, ökonomischen und sozialen Risiken abzubauen. Die **Objektsicherungsleistung** ist ein Ergebnis der sich aus der absatzpolitischen Willensbildung ergebenden Verrichtungen, die der Qualitätssicherung der Ware sowie der Abwehr des Risikos eines vorzeitigen Funktionsausfalls auf der Grundlage der Garantiegewährung und der Kulanzhandlung dienen. Die **Subjektsicherungsleistung** ist ein Ergebnis der sich aus der absatzpolitischen Willensbildung ergebenden Verrichtungen, die den Verwender vor ökonomischen und sozialen Fehldispositionen beim Kauf der Ware schützen sollen, und zwar durch Maßnahmen der Produktinformation, der Kundenberatung sowie der Gewährung von Umtauschrechten.

Die **Umsatzdurchführungspolitik** formuliert die betriebliche Willensbildung in Bezug auf eine optimale Bewirkung der Warentransaktion zwischen Anbieter und Verwender. Die Umsatzdurchführungsleistung ist ein Ergebnis der sich aus der absatzpolitischen Willensbildung ergebenden Verrichtungen, durch Maßnahmen zur Beeinflussung der Einkaufsschnelligkeit (Akzelerationspolitik) und Einkaufsbequemlichkeit (Servicepolitik) den zum Einkaufen notwendigen Einsatz des Kunden an Eigenleistungen zu beeinflussen. Die hier vorgenommene begriffliche **Einengung der Servicepolitik** auf Maßnahmen, welche auf die Erhöhung der Einkaufsbequemlichkeit (Parkplätze, Rolltreppen, Kinderhort etc.) ausgerichtet sind, hat den Vorteil, die in der Literatur aufgrund unscharfer oder zu weit gefasster Servicedefinitionen vorzufindenden Überschneidungen mit anderen eigenständigen Komponenten der handelsbetrieblichen Leistungspolitik (Beratung, Zustellung, Umtausch etc.) zu vermeiden (vgl. Gerstung 1978, S. 12 ff.).

Die **Sachgüteraufbereitungspolitik** kennzeichnet die betriebliche Willensbildung im Hinblick auf eine aus der Sicht des Handelsbetriebes optimale Wahrnehmung von manipulativen Maßnahmen der Sachleistungskomplettierung. Die Sachgüteraufbereitungsleistung ist die Folge der sich aus der absatzpolitischen Willensbildung ergebenden Verrichtungen, durch die das Wirtschaftsgut im Wege der Sortierung und Mischung sowie über Maßnahmen der Installation und Wartung die Verwendungs- bzw. Betriebsfähigkeit erreicht bzw. sichert.

Auf der Grundlage dieses Kataloges absatzpolitischer Instrumente (**Abbildung 2.5**) wird deutlich, dass der Handelsbetrieb ein vom Industriebetrieb wohlunterscheidbares Marketingkonzept verfolgt. Im Gegensatz zu der das Produkt oder das Produktionsprogramm betonenden Marketingpolitik des Herstellers versucht der Handelsbetrieb über die Parameter seiner Leistungs-, Entgelt- und Kommunikationspolitik die in seinem Marktgebiet vorhandene relevante Nachfrage auf seine Betriebsstätte zu lenken. Er entwickelt zu diesem Zweck insbesondere eine Leistungspolitik, die den Ansprüchen der Kunden seines Marktsegmentes Rechnung trägt.

2.1.4   Die Handelsfunktionen und die Leistungspolitik als Aktionsrahmen für Innovationen im Handel

Da die Handelsbetriebe – so zeigen es die empirischen Befunde – im Laufe der Zeit aus marktpolitischen Überlegungen ihr Erscheinungsbild verändern und in Innovationsprozessen neue Geschäftsformen entwickeln, ist zu zeigen, welche Bedeutung die Handelsfunktionen und die daraus resultierende Leistungspolitik für Innovation im Handel haben.

Die obige Diskussion der Handelsfunktionen hat ergeben, dass das auf die Märkte gerichtete Erscheinungsbild der Handelsunternehmungen entscheidend davon abhängt, mit welcher Bündelung, Qualität und Intensität die vom Verwender verlangten oder die vom Anbieter als ökonomisch zweckmäßig erachteten Handelsfunktionen erbracht werden. Zur **Kennzeichnung des Betriebstyps** im Handel lässt sich daher feststellen: Die unterschiedlichen Betriebstypen im Groß- und Einzelhandel entstehen auf der Grundlage des Merkmals verschiedenartiger handelsbetrieblicher Leistungen, die aus der Erfüllung differenzierter Handelsfunktionen erwachsen. Unterschiedliche Erscheinungsformen von Betrieben (Betriebstypen) sind somit durch differenzierte Kombinationen realisierter Handelsfunktionen charakterisierbar (vgl. Kuhlmeier 1980, S. 29 ff.). Zu Recht bezeichnet man in der handelswissenschaftlichen Literatur die Dynamik der Betriebstypen, die neuen Wege also, die der Handel mit seinen Institutionen geht, als marktgerichtete Ausdrucksform leistungspolitischer Entscheidungen.

Die **Betriebstypeninnovation** im Handel steht mit der Produktpolitik in der Industrie begrifflich und marktpolitisch auf einer Ebene. In beiden Fällen handelt es sich um die Planung und Einführung neuer Marktleistungen. Der Unterschied besteht in der Art der Leistung. Im Gegensatz zu der sich ausschließlich auf Sachleistungen der Industrie beziehenden Produktinnovation geht es bei der Betriebstypeninnovation im Handel um die Innovation von immateriellen, auf die Erfüllung von Handelsfunktionen gerichteten Dienstleistungen, so dass die Betriebstypeninnovation auch Verfahrensinnovationen (z. B. Tele-Shops, Online-Shops, Mobile Commerce) einschließt. Neben den Leistungspolitiken sind die Entgeltpolitiken und die Beeinflussungspolitiken als Parameter der Betriebstypeninnovation zu verwenden.

Als Anlässe für die Betriebstypeninnovation kommen vornehmlich die Kompensation des Ladenverschleißes (Store Erosion), die Diversifikation sowie der Marktzutritt in Frage. Mit dem Begriff der **Store Erosion** beschreibt man seit den 60er Jahren den Alterungsprozess von Betriebstypen vornehmlich im Einzelhandel (vgl. Applebaum 1968, S. 42 ff.; Barth 1976, S. 176 ff.; Berger 1977, passim). Mit dem Beginn des Alterungsprozesses muss immer dann gerechnet werden, wenn das Marktsegment, auf dessen Bedarfsdeckung der betreffende Geschäftstyp ausgerichtet ist, unergiebig wird. Dieser Vorgang beruht in der Regel entweder auf Veränderungen in der Bedürfnisstruktur der Kunden oder auf einer Verschärfung der segmentspezifischen Wettbewerbssituation.

Der Terminus Store Erosion deutet an, dass die Betriebstypen im Handel einem Lebenszyklus unterworfen sind, der durch die Phasen der Einführung, des Wachstums, der Reife, der

Sättigung und der Degeneration beschrieben werden kann. Nach Jahren eines eindeutigen Wachstums zeigen sich Erosionserscheinungen, welche die Umsätze und die Roherträge schrumpfen lassen. Eine Möglichkeit zur Kompensation stark fortgeschrittener Verschleißerscheinungen besteht neben der Modernisierung des Erscheinungsbildes der Betriebsstätte vornehmlich darin, den veralteten Betriebstyp vollständig aufzugeben und stattdessen einen Betriebstyp mit einer neuartigen Konzeption am Markt einzuführen. Die Absicht, die Degenerationserscheinung im Lebenszyklus bestehender Geschäftstypen zu kompensieren, kann daher den Anlass zur Durchführung einer Betriebstypeninnovation liefern, die eine Markt- oder eine Betriebsneuheit darstellen kann. Als Beispiele aus der jüngeren Vergangenheit können Factory Outlet Center, Pop-up-Stores (auch: Guerilla Stores) und Liveshops genannt werden.

Ein weiterer Anlass der Betriebstypeninnovation ist die **Diversifikationsbestrebung** der Unternehmung. Die als Filialsysteme konzipierten Großbetriebe des Handels gehen häufig von der Zielsetzung aus, ihre marktlichen Aktivitäten für die Zwecke des Risikoausgleichs möglichst breit anzulegen. Dahinter steckt die Absicht, die im Einzugsgebiet insgesamt vorhandene Nachfrage möglichst vollständig auf ihr System von Betriebsstätten zu lenken. Es werden aufgrund dieser Überlegungen differenzierte Betriebstypen mit unterschiedlicher Standortkonzeption und Funktionenerfüllung entwickelt, um auf diese Weise verschiedenartigen Käufergruppen, Bedürfnissen und Kaufgewohnheiten zu entsprechen. Die Betriebstypendiversifikation ist daher Ausdruck der Marktsegmentierung unter Berücksichtigung demographischer, psychographischer und verhaltensbezogener Segmentierungskriterien.

Der dritte hier zu nennende Anlass der Betriebstypeninnovation ist der **Marktzutritt**. Es sind vor allem kleine und mittlere Unternehmungen (KMU), branchenfremde Unternehmungen und ausländische Unternehmungen, die mit für den Markt neuen Konzepten in ihn eintreten. Unternehmer von KMU versuchen mit kreativem Potenzial zu Markterfolgen zu gelangen. Paradebeispiele hierfür finden sich in den letzten Jahren vor allem im Online-Bereich (z. B. *mymuesli*, *chocri*, *amazon*). Dazu zählt auch, dass alte Betriebstypen erfolgreich übertragen worden sind (etwa Online-Auktionen bei *eBay*). Des Weiteren haben viele Handelsunternehmungen die Möglichkeit genutzt, ihre Absatzkanäle um Online-Shops zu erweitern, wodurch sie sich zu Multichannel-Retailern entwickelt haben (Schröder 2005). Als Beispiel für den Markteintritt branchenfremder Unternehmungen mit neuen Konzepten steht *Tchibo* in den 1980er Jahren mit der Partievermarktung, für ausländische Unternehmungen stehen *IKEA* und *Toys"R"Us*, die das bis dahin in Deutschland unbekannte großflächige Fachmarktkonzept für Möbel (1974) bzw. Spielwaren (1986) eingeführt haben.

2.2 Die Strukturmerkmale

Mit der Wahl der strukturellen Gegebenheiten (Voraussetzungen) steckt der Handelsbetrieb den ökonomischen Rahmen für seine Tätigkeit ab. Hierzu werden alle konstitutiven Maßnahmen gerechnet, die das Konzept der handelsbetrieblichen Leistungserstellung bestimmen, wie die Handelsstufe, der Betriebstyp, der Warenkreis, das Umsatzverfahren und der Standort. Diese Merkmale sind das Ergebnis eines leistungspolitischen Planungs- und Realisationsrahmens und verstehen sich als originäre Strukturmerkmale.

Als derivative Strukturmerkmale lassen sich die Rechtsform und die Betriebsgröße verstehen (vgl. Buddeberg 1959, S. 163 ff., 171 ff.). Die Wahl der geeigneten **Rechtsform** ist ein Problem im Gefolge der Betriebsgröße und nur mittelbar auf der Grundlage einer notwendigen Kapitalbereitstellung von Einfluss auf die handelsbetriebliche Funktionserfüllung. Die **Betriebsgröße** hingegen ergibt sich aus den Entscheidungen über die originären Strukturmerkmale, wie aus den folgenden Ausführungen hervorgeht.

2.2.1   Die Handelsstufe und die Betriebstypen

Durch die Wahl der Handelsstufe legt der Handelsbetrieb seine **Stellung in der Handelskette** zwischen Urerzeugung und Endkunde fest. *Seÿffert* (1972, S. 146 ff.) unterscheidet Großhandelsbetriebe und Einzelhandelsbetriebe. **Großhandelsbetriebe** sind Handelsbetriebe, die an Wiederverkäufer, gewerbliche Verwender und Großverbraucher absetzen. Dazu zählen Binnengroßhandelsbetriebe und Außengroßhandelsbetriebe.

Binnengroßhandelsbetriebe entfalten den Schwerpunkt ihrer Tätigkeit innerhalb der Zollgrenzen eines Landes. Binnengroßhandelsbetriebe können ihre Umsatzprozesse entweder zur Beschaffungs- oder zur Absatzseite hin besonders betonen.

- Der kollektierende Großhandel hat den Schwerpunkt seiner betrieblichen Tätigkeit auf der Beschaffungsseite, und zwar als Detailkollekteur (z. B. der Schrotthandel als Aufkaufhandel) und Grossokollekteur (z. B. landwirtschaftlicher Aufkaufhandel in großen Partien mit spezifischen Manipulationen wie Sortierung und Reinigung).

- Der distribuierende Großhandel hat den Schwerpunkt seiner betrieblichen Tätigkeit auf der Absatzseite, und zwar als Grossierer (dies ist eine von *Seÿffert* gewählte Bezeichnung für den Großhandelsbetrieb, der an Einzelhandelsbetriebe, gewerbliche Verwender und Großverbraucher absetzt) und Zentralgrossierer als Großhandelsbetrieb, der an zentralen Marktplätzen angesiedelt ist und vornehmlich an andere Großhandelsbetriebe absetzt (z. B. die Zentralen der Handelsgruppen im Lebensmittelhandel).

Außengroßhandelsbetriebe haben den Schwerpunkt ihrer Tätigkeit im grenzüberschreitenden Warenverkehr. Auch hier werden die Betriebe nach dem Schwerpunkt ihrer marktlichen Ausrichtung unterschieden in Exporthandelsbetriebe (Ausfuhrhandel), Importhandelsbetriebe (Einfuhrhandel) und Transithandelsbetriebe (Durchfuhrhandel).

Einzelhandelsbetriebe sind Handelsbetriebe, die Konsumwaren an Letztverwender absetzen, wobei häufig der Absatz in haushaltsgerechten Kleinmengen als zusätzliches, aber nicht immer trennscharfes Abgrenzungskriterium gewählt wird.

Die unterschiedlichen Leistungspolitiken und Faktorkombinationen sowie die sich daraus ergebenden Strukturmerkmale (Standort, Residenz- und Versandhandel etc.) lassen viele

Arten von Handelsbetrieben zu. Die große Artenvielfalt von Handelsbetrieben lässt sich mit **Betriebstypen** systematisieren, worauf Kapitel 3 eingeht.

2.2.2 Der Warenkreis

Die Aufgabenerfüllung des Handelsbetriebes aufgrund seiner distributionswirtschaftlichen Spezialisierung wird durch die Handelsware begründet. Die Zusammensetzung des Warenkreises, der der Aufgabenerfüllung zugrunde liegt, kann sich nach folgenden Gesichtspunkten vollziehen (siehe **Abbildung 2.6**).

Abbildung 2.6 Zusammensetzung des Warenkreises

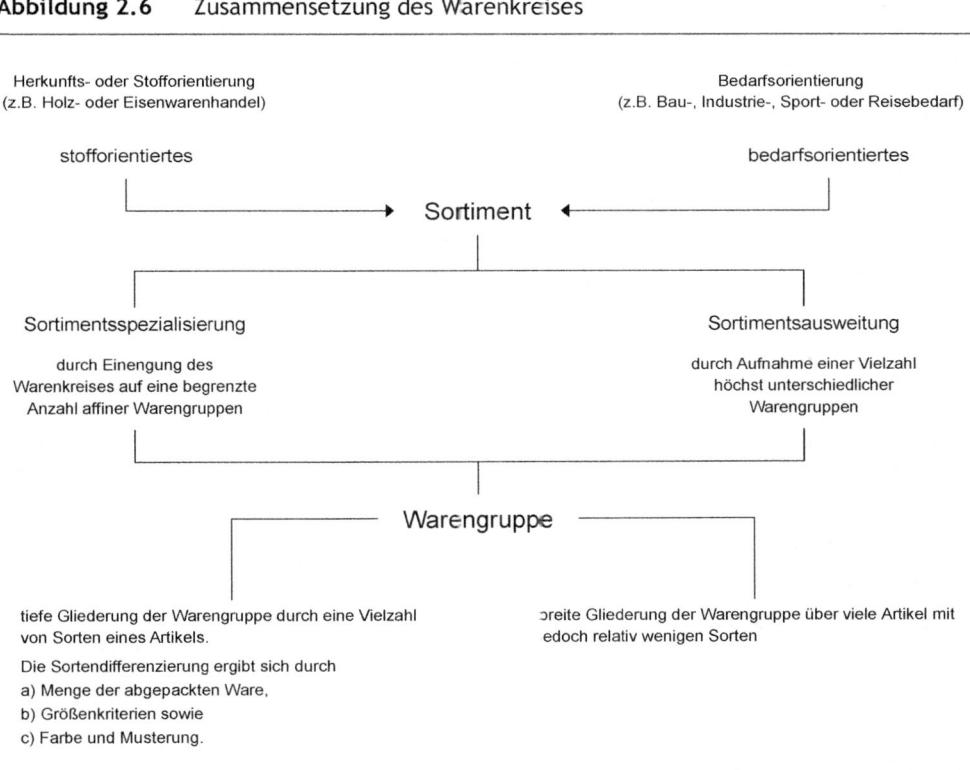

Das **Sortiment** entwickelt sich als Auswahlergebnis von Warengruppen und Warenarten, die Gegenstand der distributionswirtschaftlichen Betätigung der Handelsunternehmung sind. Dabei müssen einerseits Erlebnis- und Problemlösungsbedürfnisse der Verwender berücksichtigt sowie andererseits der Umfang der zu erfassenden Warengruppen und die gleichzeitige Reichhaltigkeit der einzelnen Warenkreise festgelegt werden. Mit der **Sortimentsbreite** bietet sich die Möglichkeit, unterschiedliche Bedarfe innerhalb eines Einkaufsvorganges zu befriedigen, während die **Sortimentstiefe** eine Auswahl alternativer

Kaufmöglichkeiten schafft. Auf diese Weise determinieren die Sortimentsdimensionen nicht nur additive und alternative Kaufmöglichkeiten, sondern vor allem aufgrund der Art der Warengruppierung den akquisitorischen Effekt des Sortiments.

Bei der inhaltlichen Abgrenzung der beiden Sortimentsdimensionen ergeben sich allerdings häufig erhebliche Schwierigkeiten. Es kann nämlich nur tendenziell und unter Bezugnahme auf durchschnittliche Konsumentenwünsche festgestellt werden, wann eine alternative bzw. additive Kaufmöglichkeit vorliegt: Ob beispielsweise ein Sortiment eine Auswahlmöglichkeit bietet, hängt nicht alleine von der Anzahl vorhandener und für eine Auswahl in Frage kommender Artikel ab, sondern auch vom Konkretisierungsgrad des Kaufwunsches eines potenziellen Käufers. In Abhängigkeit von verschiedenen Faktoren, wie beispielsweise dem unterschiedlichen Käufertyp, der Warenart, dem Kaufanlass, dem frequentierten Betriebstyp und der Kaufart, kann der Konkretisierungsgrad einer Kaufabsicht erheblich variieren.

Vor dem Hintergrund dieser Messschwierigkeiten einer kundenbezogenen Definition der **Sortimentstiefe** erscheint es in Anlehnung an *Gümbel* (1963, S. 66) sinnvoll, die Tiefe eines Sortiments danach zu beurteilen, in welchem Grad die Artikel einer oder mehrerer Warenarten vollständig im Sortiment vorhanden sind.

Je stärker hingegen die Anzahl der in einem Handelsbetrieb angebotenen Artikel das gesamte Sachgüterangebot repräsentieren kann, umso größer stellt sich die **Sortimentsbreite** dar (vgl. Gümbel 1963, S. 66). Der Sortimentsbreite ist grundsätzlich immer als relativ zu betrachten. Ausgehend von einer möglichen Sortimentsstruktur ist die Sortimentsbreite zunächst durch die Anzahl der in einem Sortiment geführten Warengruppen bestimmt. Ein Einzelhandelsbetrieb kann allerdings auch innerhalb einer einzelnen Warengruppe viele Warengattungen, innerhalb einer Warengattung viele Warenarten und innerhalb nur einer Warenart viele Artikel anbieten und wäre von der jeweiligen Basis aus betrachtet immer breit sortiert.

So hätte beispielsweise, ausgehend vom gesamten Sachgüterangebot, ein Lebensmitteleinzelhändler ein schmales Sortiment und könnte doch bezogen auf den Lebensmitteleinzelhandel ein breites Sortiment besitzen. Ebenso hat etwa auch ein Elektroeinzelhändler bezogen auf alle Warengruppen ein sehr schmales Sortiment und kann dennoch bezogen auf seine Warengattung sehr breit sortiert sein.

Zur Erhellung der Sortimentsstruktur lassen sich nach *Seÿffert* (1972, S. 65) die verschiedenen Sortimentsebenen im Rahmen einer sogenannten **Sortimentspyramide** formal kennzeichnen, wobei die Sortimentsgliederung im konkreten Fall durch zusätzliche Ebenen ergänzt oder um vorhandene gekürzt werden kann:

- ■ Sortiment   =   alle Warenbereiche mit sämtlichen Sorten

- ■ Warenbereich   =   Warengattungsgruppen

- ■ Warengattung   =   Warenartengruppen

- Warenart = Artikelgruppen
- Artikel = Sortengruppen
- Sorte

Als **Sorte** wird eine von jedem anderen Produkt durch erkennbare Merkmale (z. B. Größe, Farbe, Gewicht) unterschiedene Ware betrachtet. Sie bildet die kleinste Einheit im Sortiment.

Auf der Grundlage einer Sortimentspyramide wird das Entscheidungsproblem zur Festlegung des Sortimentsinhalts zu einem aufwändigen mehrstufigen Entscheidungsprozess, der sich bis zu den einzelnen Sorten als kleinste noch erkennbare Sortimentseinheit hin fortsetzt. Die Planung ist vor allem deshalb komplex und kompliziert, weil durch die auf einer bestimmten Sortimentsebene getroffene Entscheidung der Entscheidungsspielraum der jeweils nachgelagerten Ebene eingeschränkt wird (vgl. Algermissen 1981, S. 105).

Da es bei vergleichenden Sortimentsanalysen formal nicht möglich ist, die einzelnen Sortimentsebenen für alle Warenbereiche nach denselben Kriterien zu bilden, geht man grundsätzlich dazu über, die mehrdimensionale Sortimentsstruktur auf das zweidimensionale System der Breite und Tiefe des Sortiments zu reduzieren (vgl. Gümbel 1963, S. 62, 68).

Betrachtet man den gesamten Bereich des Binnenhandels, so kann man auf den Absatzwegen von Produzenten über den Verwender bis zum Endkunden eine Verlagerung von der stofflichen Ausrichtung zur Bedarfsorientierung des Sortiments beobachten. Im konsumnahen Einzelhandel ist die Bedarfsorientierung als ein wesentliches Kriterium der Warengruppen- und Artikelaggregation anzusehen. Dieses Aggregationsmerkmal erwächst aus der Sortimentsfunktion, fertigungsorientierte Absatzprogramme in bedarfsorientierte Sortimente zu transponieren. Seit Anfang der 1990er Jahre wird dieses Thema auch unter der Überschrift „Category Management" beschrieben, verbreitet und praktiziert.

Mit zunehmender Tiefe der Sortimentsgliederung sind Entscheidungen über die Aufnahme oder die Aufgabe (Selektion) einer Ware weniger konstitutiv und mehr marktdynamisch bedingt; denn durch einen Artikeltausch innerhalb einer Warengruppe wird nicht die Struktur des Warenkreises einer Handelsunternehmung berührt. Dagegen kann die Aufnahme oder Eliminierung ganzer Warengruppen den Charakter des Handelsbetriebes maßgeblich verändern. Solche Entscheidungen sind auch nicht kurzfristig durchsetzbar, weil die Waren- und Personalorganisation entsprechend zu entwickeln sind. So sind z. B. neue Führungskräfte und Mitarbeiter mit entsprechenden Warenkenntnissen in die Aufbau- und Ablauforganisation zu integrieren. Zudem sind im Rahmen der Warenorganisation neue Beschaffungswege, Lagertechniken sowie neue Formen der Warendarbietung in den warenwirtschaftlichen Ablauf einzuordnen.

2.2.3   Das Umsatzverfahren

Bei den Umsatzverfahren geht es darum, wie breit und tief sich der Absatz entfaltet und wie die Kontakte mit den Kunden gestaltet werden. Sie zählen zu den strukturbildenden Merkmalen, weil der Handelsbetrieb mit der Gestaltung seiner Beschaffungs- und Absatzprozesse gleichzeitig den aus seiner Sicht zweckmäßigen Umsatzprozess und damit auch den Betriebstyp festlegt.

Verfahren der **Gestaltung der Absatzentfaltung** sind die vertikale Absatzentfaltung (Weite des Warenkreises), die horizontale Absatzentfaltung (Standortspaltung über Filialisierung) und die vertikal-horizontale Absatzentfaltung (Weite des Warenkreises und Filialisierung). Die Absatzentfaltung ergibt sich aufgrund des Umfanges und der Intensität bei der Bearbeitung des Marktpotenzials und kann als Akquisition über die Weite des für Absatzzwecke gewählten Warenkreises und Marktraums bezeichnet werden.

Handelsbetriebe, die ein breites Sortiment an einem geeigneten Standort anbieten, schöpfen mit dieser die Betriebsstruktur bestimmenden sortimentspolitischen Entscheidung die Absatzmöglichkeiten und damit das Nachfragepotenzial auf einem regional eng begrenzten Markt aus. Sie betreiben, weil sie den regional eng begrenzten Markt in der Tiefe ausschöpfen, eine vertikal gerichtete Absatzentfaltung.

Handelsbetriebe, die durch ihre Absatztätigkeit über mehrere unterschiedliche Standorte dezentralisieren, betreiben eine horizontal gerichtete Absatzentfaltung. Die Standortspaltung (Filialisierung) lässt sich mit einem Betriebstyp (Monosystempolitik) oder mit nach Marktsegmenten differenzierten Betriebstypen (Polysystempolitik) realisieren.

Verfahren der **Gestaltung des Absatzkontaktes** sind die Verkäuferbedienung, die partielle Selbstbedienung (Vorwahl), die vollständige Selbstbedienung, die Automatenbedienung, die Katalogbedienung und die Bedienung über elektronische Medien. Die Absatzkontaktgestaltung als Mittel der Akquisition ergibt sich aufgrund der Alternativen des Kunden- und Warenkontaktes und kann auch als Akquisition nach dem Grade des Personal- und Sachmitteleinsatzes bezeichnet werden.

2.2.4   Der Standort

Der Begriff des Standortes kann aus zwei Perspektiven betrachtet werden. Der **interlokale Standort** ist der geographische Ort, an dem der Handelsbetrieb die betriebliche Leistungserstellung zur Erreichung seiner Ziele vornimmt, der **intralokale Standort** kennzeichnet die räumliche Anordnung der in einem Handelsbetrieb eingesetzten Produktionsfaktoren. Im Mittelpunkt der folgenden Ausführungen steht zunächst der interlokale Standort, den intralokalen Aspekt behandeln wir an einer späteren Stelle (Kapitel 5.1.4). Der interlokale Standort zählt in der Handelsbetriebslehre zu den Strukturmerkmalen, da sich das durch den Standort festgelegte Marktgebiet in der Regel wesentlich auf die betriebswirtschaftliche Situation des Binnenhandelsbetriebes auswirkt.

Wesentliche Determinanten des Standortes ergeben sich aus der Absatz- und Kostenorientierung (vgl. Barth 1991, S. 737 ff.). Von der **Absatzorientierung** bei der Standortwahl kann dann gesprochen werden, wenn der Handelsbetrieb die optimale Nähe zum Domizil seiner Abnehmer oder die Ausnutzung dichter Passanterströme anstrebt. Derartige standortpolitische Zielsetzungen sind vor allem im Facheinzelhandel zu beobachten. Dort wählt man vornehmlich Standorte mit bereits hoher Passantenkonzentration, die sich aus Agglomerationseffekten ergeben, das sind z. B. City-Lagen mit einer Konzentration von Wettbewerbern und öffentlichen Gebäuden.

Von einer **Kostenorientierung** bei der Standortwahl kann gesprochen werden, wenn ein Handelsbetrieb möglichst kostengünstige Standorte anstrebt, um über geringe Raumkosten die Grundlage für eine akquisitorisch wirksame Preispolitik zu schaffen. Man findet solche Standortentscheidungen vor allem im Versandhandel, aber auch im Großhandel mit großem Bedarf an Lager- und Serviceflächen (z. B. Produktionsverbindungshandel, Stahl-Service-Center).

Eine kostenorientierte Standortwahl ist auch im Einzelhandel, insbesondere im Zusammenhang mit der Entwicklung neuer Betriebstypen, zu beobachten, wie z. B. bei Verbrauchermärkten und SB-Warenhäusern in den 1970er Jahren. Handelsbetriebe wählen für diese großflächigen Betriebstypen kostengünstige Grundstücke an der Peripherie der Städte mit guter Verkehrsanbindung. Niedrige Kosten, die in niedrige Preise transformiert werden, die Möglichkeit der Kunden, die Beschaffung durch One-Stop-Shopping zu rationalisieren, die gute Verkehrsanbindung sowie die Ausnutzung liberaler Ladenöffnungszeiten versetzen derartige Betriebstypen in die Lage, große Kundenströme auf sich zu lenken. Oder anders ausgedrückt: Großflächige Betriebstypen tragen dazu bei, die Transaktionskosten der Kunden zu senken.

Mit der Verbreitung **elektronischer Märkte** hat der interlokale Standort eine neue Bedeutung gewonnen. Für die Händler, die Online-Shops betreiben, rückt nun der Lieferstandort in den Mittelpunkt ökonomischer Überlegungen (vgl. Schröder 2012b, S. 333 ff.; Schröder 2013). Auch hier steht die Kostenorientierung im Vordergrund. Der Händler muss prüfen, welche Standorte sich lohnen, von ihm beliefert zu werden. Dies können der Wohnort, der Arbeitsplatz oder ein anderer von dem Kunden bestimmter Ort sein, dies kann aber auch eine Packstation oder das Geschäft eines kooperierenden stationären Händlers sein.

2.3   Die Faktoren der handelsbetrieblichen Leistungserstellung

Zu den Faktoren handelsbetrieblicher Leistungserstellung zählen die menschliche Arbeit, die sachlichen Betriebsmittel (insbesondere der Raum) sowie die Ware. Während die Arbeit und die sachlichen Betriebsmittel als **Elementarfaktoren** angesehen werden, bezeichnet man die Ware als **Regiefaktor**, weil sie Gegenstand und nicht das Ergebnis der **handels**betrieblichen Leistungserstellung ist (vgl. Buddeberg 1959, S. 41 ff.). Die Ware als Ergebnis

industriebetrieblicher Leistungsprozesse kann insofern als Faktor sui generis angesehen werden, weil die Kombination der Elementarfaktoren zu den handelsbetrieblichen Dienstleistungen führt, welche die meist unveränderte Sachleistung für den Verwender situations- bzw. verwendungsgeeignet werden lassen.

2.3.1   Die menschliche Arbeit als Faktor der handelsbetrieblichen Leistungserstellung

Im Hinblick auf die ausgeprägte Dienstleistungskomponente spielt die menschliche Arbeit als Leistungsfaktor im Handelsbetrieb eine herausragende Rolle. Häufig sind es die Mitarbeiter, die Marktchancen und Marktrisiken erkennen und Alleinstellungsmerkmale sicherstellen (Seÿffert 1972).

Der Faktor Arbeit lässt sich in die dispositive und in die ausführende Arbeit einteilen. Die **dispositive Arbeit** hat die Aufgabe, die Leistungsfaktoren unter wirtschaftlichen und marktlichen Aspekten bestmöglich zu kombinieren. Dazu gehören die Planung, Organisation und Kontrolle als sachbezogene Komponenten und die Personalführung als personenbezogene Komponente (siehe zu dieser Differenzierung Staehle 1994, S. 79 ff.). Dagegen umfasst die **ausführende Arbeit** alle Vollzugs- und somit nicht-leitenden Tätigkeiten.

Man kann versuchen, die Bedeutung des Faktors „Arbeit" über seinen Anteil am Umsatz eines Handelsbetriebes abzubilden. So zeigen sich deutliche Unterschiede zwischen großflächigen, personalarmen Betriebstypen und preisaggressiven Betriebstypen auf der einen Seite und von Inhabern geführten, in der Regel kleinflächigen Betriebstypen auf der anderen Seite. Während 2009 Discounter bei 7 % und Verbrauchermärkte sowie SB-Warenhäuser zwischen 11,4 % und 13,6 % liegen (vgl. EHI 2010), weisen die inhabergeführten Einzelhändler über verschiedenen Branchen hinweg bei den Personalkosten deutlich höhere Anteile am Umsatz aus (**Abbildung 2.7**).

Ableiten lässt sich aus diesen Zahlen zunächst wenig. Es kann nicht überraschen, dass personalarme Erscheinungsformen des Einzelhandels geringere Personalkosten haben als personalintensive. Zudem ist es nicht unproblematisch, die Personalkosten als Anteile am Umsatz zu ermitteln und zu vergleichen. Erstens lassen sie offen, wie die gesamte Kostenstruktur aussieht. Zweitens lassen sie keine Aussage über den Zusammenhang mit dem Umsatz zu.

Abbildung 2.7   Personalkostenquote im inhabergeführten, selbstständigen Einzelhandel

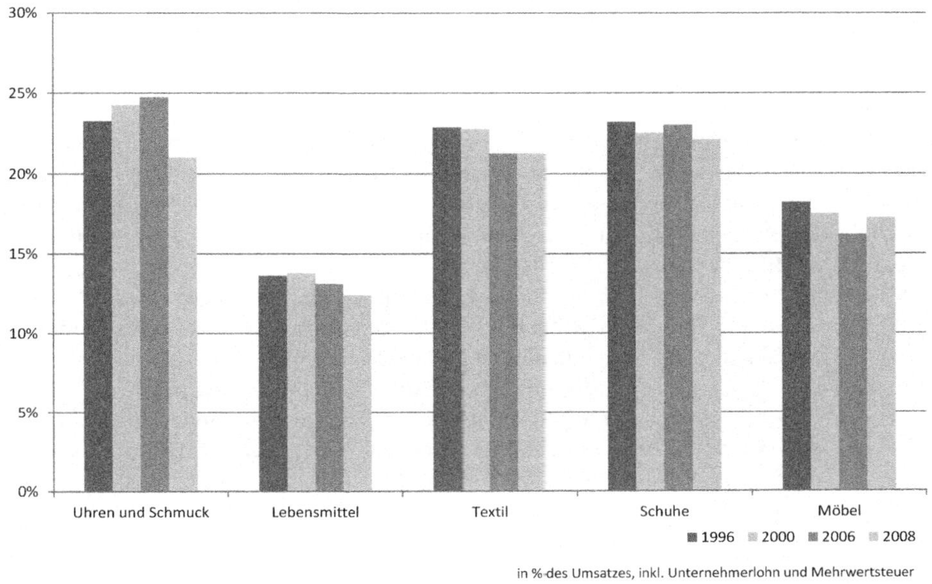

■ 1996 ■ 2000 ■ 2006 ■ 2008

in %-des Umsatzes, inkl. Unternehmerlohn und Mehrwertsteuer

Quelle: IfH 2010

2.3.1.1   Der Personalbedarf

Wenn eine hohe Aktions- und Reaktionsgeschwindigkeit erforderlich, qualifizierte Arbeitskräfte knapp und die Kosten des Faktors Arbeit hoch sind, dann ist die **Personalbedarfsplanung** besonders wichtig. Sie hat eine quantitative und eine qualitative Dimension, d. h. Anzahl und Anforderungen an Mitarbeiter. Der quantitative und der qualitative Bedarf resultieren vor allem aus den strukturellen Merkmalen des Handelsbetriebs: Dem Betriebstyp (z. B. Verkaufsfläche), der Ware (z. B. Warenkenntnis), dem Umsatzverfahren (z. B. Fremd- oder Selbstbedienung) und dem Standort (z. B. Verfügbarkeit von Personal).

Ein besonderes Problem im Einzelhandel stellt die Analyse des kurz- und mittelfristigen Bedarfs im Verkaufsbereich dar. Denn der Arbeitsanfall ist aufgrund der **stochastischen Kundenfrequenzen** und deren unterschiedliche Verteilung im Wochen- und Tagesablauf nur schwer prognostizierbar (vgl. Stoffl 1996, S. 128 ff.). Am auffälligsten ist dieser Zusammenhang an der Kasse: Je größer der Kundenstrom dort ist, desto mehr Kassenpersonal wird benötigt, um Wartezeiten zu vermeiden. In den Warenabteilungen ist dieser Zusammenhang von der Personalintensität der Absatzkontaktgestaltung und damit von der Beratungs- und Bedienungsintensität abhängig. So ist in **Betriebstypen mit Verkäuferbedienung** (z. B. Fachgeschäft) eine positive Korrelation von Kundenfrequenz und Verkäufereinsatz anzunehmen. Antizyklisch besteht zudem ein Mitarbeiterbedarf für die Vor- und

Nacharbeiten, so z. B. für den Warennachschub oder die Regalauffüllung. Hinzu kommt, dass die zeitliche Inanspruchnahme der Verkaufsmitarbeiter durch einen Kunden ungewiss ist, denn jeder Kunde stellt unterschiedliche Anforderungen an die Verkaufsleistung. Darüber hinaus verändert sich mit der Zahl der Kunden auch die Tätigkeitsstruktur im Verkauf, was einen exakten Ausweis der zu erbringenden Arbeitsleistung und somit die Personalbemessung zusätzlich erschwert.

In **Betriebstypen mit hohem Selbstbedienungsgrad** ist der Arbeitsanfall grundsätzlich besser planbar. Je niedriger der Beratungs- und Bedienungsanteil, desto weniger ist der Kundenstrom und desto eher ist der direkt getätigte Umsatz ein Parameter für den Arbeitsanfall. Die Hauptarbeit ist vor und nach der Umsatzzeit zu leisten. Die Abteilungen sind vor der Ladenöffnung verkaufsbereit zu machen, während und nach der Umsatzzeit sind Mitarbeiter für Regalservice und Aufräumarbeiten erforderlich. Insofern ist zwar auch hier der Bedarf nach Maßgabe der in Abhängigkeit der Kundenfrequenz zu erwartenden Umsatzschwankungen zu planen, um umsatzschädliche Fehlmengen (Out of Shelves bzw. Out of Stocks) zu vermeiden. Wegen des geringeren Anteils an Tätigkeiten mit Kundenkontakt ist jedoch anzunehmen, dass die Arbeitsabläufe gleichmäßiger gestaltet werden können. Es bleibt aber die Einschränkung, dass der Arbeitsanfall trotz gleicher Umsätze auch hier variieren kann. So steigt der Arbeitsanfall bei gleichbleibendem Umsatz, wenn die Anzahl der Kaufabschlüsse bei gleichzeitig sinkenden Einkaufsbeträgen oder abnehmendem Umfang des Warenkorbes je Kunde zunimmt.

Die **technische Weiterentwicklung** hat dazu beigetragen, dass die den Arbeitsanfall beeinflussenden Faktoren wie Artikelzahl, Besucherzahlen oder Beratung je Kunde schneller und kostengünstiger erfasst werden können. Elektronische Kassensysteme informieren ex post beispielsweise über die Kundenfrequenzen im Tages-, Wochen- oder Monatsablauf. Kundenfrequenzmessungen am Eingang erlauben ex ante, die Anzahl der offenen Kassenplätze der Kundenfrequenz anzupassen. Wenn man die Anzahl der Kunden und den Zeitpunkt kennt, zu dem sie den Laden betreten, und wenn bekannt ist, wie lange sie sich in dem Laden aufhalten, dann lässt sich prognostizieren, zu welchem Zeitpunkt sie eine Kasse aufsuchen. Die Zahl der geöffneten Kassen lässt sich daran ausrichten. Ein solches Prognosemodell setzt z. B. *Tesco* unter dem Motto „One in Front" ein, das dem Kunden nur eine Person in der Warteschlange vor ihm verspricht. Infrarot-Sensoren an den Eingängen und über den Kassenbereichen ermitteln die Anzahl und das Verhalten der Kunden. Anhand der Kundenbewegungen werden Prognosen erstellt, wie viele Kassen in 15 und in 30 Minuten besetzt sein müssen, um das Versprechen kurzer Wartezeiten einhalten zu können (vgl. Liening 2009, S. 67). Eine weitere Technik ist, die Einkaufswagen mit RFID-Chips auszustatten und darüber die Bewegungen im Laden zu messen und die Ankunftszeit im Kassenbereich zu prognostizieren. Hierbei sind sowohl historische Daten über die Aufenthaltsdauer als auch Bewegungsmuster hilfreich, aus denen hervorgeht, dass in Kürze mit dem Aufsuchen der Kasse zu rechnen ist. Nützlich ist bereits allein die Analyse der Kassen-Bons. Aus ihnen lässt sich ablesen, an welchen Tagen und zu welchen Tageszeiten die Kunden in welchem Umfang einkaufen. Entsprechend ist die Anzahl der Kassenplätze zu besetzen.

Dem Personalbedarf ist der **verfügbare Mitarbeiterbestand** gegenüberzustellen, um den Veränderungsbedarf zu ermitteln (siehe ausführlich Stoffl 1996, S. 146 ff.). Die Verknüpfung von Bedarfs- und Bestandsinformationen ist die Grundlage, um einen Personaleinsatzplan zu erstellen.

2.3.1.2 Die Personalstruktur

Die Personalstruktur soll das Optimum an Leistungsintensität und Leistungsqualität sicherstellen. Veränderungsmaßnahmen können an der quantitativen oder der qualitativen Dimension des Personalbestandes ansetzen. Das Erste umschließt die Personalbeschaffung zur Erweiterung und die Personalfreisetzung zur Einschränkung des Personalbestandes. Das Zweite erfordert Maßnahmen im Rahmen der Personalentwicklung.

Die **Personalbeschaffung** gründet vor allem auf drei Anlässen: Engpässe aufgrund von Personalabgängen, Intensivierung des Leistungsfaktors Personal zur Modifizierung der marketingpolitischen Ausrichtung (z. B. Trading-up) sowie Verknüpfung von Personalbeschaffung und -freisetzung, um die Qualifikationsstruktur zu verändern oder die Leistung zu verdichten.

Der wohl sensibelste Teil im Personalmanagement ist die Personalfreisetzung, der Personalabbau. Während in der Vergangenheit hauptsächlich die Substitution von Personal durch Fläche zu beobachten war, trifft man heute oft auf die Substitution von Personal durch Informationstechniken. Die Gründe für einen Freisetzungsbedarf im Einzelhandel sind vielfältig, so beispielsweise aufbau- und ablauforganisatorische Umstrukturierungen zum Zwecke einer besseren, schnelleren und kostengünstigeren Leistungserstellung, die Aufgabe ganzer Abteilungen als Folge sortimentspolitischer Konsolidierungsmaßnahmen, der Abbau oder die Externalisierung von bislang wahrgenommenen Handelsfunktionen.

Im Sinne des Lean-Management-Gedankens kommt der Gestaltung von Leistungspotenzialen durch Restrukturierung eine besondere Bedeutung zu. Dabei werden quantitative Überlegungen des Kapazitätsabbaus mit qualitativen Überlegungen durch Höherqualifizierung der verbleibenden Mitarbeiter im Leistungserstellungsprozess verknüpft. Quantitativer Abbau und qualitativer Aufbau durch Entwicklung oder Beschaffung werden also kombiniert, um eine **Leistungsverdichtung** zu realisieren.

Die **Personalentwicklung,** die an der qualitativen Dimension des Personalbestandes ansetzt, hat nicht nur die Aufgabe, das Leistungsniveau zu halten und Möglichkeiten der Effizienzsteigerung zu nutzen. Sie ist darüber hinaus darauf auszurichten, das Problemlösungspotenzial und die Dienstleistungsqualität im Sinne des Kaizen-Konzeptes kontinuierlich zu verbessern. Damit wird auch gleichzeitig deutlich, dass die Personalentwicklung neben einer therapeutischen gleichsam eine prophylaktische Funktion hat.

Gerade in den Kleinbetrieben des Handels stößt man häufig auf eine Funktionenhäufung in einer Hand, denn der Betriebsinhaber ist häufig zugleich Einkäufer und Verkäufer. Gegenüber den Groß- und Mittelbetrieben des Handels, die sich aufgrund ihrer Organisation, so z. B. durch Spezialisierung, meist durch bessere Managementpotenziale, neue Führungs-

techniken und eine höhere Innovationsrate infolge planmäßiger Markt- und Organisations-
forschung auszeichnen, gerät der mittelständische Facheinzelhandel schnell ins Hintertref-
fen. In dieser Situation ist der Betriebserfolg in hohem Maße von der **Qualifikation der
Unternehmerpersönlichkeit** abhängig, so dass zu Recht die Meinung vertreten wird, Schu-
lungsmaßnahmen zur Verbesserung der Unternehmerqualifikation seien ein wichtiger
Beitrag zur Ökonomisierung der Distribution.

Ein weiterer Aspekt ist die Steigerung der **personellen Flexibilität**. Dies betrifft nicht die
erhöhte Anzahl von Einsatzbereichen oder die höhere Anpassungsfähigkeit im Hinblick
auf neue Aufgaben oder Abläufe. Vielmehr geht es darum, die Mitarbeiter in die Lage zu
versetzen, sich auf unterschiedliche Kundentypen einzustellen. Gerade im Verkaufsbereich
sind die Anforderungen an die Sozialkompetenz der Mitarbeiter gestiegen, während das
Fachwissen meist einer schnellen Alterung unterliegt. Hilfreich sind dafür Maßnahmen zur
Förderung des aktiven Lernens und zu mehr Selbstständigkeit und Problemorientierung,
wie z. B. On-the-Job- und Near-the-Job-Maßnahmen (vgl. hierzu Stoffl 1996, S. 221 ff.).

Grundsätzlich ist davon auszugehen, dass die Erhöhung der qualitativen Personalkapazität
bis zu einer gewissen Grenze mit einer Leistungsverbesserung verbunden ist, deren Ausmaß über dem des Kostenanstiegs liegt. Das bestätigen auch die Betriebsvergleichsergebnisse des *Instituts für Handelsforschung an der Universität zu Köln (IfH)*, nach denen die
Personalumsatzleistung mit steigender Qualifikation der Mitarbeiter und damit ver-
bundenem höheren durchschnittlichen Lohn- und Gehaltsniveau zunimmt (vgl. Menge
1983, S. 13 f.). Es darf an dieser Stelle nicht der Hinweis auf das Problem fehlen, den Nutzen
von Maßnahmen der Leistungsverbesserung sowie deren Kosten zu quantifizieren. Das
Quantifizierungsproblem dürfte beim Nutzen (Zurechnung der Wirkung) höher sein als bei
den Kosten (Zurechnung der Ursachen).

Der Einsatz von qualifiziertem und gut bezahltem Personal ist bei entsprechender Ausrichtung der übrigen Arbeitsbereiche also die Voraussetzung für eine hohe Personalleistung.
Investitionen in das Know-how der Mitarbeiter sind insofern nicht nur gerechtfertigt, sondern unbedingt notwendig. Aus betriebswirtschaftlicher Sicht ist nun das Ausmaß für
Entwicklungsaktivitäten zu wählen, das unter Berücksichtigung der Grundprinzipien Bedarfsorientierung, Transferorientierung (Übertragung des Gelernten auf den Arbeitsplatz)
und Nutzenorientierung einen möglichst hohen Wertschöpfungsbeitrag der Mitarbeiter bei
gleichzeitiger Berücksichtigung von Ökonomisierungspotenzialen sicherstellt.

Zentrale Schwerpunkte der einzelbetrieblichen Ökonomisierung des Faktors Personal sind
die flexiblen Personaleinsatzkonzepte, die leistungsorientierte Entgeltfindung sowie die
leistungsfördernde Mitarbeiterführung (vgl. Stoffl 1996, S. 266).

2.3.1.3   Die Personaleinsatzplanung

Das Personal im Verkauf wird im Hinblick auf seine „Lieferbereitschaft" und seine „Ferti-
gungszeit", seine Problemlösungen sowie seinen Einsatzort sehr unterschiedlich bean-
sprucht. Flexibilität ist also erforderlich. Flexibilisierungsbedarf besteht in zeitlicher, inhalt-

licher und räumlicher Hinsicht. Mit der Arbeitszeitflexibilisierung und dem polyvalenten Arbeitseinsatz stehen zwei Instrumente für den flexiblen Personaleinsatz zur Verfügung.

Grundsätzliches Ziel der **Arbeitszeitflexibilisierung** ist die Synchronisierung von arbeitsanfallabhängigem Einsatzbedarf und Personalbesetzung. Auch soll sie dazu beitragen, den in vielen Einzelhandelsunternehmungen in den letzten Jahren betriebenen Personalabbau intern besser zu verkraften, indem die Arbeitsstunden besser genutzt werden.

Die Arbeitszeit lässt sich hinsichtlich der Dauer bzw. des Volumens (chronometrische Arbeitszeitmodelle) und hinsichtlich der Lage bzw. der Verteilung (chronologische Arbeitszeitmodelle) im Zeitablauf variieren (vgl. Bühner 1994, S. 343; Domsch/Ladwig 1995, S. 849 ff.). Der jeweilige Flexibilisierungsgrad ist zum einen abhängig vom Umfang des verschiebbaren Zeitvolumens. Zum anderen ist der Handlungsspielraum umso breiter, je größer der für Verschiebungen mögliche Zeitrahmen gespannt werden kann. So ist z. B. bei Jahresarbeitszeitkonten die Arbeitszeitdauer – bei gleichhohen Monatsbezügen – über den gesamten Zeitraum fix. Unterjährig kann die Arbeitszeit dem Bedarf angepasst werden, was einer hohen dauer- und lagebezogenen Flexibilität entspricht. Allerdings ist darauf zu achten, dass es nicht zu einem Konflikt zwischen individuellen und betrieblichen Interessen kommt.

Ein Beispiel aus dem „Swatch-Store" in Köln (vgl. Wagener 1994, S. 33): An Spitzentagen sind bis zu 500 Kunden zu beraten und zu bedienen, 200 davon allein innerhalb von nur drei Stunden. Auf Basis des Tages-Halbstunden-Umsatzberichtes wird die über die Mindestbesetzung von drei Verkaufskräften hinausgehende nötige Mitarbeiterzahl ermittelt. Im Ergebnis wird die Mindestbesetzung an Spitzentagen nicht selten mehr als verdoppelt. Die Erfahrung zeigt: Die Einsatzentscheidungen im Tagesgeschäft werden nicht nur erheblich verbessert, sondern infolge des wesentlich geringeren zeitlichen Aufwandes auch deutlich erleichtert und beschleunigt.

Der **polyvalente Arbeitseinsatz** bietet sich für den Aufgabenumfang und den Einsatzort an. Zunächst zum Aufgabenumfang. Die Aufweichung starrer Stellenbeschreibungen und Aufgabenzuweisungen zugunsten erweiterter Aufgabenprofile trägt dazu bei, dass für jedes Tätigkeitsfeld ein Mitarbeiterpool bereitsteht, auf den man zur Sicherstellung des Leistungserstellungsprozesses zurückgreifen kann. Zudem ist es möglich, die Verkaufstätigkeit teilweise vom Kundenstrom zu entkoppeln bei gleichzeitiger Reduktion der Personalbesetzung. Während nämlich Tätigkeiten wie Kassieren oder Beraten zyklisch zum Kundenstrom zu bewältigen sind, fallen verkaufsvor- und -nachbereitende Tätigkeiten antizyklisch zu den Kundenströmen an. Dieser Rhythmus bietet in der Regel die Möglichkeit, mehrere Funktionen im Rahmen des Job Enrichment von einem Mitarbeiter ausüben zu lassen. So ist im einfachsten Fall an einen Mitarbeiter am Kassenplatz zu denken, der in ruhigen Zeiten auch Aufgaben der Regalpflege übernimmt.

Breitere Zuständigkeitsbereiche sollen dazu beitragen, dass engstirniges Funktionsdenken und die Kunden verärgernde Standardaussagen wie „ich bin nicht zuständig" abnehmen und Motivationsprobleme gelöst werden, die durch eintönige Arbeitsinhalte entstehen. Ein weiterer Vorteil ist, dass durch die zeitliche Verlagerung von Aufgaben, welche die Verkaufsstellengestaltung und die Warenpräsentation betreffen, Disharmonien von verfügbarem und benötigtem Leistungsvolumen kompensiert werden können. In Stoßzeiten steht den Kunden das komplette Verkaufsteam zur Verfügung, in ruhigen Phasen verlagert sich der Aufgabenschwerpunkt auf Nebentätigkeiten. Allerdings ist eine übertriebene Ausweitung zu vermeiden. Denn je vielseitiger die zugewiesenen Aufgaben sind, desto höher ist gegebenenfalls der Schulungsbedarf. Hinzu kommt, dass die Höherqualifizierung in der Regel auch mit höheren Entgelten verbunden ist.

Für die Flexibilisierung beim räumlichen Einsatz ist neben den Springern an eine kurzfristige abteilungsübergreifende Personalüberlassung zu denken (vgl. Engfer 1984, S. 222 ff.). Voraussetzungen hierfür sind die entsprechende Befähigung und Motivation der Mitarbeiter sowie die Akzeptanz und Bereitschaft der wechselnden disziplinarischen Unterstellung seitens der betroffenen Vorgesetzten. Budgetfragen, d. h. die Verrechnung der Arbeitskosten im Fall der Personalüberlassung, lassen sich über eine Umbuchung der Arbeitsstunden lösen. Der Ausgleich kann nicht nur hausintern, sondern auch zwischen Filialen stattfinden.

Bei sämtlichen Flexibilisierungskonzepten, die die Arbeitszeit, den Arbeitsinhalt und den Arbeitsort betreffen, bleibt letztlich eines zu beachten: Je weniger starr das angewandte Personaleinsatzverfahren ist, desto unüberschaubarer und komplexer gestaltet sich das Einsatzproblem und desto höher ist der Koordinationsbedarf.

2.3.1.4   Das Personalentgelt

Grundsätzlich kann man davon ausgehen, dass nicht-monetäre Größen wie Betriebsklima, Attraktivität der Aufgabe, Gestaltung des zeitlichen Einsatzes und Entwicklungsmöglichkeiten sowie monetäre Größen die Leistungsbereitschaft und den Leistungsbeitrag von Mitarbeitern bestimmen. Bei den finanziellen Aspekten sollte das Ziel der Vergütungspolitik sein, individuelle Leistungsunterschiede in der Entgelthöhe zum Ausdruck zu bringen, und zwar in der Form, dass die Mitarbeiter ihre eigenen (entgeltbezogenen) Ziele dann am besten erreichen, wenn sie gleichzeitig optimal zum Unternehmungserfolg beitragen.

Das leistungsorientierte Entgelt lässt sich auf drei Arten differenzieren: nach der Leistungsverrichtung, nach dem Leistungsergebnis und nach den Leistungspotenzialen (vgl. Stoffl 1996, S. 300 ff.). Der Entgeltdifferenzierung nach der **Leistungsverrichtung** liegt eine Anforderungsorientierung zugrunde, d. h. das Arbeitsentgelt wird als Fixum unter der Annahme einer Normalleistung gewährt. Damit ist allenfalls eine generelle Anreizwirkung möglich, eine variable Leistungsaktivierung wird nicht erreicht.

Die Entgeltdifferenzierung nach dem **Leistungsergebnis** bezieht sich auf die Beziehung von Entgelt (Input) und Leistung (Output). Die Vergütung der Mitarbeiter richtet sich nach dem Leistungsbeitrag bzw. der Erfüllung von Zielen durch die einzelnen Leistungsträger oder eine Leistungsgruppe. Im Gegensatz zur Orientierung am Anforderungsgrad ist die leistungsergebnisorientierte Vergütung variabel. Sie wird von spezifischen Veränderungen des Leistungsergebnisses bestimmt und weist insofern einen unmittelbaren Leistungsbezug auf.

Instrumente sind Einzelprämien – sie sollen die Leistung des Einzelnen steigern – und Gruppenprämien – sie sollen den Teamgeist fördern. Die größten individuellen Motivationserfolge dürften mit **Einzelprämien** zu erzielen sein, denn sie haben einen direkten Bezug zu der individuellen Leistung. Sie empfehlen sich vor allem dort, wo der Beratungs- und der Bedienungsgrad vergleichsweise hoch sind und die Leistung den Mitarbeitern direkt zugeordnet werden kann. Der besondere Vorzug der **Gruppenprämie** ist, dass interpersonale Konflikte als Folge von Neid oder Ellenbogendenken durch Teamgeist ersetzt werden (vgl. Marr/Kötting 1993, S. 228). Die Teamprämie kann sich positiv auf das Betriebsklima und damit auch auf die Zusammenarbeit auswirken und die abteilungsspezifische Einsatzplanung erleichtern. Insofern bietet sie sich zumindest ergänzend für ein leistungsorientiertes Entgeltsystem an.

Einzelprämien können allerdings zu einem übersteigerten Leistungswettbewerb führen, der die abteilungsspezifische Zusammenarbeit hemmt und die „Jagd auf den Kunden" fördert. Zur Behebung dieses Problems ist eine Einzelprämie zu überlegen, die an einer Gruppenleistung anknüpft (vgl. Stoffl 1996, S. 305). So könnte der Abteilungsumsatz als Bemessungsgrundlage herangezogen und der sich daraus ergebende Prämienbetrag auf die Mitarbeiter entsprechend ihres individuellen Umsatzbeitrages verteilt werden. Der Vorteil besteht darin, dass die Mitarbeiter nicht nur zur Steigerung der Individualleistung, sondern auch ihrer Gruppenleistung motiviert werden. Hinzu kommt, dass bei allen das Interesse geweckt wird, Überbesetzungen zu vermeiden, da der individuelle Prämienanteil mit zunehmender Zahl der Köpfe abnimmt.

Als **Bezugsgrößen für die Entgeltbemessung** bieten sich quantitative und qualitative Leistungskriterien an. Analog zu der Mehrdimensionalität von Unternehmungszielen kann es sinnvoll sein, mehrere Bemessungsgrundlagen zu nutzen und diese in eine kombinierte Mehrfaktorenprämie eingehen zu lassen. Quantitative Kriterien der Verkaufsleistung sind vor allem der Absatz, der Umsatz und der Rohertrag von Artikeln. Weitere Kriterien sind die mitarbeiterspezifische Stundenproduktivität, die Entwicklung des Lagerbestandes und der warenspezifische Lagerumschlag. Qualitative Kriterien der Verkaufsleistung sind z. B. die erfolgreiche Einführung eines neuen Arbeitszeitkonzeptes, Qualitätsverbesserungsvorschläge und Kundenzufriedenheit. Die Liste der Kriterien ist nicht abschließend. Grundsätzlich kommen alle Kriterien in Frage, die einen Beitrag zur Leistung bzw. zur Zielerreichung liefern und die das Verkaufspersonal durch sein Handeln beeinflussen kann.

Die Entgeltdifferenzierung nach den **Leistungspotenzialen** honoriert die Vielseitigkeit der Einsatzpotenziale (vgl. Stoffl 1996, S. 312 f.). Belohnt wird nicht das, was der Mitarbeiter tatsächlich tut, sondern was er kann. Unter Kosten-Nutzen-Aspekten sind nur jene Potenziale zu berücksichtigen, die zu einer betrieblichen Nutzung führen.

Bei der Entwicklung eines Vergütungssystems bleibt immer zu berücksichtigen, dass die Kosten mit zunehmender Ausdifferenzierung wachsen und situative Veränderungen rasche Modifizierungen des Entgeltsystems erforderlich machen können.

2.3.1.5   Die Personalführung

Die Personalführung hat die Aufgabe, das Verhalten des Personals so zu steuern, dass ein Höchstmaß an Leistungsbereitschaft der Mitarbeiter bewirkt wird. Mit Blick auf die Individualisierungstendenz ist von einem schablonenhaften Führungsverhalten abzusehen und eine dem situativen Denken folgende Abstimmung zwischen Führungsverhalten und situativen Einflussgrößen anzustreben. Die Entscheidung für ein bestimmtes Führungskonzept, autoritärer oder kooperativer Führungsstil (zu letzteren zählen die Management-by-Konzepte), ist von den Fähigkeiten, der Motivation und den jeweiligen Werthaltungen der Mitarbeiter abhängig zu machen.

Grundsätzlich ist davon auszugehen, dass die kooperative im Gegensatz zur autoritären Führung die **Leistungsmotivation** der Mitarbeiter erhöht. Hierzu gehört auch, die Mitarbeiter in die Problemlösungs- und Entscheidungsprozesse und damit in die unternehmerische Verantwortung einzubeziehen. Die Verankerung des Teamgedankens und die Bildung selbststeuernder Gruppen unterstützen eine solche Ausrichtung. Nicht zuletzt ist die Delegation von Verantwortung und Entscheidungskompetenz die Voraussetzung dafür, dass die im Rahmen flexibler Einsatzkonzepte angestrebte **Selbstorganisation der Arbeit** funktioniert (kontinuierliche Prozessverbesserung, gern auch mit KPV abgekürzt).

Abgesehen von der höheren Mitarbeiterzufriedenheit wird das funktionale Denken abgelöst durch ein besseres Zusammenspiel entlang der Wertschöpfungskette, so dass ein **Abbau von Hierarchiestufen** und Schnittstellen im Sinne einer stärkeren Prozessorientierung realisiert werden kann. Das Konzept selbststeuernder Gruppen fördert zudem eine marktnahe Entscheidungsfindung, denn niemand kennt die Kundenbelange besser als die Mitarbeiter im Verkauf. Hierfür sind im Rahmen der Personalentwicklung die personelle Flexibilität sowie die offene Informationspolitik sicherzustellen.

2.3.2   Die sachlichen Betriebsmittel als Faktoren der handelsbetrieblichen Leistungserstellung

Im Handelsbetrieb zählen alle mobilen und immobilen Sachgegenstände, die für die Erstellung der Handelsleistung benötigt werden zu den sachlichen Betriebsmitteln. Nicht dazu gerechnet wird die Handelsware. Sie wird aufgrund ihrer Bedeutung für den Umsatzprozess separat erfasst.

Nimmt man die Zahlen des *Statistisches Bundesamtes* (2013b) für den gesamten deutschen Einzelhandel im Jahr 2010, so entfallen bei den Betriebskosten – bezogen auf den Umsatz – 12,5 % auf die Personalkosten, gut 8 % auf Sachkosten und 4,5 % auf Raumkosten. Jede Branche, jeder Systemtyp des Handels (Filialsystem, Kooperation etc.), jeder Betriebstyp (Fachgeschäft, Fachdiscounter, Warenhaus etc.), letztlich jeder Händler wird eine vom Durchschnitt abweichende Kostenstruktur haben. **Tabelle 2.2** zeigt die Kostenstruktur für den deutschen Schuheinzelhandel. Wenn der Unternehmerlohn ausgewiesen wird, dann ist dies ein Indiz dafür, dass es hier um selbstständige Händler geht. Als Inhaber kann er sich kein Gehalt zahlen, es kann aber zweckmäßig sein, seine Arbeitsleistung mit **Opportuni-**

tätskosten zu bewerten, dies ist dann der kalkulatorische Unternehmerlohn. Weitere **kalkulatorische Kosten** sind Zinsen für das Eigenkapital und selbst genutzte Räume (hier als Eigenmiete bezeichnet).

Tabelle 2.2   Kosten im deutschen Schuheinzelhandel 2006 bis 2009

	2006	2007	2008	2009
Fremdpersonal	17,6	17,1	17,3	18,7
Unternehmerlohn	5,5	5,3	4,8	3,8
Miete/Eigenmiete	6,1	5,7	6,0	5,9
Raumkosten	1,9	2,0	2,2	2,1
Kfz-Kosten	0,9	0,9	0,9	0,8
Abschreibungen	1,7	1,5	1,5	1,5
Zinsen für Fremdkapital	1,6	1,5	1,6	1,3
Zinsen für Eigenkapital	0,7	0,7	0,8	0,8
Werbung	2,0	2,0	2,1	2,0
sonstige Kosten	3,4	3,3	3,3	2,8

Quelle: Vgl. IfH 2011

Kosten für Sachgegenstände sind die Kfz-Kosten, dürften aber auch in den Kapitalkosten, den Abschreibungen sowie in den sonstigen Kosten enthalten sein. Aus den letztgenannten Kostenpositionen ist nicht zu erkennen, was auf mobile und was auf immobile Sachgegenstände entfällt.

Zu den **Sachgegenständen**, die nicht der Raum selbst sind, gehören z. B. der Fuhrpark, Kühl- und Lagereinrichtungen, Verkaufsaggregate (Warenträger), EDV- und Kassensysteme sowie elektronische Ausstattungen, die in der Abwicklung von Kundenprozessen eingesetzt werden, insbesondere zur Verkaufsunterstützung. In den letzten Jahren ist ein gewaltiger technischer Fortschritt zu erkennen, der eine Reihe von Händlern bewogen hat, Neuerungen zu testen und in sie zu investieren. Manche Händler haben Pilotmärkte und Testmärkte eingerichtet, um neue Techniken zu erproben, wie z. B. die *Metro*, zunächst 2003 mit dem extra-Future Store in Rheinberg und später 2008 bis 2013 mit dem real-Future Store in Tönisvorst (www.future-store.org), und *Globus* mit dem Innovative Retail Laboratory. Der Versuch, die verschiedenen Techniken bzw. Sachmittel vollständig aufzulisten, muss scheitern. Hier einige Beispiele aus dem stationären Lebensmitteleinzelhandel (vgl. Schröder 2012b, S. 241 f., erweitert):

■ am Einkaufswagen angebrachte Displays, die Hinweise zu Waren und Dienstleistungen geben,

- intelligente Waagen (Warenerkennung via Kamera und Musterabgleich),

- stationäre Informations- und Beratungs-Terminals,

- ausleihbare Mobiltelefone, die für den Einkauf (Einscannen der Artikel) und die Übermittlung von Informationen zu Waren und deren Standorten genutzt werden können,

- elektronische Werbedisplays (Digital Design, hierzu Silberer 2010; Dennis u. a. 2010),

- elektronische Kioske (hierzu Silberer/Engelhardt/Volland 2004; Frost/Sullivan 2003),

- Selbstbedienungskassen mit verschiedenen Techniken (Near Field Communication, Fingerprint etc.).

Im Bekleidungseinzelhandel zählen z. B. 3-D-Scanner für maßgefertigte Bekleidung (z. B. *Karstadt* bereits 2002), Kältekammern (z. B. *Globetrotter*), computergestützte Fußvermessungen und Videoanalysen der Laufbewegungen am Laufband (z. B. *Runners Point*) zu kostenintensiven Einrichtungen. Weitere Techniken und Instrumente findet man z. B. unter den Begriffen Augmented Reality und Radio-Frequency Identification (RFID). RFID wurde bereits umfangreich in dem ersten Future Store der *Metro* sowie im Bekleidungsbereich des *Kaufhof* eingesetzt. Augmented Reality nutzt derzeit vornehmlich Smartphones und Tablet PCs als Medien, um digitale Informationen zu Objekten hinzuzufügen, auf die eine Person die Kamera richtet. Künftig werden es mit einer Kamera ausgestattete Brillen sein, in die Informationen „hineingespielt" werden. Man sagt: Das reale Bild wird durch ein virtuelles überlagert bzw. ergänzt. Man kann nun trefflich streiten, ob und was virtuell ist und was Druckerzeugnisse und Sprache sind: real oder virtuell?

Verlassen wir diesen Bereich der Sachmittel und wenden uns dem Faktor **Raum** zu. Er leistet mehrere Beiträge zur Wertschöpfung: durch Raum für die **Kunden**, z. B. Parkplatz, Restaurant, Wege, Eingänge, Treppen und Kabinen zur Anprobe, durch Raum für die **Ware**, wie z. B. Präsentation auf Warenträgern und Behandlung der Ware, sowie durch Raum für die **Mitarbeiter**, wie z. B. Verwaltung, Sozialräume und Kassen.

Vor dem Hintergrund des Bauplanungsrechtes ist zwischen Verkaufsfläche und Geschossfläche zu unterscheiden. Die Verkaufsfläche ist ein Teil der Geschossfläche und „umfasst die Fläche, die dem Verkauf dient, die dem Kunden zugänglich ist und die nicht nur vorübergehend für Verkaufszwecke genutzt wird. Eingeschlossen sind die Standflächen für Warenträger (Ware), Konsumbereiche, Schaufenster, Treppen in Verkaufsräumen und dem Kunden zugängliche sonstige Verkaufs- und Serviceflächen. Nicht zur Verkaufsfläche zählen Büroräume, Lager- und Vorbereitungsflächen, Werkstätten und Flächen, die Personalzwecken dienen." (Ausschuss für Definitionen zu Handel und Distribution, S. 220; zur Diskussion um die Abgrenzung der Verkaufsfläche siehe Müller-Hagedorn 2009)

Als Maß für die Ökonomisierungserfolge der Raumbewirtschaftung dienen **Raumleistungskennzahlen**. Erfolgsgrößen, wie z. B. der Rohertrag und der Umsatz, werden auf die Verkaufsfläche oder die Geschossfläche bezogen. In der Vergangenheit war im Einzelhandel zu beobachten, dass die Raumleistung (Umsatz pro qm Verkaufsfläche) zurückging (vgl. KPMG 2012, S. 18). Diese Entwicklung der Raumleistung ist

- die Folge der Substitution von Personal durch Verkaufsfläche, da Selbstbedienungs- und Teilbedienungssysteme auf größere Warenkreise ausgedehnt wurden (abnehmende Grenzflächenproduktivität),

- die Folge veränderter gesetzlicher Bestimmungen, um die Kundenverkehrswege im Verkaufsraum sicherer zu machen, und

- die Folge der stärker auf die Kundenbedürfnisse ausgerichteten Flächengestaltung (Stichwort: Convenience), wie z. B. Flächen zum Erholen oder zum An- und Ausprobieren sowie breitere Gänge.

Zu **große Raumkapazitäten** und damit im Vergleich zur tatsächlichen Leistungsbeanspruchung eine zu hohe Leistungsbereitschaft führen aufgrund der dabei entstehenden Leerkosten zu einer Verschlechterung der Umsatzrentabilität. Dieser negative Einfluss auf die Umsatzrentabilität wird noch dadurch verstärkt, dass nicht nur die Raumkosten gemessen am Umsatz zu hoch sind, sondern auch der Warenbestand meist als überhöht zu beurteilen ist.

Andererseits haben auch zu **geringe Raumkapazitäten** Nachteile für die Wirtschaftlichkeit des Handelsbetriebes. Zu geringe Flächen beeinträchtigen die Verkaufsatmosphäre und die Sortimentspolitik. Die räumlich bedingte Sortimentsbeschränkung führt zu Präsenzlücken, zu Nachfrageverlusten und damit zu Einbußen im Hinblick auf das akquisitorische Potenzial des Handelsbetriebes. Gleichzeitig steigen die Kosten, wenn geringe Bestellmengen mit Konditionennachteilen beim Produzenten geordert und häufigere Nachfüllarbeiten in der Verkaufszone durchgeführt werden müssen.

Die Ergebnisse aus **Betriebsvergleichen**, wie etwa vom *Institut für Handelsforschung (IfH)* an der Universität zu Köln, liefern Informationen, die für die Verbesserung der Raumökonomik genutzt werden können. Sie zeigen am Beispiel von Unternehmungen mit überdurchschnittlich guten Betriebsergebnissen, wie sie den Faktor „Raum" in Relation zu anderen Leistungsfaktoren einsetzen. Daraus lassen sich zwar unmittelbar keine Erfolgsrezepte ableiten, aber Anregungen für weitere Überlegungen und Nachforschungen.

2.3.3 Die Ware als Faktor der handelsbetrieblichen Leistungserstellung

In der Handelsbetriebslehre werden nur die menschliche Arbeitskraft sowie die sachlichen Betriebsmittel als **Elementarfaktoren** bezeichnet. Werkstoffe im Sinne industrieller Erzeugnisprozesse sind im Handelsbetrieb als Elementarfaktoren nicht gegeben. Stattdessen muss erneut der besondere Charakter der Handelsware erwähnt werden (siehe zu Beginn von Kapitel 2.3).

Die Handelswaren durchlaufen, sieht man von handelsüblichen Manipulationen ab, den Handelsbetrieb ohne technisch determinierte Transformationsprozesse. Im Gegensatz zum Industriebetrieb werden Elementarfaktoren in einem Handelsbetrieb nicht mit dem Ziel der Erstellung neuer materieller Produkte eingesetzt, sondern mit dem Zweck der Hervorbringung von Handelsleistungen. Diese entstehen durch die Vereinigung stofflich unveränderter, fremderstellter Sachleistungen mit einer von Fall zu Fall meist unterschiedlichen Fülle transpositionsbedingter Dienstleistungen (Handelsfunktionen), die neben der bereits vorliegenden Sacheignung vornehmlich die Verwendungseignung der Ware zum Ziel haben. Da die fremderstellte Ware in der Regie des Handelsbetriebes mit transpositionsadäquaten Dienstleistungen zu Handelsleistungen verknüpft wird, kommt der Handelsware die Eigenschaft eines **Regiefaktors** zu (vgl. Buddeberg 1959, S. 43 ff.).

Der Definition der Ware als Regiefaktor ist es auch zuzuschreiben, dass in der Handelsbetriebslehre Meinungsverschiedenheiten darüber bestehen, inwieweit den gehandelten Waren eine **Kosteneigenschaft** zuzuerkennen ist. Autoren der Handelsbetriebslehre, die der Ware in Handelsbetrieben die Kosteneigenschaft aberkennen, gehen von der Voraussetzung aus, dass die Ware nicht das Ergebnis des handelsbetrieblichen Leistungsprozesses sei, sondern eine materielle Leistung des Herstellers, die von den Handelsbetrieben in stofflich unveränderter Form lediglich weitergereicht wird. Eine solche Einschätzung verkennt jedoch den dualen Charakter der handelsbetrieblichen Leistungserstellung. Zwar ist die Ware als ein Regiefaktor anzusehen, jedoch schließt der handelsbetriebliche Prozess der Leistungserstellung die Ware in sich ein und verändert dabei ihre ökonomische Struktur, im Falle einer handelsüblichen Manipulation auch ihren materiellen Gehalt. Darüber hinaus enthält die Umsatzaufgabe des Handelsbetriebes eine beschaffungswirtschaftliche und eine absatzwirtschaftliche Perspektive, so dass in den **Einstandspreisen** der Waren bereits Handelsleistungen zum Ausdruck kommen (z. B. Eigenbezug, Auswahl besonders günstiger Beschaffungsquellen und Beschaffungswege). Daher trifft auch für den Wareneinsatz in Handelsbetrieben die betriebswirtschaftliche Kostendefinition zu, wonach die abgesetzte Handelsware einen bewerteten, leistungsbezogenen Güterverzehr darstellt.

Im Falle des Handelsbetriebes ist der Wareneinsatz in dem Sinne aufzufassen, dass Sachgüter beim Eingang in den handelsbetrieblichen Prozess der Leistungserstellung ihre ursprüngliche Werteigenschaft (bloße Sacheignung) verlieren, um in der angestrebten Handelsleistung als Ergebnis eines Wertschöpfungsprozesses einen neuen Wert (Sacheignung plus Verwendungseignung) zu erhalten (vgl. Schmitz 1974, Sp. 1143).

Die Differenz zwischen Erlös als Marktleistung des Handelsbetriebes und Wareneinsatz als Vorleistung vorgelagerter Betriebe drückt den **Rohertrag** (auch: Handelsspanne) des handelsbetrieblichen Wertschöpfungsprozesses aus. In der Handelsbetriebslehre wird die vom Handelsbetrieb realisierte **Handelsspanne** als ein Entgelt für die vom Handelsbetrieb wahrgenommenen Distributionsaufgaben definiert. Die vom Handelsbetrieb kalkulierten Artikelspannen basieren – neben dem angestrebten Gewinn – auf den zu erbringenden Handelsfunktionen und den dadurch verursachten Kosten unter Berücksichtigung der Spannenkompensation und der Umschlagshäufigkeit des Artikels. Neben diesen mehr kostenorientierten Spanneneinflüssen sind marktorientierte zu berücksichtigen, nämlich die Wettbewerbsverhältnisse sowie die Preiselastizität der Nachfrage, die wesentlich die Höhe des Gewinns beeinflussen, der in der Handelsspanne enthalten ist.

Es sollen aufgrund dieser Überlegungen die Kosten des Handelsbetriebes untergliedert werden in **Warenkosten** und **Betriebs- bzw. Handlungskosten**, um der für Handelsbetriebe typischen mindestens zweistufigen Deckungsbeitragsrechnung eine systematische Grundlage zu geben. Die Trennung zwischen Warenkosten und Betriebskosten ist aus zwei Gründen geboten: Erstens muss dem besonderen Charakter der Ware als Regiefaktor Rechnung getragen werden. Zweitens entspricht diese Trennung dem außerordentlich hohen Anteil der Warenkosten an den Gesamtkosten des Handelsbetriebes. Für den Einzelhandel lag dieser Anteil im Jahr 2010 bei 73,1 % (vgl. Statistisches Bundesamt 2013b).

Bei der Zusammenfassung der Waren zu einem **leistungsfähigen Handelssortiment** spielen zwei wichtige betriebswirtschaftliche Aspekte eine Rolle, und zwar der Grad der Erklärungsbedürftigkeit der Ware sowie die Umschlagshäufigkeit des Artikels als Indikator für die Marktgängigkeit und die Gewinnsicherung.

Vom **Grad der Erklärungsbedürftigkeit** der Ware ist die Beratungsintensität und damit die Personalkostenbelastung abhängig. Die Erklärungsbedürftigkeit beim Absatz der Ware entscheidet über die betriebstypenspezifische Sortimentszuordnung des Artikels und über die Gestaltung des Absatzkontaktes. Die Selbstbedienungseignung eines Artikels korreliert indirekt mit seiner Erklärungsbedürftigkeit.

Des Weiteren ist häufig ein Zusammenhang zwischen der Erklärungsbedürftigkeit eines Artikels und seiner **Umschlagshäufigkeit** zu sehen. Je höher der Bekanntheitsgrad eines Artikels z. B. durch die Sprungwerbung des Herstellers ist, desto geringer ist der Aufwand an Beratungsleistung im Einzelhandel und desto größer ist in der Regel die Umschlagshäufigkeit des Artikels. Hoher Warenumschlag senkt die Kapitalbindungskosten und fördert die Umsatzrentabilität des im Warenlager gebundenen Kapitals. Es ist daher das Ergebnis konsequenter Rentabilitätsüberlegungen, wenn neue Betriebstypen des Handels ihren Markterfolg auf der Grundlage enger Sortimente beginnen, wobei man sich bei der Sortimentszusammensetzung auf sogenannte problemlose Artikel mit hoher Umschlagshäufigkeit konzentriert. Andererseits hat die Ausweitung der Sortimente im Rahmen der bereits erwähnten Sortimentsdiversifikation zu einer Senkung des Lagerumschlages geführt, und zwar in den Jahren 1977 bis 1999 von 4,3- auf 3,7-mal im Durchschnitt des Facheinzelhandels (EHI 2002, S. 211). Der Grund dafür ist auch in einer der Bedarfsorientierung Rechnung tragenden **Mehrfachplatzierung** von Artikeln zu suchen (mehr Ware, weniger Umschlag). Zum Vergleich: Im deutschen Lebensmitteleinzelhandel bewegte sich der Lagerumschlag im Jahr 2008 von knapp 9 in kleinen Geschäften über knapp 13 in kleinen Supermärkten und rund 23 in Discountern und großen Supermärkten bis 29 in SB-Warenhäusern (vgl. EHI 2009, S. 299).

Bei der Zusammenfassung von Waren zu einem Handelssortiment ist die Relation zwischen Herstellermarken und Handelsmarken zu klären. Als **Herstellermarken** bezeichnet man Marken, die sich im Eigentum des Herstellers befinden. Der Hersteller übernimmt alle mit der Marke verbundenen Aufgaben, z. B. die Qualitätsgarantie. Die Entscheidung über die Absatzgestaltung liegt weitgehend in den Händen der Hersteller, die durch Sprungwerbung eine hohe Verkehrsgeltung ihrer Marke und als Folge dessen eine intensive Nachfrage nach diesen Produkten erreichen wollen, was das Listungsverhalten des Handels beeinflusst. Als **Handelsmarken** bezeichnet man Marken, die sich im Eigentum des Händlers befinden. Der Händler übernimmt alle mit der Marke verbundenen Aufgaben.

Mit seiner Positionierungs- und Profilierungsstrategie legt der Händler fest, in welchem Umfang er Hersteller- und Handelsmarken anbieten will. Denkbar und in der Praxis zu beobachten sind Handelsbetriebe, die nur Herstellermarken im Sortiment führen, die nur Handelsmarken führen oder die eine Mischung aus Hersteller- und Handelsmarken anbieten. Mit Handelsmarken kann der Händler verschiedene Ziele verfolgen (**Tabelle 2.3**).

Tabelle 2.3   Ziele des Handelsmarkenmanagements

Zielkategorie	Zielinhalt
unternehmungsintern	Handelsspannen- und Rohertragsverbesserung
	Sortimentsbereinigung
	Sortimentsergänzung
	Umsatzsteigerung
	Verbesserung der kalkulatorischen Autonomie
	Organisationsbindung
kundenbezogen	Betriebsstättenprofilierung
	Erhöhung des Bekanntheitsgrades des Handelsbetriebes
	Schaffung von Geschäftstreue und Kundenbindung
	Anpassung an veränderte Kundenansprüche
konkurrenzbezogen	Differenzierung der Sortimentsleistung
	Differenzierung der Preisleistung
	Abkopplung vom Preisvergleich mit der Konkurrenz
	Reaktion auf veränderte Wettbewerbsbedingungen
herstellerbezogen	Stärkung der Unabhängigkeit und Verhandlungsposition gegenüber Herstellerunternehmungen
	Reduzierung der Lieferantenvielfalt
	Angebot einer Produktalternative zu Hersteller-Markenartikeln
	Förderung des Wettbewerbs zwischen den Herstellern

Quelle: Dumke 1996, S. 96

Jeder Händler, der Handelsmarken entwickeln und in den Markt einführen will, muss sich vergegenwärtigen, dass damit sämtliche **Kosten der Markenführung** auf ihn zu kommen. Was beim Bezug von Herstellermarken an Herstellerleistungen in den Wareneinstandskosten enthalten ist, kommt nun an zusätzlichen Kosten auf die Wareneinstandskosten der Lieferanten von Handelsmarken hinzu. Dieser Sachverhalt verbietet den Vergleich der

Handelsspanne von Herstellermarken mit der Handelsspanne von Handelsmarken. Vergleichbar sind allenfalls Deckungsbeiträge.

Handelsmarken können einige Nachteile aufweisen. Die räumliche Begrenzung des Marktes und die geringe räumliche Dichte mehrerer Betriebsstätten können zu hohen Streuverlusten in der Werbung führen. Im Vergleich zu Herstellermarken können Größenvorteile (Economies of Scale) und Verbundvorteile (Economies of Scope) geringer ausfallen. Hier kann nur im Konjunktiv gesprochen werden, da es im Einzelfall auf die Größe der Industrie- und der Handelsunternehmungen ankommt. Mag bis vor einigen Jahren noch gegolten haben, dass Handelsmarken vorwiegend die Preiseinstiegslagen abdecken, dass sie nicht die Qualität von Herstellermarken erreichen, dass sie nicht in den Genuss der Größenvorteile von Herstellermarken kommen und dass die Endkunden überwiegend die Herstellerden Handelsmarken vorziehen, so muss heute davon ausgegangen werden, dass Handelsmarken genauso professionell und erfolgreich geführt werden wie Herstellermarken (vgl. Schröder 2012b, S. 296).

2.3.4 Zur Messung der handelsbetrieblichen Leistungen

Nach der Analyse der Betriebsfaktoren (Leistungsfaktoren), die die Handelsleistung bewirken, ist zu untersuchen, wie die handelsbetriebliche Leistung als Ergebnis der Faktorkombination gemessen werden kann.

Mit **Leistung** soll das Arbeitsergebnis pro Zeiteinheit definiert werden. Demzufolge ist z. B. die Zahl der pro Zeiteinheit bedienten Kunden oder die realisierte Absatzmenge pro Zeiteinheit als Leistungsmaß zu nutzen.

Leistungsmaße sind in **Produktivitätsmaße** überführbar, indem die Leistung pro Zeiteinheit (Output) auf die zur Leistungserstellung notwendigen Leistungsfaktoren (Input) bezogen wird. Bei der Bestimmung von Produktivitäten kann zwischen Teil- und Gesamtproduktivität unterschieden werden. Bezieht man die Leistung auf jeweils einen Leistungsfaktor, so spricht man von Teilproduktivität, wird die Leistung auf die Summe der die Leistung bewirkenden Einsatzfaktoren bezogen, erhält man die **Gesamtproduktivität**.

Aus Gründen der Praktikabilität ist es in Handelsforschung und Handelspraxis üblich, **Teilproduktivitäten** zu ermitteln, indem die Leistung (z. B. Umsatz pro Zeiteinheit) auf die einzelnen Betriebsfaktoren bezogen wird. Auf diesem Wege erhält man folgende Partialproduktivitäten:

$$\frac{\text{Umsatz}}{\text{Mitarbeiter}} = \text{Mitarbeiterproduktivität}$$

$$\frac{\text{Umsatz}}{\text{Geschäftsfläche}} = \text{Flächenproduktivität}$$

$$\frac{\text{Umsatz}}{\text{Ø Warenbestand}} = \text{Umschlagshäufigkeit (Warenproduktivität)}$$

Diese Teilproduktivitätsmaße sind insoweit methodisch ungenau, wenn sie Wertgrößen (Zähler) und Mengengrößen (Nenner) zusammenzufassen. Das ist zu beachten, wenn sie für innerbetriebliche und zwischenbetriebliche Vergleiche herangezogen werden. Des Weiteren ist zu beachten, dass auf der Basis von Partialproduktivitäten keine Aussagen über die betriebswirtschaftlichen Wirkungen von Produktivitätsveränderungen im Gesamtzusammenhang der handelsbetrieblichen Faktorkombination gemacht werden können. Denn bei der auf einer Durchschnittsrechnung fußenden Ermittlungstechnik lassen sich Veränderungen bei <u>einem</u> Teilproduktivitätsmaß nicht gleichzeitig den übrigen Leistungsfaktoren zuschreiben. Eine messtechnische Analyse, durch die die Produktivitätssteigerungen anteilig auf die mitwirkenden Betriebsfaktoren umgerechnet werden könnte, scheitert an den nicht zu isolierenden Interdependenzen dieser Faktoren bei der Leistungserstellung. So wäre es durchaus denkbar, dass über die Ausweitung des Sortiments das akquisitorische Potenzial und damit auch der Umsatz der Unternehmung erhöht würden. Daraus folgte bei konstanter Mitarbeiterzahl zwar eine Verbesserung der Mitarbeiterleistung, jedoch bei im Vergleich zur Umsatzentwicklung überproportional steigendem Warenbestand eine Reduzierung der Umschlagshäufigkeit. Das Beispiel zeigt, dass es im Hinblick auf die gesamtbetriebliche Beurteilung unbedingt notwendig ist, alle Teilproduktivitäten in die Ursachenanalyse einzubeziehen.

Es stellt sich daher die Frage, ob nicht ein **Gesamtproduktivitätsmaß** entwickelt werden müsste, das nicht nur alle am Leistungsergebnis beteiligten Leistungsfaktoren in die Produktivitätsanalyse einbezieht, sondern auch deren Produktivitätsbeitrag im Gesamtzusammenhang kenntlich macht. Ein solches Produktivitätsmaß könnte dadurch gebildet werden, dass die **Faktoreinsatzmengen** mit ihren jeweiligen **Preisen** multipliziert, additiv verknüpft und in Beziehung zum Umsatz gesetzt werden (vgl. RGH 1979, S. 10).

$$\text{Gesamtproduktivitätsmaß} = \frac{\text{Umsatz}}{A \cdot P_A + R \cdot P_R + W \cdot P_W}$$

Legende:

A = Faktor Arbeit, R = Faktor Raum, W = Faktor Ware

P_A = Preis des Faktors Arbeit, P_R = Preis des Faktors Raum, P_W = Preis des Faktors Ware

Durch die Bewertung der Faktoreinsatzmengen mit ihren Preisen wird die Produktivitätsanalyse in eine Wirtschaftlichkeitsprüfung transformiert. Das führt zu folgendem Problem: Bei der Bewertung der Input- und Outputgrößen mit ihren Preisen werden Veränderungen der Produktivität von Preisänderungen überlagert, die das Ergebnis externer Prozesse sind, d. h. von den Entscheidungsträgern des Handelsbetriebes schwierig oder gar nicht zu beeinflussen sind. Die Gewinnung einer Kennzahl zur Messung der innerbetrieblichen Produktivität würde auf diesem Wege messtechnisch noch schwieriger.

Ein weiterer Ansatz ist, in Analogie zur industriebetrieblichen Produktionstheorie die Input-Output-Relationen im Handelsbetrieb funktional zu erfassen, um auf diesem Wege im Rahmen einer Produktivitätsanalyse zu überprüfen, welchen Einsatzbedingungen die Leistungsfaktoren im Handelsbetrieb gehorchen. Der Wert derartiger **Produktionsfunktionen** für die Beurteilung von Produktivitätsfortschritten wäre vor allem darin zu sehen, wie sich bei einer Veränderung eines Leistungsfaktors in bestimmter Höhe der Output bzw. die Handelsleistung beeinflussen ließe.

Handelsleistung = $f(A, R, W) = f(\alpha \cdot A + \beta \cdot R + \gamma \cdot W)$

Dabei stellt sich die Frage, inwieweit die Handelsleistung, die sich aus fremderstellten Sachleistungen und einer von Fall zu Fall unterschiedlichen Fülle von transpositionsbedingten Dienstleistungen zusammensetzt (dualer Charakter der Handelsleistung), durch eindeutig bestimmbare und wohlstrukturierte Produktionsfunktionen beschrieben werden kann. Um dieses Problem zu lösen, sind die Besonderheiten der Ausbringungsgüter, der Einsatzfaktoren und der Verfahren des Prozesses der Leistungserstellung (Produktionsverfahren) im Handelsbetrieb zu kennzeichnen.

Die materiellen und immateriellen Komponenten der handelsbetrieblichen Outputs können nur über die **Bewertung mit Geld** gleichnamig gemacht und operationalisiert werden. Dabei gibt es zur Messung der Leistung (Ausbringungsgüter pro Zeiteinheit) zwei Möglichkeiten, erstens die in einer Wirtschaftsperiode erzielten Umsatzerlöse und zweitens den Rohertrag als Differenz zwischen Erlös als Marktleistung des Handelsbetriebes und Wareneinsatz als Vorleistung der vorgelagerten Produktions- und Handelsbetriebe. Insbesondere der Rohertrag (Betriebsspanne) ist Ausdruck des durch die Ausübung von Handelsfunktionen realisierten Wertschöpfungsprozesses im Handelsbetrieb.

Umsatz und Wertschöpfung als Indikatoren der handelsbetrieblichen Ausbringung haben jedoch methodisch nicht zu beseitigende Nachteile. Beide Maßgrößen kennzeichnen <u>nicht</u> die Leistungsinanspruchnahme bzw. Gesamtleistung des Handelsbetriebes, weil z. B. auch Dienstleistungen (etwa die Beratung von Interessenten) abgegeben werden, die nicht an den Umsatz einer Ware gekoppelt sind (vgl. Buddeberg 1959, S. 59). Auch kann es sein, dass ein Handelsbetrieb in den Genuss der Handelsleistung kommt, die Dienstleistung hat dagegen ein Konkurrent erbracht (Trittbrettfahrerproblem).

Umsatz und Betriebsspanne kennzeichnen nur die beanspruchte, Entgelt erzielende Leistung des Handelsbetriebes und nicht seine Leistungsbereitschaft. Außerdem wird die Leistungsabgabe extern durch die Kundennachfrage ausgelöst. Dieser durch den Einsatz eigener absatzpolitischer Instrumente, die Wettbewerbsverhältnisse sowie die konjunkturellen und saisonalen Bedingungslagen beeinflussten Kundennachfrage ist durch die Planung entsprechender Kapazitäten Rechnung zu tragen. Aufgrund des stochastischen Charakters der Kundennachfrage kann eine erhebliche Kluft zwischen Leistungsbereitschaft und Leistungsergebnis eintreten, die durch die faktorbezogenen Kennzahlen der Teilproduktivitäten durchaus einer Ausdeutung zugänglich ist.

Im Bereich der Inputgüter, mit denen die Handelsleistung hervorgebracht wird, findet man neben den materiellen Produktionsfaktoren viele immaterielle Einsatzgüter in Form der geistigen menschlichen Arbeitsleistung. Zudem stößt man auf Betriebsfaktoren, die sowohl limitational miteinander verknüpft sind (z. B. Energie sowie Maschinen- und Transportsysteme) als auch in einem substitutionalen Verhältnis disponiert werden können (z. B. Personal und Raum). Man findet aber auch je nach Form der Absatzkontaktgestaltung die Integration solcher Einsatzgüter, die sich der betrieblichen Disposition entziehen (z. B. Kunde bei Selbstbedienung); denn bei Selbstbedienung findet eben keine Kombination ausschließlich **betriebsinterner** Produktionsfaktoren statt.

Schwierigkeiten stellen sich bei der quantitativen Messung der für einen Leistungsakt notwendigen Einsatzgüter ein. Eindeutig messbar sind nur die pro Kundenbesuch abgegebenen Sachleistungen. Der Verzehr an Potenzialgütern (z. B. Mitarbeiter und Raum) kann in der Regel nicht dem einzelnen Verkaufsvorgang zugerechnet werden (Gemeinkostenschlüsselungsproblem). Hierfür werden Schlüsselungstechniken benötigt, die dem Verursachungsprinzip Rechnung tragen.

Ferner ist die Möglichkeit zu berücksichtigen, dass die bei der Leistungserstellung mitwirkenden **Potenzialfaktoren mit unterschiedlichen Intensitäten** eingesetzt werden, so dass die tatsächliche Leistungsabgabe in Relation von Ist- und Höchstleistung zu messen wäre. Insbesondere ist die quantitative Messung geistiger menschlicher Einsatzleistungen kaum zu realisieren. Da im Rahmen der Verkaufstätigkeit, insbesondere bei der Kundenberatung, Informationen von unterschiedlicher Komplexität durch geistige Leistungen hervorgebracht werden, wird deutlich, welche Probleme bei der Verarbeitung mentaler Transformationsprozesse zu Produktionsfunktionen entstünden (vgl. Schweitzer 1979, Sp. 1496).

Schließlich sind Hypothesen über die funktionalen Zusammenhänge zwischen Input und Output aufgrund der im Handelsbetrieb vorherrschenden Besonderheiten der Leistungserstellung nur schwer zu gewinnen (vgl. Barth 1979, Sp. 703). Denn die im Handelsbetrieb in der Regel anzutreffenden Prozesse der Leistungserstellung sind als divergierende, diskontinuierliche **Verfahren der Einzelfertigung** zu beschreiben, die vornehmlich manuell gebunden und in ihren Verfahrensfolgen meist fremdbestimmt sind.

Fazit: Aufgrund dieser Diskussion kann insgesamt festgestellt werden, dass im Hinblick auf die im Handelsbetrieb anzutreffenden Leistungsprozesse keine eindeutig bestimmbaren, wohl strukturierten Produktionsfunktionen formuliert werden können. Damit entfällt nicht nur die Möglichkeit, die Leistung eines Handelsbetriebes durch endlich viele deterministische Input-Output-Relationen zu beschreiben, sondern auch ein Ansatz, um über die formalisierten Einsatzbedingungen der Betriebsfaktoren Prognosen über das Leistungsergebnis und die Produktivitätsentwicklung abzugeben.

Welche Konsequenzen ergeben sich nun für die Messung der Leistungen im Handelsbetrieb? Trotz der methodischen Schwächen kann man Teilproduktivitäten ermitteln, indem man die Umsatzleistung oder die Wertschöpfung unter Ausschluss fremder Vorleistungen auf die einzelnen Betriebsfaktoren, die die Leistungserstellung bewirkt haben, bezieht. Die simultane Analyse der verfügbaren Teilproduktivitäten kann durchaus im Zeitablauf sowie im brancheninternen und branchenübergreifenden Betriebsvergleich zu Fortschrittskontrollen genutzt werden.

Folgerungen für die Ausweitung des **Kennzahlenapparates** im Betriebsvergleich sind insoweit zu ziehen, als dass die **Umsatzrentabilität** des Betriebes mit dem Kapitalumschlag multiplikativ verknüpft werden sollte. Das Ergebnis ist die **Kapitalrentabilität**. Ein solcher Kennzahlenapparat erlaubt es, die Einflüsse aller Qualitäts-, Mengen- und Preisänderungen simultan über die Ergiebigkeit des Kapitaleinsatzes (Kapitalrentabilität) zu messen. Dadurch wird auch der stetig gewachsenen und kontrollbedürftigen Kapitalintensität der Handelsbetriebe Rechnung getragen. Wir gehen hierauf ausführlich im Kapitel 6 ein: Handelscontrolling.

3 Die Erscheinungsformen des Binnenhandels

Die große Vielfalt der Gestaltung und Durchführung von Distributionsaufgaben bzw. Handelsfunktionen führt zu einer kaum überschaubaren Fülle an Erscheinungsformen des institutionellen Handels. Allerdings finden sich in Wissenschaft und Praxis hierzu keine einheitlichen Begriffsdefinitionen. Dies ist auch nicht zu erwarten. Man muss nur wissen, wer was wie definiert. Es ist zu beobachten, dass identische Begriffe für unterschiedliche Realphänomene und verschiedene Begriffe für dieselben Realphänomene entwickelt werden. Dies ist nicht verwerflich, da es keine wahren oder unwahren Begriffe gibt (vgl. Kornmeier 2007, S. 68). Es erschwert aber die Vergleichbarkeit von Aussagen.

Zur Sicherung des Verständnisses, der Orientierung und der Vergleichbarkeit muss jede Systematisierung daher mit der Frage verbunden sein, für welchen Zweck die Systematik benötigt wird und mit welcher Methode sie erstellt worden ist (Rückgriff auf vorhandene Untersuchungen, Sekundärforschung) oder erstellt werden soll (Durchführung neuer Untersuchungen, Primärforschung). Denkbare Zwecke, für die zahlenmäßige Angaben zu Erscheinungsformen des Handels benötigt werden, sind z. B. der nationale und der internationale Vergleich von Handelsbetrieben, um deren Entwicklung nachzeichnen oder prognostizieren zu können, die Analyse von Integrations- und Kooperationsformen des Handels, die Betrachtung des Wettbewerbsumfeldes und die Konzeption von Leistungsprogrammen, um sich gegenüber den Wettbewerbern zu profilieren.

3.1 Methodische Grundlagen

3.1.1 Ansätze der Systematisierung von Erscheinungsformen des Binnenhandels

Die Aufgabe der Systematisierung besteht darin, ähnliche Erscheinungsformen zusammenzufassen und gegenüber anderen abzugrenzen. An Erscheinungsformen des Handels – und damit als Objekte der Systematisierung – lassen sich vor allem Betriebe, Vertriebslinien und Systemtypen (Integrations- und Kooperationsformen) unterscheiden. Die Systematisierung von Erscheinungsformen des Handels ist Teil der **institutionenorientierten Handelsforschung** klassischer Prägung – in Abgrenzung zur Neuen Institutionenökonomik. Die klassische Institutionenforschung hat drei Ausprägungen: Die statisch-deskriptive Methode beschreibt und systematisiert Erscheinungsformen des Handels, die historisch-genetische Methode kennzeichnet die Entwicklung von Erscheinungsformen des Handels, und die explikative Methode befasst sich mit Ansätzen zur Erklärung des Wandels von Betriebstypen, wie sie z. B. in den Werken von *Malcom McNair* (1931) mit dem „Wheel of Retailing", von *Robert Nieschlag* (1954) mit der „Dynamik der Betriebsformen" und von *Sylvia Berger* (1977) mit „Store Erosion" zu finden sind. Ein Hinweis: „ Betriebstyp" und „Betriebsform" werden von uns synonym verwendet. Sie stehen für unterschiedliche Ausprägungen (Klassen, Typen) auf einer Handelsstufe.

Als Methoden der Systematisierung stehen die Klassifizierung und die Typisierung zur Verfügung (siehe hierzu auch Ahlert/Olbrich 1999, S. 3 f.). Bei der **Klassifizierung** werden alle Objekte zu einer Klasse zusammengefasst, die dieselbe Ausprägung eines Merkmals aufweisen. Verwendet man nur ein Merkmal zur Abgrenzung von Objekten, so liegt eine einstufige Klassifikation vor, z. B. Betriebe ohne Bedienung (= Selbstbedienung) und Betriebe mit Bedienung. Werden mehrere Merkmale verwendet, so liegt eine mehrstufige Klassifikation vor, bei der die Merkmale in einem Subordinationsverhältnis stehen. Auf der obersten Stufe steht der umfassendste, aber merkmalsärmste, an unterster Stufe der engste, aber merkmalsreichste Begriff. So könnte z. B. die Bedienung auf der ersten Stufe stehen, gefolgt vom Anteil an Non-food-Artikeln, dem Sortimentsumfang, der Größe der Verkaufsfläche und dem Standort (**Abbildung 3.1**). Durch die Abstufung entsteht ein pyramidenförmiges System trennscharfer Begriffe mit zunehmendem Beschreibungsumfang. Auf jeder Stufe liegt ein Spektrum an Klassen vor.

Abbildung 3.1   Beispiel für eine mehrstufige Klassifizierung von Handelsbetrieben

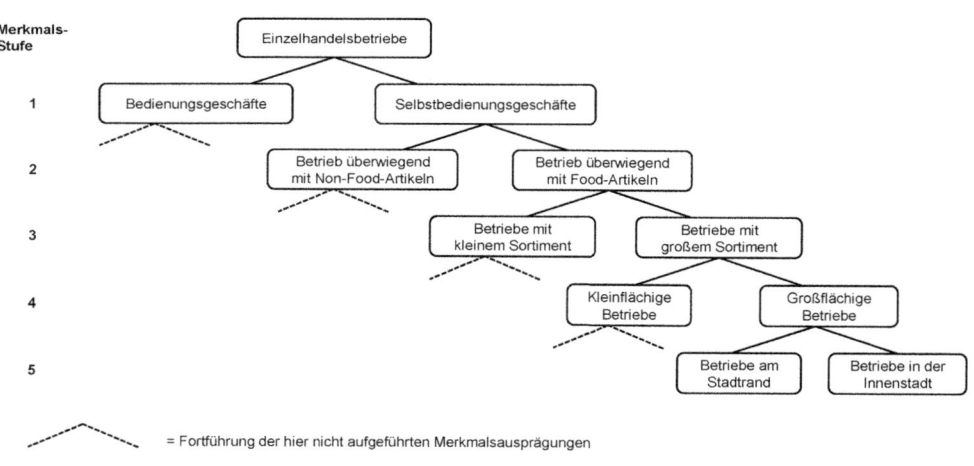

Mit der Zunahme der zur Klassifizierung verwendeten Merkmale steigt die Anzahl der Klassen, mit der Reihenfolge der verwendeten Merkmale ändern sich die Klassen auf den einzelnen Stufen. Nur wenn dieselbe Art und Anzahl der Merkmale und dieselben Merkmalsausprägungen verwendet werden, dann haben auf der letzten Stufe – unabhängig von der Reihenfolge der Merkmale – alle Klassen dieselben Merkmale.

Durch die Stufung der Merkmale kann das Problem auftreten, dass Klassen entstehen, für die sich in der Realität keine Objekte finden lassen oder deren Kombination wenig sinnvoll ist. So ist, wie es das Beispiel in **Abbildung 3.1** zeigt, kaum anzunehmen, dass Betriebe mit einem großen Sortiment zugleich kleine Verkaufsflächen besitzen.

Die **Typisierung** (nicht zu verwechseln mit der Typung, die die Vereinheitlichung von Produktvarianten meint) verzichtet auf das Subordinationsverhältnis von Merkmalen, die Merkmale sind gleichrangig. Typen entstehen durch die Kombination von Merkmalsausprägungen. Soweit bestimmte Merkmalsausprägungen als Erscheinungsformen nicht in der Praxis auftreten oder ihre Berücksichtigung nicht erwünscht ist, wird auf sie verzichtet. Auf diese Weise lassen sich Leermengen vermeiden (vgl. Algermissen 1976, S. 27 ff.).

Jeder Typ in **Abbildung 3.2** beschreibt eine tatsächlich auftretende Erscheinungsform von Handelsbetrieben. Das Beispiel zeigt aber auch, dass weitere Merkmale herangezogen werden müssen, um die in der Praxis vorhandenen Handelsbetriebe erfassen zu können. So fehlen beim Handel mit Nahrungs- und Genussmitteln z. B. preisaggressive Anbieter, Wochenmärkte, Versandhandel, Shop-Konzepte, Kioske, Lebensmittelabteilungen in klassischen Warenhäusern und Tankstellen.

Abbildung 3.2   Beispiel für eine Typisierung von Handelsbetrieben

Einzelhandelsbetrieb überwiegend Selbstbedienung großer Anteil an Non-Food-Artikeln breites und flaches Sortiment große Verkaufsfläche Stadtrandlage **Typ: Verbrauchermarkt**	Einzelhandelsbetrieb überwiegend Bedienung keine Non-Food-Artikel schmales und tiefes Sortiment kleine Verkaufsfläche Innenstadtlage **Typ: Lebensmittelfachgeschäft**
Einzelhandelsbetrieb überwiegend Selbstbedienung großer Anteil an Non-Food-Artikel breites und flaches Sortiment sehr große Verkaufsfläche Stadtrandlage **Typ: SB-Warenhaus**	Einzelhandelsbetrieb überwiegend Selbstbedienung wenig Non-Food-Artikel breites und flaches Sortiment mittlere Verkaufsfläche Innenstadtlage **Typ: Supermarkt**

Die Typisierung erlaubt im Vergleich zur Klassifizierung mehr Freiraum und Flexibilität bei der Abgrenzung von Untersuchungsobjekten. Teilweise werden beide Systematisierungsformen kombiniert, etwa in der Weise, dass man zunächst Klassen bildet und dann für jede Klasse eine Typisierung der Erscheinungsformen vornimmt. Es ist die Aufgabe des Systematisierenden, Art und Anzahl der Merkmale sowie die Ausprägungen der einzelnen Merkmale zu bestimmen. Zu vermeiden sind auf der einen Seite unüberschaubare und zu detaillierte Begriffsgebäude, auf der anderen Seite muss die Systematik aber so genau sein, dass ein hinreichender Detaillierungsgrad für den Zweck der Analyse vorhanden ist. Der Leser einer Statistik, die z. B. Handelsbetriebe erfasst, muss erkennen können, welche Gemeinsamkeiten und Unterschiede bei den im nationalen oder internationalen Vergleich herangezogenen Merkmalen und Merkmalsausprägungen vorliegen. Einen Standard für die Systematisierung gibt es nicht.

So kann es durchaus sein, dass Marktforschungsinstitute bei dem Merkmal Verkaufsfläche (VF) verschiedene Grenzen verwenden, um etwa SB-Warenhäuser, Verbrauchermärkte und Supermärkte zu erfassen. Wer einen internationalen Vergleich von Betriebstypen anstellen will, kann auf Unterschiede treffen, wie sie **Tabelle 3.1** aufzeigt.

Tabelle 3.1   Ausgewählte Betriebstypen des Einzelhandels in Frankreich und Deutschland 1997 im Vergleich

Frankreich	VF (qm)	Deutschland	VF (qm)
Petite Surface Alimentaire (auch: Magasin de proximité, bazarette) Sortiment: Nur Lebensmittel, mit oder ohne SB	weniger als 120	**SB-Geschäft** bedingt vollständiges Sortiment in SB, im Wesentlichen Food	weniger als 250
Superette überwiegend Lebensmittel	120 bis 399	**Supermarkt** 15 % Non-Food	250 bis 799
Supermarché breites, aber nicht sehr tiefes Sortiment	400 bis 2.499	**Kleiner Verbrauchermarkt** warenhausähnliches Sortiment mit Schwerpunkt LM	800 bis 1.499
Hypermarché sehr breites, nicht sehr tiefes Sortiment	2.500 und mehr	**Großer Verbrauchermarkt** Stadtrandlage, breites Sortiment, zu ca. 50 % Food	1.500 bis 3.999/4.999
		SB-Warenhaus Stadtrandlage, sehr breites Sortiment problemloser Food- und Nonfood-Artikel	4.000/5.000 und mehr

Quelle: Eurostaf 1997a, S. 61; 1997b, S. 44 ff.; Lerchenmüller 1995, S. 269

3.1.2   Die Bestimmung von Systematisierungsmerkmalen

In der handelswissenschaftlichen Literatur wird den **Handelsfunktionen** eine sehr starke Systematisierungsfähigkeit zuerkannt (vgl. Buddeberg 1959, S. 21 ff.; Meyer 1963, S. 118 ff.). Der Wahl handelsbetrieblicher Funktionen als Leitmerkmale für eine betriebsbezogene Systematisierung kann man vornehmlich – das wurde im Rahmen der Erörterung einer

Betriebstypeninnovation bereits dargestellt – unter absatzpolitischen Gesichtspunkten zustimmen. Diese Schlussfolgerung ergibt sich aufgrund der Überlegung, dass im Rahmen marktstrategischer Bewertungen nicht der Verfahrenseinsatz und die Arbeitsabläufe des innerbetrieblichen Bereichs interessieren, sondern das marktgerichtete Erscheinungsbild des Handelsbetriebes im Mittelpunkt der Beurteilung durch die Marktpartner steht. Das marktgerichtete Erscheinungsbild hängt jedoch entscheidend davon ab, mit welcher Intensität, Qualität und Kombination die vom Verwender verlangten Handelsfunktionen erbracht werden.

Carl Walter Meyer (1963, S. 126), der die Methode der Klassifikation anwendet, geht davon aus, dass der institutionelle Handel mindestens vier gesamtwirtschaftlich ausgerichtete Funktionen zu erfüllen hat: Funktionen zum Ausgleich (1) räumlicher, (2) zeitlicher, (3) quantitativer sowie (4) qualitativer Spannungen zwischen Produktion und Konsumtion. Aufgrund dieses Ansatzes ergeben sich **vier Merkmalsklassen**.

Aus den gesamtwirtschaftlichen Funktionen lassen sich in einer zweiten Abstufung **betriebswirtschaftliche Prozesse** ableiten, die als betriebswirtschaftliche Ausprägungen der einzelnen Merkmalsklassen bezeichnet werden können. Diese betriebswirtschaftlichen Prozesse führen bei einer weitergehenden Gliederung zu **betrieblichen Verrichtungen**, die man als Merkmalsmengen einer Klasse bzw. als Elemente von Merkmalsmengen kennzeichnen kann. **Abbildung 3.3** verdeutlicht die morphologische Vorgehensweise am Beispiel der Raumüberbrückungsfunktion.

An dieser Vorgehensweise lässt sich kritisieren, dass der morphologische Ansatz zu einer unübersehbaren Fülle von Merkmalsmengen und Elementen von Merkmalsmengen führt, die die Auffindung wohl unterscheidbarer Betriebstypen erschwert. Außerdem können merkmalsbestimmende Verrichtungen temporär ausgegliedert werden, ohne dass damit eine reale Veränderung des Betriebstyps einhergeht. Systematisiert man jedoch, wie häufig im Bereich des Großhandels üblich, die Betriebstypen aufgrund ihrer Funktionenwahrnehmung, dann ergeben sich bei einem nicht zu tief gegliederten Klassifikationsschema durchaus für eine Betriebstypenkennzeichnung geeignete Merkmale.

Auch hier sei noch einmal erwähnt, dass wir die Begriffe „Betriebstyp" und „Betriebsform" synonym verwenden. Sie stehen für unterschiedliche Ausprägungen auf einer Handelsstufe, seien es nun Klassen als das Ergebnis einer Klassifizierung oder Typen als das Ergebnis einer Typisierung. Dagegen steht der Begriff „Betriebsform" nicht für das Ergebnis einer Klassifizierung, der Begriff „Betriebstyp" nicht für das Ergebnis einer Typisierung. Das mag den Leser irritieren, ist aber nicht zu ändern.

Abbildung 3.3   Die Systematisierung von Handelsbetrieben über Handelsfunktionen –
                      dargestellt am Beispiel der Raumüberbrückungsfunktion

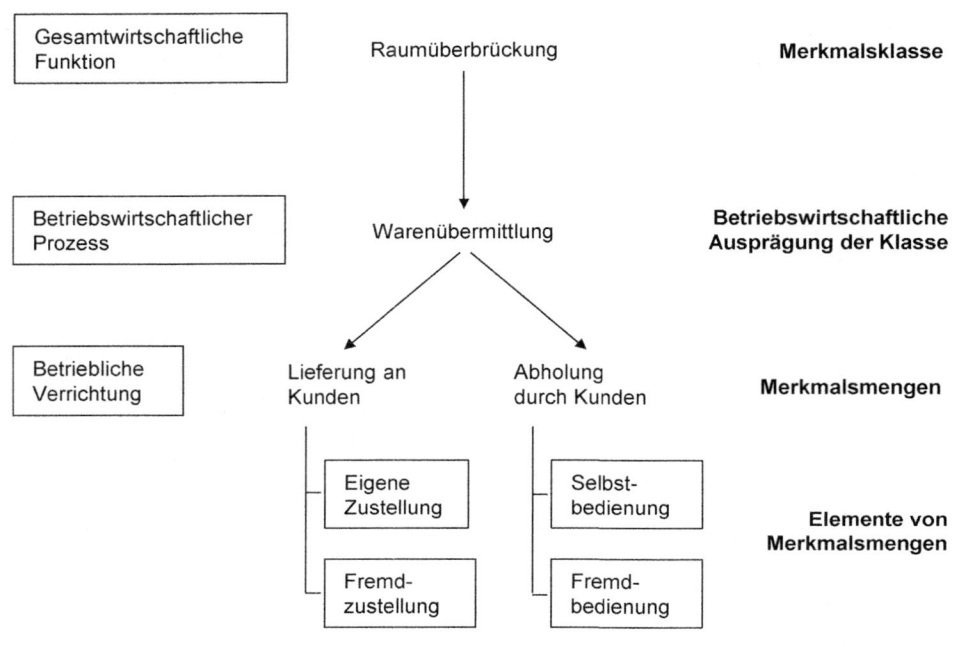

Im Gegensatz zu *Carl Walter Meyer* geht *Karl-Christian Behrens* bei der Systematisierung von Handelsbetrieben nicht von einem funktionenorientierten Ordnungskonzept aus, sondern von Strukturmerkmalen und absatzpolitischen Instrumentalvariablen (vgl. Behrens 1972, S. 33 ff.). Hierauf aufbauend könnten z. B. folgende Strukturmerkmale und absatzpolitische Instrumentalvariablen für die Bildung von Betriebstypen des Handels genutzt werden:

I.   Strukturmerkmale
      1. Betriebsform
          a) Großhandelsbetrieb
          b) Einzelhandelsbetrieb
          c) Außenhandelsbetrieb
      2. Warenkreis
          a) enge Zusammensetzung (Spezialisierung)
          b) breite Zusammensetzung (Diversifizierung)
      3. Umsatzverfahren (Marktbearbeitungssysteme – Akquisition)
          a) Absatzkontaktgestaltung
             (1) Verkäuferbedienung
             (2) Selbstbedienung

(3) Katalogbedienung

(4) Automatenabsatz

(5) Bedienung über interaktive elektronische Medien

b) Absatzentfaltung (Weite des Warenkreises und Marktraums)

(1) vertikale Entfaltung (Sortimentsdimensionierung)

(2) horizontale Entfaltung (Standortspaltung)

4. Standort

a) Citylage

b) Nebenlage

c) Randlage

5. Betriebsgröße (Verkaufsfläche)

II. Instrumentalmerkmale

1. Preispolitik

a) aktiv

b) passiv

2. Qualitätspolitik

a) hohes Qualitätsniveau

b) mittleres Qualitätsniveau

c) niedriges Qualitätsniveau

3. Dienstleistungspolitik

a) hohes Dienstleistungsangebot

b) niedriges Dienstleistungsangebot

4. Distributionspolitik

a) Monosystem-Politik

b) Polysystem-Politik

Grundsätzlich kommen für die Systematisierung von Handelsbetrieben alle Merkmale und Merkmalsausprägungen in Betracht, mit denen der Anbieter um die Gunst der Nachfrager wirbt. Handelsbetriebe und ihr Umfeld sind einem ständigen Wandel unterworfen, der sich in veränderten Strukturvariablen und der Umgestaltung des absatzpolitischen Instrumentariums widerspiegelt. Es ist daher außerordentlich schwierig, eine bestimmte Gruppe von Betrieben auf Dauer mit einer festgelegten Kombination von Struktur- und Instrumentalmerkmalen zu definieren. So sind die Warenhäuser z. B. aufgrund dieser Wandlungsprozesse nicht mehr ausschließlich durch Citylage, mittleres Qualitätsniveau, Verkäuferbedienung und Monosystem-Politik zu beschreiben. Ebenso findet man im Facheinzelhandel, der grundsätzlich durch hohes Qualitäts-, Preis- und Serviceniveau gekennzeichnet sein soll, den Übergang zum Fachdiscounter. Ein Ausweg aus diesem Dilemma kann nur dadurch gefunden werden, dass man der Dynamik der Betriebstypenentwicklung und damit dem dynamisch-instrumentalen Aspekt durch eine **Fortschreibung** der Merkmale und ihrer Ausprägungen Rechnung trägt, die entweder durch eine empirische Untersuchung regelmäßig erhoben oder im Wege sogenannter Entwicklungs- und Innovationsmodelle prognostiziert werden können.

Die vorherrschenden Begriffsdefinitionen verwenden leicht messbare Kriterien, wie z. B. Verkaufsfläche, Sortimentsumfang, Bedienungsprinzip, Zahlungsart, Logistik und Preishöhe. Die Wahrnehmung und die Beurteilung durch die Nachfrager bleiben hier ausgeblendet. Insoweit können sich diese Begriffsdefinitionen nicht eignen, um das Verhalten der Nachfrager zu beschreiben und zu erklären. Einen Messansatz und empirische Ergebnisse, inwieweit sich Definitionen von Betriebsformen tatsächlich eignen, um bestimmte Kundenbedürfnisse zu befriedigen, bieten *Purper* und *Weinberg* (2007). Sie verwenden Kriterien, mit denen die Kunden die Sach- und Dienstleistungen der Anbieter beurteilen. Dies ist zugleich die Abkehr von einer objektiven (anbieterorientierten) und die Hinwendung zu einer subjektiven (nachfragerorientierten) Systematisierung von Erscheinungsformen im Handel. Ein Beispiel für diese Vorgehensweise führen wir in dem Kapitel auf, das sich mit der Systematisierung von Betrieben im Einzelhandel befasst.

3.2   Systematisierung von Betrieben im Großhandel

Großhandelsbetriebe können Waren an Produzenten, gewerbliche Verwender, Weiterverkäufer und Großverbraucher absetzen. Da in der Handelspraxis die Einschaltung von Großhandelsbetrieben aufgrund der Kombination und Intensität wahrgenommener Handelsfunktionen beurteilt wird, sollen auch für die Zwecke der Systematisierung von Großhandelsbetriebstypen die **Handelsfunktionen** im Hinblick auf ihre systematisierende Kraft geprüft und genutzt werden (vgl. Batzer 1974, S. 884 f.).

In Abhängigkeit vom Umfang der betrieblichen **Sortimentsfunktion** unterscheidet man Sortiments- und Spezialgroßhandelsbetriebe. Der **Sortimentsgroßhandelsbetrieb** bietet eine breit und tief gegliederte Zusammenstellung unterschiedlicher Warengruppen an, die auf die Sortimentswünsche der branchenorientierten Handelsunternehmungen auf der Einzelhandelsstufe abgestellt ist und aufgrund der Möglichkeit der weitgehend vollständigen Warenversorgung einen Beitrag zu deren Beschaffungsökonomisierung leistet (Schaffung additiver Kaufmöglichkeiten). **Spezialgroßhandelsbetriebe** sind demgegenüber solche Unternehmungen, die ihre Sortimentsfunktion nur auf wenige komplementäre Warengruppen konzentrieren, die jedoch tief gegliedert sind (alternative Kaufmöglichkeiten).

Jüngere sortimentspolitische Entwicklungstendenzen führen zu einer Verwischung der Grenzen zwischen diesen beiden Formen von Großhandelsbetrieben. Auch der Großhandelsbetrieb hat sich deutlich von der herkunfts- bzw. stofforientierten Sortimentsbildung gelöst und bietet in wachsendem Maße bedarfsorientierte Sach- und Dienstleistungskombinationen an, wobei auch in dieser Entwicklung die Sortimentsausweitung mit dem Ziel der abnehmerorientierten Beschaffungskonzentration vollzogen wird. Eine Ausweitung der Handelsfunktionen, auch unter dem Aspekt der Funktionenschöpfung, findet vor allem dann statt, wenn die Großhandelsunternehmung im Wege der Vorwärtsintegration als Funktionskopf im Rahmen eines zweistufigen Verbundsystems (Freiwillige Kette) fungiert.

Auch bei der **Raum- und Zeitüberbrückung** haben sich die Großhandelsbetriebstypen stark verändert. Ein Beispiel für diese Entwicklung liefert die Unterscheidung zwischen dem Strecken- und Lagergroßhandel, die beide z. B. im Produktionsverbindungshandel eine nicht unbedeutende Rolle spielen. Beim **Streckengroßhandel** (Streckengeschäft) erfüllt die Großhandelsunternehmung nur Aufgaben der dispositiven akquisitorischen Distribution, jedoch nicht solche der physischen Distribution (**Abbildung 3.4**).

Abbildung 3.4   Güter- und Finanzströme im Lager- und Streckengroßhandel

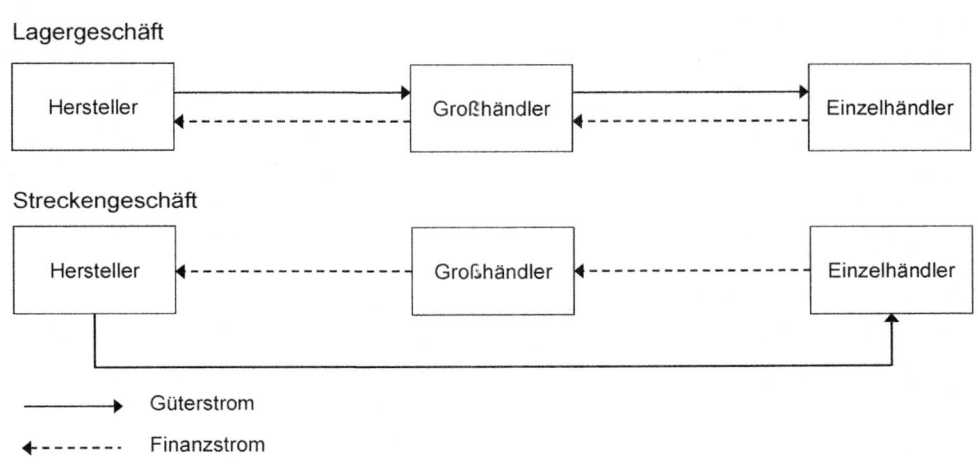

Lagergeschäft

Streckengeschäft

→ Güterstrom

◄------ Finanzstrom

Dieser Typ des Großhandelsbetriebes disponiert bei seinen produzierenden Lieferanten im eigenen Namen und für eigene Rechnung, lässt jedoch die geordnete Ware direkt durch den Hersteller an den Kunden des Großhandelsbetriebes ausliefern. Lagerhaltung und Transport als betriebliche Verrichtungen zum Zwecke der Zeit- und Raumüberbrückung verbleiben beim Hersteller. In diesem Zusammenhang zeigen sich Ansätze einer vertieften Kooperation von Herstellern und Spediteuren, wobei letztere weitgehend klassische Großhandelsfunktionen substituieren. Bei einer so umfassenden Funktionenrückwälzung ist die Gefahr der Ausschaltung aus der Handelskette besonders groß. Zur Abwehr dieser Gefahr findet im Produktionsverbindungshandel, insbesondere im Werkstoffhandel, eine Funktioneneingliederung bzw. Funktionenschöpfung statt. Der **lagerhaltende Werkstoffhandel** (Lagergeschäft) gliedert z. B. ein Service-Center ein, um durch Anarbeitung die erste Verarbeitungsstufe für den Produzenten zu übernehmen. Zu diesen manipulativen Funktionen zählen beispielsweise das Biegen von Betonstahl oder der Zuschnitt von Blechen nach den besonderen Wünschen des Abnehmers.

Das Streckengeschäft, d. h. die Ausgliederung der physischen Distribution, kann kein hinreichendes Kriterium für eine Betriebstypenprägung im Großhandel sein, da von der Möglichkeit des Streckengeschäftes häufig nur **fallweiser** Gebrauch gemacht wird. So führt der in der Regel lagerhaltende Großhandelsbetrieb dann Streckengeschäfte durch, wenn bei Großabnehmern, von denen ein starker Druck auf die Angebotspreise ausgeht, die Kosten im Zusammenhang mit der Warenbewegung reduziert werden müssen, um nach Absprache mit dem Produzenten die Chancen für die Auftragsgewinnung zu verbessern. An diesem Beispiel wird die begrenzte Leistungsfähigkeit der Handelsfunktionen als Grundlage zur Systematisierung von Handelsbetrieben besonders deutlich. Denn Handelsfunktionen können temporär begrenzt ein- oder ausgegliedert werden, ohne dass hieraus schon eine Variation des Betriebstyps folgt.

Auf Dauer angelegte Veränderungen in der Wahrnehmung der **Bedarfsanpassungs- und Marktausgleichsfunktionen** sind wiederum Abgrenzungskriterien für den Bedienungs- und Selbstbedienungsgroßhandel. Die klassische Form der Großhandelsunternehmung findet man in der Form des sogenannten **Zustell- bzw. Bedienungsgroßhandels.** Neben der intensiven Wahrnehmung der Raum- und Zeitüberbrückungsfunktion sind im Laufe der Zeit weitere Aufgaben hinzugetreten, die man als Ergebnis einer **Funktionenschöpfung** bezeichnen kann. Zu den absatzpolitisch bedeutsamen Leistungen des Bedienungsgroßhandels zählt nicht mehr nur alleine die Warenzustellung. Technischer Kundendienst, Schulung der Mitarbeiter, Sortimentsgestaltung in den Unternehmungen der Kunden auf der Einzelhandelsstufe, betriebswirtschaftliche Beratung sowie schließlich die Konzeption und Realisation von Werbemaßnahmen im Rahmen eines vertikalen, stufenübergreifenden Marketingprogrammes kennzeichnen das weite Aufgabenfeld des Bedienungsgroßhandels.

Neben der Intensivierung der Bedarfsanpassungs-, Marktausgleichs- und Sachgüteraufbereitungsfunktionen, ist auch deren **partielle Fortwälzung** auf die Abnehmer für die Entwicklung bestimmter Großhandelsbetriebstypen symptomatisch. Denn seit Beginn der 1960er Jahre hat das Organisationsprinzip der Selbstbedienung ebenfalls Einzug in den Großhandel gehalten. Die umfassendste Übernahme der Selbstbedienung als Absatzkontaktgestaltung hat im sogenannten **Cash- und Carry-Großhandel** bzw. **Selbstbedienungsgroßhandel** stattgefunden. Die **Fortwälzung** von Funktionen (Outsourcing) kommt dadurch zum Ausdruck, dass die gewerbetreibenden Kunden (vornehmlich Weiterverkäufer, Weiterverarbeiter, Dienstleistungsberufe, Großverbraucher) ihre Kommissionen selbst zusammenstellen, bei der Warenübernahme bare Zahlung leisten und den Warentransport selbst übernehmen. Die Rationalisierungsvorteile, die sich in einer nicht unerheblichen Senkung der Betriebskosten niederschlagen, ergeben sich aufgrund des weitgehenden Fortfalls der persönlichen Akquisition durch Reisende und Verkaufsberater sowie des vollständigen Abbaus der Transport- und Kreditierungsfunktionen. C&C-Märkte sind durch eine einheitliche Preisstellung gegenüber allen Kundengruppen gekennzeichnet. Die kostensenkenden Degressionseffekte entstehen in der Betriebswirtschaft des Abnehmers.

Mit der zunehmenden Ausdehnung der Non-food-Artikel im Sortiment des Lebensmitteleinzelhandels hat der **Spezialgroßhandel** eine neue Marktchance entdeckt. Eine Reihe von Großhandlungen haben sich darauf spezialisiert, die warenwirtschaftliche Steuerung von Zusatz- und Randsortimenten in den Einzelhandlungen bei Übernahme auch des Absatzrisikos zu übernehmen, und zwar von der Anlieferung über die Regalauffüllung, Regalpflege, Preisauszeichnung bis hin zu der Rücknahme insbesondere von nicht verkauften

Frischeartikeln. Bei diesen **Regal-Großhändlern** (Rackjobber) findet eine Funktionenakkumulation statt, da bis auf die Bereitstellung von Verkaufsfläche und Übernahme der Inkassofunktion durch den Einzelhandelsbetrieb alle wesentlichen Tätigkeiten in der Hand des Rackjobbers bleiben. Infolgedessen ist die dem Einzelhandelsunternehmer durch den Regal-Großhändler gewährte Spanne als Regalmiete und Entgelt für die Übernahme der Inkassofunktion anzusehen. Man kann diese Zusammenarbeit zwischen Regal-Großhandels- und Einzelhandelsbetrieb als stufenübergreifende vertikale Kooperation ansehen.

Seit einiger Zeit wird die grundsätzliche Zweckmäßigkeit einer **Differenzierung von Groß- und Einzelhandel** diskutiert. Die Befürworter einer solchen Trennung verweisen insbesondere auf marketingpolitische, wettbewerbsrechtliche und mittelstandspolitische Argumente. Für die Großhandelsbetriebe sei es einerseits von Bedeutung, sich als solche zu erkennen zu geben, um damit auf ihr spezifisches, auf einen ausgewählten Kundenkreis abgestimmtes Leistungsangebot hinzuweisen. Andererseits erforderten rechtliche Restriktionen, wie die Ladenöffnungsgesetze, das Bau- und Planungsrecht sowie verschiedene Verbrauchergesetze, eine klare begriffliche Trennung.

Die Gegner einer Trennung von Groß- und Einzelhandel nehmen insbesondere Bezug auf den evolutorischen Prozess im Wettbewerbsfeld und die damit einhergehenden infrastrukturellen Veränderungen. So hätten vor allem die erhöhte Mobilität der Bevölkerung, Entwicklungen im Transport-, Informations- und Kommunikationsbereich, die zunehmende Homogenisierung von Erzeugnissen sowie die Steigerung der Verbundnachfrage erhebliche Konsequenzen für die gesamte Distribution, so dass eine strikte Trennung der beiden Handelsstufen als ein Relikt vergangener Zeit zu betrachten sei.

Einigkeit zwischen den beiden Parteien besteht allerdings insofern, als dem Handel – vor allem durch den Gesetzgeber – die Möglichkeit eingeräumt werden sollte, auf veränderte Marktkonstellationen durch flexible organisatorische Problemlösungen zu reagieren, um das Distributionssystem effizient zu gestalten. Wenn man berücksichtigt, dass einerseits die Hersteller und andererseits insbesondere die Weiterverarbeiter sowie Weiterverkäufer – als Kunden des Großhandels – zur Optimierung ihrer Effizienz (z. B. Outsourcing, Aufbau von Flexibilität) die Leistungstiefe verringern und Aktivitäten ausgliedern, ergibt sich daraus ein erhebliches Akzeptanzpotenzial vor allem für den Produktionsverbindungshandel (Tietz 1993, S. 459 ff.).

Den weitgefächerten Bedürfnissen der Kunden kann Rechnung getragen werden durch solche Sortimentsvielfalt und Systemsortimente, die eine sequentielle Vermarktung (z. B. Tiefbau, Sanitärbedarf, Fassade, Dachentwässerung) im Hinblick auf beispielsweise ein Bauprojekt ermöglichen. Ferner kann die Leistungstiefe durch Anarbeitung, Prefabrication mit JIT-Konzepten sowie Übernahme der Retro-Distribution verbreitert werden (vgl. Pfohl 1993, S. 211 f.; Pfohl/Stölzle 1995, Sp. 2234 f.). Kundenunterstützungssysteme mit Value Management, technischer und betriebswirtschaftlicher Beratung sowie Qualitätssicherungs- und Fehlerdiagnosekonzepten, flankiert von Versicherungsleistungen für Haftung und Gewährleistung im Rahmen der Auftragsabwicklung der Großhandelskunden, können beachtliche Chancen zur Verbesserung der Wertschöpfung des Großhandels bieten.

3.3 Systematisierung von Betrieben im Einzelhandel

Sucht man auf die Frage, wie Betriebe des Einzelhandels systematisiert werden, Antworten in einschlägigen Handwörterbüchern und Marketing-Lexika (etwa Handwörterbuch des Marketing, Vahlens Großes Marketinglexikon, Gabler Marketing Lexikon und Ausschuss für Definitionen zu Handel und Distribution) so findet der Leser ein sehr uneinheitliches Bild. Und auch die einschlägigen Lehrbücher zum Handel (etwa von *Ludwig Berekoven*, *Ursula Hansen, Hans-Peter Liebmann* und *Joachim Zentes* sowie in der Nachfolge *Joachim Zentes, Bernhard Swoboda* und *Thomas Foscht, Lothar Müller-Hagedorn* und *Bruno Tietz*) weisen in ihren Werken unterschiedliche Systematiken aus, was grundsätzlich nicht zu beanstanden ist. Dies macht die Aufgabe, eine Systematik vorzuschlagen, ungleich schwieriger. Letztlich kommt es auf den Verwendungszweck an, für den die Erscheinungsformen des Einzelhandels abzugrenzen sind. Insofern ist es unmöglich, einen allgemeingültigen Ansatz der Systematisierung von Betrieben im Einzelhandel zu entwickeln. Dreh- und Angelpunkt einer verwendungsorientierten Systematik sind die gewählten Merkmale, ihre Ausprägungen sowie die Methode ihrer Kombination. Folgende Überlegungen können z. B. die Systematisierung von Betrieben des Einzelhandels leiten: Die Branche, die Kontaktbeziehung (Residenz-, Domizil-, Treff- oder Distanzprinzip) und die Gestaltung der absatzpolitischen Instrumente.

Sich zunächst der **Branche** (z. B. Lebensmittel, Bekleidung, Einrichtungsgegenstände, Bau- und Heimwerker-Produkte, Unterhaltungselektronik, Haushaltsgeräte oder Computer) zuzuwenden, ist insbesondere dann zweckmäßig, wenn die Übersicht an Betriebstypen der Analyse von Marktstrukturen und der Entwicklung von Angebotskonzepten dienen soll. Dabei ist zu beachten, dass heute nicht mehr starre Sortimentsstrukturen wie zu Beginn des 20. Jahrhunderts anzutreffen sind (vgl. Berekoven 1986, S. 28 ff.). Vielmehr bieten Lebensmittelhändler Produkte zur Selbstmedikation an, Apotheken offerieren Lebensmittel, Kaffeeröster erzielen mehr als 50 % ihres Umsatzes mit anderen Produkten als mit Kaffee, und Tankstellen dehnen ihr Food- und Non-food-Sortiment weiter aus. Möbeleinzelhändler haben Geschirr, Textilien, Lampen, Pflanzen – und wie *Ikea* – Lebensmittel in ihr Sortiment aufgenommen, Schuhgeschäfte erweitern ihre Warengruppen um Textilien, und Textilgeschäfte ergänzen ihr Angebot mit Lederwaren, teilweise auch mit Artikeln aus der Warengruppe „Glas, Porzellan, Keramik". Das Motto lautet offenbar: Alles geht!

Ferner haben sich Einzelhändler auf die Vermarktung von Restposten, Überschussprodukten, Zweite-Wahl-Ware und Havarieprodukten spezialisiert (vgl. Schröder 1999a, S. 907 f.). Besondere Bedeutung hat die Partievermarktung erlangt (Schröder/Mehling 2001; Mehling 2001). So nahmen z. B. inmitten von Vollsortimentern des deutschen Textileinzelhandels im Jahr 2010 *Aldi* Platz 9 und *Tchibo* Platz 10 der Umsatzrangliste ein, wobei *Tchibo* über die Plätze 27 (1993), 19 (1994), 15 (1995), 12 (1996) und 11 (1999) kontinuierlich aufgestiegen ist. *Aldi* hat zudem mehrfach jeweils innerhalb weniger Tage einige Zehntausend Personalcomputer verkauft und sich damit unter den Top-Verkäufern von PC platziert. Folgt man diesen Entwicklungen in einer Systematik von Betrieben, dann gilt es zu vermeiden, dass bestimmte Betriebstypen nur einer Branche zugeordnet werden, wie z. B. Supermärkte, die nicht ausschließlich Nahrungs- und Genussmittel führen, oder dass bestimmte Betriebstypen als Restgröße auftreten, wie z. B. reine Partievermarkter, weil sie sich sonst nicht einordnen lassen. Im Hinblick auf die Analyse von Wettbewerbsbeziehungen ist es dann sinnvoll, die Erscheinungsformen nach Warengruppen zu systematisieren.

Ein Vorschlag: Wählt man nach der Branche als zweites Kriterium die **Kontaktbeziehung**, so erhält man eine zweistufige Klassifikation. Hieran kann sich eine Typisierung anschließen, die für jede Klasse gleichrangige Merkmale berücksichtigt, wie z. B. Verkaufsfläche, Bedienungsprinzip, Sortimentsdimensionen und Preisniveau (**Abbildung 3.5**).

Abbildung 3.5   Vorschlag für eine Systematisierung von Einzelhandelsbetrieben

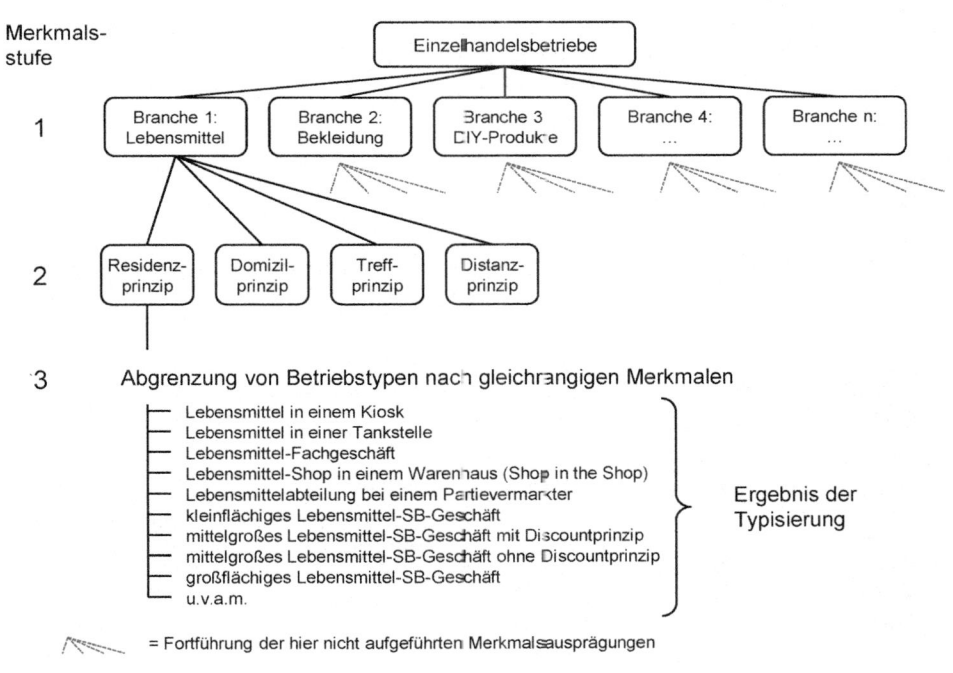

Bei der Kontaktbeziehung lassen sich das Residenzprinzip (Kunde sucht Anbieter auf = stationärer Einzelhandel), das Domizilprinzip (Anbieter sucht Kunde auf = ambulanter Einzelhandel), das Treffprinzip (Anbieter und Kunde treffen sich außerhalb ihres Domizils und ihrer Residenz = halbstationärer Einzelhandel) und das Distanzprinzip (Anbieter und Kunde treten physisch nicht in Kontakt = Versandhandel) unterscheiden.

Was kann eine solche Systematik leisten? Sie gibt dem Handelsmanagement die Möglichkeit, sich einen geordneten Überblick über eine Branche zu verschaffen sowie die in Frage kommenden Wettbewerber zu identifizieren. Schwierig wird es dagegen, die Umsätze der einzelnen Branchen zu erfassen, wenn einzelne Erscheinungsformen Waren aus mehreren Branchen anbieten.

Der Leser möge schließlich prüfen, welche Erscheinungsformen sich tatsächlich erfassen lassen. Eine Prüffrage kann lauten: Eignet sich der Vorschlag, um Warenhäuser als Ergebnis der Systematisierung erhalten zu können?

An dieser Stelle kommen wir auf den Vorschlag von *Purper* und *Weinberg* zurück, Erscheinungsformen im Handel nicht aus der Anbieter-, sondern aus der Nachfragerperspektive zu systematisieren. Die bislang aufgeführten Merkmale und ihre Ausprägungen beziehen sich auf die Ausgestaltung der Leistungen (Verkaufsfläche, Sortimentsumfang, Preisniveau etc.). Sie sagen aber nichts über die Kundensicht aus, insbesondere nichts über die Erfüllung von Einkaufsmotiven. Letzteres liegt dem Ansatz von *Purper* und *Weinberg* (2007) zugrunde. Für den Einzelhandel kommen sie nach empirischen Untersuchungen zu dem Ergebnis, dass das Erlebnismotiv, das Servicemotiv, das Auswahlmotiv und das Preismotiv entscheidend dafür sind, wie Endkunden Betriebe des Einzelhandels unterscheiden. Auf dieser Basis schlagen sie die in **Tabelle 3.2** dargestellte Systematik vor.

Tabelle 3.2   Betriebsformen des Einzelhandels aus Kundenperspektive und ihre Merkmalsausprägungen

		Betriebsformen des Einzelhandels aus Kundenperspektive			
		Preis-spezialisten	Erlebnis- und Service-spezialisten	Auswahl- und Erlebnis-spezialisten	Notlösungen
Merkmale zur Einteilung der Betriebsformen des Einzelhandels aus Kundenperspektive – Eignung zur Befriedigung der …	Erlebnis-orientierung	niedrig	hoch	hoch	niedrig bis sehr niedrig
	Preis-orientierung	hoch	mittel	mittel bis niedrig	sehr niedrig
	Service-orientierung	mittel	hoch	niedrig	niedrig
	Orientierung an der Sortimentsauswahl	mittel bis niedrig	mittel bis niedrig	hoch	niedrig bis sehr niedrig

Quelle: Purper/Weinberg 2007, S. 138

Weinberg und *Purper* (2004, S. 52 ff.) weisen zudem empirisch nach, dass die Nachfrager die Realphänomene des Einzelhandels anders sehen und unterscheiden, als dies aus der Anbieterperspektive geschieht. Dies ist insbesondere hilfreich, um Wettbewerbsbeziehungen zu identifizieren. Nun läge es nahe, bei der Systematisierung von Erscheinungsformen im Handel von der anbieter- auf die nachfragerorientierte Perspektive umzuschwenken. Dass dies bislang so gut wie nicht geschieht, dürfte vor allem etwas mit dem deutlich höheren

Erhebungsaufwand zu tun haben. Theoretische Konstrukte wie Einkaufsmotive sind nun einmal nicht so leicht zu erfassen wie in Stück, Quadratmetern oder Euro messbare Größen.

3.3.1   Betriebstypen nach dem Residenzprinzip

Die Literatur bietet eine große Zahl an Begriffen, mit denen die verschiedenen Erscheinungsformen des stationären Einzelhandels beschrieben werden. Sie finden sich z. B. bei den Marktforschungsinstituten *IRI Group, GfK, Nielsen* sowie im *Katalog E des Ausschusses für Definitionen zu Handel und Distribution*. Wir greifen im Folgenden einige gängige Begriffe auf (Warenhaus, Kaufhaus, Gemischtwarengeschäft, Fachgeschäft, Spezialgeschäft etc.) und konzentrieren uns des Weiteren auf die Vielfalt der Betriebstypen im Einzelhandel mit Lebensmitteln.

Warenhäuser sind nach Warengruppen oder Themen abteilungsmäßig gegliederte Großbetriebe des Einzelhandels, die Waren aus den wesentlichen Konsumgüterbranchen anbieten. Mit der Zielsetzung, die Beschaffungsprozesse der Konsumenten zu erleichtern und möglichst „alles unter einem Dach" anzubieten, wird die Leistung der Sortimentsbreite und der Sortimentstiefe betont. Je nach Standort und Kaufkraft des Einzugsgebietes passen sich einzelne Häuser mit ihrem Sortimentsniveau, den Sortimentsdimensionen (Breite, Tiefe, Höhe) und den Preislagen an das Umfeld an. Auf diese Weise betreiben sie differenzierte Marktbearbeitung. Das Ergebnis sind verschiedene Vertriebslinien. Warenhäuser stehen seit vielen Jahren in hartem Wettbewerb mit solchen Betriebstypen, die sich auf ausgewählte Warengruppen konzentrieren (sog. Category-Killer wie z. B. Fachmärkte). Eine Reaktion hierauf ist, einzelne Sortimentsbereiche (z. B. Unterhaltungselektronik, Einrichtungsbedarf, Sportartikel) aus den Warenhäusern auszugliedern und hierfür einen anderen Betriebstypen (z. B. Fachmarkt) zu verwenden.

Im Gegensatz zu Warenhäusern weisen **Kaufhäuser** eine größere Branchenhomogenität auf. Sie bieten Waren – überwiegend in Bedienung – aus wenigen Branchen an, oftmals nur aus einer Branche (z. B. Haushaltswaren, Textilien und Bekleidung). Des Weiteren gehören sie zu den großflächigen Betrieben und weisen eine starke Sortimentstiefe auf.

Das **Gemischtwarengeschäft** zeichnet eine relativ breite und gleichzeitig flache Sortimentsstruktur aus. Weitere Charakteristika sind der konsumentennahe Standort, vorzugsweise in ländlich unterversorgten Gebieten und seine umfangreichen Dienstleistungen (z. B. Beratung, Zustellung, Anschreibekredit) in Verbindung mit hohen Preislagen der Waren. Im Zuge der Entwicklung zum Wocheneinkauf und der Mobilisierung der Verbraucher sind die Gemischtwarengeschäfte einem starken Verdrängungswettbewerb durch Verbrauchermärkte und SB-Warenhäuser ausgesetzt.

Ein **Fachmarkt** ist ein großflächiges Einzelhandelsgeschäft, dessen Sortiment auf bestimmte Branchen (z. B. Drogerieartikel, Bekleidung, Schuhe), bestimmte Bedarfsgruppen (z. B. Sport, Heimwerken, Wellness) oder bestimmte Zielgruppen (z. B. junge Mütter, Jäger und Angler) ausgerichtet ist. Das in der Regel tiefe Sortiment befindet sich auf einem niedrigen bis mittleren Preisniveau. Manche Fachmärkte bieten Beratung an, andere Fachmärkte verzichten hierauf und transferieren die geringeren Kosten in niedrigere Preise. Insoweit ließen sich – unter Einschluss des Kriteriums „Beratung" – zwei weitere Betriebstypen innerhalb der Fachmärkte definieren. Analog gilt dies für die Preisstellung. Gerade das Beispiel von Fachmärkten zeigt das ganze Dilemma der Systematisierung von Betriebstypen. Es gibt nicht den Fachmarkt, sondern je nach Art und Anzahl herangezogener Merkmale lassen sich verschiedene Arten von Fachmärkten unterscheiden (spezialisierter oder beratender oder diskontierender Fachmarkt).

Fachgeschäfte bieten ein breit und tief gegliedertes Sortiment einer bestimmten Branche wie etwa Möbel, Unterhaltungselektronik, Haushaltsgeräte, Textilwaren, Uhren und Schmuckwaren sowie Lebensmittel. Das Sortiment wird mit umfangreichen Dienstleistungen verbunden, wie Beratung, Lieferung und Reparaturen. Die intensive Verkaufsberatung erfordert eine hohe fachliche Qualifikation und Spezialisierung des Verkaufspersonals mit entsprechenden Auswirkungen auf die Kosten. Neben Artikeln mit hoher Umschlagshäufigkeit werden auch weniger häufig gefragte Artikel geführt, um die Sortimentskompetenz (Tiefe des Sortiments = Auswahl) unter Beweis zu stellen. Dies führt meist zu einer Kalkulation, bei der die gut verkäuflichen Artikel die Kosten der umschlagschwachen mitzutragen haben. Die hohen Personalkosten und der Zwang zur Durchschnittskalkulation münden in eine passive und wenig flexible Preispolitik. Die Reaktion auf Niedrigpreisangebote und Sonderangebote der Konkurrenz ist begrenzt. Ein Weg der aktiven Preispolitik besteht darin, sogenannte „Schnelldreher" in das Sortiment aufzunehmen, gestützt auf eine differenzierte Preiskalkulation.

Spezialgeschäfte konzentrieren sich auf den Ausschnitt des Sortiments eines Fachgeschäfts. Die Spezialisierung erfolgt sowohl bei der Tiefe des Warenangebots als auch beim Umfang der Dienstleistungen. Das Verkaufspersonal verfügt über umfangreiche Warenkenntnisse und übt intensive Beratungs- und Servicefunktionen bis hin zu Einzelbestellungen aus. Mehr noch als beim Fachgeschäft äußern sich die Personalqualifikation und lange Kapitalbindungsdauer in hohen Preisen.

Ein besonderes Feld sind neue Betriebstypen, die sich aus innovativen Angebotskonzepten ergeben. Das Problem der Abgrenzung neuer Betriebstypen soll am Beispiel von Convenience verdeutlicht werden. Im *Katalog E* findet sich der Betriebstyp **Convenience Store**, der als kleinflächiger Nachbarschaftsladen ein begrenztes „Sortiment an Waren des täglichen Bedarfs sowie Dienstleistungen bis hin zu einer kleinen Gastronomie zu einem eher hohen Preisniveau anbietet. Convenience Stores zeichnen sich durch einen wohnungsnahen oder frequenzintensiven Standort aus. Wo es zulässig ist, sind lange Öffnungszeiten bis zu 24 Stunden üblich." (Ausschuss für Definitionen zu Handel und Distribution 2006, S. 44) Weiter heißt es: „In Deutschland können Tankstellenshops, Kioske, Bahnhofsmärkte und in eher seltenen Fällen auch Bäckereien und Metzgereien zu den Convenience Stores gezählt werden." Eine solche Definition wird den Dimensionen und der Bandbreite von Convenience nicht gerecht. Zu unterscheiden sind die Bandbreite an Kundenwünschen nach Entlastung, die Produkte und Dienstleistungen, die zur Deckung dieses Motivs beitragen sowie die Handelsbetriebe, in denen diese Leistungen angeboten werden (**Tabelle 3.3**).

Tabelle 3.3   Convenience – Kundenwünsche, Leistungen und Handelsbetriebe

Convenience Kundenwünsche	Convenience Produkte / Convenience Dienstleistungen	sogenannte Convenience Shops bzw. Convenience Stores
■ Spontangenuss ■ Bequemlichkeit ■ Stressvermeidung ■ Problemlösungen ■ längere Ladenöffnung ■ kurze Wege ■ wenig Zeitaufwand ■ etc.	■ Grundbedarf ■ Fast-Food / Bistro ■ Lotto / Fax / Post etc. ■ Geschenkartikel ■ Reiseartikel ■ Rund-um-sorglos-Produkte ■ etc.	■ Tankstellen ■ Kioske ■ Bäckereien ■ Getränkemärkte ■ Nachbarschaftsläden ■ Geschäfte an einem Verkehrsknotenpunkt (z. B. Bahnhof, Flughafen) ■ etc.

Zur Berücksichtigung des Merkmals Convenience bei der Systematisierung von Handelsbetrieben bieten sich zwei Wege an: Entweder wird das Merkmal Convenience in die oben beschriebene Typisierung einbezogen. Dann entstehen keine Betriebstypen mit der Bezeichnung Convenience Stores, sondern die verschiedenen Betriebstypen zeichnen sich durch unterschiedliche Grade an Convenience aus. Dies können dann Tankstellen, Warenhäuser, Kioske und Fachgeschäfte sein. Oder es wird – abweichend von der oben beschriebenen Vorgehensweise – eine Klasse von Convenience Stores gebildet, unter der im Zuge der Typisierung die verschiedenen Ausprägungen von Entlastung und Bequemlichkeit erfasst werden.

Was bei der Verwendung des Merkmals Convenience im Vergleich zu anderen Merkmalen auffällt, ist die Nachfragerorientierung. Denn Convenience ist ein Bedürfnis der Kunden, das sich als theoretisches Konstrukt durch verschiedene Dimensionen und Ausprägungen darstellen lässt. Convenience kann man definieren als die vom Kunden wahrgenommene Vermeidung von Einkaufskosten, die durch Zeitverbrauch, physische Mühe, kognitive Mühe und emotionale Mühe entstehen (vgl. Reith 2007, S. 30). Zur Operationalisierung bieten sich die Transaktionskosten an, die ein Kunde beim Einkaufen auf sich nimmt (vgl. Kaas/Posselt 2000; Posselt/Gensler 2000; Reith 2007, S. 44 ff.; Ettinger 2010). Die Transaktionskosten lassen sich für die Phasen der Entscheidung, des Zugangs zu den Geschäften, die Suche in den Geschäften, die Abwicklung des Einkaufs und den Nachkauf ermitteln. *Reith* (2007) hat die Convenience empirisch für den Einkauf in Bau- und Heimwerkermärkten, *Ettinger* (2010) für den Einkauf in Lebensmittelgeschäften untersucht.

Das Spektrum der Angebotsformen im Einzelhandel ist in den letzten Jahren durch Factory Outlets und Factory Outlet Center erweitert worden. Hierbei handelt es sich um herstellerbetriebene Angebotsformen, d. h. Direktvertrieb eines Herstellers an den Endverbraucher. **Factory Outlets (Fabrikläden)** sind zumeist am Standort des Herstellers gelegene Verkaufsstellen, in denen in der Regel Überbestände, Retouren und Waren zweiter Wahl zu niedrigen Preisen angeboten werden. Die Kunden können über Einkaufs- und Schnäppchenführer erfahren, wo sich Herstellermarken neben dem traditionellen Einzelhandel zu günstigen Preisen erwerben lassen. Die Integration dieses Betriebstyps in das Begriffsgebäude von Erscheinungsformen des Einzelhandels setzt voraus, dass der Direktvertrieb des Herstellers als institutioneller Einzelhandel verstanden wird. Einzelhandel liegt auf alle Fälle vor, da es um den Absatz an den Letztverbraucher geht. Einzelhandel im institutionellen Sinne wäre aber nach dem Verständnis des *Katalogs E* ausgeschlossen, da es sich hierbei um Betriebe handeln muss, „deren wirtschaftliche Tätigkeit ausschließlich oder überwiegend dem Einzelhandel im funktionellen Sinne zuzurechnen ist." (Ausschuss für Definitionen zu Handel und Distribution 2006, S. 46) Dies ist bei den Herstellern, die Factory Outlets betreiben, nicht der Fall.

Ein weiterer, für die Systematisierung von Handelsbetrieben relevanter Aspekt tritt bei der Betrachtung von **Factory Outlet Centern** hinzu (Forschungsergebnisse hierzu liefern Lausberg 2002; Lausberg/Schröder 2001; Lausberg/Schröder/Rödl 2001; Schröder/Lausberg/Rödl 2001). Ein Factory Outlet Center (FOC) ist eine Agglomeration von Verkaufsniederlassungen verschiedener Hersteller in einem Gebäudekomplex, die von einer Betreibergesellschaft geplant, entwickelt und gemanagt wird. Die gesamte Verkaufsfläche umfasst mehrere tausend Quadratmeter, die Ladeneinheiten des FOC werden überwiegend von Herstellern betrieben, das Sortiment hat einen hohen Anteil an Markenware, vorwiegend Überbestände, Retouren und Waren zweiter Wahl, und die Preissetzung liegt deutlich unter der des sonstigen Einzelhandels (vgl. Lausberg 2002, S. 24). An dieser Stelle ist zu diskutieren, ob das Factory Outlet Center ein eigenständiger Betriebstyp ist, setzt er sich doch überwiegend aus der Summe von bekannten Betriebstypen zusammen, genannt werden können das Fachgeschäft und das Spezialgeschäft. Für diesen Weg spricht, dass die Agglomeration der Einzelgeschäfte eine absatzpolitische Wirkung bei den Verbrauchern entfaltet (Lausberg/Schröder 2001).

Insoweit empfiehlt es sich, die **Agglomeration von Einzelhandelsbetrieben** als weiteres Systematisierungskriterium aufzunehmen. Das Ergebnis sind verschiedene Ausprägungen von Einkaufszentren, die sich aus verschiedenen Formen an Geschäften zusammensetzen, die von Einzelhändlern (Shopping Center) oder Herstellern (FOC) betrieben werden.

Nachfolgend soll der **Lebensmitteleinzelhandel** mit seinen Erscheinungsformen im stationären Bereich dargestellt werden. Aufgrund seiner Absatz- und Umsatzbedeutung sind für diesen Bereich umfangreiche Systematiken entwickelt worden. Hierzu zählen zum einen Fachgeschäfte (z. B. Obst und Gemüse) und Spezialgeschäfte (z. B. Feinkost, Wein), die bereits oben definiert worden sind, vor allem aber wurden die Begriffe Lebensmittel-Discounter, SB-Geschäft, Supermarkt, Verbrauchermarkt und SB-Warenhaus geprägt.

Der Begriff **Lebensmittel-Discounter** fällt im Vergleich zu den anderen Erscheinungsformen aus der Systematik heraus. Denn das Discountprinzip ist auf sämtliche Betriebstypen des Einzelhandels anwendbar. Mehr oder weniger Artikel werden zu Preisen angeboten, die erkennbar unter den sonst im Markt geforderten Preisen liegen. Der Begriff Lebensmittel-Discounter ist als eigenständiger Betriebstyp allenfalls dann akzeptabel, wenn er ausdrückt, dass alle Artikel, zumindest aber der weit überwiegende Teil, zu Discountpreisen angeboten werden. Das Discountprinzip ist auf Dauer nur durchsetzbar, wenn die betrieblichen Prozesse sehr effizient, d. h. kostenorientiert gestaltet werden. Niedrige Kosten in der Gestaltung der Beschaffung und des Absatzes erlauben niedrige Preisstellungen. Daneben ist ein hoher Umschlag erforderlich, der auf attraktiven Sortimenten und niedrigen Preisen basiert.

SB-Geschäfte, Supermärkte, Verbrauchermärkte und SB-Warenhäuser unterscheiden sich in erster Linie hinsichtlich der Verkaufsfläche und des Anteils an Food-, Near-food- und Non-food-Artikeln. **SB-Geschäfte** und **Supermärkte** sind in diesem Reigen die kleinsten Betriebstypen. Sie bieten vorwiegend Nahrungs- und Genussmittel (Food) sowie in geringem Umfang auch Non-food- und Near-food-Artikel an. Die Trennung der beiden Erscheinungsformen erfolgt über die Verkaufsfläche. In der Regel wird erst von einem Supermarkt gesprochen, wenn das Geschäft mindestens 400 und maximal 800 qm Verkaufsfläche aufweist. Supermärkte haben ihren Standort hauptsächlich in den Haupt- und Nebenstraßen erstklassiger Stadt- und Wohnlagen. Sie rekrutieren ihre Hauptkunden innerhalb eines Einzugsgebietes mit einem Radius von ca. 750 Metern. Zur standortspezifischen Profilierung tragen vor allem Frischekonzepte bei.

Der **Verbrauchermarkt** bietet ein umfangreiches Sortiment an Nahrungs- und Genussmitteln sowie Near-food- und Non-food-Artikeln, unterstützt durch eine aggressive Preispolitik. Die Verkaufsfläche liegt zwischen 800 und 5.000 qm. Der Non-food-Bereich ist in der Regel breit und nur wenig tief gegliedert. Standorte sind vornehmlich preiswerte Stadtrandlagen oder auf der „grünen Wiese" mit erstklassiger Verkehrsanbindung. Den Kunden bietet der Verbrauchermarkt Vorteile durch ein reichhaltiges Angebot an Parkplätzen sowie die Möglichkeit des One-Stop-Shopping. Das **Selbstbedienungs-Warenhaus** kann als größere Form des Verbrauchermarktes bezeichnet werden, d. h. alle Handelsbetriebe mit mehr als 5.000 qm Verkaufsfläche, die Nahrungs- und Genussmittel sowie Near-food- und Non-food-Artikel anbieten.

Ein Problem ist die eindeutige Abgrenzung von Supermarkt, Verbrauchermarkt und SB-Warenhaus. Während das Marktforschungsinstitut *Nielsen* lange Zeit zwischen Supermärkten (400 bis 799 qm), kleinen Verbrauchermärkten (800 bis 1.499 qm), großen Verbrauchermärkten (1.500 bis 4.999 qm), SB-Warenhäusern (5.000 qm und mehr) sowie restlichen Geschäften (weniger als 400 qm) unterschieden hat (vgl. AC Nielsen 2005, S. 18), hat sich *IRI* bei den Begriffen auf die Unterteilung in traditionellen Lebensmitteleinzelhandel (eingeteilt in die Verkaufsflächenklassen: bis 199 qm, 200 bis 399 qm und 400 bis 799 qm) und in Verbrauchermärkte (eingeteilt in die Verkaufsflächenklassen 800 bis 1.499 qm, 1.500 bis 2.499 qm, 2.500 bis 4.999 qm sowie 5.000 qm oder mehr) beschränkt. Der Begriff SB-Warenhaus taucht in der Systematik von *IRI* allenfalls am Rande auf; bei einer Verkaufsfläche von 5.000 qm und mehr ist grundsätzlich von großen Verbrauchermärkten die Rede, manchmal mit der Ergänzung versehen „auch als SB-Warenhäuser bezeichnet". (IRI 2005, S. 18) Dies erschwerte den Vergleich von Statistiken: Wenn *Nielsen* Zahlen für Verbrauchermärkte auswies, dann handelte es sich um Betriebe mit einer Verkaufsfläche zwischen 800 und 4.999 qm, aber nicht um noch größere Betriebe. Bei *IRI* wurden als Verbrauchermärkte alle Betriebe mit mehr als 800 qm ausgewiesen, also auch solche mit 5.000 qm und mehr.

2008 hat *Nielsen* die Betriebstypen neu definiert und neue Grenzen festgelegt: Nationale und regionale Verbrauchermärkte haben mehr als 2.500 qm, kleine Verbrauchermärkte 1.000 bis 2.500 qm, große Supermärkte 400 bis 999 qm, kleine Supermärkte 100 bis 399 qm sowie Impulsmärkte weniger als 100 qm. Hinzu kommen Discounter und Drogeriemärkte (vgl. Nielsen 2008, S. 3, 78 f.). *IRI* (vormals Symphony IRI) arbeitet weiterhin mit der oben aufgeführten Einteilung (vgl. IRI 2011, S. 18). Vergleiche von Statistiken der beiden Firmen bleiben damit nach wie vor schwierig.

Welche Anforderungen neue Erscheinungsformen des Einzelhandels mit Lebensmitteln an die Fortschreibung von Systematiken stellen, zeigt das Beispiel **automatisierter Mini-Supermärkte,** wie etwa das „Shop non Stop"-Konzept der *Limex Shop System Handels GmbH Berlin* in den 1990er Jahren (vgl. Schröder 1999b, S. 66 f.). Auf Betriebsflächen zwischen 14 und 20 qm bieten die mit Kühlregalen ausgestatteten Mini-Supermärkte in Berlin und an anderen Standorten in Deutschland mehr als 200 Food- und Non-food-Artikel an. Über eine Zahlentastatur kann der Kunde die gewünschten Artikel anfordern, die ein Roboterarm in ein Warenfach legt, das die Artikel im Anschluss an den automatisierten Bezahlvorgang freigibt. Die Aufstellung von Automaten unterliegt grundsätzlich den Bestimmungen der BauNVO. Neue Formen des Automatenvertriebs gehen aber über das hinaus, was die BauNVO bislang vor Augen hat, nämlich Automaten für Zigaretten, Kaugummis und andere kleinformatige Waren. Diese gelten im Sinne von § 14 BauNVO als Nebenanlagen, die z. B. an Fassaden angebracht oder in Vorgärten aufgestellt werden. Automatisierte Mini-Supermärkte der beschriebenen Art haben dagegen die in den §§ 2-11 BauNVO für Läden und Einzelhandelsbetriebe vorgesehenen Standortgebiete zu beachten. Darüber hinaus dürfen automatisierte Mini-Supermärkte, die alkoholische Getränke anbieten, nur in gewerblich genutzten und beaufsichtigten Räumen installiert werden. Andernfalls kollidieren sie – wie auch die „Shop non Stop"-Geschäfte, die ein umfassendes Sortiment an alkoholischen Getränken führten – mit dem Gesetz zum Schutz der Jugend in der Öffentlichkeit.

3.3.2   Betriebstypen nach dem Domizilprinzip

Das Domizilprinzip als Form der Kontaktgestaltung ist dadurch gekennzeichnet, dass der Anbieter seine Kunden aufsucht. Es findet persönlicher Verkauf im Rahmen des ambulanten Einzelhandels statt. Ambulanter Handel soll so verstanden werden, dass die Geschäfte an den Orten der Kunden und damit an verschiedenen Orten abgeschlossen werden. Liegt der Ort dagegen fest (z. B. ein Marktstand), aber außerhalb der sonstigen Geschäftsräume, und müssen alle Kunden diesen Ort aufsuchen, soll von halbstationärem Handel gesprochen werden (siehe unten: Betriebstypen nach dem Treffprinzip).

Es lohnt sich, einen kurzen Blick in die Geschichte des deutschen Einzelhandels zu werfen, da der ambulante Einzelhandel früher eine bedeutende Stellung hatte. *Berekoven* (1986, S. 26) bezeichnet den ambulanten Handel als Rückgrat der Versorgung bis in die zweite Hälfte des 19. Jahrhunderts hinein. Als Formen werden aufgeführt der Wanderhändler mit selbstgefertigten Waren (= Selbsthausierer) oder fremdgefertigten Erzeugnissen (= Fremd-hausierer) und die Bötin, die neben dem Verkauf von Produkten Aufträge übernahm, bestimmte Artikel aus der Stadt mitzubringen. Seine Ursachen hatte die Inanspruchnahme des ambulanten Handels darin, dass Geschäfte des stationären Einzelhandels fehlten und die Verbraucher keine angemessene Möglichkeit besaßen, räumliche und zeitliche Diskrepanzen zu überwinden.

Heute bedienen sich sowohl Hersteller als auch Händler des ambulanten Handels, die Industrie nutzt ihn zum Direktvertrieb (z. B. Staubsauger und Teppichböden, Kosmetika, Haushaltswaren, Dessous), der Einzelhandel als ausschließliche oder additive Form des Vertriebs. Der ambulante Handel entlastet die Kunden, etwa beim Einkauf schwerer Gegenstände (z. B. Getränke, Haushaltsgeräte) oder empfindlicher Produkte (z. B. Frischeprodukte, Tiefkühlkost). Als Begriffe finden sich Haustürverkäufer, Tür-zu-Tür-Verkäufer, Wanderhändler, Hausierer, Verkaufsfahrer, Heimdienste, Reisende, Handelsvertreter und Partyverkauf. Unter Partyverkauf wird das Angebot von Waren im häuslichen Umfeld mit mehreren potenziellen Kunden verstanden, oftmals ist der Verkäufer selbst Kunde, der seine Entlohnung über Prämien der bei ihm gekauften Waren erhält. Ein Beispiel sind die sogenannten *Tupperware Partys*. Für eine Systematik der Betriebstypen des Einzelhandels sind diese Begriffe wenig hilfreich. Denn für den Kunden ist es in der Regel nicht erkennbar und auch kaum relevant, ob der Verkäufer als Reisender oder als Handelsvertreter auftritt. Dies spielt allenfalls bei der Gestaltung der Absatzorganisation des Anbieters eine Rolle.

Unter absatzpolitischen Aspekten bieten sich der Umfang des Sortiments, die Anzahl der angebotenen Marken und die Verfügbarkeit der Ware als Systematisierungskriterien an. So sind erstens schmale und tiefe oder breite und flache Sortimente denkbar. Dann kann zweitens zwischen Sortimenten unterschieden werden, die sich auf eine Marke beschränken oder die mehrere Marken umfassen. Drittens kann mit Abschluss des Vertrags die Ware ausgehändigt werden (sofortige Verfügbarkeit), wenn der Anbieter einen entsprechenden Vorrat mit sich führt, oder sie wird zu einem späteren Zeitpunkt geliefert. Letzteres ist nicht zu verwechseln mit dem Handel nach dem Distanzprinzip, wo der Kontrakt in einer Beziehung zwischen Abwesenden zustandekommt, d. h. es fehlt die persönliche Beratung von Angesicht zu Angesicht, und der Kunde hat nicht die Möglichkeit, die Ware vor dem Vertragsabschluss (das ist etwas ungenau, wenn man sich das Rückgabe- und Widerrufsrecht ansieht) zu begutachten, mit der Ausnahme von digitalisierbaren Produkten, die Online-Shops anbieten (vgl. Schröder 1999c, S. 603). Aus den drei genannten Merkmalen (Sortimentsumfang, Anzahl der Marken und Verfügbarkeit der Ware) lassen sich durch Kombination der verschiedenen Merkmalsausprägungen entsprechende Betriebstypen nach dem Domizilprinzip bilden.

3.3.3 Betriebstypen nach dem Treffprinzip

Beim Einzelhandel auf der Basis des Treffprinzips verlassen die Anbieter ihre Residenz und die Nachfrager ihr Domizil. Die Anbahnung und die Abwicklung der Geschäfte findet an einem dritten Ort statt (halbstationärer Einzelhandel). Als Orte kommen Straßen, Messen, Wochenmärkte und sonstige Gebäude und Orte in Frage, an denen die Anbieter ihre Verkaufsstände oder Verkaufswagen einsetzen. Betriebstypen lassen sich aus den bereits zum Einzelhandel nach dem Domizilprinzip genannten Merkmalen (Sortimentsumfang, Anzahl der Marken und Verfügbarkeit der Ware) und nach dort nicht relevanten Merkmalen, nämlich Art und Anzahl weiterer Anbieter sowie Regelmäßigkeit des Angebotes, bilden. Mit der Heterogenität und der Zahl der Anbieter steigt die Attraktivität des Angebotes. Die Nachfrager treffen an einem Ort mehrere Anbieter, deren Besuch im stationären Einzelhandel, so sie denn über diesen verfügen, ihnen zusätzliche Mühe, Zeit und Geld abverlangte. Bei landwirtschaftlichen Erzeugnissen, etwa auf dem Wochenmarkt, üben die Frische der Ware und der direkte Weg zum Erzeuger zusätzliche Attraktivität aus.

Sieht man sich dagegen die gebräuchlichen Bezeichnungen für Erscheinungsformen des Einzelhandels nach dem Treffprinzip an, so lassen sie keine stringente Systematik erkennen, sie sind vielmehr historisch gewachsen und tragen ein charakteristisches Element in ihrer Bezeichnung, wie z. B. Wochenmarkt, Frühjahrsmesse und Verkaufsfahrten (Kaffeefahrten).

3.3.4   Betriebstypen nach dem Distanzprinzip

Der Einzelhandel nach dem Distanzprinzip zeichnet sich im Vergleich zu den anderen Formen der Kontaktgestaltung durch folgende Unterschiede aus. Erstens bleiben Anbieter und Nachfrager auf Distanz, d. h. der persönliche Kontakt, wie er sowohl bei dem Residenz- als auch beim Domizil- und Treffprinzip entsteht, entfällt. Insbesondere ist der Nachfrager nicht an einen bestimmten Ort gebunden, um das Angebot zu sichten und Waren auszuwählen.

Zweitens liefert jede Geschäftsbeziehung dem Einzelhändler personenbezogene Daten des Kunden (Grunddaten, Potenzialdaten, Aktionsdaten, Reaktionsdaten; vgl. Link/Gerth/Voßbeck 2000, S. 52 f.), die es ihm erlauben, zielgruppenspezifisches Marketing zu betreiben (Mikro-Marketing, One-to-One-Marketing, Dialog-Marketing etc.).

Drittens kann der Nachfrager die Ware nicht vor dem Kauf inspizieren. Ausnahme: Es handelt sich um digitalisierbare Güter, die der Nachfrager auf elektronischem Weg untersuchen kann. Zudem: Wenn man das Widerrufsrecht einbezieht, dann bietet dieses Recht dem Kunden die Möglichkeit, die Ware nach dem Kauf zu prüfen und vom Kauf zurückzutreten.

Viertens spielt der Standort des Anbieters für die Geschäftsbeziehung keine bzw. nur eine untergeordnete Rolle. Zumindest ist er insoweit irrelevant, dass der Nachfrager keine Zeit, Mühen und Kosten auf sich nehmen muss, um zu dem Ort des Anbieters zu gelangen, wie dies beim Residenz- und beim Treffprinzip der Fall ist.

Fünftens sind zeitliche Restriktionen von Ladenschluss- bzw. Ladenöffnungsgesetzen irrelevant. Die Auswahl und die Bestellung von Waren können zu jedem Zeitpunkt vorgenommen werden, was allerdings nicht heißt, dass sie auch umgehend bearbeitet werden.

Sechstens entfällt die Restriktion von Verkaufsflächen. Die Option, alles anbieten zu können, entbindet den Einzelhändler selbstverständlich nicht von der Aufgabe, für die Verfügbarkeit der Ware zu sorgen.

Siebtens ergeben sich aus dem Distanzprinzip besondere Anforderungen an die Über-windung räumlicher und zeitlicher Diskrepanzen. Es sind Lösungen zu finden, wo und wann die Ware dem Nachfrager übertragen werden kann.

Achtens sind entsprechende Lösungen für die Re-Distribution zu entwickeln, um die Ware in den Fällen von Umtausch und Reklamation dem Anbieter zukommen lassen zu können (vgl. hierzu auch Schröder 2012b, S. 325 ff., 333 ff.).

Die Konsequenz dieser (unvollständigen) Charakterisierung für die Systematisierung von Betriebstypen des Distanzhandels ist, dass zum einen bestimmte Merkmale irrelevant sind, die bei den anderen Kontaktformen (teilweise) herangezogen werden, wie z. B. der Stand-ort des Anbieters, Parkplätze, die Verkaufsfläche sowie reale Warenträger, Präsentations-mittel und Bedienung. Zum anderen müssen Kriterien gefunden werden, die es erlauben, die verschiedenen Erscheinungsformen des Distanzhandels zu erfassen. Mit der Entste-hung des Electronic Retailing – gemeint ist hiermit die Möglichkeit, Verkaufsabschlüsse auf elektronischem Weg zu tätigen, nicht dagegen jene Formen der elektronischen Informa-tionsübermittlung ohne Kontraktmöglichkeit – sind neue Begriffe eingeführt worden, die sich wenig an dem Bewährten anlehnen. Ein Beispiel: Statt von Betriebstypen sprechen die Vertreter des Electronic Commerce im Handel von Geschäftsmodellen. Brauchbare Syste-matiken, insbesondere solche, die sich an absatzpolitischen Instrumenten orientieren, fin-den sich dabei nicht.

Auch werden kaum Verbindungen zum klassischen Versandhandel hergestellt. Umgekehrt macht es wenig Sinn, den klassischen Versandhandel – gemeint ist die Geschäftsanbahnung mit Printmedien und elektronischen Medien (hier: ohne Internet) – etwa in Spezialversand-handel und Universalversandhandel zu gliedern. Denn diese Ausprägungen finden sich ebenfalls beim Electronic Retailing. Auffallend sind auch das unterproportionale Interesse, quantifiziert z. B. über die Zahl an Publikationen und Veranstaltungen, das jahrelang dem klassischen Versandhandel entgegengebracht worden ist, und das überproportionale Inte-resse an dem Thema Electronic Retailing. Die Perzeption dieses Themas entspricht keines-wegs der Umsatzbedeutung. So hatte 1996 – dieses Referenzjahr wird gewählt, da zu die-sem Zeitpunkt das Electronic Retailing am Anfang stand – der Versandhandel in Deutsch-land einen Anteil von knapp 5 % am gesamten Einzelhandelsumsatz. In den USA lag er bei 3 %, in Frankreich bei 2,6 % und in Schweden bei 2,5 %. Diese Länder hatten seinerzeit übrigens deutlich weniger restriktive Ladenöffnungszeiten als Deutschland, was die These nährt, dass der Distanzhandel von restriktiven Ladenöffnungszeiten profitiert hat (vgl. Ahlert/Schröder 1999, S. 279).

Erstmals war im Jahr 2009 (!) der über Online-Shops erzielte Einzelhandelsumsatz mit 15,5 Mrd. € höher als im klassischen Versandhandel mit 13,6 Mrd. € Umsatz. 2013 lagen die Werte bei 33,5 Mrd. € und 10 Mrd. €. Der Distanzhandel hatte damit einen Anteil von 8,2 % am gesamten Einzelhandelsumsatz in Deutschland. Diese Zahlen, Daten und Fakten liefert der *Bundesverband des Deutschen Versandhandels e.V. (bvh)*, z. B. unter www.versand-handel.org/zahlen-und-fakten.

Das generelle Interesse an Electronic Business, Electronic Commerce bzw. Electronic Retailing wurde durch den Einsatz neuer Medien der Geschäftsanbahnung erreicht, die sich dem Begriff Multimedia zuordnen lassen. Dieser wird vom *EHI* definiert als „interaktive Kommunikation über elektronische Datenverarbeitung, welche die simultane Kombination der (digitalisierten) Gestaltungselemente Schrift, Bild (bewegt und unbewegt), Ton (Sprache und Musik) ermöglicht" (Jansen 1997, S. 8). Die hierfür erforderliche technische Basis wurde erst durch die Verschmelzung von Informationstechnik, Telekommunikation, Medien und Unterhaltungselektronik geschaffen. Zwar sind deshalb die Ausprägungsformen des Electronic Commerce zahlreich, jedoch werden im elektronischen Handel besonders dem Internet und dem Mobilfunk (mCommerce) die stärksten Zukunftspotenziale zugesprochen. Nach einer anfänglichen Phase der Euphorie und einer Zwischenphase der Ernüchterung und Konsolidierung befinden sich die elektronischen Märkte nun in einer Phase der Seriosität und des Wachstums. Dies belegen auch die oben aufgeführten Marktdaten des *bvh*.

Welche Kriterien sind nun geeignet, um die Erscheinungsformen des Distanzhandels zu beschreiben? Für die **Geschäftsanbahnung** bieten sich **Printmedien**, wie z. B. der Werbebrief mit oder ohne Anschrift, die Werbung mit Bestellschein sowie der Katalog, und **elektronische Medien** an, vor allem Telefon mit Person oder Automat (Voice-Mail-System), Webcams, Telefax, E-Mail, Radio, Fernsehen, Videotext, CD-ROM-Katalog sowie das stationär oder mobil genutzte World Wide Web (Electronic Retailing). Folgt man der Konvention, allein den Einzelhandel über das World Wide Web als Electronic Retailing zu bezeichnen, wird bereits die gesamte Unschärfe der Begrifflichkeiten deutlich. Denn soweit andere elektronische Medien zur Kontaktanbahnung und zum Vertragsabschluss genutzt werden, könnten sie ebenfalls Anspruch auf den Begriff Electronic Retailing erheben.

Ein zweites Systematisierungsmerkmal sind **Kaufempfehlungen**. Sie treten an die Stelle der persönlichen Beratung und basieren z. B. auf historischen Kaufdaten oder auf Expertenwissen. Versender im Offline-Bereich können auf dieser Grundlage mit Spezialkatalogen oder ausgewählten Produkten an ihre Kunden herantreten, Versendern im Online-Bereich bietet sich die gleiche Möglichkeit im Online-Shop oder über E-Mails. **Tabelle 3.4** gibt einen Überblick über verschiedene Arten von Empfehlungssystemen.

Sowohl Printmedien als auch elektronische Medien liefern mehr Varianten, identische Artikel in verschiedenen Warengruppen (Categories) anzubieten, als das der stationäre Einzelhandel aufgrund der begrenzten Verkaufsfläche kann (vgl. Großweischede 2001, S. 318 ff.; Schröder 2012b, S. 350 ff.). Auch in dieser Form der Präsentation ist eine Empfehlung des Händlers zu sehen. Formen des Distanzhandels bieten erstens Raum für umfangreichere **Sortimente** und zweitens Möglichkeiten, Sortimente kundenspezifisch zuzuschneiden. Gleichwohl kann es betriebswirtschaftlich sinnvoll sein, sich auf bestimmte Sortimente zu konzentrieren – im klassischen Sinne Spezialversandhandel genannt – und Spezialisierungsvorteile herauszuarbeiten, die sich aus der Prozessabwicklung und dem warenbezogenen Know-how ergeben.

Tabelle 3.4   Empfehlungssysteme

Daten / Quelle	expertengestützt	nutzergestützt
nicht-personalisiert	**uniforme Empfehlungssysteme** z. B. Zeitschriften der Stiftung Warentest, www.warentest.de	**Meinungsportale** z. B. www.dooyoo.de, www.ciao.com, Profile von Marketplace-Verkäufern bei amazon
personalisiert	**regelbasierte Empfehlungssysteme** z. B. „Wenn der Nutzer sich für Zelte interessiert, dann zeige ihm auch Campinggeschirr."	**Attribute-Based Filtering** persönliche Eigenschaften des Nutzers als Basis für Produktempfehlungen **Collaborative Filtering** persönliche Eigenschaften des Nutzers und anderer Nutzer als Basis für Produktempfehlungen

Quelle: In Anlehnung an Gensler/Skiera 2002, S. 243 ff.

Des Weiteren lassen sich Betriebstypen des Distanzhandels danach systematisieren, welche Möglichkeiten der **Information und Überprüfung der Ware** ein Kunde hat. Dies kann auf die verbale und bildliche Beschreibung von Produkten beschränkt sein, was ein Kunde aber nicht als hinreichend empfinden muss, um seine spezifischen Risiken des Distanzkaufs zu verringern (vgl. Schröder 2002a, S. 285 ff.). Der Einzelhändler war bis Juni 2014 nach § 312d BGB verpflichtet, dem Kunden das Widerrufsrecht oder das Rückgaberecht einzuräumen. Dadurch sollte sich das finanzielle Kaufrisiko reduzieren. Beim **Widerrufsrecht** ist der Verbraucher nicht mehr an seine auf den Abschluss des Vertrags an einen Unternehmer gerichtete Willenserklärung gebunden, wenn er die Willenserklärung fristgerecht, d. h. innerhalb von 14 Tagen, widerruft (§ 355 Abs. 1 BGB). Das **Rückgaberecht** erlaubte dem Kunden, die Ware zurückzuschicken, ohne dass ein Kaufvertrag zustande gekommen war (§ 356 Abs. 1 BGB). Hinsichtlich des Probierens wirkten beide Regelungen identisch: Der Kunde konnte – mit Ausnahme bestimmter Produktkategorien (siehe § 312d Abs. 4 BGB) – die Waren testen. Allerdings gab es bis Juni 2014 einen Unterschied in den Kosten der Rücklieferung: Wurde vertraglich das Widerrufsrecht vereinbart, konnten dem Verbraucher die Kosten für die Rücksendung der Ware nur auferlegt werden, sofern der Wert der zurückgeschickten Ware 40 € nicht überschritt. Wurde dagegen vertraglich das Rückgaberecht vereinbart, brauchte der Kunde keine Kosten der Rücksendung zu tragen. Nicht alle Kunden dürften den Unterschied gekannt oder bemerkt haben. Seit Juni 2014 dürfen dem Verbraucher die Rücksendekosten bei Ausübung des Widerrufsrechts unabhängig vom Warenwert auferlegt werden. Das gesetzliche Rückgaberecht wurde gestrichen.

Das Distanzprinzip lässt sich mit drei Arten von **Lieferorten** verbinden (vgl. Schröder 2001, S. 8 ff.; Szász 1999, S. 360 ff.), einem weiteren Merkmal der Systematisierung. Eine Variante: Der Anbieter liefert die Ware an den **Wohnort**, der Kunde überträgt dem Anbieter damit vollständig die Aufgabe der Logistik (Home Delivery). Die physische Verfügbarkeit der

Ware ist von den Liefermodalitäten des Anbieters abhängig (Lieferzeiten, Lieferzeitfenster). Durch das Outsourcing der Logistik muss sich der Kunde in seinen zeitlichen Freiräumen mehr oder weniger stark einschränken. Kurze Lieferzeiten beim Electronic Retailing, z. B. innerhalb 1 Stunde, und fein skalierte Lieferzeitfenster, z. B. weniger als eine Stunde, erlauben dem Kunden, auf einen längeren Bestellvorlauf verzichten und den Erhalt der Ware exakt planen zu können. Eine zweite Variante, wie die Logistik gestaltet werden kann, besteht darin, die Ware an einem Ort verfügbar zu machen, der weder Residenz des Anbieters noch Domizil des Kunden ist. Dies können z. B. **Tankstellen**, **Pick-up Boxes** und **Arbeitsstätten der Kunden** sein. Entsprechend verändert sich der Beschaffungsweg für den Kunden. Der Verbraucher tauscht in diesem Fall höhere Freiheitsgrade bei seinen Entscheidungen (kein Zwang zur Anwesenheit in seiner Wohnung) gegen die Übernahme eines Teils der Logistik, nämlich zusätzliche Wege und Transport der Ware. Bei der dritten Variante sucht der Kunde – wie beim Residenzprinzip – die **Geschäftsstätte des Anbieters** auf. Dies setzt die Existenz eines Mehrkanalsystems voraus. Falls keine anderen Ausgabevorrichtungen vorhanden sind und das Verkaufspersonal die Ware ausgeben muss, wird der Abholzeitraum durch die gesetzlichen Ladenöffnungszeiten bestimmt.

Soweit der Kunde dem Anbieter die Logistik vollständig oder teilweise überträgt, stellt sich die Frage, wie und in welchem Umfang der Einzelhändler seinem Kunden **Lieferkosten** auferlegen will. Die Lieferkostenmodelle lassen sich sehr unterschiedlich gestalten und orientieren sich z. B. an folgenden Elementen: Umsatzhöhe, Warengruppe, Produkt, Gewicht, Volumen, Warenwert, Lieferregion, Lieferzeit, Bestellperson, Zahlungsform und Bestellart (vgl. Schröder/Zimmermann 2002, S. 339 ff.). Der Einzelhändler kann auch einen **Mindestbestellwert** verlangen, so forderten im September 2002 z. B. schlecker.de 15 €, rossmann.de 19,95 €, ihrplatz.de 25 €, leshop.ch 25 CHF, neckermann.de 25 € und Neckermann-Katalogversand 9 €. Die Aufteilung von Mengen auf verschiedene Anbieter wie im stationären Einzelhandel, die mit Beträgen einhergehen, die unterhalb der Mindestbestellwerte liegen, ist damit nicht möglich.

Weder die Frage nach den Lieferkosten noch die Frage nach Mindestkaufbeträgen stellt sich den Kunden im stationären Einzelhandel. Dort müssen sie Fahrtkosten und Fahrtzeiten berücksichtigen. Preisvergleiche beziehen sich allein auf die Preise der Ware, Preisvergleiche für Lieferungen kommen beim Distanzkauf hinzu und lösen zusätzliche Prozesse der Informationsverarbeitung aus. Die Kunden müssen in einem Gesamtkalkül über die Vorteilhaftigkeit der Anbieter entscheiden. In welchem Umfang sie die einzelnen Kostenelemente berücksichtigen, wie sie ihre Entscheidungskriterien gewichten und wie oft sie diese Prozesse durchführen, hängt von den Persönlichkeitsmerkmalen der einzelnen Kunden ab. Eine These ist, dass bestimmte Kunden die Komplexität der Entscheidung reduzieren, vielleicht sogar dadurch, dass sie auf Bestellungen im Distanzhandel verzichten.

Fazit: Für die Systematisierung von Betriebstypen des Distanzhandels bieten sich vor allem die Merkmale Medien der Geschäftsanbahnung, Methoden der Kaufempfehlungen, Umfang des Sortiments und Preisniveau, Möglichkeiten der Information und Überprüfung der Ware durch den Kunden, Lieferorte, Lieferkosten, Lieferzeiten, Lieferzeitfenster und Mindestbestellwerte an.

3.4 Systematisierung von Vertriebslinien im Einzelhandel

Die Systematisierung von Betrieben des Einzelhandels oder des Großhandels geht der Frage nach, welche Erscheinungsformen einzelner Geschäftsstätten ähnlich oder unähnlich sind. Das Ergebnis sind Betriebstypen. Man kann nun auf einer weiteren Aggregationsebene der Frage nachgehen, mit welchen Erscheinungsformen eine Handelsorganisation am Markt vertreten ist. Das Analyseobjekt sind dann Vertriebslinien.

Eine Vertriebslinie (auch: Vertriebsschiene) besteht aus einer Gruppe gleichartiger Geschäftsstätten innerhalb einer Handelsorganisation. Die Geschäftsstätten einer Vertriebslinie haben einen eigenständigen Marktauftritt, der vor allem in der Angebotskonzeption und in der Geschäftsstättenbezeichnung (auch: Storebrand, Retailbrand, Händlermarke) zum Ausdruck kommt, wie dies z. B. die Handelsgruppe *Rewe* mit toom, Jumbo, Kaufpark, HL, miniMAL, Brücken und Stüssgen bis zum Jahr 2006 praktiziert hat. Die Vertriebslinienpolitik verfolgt das Ziel, mit jeder Vertriebslinie unterschiedliche Verbrauchergruppen anzusprechen und als Kunden zu gewinnen. Dabei kann nicht ausgeschlossen werden, dass die Vertriebslinien einer Handelsgruppe, wie etwa bei *Rewe*, zueinander in Wettbewerb treten. Dies ist teilweise gewollt, nämlich dann, wenn die Vertriebslinien als eigenständige Organisationseinheiten am Markt operieren und ihren Erfolg selbst verantworten. Der Wettbewerb innerhalb einer Handelsgruppe soll die Manager der Vertriebslinien zu besseren Leistungen anregen. Im Jahr 2006 hat die Handelsgruppe *Rewe* die bis dahin bestehende Vielfalt an Händlermarken deutlich reduziert und die meisten Vertriebslinien auf die Storebrand Rewe umgestellt. Gleichwohl gibt es noch eine Reihe von Vertriebslinien, die unter anderen Storebrands am Markt tätig sind, wir z. B. Penny, toom, Kaufpark und temma.

Die Systematisierung von Vertriebslinien dient zwei Verwendungszwecken: Der externen Analyse durch Unternehmungsfremde und der internen Planung, Steuerung und Kontrolle durch die Unternehmensführung. Aufgrund des Zugangs zu relevanten Daten dürften die Voraussetzungen für die detaillierte Abgrenzung im zweiten Fall besser sein als im ersten. Externe haben etwa die Möglichkeit zu erfassen, wie sich die Vertriebslinienstruktur einer Handelsunternehmung entwickelt. So lässt sich z. B. der Konsolidierungsprozess von *Tengelmann* nachvollziehen: Im Lebensmittelbereich sind einzelne Vertriebslinien in andere integriert worden, wie z. B. Accos und Mini-Discount in Tengelmann-Supermärkte sowie LeDi und Tip in Plus-Discounter, oder verkauft worden, wie z. B. die Verbrauchermärkte Magnet und Grosso sowie dann auch die Discounter Plus. Verkauft wurden auch zwei der drei Vertriebslinien im Bekleidungssektor, nämlich die Textilmärkte Takko und Ingrid S.

Man kann auch hier dem Vorschlag folgen und Vertriebslinien nach **Branchen**, **Kontaktprinzipien** und **Betriebstypen** systematisieren. Hinzu kommt als weiteres Beschreibungsmerkmal, ob eine Handelsunternehmung mit einem Betriebstyp ausschließlich unter einer **Geschäftsstättenbezeichnung** am Markt vertreten ist, wie z. B. *Aldi*, oder mit mehreren, wie z. B. *Edeka* mit Edeka aktiv markt, Edeka neukauf, Edeka center, Marktkauf und Netto oder *Görtz* mit Görtz, Görtz 17, Görtz Shoes und Hess.

Tabelle 3.5 zeigt beispielhaft eine Klassifikation für Vertriebslinien in der Lebensmittel-branche. Ohne weitere Differenzierung bei den Betriebstypen gelangt man hier zu acht Klassen, von einer Handelsunternehmung mit ausschließlich einem Betriebstyp, einer Händlermarke und einem Kontaktprinzip bis hin zu Handelsunternehmungen, die mehrere Betriebstypen, mehrere Händlermarken und mehrere Kontaktprinzipien nutzen. Dass wir das Beispiel aus dem Jahr 2002 hier nicht aktualisieren, hat nichts mit Faulheit der Autoren (konkret ist es hier der Autor HS) zu tun, sondern mit dem Wunsch, an manchen Stellen dieses Buches auch ein wenig zur Geschichtsschreibung beizutragen.

Tabelle 3.5   Beispiel für eine Klassifikation von Vertriebslinien ausgewählter Handelsunternehmungen im Lebensmittelbereich (Stand: 8/2002)

Betriebs-typen	Händlermarken	Kontaktprinzipien	
		ein Kontaktprinzip	mehrere Kontaktprinzipien
ein Betriebs-typ	eine Händlermarke	*Aldi*, stationärer Einzelhandel, Lebensmittel-Discounter	*Schlecker*, stationärer und elektronischer Einzelhandel, Drogerie-artikel-Discounter
	mehrere Händlermarken	*Norma* mit *Norma* und *Rodi*, stationärer Einzelhandel, Lebensmittel-Discounter	*Ihr Platz* mit *Ihr Platz* und *Drospa*, stationärer (Ihr Platz, Drospa) und elektronischer (Ihr Platz) Drogeriemarkt
mehrere Betriebs-typen	eine Händlermarke	*K + K Klaas und Kock*, stationärer Einzelhandel auf unterschiedlich großen Verkaufsflächen (Verbraucher- und Supermärkte)	*Tesco*, stationärer und elektronischer Einzelhandel, unterschiedlich große Verkaufsflächen (Compact, Express, Extra, Metro Superstore)
	mehrere Händlermarken	*Metro*, stationärer Einzelhandel auf unterschiedlich großen Verkaufsflächen (Comet, Extra, Mein Markt, real)	*Tengelmann*, stationärer und elektronischer Einzelhandel, Supermärkte (Tengelmann, Kaiser's), Lebensmittel-Discounter (Plus)

Alle Erscheinungsformen, bei denen mindestens eines der genannten Merkmale die Ausprägung „mehrere" aufweist, werden als Mehrkanalsystem bezeichnet. Andere Begriffe sind z. B. mehrgleisiger Vertrieb, mehrgleisige Distribution, Multichannel-Distribution, Mehrkanalvertrieb und hybrides Verkaufssystem (vgl. z. B. Bernskötter 1991; Ahlert 1996, S. 157; Specht 1998, S. 15; Kotler/Bliemel 2001, S. 1111; Schröder 2005, S. 1 ff.). Der Anbieter versucht auf verschiedenen Absatzkanälen, Kunden zu gewinnen: durch mehrere Betriebstypen, mehrere Händlermarken oder mehrere Kontaktprinzipien oder Kombinationen daraus. Betreibt eine Handelsunternehmung mehr als eine Vertriebslinie, so betreibt sie ein Mehrkanalsystem, auch Multichannel-Retailing genannt.

Auf einen Punkt ist bei dem Begriff Multichannel-Retailing hinzuweisen. Bei den oben genannten Begriffen für Mehrkanalsysteme können die Abnehmer auf verschiedenen Wirtschaftsstufen angesiedelt sein: Ein Hersteller beliefert z. B. sowohl Großhändler als auch Einzelhändler als auch Endkunden. Das ist als mehrgleisiger Vertrieb bekannt. Als Mehrkanalsystem im Einzelhandel oder Multichannel-Retailing bezeichnen wir dagegen eine Kombination von Kanälen, die ein **Endkunde** (Letztverbraucher) wahlweise nutzen kann, um Leistungen **eines** Anbieters nachzufragen (vgl. Schröder 2005, S. 6). Daher: Multichannel-Retailing ist immer mehrgleisiger Vertrieb, mehrgleisiger Vertrieb muss aber nicht Multichannel-Retailing sein.

Obwohl sich die Begriffe mehrgleisiger Vertrieb und Mehrkanalsystem in der handelswissenschaftlichen Morphologie bewährt haben, wurden im Zuge der Verbreitung des Electronic Commerce neue Begriffe für Erscheinungsformen des Handels geboren oder bekannte Begriffe neu belegt.

So kam der Begriff „Pure Player" auf, der eine Handelsunternehmung beschreiben soll, die ausschließlich den elektronischen Absatzkanal nutzt, wie z. B. *amazon* und *leshop*. Geht man von der oben dargestellten Systematik aus (**Tabelle 3.5**), dann ist auch *Aldi* ein „Pure Player", da man auch dort ausschließlich mit einem Absatzkanal um die Gunst der Kunden wirbt, allerdings mit dem stationären Kanal. Der Begriff „Click & Mortar"-Händler bezeichnet in der Sprache der New Economy Händler, die sowohl Geschäfte des stationären wie des elektronischen Einzelhandels betreiben. „Brick & Mortar"-Händler dagegen sind ausschließlich im stationären Bereich tätig.

Einzelhandelsunternehmungen haben schon lange vor der Zeit des Electronic Commerce Mehrkanalsysteme geführt, z. B. mehrere Vertriebslinien im stationären Einzelhandel oder neben dem stationären Einzelhandel den Katalogversand, wie etwa *Quelle* und *Neckermann*. Wenig hilfreich ist es, wenn Veröffentlichungen zum Thema Multichannel-Retailing nicht sagen, mit welchen Begriffen sie arbeiten, und ihre Systematik nicht offenlegen. Einen Ansatz zur Integration von verschiedenen Vertriebslinien aus dem Online- und dem Offline-Bereich liefern *Wirtz* und *Krol* (2002, S. 96 ff.).

Ein verständliches Begriffsgebäude der Mehrkanalsysteme ist allein deshalb erforderlich, um die Entwicklung von Vertriebslinien nachvollziehen zu können. So sind z. B. folgende Beobachtungen zu machen (vgl. Schröder/Großweischede 2002, S. 83):

- Stationäre Einzelhändler stoßen in den elektronischen Absatzkanal vor, wie z. B. *Tengelmann, Schlecker, Rossmann* und *Media Markt*.

- Betreiber von Mehrkanalsystemen, die aus stationären Geschäften und dem Katalogversandhandel bestehen, erweitern ihre Vertriebskanäle um Online-Shops, wie z. B. *Conrad Electronic, Ikea, Otto, Quelle* und *Tchibo*.

- Einzelhändler, die bislang ausschließlich den elektronischen Kanal, d. h. Online-Shops, genutzt haben, erwerben Ladengeschäfte. Beispiele hierfür sind *beautynet* und *pixelnet*, die im Februar 2001 *Photo Porst* übernahmen und somit aus dem Stand heraus über weltweit 2.000 Geschäfte verfügten.

- Auch sind die sogenannten „Pure Player" zum Katalogversandhandel übergegangen, wie z. B. *primus-online.de, shoes24.com* und – bis zu ihrem Marktaustritt – *vitago.de*.

- Stationäre Händler (z. B. *OBI*) kooperieren mit erfahrenen Mehrkanalbetreibern (z. B. *Otto*) und verschaffen sich damit den Zugang zu Mehrkanalsystemen (in diesem Beispiel *OBI@Otto*).

Weitere Merkmale neben den Kontaktprinzipien, mit denen sich Mehrkanalsysteme charakterisieren lassen, liefert die übrige Ausgestaltung der absatzpolitischen Konzeption, wie z. B. die Geschäftsanbahnung, die Varietät von Sortiment und Preis, Zahlungsarten, Wege der physischen Distribution und Re-Distribution und schließlich – nicht zuletzt als Resultat der vorangegangenen Ausprägungen – die Anzahl der Storebrands (**Tabelle 3.6**).

Tabelle 3.6   Merkmale und Merkmalsausprägungen zur Systematisierung von Mehrkanalsystemen des Einzelhandels

Merkmal	Ausprägungen des Merkmals					
Art der Kontaktprinzipien	Residenz-prinzip	Domizil-prinzip		Treff-prinzip		Distanz-prinzip
Anzahl der Vertriebslinien pro Kontaktprinzip	eine			mehrere		
Art der Geschäftsanbahnung	persönlich		Printmedien	elektronische Medien		
Varietät des Sortiments zwischen den Kanälen	A = B	A ⊆ B		A ∩ B		∅
zeitpunktbezogene Preis-struktur der Kanäle	standardisiert			differenziert		
Anzahl der Storebrands	eine (Monobrand-System)			mehrere (Multibrand-System)		
Varietät der Zahlungsverfahren	Bar-zahlung	Geld-karte	Rechnung	Kredit-karte	Last-schrift	Internet-Cash
Art der physischen Distribution	kanalspezifisch			kanalübergreifend		
Art der physischen Re-Distribution	kanalspezifisch			kanalübergreifend		

Die Gestaltung von Mehrkanalsystemen im Einzelhandel ist mit spezifischen Fragen verbunden, deren Antworten maßgeblich die Struktur der Vertriebslinien bestimmen. So können sich die einzelnen Vertriebslinien nicht nur danach unterscheiden, welche Sortimente in welchen Kanälen zu welchen Preisen angeboten werden. Verschiedene Erscheinungsformen sind auch bei der Gestaltung der physischen Distribution und der physischen Re-Distribution zu erkennen. Bei der Übertragung der Ware vom Anbieter auf den Nachfrager steht eine große Bandbreite an Möglichkeiten zur Verfügung, die von der Zusendung (Wohnort, Arbeitsstätte, sonstiger Aufenthaltsort des Nachfragers) über die Abholung in der Einkaufsstätte bis hin zur Abholung an einem dritten Ort reicht (z. B. Tankstellen, Pick-up Boxes). Das Logistikangebot kann kanalspezifisch sein: Nur wenn der Kunde die Ware im stationären Geschäft gekauft hat, kann er sie auch dort erhalten. Das Logistikangebot kann auch kanalübergreifend ausgestaltet sein: Der Kunde kann bei der Bestellung im Online-Shop wählen, ob er die Ware im stationären Geschäft abholen oder sich zusenden lassen will.

Analoge Überlegungen gelten für die Re-Distribution. Die Ware kann entweder nur in den Kanälen zurückgebracht werden, die auch für die Distribution vorgesehen werden, d. h. in einem stationären Geschäft erworbene Ware kann auch nur dort zurückgegeben werden, im Distanzkauf erworbene Ware kann nicht im stationären Geschäft abgegeben werden. Oder aber die Einzelhandelsunternehmung hält mehrere Kanäle für die Rückgabe der Ware offen. Einschränkungen in der Wahl des Rückkanals sind unter anderem mit der Organisationsform des Vertriebskanals verbunden, einem Merkmal der Handelsunternehmung, das sich dem Kunden in der Regel nicht offen zeigt. Die Kunden können z. B. in der Regel nicht erkennen, ob sie in einem Filialbetrieb von *Rewe* oder bei einem selbstständigen Einzelhändler einkaufen, der seine Waren unter der Storebrand *Rewe* anbietet. Ebenso können sie nicht auf den ersten Blick erkennen, dass bestimmte Vertriebslinien zu einer selbstständigen Handelsorganisation gehören, die weitgehend unabhängig von anderen Vertriebslinien desselben Handelskonzerns arbeiten, wie z. B. *OBI@Otto*. Diese Aspekte führen zu dem letzten Punkt der Systematisierung von Erscheinungsformen des Handels.

3.5   Systematisierung von Systemformen im Handel

Die bisher betrachteten Erscheinungsformen des Handels finden sich auf der Aggregationsstufe einzelner Betriebe (Einzelhandel, Großhandel) und auf der Aggregationsstufe mehrerer Betriebe, die zu einer Vertriebslinie zusammengefasst werden. Eine dritte Aggregationsstufe hat die gesamte Handelsunternehmung und Beziehungen zwischen Handelsunternehmungen zum Gegenstand. Damit sind Systemformen des Handels angesprochen. Wenn man mit *Ulrich* unter einem System die „geordnete Gesamtheit von Elementen [versteht], zwischen denen irgendwelche Beziehungen bestehen oder hergestellt werden" (Ulrich 1970, S. 105), dann bietet es sich an, Betriebe auf der Groß- und Einzelhandelsstufe als Systemelemente zu betrachten und die zwischen ihnen bestehenden Beziehungen zu charakterisieren und zu systematisieren. Unter dieser Maßgabe lassen sich Systemformen des Handels

■ auf der Großhandelsstufe,

■ auf der Einzelhandelsstufe sowie

■ als Verknüpfung von Groß- und Einzelhandelsstufe

untersuchen. Bei den ersten beiden Formen handelt es sich um **horizontale Systemformen**, bei der dritten um **vertikale Systemformen** des Handels. In der handelswissenschaftlichen Literatur finden sich zahlreiche Begriffe, die diese Erscheinungsformen beschreiben, wie z. B. Filialsysteme, integrierte Handelssysteme, kooperierende Handelssysteme, Handels-kooperationen, kooperierende Gruppen, Verbundgruppen, Einkaufsvereinigungen, Ein-kaufsgemeinschaften, Einkaufskontore, Einkaufsverbände, Einkaufsgenossenschaften, frei-willige Ketten und Franchisesysteme (siehe z. B. Tietz 1993, S. 253 ff.; Krönfeld 1995, S. 23 ff.; Müller-Hagedorn 1998a, S. 50 ff.; Müller-Hagedorn/Toporowski/Zielke 2012, S. 73 ff.; Olbrich 1998, S. 114 ff.; Zentes/Swoboda/Foscht 2012, S. 245 ff.). Teilweise charakterisie-ren verschiedene Begriffe unterschiedliche Sachverhalte, teilweise identische.

Der Handel in Deutschland sowie in vielen hoch entwickelten Volkswirtschaften ist seit Jahrzehnten durch eine zunehmende Systembildung gekennzeichnet. Horizontale und vertikale Handelssysteme entstehen und wachsen vor allem mit folgenden Zielen: Öko-nomisierung der Beschaffung über die Größendegression (Economies of Scale), Ökonomi-sierung innerbetrieblicher Arbeitsabläufe über die Verfahrensdegression (z. B. Lerneffekte) sowie Ökonomisierung des Absatzes durch Wirkungsprogression (z. B. Verringerung von Streuverlusten, Economies of Scope) der absatzpolitischen Instrumente. Die folgenden Ausführungen beschreiben die verschiedenen Erscheinungsformen horizontaler und verti-kaler Systeme im Handel.

3.5.1   Horizontale Systemformen im Handel

Horizontale Kooperationsformen zeichnen sich dadurch aus, dass Funktionen in der Be-schaffung, innerbetrieblicher Prozesse oder im Absatz gemeinschaftlich durchgeführt oder einem Mitglied der Kooperation oder einem eigenen Organ (Zentrale) übertragen werden, die diese dann für die Kooperationspartner ausführt. Die Ziele einer solchen Partnerschaft bestehen darin, mit denselben Mitteln eine höhere Wirkung zu erzielen (Wirkungs-progression) oder dieselbe Wirkung mit einem geringeren Mitteleinsatz zu erreichen (Kos-tendegression).

Die Formen der horizontalen Kooperation lassen sich danach unterscheiden,

- welche handelsbetrieblichen Funktionen Gegenstand der Zusammenarbeit sind,

- wer Träger der für die Gemeinschaft der Händler durchgeführten Funktionen ist und

- welchen Grad an vertraglicher Bindung die Partner eingehen.

Kooperationen von Großhändlern können standortbezogen oder standortunabhängig sein. Eine Form der **standortbezogenen Zusammenarbeit** sind **Großhandelszentren** als ein Zusammenschluss unterschiedlicher Sortimentsgroßhandlungen (vgl. Falk/Wolf 1992, S. 527 f.). Sie fördern durch ihre branchenübergreifende Kooperation die Beschaffungsrati-onalisierung der gewerblichen Verwender und verschaffen sich selbst Kostenvorteile durch die Installation gemeinsam zu nutzender Zentraleinrichtungen im EDV-, Lager- und Transportsektor.

schen und werbepolitischen Aufgaben auf ein Zentralorgan, um nach innen die notwendigen Rationalisierungsgewinne und nach außen ein die Akquisition förderndes einheitliches Image zu erhalten. Im Gegensatz zu der Entwicklung in Schweden hat sich das Gemeinschaftswarenhaus in Deutschland nicht durchsetzen können.

Tabelle 3.7   Die Entwicklung der Shopping Center (mindestens 10.000 qm) von 1965 bis 2014

Jahr / Stand 1.1.	Anzahl	Gesamtfläche in qm	Fläche je Center in qm (gerundet)
1965	2	68.000	34.000
1970	14	458.800	32.800
1975	50	1.545.000	30.900
1980	65	1.956.500	30.100
1985	81	2.413.800	29.800
1990	93	2.780.700	29.900
1995	179	6.019.500	33.600
2000	279	9.212.200	33.000
2005	363	11.449.600	31.500
2010	428	13.512.000	31.500
2014	460	14.434.630	31.380

Quelle: Vgl. EHI 2014a

3.5.2   Vertikale Systemformen im Handel

Vertikale Systemformen im Handel setzen voraus, dass sich Elemente des Systems auf der Groß- und auf der Einzelhandelsstufe befinden; es handelt sich somit um mehrstufige Handelssysteme. Die Großhandelsstufe wird durch die Systemzentrale, die Einzelhandelsstufe durch Einzelhandelsbetriebe repräsentiert. Welche Merkmale bieten sich nun an, um derartige Systeme zu charakterisieren? Zweckmäßige Kriterien können sein

- die Verknüpfung von Groß- und Einzelhandelsstufe,

- die Verteilung von Aufgaben zwischen Groß- und Einzelhandelsstufe und

- die Verhaltensabstimmung zwischen Groß- und Einzelhandelsstufe.

3.5.2.1   Die Verknüpfung von Groß- und Einzelhandelsstufe

Bei der Verknüpfung von Groß- und Einzelhandelsstufe lassen sich fünf Ausprägungen unterscheiden: Erstens kann Inhaberidentität von Groß- und Einzelhandelsstufe vorliegen. Die Betriebe auf der Einzelhandelsstufe sind rechtlich unselbstständig und damit gegenüber der Systemzentrale prinzipiell weisungsgebunden, was sich z. B. durch eine 100 %ige Bezugsquote der Betriebe bei ihrer Zentrale ausdrücken kann. Diese Erscheinungsform wird integriertes Handelssystem oder **Filialsystem** genannt, mit den Filialen als Geschäftsstätten und der Filialzentrale als Systemkopf. Beispiele für Filialsysteme sind *Aldi, Metro, Lidl & Schwarz, Karstadt, Schlecker, dm, Rossmann, WalMart, Home Depot, Tesco* und *Carrefour*.

Zweitens können wirtschaftlich und rechtlich selbstständige Groß- und Einzelhändler freiwillig auf der Basis vertraglicher Vereinbarungen zusammenarbeiten. In diesem Zusammenhang wird häufig von kooperierendem Handelssystem, Verbundgruppe, kooperativer Gruppe oder **Handelskooperation** gesprochen. Es liegt keine Inhaberidentität von Groß- und Einzelhandelsstufe vor, die Betriebe auf der Einzelhandelsstufe unterliegen nur insoweit einer Bindung, wie sie diese vertraglich eingegangen sind. Im Übrigen sind sie rechtlich und wirtschaftlich selbstständig, d. h. frei in der Gestaltung ihrer beschaffungs- und absatzpolitischen Instrumente. Während die Geschäftsstätten eines Filialsystems durch angestellte Filialleiter geführt werden, sind in einer Kooperation die Inhaber für ihre Einzelhandelsbetriebe verantwortlich, d. h. sie tragen das volle Unternehmerrisiko; dies schließt nicht aus, dass sie Geschäftsführer einstellen. Beispiele für Verbundgruppen sind *Katag* (Bekleidung), *Ariston-Nord-West-Ring* (Schuhe), *Euronics* (vormals *Red Zac*), *Expert* und *Electronic Partner* (Unterhaltungselektronik und Haushaltsgeräte), *büro aktuell* (Büroartikel), *Ringfoto* (Fotoprodukte) und *Vedes* (Spielwaren).

Die Ausprägungen drei und vier bei der Art der Verknüpfung von Groß- und Einzelhandelsstufe ergeben sich als Mischformen der beiden Grundformen Filialsystem und Handelskooperation. Als dritte Form lässt sich die **Filialisierung eines Kooperationspartners** nennen, d. h. ein Mitglied einer Handelskooperation betreibt Standortspaltung. Ein Beispiel ist *hagebau* in der Bau- und Heimwerkerbranche. Als vierte Form ist die in der Praxis häufig anzutreffende Mischform aus **Filialsystem und Handelskooperation unter dem Dach der Systemzentrale** zu nennen. Die Systemzentrale betreibt eigene Filialen (auch Regiebetriebe) und unterhält vertragliche Beziehungen zu rechtlich und weitgehend wirtschaftlich selbstständigen Einzelhändlern. Beispiele aus der Lebensmittelbranche sind *Rewe*, *Edeka* und *Spar*. Teilweise nimmt die Zahl der Filialen zu und die der selbstständigen Einzelhändler ab (**Tabelle 3.8**). Wenn wir die Zahlen in den Geschäftsberichten richtig gelesen haben, so wurden im Jahr 2010 von den rund 11.730 *Edeka*-Märkten 6.210 von selbstständigen Kaufleuten geführt, bei *Rewe* waren es von 10.900 Märkten 5.600.

Bei der fünften Form gehören Einzelhändler weder einem Filialsystem noch einer kooperierenden Handelsgruppe an. Zwischen ihnen und der vorgelagerten Wirtschaftsstufe (Großhandel) besteht eine reine Austauschbeziehung ohne darüber hinausgehende vertragliche Bindungen. Die Beziehung zwischen den Systemelementen auf der Großhandels- und der

Einzelhandelsstufe wird allein über den Markt geregelt. Man kann von **freien, vertikal nicht-organisierten Handelssystemen** sprechen (vgl. Ahlert/Olbrich 1999, S. 16).

Tabelle 3.8   Entwicklung der Märkte von Edeka, Rewe und Spar von 1995 bis 2001

System \ Jahr	1995	1996	1997	1998	1999	2000	2001
Edeka Filialen	1.688	1.833	1.900	2.572	2.516	2.579	2.473
Edeka koop. EH	9.430	8.854	8.710	8.611	7.955	8.103	7.601
Rewe Filialen	5.591	5.792	5.878	5.955	5.639	5.430	5.205
Rewe koop. EH	3.504	3.670	3.628	3.655	3.376	3.195	3.005
Spar Filialen	986	1.083	1.196	1.302	1.398	1.459	1.525
Spar koop. EH	4.295	4.555	4.366	3.849	3.489	3.241	2.916

Die Angaben für Rewe und Spar beziehen sich auf das Food- und Non-food-Geschäft im Inland, wobei der kooperierende EH keine Non-food-Geschäfte betreibt. Edeka betreibt ausschließlich Food-Geschäfte.

3.5.2.2   Die Verteilung von Aufgaben zwischen Groß- und Einzelhandelsstufe

Vertikale Systemformen des Handels lassen sich weiterhin danach unterscheiden, welche Handelsstufe welche Aufgaben übernimmt. Die Aufgaben sollten von derjenigen Handelsstufe wahrgenommen werden, die sie am effizientesten erfüllen kann. Bei vielen Aufgaben ist dies die Systemzentrale (Filialzentrale oder Kooperationszentrale). Das Aufgabenspektrum umfasst grundsätzlich alle betriebswirtschaftlichen Bereiche (zum Überblick siehe z. B. Täger u. a. 1994, S. 149 ff.). Während die Filialzentrale für das gesamte Handelssystem entscheiden kann, welche Aufgaben sie oder die Filialen erfüllen, gestaltet die Kooperationszentrale ihr Angebot oft als freiwillige Leistung, die ihre Mitglieder in der Regel gegen Entgelt in Anspruch nehmen. Die Mitglieder kooperierender Gruppen des Handels haben im Laufe der Jahrzehnte zunehmend betriebswirtschaftliche Funktionen auf den Systemkopf übertragen, um ihre Wettbewerbsfähigkeit zu erhöhen. Zum einen werden sie entlastet und können ihre Arbeitskraft auf die örtlichen Aufgaben konzentrieren, zum anderen lassen sich bestimmte Aufgaben bündeln und dadurch effizienter erfüllen. Beispiele für Art und

Umfang der von Kooperationszentralen angebotenen Leistungen finden sich z. B. über die Webseiten des *Mittelstandsverbandes*, vormals *Zentralverband Gewerblicher Verbundgruppen* – ZGV (www.zgv-online.de), des *Deutschen Franchise-Verbandes* – DFV (www.dfv-franchise. de) und des *Genossenschaftsverbandes (www.genossenschaftsverband.de)*, die zu kooperierenden Gruppen verschiedener Branchen führen. **Tabelle 3.9** zeigt ein Beispiel für das Angebot und die Nutzung von Leistungen in Handelskooperationen des Nahrungs- und Genussmittelbereichs.

Tabelle 3.9   Häufigkeit der Nutzung von Waren- und Dienstleistungsangeboten von Handelskooperationen im Nahrungs- und Genussmittelhandel

Art des Waren- und Dienst-leistungsangebots	... % der kooperierenden Mitgliedsunternehmen haben die angegebenen Leistungsangebote der Kooperation in den letzten 5 Jahren folgendermaßen in Anspruch genommen:			
	regelmäßig	häufig	selten	nie
Warengeschäft	100			
– Einkauf per Ordersatz	76	-	-	-
– Streckenlieferung	49	14	9	1
– Zusatzsortimente	80	21	23	7
– Handelsmarken	52	12	7	1
– Importe		13	21	14
Service				
– Betriebsvergleich	59	9	13	19
– Betriebsberatung	29	14	37	20
– Preisempfehlung	80	12	5	3
– kurzfristige Erfolgsrechnung	57	7	12	24
– Aus- und Fortbildung	34	24	27	15
Marketing				
– Sortimentsberatung	68	18	12	2
– Standortprüfung	14	11	42	33
– Ladengestaltung	18	20	40	22
– Werbemittel	78	11	7	4
– Warenbörse	74	11	11	4
– Verkaufsförderung	73	13	10	4
– Sonderangebote	86	10	3	1

Quelle: Ifo-Institut, zitiert in: Täger u. a. 1994, S. 156

Ein Spezifikum im Bereich der Aufgabenübernahme sind die Aktivitäten einer Kooperationszentrale auf dem Feld der Eigen- und Fremdgeschäfte. Im Rahmen des **Eigengeschäftes** werden die Waren als Lager- oder Streckengeschäft im eigenen Namen und auf eigene Rechnung an die Kooperationsmitglieder abgesetzt. Beim Lagergeschäft nimmt die Zentrale die erworbene Ware auf ein eigenes Lager und verteilt sie von dort an die Mitglieder, beim Streckengeschäft wird die von der Zentrale erworbene Ware direkt vom Lieferanten (z. B. Hersteller) an die Mitglieder geliefert.

Im **Fremdgeschäft**, das im fremden Namen auf eigene oder fremde Rechnung abgewickelt wird, unterscheidet man:

■ das Zentralregulierungsgeschäft: die Zentrale übernimmt für die belieferten Mitglieder die Bezahlung der an sie gerichteten Fakturen,

■ das Delkrederegeschäft: die Zentrale übernimmt das Risiko des Forderungsausfalls der Mitglieder,

■ das Abschlussgeschäft: die Zentrale vereinbart mit den Lieferanten Rahmenverträge, die konkrete Abnahmeverpflichtungen enthalten, und

■ das Empfehlungsgeschäft: die Zentrale empfiehlt ihren Mitgliedern bestimmte Lieferanten als Bezugsquellen.

Die Qualität der von einer Handelszentrale ausgeführten Aufgaben kann sehr unterschiedlich ausfallen, wie die Beurteilung selbstständiger Einzelhändler von *Edeka*, *Rewe* und *Spar* zeigt (**Tabelle 3.10**). Unzufriedenheit mit der Systemzentrale gefährdet die Stabilität des Systems und damit den Markterfolg.

Das Aufgabenfeld der Handelszentrale erhält mit der internationalen Ausrichtung eine neue Dimension. Sowohl kooperierende als auch filialisierende Systeme können sich in übergeordnete **Supra-Systeme** einbinden, andere Begriffe sind: Mega-Kooperationen, Mega-Allianzen, Giga-Allianzen, strategische Allianzen, Allianznetzwerke, laterale Kooperationen (vgl. Liebmann/Zentes 2001, S. 282, 287; Anmerkung: Wir verwenden an dieser Stelle bewusst die ältere Auflage des Buches „Handelsmanagement"). Dabei handelt es sich um europaweit oder weltweit agierende Kooperationen, die ihren Ausgangspunkt in der Bündelung der Nachfrage hatten, in der Zwischenzeit aber auch in den Bereichen Marketing und Logistik zusammenarbeiten.

Neben der Realisierung von Konditionenvorteilen durch die Einkaufszentralisation verspricht man sich Vorteile durch Know-how-Transfer, gemeinsame Verkaufsförderungsmaßnahmen sowie durch die gemeinsame Vermarktung von Handelsmarken. wie z. B. *EMD (European Marketing Distribution)*, zu deren Mitgliedern *Markant* (Österreich, Schweiz, Deutschland), *Supergros* (Dänemark), *Euromadi Iberica* (Spanien), *Tuko* (Finnland), *EMC Distribution* (Frankreich), *ESD Italia* (Italien), *Musgrave* (Irland), *Unil/NorgesGruppen* (Norwegen), *C.I.V Superunie* (Niederlande), *Euromadiport* (Portugal) und *Axfood Sverige* (Schweden) gehören (www.emd-ag.com/16-0-Shareholders.html - Abruf: 2014-07-09).

Um in der bisherigen Systematik zu bleiben, könnte man diese Erscheinungsform als dreistufige Handelssysteme charakterisieren. Die übrigen Begriffe, insbesondere die auf dem Begriff (strategische) Allianz beruhenden, sind hier nicht trennscharf. Denn sie beschreiben mit dem Merkmal der Konkurrenzbeziehung zwischen Kooperationspartnern eine Eigenschaft, die durchaus auch bei zweistufigen (nationalen) Handelskooperationen als auch bei horizontalen Handelskooperationen auftreten kann.

Tabelle 3.10   Die Beurteilung der Leistungen von Handelszentralen und Forderungen
                     selbstständiger Einzelhändler

Unternehmung Bereich	Edeka	Rewe	Spar
Bewertung nach Schulnoten (1-6). Jeder Bereich setzt sich aus mehreren Einzelkriterien zusammen. Zur Beurteilung der übrigen Einzelkriterien vgl. die angegebene Quelle.			
Wareneinkauf	2,9	3,5	3,7
Marketing	2,7	3,2	3,3
Betriebswirtschaftliche Hilfestellung	3,0	3,5	3,4
Förderung der Kaufleute	2,8	3,3	3,5
Transparenz der Entscheidungswege	2,7	3,3	3,4
Gesamtnote	**2,82**	**3,36**	**3,46**
Einzel-Bereich „Transparenz der Entscheidungswege"			
Informationsfluss	2,7	3,1	4,0
Mitbestimmungsrechte	3,1	3,7	4,0
Kooperation mit der Zentrale			
– Dienstleistungen	2,7	3,2	3,3
– Sortimentswünsche	3,3	3,9	3,7
– Werbung	2,8	3,5	3,5
– Reklamationsverhalten	2,3	2,9	2,6
– Einhaltung gemachter Zusagen	2,3	3,0	2,9
Gesamtnote „Transparenz"	**2,7**	**3,3**	**3,4**
Forderungen der selbstständigen Einzelhändler an ihre Zentralen (in Prozent)			
mehr Mitbestimmung ...			
– bei der Sortimentsgestaltung	69	66	68
– bei der Werbung	55	37	59
– beim Einkauf	25	44	65
mehr Einblick in die Verteilung der Gelder	57	54	84
mehr Einblick in die strategischen Grundsatzentscheidungen	43	49	52

Quelle: Vgl. Oess 2001, S. 32

3.5.2.3   Die Verhaltensabstimmung zwischen Groß- und Einzelhandelsstufe

Ein dritter Ansatz zur Systematisierung von vertikalen Handelssystemen folgt aus der
Beantwortung der Frage, mit welcher Intensität das Verhalten zwischen der Groß- und der

Einzelhandelsstufe abgestimmt ist. Hilfe bei der Systematisierung leistet der Raum der Koordinationsmethoden (**Abbildung 3.6**), der durch den Zentralisationsgrad α und den Bindungsgrad β aufgespannt wird (vgl. Grossekettler 1978, S. 325 ff.; Ahlert 1996, S. 192 ff.).

Abbildung 3.6   Vertikale Handelssysteme im Raum der Koordinationsmethoden

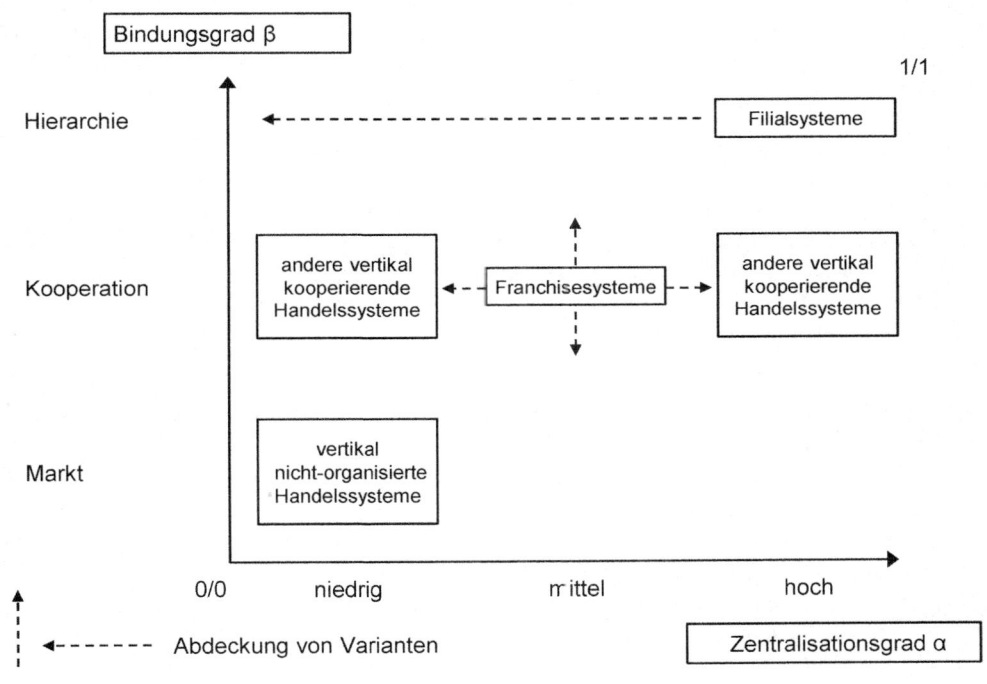

Quelle: In Anlehnung an Ahlert 2010, S. 22

Der **Zentralisationsgrad** gibt den Umfang der Weisungsrechte einer Partei gegenüber den anderen Parteien an, der Bindungsgrad das Ausmaß, in dem die zu koordinierenden Wirtschaftseinheiten ihre künftigen Handlungsweisen durch koordinierte Pläne fixieren. Der Zentralisationsgrad nimmt den Wert 0 an, wenn alle Wirtschaftseinheiten alle Entscheidungen durch ihr Veto blockieren können. Werden die Entscheidungen dagegen von einer einzigen Instanz getroffen, z. B. der Systemzentrale, so hat der Zentralisationsgrad den Wert 1. Der **Bindungsgrad** bezieht sich auf den Umfang, die Intensität und die Dauer der Bindung zwischen den Parteien. Der Bindungsgrad von 0 besagt, dass keine über einmalige und sofort zu erbringende Leistungen hinausgehende Abstimmung (Planung) erfolgt. Der Wert 1 steht für starre Pläne mit langer Laufzeit, die nahezu die gesamte Wirtschaftstätigkeit der Beteiligten regeln.

Kombiniert man die verschiedenen Ausprägungen von Zentralisationsgrad und Bindungsgrad, dann lassen sich verschiedene **Typen der Verhaltensabstimmung** in einem vertikalen Handelssystem bilden. So bezeichnet der Punkt 0/0 reine Marktprozesse, wie sie für vertikal nicht-organisierte Handelssysteme typisch sind. Der Punkt 1/1 markiert den langfristigen Zusammenschluss von Wirtschaftssubjekten in einem Herrschaftsverband, wie er auf den **Genotyp** des Filialsystems zutrifft. Die Zentrale eines Filialsystems kann alle Entscheidungen für die Einzelhandelsbetriebe treffen (Zentralisationsgrad = 1), der Autonomiegrad ist danach 0, und die Bindung zwischen Zentrale und Filialen ist dauerhaft und umfassend (Bindungsgrad = 1). Der Genotyp des kooperierenden Handelssystems zeichnet sich durch einen Zentralisationsgrad und einen Bindungsgrad von jeweils kleiner als 1 aus.

Ein hoher Zentralisationsgrad und ein hoher Bindungsgrad begünstigen die Strategie der standardisierten Marktbearbeitung, d. h. die Marketinginstrumente werden in allen Märkten weitgehend identisch ausgerichtet. Die geringere, aber deutlich über 0 liegende Zentralisation und Bindung schaffen die Voraussetzung für die differenzierte Marktbearbeitung, d. h. die Mitgliedsbetriebe können sich mit ihren Marketinginstrumenten den örtlichen Verhältnissen anpassen, so dass die Marktauftritte der einzelnen Mitgliedsbetriebe stark voneinander abweichen können.

Abweichend von diesen genotypischen Ausprägungen können die **phänotypischen Erscheinungsformen** sein. Es bleibt jeder Zentrale eines Filialsystems freigestellt, ihren Betrieben mehr oder weniger große Entscheidungsspielräume (Autonomie) zu geben und den Bindungsgrad zu reduzieren. Ebenso können in einer Handelskooperation die Verhaltensweisen dauerhaft, umfassend und intensiv abgestimmt sein und der Zentralisationsgrad kann sehr hoch sein, wie dies z. B. bei Franchisesystemen der Fall ist. Die Mitglieder werden sich auf diesem Wege zum einen von solchen Aufgaben entlasten, die nach ihrer Ansicht von der Systemzentrale effizienter erfüllt werden können, zum anderen wird es der Systemzentrale ermöglicht, einen einheitlichen Marktauftritt sowie einheitliches, aufeinander abgestimmtes Handeln in allen anderen betrieblichen Bereichen herbeizuführen.

Viele Begriffe, die vertikal kooperierende Handelssysteme beschreiben, geben keinen Hinweis auf den Grad der Verhaltensabstimmung. Eine Ausnahme ist das Franchisesystem (siehe zum Überblick das von Ahlert und Ahlert 2010 herausgegebene Handbuch „Franchising & Cooperation"). Der *Deutsche Franchise-Verband e.V.* definiert:

„Franchising ist ein auf Partnerschaft basierendes Vertriebssystem mit dem Ziel der Verkaufsförderung. Dabei räumt eine Unternehmung, die als sogenannter Franchisegeber auftritt, ihren Partnern (den Franchisenehmern) das Recht ein, mit ihren Produkten oder Dienstleistungen unter ihrem Namen ein Geschäft zu betreiben:

Der Franchisegeber erstellt ein unternehmerisches Gesamtkonzept, das von seinen Franchisenehmern selbstständig an ihrem Standort bzw. Gebiet umgesetzt wird. Der Franchisenehmer ist ein rechtlich selbstständiger und eigenverantwortlich operierender Unternehmer. Als Gegenleistung für die, von der Franchise-Unternehmung eingeräumten Rechte und Unterstützungsleistungen, zahlt der Franchisenehmer in der Regel Eintritts- bzw. Franchisegebühren.

Franchising vereint damit Vorteile des direkten Vertriebsweges (z. B. einheitlicher Markenauftritt und direkte Marktnähe) mit den Vorteilen des indirekten Vertriebes (z. B. das überdurchschnittliche Engagement von rechtlich selbstständigen Vertriebspartnern, den Franchisenehmern). Franchising bietet die Möglichkeit, eine erfolgreiche Geschäftsidee mehreren Partnern zur Verfügung zu stellen und so den Geschäftstyp zu multiplizieren." (www.franchiseverband.com/franchise-geber/franchising-definition/ - Abruf: 2014-07-07)

Franchising ermöglicht ein hohes Maß an betriebswirtschaftlicher Koordination, vor allem die Durchsetzung eines einheitlichen Marketingkonzeptes. Dies schließt jedoch nicht aus, wie auch **Abbildung 3.6** veranschaulicht, dass sich die tatsächlichen Erscheinungsformen auf einem breiten Kontinuum bewegen können.

Das Franchisesystem liefert darüber hinaus die Möglichkeit, Existenzgründungen zu erleichtern. Dem Betriebsgründer als Franchisenehmer wird einerseits eine nicht unbeträchtliche Finanzierungshilfe durch Darlehen (z. B. das Modell Rewe Kooperationskaufmann) gegeben, und es eröffnet sich ihm die Chance, von den Erfahrungen und Vorleistungen des Franchisegebers zu profitieren, da er ohne eigene Innovationen in ein erfolgreiches Absatz- und Betriebssystem integriert wird. Die Systemzentrale übernimmt die Führungsfunktionen und die zentral zu realisierenden administrativen Aufgaben, so dass sich der Franchisenehmer im Wesentlichen auf die Absatzaufgaben und die Personalführung konzentrieren kann. Die Systemzentrale hat andererseits den wesentlichen Vorteil, über einen Warenbelieferungsvertrag eine **vollständige Auftragskonzentration** wie bei Filialsystemen zu erreichen, sofern dies im Franchisevertrag geregelt ist (vgl. Möhlenbruch 1993b, S. 416 f.).

4 Das strategische Handelsmanagement

Seit geraumer Zeit stagnieren oder schrumpfen viele Märkte. Der Wettbewerb hat sich erheblich verschärft, die Folge sind Verdrängungs- und Konzentrationsprozesse. Zudem hat sich die Umwelt tiefgreifend verändert, sie ist dynamischer und komplexer geworden und stellt höhere Anforderungen an die Unternehmensführung im Handel. Die Aufgabe des **strategischen Handelsmanagements** als ein Bereich der Unternehmensführung ist es, die Existenz der Unternehmung durch die Schaffung neuer und den Ausbau vorhandener Erfolgspotenziale zu sichern. Als **Erfolgspotenziale** bezeichnet man die in einer Unternehmung vorhandenen Voraussetzungen, die es ihr erlauben, langfristig überdurchschnittliche Ergebnisse zu erzielen und damit die Wettbewerbsfähigkeit am Markt zu sichern. Es handelt sich um die spezifische Kompetenz, das unverwechselbare Unternehmungsprofil, das Alleinstellungsmerkmal (Unique Selling Proposition), das einzigartige Kundenangebot (Unique Customer Proposition), den komparativen Wettbewerbsvorteil oder wie immer man diese Potenziale in der Literatur und Praxis bezeichnet.

Die strategische Unternehmensführung ist als originäre Managementaufgabe zu betrachten, wobei einerseits die Sicherung der Wettbewerbsposition sowie andererseits die Kanalisierung der operativen Instrumentalvariablen der Marktbearbeitung und Ressourcensicherung im Vordergrund stehen. Demzufolge kommt der operativen Führung die Aufgabe zu, die strategische Stoßrichtung unter Einsatz des marketingpolitischen Instrumentariums zu konkretisieren (vgl. Hartmann 1992, S. 12 ff., 21 f.).

Nun müssten an dieser Stelle alle Managementbereiche einer Unternehmung betrachtet werden, wie z. B. das Finanzmanagement, das Personalmanagement, das Logistikmanagement und das Marketingmanagement. Wir beschränken uns im Rahmen des **operativen Handelsmanagements** auf das Absatzmarketing (Kap. 5.1), das Beschaffungsmarketing (Kap. 5.2) und die Warenbewirtschaftung (Kap. 5.3). Zum Verständnis des Begriffes „Marketing" wollen wir eine kurze Erklärung geben. Seit der Übernahme dieses Begriffes in Deutschland in den 1960er Jahren kann man eine Entwicklung nachvollziehen, in der erstens Marketing mit Absatzpolitik von Unternehmungen gleichgesetzt wird, zweitens Marketing als marktorientierte Unternehmensführung verstanden wird und drittens Marketing als Management von Austauschprozessen und Austauschbeziehungen gesehen wird (so z. B. Fritz/v. d. Oelsnitz 2001, S. 17 ff.). Gerade nach dem dritten Verständnis ist Marketing nicht allein mit Absatzpolitik gleichzusetzen. Vielmehr kann das Management von Austauschprozessen und Austauschbeziehungen unter erwerbswirtschaftlichen Aspekten betrachtet werden: kommerzielles oder Business-Marketing versus nicht-kommerzielles oder Non-Business-Marketing. Oder man kann das Management im Hinblick auf die Frage untersuchen, ob sich die Austauschvorgänge in oder zwischen Unternehmungen vollziehen: internes versus externes Marketing. Oder man betrachtet die Partner der Austauschbeziehungen auf Absatzmärkten, Beschaffungsmärkten oder in der allgemeinen Öffentlichkeit, was zu der Unterscheidung von Absatzmarketing, Beschaffungsmarketing und Public Marketing führt. Weitere Perspektiven und Ausprägungen des Marketings sind denkbar.

Wir folgen hier der dritten und damit weitesten Begriffsfassung von Marketing und wenden uns dabei dem Absatzmarketing und dem Beschaffungsmarketing zu. Den Bereich des internen Marketings blenden wir in diesem Werk aus.

Zweckmäßig ist es darüber hinaus, die Verbindung zu dem **Efficient-Consumer-Response-Konzept** aufzuzeigen. Efficient Consumer Response (ECR) wird als ein „umfassendes Managementkonzept auf der Basis der vertikalen Kooperation von Industrie und Handel mit dem Ziel einer effizienteren Befriedigung von Konsumentenbedürfnissen" bezeichnet (Seifert 2002, S. 29). ECR besteht aus zwei Säulen: dem Supply Chain Management (SCM) und dem Category Management (CM). Vereinfachend ausgedrückt geht es beim Supply Chain Management um das Beschaffungsmarketing, insbesondere die Logistik, und beim Category Management um das Absatzmarketing von Warengruppen. Wir werden die Entwicklungen, die sich unter den Überschriften „Supply Chain Management" und „Category Management" vollzogen haben, in unserem Werk berücksichtigen.

Man kann die Frage stellen, ob Marketing für das Management der Handelsunternehmung eine besondere Bedeutung hat. Begreift man nämlich die Handelsunternehmung von ihrer distributiven Grundfunktion her als Regulator zwischen Produzentenmärkten (Anbietermärkten) und Konsumentenmärkten (Nachfragermärkten), dann wird aufgrund der handelsspezifischen Marktausgleichsfunktion der Dualismus des Handelsmarketings deutlich (vgl. Schenk 1970, S. 66 ff.).

Erstens hat sich das Handelsmanagement zu bemühen, durch innovative sowie kreative Sortiments- und Dienstleistungen dem Absatzmarkt neue Impulse zu geben und ihn zu gestalten. Zweitens hat das Handelsmanagement bei seinen marktstrategischen Entscheidungen von den Bedürfnissen, Wünschen und Erwartungen seiner Abnehmer auszugehen. Drittens erwachsen kreative Sortimentsleistungen aus einer besonders intensiven Beobachtung und Beeinflussung der Beschaffungsmärkte, um sich über das Leistungs- und Preisverhältnis auf dem relevanten Absatzmarkt zu profilieren. Schließlich ist dem Dualismus des Handelsmarketings – d. h. gleichzeitige Beschaffungs- und Absatzmarktorientierung – durch geeignete Organisationskonzepte Rechnung zu tragen.

Seit geraumer Zeit wird die eben geschilderte Konkurrenzsituation auch als Hyperwettbewerb bezeichnet (vgl. d'Aveni 1995, S. 258). Man meint damit ein vornehmlich durch Globalisierung und Deregulation beeinflusstes Umfeld. In dieser Situation gilt es, die Spielregeln des Wettbewerbs immer wieder zu verändern, um die Konkurrenten zu überraschen, zu destabilisieren und zu neuen Verhaltensweisen zu zwingen (vgl. Diller 1999, S. 369).

Maßgebliche Erfolgsfaktoren dieses Ansatzes sind Schnelligkeit, Flexibilität und Innovation, um langfristig auf dynamischen Märkten erfolgreich zu sein. Auch im Handel bedeutet Marketing insoweit nicht nur Werbung und Sonderaktionen, was ohnehin eine sinnentstellende Verkürzung wäre, sondern vor allem ein Management der Schaffung von komparativen Wettbewerbsvorteilen, um im Wahrnehmungsfeld der Kunden besser als die Konkurrenz beurteilt zu werden (vgl. Backhaus 1999, S. 29). Dies betrifft alle Märkte, auf denen eine Handelsunternehmung tätig ist.

Aufgabe einer strategisch ausgerichteten Marketingplanung ist es, sämtliche bedeutsamen Ströme und Gegenströme der unternehmerischen Umwelten (globale Umwelt, aufgabenbezogene Umwelt, interne Umwelt) im Sinne einer Frühaufklärung zu erfassen, zu interpretieren und im Rahmen der Planungsüberlegungen zu berücksichtigen. Grundlage dieser zentralen Aufgabe ist die systematische Erfassung sowohl unternehmungsinterner als auch unternehmungsexterner Informationen, deren Verdichtung und Aufbereitung sowie das Aufzeigen möglicher Entwicklungstendenzen und der daraus folgenden notwendigen innovativen Konzepte.

Der Zweck der **strategischen Marketingplanung** ist die Entwicklung von Marktbearbeitungskonzepten, sowohl für die Beschaffungs- als auch für die Absatzmärkte, die eine zielorientierte Abstimmung zwischen der Leistungsfähigkeit der Handelsunternehmung und den marktlichen Erfordernissen gewährleisten.

4.1 Der Prozess des strategischen Handelsmanagements im Überblick

Die Vielschichtigkeit und Komplexität strategischer Fragestellungen erfordert einen systematischen Planungsablauf. Dieser Prozess ist keinesfalls als strikte Abfolge einzelner Planungsphasen zu verstehen. Vielmehr handelt es sich um die zweckmäßige und logische Schrittfolge, bei der sowohl Vor- und Rückkopplungen als auch Phasenüberschneidungen systemkennzeichnend sind (vgl. Wiedmann/Kreutzer 1989, S. 68 f.).

Das strategische Handelsmanagement hat grundsätzlich folgende Aufgaben und Schritte zum Gegenstand: (1) die Festlegung der Strategischen Geschäftsfelder, (2) die Analyse der internen und externen Umwelt, (3) die Planung der Ziele, (4) die Planung der Strategien, einschließlich der Entscheidung über die Auswahl, (5) die Durchführung und (6) die Kontrolle. Die Abfolge dieser Schritte wird als entscheidungsorientierter Ansatz bezeichnet und findet sich als Management-Prozess so oder in ähnlicher Form in den meisten Büchern, die sich mit Handelsmanagement befassen (z. B. Schröder 2005, S. 11 ff.; Ahlert/Kenning 2007, S. 24; Zentes/Swoboda/Foscht 2012, S. 59 f.).

Die einzelnen Phasen des strategischen Handelsmanagements (**Abbildung 4.1**) können mit folgenden Fragen skizziert werden.

- Festlegung der Strategischen Geschäftsfelder: Auf welchen Absatzmärkten will die Handelsunternehmung tätig sein?

- Situationsanalyse: Wo steht die Handelsunternehmung, gemessen an bestimmten Erfolgsgrößen?

- Entwicklungsprognose: Wohin geht die Entwicklung der Handelsunternehmung, wenn keine neuen Strategien geplant und umgesetzt werden?

- Zielplanung: Welchen Erfolg strebt die Handelsunternehmung an?

- Maßnahmenplanung: Welche Strategien stehen zur Verfügung?

- Wirkungsprognose: Inwieweit tragen die zur Verfügung stehenden Strategien dazu bei, die gesetzten Ziele zu erreichen?

- Entscheidung: Welche Strategie wird ausgewählt?

- Durchführung: Welches Führungskonzept eignet sich, damit der Marketingplan von allen Beteiligten akzeptiert und realisiert wird?

- Kontrolle: Sind die gesetzten Ziele erreicht worden?

Abbildung 4.1   Die Phasen des strategischen Handelsmanagements

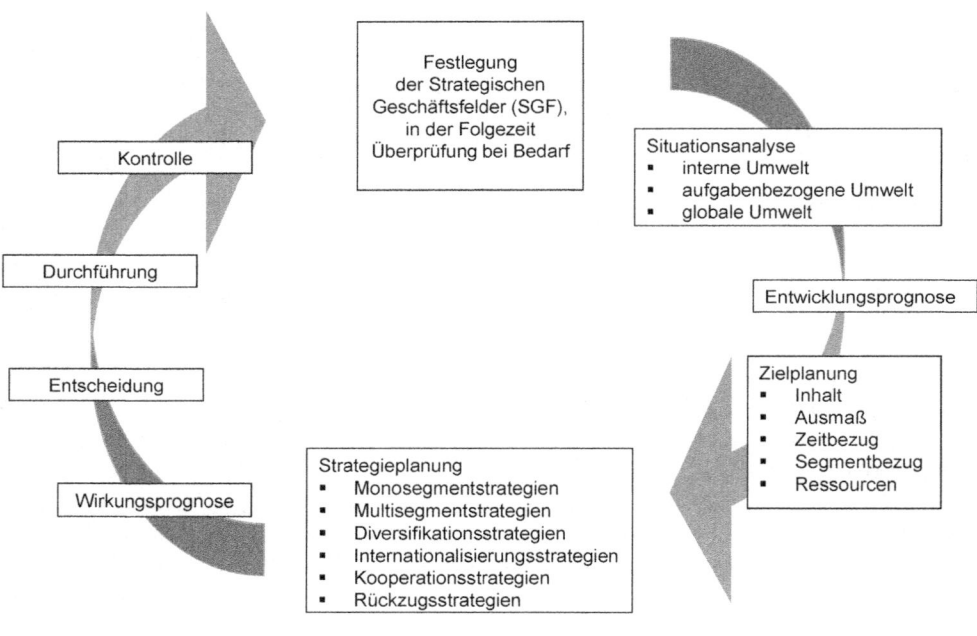

Quelle: In Anlehnung an Schröder 2012b, S. 47

Jede Phase des Managementprozesses ist ein komplexer Vorgang. Beispiel: Bei der Zielplanung sind die von dem Entscheider gewünschten zukünftigen Zustände nach mehreren Dimensionen zu operationalisieren: die Zielgruppen, der Zielinhalt, das Zielausmaß, der Zeithorizont und die verfügbaren Ressourcen. Dabei sind konfliktäre und komplementäre Zielbeziehungen zu identifizieren und entsprechend zu behandeln (vgl. Meffert 1994, S. 102 ff.). Des Weiteren können zwischen den einzelnen Phasen „Schleifen" auftreten. Zeigt nämlich die Wirkungsprognose, dass sich die Ziele nicht mit den geplanten Strategien erreichen lassen, sind die Ziele anzupassen oder neue Strategien zu entwickeln.

Für die Analyse und Planung stehen zahlreiche Instrumente zur Verfügung. Systematische Überblicke bieten eher allgemeine Werke zum Marketing und zum Management (z. B. Meffert 1994, S. 41 ff.; Homburg 2012, S. 457 ff.) und weniger Bücher zum Handelsmanagement. Hilfestellung leisten hier einige ältere Dissertationen, wie z. B. *Drexel* (1981), *Wehrle* (1981), *Heinemann* (1989), *Kube* (1991), *Hartmann* (1992), *Theis* (1992), *Rudolph* (1993), und Aufsätze, wie z. B. *Drexel* (1982, 1983), *Dambmann* (1986), *Barth* und *Hartmann* (1992). Grundsätzlich bieten sich als Methoden an:

- Verfahren der Früherkennung (Frühwarnung, Frühaufklärung etc.),

- die Delphi-Methode und andere Szenariotechniken,

- das Fünf-Kräfte-Konzept der Wettbewerbsintensität nach *Porter*,

- das Wertketten-Konzept,

- ressourcenorientierte Konzepte (z. B. Ressource Based View nach *Wernerfeldt* 1984),

- marktorientierte Konzepte (z. B. Market Based View nach *Porter* 1980),

- das Konzept der Stärken und Schwächen sowie Chancen und Risiken (SWOT),

- das Konzept der Gap-Analyse (z. B. *Weber* 1985),

- das Lebenszyklus-Konzept,

- das Erfahrungskurven-Konzept,

- das Konzept der Erfolgsfaktoren,

- die Portfolio-Methoden,

- das Positionierungsmodell.

Diese Methoden sind in den 1960er und 1970er Jahren ursprünglich für Industrieunternehmungen entwickelt worden. In der Folgezeit hat sich die Handelsforschung mit der Frage beschäftigt, inwieweit diese Methoden auf Handelsunternehmungen übertragen werden können. So haben sich die Arbeiten zu den Portfolio-Methoden mit der Frage beschäftigt, was Strategische Geschäftsfelder im Handel sind und welche Dimensionen sich eignen, um eine Portfolio-Matrix aufzuspannen. Im Rahmen der Situationsanalyse gehen wir beispielhaft auf das Positionierungsmodell und auf Portfolio-Methoden ein.

Noch Anfang der 1990er Jahre ließen sich in der strategischen Planung der Handelspraxis etliche Defizite feststellen, vor allem der gänzliche Verzicht auf strategische Planung, der Verzicht auf eine hierarchische Struktur und Gliederung des unternehmerischen Zielsystems, die unzureichende Abgrenzung von Marktsegmenten, der Verzicht auf die Bildung strategischer Geschäftseinheiten, die Vernachlässigung unternehmensexterner Daten, die Vernachlässigung wesentlicher Planungsaufgaben (insbesondere bei Kleinbetrieben des Einzelhandels), die Beschränkung auf die Phasen der Situationsanalyse und Prognose (vornehmlich bei Großbetrieben des Einzelhandels) sowie das Fehlen eigener Planungsabteilungen (vgl. Barth/Hartmann 1992, S. 137 ff.). In der Zwischenzeit sind die Techniken der

Datenanalyse und der Unternehmenssteuerung verfeinert worden, setzen die Handelsunternehmungen zunehmend auf akademischen Nachwuchs und ist das Handelsmanagement offener für wissenschaftliche Erkenntnisse geworden.

4.2 Die Festlegung der Strategischen Geschäftsfelder

Eine wesentliche Aufgabe der strategischen Planung in Handelsunternehmungen ist die Festlegung der Strategischen Geschäftsfelder (vgl. hierzu und zum Folgenden Schröder 2005, S. 15 ff.). Ein Strategisches Geschäftsfeld (SGF) ist das marktbezogene Betätigungsfeld einer Unternehmung, d. h. die gedankliche Eingrenzung von Absatzmärkten, die mit entsprechenden Strategien und Instrumente bearbeitet werden sollen.

Ein SGF muss folgende Eigenschaften aufweisen (vgl. auch Meffert 1994, S. 41; Bamberger/Wrona 2004, S. 112 ff.). Erstens soll jedes SGF eine von anderen Geschäftsfeldern unabhängige Marktaufgabe besitzen, d. h. zwischen den SGF einer Unternehmung soll Trennschärfe in der Marktbearbeitung bestehen. Zweitens soll jedes SGF am externen Markt auftreten und mit anderen Wettbewerbern in Konkurrenz treten. Betätigungsfelder, die sich auf dem unternehmungsinternen Markt befinden, wie etwa in einer internen Lieferanten-Kunden-Beziehung, werden folglich nicht als SGF verstanden. Drittens soll für jedes SGF eine eigenständige Marketingkonzeption entwickelt werden. Viertens soll jedes SGF einen ihm zurechenbaren Beitrag am Gesamterfolg der Unternehmung leisten, d. h. Umsätze und Kosten müssen dem SGF zurechenbar sein, Schlüsselungsprobleme sollten möglichst gar nicht auftreten.

Vom Begriff des SGF ist zweckmäßigerweise der Begriff der Strategischen Geschäftseinheit (SGE) zu trennen, was in der Literatur aber keineswegs durchgängig der Fall ist. So bezeichnen z. B. *Nieschlag, Dichtl* und *Hörschgen* (2002, S. 118) und *Müller-Hagedorn* (1998a, S. 161 f.) mit SGE den oben dargestellten Segmentierungsaspekt, während andere Autoren mit SGF den Organisationsaspekt ansprechen (vgl. z. B. Bruhn/Homburg 2001, S. 1.700). Eine SGE soll hier als Subsystem der Unternehmung verstanden werden und die organisatorische Zuordnung zu den SGF meinen. Jedes SGF ist genau einer SGE zuzuordnen, jede SGE kann allerdings für mehrere SGF zuständig sein.

In der Literatur finden sich verschiedene Konzepte, wie SGF gebildet, d. h. abgegrenzt und ausgewählt werden sollen. Sie orientieren sich überwiegend an den Gegebenheiten von Produktionsbetrieben. Als Abgrenzungsdimensionen werden z. B. genannt (vgl. Meffert 1994, S. 42; ähnlich Müller-Hagedorn 1998a, S. 162, 204 f.):

■ die Abnehmergruppe: Segmentierung der Abnehmer nach kaufverhaltensrelevanten (beobachtbaren und nicht beobachtbaren) Merkmalen,

■ die Funktionserfüllung des Angebotes: Bandbreite an Bedürfnissen (Motiven), die mit dem Angebot befriedigt werden sollen,

- die Produkttechnik: Produkteigenschaften, mit denen die Bedürfnisse (Motive) befriedigt werden sollen, und

- der geographische Raum: Einteilung des Marktes in Regionen. Diese Dimension ist überflüssig, wenn die Abnehmer bereits nach geographischen Merkmalen segmentiert worden sind.

Die aus der Industrie bekannten Abgrenzungsdimensionen gelten auch für die Bildung von strategischen Geschäftsfeldern im Handel. Sie sind jedoch auf die Besonderheiten des Handels auszurichten und zu konkretisieren. *Mattmüller* (1997) unterscheidet daher für den **Einbetriebsfall** zwischen Fachsortiment (schmales, tiefes Sortiment) und Vollsortiment (breites, flaches Sortiment) und differenziert die SGF nach den drei Dimensionen Angebot, Zielgruppe und Andienungsform, letzteres entspricht der Dimension Technik. Für den **Mehrbetriebsfall**, d. h. für Filialsysteme, kooperierende Gruppen und Mischsysteme des Handels, schlägt *Mattmüller* (1997, S. 123) vier Ansätze vor, um SGF zu bilden: die isolierte Betrachtung und Untergliederung jedes einzelnen Betriebes, der Einzelbetrieb als SGF, die vertikale Strukturierung über die Betriebe hinweg und die Clusterung von Betrieben.

4.3 Die Situationsanalyse

Die Situationsanalyse befasst sich mit den Gegebenheiten der internen, der aufgabenbezogenen und der globalen Umwelt (**Abbildung 4.2**). Sie erfasst dabei auch, wie die Unternehmung im Markt steht, z. B. gemessen am Marktanteil und am Image.

Abbildung 4.2 Die Einbettung einer Einzelhandelsunternehmung in ihre Umwelten

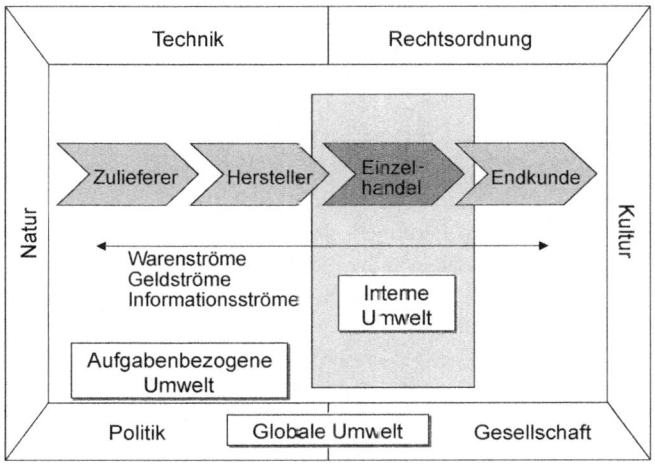

Quelle: Schröder 2012b, S. 31

Die Situationsanalyse identifiziert einerseits Chancen und Risiken (Marktbezug). Das sind Determinanten des Wettbewerbs und die sie beeinflussenden Faktoren. Andererseits untersucht sie vor diesem Hintergrund die Stärken und Schwächen der Unternehmung (Unternehmungsbezug). Eine Reihe von Analyseinstrumenten richtet sich nur auf einzelne Parameter. Daher ist es zweckmäßig, Planungstechniken heranzuziehen, die eine simultane Analyse mehrerer Einflussgrößen ermöglichen. Der Einsatz integrativer Planungsinstrumente erscheint auch deshalb notwendig, weil es beispielsweise bei der Beurteilung der unternehmungsspezifischen Stärken und Schwächen sinnvoll ist, externe Vergleichsmaßstäbe, wie z. B. Mitbewerber oder Marktdaten heranzuziehen (vgl. Kreilkamp 1987, S. 73; Barth/Theis 1991a, S. 56 ff.).

4.3.1 Die Abgrenzung des Einzugsgebietes

Am Anfang jeder absatzseitigen Marktforschung steht die Abgrenzung des Einzugsgebietes, und zwar nicht nur jenes der eigenen Einkaufsstätte, sondern auch das der als Konkurrenten möglicherweise in Frage kommenden Betriebe. Dann nämlich erst ist es auch möglich, z. B. wettbewerbsbedeutsame Konkurrenten in räumlicher Hinsicht zu identifizieren und das Marktpotenzial zu berechnen.

Das Einzugsgebiet einer Einkaufsstätte umfasst die Gesamtheit der Standorte ihrer potenziellen Kunden. *Berekoven* (1995, S. 349 f., 355 ff.) unterscheidet zwischen theoretisch-deduktiven und empirisch-induktiven Verfahren (**Tabelle 4.1**).

Tabelle 4.1   Ausgewählte Verfahren zur Ermittlung des Einzugsgebietes

theoretisch-deduktive Verfahren	empirisch-induktive Methoden
– deterministische Ansätze, z. B. Gravitationsmodell von *Reilly* – stochastische bzw. probabilistische Ansätze, z. B. Potenzialansatz von *Huff*	– Kreismethode – Zeitdistanzmethode – Zeitgleichermethode – ökonometrische Methode – Analogmethode

Quelle: Schröder 2012b, S. 74

Empirisch-induktive Verfahren bedienen sich einfacher Überlegungen, Faustregeln und Erfahrungen, um das Einzugsgebiet zu ermitteln. Bei der Kreismethode werden die Grenzen des Einzugsgebietes durch Luftliniendistanzen zum Standort des Handelsbetriebes festgelegt, bei der Zeitdistanzmethode durch Isochronen, d. h. Linien gleicher zeitlicher Distanz. Im Unterschied zu den beiden ersten Methoden berücksichtigt die Zeitgleichermethode explizit die Existenz konkurrierender Verkaufsstätten. Sie bestimmt die Verbindungslinie der Punkte, von denen aus zwei benachbarte (geplante und bestehende) Verkaufsstellen in derselben Zeit erreichbar sind. Dies ist allerdings nur zweckmäßig, wenn von den betrachteten Einkaufsstätten dieselbe Attraktivität ausgeht. Eine solche Annahme dürfte aber nur für wenige Fälle in der Praxis zutreffen.

Die **theoretisch-deduktiven Verfahren** haben zum Ziel, die Beziehung zwischen bestimmten unabhängigen Variablen und dem Aufsuchen eines Marktgebietes zu erklären und auf ihre empirische Bewährung hin zu überprüfen. *William J. Reilly* hat 1931 erstmals empirisch gewonnene Erkenntnisse über die einzelhandelsrelevante Kaufkraftverteilung einer Gemeinde auf zwei benachbarte Orte mit Einzelhandelsbetrieben dargestellt und in Anlehnung an das *Newton*sche Gravitationsgesetz als Law of Retail Gravitation (Gesetz von der Anziehungskraft im Einzelhandel) bezeichnet (vgl. Reilly 1931, S. 8 ff.). Das von ihm formulierte Gesetz besagt, dass zwei zentrale Orte Einzelhandelsumsätze aus jeder zwischen ihnen gelegenen Gemeinde an sich ziehen, und zwar direkt proportional zur Einwohnerzahl und indirekt proportional zum Quadrat der Entfernung zu dieser Gemeinde. *Reilly* geht also davon aus, dass eine Gemeinde, die zwischen zwei Einkaufszentren liegt, einen Kaufkraftabfluss erleidet, der abhängig ist von der Größe der Einkaufszentren sowie von der Entfernung zu diesen.

Kritisch ist zu dieser Modellkonstruktion anzumerken, dass einige Einflussgrößen außer Acht gelassen werden, die für die Standortqualität und damit für die Größe des Einzugsgebietes von besonderer Bedeutung sind: z. B. Verkehrsanbindung, innerörtliche Verkehrsverhältnisse, Parkplatzsituation, aber vor allem die Qualität des Einzelhandelsangebotes.

Eine etwas andere modelltheoretische Zielsetzung verfolgt *Converse*, der im Gegensatz zu *Reilly* nicht den Kaufkraftabfluss direkt bestimmt, sondern die Grenzen der Einzugsgebiete zweier Einkaufszentren, und zwar als Grenzlinie zwischen den konkurrierenden Zentren als geographischer Ort, von dem aus die Kaufabflüsse zu Zentrum A und B gleich groß sind (Converse 1949, S. 379 ff.). Für den Ansatz von *Converse* gelten dieselben Kritikpunkte wie für jenen von *Reilly*.

Schließlich ist auf empirische Untersuchungen zu verweisen, die z. B. Fragen beantworten wie: In welchen Warengruppen werden die Einkäufe vorwiegend am Wohnort, in welchen außerhalb des Wohnortes getätigt? Wie wird die Distanz zwischen Wohnort und Einkaufsstätte überwunden? (vgl. Kotschedoff 1976, S. 50 ff.) Diese Untersuchungen zeigen jedoch lediglich beobachtbares Kaufverhalten auf und können nicht klären, ob in den einzelnen Einkaufsakten der Kunden eine Regelmäßigkeit steckt und ob sich Einkaufsverhalten in räumlicher Hinsicht erklären lässt. Die häufig für diese Zwecke empfohlene Auswertung von Pkw-Kennzeichen dürfte sich allerdings als zu grob erweisen, vor allem bei wachsender Bedeutung des öffentlichen Personenverkehrs. Das Problem der Abgrenzung des Einzugsgebietes ist bisher nur unzulänglich gelöst. Praktischen Nutzen dürften allenfalls die empirisch-induktiven Methoden besitzen, denn sie bieten noch am ehesten die Möglichkeit, durch Inaugenscheinnahme den einzelnen Standortwert-Faktoren in Form einer individuellen Beurteilung Rechnung zu tragen.

Die Abschätzung des Einzugsgebietes ist nicht nur vor der Standortwahl wichtig. Eine regelmäßige Kontrolle des Einzugsgebietes empfiehlt sich, um nicht nur Veränderungen bei der Anziehungskraft eines Standortes rechtzeitig zu erfassen, sondern beispielsweise auch, um Informationen für eine bessere Zielgenauigkeit der Media-Werbung zu erhalten (geringere Streuverluste). So ist durch die Nutzung von Kundenkarten im Einzelhandel ein beachtliches diagnostisches Potenzial für die Marktforschung erschließbar, ebenso durch das Angebot an mikrogeographischen Daten.

Nach der Abgrenzung des relevanten Einzugsgebietes gilt es weiter, die Beziehungen zwischen der unternehmungsinternen und -externen Bedingungslage zu analysieren. Unter Berücksichtigung der Besonderheiten der Distributionsstufe „Einzelhandel" sowie des Erfordernisses einer integrativen Sichtweise bietet sich im Rahmen der Situationsanalyse neben der weit verbreiteten Portfolio-Methode hier insbesondere das Positionierungsmodell an, das auf dem Image-Konzept aufbaut.

4.3.2   Das Einkaufsstättenimage

Für die Absatzplanung benötigt der Handelsbetrieb Informationen darüber, warum der Kunde die gewünschten Leistungen z. B. in der Einkaufsstätte A und nicht in der Einkaufsstätte B nachfragt. Denn das oberste Ziel seiner absatzpolitischen Bemühungen muss es sein, einen möglichst großen Teil der für ihn relevanten Nachfrage in seinem Einzugsgebiet auf die eigene Einkaufsstätte zu lenken.

Der Kunde trifft seine **Einkaufsstättenwahl** jedoch nicht aufgrund der objektiven Merkmale der angebotenen Leistungen, sondern aufgrund seiner subjektiven Vorstellungen und Meinungen über die zur Wahl stehenden Einkaufsstätten (vgl. Beeskow u. a. 1983, S. 624). Deshalb kann eine bloße objektiv-analytische, aus der Sicht des sogenannten verständigen Verbrauchers vorgenommene Untersuchung, ob und welche Einkaufsstätten für den Kunden bedürfnisgerechte Leistungen anbieten, kaum erklären, warum der Kunde eine bestimmte Einkaufsstätte präferiert, insbesondere dann nicht, wenn zwischen den subjektiven Vorstellungen und Meinungen des Kunden über die konkurrierenden Einkaufsstätten und den dort objektiv angebotenen Leistungen erhebliche Diskrepanzen bestehen.

Für die Absatzplanung in der Handelsunternehmung sind demnach verhaltenswissenschaftliche Erkenntnisse über jene Vorgänge in der Person des Kunden heranzuziehen, von denen anzunehmen ist, dass sie die Ursache einkaufsstättengerichteter Verhaltensvarianzen sind. Da es sich hierbei jedoch um nicht direkt beobachtbare Vorgänge handelt, können sie nur in Form von hypothetischen Konstrukten erfasst werden, die als Modellvorstellungen über nicht direkt beobachtbare intrapersonelle Vorgänge einen Beitrag zur Erklärung beobachtbaren Konsumentenverhaltens liefern sollen (vgl. Trommsdorff 1975, S. 5 ff.).

Als zentrales psychologisches Konstrukt bietet sich das **Einkaufsstättenimage** an. Unter dem Image versteht man ein subjektives Vorstellungsbild, das sich ein Individuum aufgrund eines individuellen Wahrnehmungsprozesses von einem Meinungsgegenstand (z. B. Einkaufsstätte) bildet (vgl. Henseler 1977, S. 45; Johannsen 1971). In diesem subjektiven Vorstellungsbild manifestiert sich die von dem Individuum wahrgenommene Eignung dieses Meinungsgegenstandes, bestimmte Ziele erfüllen zu können (zum Verhältnis der Begriffe „Image" und „Einstellung" vgl. Kroeber-Riel/Weinberg 2003, S. 197 f.).

Die Kunden verbinden mit Einkaufsstätten das Ziel, dort solche Handelsleistungen zu erwerben, die zur Befriedigung bestimmter individueller Bedürfnisse als optimal angesehen werden. Das Einkaufsstättenimage stellt folglich ein subjektives Vorstellungsbild des Kunden darüber dar, inwieweit die betreffende Einkaufsstätte zur Befriedigung seiner entsprechenden Bedürfnisse geeignet ist. Je positiver das Image eines Handelsbetriebes eingeschätzt wird, desto größer ist die Wahrscheinlichkeit, dass dort eingekauft wird und sich Geschäftstreue entwickelt.

Für die **Messung von Einstellungen** gibt es ein umfangreiches Instrumentarium (zum Überblick Balderjahn 1995). Die konkrete Ausgestaltung hängt vor allem davon ab,

- ob eine Perspektive (oft die affektive) oder mehrere (affektive, kognitive, konative) Perspektiven der Einstellung erhoben werden sollen (ein- oder mehrdimensionale Messung bzw. Ein- oder Mehr-Komponenten-Messung),

- ob eine zusammenfassende Bewertung des Objektes oder differenzierte Eindrücke einzelner Eigenschaften gemessen werden sollen (mono- oder multiattributive Messung) und

- ob die Eindrücke einzelner Eigenschaften zu einem Gesamteindruck verdichtet werden sollen oder von einem Gesamteindruck auf Einzeleindrücke geschlossen werden soll (komponierende oder dekomponierende Verfahren).

Ein mehrdimensionales multiattributives komponierendes Verfahren, das Einzeleindrücke zur affektiven und zur kognitiven Perspektive erfasst, ist das Einstellungsmodell von *Trommsdorff*, das die Real- und Idealimages von Objekten erfasst. Die Imageanalyse mit Handelsbetrieben als Objekten erfolgt in der Weise, dass die Kunden (Probanden) die in die Untersuchung einbezogenen konkurrierenden realen Handelsbetriebe sowie eine ideale Einkaufsstätte anhand eines Katalogs von Einstellungsmerkmalen bewerten.

Eine solche **Imageanalyse** kann als marktbezogene Entscheidungsgrundlage die folgenden Fragen beantworten:

- Welche Meinungsbilder haben sich bei den Kunden im Hinblick auf die real existierende Einkaufsstätte etabliert? (Image der eigenen Einkaufsstätten)

- Welches Image besitzen die Kunden von den einzelnen konkurrierenden Einkaufsstätten? (Einkaufsstättenimage der Wettbewerber)

- Welche Vorstellungen haben die Kunden von ihrer Wunscheinkaufsstätte, d. h. wie sieht jene Einkaufsstätte aus, die ihre Bedürfnisse ideal deckt? (Idealimage)

Die Antworten auf diese Fragen stellen einen nicht unerheblichen Informationsbeitrag zur Absatzplanung dar. Das **Idealimage** liefert dem Handelsbetrieb einen geeigneten Ansatzpunkt für die Marktsegmentierung. Denn es ist naheliegend, Kunden mit ähnlichen Bedürfnissen und Erwartungen gegenüber einer Einkaufsstätte als Marktsegment zu definieren, wobei damit auf die Methode der psychographischen Marktsegmentierung Bezug genommen wird.

Die Distanzen zwischen den konkurrierenden und den idealen Einkaufsstätten zeigen die **Einkaufsstättenpräferenzen** der Kunden auf. Je geringer die Distanz zwischen der idealen und der realen Einkaufsstätte ist, umso stärker wird diese reale Einkaufsstätte präferiert. Das Idealimage liefert folglich konkrete Inhaltsdimensionen für die marktbearbeitungspolitische Zielsetzung und bildet damit die Grundlage für die Planung des absatzpolitischen Instrumentaleinsatzes (vgl. Barth 1984, S. 82; Theis 1999, S. 391 f.).

Ein besonderes Problem ist die **Messung des Idealimages** (vgl. Trommsdorff 1975, S. 126 ff.). Bei der direkten Frage nach der Beurteilung ihrer idealen Einkaufsstätte wäre nämlich vermutlich das Abstraktions- und Vorstellungsvermögen der Befragten überfordert. Außerdem besteht die Gefahr nicht aussagefähiger Ergebnisse, wenn die Befragten bei verschiedenen Imagemerkmalen Extremvorstellungen artikulieren, die in der Praxis nicht gleichzeitig verwirklicht werden können. Eine Möglichkeit der indirekten Messung des Idealimages besteht darin, den Befragten für jedes Imagemerkmal sein Stammgeschäft beurteilen zu lassen, in der Annahme, dass das Stammgeschäft der idealen Einkaufsstätte entspricht. Allerdings wird diese Methode umso problematischer sein, je stärker die Nachfrage zwischen den verschiedenen Betriebsstätten vagabundiert (zu weiteren Verfahren der Imagemessung siehe Theis 1999, S. 379 ff.).

Sind die benötigten Daten über die realen Einkaufsstätten sowie über die ideale Einkaufsstätte erhoben worden, so können sie verwendet werden, um ein Positionierungsmodell zu entwickeln.

4.3.3   Die Positionierung der Images von Einkaufsstätten

4.3.3.1   Die Konstruktion des Imageraums

Für die Entwicklung eines Positionierungsmodelles lassen sich verschiedene Methoden der multivariaten Datenanalyse einsetzen (**Abbildung 4.3**). Um die Vielzahl der vermutlich zum Teil mehr oder weniger stark miteinander korrelierten Imagemerkmale zu reduzieren und damit dann einen möglichst gering dimensionierten Imageraum aufspannen zu können, bietet sich die **Faktorenanalyse** an (vgl. hierzu Böhler 1977, S. 210 ff.; Backhaus u. a. 2011, S. 259 ff.; Wittenberg 1998, S. 98 ff.; Theis 1999, S. 281 ff., 393 ff.):

■ Mit der Faktorenanalyse können aus den Beziehungen (Korrelationen), die zwischen den gemessenen Variablen beobachtbar sind, hypothetische Größen (Faktoren) extrahiert werden, die die in der Matrix der Korrelationen zwischen diesen Variablen enthaltenen Zusammenhänge beschreiben und erklären. Mehrere korrelierende Variablen werden also jeweils durch einen (übergeordneten) Faktor ersetzt.

■ Damit wird eine Reduktion der Ausgangsdaten erreicht: Anstelle der möglicherweise großen Zahl korrelierter Variablen stehen nur noch wenige unkorrelierte Faktoren, wobei der Verlust an Informationen gering sein soll.

Abbildung 4.3   Von Einzelbewertungen zu einem Merkmalsraum für Einkaufsstätten

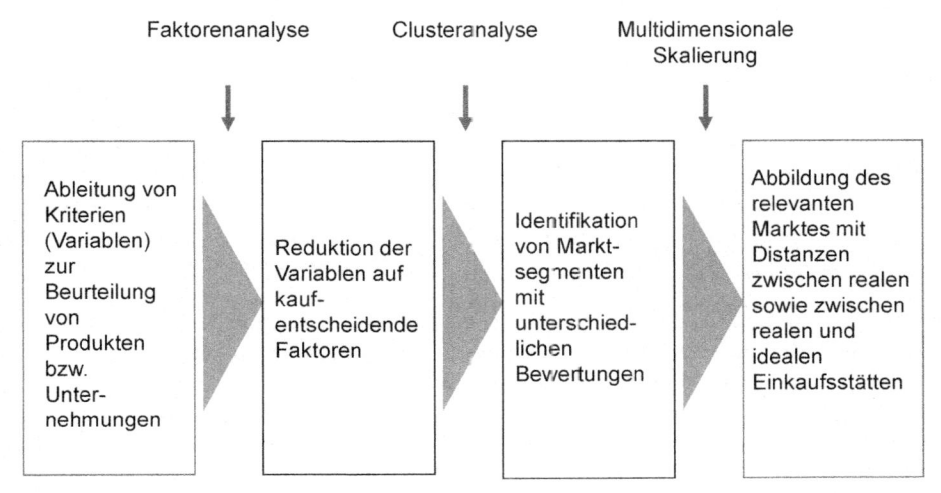

Faktorenanalyse   Clusteranalyse   Multidimensionale
                                                  Skalierung

| Ableitung von Kriterien (Variablen) zur Beurteilung von Produkten bzw. Unternehmungen | Reduktion der Variablen auf kaufentscheidende Faktoren | Identifikation von Marktsegmenten mit unterschiedlichen Bewertungen | Abbildung des relevanten Marktes mit Distanzen zwischen realen sowie zwischen realen und idealen Einkaufsstätten |

Quelle: In Anlehnung an Uebele 1984, S. 169

Die gewonnenen Faktoren spannen den Imageraum auf. Es wäre wenig gewonnen, wollte man nun in diesem n-dimensionalen Raum die Urteile jeder einzelnen befragten Person erfassen. Dies bedeutete aus der Sicht jeder Person, zum einen die Positionen der realen konkurrierenden Einkaufsstätten und zum anderen die Position ihres idealen Geschäftes einzutragen. Man stelle sich nur einmal die unübersichtliche Punktwolke vor, die sich bereits ergeben würde, wenn man nur 100 Personen über fünf Einkaufsstätten befragen würde. Es sind demzufolge in geeigneter Weise hypothetische Durchschnittspersonen zu bilden. Es liegt nahe, die Antworten jener Personen zu aggregieren, die ähnliche Vorstellungen über die ideale Einkaufsstätte entwickeln (ähnliches Idealimage); denn solche Personen mit offensichtlich ähnlichen Bedürfnissen und Erwartungen gegenüber einer Einkaufsstätte lassen sich als Marktsegment interpretieren. Außerdem ist zu erwarten, dass diese Personen höchstwahrscheinlich auch die realen Einkaufsstätten hinsichtlich der einzelnen Imagemerkmale ähnlich beurteilen werden, so dass auch hier die vielen Einzelurteile durch Durchschnittsgrößen ersetzt werden können.

Ähnliche Wahrnehmungen lassen sich mit der **Clusteranalyse** identifizieren (vgl. hierzu Böhler 1977, S. 277 ff.): Das Ziel dieses Verfahrens besteht darin, in einer gegebenen Gesamtheit von Elementen nach bestimmten Kriterien Gruppen (Klumpen, Cluster) aufzuspüren, die hinsichtlich dieser Kriterien innerhalb einer Gruppe möglichst homogen, zwischen den Gruppen jedoch möglichst heterogen sind. Werden die Elemente einer solchen homogenen Gruppe durch einen Durchschnittswert ersetzt, wird auch hier eine erhebliche Informationsverdichtung erzielt, ohne dass ein nennenswerter Informationsverlust zu beklagen wäre. Damit sind die Grundlagen eines Positionierungsmodelles benannt.

4.3.3.2   Das Positionierungsmodell

Der Begriff „Positionierung" bezeichnet im ursprünglichen Sinn den „Platz", den ein Produkt, genauer: eine Marke, im Substitutions- und Wettbewerbsgefüge des Absatzmarktes einnimmt. Dahinter steht die Vorstellung, dass man die Verteilung der Präferenzen des Konsumenten auf die verschiedenen Marken zur Verbesserung der Anschaulichkeit in einem „räumlichen" Marktmodell abbilden kann (vgl. Mazanec/Wiegele 1977, S. 46; Schobert 1980, S. 145). Ebenso lassen sich Einkaufsstätten mit ihrem aus einer Vielzahl von Sach- und Dienstleistungen zusammengesetzten Leistungsangebot abbilden, d. h. positionieren. Das **Positionierungsmodell** kann man als eine Art Ergebnisprotokoll einer multivariaten Analyse von Daten interpretieren, in dem der Informationsgehalt dieser Daten so anschaulich wie möglich präsentiert wird (vgl. Barth/Kellermann 1999, S. 169 ff.).

Zentraler Bestandteil eines solchen Modells ist ein mehrdimensionaler Eigenschaftsraum, der hier als **Imageraum** bezeichnet werden soll und in dem durch ein bestimmtes Eigenschaftsprofil gekennzeichnete Objekte – hier Einkaufsstätten – anhand ihrer von den Kunden subjektiv wahrgenommenen und bewerteten Ausprägungen in den einzelnen Eigenschaften – hier: Imagemerkmale – positioniert werden können. Das Positionierungsmodell setzt sich im Einzelnen aus folgenden Elementen zusammen (vgl. Theis 1999, S. 376 ff.).

- Die **Dimensionen des Imageraums** werden unmittelbar aus den Einstellungsmerkmalen einer Einkaufsstätte abgeleitet und korrespondieren mit jenen Eigenschaften, die bei der Wahrnehmung und Beurteilung von Einkaufsstätten und damit bei der Bildung von Präferenzen des Konsumenten für die verschiedenen Einkaufsstätten relevant sind.

- Die **Positionen der realen Einkaufsstätten** im Imageraum.

- Die **Positionen der idealen Einkaufsstätten** im Imageraum, die die einkaufsstättengerichteten Bedürfnisse und Erwartungen des Kunden widerspiegeln.

- Die **Distanzen zwischen den Positionen jeweils einer realen und einer idealen Einkaufsstätte.** Je geringer die Distanz einer realen Einkaufsstätte im Imageraum zur idealen Einkaufsstätte eines Kunden ist, umso mehr deckt sich das Leistungsangebot dieser Einkaufsstätte mit seinen individuellen Bedürfnissen und Erwartungen, umso stärker sind demzufolge seine Präferenzen für diese Einkaufsstätte einzuschätzen. Umso höher ist auch die Wahrscheinlichkeit, dass er sie bei einem entsprechenden Einkaufsanlass aufsuchen wird.

- Die **Distanzen zwischen den Positionen jeweils zweier realer Einkaufsstätten.** Je geringer die Distanz zwischen zwei realen Einkaufsstätten ist, umso ähnlicher werden diese offensichtlich von den Kunden beurteilt, umso stärker ist folglich die Wettbewerbsintensität zwischen diesen beiden Einkaufsstätten einzustufen.

Das Positionierungsmodell erfüllt mehrere Aufgaben. Zum einen hat es eine **deskriptive Funktion. Abbildung 4.4** zeigt anhand eines fiktiven Beispiels die Verteilung der Positionen idealer Einkaufsstätten einiger Kunden (I_1, I_2 ...). In diesem Beispiel wird unterstellt, dass sich der Imageraum durch zwei (hier nicht näher spezifizierte) Dimensionen aufspannen lässt. Es sind zwei Cluster (siehe Kreise) eng beieinanderliegender idealer Einkaufsstätten zu erkennen. Es handelt sich dabei offensichtlich um Kundengruppen mit jeweils ähnlichen einkaufsstättengerichteten Bedürfnissen und Erwartungen. Dies weist **Abbildung 4.5** für die beiden eben erwähnten Cluster aus. Gleichzeitig sollte darauf verzichtet werden, diejenigen Urteile zu clustern und zu verdichten, die zu weit streuen: Der Centroid eines solchen dritten Clusters läge ungefähr in der Mitte zwischen den beiden anderen Clustern und wäre ohne hinreichend Aussagekraft für die Analyse und daraus abzuleitende Maßnahmen.

Abbildung 4.4   Die Positionierung idealer Einkaufsstätten über Einzelurteile

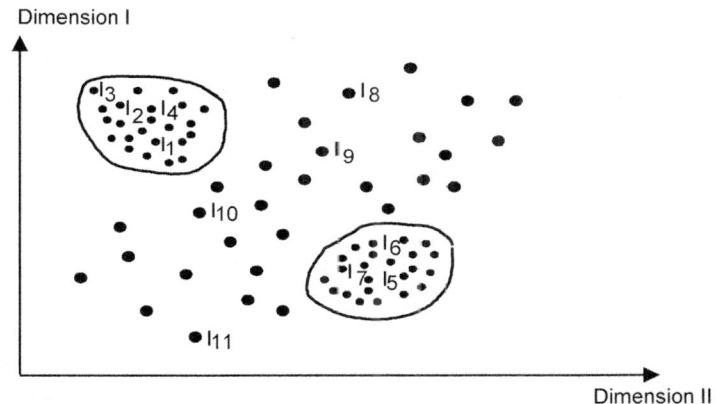

Abbildung 4.5   Die Positionierung realer und idealer Einkaufsstätten über verdichtete Einzelurteile

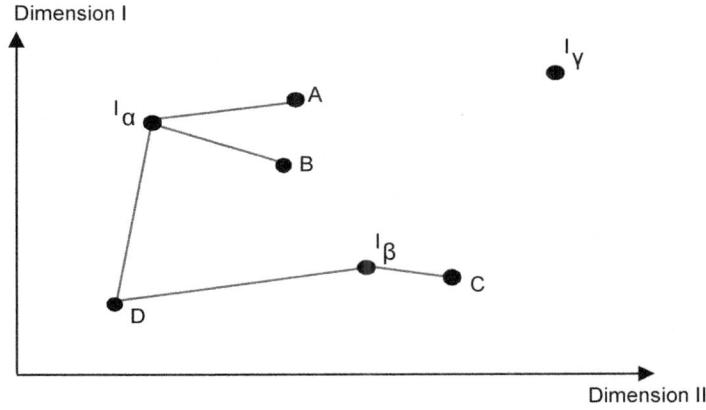

Abbildung 4.5 weist zudem die Centroide für vier reale Einkaufsstätten aus. Die Images der Einkaufsstätten A und B liegen nahe bei den Idealvorstellungen der Kunden von Iα, jenes der Einkaufsstätte C nahe bei den Idealvorstellungen der Kunden von Iβ. Die Kundensegmente α und β finden ihre Vorstellungen offenbar gut mit den Einkaufsstätten A und B bzw. C abgedeckt. Das Image der Einkaufsstätte D ist dagegen weit von den Idealvorstellungen entfernt, zeigt damit die schlechteste Markteignung.

Wenn ein Idealcluster (Marktsegment) zu allen realen Einkaufsstätten eine große Distanz aufweist, dann wird das Anspruchsprofil dieser Kunden, in **Abbildung 4.5** ist dies Iβ, offenbar durch keine Einkaufsstätte in zufriedenstellender Weise abgedeckt. Ein solches Marktsegment bildet eine sogenannte **Marktnische**.

Das Positionierungsmodell übernimmt zum anderen die **Prognosefunktion**. Mit seiner Hilfe lassen sich die Konsequenzen imageverändernder und imagebildender Maßnahmen für eine bereits vorhandene oder neu zu gründende Einkaufsstätten feststellen. Mit der Einnahme einer bestimmten Position im Imageraum lässt sich einerseits prognostizieren, welche Kunden (welches Marktsegment) die betreffende Einkaufsstätte in Zukunft am stärksten präferieren werden (wird). Andererseits lässt sich abschätzen, mit welchen Konkurrenten voraussichtlich in welcher Wettbewerbsintensität zu rechnen ist.

Mit dem Einsatz eines Positionierungsmodelles ist die Informationsgrundlage für die Absatzplanung keineswegs vollständig. Liefert die Positionierungstechnik vor allem qualitative Marktdaten, so ist nun auch eine Marktanalyse in quantitativer Hinsicht vorzunehmen, die vor allem über das Marktpotenzial und das Absatzpotenzial sowie über die Marktanteile der Konkurrenten zu informieren hat.

4.3.4   Die Bestimmung des Marktpotenzials

Zu klären sind zunächst die **Begriffe** Marktpotenzial und Marktvolumen sowie Absatzpotenzial und Absatzvolumen. Das Marktpotenzial ist die Gesamtheit aller möglichen Absatzmengen oder Umsätze eines Marktes für bestimmte Waren und Dienstleistungen, das Marktvolumen ist die Gesamtheit aller tatsächlichen Absatzmengen oder Umsätze in diesem Markt. Das Absatzvolumen sind die Absatzmengen oder Umsätze, die von einem Anbieter erreicht wurden, das Absatzpotenzial sind die Absatzmengen oder Umsätze, die man versucht zu erreichen, entweder weil man Nicht-Käufer dieses Marktes zu Käufern „transformieren" oder weil man Marktanteile von der Konkurrenz gewinnen will.

Wir verwenden den Begriff Marktpotenzial zunächst in der gerade definierten Form, schwenken dann zu einer anderen, weil von der Praxis geübten Form, nämlich Marktpotenzial im Sinne von Marktvolumen. Dies mag irritieren, ist aber so zu verstehen, dass mit Marktpotenzial in diesem Sinne der Konkurrenzaspekt im Vordergrund steht, während im Übrigen – der ersten Begriffsdefinition – die Gewinnung neuer Käufer oder die Erhöhung der Ausgaben vorhandener Käufer in diesem Markt gemeint ist. Das **Marktpotenzial** dient als Basis für standortbezogene Absatzprognosen (vgl. Barth 1999, S. 1031). Es ist zweckmäßig, das Marktpotenzial nicht nur für das gesamte Einzugsgebiet, sondern auch für die einzelnen Segmente (z. B. Warengruppen, Betriebstypen) zu ermitteln. Stellt man dem Marktpotenzial das Marktvolumen, d. h. die Absatzmengen oder Umsätze der konkurrierenden Betriebe, gegenüber, so erhält man den **Versorgungsgrad** in einem Markt. Als potenzielle Konkurrenten sind die Unternehmungen zu betrachten, deren Standort innerhalb des eigenen Einzugsgebietes liegt und zu denen eine Kreuzangebots- und Kreuznachfrageelastizität festgestellt werden kann (vgl. Barth 1999, S. 1032 f.).

Um das **Marktvolumen** zu berechnen, benötigt man Daten über die Anbieter und die Nachfrager. Eine Datenquelle ist die *Gesellschaft für Konsumforschung (GfK)*, die die einzelhandelsrelevante Kaufkraft der Nachfrager und den Umsatz der Anbieter sowie Kaufkraftkennziffern und Umsatzkennziffern ermittelt. Die einzelhandelsrelevante Kaufkraft ist – nach Abzug von Ausgaben für Mieten, Hypothekerzinsen, Versicherung, Kraftfahrzeuge, für Reisen oder Dienstleistungen – die Geldmenge, die die Nachfrager innerhalb einer bestimmten Zeitspanne für Ausgaben im Einzelhandel verwenden. Der Umsatz der Einzelhändler ist die Geldmenge, die die Kunden bei ihnen ausgeben. Die Kaufkraftkennziffer informiert als relative Größe darüber, in welchem Ausmaß in einer Region oder in einer Stadt die Kaufkraft über oder unter dem Durchschnitt des gesamten Bundesgebietes (= 100 %) liegt. Die Umsatzkennziffer weist als relative Größe den Umsatz in einer Region oder Stadt aus, den die Einzelhändler tätigen, auch hier gemessen am Durchschnitt des gesamten Bundesgebietes (= 100 %). Anmerkung: Der Umsatz eines bestimmten Anbieters lässt sich grob berechnen, wenn man seine Verkaufsfläche mit dem branchenüblichen Umsatz pro m² Verkaufsfläche multipliziert.

Für Umsätze an einem Ort, die von der einzelhandelsrelevanten Kaufkraft der Einwohner dieses Ortes abweichen, sind **Pendler** verantwortlich. Auspendler decken ihre Nachfrage an einem anderen Standort, Einpendler kommen aus anderen Orten, decken ihre Nachfrage aber an diesem Ort. Es gibt verschiedene Gründe, warum Pendler sich so verhalten, das kann das attraktivere Angebot sein (Einkaufspendler), das können auch der geringere Zeitaufwand beim Einkauf oder die Notwendigkeit der Bedarfsdeckung an dem anderen Ort sein (Berufspendler).

Mit den absoluten Größen des Umsatzes der Einzelhändler und der Kaufkraft der Einwohner an einem Ort lässt sich die **Anziehungskraft dieses Standortes** beschreiben. Hierfür findet sich der Begriff „Zentralitätsgrad", manchmal auch der Begriff „gebundene Kaufkraft".

$$Z = \frac{\text{Einzelhandelsumsatz im Einzugsgebiet}}{\text{Kaufkraft im Einzugsgebiet}}$$

Ist der Zentralitätsgrad Z eines Standortes größer als eins (oder größer als 100 %), so bringen Einpendler mehr Kaufkraft an diesen Ort, als Auspendler von ihm wegbringen. Bei einem Zentralitätsgrad von kleiner eins ist der Kaufabfluss dieses Standortes höher als der Kaufkraftzufluss. **Abbildung 4.6** zeigt dies für verschiedene Warengruppen der Stadt Grevenbroich. Zentralitätsgrade von größer als eins kann man als Versorgungsüberschuss

(Overstoring), von kleiner als eins als Versorgungslücke bis hin zur Marktnische interpretieren.

Abbildung 4.6   Einzelhandelszentralität verschiedener Warengruppen in der Stadt
                       Grevenbroich

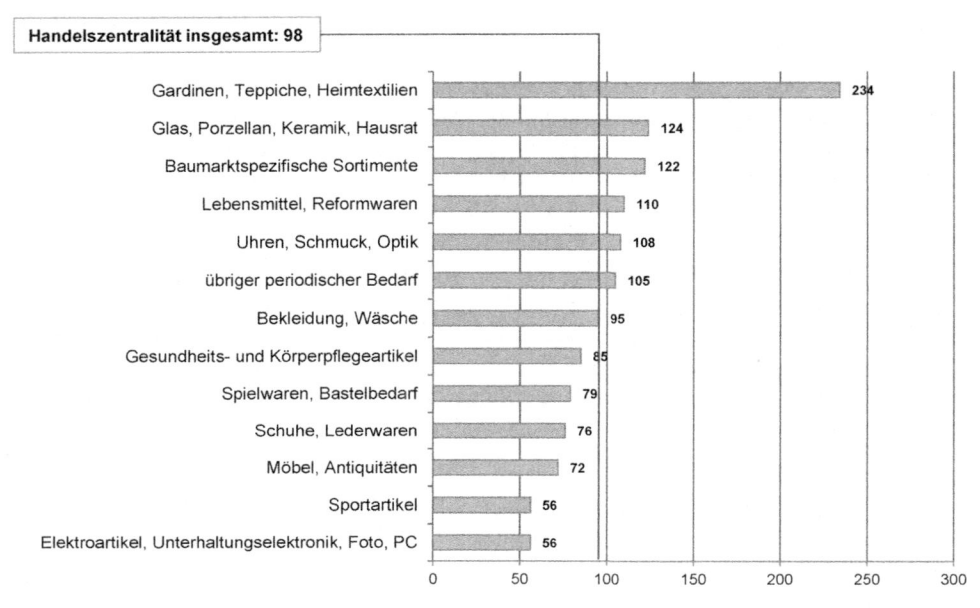

Quelle: CIMA 2010, S. 41

Teilweise wird als Zentralitätskennziffer (oder: Zentralitätsindex) auch der Quotient aus dem Index für den Einzelhandelsumsatz und dem Index für die einzelhandelsrelevante Kaufkraft bezeichnet. So lag der Index für den Einzelhandelsumsatz der Stadt Koblenz im Jahr 2011 bei 163,8 %, der Index für die einzelhandelsrelevante Kaufkraft bei 105,3 %, was zu einer Zentralitätskennziffer (Einzelhandelszentralität) von 155,5 geführt hat. Die Zentralitätskennziffer von 100 besagt, dass die Zentralität dieses Ortes dem bundesdeutschen Durchschnitt entspricht. Sie sagt aber nichts über den Umfang der Kaufkraftzu- und -abflüsse aus. Der Sinn einer solchen Kennziffer liegt darin, dass Deutschland insgesamt einen Kaufkraftabfluss hat; ein Indexwert von über 100 an einem Standort kann daher nicht zwingend als Kaufkraftzufluss interpretiert werden (vgl. http://news.geoport.de/NL/2011/06.html - Abruf: 2012-06-14).

Betrachtet man nun als **Marktpotenzial** (Achtung: im Sinne des Marktvolumens) eine Zentralität von kleiner als eins, so könnten die Werte in **Abbildung 4.6** darauf hindeuten, dass der Standort Grevenbroich in mehreren Warengruppen Kaufkraft an andere Standorte verliert, die Einwohner aus Grevenbroich zwar Geld hierfür ausgeben, dies aber zu nicht unerheblichen Teilen an anderen Standorten. Man kann nun prüfen, ob bereits ansässige Händler sich in der Lage sehen, ihr Angebot so umzustellen, dass sie für die Einwohner von Grevenbroich attraktiver werden, oder ob es sinnvoll ist, Einzelhändler mit einem attraktiven Angebot in diesen Branchen zur Ansiedlung an diesem Standort zu bewegen. Marktpotenzial ist dann so zu verstehen, dass es um die Erhöhung von Marktanteilen geht. In diesem Sinne sollte aber auch geprüft werden, ob das Angebot in den Warenbereichen verbessert werden kann, in denen die Handelszentralität bereits über 100 % liegt.

Betrachtet man dagegen das Marktpotenzial als den in einem Markt bislang nicht realisierten, aber möglichen Umsatz, dann steht weniger der Kampf um Marktanteile als vielmehr die Ausweitung und Verbesserung des Angebotes im Vordergrund. Mit anderen Worten: Die Kunden haben einen Bedarf, den sie bislang nicht decken können. Sollten die Händler in der Lage sein, ein solches Angebot zu unterbreiten, so werden die Haushalte mehr Geld im Einzelhandel ausgeben, die einzelhandelsrelevante Kaufkraft wird also steigen. Finanziell möglich ist dies, indem die Haushalte Geld aus anderen Ausgabenbereichen umschichten, ihre Ersparnisse verwenden oder Kredite aufnehmen.

4.3.5   Die Portfolio-Methode als Planungsinstrument

Die Portfolio-Methode kann für die Situationsanalyse und für die Ableitung strategischer Stoßrichtungen verwendet werden (vgl. Dunst 1983, S. 47 ff.; Kreilkamp 1987, S. 315 ff.). Die Unternehmung wird als eine Gesamtheit verschiedener Strategischer Geschäftsfelder (SGF, siehe Kap. 4.2) gesehen. Der Grundgedanke des „Portfeuille" stammt aus dem Finanzmanagement: Die Wertpapiere sollen so gemischt werden, dass ein bestimmter Gewinn mit minimalem Risiko oder mit einem bestimmten Risiko ein möglichst hoher Gewinn erwirtschaftet wird (vgl. Benkenstein/Uhrich 2009, S. 70). Die ersten Portfolio-Methoden sind in den 1960er Jahren entwickelt worden, die bekanntesten sind das Marktwachstum-Marktanteil-Portfolio der *Boston-Consulting-Group*, das Marktattraktivität-Wettbewerbsvorteil-Portfolio von *McKinsey* und das Technologie-Portfolio von *Arthur D. Little*.

Alle Portfolio-Varianten haben mehrere Gemeinsamkeiten. Sie haben Strategische Geschäftsfelder als Analyse- und Planungsobjekte; sie verwenden zur graphischen Darstellung eine zweidimensionale Matrix, die eine Dimension erfasst die von der Unternehmung nicht oder nur schwer zu beeinflussenden Größen, d. h. die Chancen und Risiken, wie z. B. Marktwachstum oder Marktattraktivität, die andere Dimension die von der Unternehmung beeinflussbaren Größen, d. h. die Stärken und Schwächen, wie z. B. relativer Marktanteil oder Wettbewerbsvorteil; und sie ordnen die Strategischen Geschäftsfelder nach ihren Ausprägungen bei den beiden Dimensionen in die Matrix ein (vgl. Benkenstein/Uhrich 2009, S. 71; Roventa 1981, S. 84). Das Ziel ist es, die unternehmungsspezifischen Ressourcen unter den oben genannten Gewinn- und Risikoaspekten sowie unter Markt- und Wettbewerbsbedingungen auf die Strategischen Geschäftsfelder zu verteilen.

Die ersten Portfolio-Konzepte sind für Industrieunternehmungen konzipiert worden. Erst ab Mitte der 1970er Jahre hat man sich mit den Besonderheiten von Handelsunternehmungen befasst, die in der Abgrenzung der Strategischen Geschäftsfelder und der Definition der Dimensionen der Matrix liegen (vgl. Barth 1976, S. 200 ff.; Drexel 1981; Wehrle 1981; Hartmann 1992). Das Betriebstypen-Portfolio von *Drexel* betrachtet Betriebstypen als Strategische Geschäftsfelder (**Abbildung 4.7**), z. B. Verbrauchermärkte (V), Supermärkte (S), Nachbarschaftsgeschäfte (N), Warenhäuser (W), Bedienungsgeschäfte (B) sowie Hobby- und Freizeitmärkte (H).

Abbildung 4.7   Das Betriebstypen-Portfolio von *Drexel*

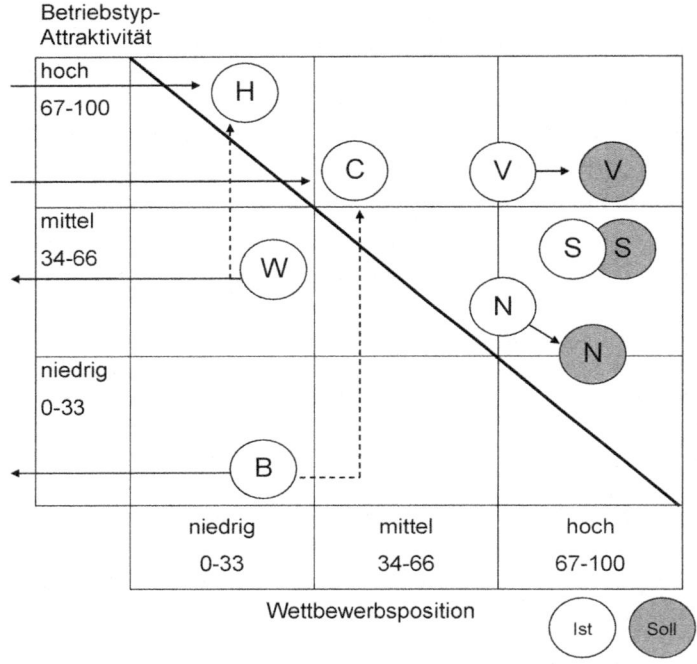

Quelle: Drexel 1983, S. 2

Die Dimension Betriebstyp-Attraktivität greift die externen Einflussgrößen auf, die Dimension Wettbewerbsposition die internen. Hinter jeder Dimension steht ein Punktbewertungsmodell. Damit lehnt es sich methodisch an das Marktattraktivität-Wettbewerbsvorteil-Portfolio von *McKinsey* an. Die Werte der Betriebstyp-Attraktivität ergeben sich aus den Punktwerten der untersuchten Chancen und Risiken der Betriebstypen, die Werte für Dimension für Wettbewerbsposition aus den Punktwerten der untersuchten Stärken und Schwächen der Betriebstypen. Maximal sind jeweils 100 Punkte zu erreichen. Die Felder oberhalb, unterhalb und um die Nebendiagonale bieten sich für bestimmte Normstrategien an. Oberhalb stehen Investitions-, unterhalb Desinvestitionsstrategien an, im Übrigen muss man sich entscheiden, ob man investieren oder desinvestieren will. Ausgehend von den Ist-Positionen schlägt *Drexel* in diesem Beispiel folgende Soll-Positionen vor (**Tabelle 4.2**).

Man wird dieser wie grundsätzlich allen Portfolio-Methoden mit Recht vorhalten können, dass die Normstrategien holzschnittartig seien und dass die Datengrundlage die eindeutige Zuordnung zu den Feldern der Matrix nicht erlaube. So sollte die Methode aber nicht verstanden werden. Sie soll vielmehr die Akteure veranlassen, sich mit den relevanten Daten auseinanderzusetzen und sich Gedanken über mögliche Strategien zu machen. Es geht also um Reflexionen, nicht um Automatismen.

Tabelle 4.2   Normstrategien für das Betriebstypen-Porfolio

SGF (Betriebstyp)	Normstrategie
Verbrauchermärkte	Investitions- und Wachstumsstrategie
Supermärkte	Abschöpfungsstrategie = Halten der Marktposition mit Cash-Flow-Maximierung
Nachbarschaftsgeschäfte	Selektive Wachstumsstrategie = Profilierung durch Frischeprodukte-Orientierung
Warenhäuser	Desinvestitionsstrategie oder Mutationsstrategie, d. h. Umwidmung in Hobby- und Freizeitmärkte
Bedienungsgeschäfte	Desinvestitionsstrategie oder Mutationsstrategie, d. h. Umwidmung in Delikatessmärkte
Hobby- und Freizeitmärkte	Diversifikationsstrategie, z. T. über Mutation von Warenhäusern
Delikatessmärkte	Diversifikationsstrategie, z. T. über Mutation von Nachbarschaftsgeschäfte

Quelle: Drexel 1983, S. 2

Ein weiterer Kritikpunkt kann sein, dass die verwendeten Strategischen Geschäftsfelder die Marktobjekte zu stark verdichten. So steht ein Betriebstyp möglicherweise für mehrere, teilweise Dutzende oder Hunderte von Standorten. Dieses Problem lässt sich lösen, indem Filialen oder Warengruppen als Strategische Geschäftsfelder definiert werden. So lassen sich standortbezogene Gemeinsamkeiten und Unterschiede abbilden. So hat *Wehrle* einen Vorschlag unterbreitet, der die Warengruppen eines Warenhauses als Strategische Geschäftsfelder betrachtet (**Abbildung 4.8**). Anders als bei dem zuvor dargestellten Konzept fließen nicht jeweils mehrere Faktoren in eine Dimension, sondern jede Dimension besteht aus einer Größe, dem Image bzw. dem Deckungsbeitrag pro qm Verkaufsfläche. Damit lehnt es sich methodisch an das Marktwachstum-Marktanteil-Portfolio der *Boston-Consulting-Group* an. Sowohl zur Ermittlung des Images als auch zur Berechnung des Deckungsbeitrages müssen allerdings mehrere Daten verdichtet werden, beim Image unternehmungsexterne Informationen zu den Imageattributen, beim Deckungsbeitrag unternehmungsinterne Kosten- und Leistungsdaten.

Zu prüfen ist die Frage, ob Warengruppen die Anforderungen erfüllen, um als Strategische Geschäftsfelder geführt werden zu können (vgl. Schröder 2003, S. 15). Wesentliche Anforderungen sind, dass eine Warengruppe als Strategisches Geschäftsfeld eine von anderen Warengruppen unabhängige Marktaufgabe haben muss und dass es einen eigenständigen Beitrag zur Erzielung des Unternehmungserfolges leistet.

Abbildung 4.8   Das Image-Ertragskraft-Portfolio von *Wehrle*

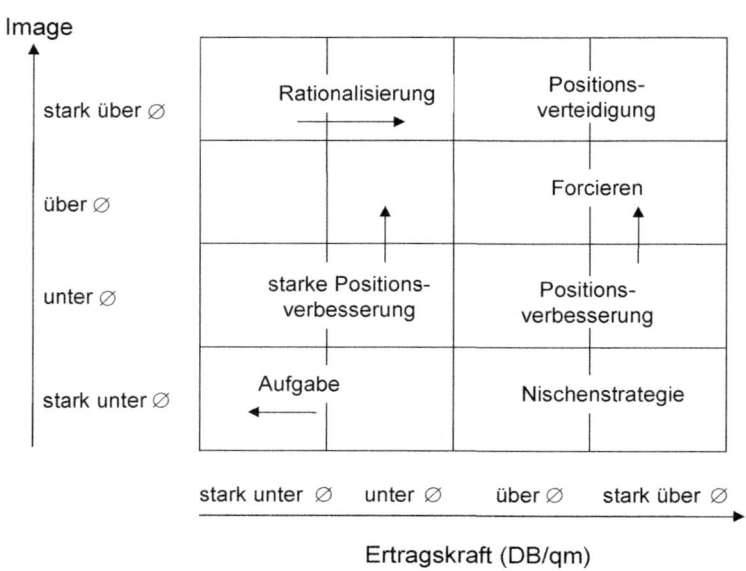

Quelle: Wehrle 1982, S. 175

Wehrle (1982, S. 174 f.) weist zudem darauf hin, dass ein solches Verfahren nicht unkritisch anzuwenden sei, dass auf die Voraussetzungen der Übertragbarkeit zu achten sei, dass gegebenenfalls die Achsen und die Strategien zu modifizieren seien und dass insbesondere dieses Analyse- und Planungsinstrument durch andere zu ergänzen sei.

4.4   Die Entwicklungsprognose

Auf die Situationsanalyse folgt im Managementprozess die Entwicklungsprognose (**Abbildung 4.1**). Sie hat vor allem die Aufgabe, die strategisch relevanten Entwicklungstrends im Sinne einer Frühaufklärung zu prognostizieren. Wenn man die gegenwärtige Bedingungslage und relevanten Entwicklungen gegenüberstellt, lassen sich strategische

Problemfelder identifizieren. So können die Planungsverantwortlichen frühzeitig Chancen und Risiken für die Unternehmung erkennen und entsprechend auf unternehmungsinterne und -externe Veränderungen reagieren, um Wettbewerbsvorteile zu erzielen.

Maßgeblich für die Qualität von Prognosen sind die angewandten Prognosetechniken. Die bloße Fortschreibung historischer Entwicklungen in die Zukunft reicht nicht aus (vgl. Berekoven 1995, S. 400 ff.). Sinnvoll sind qualitative Prognoseverfahren, die auf Erkenntnisse und Einstellungen zurückgreifen und so subjektiv begründet beurteilen, wie zukünftige Entwicklungen sein können. Zu diesen Verfahren zählen die Delphi-Methode und die Szenario-Technik. Die **Delphi-Methode** ist eine gesteuerte, über mehrere Runden gehende Befragung unter Experten, die gegenseitig anonym bleiben (vgl. hierzu Wechsler 1978, S. 23 ff.). Nach jeder Befragungsrunde erhalten die Experten die Ergebnisse, damit sie diese in der nächsten Runde berücksichtigen. Das Verfahren strebt an, dass die Experten einen Konsens über das Prognoseobjekt entwickeln und sich so die strategisch relevanten Entwicklungstendenzen konkretisieren.

Die **Szenariotechnik** greift die gegenwärtige Situation auf, den Status quo, und zeigt mögliche Entwicklungspfade auf. Zu diesem Zweck müssen relevante Einflussfaktoren mit verschiedenen Merkmalsausprägungen betrachtet werden (vgl. hierzu Geschka/Hammer 1984, S. 227 ff.; Reibnitz 1983, S. 71 ff.). So entstehen unterschiedliche Szenarien mit unterschiedlichen Entwicklungspfaden, die je nach Konstellation der Einflussfaktoren mit Strukturbrüchen oder kontinuierlich vom Status quo aus verlaufen. Es bietet sich z. B. an, solche Konstellationen zu betrachten, die in Bezug auf die Erfolgsgrößen ein sehr positives, ein sehr negatives und ein sehr wahrscheinliches Bild zeichnen.

Abbildung 4.9 zeigt den Ansatz der *Shell* Pkw-Szenarien bis 2030 mit zwei Mobilitätsszenarien für Deutschland (automobile Anpassung und Auto-Mobilität im Wandel), zwei globalen Rahmenszenarien und einem sozioökonomischen Leitszenario (3), den Ablauf der Prognose (7) und ein Prognoseergebnis für den durchschnittlichen Kraftstoffverbrauch (24). Diese Prognosewerte sind für *Shell* und andere Mineralölgesellschaften die Grundlage um zu überlegen, für welches Szenario sie mit welchen Vermarktungsstrategien den Handel mit Kraftstoffen auf dem deutschen Markt gestalten wollen.

Unter **Praktikabilitätsaspekten** sind modifizierte Ansätze (Kurzformen oder Low-Budget-Ansätze) für beide Verfahren entwickelt worden, die mit Blick auf die Wirtschaftlichkeit und die Aktualität der Prognoseergebnisse im Vergleich zu den Ursprungskonzeptionen gewährleisten, dass Ergebnisse schneller verfügbar und kostengünstiger sind (vgl. Bamberger/Mair 1976, S. 89 ff.; Geschka/Hammer 1984, S. 227ff.).

Unter Berücksichtigung der zunehmenden **Diskontinuitäten** im unternehmerischen Umfeld und im Verhalten der Wirtschaftssubjekte wird deutlich, dass qualitative Verfahren der Notwendigkeit einer umfassenden Betrachtung strategisch bedeutsamer Trends Rechnung tragen. Die Güte und Aussagekraft einer Voraussage hängen aber nicht nur von der angewandten Methode ab, sondern auch von der Kompetenz der Experten, die die Analyse der Prognoseergebnisse und deren Integration in den Planungsprozess bestimmen.

Abbildung 4.9   Ansatz der *Shell* Pkw-Szenarien bis 2030

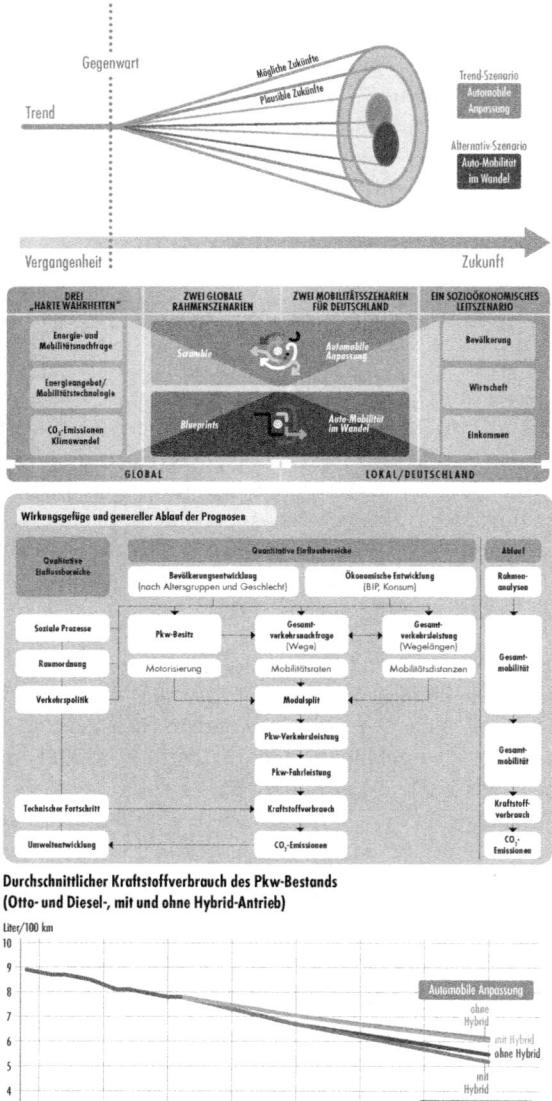

Quelle: Shell Deutschland Oil GmbH 2009, S. 8, 10, 19, 34

4.5   Die strategische Zielplanung

Auf der Grundlage der unternehmungsinternen Stärken und Schwächen sowie der marktlichen Chancen und Risiken sind im nächsten Schritt die strategischen Zielvorstellungen herauszuarbeiten, die den Handlungsrahmen für die Gesamtstrategie abstecken. Man unterscheidet ökonomische und vorökonomische Zielgrößen. Ökonomische Ziele sind Größen, wie z. B. Gewinn, Absatz, Umsatz, Kosten und Marktanteil. Der Vorteil dieser Größen ist, sie direkt in Zahlen – intersubjektiv vergleichbare und leicht verständliche Werte – fassen zu können. Vorökonomische Zielgrößen sind z. B. Aufmerksamkeit, Bekanntheit, Wissen über die Einkaufsstätte und ihre Leistungen, Einstellungen und Kaufabsichten. Diese Größen resultieren aus den Vorgängen, die zu einer Kaufentscheidung führen. Daher werden sie vorökonomisch genannt. Sie sind als theoretische Konstrukte nicht unmittelbar messbar.

Ziele sind hinsichtlich Inhalt, Ausmaß, Segmentbezug und Zeitbezug zu operationalisieren, z. B. Steigerung des Umsatzes um 5 % in dem Geschäftsfeld Parfümerien in Deutschland innerhalb eines Jahres. Unter Rangfolgegesichtspunkten können sie in Haupt- und Nebenziele bzw. Ober- und Subziele gegliedert werden. So entstehen innerhalb des Zielsystems Unter- und Überordnungsverhältnisse, die sich durch Mittel-Zweck-Beziehungen auszeichnen. Eine Veränderung des unternehmungsinternen bzw. -externen Datenkranzes geht in den meisten Fällen mit Abweichungen des geplanten Zielausmaßes einher. Demzufolge sind periodische Überprüfungen des Zielsystems unabdingbar, um Zielrevisionen erkennen und vornehmen zu können. Eine weitere Vertiefung des handelsbetrieblichen Zielsystems findet sich in Kapitel 6 unter der Überschrift „Handelscontrolling". Die folgenden Ausführungen sind in überarbeiteter Form übernommen aus *Schröder* (2005, S. 21 ff.).

Ziele sind Aussagen mit normativem Charakter, die einen von einem Entscheidungsträger gewünschten zukünftigen Zustand beschreiben, den er durch seine Aktivitäten zu erreichen anstrebt (vgl. Hauschildt 1977, S. 9). Mit der Formulierung und Gestaltung des Zielsystems der Unternehmung befasst sich die Theorie der Zielsetzungslehre (vgl. Heinen 1976, S. 30 ff.). Gegenstand der theoretischen Zielforschung, auf die wir hier eingehen, sind die Abgrenzung und die inhaltliche Ausfüllung des Zielbegriffs sowie die Strukturierung des Zielsystems einschließlich ihrer Veränderungen. Als Basis hierfür dient die empirische Zielforschung, welche die Art, das Ausmaß, den zeitlichen und den zielgruppenspezifischen Bezug der in der Unternehmungspraxis anzutreffenden Ziele, die relative Bedeutung der Ziele für die Unternehmung, deren Veränderung im Zeitablauf sowie den am Zielbildungsprozess beteiligten Personenkreis untersucht (vgl. Heinen 1976, S. 44). Damit stellt die empirische Zielforschung ein umfassendes Forschungsprogramm dar, dessen Aufgaben darin bestehen, „den Zielbildungsprozeß zu beschreiben und zu untersuchen, welche Ziele von Unternehmungen in der Realität verfolgt werden (Existenzaussagen), die Abhängigkeit der Zielbildungsprozesse von spezifischen Bedingungen zu erklären (Bedingungshypothesen) sowie die vom Zielbildungsprozeß und von den Zielen ausgehenden Einflüsse auf andere Phänomene zu kennzeichnen (Wirkungshypothesen)" (Kupsch 1979, S. 137).

Die **inhaltliche Ausfüllung des Zielbegriffs** ist verbunden mit den Funktionen, die Ziele innerhalb des entscheidungstheoretischen Ansatzes der Betriebswirtschaftslehre übernehmen. Ziele sind erstens Ausgangspunkt der Planung. Als „Initialzünder" generieren sie Probleme, deren Lösung im Mittelpunkt des Weiteren Ablaufs der Planung steht. Diese Funktion erklärt auch, weshalb die Zielplanung im Ablauf des gesamten Planungsprozesses gedanklich vorangestellt werden kann (vgl. Schreyögg 1984, S. 87). Zweitens dienen Ziele als Beurteilungsmaßstab, wenn es gilt, alternative Planungsmaßnahmen hinsichtlich ihrer Vorteilhaftigkeit – ausgedrückt im prognostizierten Zielerreichungsgrad – zu vergleichen. Ziele sind drittens Kontrollgrößen, die nach der Realisierung einer geplanten Maßnahme angeben, wie hoch der Zielerreichungsgrad tatsächlich ist. Oder wie es auch heißt: Planung ohne Kontrolle ist sinnlos, Kontrolle ohne Planung unmöglich. Die Kontrollgröße, ihre Abweichung vom prognostizierten Zielerreichungsgrad und entsprechende Erklärungen für diese Diskrepanz, bieten wiederum Anlass für erneute Planungsüberlegungen. In diesem Kontext ist auch die Rechtfertigung von Handlungen gegenüber Dritten als Funktion von Zielen zu sehen. Die Ziele eines Zielsystems tragen viertens zur Koordination zwischen interdependenten Entscheidungsträgern bei und vereinfachen die Kommunikation der beteiligten Personen (vgl. Kirsch 1981, S. 83). Entscheidungsinterdependenzen können aufgrund von Überschneidungen am Markt, aufgrund innerbetrieblicher Leistungsverflechtungen oder aufgrund begrenzt zur Verfügung stehender Ressourcen auftreten. Die Kommunikation über Ziele beschränkt sich dabei nicht auf den internen Bereich einer Unternehmung, sondern entfaltet gegenüber Nichtmitgliedern einer Organisation auch eine Außenwirkung, wie z. B. die Verankerung des Umweltschutzes im Zielsystem. Ferner ist auf die Funktion des rationalen Konfliktlösungsmechanismus hinzuweisen. Die ausschließliche Ausrichtung an den Zielen eines Zielsystems verhindert, dass andere als die vorgegebenen Ziele verfolgt werden. Ein Zielsystem berücksichtigt die zwischen einzelnen Zielen bestehenden Beziehungen, diese können komplementär, neutral oder konfliktär sein. Bei einer komplementären (konfliktären) Beziehung begünstigt (beeinträchtigt) die Erreichung eines Zieles die Erreichung eines anderen Zieles. Ohne gegenseitigen Einfluss bleiben Ziele in einer neutralen Beziehung.

Verdeutlichen wir die inhaltliche Ausfüllung des Zielbegriffs an dem Beispiel von **Mehrkanalsystemen des Einzelhandels**. Die systematische Auseinandersetzung mit absatzkanalspezifischen oder absatzkanalübergreifenden Zielen oder mit dem Zielsystem von Mehrkanalbetreibern kann die Literatur bislang nicht anbieten. Viele Beiträge wenden sich direkt den Strategien zu. Ziele, zu deren Erreichung die Strategien beitragen sollen, kann der Leser oftmals nur vermuten oder sie erschließen sich – nicht immer eindeutig – mittelbar über die formulierten Strategien. Dabei steht der Gedanke der Vernetzung von Kanälen und die Erreichung von Kunden während ihrer Kaufprozesse in mehreren Kanälen im Vordergrund (z. B. Armbruster/Schober 2002, S. 347). Andere Autoren formulieren sehr allgemeine Ziele, wie z. B. „jedem Kunden den für ihn richtigen Absatzkanal zu bieten und dabei die unterschiedlichen Stärken zu verbinden" (Hurth 2001, S. 466), Marktabdeckung erhöhen, Absatzkanäle kundengerechter gestalten, Wirtschaftlichkeit der Distribution erhöhen, Risikoausgleich erzielen (vgl. Schögel 1997, S. 26 f.) oder Bindung und Gewinnung von Kunden, Profilierung der Anbieter, Steigerung von Effektivität und Effizienz (vgl. Zentes/Schramm-Klein 2002, S. 453 f.).

Die genannten Zielinhalte sind plausibel, was ein Grund sein mag, sich nicht weiter damit zu befassen. Sie lassen aber in der Regel die **Rahmenbedingungen** unberücksichtigt. Einige Autoren unterscheiden zwischen externer und interner Umwelt, wobei sie die externe Umwelt in weitere und nähere Umwelt einteilen (vgl. z. B. Fritz 2001, S. 57 ff.). Wir unterscheiden zwischen der globalen Umwelt, der aufgabenbezogenen Umwelt und der internen Umwelt (**Abbildung 4.2**). Die globale Umwelt besteht aus Faktoren, die alle Wirtschaftsstufen in einem Markt gleichermaßen betreffen: Technik, Rechtsordnung, Kultur, Natur, Politik und Gesellschaft. Die aufgabenbezogene Umwelt ist durch die Beziehungen gekennzeichnet, die eine Unternehmung zu ihren Transaktionspartnern unterhält. Es entsteht ein vielschichtiges Beziehungsgeflecht, in dem die Unternehmung versucht, die verschiedenen Anspruchsgruppen im Sinne der eigenen Ziele zu beeinflussen, kurzfristig wie auch langfristig. Einfluss auf die Art der Beziehung nehmen neue Managementtechniken, vor allem solche, die das wirtschaftsstufenübergreifende Handeln zum Gegenstand haben. Die interne Umwelt setzt sich aus den Ressourcen, Strukturen und Beziehungen innerhalb einer Unternehmung zusammen.

Ein Beispiel soll die Bedeutung der Umwelt für ein Mehrkanalsystem des Einzelhandels verdeutlichen: Neue Techniken, insbesondere im elektronischen Bereich, veränderte Verbraucherwünsche (z. B. more value for money, mehr Convenience) und darauf angepasste Rechtsordnungen (z. B. zum Fernabsatz = Distanzhandel) bestimmen die globale Umwelt. Die Erweiterung von Beschaffungskanälen (z. B. elektronische Marktplätze, Global Sourcing) sowie die Hinzunahme neuer Absatzkanäle auf Industrie- und Handelsseite verändern die Wettbewerbsbeziehungen. Neue Wettbewerbsbeziehungen entstehen und der Wettbewerb wird intensiver. Diese Faktoren bestimmen die aufgabenbezogene Umwelt. Der Betreiber eines Mehrkanalsystems muss sich entscheiden, welche Zielgruppen er mit welchen Zielsetzungen und Strategien bewirtschaften will. Die interne Umwelt wirkt sich in erster Linie als Restriktion auf die Marktbearbeitung aus. Vor allem finanzielle und personelle Restriktionen wirken sich auf die Formulierung von Zielen aus. Sie spiegeln sich in der Forderung nach Effizienz und nach dem Machbaren wider.

Die häufig genannten Ziele wie Erhöhung des Marktanteils, Umsatzsteigerung, Gewinnung neuer Kunden, Rückgewinnung von Kunden oder Bindung von Kunden sind für sich allein genommen nicht unproblematisch. Sie beziehen sich nur auf die Einnahmenseite und können daher allenfalls kurzfristig im Vordergrund stehen, etwa bei Markteintritts- oder Verdrängungsstrategien. Die Missachtung ausgabenbezogener Ziele kann schnell die Wettbewerbsfähigkeit und die Sicherung der Unternehmung gefährden.

Welche Anforderungen sind an die Formulierung von Zielen für ein Mehrkanalsystem des Einzelhandels zu stellen? Folgende Aspekte sind aus unserer Sicht unverzichtbar. Ein erster Aspekt sind die **Eigenschaften der Ware**. Sie bestimmen die Eignung von Kanälen. In Abhängigkeit von ihren Erfahrungen, Einstellungen, Fähigkeiten und Bedürfnissen werden die Kunden bei Lebensmitteln, Media-Produkten (Bücher, CD, DVD, Video etc.), Bekleidung, Elektro- und Elektronikgeräten, Möbeln, Pkw, Bau- und Heimwerkerprodukten sowie anderen Warengruppen den einzelnen Kanälen eine entsprechende Bedeutung im Rahmen ihres Kaufprozesses beimessen. Sie werden einzelne Kanäle gänzlich übergehen, andere für die Abwicklung des gesamten Kaufvorganges bevorzugen oder einzelne Phasen des Kaufprozesses auf verschiedene Kanäle verteilen. Die Kenntnis des Wissens über die Kunden ist relevant für die Abgrenzung von Zielgruppen (welche Kunden sollen über welche Kanäle erreicht werden?) und für die Formulierung von Zielen (in welchem Kanal wird welches Ziel angestrebt?).

Ein zweiter Aspekt ist die **Art und Anzahl an Absatzkanälen**, die ein Anbieter bislang betreibt. Die Zielsetzungen dürften maßgeblich davon abhängen, ob ein Anbieter bereits mehrere Kanäle führt (z. B. stationärer Einzelhandel, Katalogversand, Telefonverkauf und Online-Shop), bisher wenige Kanäle bewirtschaftet (z. B. stationärer Einzelhandel und Katalogversand) oder nur einen Kanal (z. B. stationärer Einzelhandel oder Online-Shop) betreibt und über die Ausweitung seiner Vertriebskanäle nachdenkt. Ein Händler, dessen Aktivitäten sich bislang auf das stationäre Geschäft beschränken, kann z. B. diese Ziele verfolgen:

- die Ausweitung des Absatzgebietes auf bislang nicht besetzte Räume,

- die Gewinnung von Kunden, die den Gang in das Geschäft als umständlich empfinden,

- die Profilierung als Anbieter kundenindividueller Leistungen, wozu er personalisierte Daten über seine Kunden benötigt, die ihm der Distanzhandel liefert, die ihm im stationären Geschäft ohne Kundenkarte oder Kundendatei jedoch nicht zugänglich sind.

Gänzlich anders können die Ziele eines Anbieters aussehen, der bereits mehrere Absatzkanäle bewirtschaftet. Er kann anstreben, die Effizienz einzelner Kanäle zu erhöhen, indem er z. B. bestimmte Kunden in bestimmte Kanäle lenkt, etwa die Kunden weniger beratungsintensiver Produkte in den Distanzhandel. Die Besitzer personalisierter Daten sind in der Lage, den Customer Lifetime Value ihrer Kunden zu bestimmen (Rödl 2003). Eine solche Zielsetzung wird sich daher eher in Unternehmungen mit mehreren Varianten des Distanzhandels als des Residenzhandels finden.

Ein dritter – und an dieser Stelle letzter – Aspekt sind die **Ressourcen**, über die ein Anbieter verfügt. Die einzelnen Kanäle stellen verschieden hohe Anforderungen an ihre Bewirtschaftung. Wer im stationären Einzelhandel tätig ist, ist gefordert, die Verfügbarkeit der Ware (Vermeidung von Fehlmengen <u>und</u> Überbevorratung) und die sie unterstützenden Abverkaufsmaßnahmen sicherzustellen (z. B. Beratung). Mit den Erscheinungsformen des Distanzhandels verbinden sich andere Zielinhalte, wie z. B. die Ware zum richtigen Zeitpunkt in der bestellten Menge und Qualität zu den angegebenen Preisen an die richtige Adresse zu liefern. Wenn die finanziellen Mittel, die Personalausstattung und das kanalspezifische Know-how der Mitarbeiter fehlen, ist dies zwingend in den Zielen zu berücksichtigen.

Inhaltlich lassen sich Ziele nach verschiedenen Perspektiven systematisieren, etwa nach der Rechenebene (finanzwirtschaftlich, erlöswirtschaftlich, kostenwirtschaftlich, gewinn- oder rentabilitätsorientiert) und nach der Objektebene (Absatzkanal, Kunden, Sortiment etc.).

Schließlich ist darauf hinzuweisen, dass Ziele nicht von außen vorgegeben werden können, sie sind vielmehr das Resultat von internen Zielbildungsprozessen, deren Ergebnisse nicht unbedingt dem Kriterium der Rationalität gehorchen.

4.6 Die Strategien zur Bearbeitung von Absatzmärkten

4.6.1 Gegenstand und Systematisierung von Strategien

Im Anschluss an die Zielformulierung besteht das Erfordernis, eine Strategie zur Bearbeitung der Absatzmärkte zu konzipieren, um die angestrebten Ziele zu realisieren. Auf der Grundlage der vorliegenden Marktinformationen sind **strategische Optionen** zu entwickeln, deren Auswirkungen auf die angestrebten Ziele zu prognostizieren und abschließend jene auszuwählen, die den höchsten Zielerreichungsgrad erwarten lassen. Die Aufgabe der ausgewählten Marktbearbeitungsstrategie ist es, die Wettbewerbsfähigkeit der Handelsunternehmung zu sichern und den Handlungsrahmen für das operative Absatzmarketing, d. h. den Einsatz der absatzpolitischen Instrumente, vorzugeben.

Mit ihren Strategien will sich eine Unternehmung am Markt profilieren und ihren Fortbestand sichern. Was aber ist nun genau unter einer Strategie zu verstehen? Zur Erläuterung ist die Gegenüberstellung von strategischem und operativem Management hilfreich. Als Abgrenzungskriterium dient der Bezug zu den Erfolgspotenzialen. **Erfolgspotenziale** sind die in einer bestimmten Unternehmung tatsächlich vorhandenen Voraussetzungen, die es dieser Unternehmung erlauben, langfristig überdurchschnittliche Ergebnisse zu erzielen. Es handelt sich um die spezifische Kompetenz, das unverwechselbare Unternehmungsprofil, das Alleinstellungsmerkmal (Unique Selling Proposition), das einzigartige Kundenangebot (Unique Customer Proposition), den komparativen Wettbewerbsvorteil oder wie immer man diese Potenziale in der Literatur und Praxis bezeichnet. Strategisches Management befasst sich damit, neue Erfolgspotenziale zu schaffen oder vorhandene Erfolgspotenziale auszubauen, um die Zukunft der Unternehmung zu sichern. Das operative Management schöpft die vorhandenen Erfolgspotenziale aus, um daraus den bestmöglichen wirtschaftlichen Erfolg zu erzielen. Strategisches und operatives Management sind keine Alternative, sondern verbinden sich zu einem ganzheitlichen Management der Erfolgspotenziale. Einige Missverständnisse im Zusammenhang mit der strategischen Planung klärt der lesenswerte Beitrag von *Link* (1985).

Die Literatur bietet etliche Systematiken von Marktbearbeitungsstrategien für Handelsunternehmungen. Eine Möglichkeit ist, nach **Geschäftsfeldstrategien**, **Marktteilnehmerstrategien** und **Instrumentalstrategien** zu unterscheiden (**Tabelle 4.3**).

Tabelle 4.3   Systematik von Marktbearbeitungsstrategien im Handel

Strategiedimension	Ausprägungen
A. Geschäftsfeldstrategien i. e. S.	

1. Marktsegmentierung	• Informationsseite (Markterfassung, Marktabdeckung)
	  – Gesamtmarkt
	  – Teilmarkt
	• Aktionsseite (Spezifität des Angebots)
	  – Standardisierung
	  – Differenzierung

2. Marktfeld	• Markteintritt • Marktdurchdringung • Sortimentsausweitung • Dienstleistungsausweitung • Abbau von Leistungen • Marktaustritt
3. Marktareal	• international • multinational • national • regional • lokal
4. Zeitpunkt	• Markteintritt (Pionier, früher oder später Folger) • Marktaustritt
B. Marktteilnehmerstrategien	
5. Endverbraucher	• Leistungsvorteil • Preisvorteil • Kombination von Leistungs- und Preisvorteil
6. Lieferanten	• Beschaffungswege • Lieferantenauswahl • Beschaffungsareal • Verhalten (Ignoranz, Kooperation, Konfrontation, Umgehung, Anpassung)
7. Konkurrenten	• Marktstellung • Verhalten (Kampf, Abgrenzen, Imitation, Kooperation, Ausweichen, Ignoranz)
C. Instrumentalstrategien: Instrumente des Handelsmarketings	

Quelle: Schröder 2005, S. 30, in Anlehnung an Meffert 1994, S. 123 f., Becker 2002, S. 147 ff.

Ausgangspunkt hierfür sind zwei Werke, die sich beide nicht mit handelsspezifischen Fragen befassen: *Meffert* (1994) und *Becker* (2002), wobei die weitergehenden Ausführungen von *Meffert*, die hier herangezogen werden, auf einer früheren Auflage von *Becker* aus dem Jahr 1992 basieren. *Schröder* (2005, S. 30 ff.) hat diese Überlegungen auf Handelsunternehmungen übertragen.

Eine weitere Möglichkeit, Strategien zu systematisieren, setzt an den zuvor beschriebenen **Einkaufsstätten-Positionierungen** an. Die Ergebnisse informieren den Planungsträger in einem vereinfachten Abbild über die gegenwärtige Marktsituation. Sie zeigen die verschiedenen Marktsegmente sowie deren Versorgung durch konkurrierende Leistungsangebote.

In Abhängigkeit von der Zahl der zu bearbeitenden Marktsegmente ist zwischen Monosegmentstrategien und Multisegmentstrategien zu unterscheiden. Um weitere Optionen zu erfassen, ist es sinnvoll, Diversifikationsstrategien, Internationalisierungsstrategien, Kooperationsstrategien und Rückzugsstrategien zu berücksichtigen. Sie zeigen Optionen für von der Handelsunternehmung bislang nicht bearbeitete Märkte (Diversifikation, Internationalisierung), für die Ausnutzung von zwischenbetrieblichen Synergiepotenzialen (Kooperation) und für den Rückzug aus Märkten auf.

4.6.2   Monosegmentstrategien

Bei den Monosegmentstrategien lassen sich drei Ausprägungen unterscheiden:

- die Strategie der Positionierung in einer Marktnische,

- die Strategie der Positionierung in einer Versorgungslücke und

- die Strategie der segmentbezogenen Marktführerschaft.

Die Strategie der **Marktnischenpositionierung** bezieht sich auf ein Marktsegment, für dessen Bedürfnisprofil bisher von den Wettbewerbern noch kein geeignetes Leistungsangebot bereitgestellt wird. Im Positionierungsmodell zeichnet sich die Marktnische dadurch aus, dass in dem betreffenden Imageraum alle realen Einkaufsstätten eine mehr oder weniger große Distanz zum Idealgeschäft aufweisen (siehe noch einmal **Abbildung 4.5**).

Die Nachfrager eines solchen Marktsegmentes sind bisher gezwungen, ihren Bedarf in Einkaufsstätten zu decken, die nicht hinreichend ihren Ansprüchen entsprechen. Häufig handelt es sich dabei um kleinere Kundengruppen, die aufgrund ihrer geringen Kaufkraft für die meisten Wettbewerber uninteressant sind. In der Praxis sind dies häufig Kunden, für die beispielsweise die geeigneten Waren (z. B. Diätkost) durchaus angeboten werden, die es aber infolge ihrer individuellen Bedürfnisse vorziehen würden, in einem anderen, bisher noch nicht vorhandenen Betriebstyp, der für sie hinsichtlich dieser Waren eine höhere Fachkompetenz vermittelt, zu kaufen. Oder es handelt sich um Kundengruppen, für die der Betriebstyp bereits existiert (z. B. das Fachgeschäft), der aber für sie nicht das geeignete Sachleistungsangebot führt (z. B. Übergrößen in der Textilbranche).

Die Bearbeitung einer Marktnische eignet sich offensichtlich vor allem für kleinere Leistungsanbieter, für die aufgrund ihrer spezifischen Kostensituation auch ein kleineres Marktsegment ein ausreichendes Gewinnpotenzial eröffnet. Bei der Wahl einer solchen Strategie ist jedoch immer auch zu prüfen, ob die Position auf Dauer erfolgreich verteidigt werden kann oder ob damit zu rechnen ist, dass diese Marktnische in absehbarer Zeit von stärkeren Konkurrenten „entdeckt" wird.

Schließlich ist auf jene Möglichkeit zu verweisen, erst mit dem Angebot einer innovativen Leistung auch den erforderlichen Bedarf zu wecken. Es kann sich hierbei um innovative Dienstleistungen oder um innovative Sachleistungen handeln. Die Kunden nehmen den Bedarf nach einem Leistungsangebot erst aufgrund der entsprechenden Existenz und Offerte wahr. Somit wird ein neues, bisher unbesetztes Marktsegment in Verbindung mit einer innovativen Handelsleistung geschaffen. Da das Fehlschlagrisiko wegen der schlechten Informationslage besonders groß ist, sind gerade für diese Planung ausgiebige Markttests zu empfehlen.

Die **Positionierung in einer Versorgungslücke** ist die zweite Form der Monosegmentstrategien. Im Unterschied zur Marktnischenpositionierung bedeutet die Positionierung in einer Versorgungslücke, dass das Marktsegment bereits von mindestens einem Anbieter besetzt ist. Im Positionierungsmodell äußert sich diese Marktkonstellation darin, dass in dem betreffenden Imageraum wenigstens eine reale Einkaufsstätte in unmittelbarer Nähe der idealen geortet werden kann (**Abbildung 4.5**). Die Auswertung der quantitativen Marktdaten sollte zeigen, dass dieser Anbieter nicht in der Lage ist, den Bedarf dieses Segmentes vollständig zu decken. Der Grund hierfür kann z. B. darin liegen, dass seine Betriebsgröße zu klein ist. Auf jeden Fall bietet dieses Marktsegment aufgrund seiner Versorgungslücke für die eigene Unternehmung aussichtsreiche Wettbewerbschancen, ohne dass segmentspezifische Vorteile gegenüber den betreffenden Konkurrenten erforderlich wären. Die „friedliche Koexistenz" der Konkurrenten ist möglich. Auch hier ist zu prüfen, inwieweit die Gefahr besteht, dass das unterversorgte Marktsegment in absehbarer Zeit von wettbewerbsstärkeren Konkurrenten aufgespürt wird.

Die Strategie der **segmentbezogenen Marktführerschaft** ist dann zu wählen, wenn man in einem bestimmten Marktsegment aussichtsreiche Wettbewerbschancen erkennt, ohne dass dort für das eigene Leistungsangebot eine ausreichende Versorgungslücke existiert. Die Wahl einer solchen Strategie zielt also auf die Verdrängung von Konkurrenten ab. Grundsätzlich bieten sich drei Anknüpfungspunkte zur Erlangung von Konkurrenzvorteilen: (1) bedarfsorientierter, (2) preisgünstiger oder (3) flexibler zu sein, auch Kombinationen dieser Eigenschaften sind möglich.

Konzentriert man sich auf eine der ersten beiden Optionen, wird das Leistungsangebot entweder bei gleichen Preisen wesentlich besser abgestimmt oder im Vergleich auffallend günstiger offeriert. Im ersten Fall übernimmt man die **Qualitätsführerschaft**, im zweiten Fall die **Preisführerschaft** (Porter 1999). Die Position der **Qualitätsführerschaft** ist nur dann zweckmäßig, wenn in dem betreffenden Marktsegment noch erhebliche Diskrepanzen zwischen dem Bedürfnisprofil der Kunden und den konkurrierenden Leistungsangeboten der Händler bestehen. Im Positionierungsmodell ist dann bisher keiner der Konkurrenten in unmittelbarer Nähe des Idealimages positioniert, Leistungsverbesserungen gegenüber den Wettbewerbern sind also tatsächlich möglich. Der Begriff Qualität bezieht sich auf die gesamte Handelsleistung, beschränkt sich also nicht auf die Ware (Sortiment), sondern umfasst auch die Dienstleistungen. Die Voraussetzung für die Position der **Preisführerschaft** sind Kostenvorteile in den betrieblichen und zwischenbetrieblichen Prozessen, der Beschaffung, der Produktion (Kombination von Produktionsfaktoren zur Leistungserstellung) und des Vertriebs. Durch Größenvorteile (Economies of Scale) und Verbundvorteile (Economies of Scope) lassen sich Kosten senken und in niedrigere Verkaufspreise transferieren.

Die drei Optionen, bedarfsorientierter, preisgünstiger oder flexibler zu sein, sind nicht nur alternativ, sondern auch komplementär zu begreifen, sogar komplementär zu fordern. So würde ein Handelsbetrieb bei ausschließlicher Betrachtung der Qualitätsdimension beispielsweise Gefahr laufen, Qualität ohne entsprechende Nachfrage zu produzieren oder mehr Kundenzufriedenheit über abnehmende Wirtschaftlichkeit zu erkaufen. Ebenso wird eine Tiefpreisstrategie nur dann zum erwünschten Erfolg führen, wenn die Balance zwischen Preis und Leistung stimmt. Kostensenkung, Leistungsverbesserung und Flexibilitätssteigerung sind daher für eine erfolgreiche Marktbearbeitung zu kombinieren, zu bündeln, weshalb der Begriff „Hybridstrategie" passend ist (vgl. Barth/Stoffl 1997, S. 8 ff.).

Beschränkt sich die Handelsunternehmung bei der Bearbeitung ihres Absatzmarktes auf ein Marktsegment, geht sie also den Weg der Monosegmentstrategie, so kann man dies auch als Marktspezialisierung bezeichnen. Im Gegensatz dazu stehen nun die Marktstandardisierung sowie die Marktdifferenzierung als Multisegmentstrategien. Die bisher als Monosegmentstrategien abgehandelten Optionen können jetzt auch Bestandteil einer solchen Multisegmentstrategie werden, genauer: einer differenzierten Marktbearbeitung, wenn beispielsweise neben der Marktnische gleichzeitig noch ein anderes oder mehrere andere Marktsegmente bearbeitet werden.

4.6.3   Multisegmentstrategien

Die **Strategie der Marktstandardisierung** verzichtet darauf, die Marktsegmente unterschiedlich zu bearbeiten und so unterschiedliche Bedürfnisprofile der Kunden zu berücksichtigen. Das Ziel dieser Strategie ist es, mit einem Leistungsangebot möglichst viele Kunden zu bedienen, die bei einer differenzierten Bearbeitung verschiedenen Marktsegmenten angehören könnten. Insoweit kann man auch von einem „durchschnittlichen" Leistungsangebot sprechen.

Wenn das Leistungsangebot nur durchschnittlich ist und andere Anbieter die Bedürfnisse der Kunden mit höheren Qualitäten in der Sortimenten und Dienstleistungen besser ansprechen, so kann die Strategie der Marktstandardisierung nur in Verbindung mit einer Niedrigpreispolitik erfolgreich sein. Dies geht von der Annahme aus, dass nur niedrige Preise die Kunden dazu bewegen werden, eine Leistung zu erwerben, die ihren spezifi-

schen Bedürfnissen nicht voll entspricht. Als Beispiel kann man Discounter im Bekleidungseinzelhandel oder im Drogeriemarkt nennen.

Damit werden aber auch die Risiken deutlich. Wenn es nicht mehr gelingt, Kostenvorteile
zu realisieren und in niedrigere Preise zu transformieren, so wie bereits bei der Preisführerschaft dargestellt, dann droht der Verlust der Nachfrage. Die Unternehmensführung wird
daher ein Kostenmanagement betreiben, das die erforderlichen Maßnahmen einleitet, um
in den betrieblichen und zwischenbetrieblichen Prozessen die Kosten senken zu können.
Gleichzeitig ist darauf zu achten, dass das durchschnittliche Leistungsangebot nicht unter
ein Niveau fällt, das auch durch niedrige Preise nicht kompensiert werden kann. Auch ein
Modediscounter wird sich an Markttrends orientieren und Flexibilität bei der Anpassung
der Sortimente zeigen müssen, um den „Standard" zu halten.

Die **Strategie der Marktdifferenzierung** will Wettbewerbsvorteile durch Leistungsangebote erreichen, die den Bedürfnissen unterschiedlicher Marktsegmente besser gerecht werden,
als es mit einem einzigen durchschnittlichen Leistungsangebot der Fall wäre.

Eine Option ist, das Sachleistungsangebot zu differenzieren und das Dienstleistungsangebot in ein und derselben Einkaufsstätte oder mehreren Geschäften zu standardisieren. So
lassen sich beispielsweise in der Damenoberbekleidung neben dem „Standardsortiment"
die besonders modische „Exklusivabteilung", der „Shop" für die jugendliche Käuferin
sowie schließlich noch eine Abteilung „Sondergrößen" für die Problemfigur installieren.

Werden die verschiedenen Marktsegmente in einer Einkaufsstätte angesprochen, wird also
die Angebotsstrategie „Alles unter einem Dach" verfolgt, so ist zu prüfen, ob möglicherweise Unverträglichkeiten, d. h. Antipathien, zwischen den verschiedenen Zielgruppen
bestehen. Dann würde eine Zielgruppe dort nicht kaufen, wenn gleichzeitig eine bestimmte
andere Zielgruppe erreicht werden soll. So ist es z. B. im Textileinzelhandel häufig nicht
möglich, sowohl den sehr modischen als auch den weniger modisch orientierten Kunden
zu bedienen. Der modebewusste Kunde, für den Mode einen hohen Stellenwert im Rahmen
seiner eigenen sozialen Selbstdarstellung einnimmt, wird in einer Einkaufsstätte, die auch
für den weniger modisch orientierten Kunden das geeignete Warenangebot bereithält,
möglicherweise negative Übertragungseffekte auf sein gewünschtes Selbstimage befürch-
ten. Oder aber diese Einkaufsstätte wird sich bei ihm als Vertreter eines modischen Beklei-
dungsangebotes erst gar nicht glaubhaft profilieren können.

Eine weitere Option ist, neben dem Sachleistungsangebot auch das Dienstleistungsangebot
zu differenzieren. So ist es z. B. denkbar, dass der eher modisch orientierte Kunde den
Betriebstyp der Boutique oder des Fachgeschäfts bevorzugt, während der weniger mode-
bewusste Kunde lieber im Warenhaus kauft. In diesem Fall sind für eine bedarfsgerechte
Versorgung der verschiedenen Zielgruppen unterschiedliche Betriebstypen erforderlich.
Diese können unter völlig verschiedenen Namen (Händlermarken) auftreten, so dass die
Kunden von außen keinen Unternehmungsverbund zwischen den verschiedenen Betriebs-
typen erkennen, was das Problem der möglichen Antipathien zwischen den verschiedenen
Zielgruppen lösen kann. Oder sie treten unter ähnlichen Händlermarken auf, um den Kun-
den zu signalisieren, dass sie verschiedene Angebote für verschiedene Bedürfnisse haben.

Ein Beispiel: Der Schuhhändler *Görtz* ist 2012 mit vier Vertriebslinien am Markt vertreten. Die Händlermarke *Görtz* „bietet mit modischen Kollektionen für Damen, Herren und Kinder Anregungen, um den persönlichen Stil anspruchsvoll zu unterstreichen. Die Präsentation nach Modethemen ermöglicht den Kunden einen schnellen Überblick über die aktuellen Kollektionen der eigenen Marken wie Görtz Shoes oder Ludwig Görtz sowie Designermarken wie Hugo Boss, Tommy Hilfiger oder Belmondo." Die zweite Vertriebslinie *Görtz 17* spricht jüngere Kunden an: „Faszinierende und avantgardistische Schuhe und Accessoires in stylischem Ambiente finden sich bei Görtz 17. Mit angesagten Marken wie Buffalo, Bronx, Converse oder Vagabond sowie den eigenen Marken Görtz 17, Akira und Cox feiern junge Fashion-Victims hier die aktuellen Trends der Saison." Die Händlermarke *Görtz Shoes* setzt auf „einen unkomplizierten Zugang zu aktuellen Modetrends in modernem Ambiente. Mit diesem Vertriebskonzept ist es möglich, noch schneller Trends aufzugreifen und den Wünschen der Kunden zu entsprechen. Das wechselnde Sortiment umfasst Klassiker in moderner Interpretation sowie aktuelle Trends." Die vierte Vertriebslinie läuft unter der Marke *Hess* und „bietet aktuelle, modische und preisgünstige Schuh- und Accessoireskollektionen für die ganze Familie zur Selbstbedienung. Das vielfältige Markenangebot u. a. mit Marken von Esprit, Tamaris, Llyod, Mexx und Superfit bietet für Groß und Klein modische Kollektionen zu attraktiven Preisen." (www.goertz-corporate.de/de/filialen/vertriebsmarken/ vertriebsmarken.php, Abruf: 2012-06-26 – Vergleichen Sie dies mit dem aktuellen Stand.)

4.6.4   Diversifikationsstrategien

Wer in der Literatur nach dem Thema „Diversifikation" sucht, findet unweigerlich mit *Ansoff* (1957) die Urquelle. Die von *Ansoff* für Industriebetriebe entwickelte Produkt-Markt-Matrix eignet sich, um auf die Belange von Handelsunternehmungen übertragen zu werden, um sie um die Option des Rückzuges aus Märkten und Sortimenten zu erweitern und um die Diversifikation von anderen Strategien abzugrenzen.

Die Idee der Sortiments-Markt-Matrix ist, die Marktbearbeitungsoptionen anhand der beiden Dimensionen „Märkte" und „Sortimente" aufzuzeigen, jeweils mit den Ausprägungen, ob die Unternehmung in dem Bereich bereits aktiv ist, dort aktiv werden könnte oder den Rückzug ins Auge fasst (**Tabelle 4.4**).

So bringt die Option **sortimentskonstante Marktverdichtung** zum Ausdruck, dass die Handelsunternehmung sich aus (geographischen) Märkten zurückzieht, den Sortimentsumfang aber nicht verändert. Die Option **progressive Sortimentsverdichtung** beschreibt, dass im Vergleich zum Status quo neue Märkte besetzt, das Sortiment aber reduziert werden soll. Die Wahl neuer Geschäftsfelder oder der Rückzug aus bisherigen Geschäftsfeldern leitet sich aus den Zielen ab, die die Handelsunternehmung verfolgt. Dies kann das Streben nach Sicherheit sein (Risikoausgleich), das kann die Vermeidung von Verlusten durch Rückzug sein, das kann das Ausschöpfen von Gewinnpotenzialen sein. Lassen wir zu der Option der **Diversifikation** zunächst *Ansoff* (1957, S. 113) sprechen: „The term 'diversification' is usually associated with a change in the characteristics of the company's product line and/or market, in contrast to market penetration, market development, and product development, which represent other types of change in product-market structure. Since these terms are frequently used interchangeably, we can avoid later confusion by defining each as a special kind of product-market strategy."

Tabelle 4.4   Die Sortiments-Markt-Matrix

Sortimente \ Märkte	derzeitig bearbeitete Märkte	neue Märkte	Abbau von Märkten
derzeitig angebotene Sortimente	Marktdurchdringung	Marktentwicklung	sortimentskonstante Marktverdichtung
neue Sortimente	Sortimentsentwicklung	Diversifikation	progressive Marktverdichtung
Abbau von Sortimenten	marktkonstante Sortimentsverdichtung	progressive Sortimentsverdichtung	Rückzug aus Märkten und Sortimenten

Quelle: Aufbauend auf Ansoff 1957

Des Weiteren unterscheidet er zwischen horizontaler, vertikaler und lateraler Diversifikation (vgl. Ansoff 1957, S. 118). Diese Ausprägungen lassen sich anhand der Wertschöpfungskette verdeutlichen. Ein **Hersteller** bleibt bei der horizontalen Diversifikation Produzent, er weitet sein Angebotsprogramm aber auf Produkte aus, die wenig oder keine Beziehungen zu seinen bisherigen Produkten haben: Ein Hersteller von Nähmaschinen produziert nun Automobile. Bei der vertikalen Diversifikation richten sich die Aktivitäten nun auf vor- oder nachgelagerte Stufen in der Wertschöpfungskette: Der Hersteller von Automobilen kauft einen Händler oder errichtet eigene Verkaufsniederlassungen (Vorwärtsintegration). Bei der vertikalen Diversifikation verlässt der Hersteller sowohl die Stufe der Produktion als auch den Bezug zu den vor- und nachgelagerten Stufen der Produktion: Der Hersteller von Automobilen errichtet z. B. eine Bank.

Für **Handelsunternehmungen** sind weitere Überlegungen anzustellen, um die Facetten der Diversifikation aufzuzeigen. Dies ergibt sich zunächst daraus, dass ein Händler über die Branchen zu entscheiden hat, deren Sortimente er anbieten will, und über den Betriebstyp, mit dem er am Markt vertreten sein will. Hieraus entstehen mehrere Möglichkeiten der **horizontalen Diversifikation** (Tabelle 4.5).

Eine horizontale Diversifikation liegt erstens vor, wenn eine Einzelhandelsunternehmung in einer neuen Branche tätig wird, indem sie das Sachleistungsangebot ihrer bisherigen Einkaufstätte um eine neue Abteilung ergänzt (z. B. das Textilkaufhaus eröffnet eine

Schuhabteilung) oder indem sie mit dem bisherigen Betriebstyp in einer neuen Branche tätig wird (z. B. das Textilfachgeschäft eröffnet ein Schuhfachgeschäft).

Tabelle 4.5   Optionen der horizontalen Diversifikation im Handel

Betriebstyp \ Branche	derzeitig	neu
derzeitig	(Status quo)	a) Ein Textilkaufhaus richtet eine Schuhabteilung ein. b) Ein Textilfachgeschäft eröffnet Schuhfachgeschäft.
neu	Ein Textilfachgeschäft eröffnet einen Schuhdiscounter.	Ein Textilkaufhaus eröffnet eine Boutique.

Ein zweites Feld der horizontalen Diversifikation ist, wenn die Einzelhandelsunternehmung in der bisherigen Branche tätig bleibt und einen neuen Betriebstyp hinzunimmt: Das Textilkaufhaus filialisiert über Textilfachgeschäfte oder Boutiquen. Ein drittes Feld ist, sowohl mit neuen Warenangeboten als auch mit einem neuen Betriebstyp zu arbeiten: Das Textilfachgeschäft eröffnet einen Schuhdiscountbetrieb.

Bei der **vertikalen Diversifikation** wird die Handelsunternehmung in einer vor- oder nachgelagerten Wirtschaftsstufe tätig, wobei für eine Einzelhandelsunternehmung nur eine vorgelagerte Wirtschaftsstufe in Frage kommt. So kann man im Lebensmitteleinzelhandel häufig beobachten, dass größere filialisierende Unternehmungen über eigene Produktionsbetriebe für die Erzeugung von Fleisch- und Wurstwaren verfügen, allerdings zu Lasten der beschaffungspolitischen Dispositionselastizität. Ein Beispiel zeigt **Tabelle 4.6.** Hier sei einmal angemerkt, dass wir ältere Beispiele nicht deshalb verwenden, weil wir den Aufwand scheuen, nach neuen Beispielen zu recherchieren. Wir verwenden „historische" Beispiele gern als Beleg für den Strukturwandel im Handel.

Bei der **lateralen Diversifikation** wird die Handelsunternehmung in Feldern aktiv, die in keinem sachlichen Zusammenhang zu dem oder den bisherigen stehen. Laterale Diversifikation liegt demnach beispielsweise vor, wenn das Warenhaus im Immobilien- oder Versicherungsgeschäft tätig wird oder auch ein Reisebüro oder eine Autovermietung betreibt. Etliche Handelsunternehmungen, wie z. B. *Edeka, Metro, Otto* und *Karstadt*, waren und sind auch im Bankgeschäft tätig.

Tabelle 4.6   Vertikale Diversifikation durch Rückwärtsintegration am Beispiel von
                         Tengelmann

Unternehmung	Branche	Standorte
TIH (Tengelmann Internationale Handelsgesellschaft)	Großhandel	Mülheim/Ruhr
Wissoll	Süßwaren	Delitzsch, Mülheim/Ruhr, Kiew, Moskau
Quack + Fischer	Druck und Kartonagen	Viersen
Kaiser's Holzwerke	Holzverarbeitung	Ottendorf-Okrilla, Viersen
Fleischwerke	Fleischverarbeitung	Andernach, Donauwörth, Fallingbostel, Kronau, Perwenitz, Viersen
Kaiser's Kaffeerösterei	Kaffee	Viersen
Gubi-Bäckerei	Backwaren	Donauwörth
Gubi-Gärtnerei	Gartenbau (Kresse und Basilikum)	Donauwörth

Quelle: Unternehmensgruppe Tengelmann, Geschäftsbericht 1996/97

4.6.5   Internationalisierungsstrategien

Internationalisierung heißt, auf einem oder mehreren ausländischen Märkten tätig zu werden. Man kann die Internationalisierung als eine Form der Diversifikation begreifen. Denn mit dem Markteintritt geht es um neue Märkte; zugleich geht es um die Entscheidung, ob die Sortimente des Heimatmarktes oder neue Sortimente geführt werden sollen. Als vertiefende Quellen bieten sich an: *Zentes, Swoboda* und *Foscht* (2012, S. 209 ff.), *Zentes, Morschett* und *Schramm-Klein* (2011), *Ahlert, Olbrich* und *Schröder* (2004), *Lingenfelder* (1996) sowie die Beiträge in der Schriftenreihe *European Retail Research*.

Mit der Internationalisierung nimmt die Komplexität des Entscheidungsfeldes zu, sowohl was die Umwelteinflüsse als auch was die Handlungsoptionen und die Ressourcen betrifft. Denn neue oder mehrere Ländermärkte erzeugen erheblichen zusätzlichen Informationsbedarf, weniger oder schlechtere Informationen steigern das unternehmerische Risiko, und das Ziel der optimalen Allokation knapper Unternehmensressourcen führt bei mehreren Ländern zu einem erhöhten Koordinationsbedarf. Daher widmen wir den Internationalisierungsstrategien ein eigenes Kapitel.

Eine Handelsunternehmung, die den Eintritt in einen oder mehrere ausländische Märkte ins Auge fasst, wird sich mit den spezieller. Zielen der Internationalisierung im Einzelhandel, den Kundenbedürfnissen, den Markteintrittsformen, der Eignung von Betriebstypen für die Internationalisierung und Marktbearbeitungskonzepten beschäftigen.

Ausgehend von dem **EPRG-Konzept** von *Heenan* und *Perlmutter* (1979) lassen sich vier Ausrichtungen der Internationalisierung unterscheiden. Bei der ethnozentrischen Ausrichtung werden die Konzepte des Heimatmarktes auf die ausländischen Zielmärkte übertragen. Eine Voraussetzung für den Erfolg dieser Vorgehensweise ist, dass die ausländischen Märkte dem Heimatmarkt sehr ähnlich sind. Die polyzentrische Ausrichtung geht auf die verschiedenartigen Bedingungen und Bedürfnisse der Zielmärkte ein. Die regiozentrische Ausrichtung fasst mehrere ähnliche Länder zu einem Gebiet zusammen. Bei der geozentrischen Ausrichtung ist der relevante Markt der Weltmarkt; national unterschiedliche Bedürfnisse werden vernachlässigt, um Kostenvorteile durch eine Standardisierung des Leistungsangebotes zu erreichen.

Diese Ausrichtungen finden sich wieder in den **Strategietypen** der Internationalisierung (uns ist die Mehrdeutigkeit dieses Begriffes an dieser Stelle bewusst, sie lässt sich aber nicht vermeiden), der Transnationalisierung, der Multinationalisierung und der Globalisierung (vgl. hierzu Zentes/Swoboda/Foscht 2012, S. 214).

Als spezielle **Ziele** der Internationalisierung – jetzt wieder als Überschrift für alle internationalen Aktivitäten – bieten sich vor allem an: das Absatz-, Umsatz- und Gewinnpotenzial im Zielmarkt ausschöpfen, der Marktsättigung im Stammland ausweichen, Standortengpässe überwinden (in Deutschland vor allem durch die Baunutzungsverordnung bedingt), die kulturelle, mentale oder räumliche Nähe zum Heimatmarkt nutzen, Kostenvorteile realisieren, der Konkurrenz zuvorkommen oder mit der Konkurrenz gleichziehen, den Bekanntheitsgrad steigern (vgl. Zentes 1998, S. 162).

Die **Markteintrittsformen** kann man nach den Koordinationsmechanismen „Markt oder Kooperation oder Integration (Hierarchie)" unterscheiden. Dem Prinzip Markt lässt sich z. B. der Versandhandel zuordnen, die Kooperation lässt sich nach zunehmender Bindung in lose Kooperation, Franchising, Minderheitenbeteiligung und Joint Venture gliedern, die Integration ist über Akquisition oder Filialisierung zu erreichen. Ein Bespiel liefern französische Handelsunternehmungen mit ihren Eintritten in den deutschen Markt (**Tabelle 4.7**). Anmerkung: Einige von ihnen sind in der Zwischenzeit aus dem deutschen Markt ausgetreten, wie z. B. *Intermarché, Promodès, Carrefour* und *Castorama. Carrefour* und *Promodès* haben zudem fusioniert.

Eine mit der Markteintrittsform eng verbundene Entscheidung betrifft den **Betriebstyp** und das **Sortiment**. Die zu beantwortende Frage lautet, inwieweit die Marktauftritte im Ausland denen im Heimatmarkt gleichen oder sich von ihnen unterscheiden sollen, also Standardisierung oder Differenzierung.

Tabelle 4.7   Formen des Eintritts französischer Einzelhändler in den deutschen
Markt

Franchise	Joint Ventures	Beteiligung	Filialisierung
Fil à Fil, 1985, Bekleidungsfachgeschäfte; *Intermarché*, 1995, Supermärkte	*Promodès*, 1976, LM-Hypermärkte *Carrefour*, 1977, LM-Hypermärkte	*Intermarché*, 1997, Supermärkte	*André*, 1968, Textil- und Schuhfachhandel *Décathlon*, 1986, Sportfachmärkte *Cyrillus*, 1991, Versandkatalog, seit 1999 auch Bekleidungsfachgeschäfte *Castorama*, 1992, DIY-Märkte *Galeries Lafayette*, 1996, Kaufhaus

Quelle: Bounin 2001, Diplomarbeit am Lehrstuhl für Marketing und Handel in Essen

Liebmann und *Zentes* (2001, S. 273; siehe auch Liebmann/Zentes/Swoboda 2008, S. 287) haben als Beispiele für die vollständige Standardisierung von Betriebstyp und Sortiment die Händler *Body Shop*, *Benetton* und *Laura Ashley* gefunden, für die Differenzierung von Betriebstyp und Sortiment *Ahold*, *Rewe* und *Tengelmann* und für gleiche Betriebstypen, aber an die Länder angepasste Sortimente *C&A*, *Metro* (*C&C*), *IKEA*, *Aldi*, *Schlecker*, *Lidl* sowie *Carrefour*. Keine Beispiele nennen sie für andere Betriebstypen als im Heimatmarkt und an die Länder angepasste Sortimente. Dies sollte nicht überraschen, da diese Option ökonomisch kaum sinnvoll sein kann.

Bei ihrer Entscheidung für eine bestimmte Marktbearbeitungsstrategie hat die Einzelhandelsunternehmung Erlös- und Kostenkriterien zu berücksichtigen. So hat sie zum einen abzuschätzen, welche **Umsatzerlöse** mit dem zu bearbeitenden Marktausschnitt zu erwarten sind. Hierfür spielt das Marktpotenzial des betreffenden Marktsegmentes ebenso eine Rolle wie die Umsatzerlöse eventueller Konkurrenten, die dieselbe Zielgruppe ansprechen.

Den geschätzten Umsatzerlösen sind zum anderen die **Kosten** der Marktbearbeitung gegenüberzustellen. Hierunter fallen unter anderem Raum- und Personalkosten, die vor allem von der Branche sowie vom Betriebstyp abhängen, Kapitalbindungskosten, die beispielsweise durch die segmentgerechte Sortimentsbreite und -tiefe ebenso determiniert werden wie durch die erforderliche Geschäftsausstattung sowie die Kosten der Werbung, die z. B. im Falle einer angestrebten segmentbezogenen Marktführerschaft deutlich höher ausfallen als im Falle einer Marktnischenpositionierung. Insbesondere bei der Errichtung eigener Standorte ist die kritische Masse zu beachten. Denn ungünstig gelegene Standorte können zu hohen Logistikkosten führen, die möglicherweise nicht durch die Umsätze in den Geschäften gedeckt werden. Hierin kann auch ein Grund für das Scheitern von *WalMart* 2006 im deutschen Markt gesehen werden. Die knapp 100 Standorte, die man durch die Übernahme von Geschäften von *Spar* und *Wertkauf* 1996 und 1997 erwarb, lagen unter der von *WalMart* als kritisch genannten Grenze von 200 Standorten. Die Konsequenzen waren auf der Beschaffungsseite zu hohe Waren- und Logistikkosten und auf der Absatzseite zu niedrige Marktanteile. Soweit das Erreichen eines signifikanten Marktanteils innerhalb einer angemessenen Zeitspanne eine wesentliche Erfolgsvoraussetzung bei einem Auslandsengagement ist (vgl. Conradi 1999, S. 49), so hat *WalMart* dies nicht geschafft. In den Jahren 2001 und 2002 lag *WalMart* mit weniger als 2 % Marktanteil außerhalb der zehn umsatzstärksten Lebensmitteleinzelhändler, die angeführt wurden von *Metro, Rewe, Edeka, Aldi, Schwarz* und *Tengelmann* (vgl. M+M-Eurodata). Eine Liste von Ursachen für das misslungene Engagement von *WalMart* in Deutschland hat *Senge* (2004) zusammengestellt.

Sowohl bei der Erlös- als auch bei der Kostenplanung muss sich die Einzelhandelsunternehmung von kaufmännischer Sorgfalt leiten lassen. Denn nicht selten verursachen zu euphorische Umsatzschätzungen verbunden mit einer mangelhaften Prognose der zu erwartenden Kosten Fehlinvestitionen, wie im übrigen auch die hohe Insolvenzrate im Einzelhandel beweist, von der zu einem nicht unerheblichen Teil Einzelhandelsbetriebe in den ersten Jahren nach der Gründung betroffen sind.

4.6.6   Kooperationsstrategien

In der Distribution lassen sich drei Koordinationsmechanismen unterscheiden: Markt, Kooperation und Integration (Hierarchie). Der Koordinationsmechanismus **Markt** heißt, dass sich die Wirtschaftssubjekte auf die Übertragung von Verfügungsrechten beschränken, darüber hinaus werden keine Pläne abgestimmt, jeder Vertragspartner bestimmt unabhängig von dem anderen, wie er sein Geschäftsmodell gestaltet. Die Verhaltensweisen, d. h. Annahme oder Ablehnung von Angeboten, werden über die Preise (einschließlich Transaktionskosten) gesteuert.

Der Koordinationsmechanismus **Integration oder Hierarchie** heißt in der Distribution, dass die Verhaltensweisen der Subjekte einer Wirtschaftsstufe von Subjekten einer anderen Wirtschaftsstufe, in der Regel von der vorgelagerten, angeordnet werden können. Die beiden (oder mehr Stufen) sind in einer Unternehmung integriert. Arbeitsvertragliche Regelungen klären die hierarchische Über- und Unterordnung von Personen. Im Handel kann dies die Integration von Groß- und Einzelhandelsstufe sein (Filialsystem), dies kann durch die weitere Rückwärtsintegration auch Produktionsbetriebe einschließen. Soweit mehrere Stufen in der Wertschöpfungskette integriert sind, spricht man auch von einem vertikalisierten System. Beispiele, in denen sowohl die Produktions- als auch die Handelsstufe(n) integriert sind, finden sich in der Modebranche, etwa *H&M, Zara, Mango* und *C&A*, in der Möbelbranche, etwa *IKEA*, und vor allem in der Lebensmittelbranche, etwa *Aldi, Lidl, Kaufland* und *Tengelmann*.

Wenn Wirtschaftssubjekte ihre rechtliche Selbstständigkeit behalten, ihre wirtschaftliche Selbstständigkeit und damit ihre Entscheidungsfreiräume aber dadurch einschränken, dass sie ihre Pläne und Maßnahmen mit anderen abstimmen, dann spricht man vom Koordinationsmechanismus der **Kooperation**. Arbeiten Unternehmungen auf derselben Wirtschaftsstufe zusammen, so liegt eine horizontale Kooperation vor, befinden sie sich auf verschiedenen Wirtschaftsstufen, so ist es eine vertikale Kooperation (siehe hierzu in Kap. 1.1.3 „Kooperation und Konzentration im Handel"). Es gibt zudem viele Begriffe, die den Aspekt der Kooperation zum Inhalt haben, wie z. B. Franchising, (strategische) Allianz, Netzwerk, Verbundgruppe und Wertschöpfungspartnerschaft. Als weiterführende Literatur zum Thema Kooperation bieten sich vor allem die am Institut für Handelsmanagement und

Netzwerkmarketing sowie am *Internationalen Centrum für Franchising und Cooperation* in Münster entstandenen Publikationen an, wie z. B. *Ahlert* und *Ahlert* (2010).

Ansatzpunkte für die Zusammenarbeit und damit für die Abstimmung von Plänen sind die betrieblichen Prozesse, wie z. B. Beschaffung, Absatz, Logistik, Personalwirtschaft und Finanzierung. Die Wertkettenanalyse eignet sich, um zu identifizieren, auf welchen Feldern die Zusammenarbeit zu Wirkungsprogressions- und Kostendegressionseffekten führen kann. Ob es dann tatsächlich zu einer Kooperation kommt, hängt von vielen monetären und nicht-monetären Faktoren ab, wie z. B. monetärer Überschuss und Bereitschaft zur Aufgabe von Freiheit. Es gibt eine Reihe von Ansätzen, die beschreiben und erklären, warum Wirtschaftssubjekte einer Kooperation beitreten oder nicht und warum sie aus ihr austreten oder in ihr bleiben (**Tabelle 4.8**).

Tabelle 4.8   Theorien zur Bewertung von Kooperationen

Ansatz \\ Maßstab	ökonomische Ansätze		verhaltensorientierte Ansätze	
	statisch	**dynamisch**	**statisch**	**dynamisch**
für Kooperation im Allgemeinen	Gewinn = Erlös minus Kosten	Höhe des Zielbeitrages = Einzahlungen minus Auszahlungen	Nettonutzen = Anreize minus Beiträge	langfristiger Nettonutzen = dynamische Anreize minus dynamische Beiträge
für Austritt aus der Kooperation	geringe Gewinnhöhe; Verluste	geringes Zielbeitragsvolumen	geringer „Slack" (Überschuss an Nutzen)	geringer dynamischer „Slack"

Quelle: Vgl. Tietz 1993, S. 1525

Die **ökonomischen Ansätze** weisen nur monetäre Erfolgsgrößen aus. Die statischen Ansätze beziehen sich auf kurze Zeiträume, so wie sie in der Kosten- und Leistungsrechnung verwendet werden, die dynamischen auf längerfristige Zeiträume, so wie sie in der Investitionsrechnung genutzt werden. Die **verhaltensorientierten Ansätze** beziehen zudem nicht-monetäre Größen ein, wie z. B. der Anreiz-Beitrags-Ansatz, der seinen Ursprung in der Theorie der Arbeitsmotivation hat und als dessen Vertreter vor allem *Barnard* (1938) sowie *March* und *Simon* (1958) zu nennen sind.

Die **strategischen Optionen** für eine Kooperation sind neben den Wirtschaftsstufen, die sich binden, und den Arbeitsfeldern, auf denen man miteinander kooperieren will, vor allem das Ausmaß der Verhaltensabstimmung, dargestellt mit dem Grad der Zentralität und dem Grad der Bindung. Der Zentralisationsgrad gibt den Umfang der Weisungsrechte einer Partei gegenüber den anderen Parteien an, der Bindungsgrad das Ausmaß, in dem die zu koordinierenden Wirtschaftseinheiten ihre künftigen Handlungsweisen durch koordinierte Pläne fixieren (siehe hierzu in Kap 3.5.2.3 „Die Verhaltensabstimmung zwischen Groß- und Einzelhandelsstufe"). Je höher der Zentralisationsgrad und der Bindungsgrad sind, desto mehr kann die Systemzentrale einer Kooperation wie die Systemzentrale eines Filialsystems agieren, was zu Vorteilen in der Beschaffung (z. B. große Beschaffungsmengen, schnelle Entscheidungen) und im Absatz (z. B. einheitlicher Marktauftritt) führen kann. Dem steht der mögliche Nachteil der Betriebe auf der Einzelhandelsstufe gegenüber, sich weniger gut an die örtlichen Gegebenheiten anpassen zu können. Damit sind die Vor- und Nachteile einer standardisierten im Vergleich zu einer differenzierten Marktbearbeitung angesprochen.

Neben nationalen kommen **internationale Aktivitäten** in Betracht. Nationale Verbundgruppen haben im Bereich der internationalen Beschaffung folgende Optionen (vgl. Olesch 1998, S. 294):

■ Direktimport auf eigenes Risiko bei ausländischen Herstellern,

■ Einkauf bei nationalen oder europäischen Vertriebsorganisationen ausländischer Hersteller,

■ Einkauf über eigene Beschaffungsorganisationen im Ausland,

■ Einkauf über Fachimporteure, Agenturen oder Handelsvermittler,

■ Importe als Streckengeschäft mit Direktbelieferung an die Kooperationsmitglieder durch die Hersteller oder Spediteure,

■ Importe als Vermittlungsgeschäfte im Rahmen der Zentralregulierung und des Delkredere,

■ Veranstaltung eigener Importmusterungen und Importmessen,

■ Auftragsproduktion für Exklusivware der Verbundgruppen nach eigenen Vorgaben und

■ Beschaffung internationaler Eigenmarkenprogramme.

Zu den internationalen Aktivitäten gehören auch **internationale Handelskooperationen.** Mehrere Handelsunternehmungen und Handelskooperationen verschiedener Länder schließen sich zu supra- oder internationalen Kooperationen zusammen. Ein Beispiel hierfür ist die *European Marketing Distribution (EMD)*. Es ist nicht untypisch für eine solche internationale Handelskooperation, dass ihre Mitglieder aus verschiedenen Ländern stammen und kein Land mit mehr als einem Mitglied vertreten ist. Bei der *EMD* sind dies Markant Österreich, Markant Schweiz, Markant Deutschland, Markant Tschechien, Markant Slowakei, Supergros aus Dänemark, Euromadi Iberica aus Spanien, Tuko Logistics Osuuskunta aus Finnland, EMC Distribution aus Frankreich, ESD Italia, Musgrave aus Irland, Unil/NorgesGruppen aus Norwegen, C.I.V Superunie aus den Niederlanden, Axfood Sverige und Euromadiport aus Portugal (Stand: Juli 2012; vergleichen Sie dies mit dem aktuellen Stand).

Vorteile der *EMD*-Mitglieder sind niedrigere Einkaufspreise durch internationale Ausschreibung und Mengenbündelung, die Exklusivität von Handelsmarken, hohe Qualitätsstandards und laufende Qualitätskontrolle, die Verkehrsfähigkeit der Produkte in allen *EMD*-Ländern sowie die Übernahme der Produkthaftung durch *EMD* (vgl. Hampl 1998, S. 321 f.).

4.6.7   Rückzugsstrategien

So wie Entscheidungen über den Eintritt in Märkte oder Kooperationen zu treffen sind, so sind auch Entscheidungen über den Austritt aus Märkten oder Kooperationen und über die Reduzierung von Aktivitäten zu treffen. Im ersten Fall geht es um Investitionsentscheidungen, im zweiten um Desinvestitionsentscheidungen.

Ziele sind zum einen die Verringerung bzw. die Vermeidung von Verlusten oder die Erhöhung des Gewinns und zum anderen die Reduzierung von Kosten durch die Vereinfachung von Prozessen und Strukturen.

Grundsätzlich kann es um die Aufgabe von Strategischen Geschäftsfeldern, die Zusammenlegung von Strategischen Geschäftsfeldern, die Konzentration auf Kernkompetenzen und die Reduzierung der Unternehmungsvielfalt gehen. Entscheidungsobjekte können sein

- Sortimente, z. B. die Aufgabe von Möbeln,

- Standorte, z. B. die Schließung einzelner Geschäfte,

- Vertriebskanäle, z. B. die Einstellung des Katalog-Versands,

- Betriebstypen, z. B. der Verkauf von Discountern und Verbrauchermärkten durch *Tengelmann*,

- Vertriebslinien, z. B. der Verkauf von *Extra* durch die *Metro*,

- Kooperationsformen, z. B. die Beendigung des Joint Ventures von *Obi* und *Otto*,

- Ländermärkte, z. B. der Rückzug von *Marks & Spencer*, *Walmart* und *LeShop.de* aus dem deutschen Markt, und

- die gesamte Handelsunternehmung, z. B. der Verkauf von *Body Shop* an *L'Oréal* im Jahr 2006 und der Marktaustritt von *Schlecker* wegen Insolvenz im Jahr 2012.

Jedes Jahr sind zahlreiche Veränderungen dieser Art im Markt zu beobachten. An dem Beispiel von *Intermarché* stellen wir die Etappen vom Markteintritt bis zum Marktaustritt in Deutschland dar (**Tabelle 4.9**).

Tabelle 4.9 *Intermarché* in Deutschland – vom Markteintritt bis zum Marktaustritt

Phase	Aktivitäten
Ende 1994	mittelgroße Supermärkte (1.000 qm) geplant erste Sondierungsgespräche mit deutschen Nahrungsmittelherstellern
Januar 1995	Niederlassung der ITM Warenhandels-GmbH in Freiburg eingerichtet Nahziel: Eröffnung von Märkten in Baden-Württemberg und Bayern Pilotmarkt in Lörrach, Eröffnung eines Supermarktes in Freiburg geplant Grund für die Standortwahl: Belieferung aus grenznahen Lägern, frankophile Konsumenten
August 1995	Supermarkt mit 1.000 qm Verkaufsfläche in Lörrach eröffnet Sortiment: ein Drittel französische Produkte, „gallisch angehauchte Warenvielfalt" Expansion „den Rhein entlang" (40 bis 50 Geschäfte) unabhängig vom Erfolg in Lörrach geplant
September / November 1995	nach kurzem Kundenansturm nur „zufriedenstellende" Entwicklung in Lörrach Planung eines Marktes in St. Blasien Verschiebung der Eröffnung des Freiburger Marktes auf das folgende Jahr
August / September 1996	Entlassungen in Freiburger Zentrale und im Markt in Lörrach Ursache: konstant abnehmende Kundenfrequenz Gerüchte über Rückzug aus Lörrach dementiert
Oktober 1996	Gerüchte über Rückzug aus Lörrach und Aufgabe Freiburger Niederlassung nicht mehr dementiert
November 1996	Geschäftsaufgabe in Lörrach zum Monatsende
Januar 1997	Planung der Märkte in Freiburg und St. Blasien aufgegeben Freiburger Niederlassung mit Abwicklung befasst: „Expansion zumindest auf Zeit gestoppt"

Quelle: O.V. 1994; o.V. 1995a; o.V. 1995b; o.V. 1996

4.7   Die Aufbauorganisation im Spiegel der Marktbearbeitungsstrategien

4.7.1   Structure follows Strategy

Die Systematisierung und Effizienzprüfung von handelsbetrieblichen Aufbauorganisationen im Gefolge der Marktbearbeitungsstrategien ergibt sich aus der Konsequenz empirischer Untersuchungen. *Alfred D. Chandler* hat die Ergebnisse seiner Untersuchung von
70 US-amerikanischen Industrieunternehmungen in dem bekannten Satz zusammengefasst:
„structure follows strategy" (Chandler 1962, S. 14). Diese These ist dann von *Stopford* und
Wells (1972) auf der Grundlage weiterer Forschungsarbeiten bestätigt worden. Insoweit
sollte Einigkeit darüber bestehen, dass die Aufbauorganisation eine wesentliche Voraussetzung für den Erfolg einer Wettbewerbsstrategie im Bereich der Industrie liefert. Gilt diese
These aber auch für den Handel unter Beachtung seiner relevanten Marktsituationen und
Marktbearbeitungskonzepte? Hierbei wäre vor allem die Abhängigkeit der Aufbauorganisation von Marktseitenverhältnissen (Verkäufer- und Käufermarkt), aber auch von generi-
schen Wettbewerbsstrategien (Kosten- vs. Qualitätsführerschaft) unter Einschluss von Hyb-
ridkonzepten zu klären.

Die Behandlung aufbauorganisatorischer Gestaltungsmöglichkeiten für den Handelsbe-
reich wird zunächst dadurch erschwert, dass die Gliederung des Handelsbetriebes in ar-
beitsteilige Einheiten und deren Koordination keinem einheitlichen Muster unterliegen.
Vielmehr muss die Aufbauorganisation den differenzierten betriebswirtschaftlichen Ansprüchen Rechnung tragen, die an die unterschiedlichen Arten der handelsbetrieblichen
Aufgabenerfüllung gestellt werden.

Besondere Anforderungen an die Aufbauorganisation stellen die Marktdiskontinuitäten
und das aus den Konzentrationsprozessen und Expansionsstrategien folgende Betriebsgrö-
ßenwachstum. Der stationäre Einzelhandel wird in seinen Entwicklungsmöglichkeiten
durch die Bindung an einen räumlich begrenzten Markt und dessen Kaufkraft beeinflusst.
Für wachstumsorientierte Unternehmungen folgt daraus eine Beschränkung, die man
durch vertikale und horizontale Absatzentfaltung sowie durch Aufkauf anderer Betriebsstätten aufzuheben versucht. Diese Expansionsstrategien führen häufig zu Spannungen in
der gewachsenen Unternehmungsorganisation, weil die neuen Aktivitäten die bestehenden
Leitungsstrukturen überfordern. So wächst die räumliche Distanz zwischen der Zentral-
und der Filialleitung und damit der Kommunikationsweg zu den einzelnen Absatzmärkten.

Diese Ursachen für Reibungsverluste zeigen deutlich, dass gerade die Filialunternehmung
im Handel hohe Anforderungen an die Unternehmungsorganisation stellt und infolgedessen hervorragend geeignet ist, Gestaltungsmöglichkeiten bei der Strukturierung von Handelsbetrieben aufzuzeigen. Eine derartige Konzentration auf eine spezielle, jedoch typische
Organisationsform des Handels ist notwendig, weil Probleme der Organisation in der Regel nur unter Berücksichtigung konkreter betrieblicher Situationen veranschaulicht werden

können. Die Ausführungen sind aber auch auf nicht dezentralisierte Handelsbetriebe übertragbar, wenn man bestimmte Ebenen bzw. Instanzen der Organisationsstruktur eliminiert.

Auf der Grundlage dieser Voraussetzungen besteht die konzeptionelle Aufgabe darin, erstens die Prinzipien der Strukturorganisation zu analysieren, um die Möglichkeit zu klären, den multipersonalen Wertschöpfungsprozess im Sinne rationaler Arbeitsabläufe zu koordinieren und die Kooperation zwischen den einzelnen betrieblichen Instanzen zu sichern. Zweitens soll eine den neuzeitlichen Effizienzkriterien (vgl. Frese 1993, S. 1006) der Organisation Rechnung tragende Unternehmungsstruktur für Handelsbetriebe diskutiert werden. Dabei ist drittens auf ein Früherkennungssystem abzuheben, das die Marktorientierung sichert und in der Lage ist, Initiative, Motivation und Kooperation zu fördern. Schließlich ist viertens noch speziell auf den Zusammenhang von Marktbearbeitungskonzept und Aufbauorganisation einzugehen.

In Analogie zu der Spezialisierungszwecken dienenden Arbeitsteilung vollzieht sich in der wachsenden Unternehmung eine Teilung der Führungsarbeit. Die Notwendigkeit zur Führungsteilung beruht auf einer begrenzten Kapazität der Führungskräfte. Ihr Führungspotenzial ist von der körperlichen und geistigen Eigenschaft, vom angewandten Führungsstil in der Unternehmung sowie von der Verfügbarkeit computergestützter Informationssysteme abhängig.

Im Zuge der Führungsteilung wird die Gesamtaufgabe „Unternehmensführung" in Führungsteilaufgaben innerhalb bestimmter Führungsabschnitte aufgelöst, die jedoch von oben nach unten in der Hierarchie der Unternehmung immer kleiner werden, und zwar in dem Maße, wie sich die vorgegebene Entscheidungsbefugnis und ein definierter Ermessensspielraum innerhalb der nachgeordneten Leitungsstellen reduzieren. Infolgedessen entstehen Leitungsverhältnisse grundsätzlich erst durch eine personale Trennung von Entscheidungsbefugnis und Ausführung. Daraus ergibt sich die Bildung von Instanzen, die als leitende Stellen mit bestimmter Kompetenz und Verantwortung für den ihnen unterstellten Leitungsbereich definiert werden können.

Die Zusammenfügung der Instanzen zu arbeitsteiligen Einheiten in der Unternehmung kann mit Strukturierungsmerkmalen geschehen, wie sie die Organisationstheorie entwickelt hat (vgl. Grochla 1972, S. 95 f., 178 f.; Lehmann 1969, Sp. 933 ff.). Wir gehen im Folgenden ein auf

- das Leitungssystem, das die Struktur von Weisungsbeziehungen und die Tiefe der Stellen (Anzahl der Hierarchieebenen) sowie die Breite der auf einer Ebene angesiedelten Stellen (Leitungsspanne) beschreibt.

- die Zentralisation gleicher betrieblicher Aufgaben (Verrichtungs- oder Objektorientierung) und

- die Kombination verschiedener betrieblicher Aufgaben (Matrixorganisation und Netzwerke).

4.7.2   Das Leitungssystem der Aufbauorganisation

Beim Leitungsprinzip gibt es zwei idealtypische Formen: das Einlinien- und das Mehrliniensystem. Das **Mehrliniensystem** oder das Prinzip der Mehrfachunterstellung führt zu einer Spezialisierung in Form einer Aufteilung der einzelnen Weisungsrechte der Führungskräfte (Taylor 1913). So kann z. B. ein Abteilungsleiter im Hinblick auf warenwirtschaftliche, personalwirtschaftliche, ablauforganisatorische und finanzielle Entscheidungen auf mehrere Vorgesetzte angewiesen sein. Nachteile werden in der Schwierigkeit einer klaren Kompetenzabgrenzung mit der Gefahr von Weisungskonflikten gesehen, z. B. möglicher Widerspruch zwischen waren- und finanzwirtschaftlichen Entscheidungen. Das Prinzip der Mehrfachunterstellung verstößt gegen den klassischen von *Fayol* (1929) formulierten Grundsatz der Einheit der Auftragserteilung. Die Mehrdeutigkeit des Kommunikationsprozesses kann zu psychologischen Hemmungen bei den Mitarbeitern führen.

Das **Einliniensystem** führt im Sinnes *Fayols* zu einer eindeutigen Disziplinarlinie. Bezogen auf das gesamte Leitungssystem bedeutet das zugleich, dass die Weisungen vertikal die einzelnen Stufen des Leitungssystems durchlaufen müssen; denn generell bestehen immer zwischen zwei aufeinanderfolgenden Instanzen **Weisungsrecht** und **Folgepflicht**. Als Vorteile des Einliniensystems werden erstens die klare Regelung der Unterstellungsverhältnisse mit einer eindeutigen Abgrenzung der Kompetenzbereiche sowie zweitens die Durchsichtigkeit des Gesamtsystems genannt. Als **Nachteile** werden die Länge und die Umständlichkeit der Instanzenwege angeführt. Der vertikale Instanzenweg kann den Informationsaustausch zwischen verrichtungs- bzw. funktionsbenachbarten Unternehmungsbereichen behindern (z. B. Einkauf, Verkauf). Zudem kann diese Form der bürokratischen Hierarchie zu trägen Entscheidungsprozessen führen und die auf Flexibilität angewiesene marktorientierte Unternehmensführung erschweren.

Wenn Linieninstanzen in kapazitativer Hinsicht überlastet sind, können sie Teile ihrer Aufgaben einer ihnen zugeordneten **Stabsstelle** übertragen (Linien-Stab-System). Dabei handelt es sich in der Regel um Aufgaben entscheidungsvorbereitender Art (Beratungsaufgaben) und in seltenen Fällen um Vertretungsbefugnisse.

4.7.3   Die Zentralisation gleicher betrieblicher Aufgaben in der Aufbauorganisation

Ein zweites Merkmal der Aufbauorganisation, neben dem Leitungssystem, ist die **Art der Zentralisation gleicher Aufgabenerfüllung** (vgl. Grochla 1972, S. 60 ff.). Dieser organisationstheoretische Ansatz führt in reiner Form entweder zu einer verrichtungs- oder zu einer objektorientierten Aufbauorganisation. Im ersten Fall würde eine verrichtungsorientierte Spezialisierung der Aufgabenträger z. B. in den getrennt geführten Funktionen Beschaffung und Absatz erreicht. Im zweiten ergäbe sich eine Strukturierungsmöglichkeit aufgrund unterschiedlicher objektspezifischer Kriterien, die differenzierten Sortimenten, Betriebstypen, Kundengruppen (bedeutsam für Großhandelsbetriebe) und Absatzgebieten entsprechen können, mit der Folge, die betrieblichen Funktionen in Geschäftsbereichen weitgehend dezentral erbringen zu müssen, Stichwort: Spartenorganisation.

Unter Nutzung der von *Frese* vorgeschlagenen **Effizienzkriterien der Organisation** (vgl. Freese 1993, S. 1006; Frese/Werder 1994, S. 14), nämlich Ressourcen-, Markt-, Prozess- und Delegationseffizienz, ergäbe sich bei der nach Branchen, Kundengruppen oder Betriebstypen gegliederten Spartenorganisation zwar eine hohe Absatzmarkteffizienz durch kundenorientierte Qualitätsführerschaft oder Polysystempolitik, jedoch eine geringe Ressourceneffizienz mit nur schwach ausgeprägtem Kostensenkungspotenzial, beispielsweise auch wegen möglicher Konflikte bei der Inanspruchnahme von Ressourcen für einzelne Kundengruppen bzw. Branchen (z. B. Fuhrpark). Schließlich können wegen der Probleme bei der Auftragsbündelung auch Schwächen in der Beschaffungsmarkteffizienz auftreten.

Traditionelle Aufbauorganisationen von Handelsbetrieben weisen vornehmlich funktionsorientierte Strukturmerkmale auf. Dieser Ansatz beruht im Bereich der Großbetriebe des Einzelhandels auf den historischen Lösungsvorschlägen von *Mazur* (1927, 1928) und *Filene* (1937), welche die Frage nach dem optimalen Warenwirtschaftssystem durch eine Zusammenfassung von Einkauf und Verkauf zu lösen versuchten. Die Entscheidung für eine Trennung oder Zusammenfassung von Einkauf und Verkauf innerhalb der Aufbauorganisation von Handelsbetrieben ist von zentraler und branchenspezifischer Bedeutung. Nur der Kleinbetrieb kennt zu seinem Vorteil dieses schwierige Problem der Koordinierung nicht oder kaum. Jedoch geht dieser scheinbare Vorteil in der Regel zu Lasten der Funktionenhäufung in einer Hand. Die von einer Funktionenakkumulation getragenen Organisationskonzepte von *Mazur* und *Filene* lassen deutlich erkennen, von welchen Marktseitenverhältnissen ausgegangen wurde. Die Verkäufermarktsituation in den Jahren nach dem Ersten Weltkrieg erforderte wegen der strategischen Bedeutung des Einkaufs dessen Dominanz in der Unternehmungsstruktur bei Vernachlässigung der Kundenorientierung. Der Organisationsvorschlag von *Filene* hingegen, der von der Käufermarktsituation der späten zwanziger Jahre geleitet ist, geht vom Absatzmarkt als Engpassfaktor aus und von einer nachrangigen Bedeutung des Einkaufs. Dieser liegt in der Hand eines Assistenten des Verkaufsleiters und ist damit seiner strategischen Auswirkung entkleidet.

Auf der Grundlage der Forderung nach einer eindeutigen **Verrichtungsspezialisierung** schlagen **Robinson** und *Brisco* (1957), die *International Association of Department Stores* (Pasdermadjian 1950) sowie *Urwick* (1960) eine klare Trennung von Einkauf und Verkauf vor, wobei die Verwaltung mit der Finanz- und Personalwirtschaft sowie dem Rechnungswesen Servicefunktionen zu übernehmen hat und entweder als Linieninstanz oder als Stabsstelle in den Unternehmungsaufbau integriert wird.

Obwohl **Einkauf und Verkauf** in den Unternehmungen des Groß- und Einzelhandels zwei sich ergänzende Tätigkeiten innerhalb des betrieblichen Umsatzprozesses darstellen und ohne genaue Kenntnis der Entwicklungstendenzen im Absatzbereich keine marktgerechte Einkaufsdisposition möglich ist, werden in den meist üblichen Organisationsformen verrichtungsorientierte Leitungsbereiche gebildet, wobei durch die Trennung von Beschaffung und Absatz die organische Einheit über die Entscheidungen zur Sortimentsgestaltung ge-

fährdet wird. Dieses **Funktionalprinzip e**ntstammt einer Zeit, in der das erhebliche Be-
schaffungs- und Qualitätsrisiko durch eine starke Einkaufsorganisation abgesichert werden
musste. Im Übrigen haben gerade neue Betriebstypen häufig Schwierigkeiten, neue Beschaffungsquellen zu erschließen. Dies hat zur Folge, dass die genannten betrieblichen
Teilbereiche des Umsatzprozesses heute noch in vielen Handelsunternehmungen organisatorisch gesehen nebeneinander stehen und nur durch die Klammer des Instanzenweges
über die Geschäftsleitung zusammengehalten werden. Das Ergebnis dieser institutionali-
sierten Trennung von Einkauf und Verkauf ist nicht nur ein höchst umständlicher und
durch Übertragungsverluste gekennzeichneter Informationsfluss. Schwierigkeiten entstehen vor allem bei der Abgrenzung von mess- und kontrollierbaren Verantwortungsbereichen, so dass die Formulierung von motivationsfördernden Leistungsanreizsystemen verhindert wird; denn bei einer Trennung von Einkauf und Verkauf wird es sehr schwer, dem
Einkäufer eine gewinnorientierte Steuerungsgröße vorzugeben, da die Erträge (formal) im
Absatzbereich erwirtschaftet werden.

Im Rahmen der funktionsorientierten Organisation werden für die einzelnen Verrichtungen ranghierarchische Lösungsstufen geschaffen mit der Folge, dass die relative Schwierigkeit der Aufgabenerfüllung bzw. der relative Umfang der Aufgabe zum Organisationsprinzip erhoben wird. So wird im Funktionsbereich „Verkauf" in oberster Instanz das
Problem des Gesamtabsatzes der Unternehmung, auf einer darunter liegenden Ebene das
regionale Verkaufsproblem und auf der letzten Stufe, der Filiale bzw. der Abteilung, das
lokale Verkaufsproblem gelöst. Der Umfang und damit auch der Schwierigkeitsgrad der
Aufgabe werden immer kleiner, und zwar im Sinne der bereits angedeuteten Führungsteilung, aber auch für die Zwecke der Komplexitätsreduktion.

Die Entscheidungsfindung berücksichtigt unter Umständen nicht die gesamte warenwirtschaftliche Komplexität, wenn der Entscheidungs**prozess** verrichtungsorientiert ist und
sich innerhalb einer Funktion auf einen Entscheidungträger konzentriert. Es entscheidet in
der Regel die ranghöchste Instanz, rangniedere und funktionsbenachbarte Stellen werden
dann schlechter mit Informationen versorgt. Entscheidungen von nicht ausreichender Qualität und permanente konfliktäre Konfrontation zwischen den Bereichsleitern des Ein- und
Verkaufs können die Folge sein, so dass die Geschäftsleitung als Schlichtungsinstanz auftreten muss und wenig Zeit für die Planung und Entwicklung neuer Ideen findet. Insoweit
ergeben sich erhebliche Defizite in der Delegations-, Prozess- und Ressourceneffizienz.

Im Übrigen kann die verrichtungsorientierte Organisation bei der Trennung von Einkauf
und Verkauf – verstärkt durch das Einliniensystem – gar nicht gewinnorientiert sein, da sie
vornehmlich auf die optimale Funktionserfüllung einzelner Bereiche ausgerichtet ist. Im
Endergebnis ist daher der Führungserfolg verrichtungsorientierter Leitungssysteme gerade
für den Einzelhandel als außerordentlich problematisch zu bezeichnen, wenn man ihn auf
der Grundlage motivations- und kooperationsfördernder Elemente messen will. So stellt
sich insgesamt die Trennung von Einkauf und Verkauf als eine organisatorische Lösung
mit hohem Koordinationsbedarf dar, wobei eine Optimierung vornehmlich in den Subsystemen erfolgt. Diese Suboptimierung berücksichtigt nicht die notwendige Kompatibilität
von Unternehmungs- und Bereichszielen.

4.7.4   Die Kombination verschiedener betrieblicher Aufgaben in der Aufbauorganisation

Wenn Strukturformen, die entweder verrichtungs- oder objektorientiert sind, der marktlichen Interdependenz von Beschaffungs- und Absatzprozessen nicht ausreichend Rechnung tragen, so muss geprüft werden, inwieweit die Kombination von Strukturformen den Besonderheiten handelsbetrieblicher Umsatzprozesse entgegenkommt. Wir gehen im Folgenden auf die Matrixorganisation und Netzwerke ein.

4.7.4.1   Die Matrixorganisation

Ausgehend von einer verrichtungs- oder warengruppenorientierten Aufbauorganisation lassen sich einige Kernüberlegungen für die Wahl einer Unternehmungsorganisation treffen, die den spezifischen Betriebsverhältnissen im Handel Rechnung trägt.

Je stärker der betriebswirtschaftliche Zwang zu einer **verrichtungsorientierten Spezialisierung** in den verschiedenen Unternehmungsbereichen ist, desto eher empfiehlt sich die verrichtungsorientierte Aufbauorganisation, um verrichtungsbezogene Kostensenkungspotenziale zu schaffen. Die verrichtungsorientierte Aufbauorganisation, in der der Einkauf dominiert, findet man häufig in Filialsystemen mit Monosystempolitik (Konzentration auf einen Betriebstyp oder ein Marktsegment), überschaubaren standardisierten Sortimenten sowie straffen kostenorientierten Lenkungs- und Prozesssystemen. Eine solche Organisation nutzt die Beschaffungsmarkt-, die Ressourcen- sowie die Prozesseffizienz als Grundlagen für eine preisdominante Strategie.

Je größer die Verschiedenartigkeit der Warengruppen als Folge einer standortspezifischen Differenzierung und je höher die Veränderungsrate der das Zusatz- und Randsortiment prägenden Artikel mit den dahinterstehenden spezifischen Waren- und Kundenkenntnissen sind, umso stärker wächst die Notwendigkeit einer **warengruppenorientierten Organisationsstruktur**, die die individuellen Kundenbedürfnisse berücksichtigt.

Mit zunehmender Diskontinuität der Märkte erlangen die verrichtungs- und die warengruppenorientierten Strukturierungsformen an gleichrangiger Bedeutung. **Sortimentspolitische Kreativität** mit dem Ziel der Marktbeeinflussung und Kundengewinnung sowie die **verrichtungsorientierte Spezialisierung** zum Zwecke der Ökonomisierung sind gleichwertige Aspekte erfolgreicher handelsbetrieblicher Tätigkeit. Aus diesem Grund werden gerade die filialisierenden Großbetriebe des Einzelhandels sowie die mit einem hohen Bindungsgrad und einem hohen Zentralisationsgrad auftretenden Verbundgruppen des Handels (Quasi-Filialisierung) ein **gemischtes Organisationssystem** fordern, das man als eine **kombinative Strukturierungsform** bezeichnen kann. Es erlaubt sowohl die Kostensenkung als auch die Leistungsverbesserung und die Flexibilitätssteigerung.

Diese kombinative Strukturierungsform entsteht dadurch, dass die nach Funktionen gegliederte Organisation von einer warengruppenorientierten Struktur überlagert wird (vgl. Grochla 1972, S. 205). Daraus erwächst eine Leitungsstruktur mit aufgabenbezogener, jedoch nicht disziplinarischer Doppelunterstellung, so dass an einer bestimmten Problemlösung, wie z. B. Sonderaktion im Verkauf oder Entwicklung eines neuen Betriebstyps, der Warenspezialist und der Verrichtungsspezialist gleichberechtigt mitwirken. In der organisationstheoretischen Literatur wird dieser Strukturierungsvorschlag als Matrixorganisation bezeichnet.

Die **Matrixorganisation** stellt als **Zweiliniensystem einen Spezialfall des Mehrliniensystems** dar. Denn jede Ausführungsstelle ist hier jeweils zwei Entscheidungsinstanzen unterstellt, die fachlich getrennte, jedoch in einer Verbundwirkung stehende Kompetenzen haben. Aus diesem Grund soll dieses Strukturierungskonzept auch als ein System dualer Führung bezeichnet werden (**Abbildung 4.10**), weil die gemeinsame Problemlösung immer am Schnittpunkt zweier Führungslinien erfolgt (Thom 1973, S. 124).

Abbildung 4.10   Die Aufbauorganisation auf der Grundlage dualer Führung

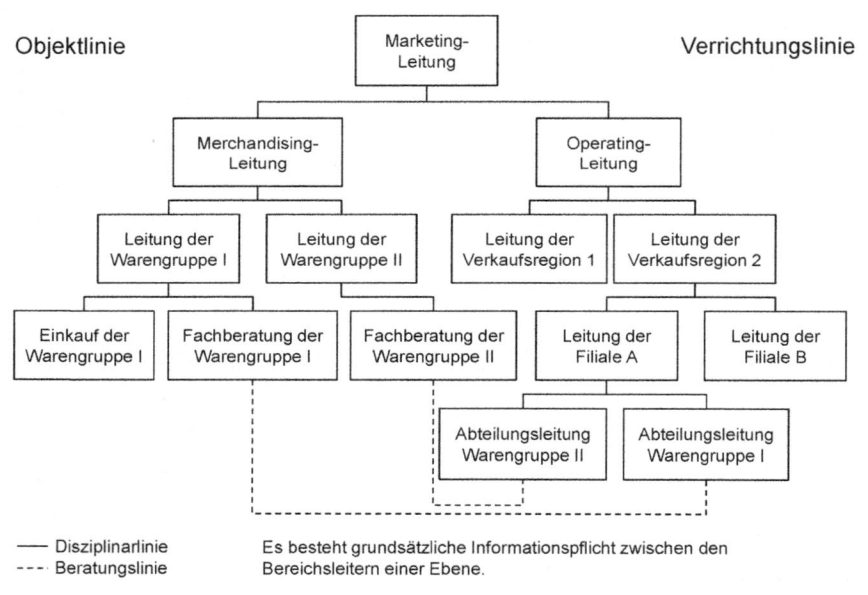

Quelle: Barth 1974a, Sp. 645

Von dem Grundsatz ausgehend, dass alle betrieblichen Prozesse in einer Handelsunternehmung entweder mittelbar oder unmittelbar der Absatzerzielung dienen, wird die Aufbauorganisation in je einen Dienstleistungs- und einen Marktbereich eingeteilt. Der **Dienstleistungsbereich** umschließt die herkömmlichen Einrichtungen der Verwaltung, wie Rechnungswesen, Personaldienste, Finanzen, EDV, Controlling (vgl. dazu auch Zentes 1992a, Sp. 763). Der auf die **Verrichtungs- und Warengruppenspezialisierung** ausgerichtete

Marktbereich ist auf Grund der getroffenen Überlegungen zur besseren Entfaltung der Marktbearbeitung sowie der Aufgabenspezialisierung nach betriebsexternen und betriebsinternen Beziehungen der Bereichsleiter zu gliedern. Hieraus ergeben sich **interorganisationale** und **intraorganisationale Bereiche.**

Der **interorganisationale** Bereich wird durch die Marktbeziehungen der Unternehmung gekennzeichnet. Organisatorisch werden hier die Funktionsträger zusammengefasst, die für die Auswahl der für den Absatz geeigneten Waren auf den Beschaffungsmärkten, für die kundenbezogene Gestaltung und absatzfördernde Darbietung des Sortiments einschließlich Marken-, Qualitäts- und Preispolitik sowie Werbung und Verkaufsförderung Sorge zu tragen haben (Merchandising). Das **Merchandising** ist eine primär auf Effektivität ausgerichtete Funktion. Dabei kann die Effektivität als ein externes Leistungsmaß interpretiert werden, das angibt, in welchem Umfang die Unternehmung den Erwartungen der Marktpartner gerecht wird.

Der **intraorganisationale Bereich betrifft die** Beziehungen, die durch den Ablauf der Warenbewegung geprägt sind. Organisatorisch sind in diesem Rahmen die Instanzen zusammengefasst, die für die Mitarbeiterführung und die Gestaltung optimaler Arbeitsabläufe von der Warenannahme bis zur Warenübergabe verantwortlich sind (Operating). Das **Operating** ist vornehmlich auf die Effizienz als internes Leistungsmaß ausgerichtet, das aus dem Vergleich von Input-Output-Relationen erwächst.

Zwischen **Effektivität und Effizienz** bestehen erhebliche Synergieeffekte, die sich im Nettoergebnis niederschlagen. Die Realisierung dieser organisatorischen Konzeption bietet die Gewähr dafür, dass durch das Zusammenspiel beider Aufgabenbereiche infolge der gemeinsamen Verantwortung für den Absatz und der geteilten Kompetenz für die Handelsspanne einerseits und die Betriebskosten andererseits das Gewinnziel der Unternehmung auf der Grundlage bereichsspezifischer Leistungsanreizsysteme konsequent verfolgt werden kann (vgl. Barth 1969, S. 177).

Die mitarbeiterorientierten, der Motivation und Koordination dienenden Leistungsanreizelemente werden auf der Grundlage eines integrierten Planungssystems im **Bereich des Merchandisings** durch warengruppenspezifische Absatz- und Rohertragskennzahlen geprägt, die zur Steuerung des Einkäufers um Limite ergänzt werden. Sie werden im **Bereich des Operatings** mit Hilfe von Absatzkennzahlen und Kostenbudgets gebildet, die auf der Ebene der Abteilung Umschlagskennzahlen zur Steuerung der Warenbestände und Leistungskennzahlen für den Mitarbeitereinsatz im Verkauf einschließen. Daraus erwächst nicht nur der motivationsfördernde Vorteil, dass die Führungskräfte ihre Arbeitsleistung an einem abgrenzbaren Leistungsumfang messen können. Vielmehr ermöglicht dieses duale Führungsprinzip durch die sogenannte Profit-Center-Konzeption eine gewinnorientierte Planung, Steuerung und Überwachung aller Unternehmungsbereiche, was die grundlegende Voraussetzung für ein effektives Controlling im Handel ist, aber auch die Delegationseffizienz durch eigenverantwortliches Handeln stärkt.

Vor allem wird aber die absatzpolitisch bedeutsame Forderung erfüllt, **Beschaffung und Absatz der Ware** in einem Führungsbereich zusammenzufassen. Diese Lösung verbessert den nur geringen aufbauorganisatorischen und führungstechnischen Vorteil einer voll-ständigen Integration von Einkauf und Verkauf (Filene 1937), weil die Überlastung des Aufgabenträgers aufgehoben und die kooperative Problemlösung innerhalb einer Zweier-gruppe institutionalisiert wird. Aus gruppendynamischer Sicht ist dieses Kollegialprinzip von Bedeutung, weil der relativ größte Zuwachs an Urteilsrichtigkeit beim Übergang vom Einzel- zum Zweierurteil erreicht wird.

Aufgrund der organisatorischen Idee besteht zwischen Merchandising und Operating eine „rivalisierende Gleichberechtigung" (Meyer 1972, S. 137). Bei gegebener Zielsetzung durch die Unternehmensführung streben Merchandising und Operating in ständiger Interaktion nach guten Problemlösungen, die im Endergebnis zu zufriedenstellenden, weil ausdisku-tierten Kompromissen führen.

Die Aufbauorganisation auf der Grundlage dualer Führung hat gerade auf der Filialebene im Hinblick auf die Auftragserteilung die disziplinarischen Vorteile des Einliniensystems, vermeidet jedoch seine Nachteile hinsichtlich der Umständlichkeit des Instanzenweges. Durch die Beratungsfunktion der den Warengruppenleitern für den Filialbereich zuge-ordneten Fachberater (warenorientierte Verkaufsförderer) wird der absatzpolitisch so be-deutsame Informationsstrom zwischen dem Leiter der Warengruppe in der Zentrale und dem Abteilungsleiter in der Filiale kurzgeschlossen, weil die Instanzen des regional wir-kenden Bezirksleiters und des Filialleiters (Disziplinarlinie) in Bezug auf die Warenpolitik umgangen werden können. Diese Verkürzung des Kommunikationsweges erlaubt bei Wahrung der Informationspflicht gegenüber den Linieninstanzen eine rasche Anpassung an neue Marktbedingungen und fördert den organisatorischen Vorteil, Entscheidungen an der möglichst niedrigsten Stelle in der Hierarchie zu treffen (Delegationseffizienz). Compu-tergestützte Informations- und Entscheidungssysteme tragen dazu bei, dass sich der Ent-scheider in der Zentrale unmittelbar mit dem Filialmanagement abstimmen kann. Damit wird die Kritik entfallen, die Matrixorganisation sei eine relativ personalaufwändige Orga-nisationsstruktur.

Des Weiteren ergeben sich mehrere **Vorteile in der Führung**. Durch die Matrix-Organi-sation können mess- und kontrollierbare Verantwortungsbereiche als Voraussetzung für die Delegation des Führungsauftrages definiert werden. Sie liefert ein motivationsfördern-des Leistungsanreizsystem mit klarer Gewinnverantwortlichkeit auf allen Stufen der Un-ternehmungshierarchie. Sie sichert wirtschaftliche Betriebsabläufe sowie eine einheitliche Disziplinarlinie. Sie festigt die Marktstellung durch eine flexible Absatzpolitik und inte-griert Absatz- und Beschaffungsmärkte in das Marketing der Unternehmung. Sie ermög-licht aufgrund der Interaktion der warengruppen- und verrichtungsorientierten Bereiche und des daraus resultierenden Informationsaustausches eine sachbezogene kooperative Entscheidungsfindung, die zu guten Problemlösungen unter simultaner Berücksichtigung von Marketing- und Kostenaspekten führt. Schließlich schafft sie den Rahmen für die rei-bungslose Integration zusätzlicher Kapazitäten innerhalb der Filialisierung und der Wa-rengruppen- sowie Betriebstypendiversifikation, die das Wachstum der Unternehmung fördern.

In das Organisationsprinzip des Matrixmanagements lässt sich ferner das **Projektmanagement** einordnen (vgl. Bleicher 1971, S. 89 f.). Will eine Einzelhandelsunternehmung z. B. einen neuen Betriebstyp entwickeln, dann nimmt eine Projektgruppe die Problemlösung „neuer Betriebstyp" in die Hand. In die Projektgruppe werden die Spezialisten des Merchandising und des Operating gleichberechtigt delegiert und kooperieren dort miteinander. Bei komplexen und zeitlich befristeten Planungsaufgaben können die Spezialisten aus der Führungsorganisation zu einem Team verbunden werden und gegebenenfalls mit externen Beratern zusammenarbeiten. Daneben verfügt die Unternehmung über eine stabile Organisationsstruktur, um das große Maß an Routineaufgaben mit hohem Koordinationsbedarf wirksam steuern zu können (vgl. Krüger 1972, S. 148).

Zieht man die **Kriterien organisatorischer Effizienz** heran, so kann die Matrixorganisation wie folgt bewertet werden. Erstens ist die für Handelsorganisationen wichtige Dualität der **Markteffizienz** gewährleistet. Sie äußert sich auf der Beschaffungsseite durch Nachfragebündelung und Verstärkung der Nachfragemacht, auf der Absatzseite im Durchgriff auf den Beschaffungsvorgang, kundenorientiertes Handeln und Erhöhung des Unternehmungswertes durch Kundenbindung, Neukundengewinnung sowie Erhöhung der durchschnittlichen Kaufbeträge pro Kunde. Zweitens wird die Forderung nach **Delegationseffizienz** erfüllt; denn durch kundenfokussiertes Handeln in der Filiale sind kurze Reaktionszeiten bei Marktveränderungen möglich. Dabei helfen zunehmend computergestützte Informationssysteme zur Beherrschung externer und interner Komplexität. Damit wird drittens die **Ressourceneffizienz** erhöht, da Kosten ungenutzter Kapazitäten durch die Interaktionen von Merchandising und Operating vermieden werden. Viertens ergeben sich positive Effekte für die **Prozesseffizienz**, allerdings nur in einer intraorganisationalen Konsequenz. In weiteren Schritten wäre zur Ökonomisierung der gesamtwirtschaftlichen Wertschöpfungskette mindestens die interorganisationale Prozesseffizienz durch weitere organisatorische Maßnahmen zu optimieren. Hierzu bieten sich überbetriebliche Netzwerke an.

4.7.4.2 Die Netzwerke

Das Ziel, die organisatorische Effizienz angesichts zunehmender Dynamik und Komplexität der Umwelt zu verbessern, hat in den letzten Jahren dazu beigetragen, überbetriebliche Netzwerke zu entwickeln. Als Überblick zu diesem Themenbereich empfehlen wir noch einmal die Publikationen des Instituts für Handelsmanagement und Netzwerkmarketing sowie des *Internationalen Centrums für Franchising und Cooperation* in Münster.

Überbetriebliche Netzwerke sind Kooperationen zwischen rechtlich selbstständigen Unternehmungen, wozu auch die von ihnen gegründeten Gemeinschaftsunternehmungen gehören. Die Erscheinungsformen unter Beteiligung von Handelsunternehmungen sind z. B. kooperative Gemeinschaftsunternehmungen, Joint Ventures, Einkaufskontore, Verbundgruppen, Franchising, Koalitionen und Allianzen (vgl. Ahlert 2012, S. 18).

Seit Anfang der 1990er Jahre sind verschiedene Management-Konzepte entworfen worden, die sich auch mit interorganisationalen Fragen und Kooperationen befassen. Hierzu zählen Total Quality Management, Lean Management, Business Process Reengineering und das

Konzept des Efficient Consumer Response, das das Supply Chain Management und das Category Management umfasst.

Das **Business-Process-Reengineering-Konzept** integriert erstens prozessorientierte Daten, um Geschäftsprozesse zu verbessern. Zweitens richtet es sich konsequent auf den Kunden aus: Kundengerichtete Prozesse sind im Hinblick auf die Kriterien Zeit, Qualität, Kosten und Flexibilität direkt in Kundennutzen umsetzbar (vgl. Nippa/Picot 1996, S. 24). Drittens geht es um Wertschöpfungspartnerschaften, die nicht nur die intra- und vor allem die interorganisationalen Prozessabläufe optimieren sollen. Damit ergibt sich ein Übergang von der traditionellen, häufig sogar funktional ausgerichteten Intraorganisation zu einer prozessorientierten Interorganisation (vgl. Pfohl 1994, S. 209). Solche Netzwerke dienen den Koalitionspartnern zur Sicherung und Steigerung von Effektivität und Effizienz durch Kostensenkung, Leistungsverbesserung und Flexibilisierung (vgl. Barth/Stoffl 1997, S. 8 ff.).

Nun ist die **Prozessorientierung in Handelsforschung und Handelspraxis** nicht neu. Abgesehen davon, dass mindestens seit *Rudolf Seÿffert* (1951, S. 402) die Arbeitsfolgen in Handelsbetrieben als marktorientierte Umsatzprozesse bezeichnet werden, sind bereits in den späten sechziger Jahren Organisationskonzepte implementiert gewesen, die in der Verantwortung eines Operating Managers die Optimierung aller Arbeitsabläufe von der Warenannahme bis in die Hand des Kunden vorsahen. Sogar eine Kundenidentifikation mit der Analyse des Kaufverhaltens war durch die Ausgabe von Rabattbüchern möglich. Auch die funktionale Trennung von Einkauf und Verkauf war aufgehoben und in der Verantwortung eines Merchandising-Managers bzw. Warengruppen-Managers integriert. Heute würde man sagen, es sei der Grundsatz von *Lawrence* und *Lorsch* beachtet worden, wonach zwei funktionale Bereiche, die in ihren Interaktionen problematisch seien, organisatorisch zusammengefasst werden sollten (vgl. Frese 1993, S. 1021). Nur: In diesen Jahren standen noch keine computergestützten Warenwirtschafts- bzw. Handelsinformationssysteme zur Verfügung, um die Geschäftsprozesse zu verbessern. Überflüssig auch darauf hinzuweisen, dass die Markenartikelindustrie an sogenannten Wertschöpfungspartnerschaften nur mäßig interessiert war, da sie damals aufgrund ihrer Angebotsmacht in den meisten Fällen das Vertikal-Marketing dominierte.

In der durch Diskontinuitäten und neue Machtverhältnisse geprägten Distribution wird das Business Process Reengineering mit dem hervorgehobenen Aspekt der Kundenorientierung unter dem Begriff **Efficient Consumer Response (ECR)** diskutiert (vgl. hierzu Barth/Kloth 1999, S. 777 ff.). Als Vorläufer gilt das Quick-Response-Konzept, das für die Textilbranche entwickelt wurde. Bei dem ECR-Konzept handelt es sich um eine Management-Philosophie, nach der Hersteller und Händler durch flexible Kooperationen sowie einer systematischen Kundenfokussierung strategische Wettbewerbsvorteile erzielen können. Das ECR-Konzept orientiert sich an Kundenwünschen („Consumer") sowie an der inner- und zwischenbetrieblichen Optimierung der Warenflüsse („Efficient Response"). Diese beiden Orientierungen werden als Category Management und als Supply Chain Management bezeichnet. Category Management (Warengruppen-Management) umschließt alle Maßnahmen, die über eine Optimierung der warengruppenbezogenen Vermarktung die Umsätze und Wertschöpfung eines an Kundenbedürfnissen ausgerichteten Sortiments verbessern sollen (Marketingoptimierung). Supply Chain Management umfasst alle Maßnahmen, welche die Reduzierung von Kosten sowie eine Qualitätsverbesserung entsprechender Waren- und Informationsflüsse im Sinne der Logistikoptimierung zum Ziele haben. Im Mittelpunkt steht dabei die Abkehr vom „Stau-" und Hinwendung zum „Fließprinzip". An der Umsetzung eines ECR-Konzeptes können zahlreiche Wirtschaftssubjekte gemeinsam als Netzwerk, d. h. im Sinne aufeinander abgestimmter Pläne und Maßnahmen, arbeiten. Eine solche Netzwerk-Konfiguration kann z. B. aus einem Händler, einem oder mehreren Herstellern als Category Captain und Co-Captains, Logistikdienstleistern und Marktforschungsinstituten bestehen.

Die Chancen, ein ECR-Konzept erfolgreich in Handelsunternehmungen einzuführen, hängen maßgeblich von vier Aspekten ab, und zwar von der Bereitschaft und Befähigung zum Change Management (Berndt 1998), von der Unternehmungsgröße, vom Integrationsgrad des Handelssystems sowie von der Art der Leistungserstellung.

Bereits 1996 zeigte eine Umfrage, dass 90 % der befragten Handelsunternehmungen eine **Reorganisation** für notwendig ansahen, weil die traditionellen Organisationsstrukturen an ihre Grenzen stießen. Ebenso viele hielten ECR für ein erfolgversprechendes Organisationskonzept im Sinne einer prozessorientierten Neuausrichtung (vgl. Helpup 1998, S. 88). Dieselbe Untersuchung zeigte, dass Handelsunternehmungen in der Umsatzklasse über 10 Mrd. DM sich im Vergleich mit allen anderen Größenklassen bereits 1996 sehr intensiv mit ECR-Projekten beschäftigt oder einen ECR-Beauftragten ernannt haben. Ferner wurde erkennbar, dass Filial- im Vergleich zu Verbundsystemen eine höhere Projektentwicklungsintensität aufwiesen.

Mit der Verbreitung des ECR-Konzeptes werden verschiedene Organisationskonzepte diskutiert, die innerbetriebliche Strukturen und Prozesse von Industrie- und Handelsunternehmungen als auch die überbetriebliche Zusammenarbeit betreffen (vgl. z. B. Ahlert/Borchert 2000, S. 34 ff.). Ein zentraler Aspekt kann als die Abwendung von den Speerspitzen der Industrie und des Handels bezeichnet werden, repräsentiert von Key Account Managern und Zentraleinkäufern, und die Hinwendung zu multifunktionalen, wirtschaftsstufenübergreifenden Teams (**Abbildung 4.11**).

Da sich die Aktivitäten jeweils auf eine Warengruppe beziehen, sind die Verrichtungen jeweils an einem Objekt ausgerichtet. Dies schließt nicht aus, dass die beteiligten Personen auf der Herstellerseite bei einer Warengruppe für mehrere Händler, die beteiligten Personen auf der Händlerseite für mehrere Warengruppen bei mehreren Herstellern zuständig sind. Dabei ist zu beachten, dass verschiedene Händler eine Warengruppe verschieden abgrenzen können und sich die Zusammensetzung der Artikel und die Bedeutung der Warengruppe verschiedenartig gestaltet. Interessant ist in **Abbildung 4.11**, dass auf der Seite des Herstellers kein Funktionsträger als Category Manager bezeichnet wird. Dies mag dem frühen Datum der Veröffentlichung geschuldet sein. In der Zwischenzeit gibt es – zumindest in Deutschland – viele Hersteller, in denen Category Manager tätig sind und als solche auch bezeichnet werden.

Abbildung 4.11   Multifunktionale, wirtschaftsstufenübergreifende Teams im Category
Management

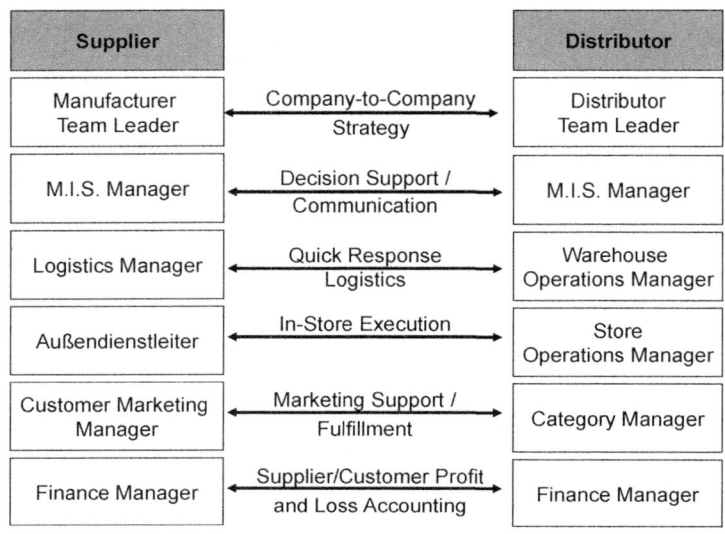

Quelle: Category Management Subcommittee 1995, S. 90

5 Das operative Handelsmanagement

Das strategische Handelsmanagement hat die Aufgabe, neue Erfolgspotenziale zu schaffen und vorhandene auszubauen, mit dem Ziel, die Existenz der Unternehmung zu sichern. Das operative Handelsmanagement geht von den vorhandenen Erfolgspotenzialen aus und hat die Aufgabe, sie auszuschöpfen, d. h. daraus den bestmöglichen wirtschaftlichen Erfolg zu erzielen.

Das strategische und das operative Handelsmanagement sind zu einem ganzheitlichen Management der strategischen Erfolgspotenziale zu verknüpfen. In Zeiten der Instabilität des Kontextes kann die Anpassungsfähigkeit als wichtigstes Erfolgspotenzial der Unternehmung angesehen werden: „Evolution beruht immer darauf, auf Vorhandenem aufzubauen, Bewährtes zu bewahren und vom jeweils erreichten Entwicklungsstand aus weitere Neuerungen auszuprobieren." (Malik/Probst 1981, S. 125)

Erfolgspotenziale betreffen in der Regel mehrere Märkte, mehrere Prozesse, mehrere Wirtschaftssubjekte, es liegen also Interdependenzen vor. Wir betrachten im Folgenden zunächst das Absatzmarketing, das Beschaffungsmarketing und schließlich die Warenbewirtschaftung.

5.1 Das Absatzmarketing

Mit den Instrumenten des Absatzmarketings kann ein Handelsbetrieb seinen relevanten Absatzmarkt gestalten und beeinflussen sowie sein akquisitorisches Potenzial (vgl. Gutenberg 1979, S. 243 ff.) erhöhen. Das marktpolitische Instrumentarium der Absatzförderung zeichnet sich durch folgende Merkmale aus:

- die Ausrichtung der Instrumente auf Endkunden und Wettbewerber als die die Marktform und die Marktqualität prägenden Wirtschaftssubjekte des Absatzmarktes,

- die Beeinflussung der auf dem Absatzmarkt agierenden Wirtschaftssubjekte aufgrund der spezifischen Wirksamkeit der Instrumente,

- die Profilierung des Angebotes im Sinne eines unverwechselbaren Leistungsversprechens desjenigen, zu dessen Gunsten das marktpolitische Instrumentarium wirkt, sowie

- die Autonomie des Planungsträgers im Hinblick auf die Auswahl, Kombination und Intensität des Mitteleinsatzes unter Beachtung gesetzlicher Restriktionen vor allem im Einzelhandel.

Aufgrund der Komplexität der Handelsleistung und der Vielfalt von Handelsfunktionen, die das marktgerichtete Erscheinungsbild von Handelsunternehmungen prägen, unterscheidet sich das absatzpolitische Instrumentarium im Handel deutlich von dem in der Industrie.

Allerdings besteht nicht die Absicht, sämtliche absatzpolitischen Instrumentalvariablen des Handelsbetriebes zu erörtern (ausführlicher z. B. Schröder 2012b). Wir gehen hier auf die Sortimentspolitik, die Preispolitik, die Werbepolitik und die Präsentationspolitik ein. Um die Interdependenzen von einzelnen absatzpolitischen Instrumentalvariablen zu verdeutlichen, betrachten wir die Sonderaktionspolitik gesondert; sie besteht aus Maßnahmen von Sachleistungs-, Preis-, Präsentations- und Werbepolitik.

Die optimale Kombination der Vielzahl von absatzpolitischen Instrumentalvariablen des Handelsbetriebes, man könnte das als „Retailing-Mix" bezeichnen, ist im Übrigen ein schlecht strukturiertes und analytisch nicht zu lösendes Entscheidungsproblem. Im Mittelpunkt der planerischen Überlegungen müssten nicht nur Marktreaktionsfunktionen für die einzelnen Aktionsparameter innerhalb der Instrumentalvariablen stehen; darüber hinaus wäre eine Reaktionsfunktion für die Gesamtheit der Instrumente (im Sinne des sogenannten Mix) und ihre Wirkung auf den Markt abzuleiten. Eine derartige Retailing-Mix-Reaktionsfunktion kann jedoch nach dem derzeitigen Stande der Theorie nicht deduziert werden, weil sie nicht zu erfüllende Anforderungen sowohl an die anzuwendenden statistischen Schätzverfahren als auch an die dem Schätzvorgang zugrunde zu legende Datenbasis stellt.

Ferner sind, was den Grad der Komplexität vergrößert, **Interdependenzen zwischen den absatzpolitischen Instrumenten** in substitutiver, komplementärer und zeitlicher Hinsicht zu berücksichtigen. Substitutive Beziehungen liegen beispielsweise dann vor, wenn über die Zweitplatzierung eines Artikels die gleiche Absatzerhöhung wie durch den Einsatz der Preispolitik zu erreichen ist. Komplementäre Beziehungen treten, wie oben erwähnt, z. B. in der Sonderaktionspolitik auf: Die Auswahl der Artikel, die Höhe des Preises, die Art der Platzierung und der Werbung sind so aufeinander abzustimmen, dass sich synergetische Effekte realisieren lassen. Zeitliche Beziehungen entstehen insbesondere dann, wenn die einzelnen absatzpolitischen Mittel über den Zeitpunkt ihres Einsatzes hinaus wirken oder mit einer Verzögerung wirken (Carry-over-Effekt). Außerdem sind Ausstrahlungswirkungen (Spill-over-Effekte) in das Kalkül einzubeziehen, wenn absatzpolitische Maßnahmen über den definierten Zielbereich hinaus positive oder negative Wirkungen entfalten. So können schlechte Beratungsleistungen des Verkaufspersonals einer Abteilung die Marktchancen anderer Abteilungen der Handelsunternehmung schmälern.

Um in einem betriebswirtschaftlichen Sinne von einer **Optimierung des Instrumentaleinsatzes** sprechen zu können, müssen die Einflüsse der absatzpolitischen Mittel quantifiziert und in monetären Größen ausgedrückt werden. Diese Voraussetzung wäre notwendig, um sicherzustellen, dass der in der Reaktionsfunktion des Retailing-Mix fixierte Zusammenhang zwischen Instrumentaleinsatz und Umsatz auf der maximalen Effizienz jeder eingesetzten Geldeinheit beruht. Jedoch sind monetäre Größen (Umsatz, Kosten, Gewinn) wegen vielfältiger Probleme der Zurechenbarkeit häufig nur schlechte Indikatoren zur Messung des einzelnen Instrumentalerfolges. Kurz gefasst: Mangels geeigneter Daten und mangels geeigneter analytischer Verfahren können optimale Lösungen nicht entwickelt werden. Das Optimum ist unbekannt. Vielmehr geht es um heuristische Lösungen.

5.1.1 Die Sortimentspolitik

5.1.1.1 Grundlagen der Sortimentspolitik

Versteht man in Anlehnung an *Gümbel* (1963, S. 59) unter dem Sortiment die auf einen Zeitpunkt bezogene gedankliche Auswahl und Kombination jener Objekte, die eine Unternehmung im Markt verwertet, so wird die besondere Stellung der Sortimentsbildung für den gesamten Einsatz des absatzpolitischen Instrumentariums deutlich. Denn das Sortiment beinhaltet zum einen die Gesamtheit der zu vermarktenden Handelswaren und definiert zum anderen den zu bearbeitenden Markt mit seinen Käufern und Konkurrenten.

Die Sortimentspolitik ist demzufolge als eine gedankliche Auswahl von Marktobjekten aus einem universellen Güterbestand zu verstehen, die im Zeitablauf als Angebotssequenzen dem Absatzmarkt präsentiert werden (vgl. Möhlenbruch 1994, S. 19 ff.). Die hohe Bedeutung der Sortimentspolitik gerade im Einzelhandel konstatiert bereits *Buddeberg* (1959, S. 28 ff.), der sie im Rahmen einer funktionenorientierten Analyse als Warenumgruppierungs- und damit als eine der Kernfunktionen des Handels bezeichnet.

Mit der Gestaltung des Sortimentsinhalts fixiert der Einzelhändler seine Stellung im Branchengefüge der Absatzwirtschaft und damit den Charakter seiner Tätigkeit. Wesentliche Aktionsprinzipien im Rahmen seiner Sortimentsentscheidungen sind die konsequente Orientierung am Bedarf sowie die sich daraus ergebende Gestaltung der Sortimentsdimensionierung.

Die Aufgabe der Sortimentspolitik ist es, durch eine geeignete Auswahl aus allen Warenbereichen das akquisitorische Potenzial der Handelsunternehmung zu erhöhen. Nur durch die Ausübung einer zielgerechten Sortimentspolitik kann eine höchstmögliche Anziehungskraft auf die aktuellen und potenziellen Kunden erreicht werden. Darüber hinaus muss eine Handelsunternehmung auch die Sortimentspolitik konkurrierender Unternehmungen berücksichtigen, da unter Umständen auf Artikel oder Warenarten verzichtet werden sollte, die von Wettbewerbern entweder kostengünstiger oder unter Berücksichtigung begleitender Dienstleistungen mit einem besseren Preis-Leistungs-Verhältnis angeboten werden können.

Die **Ziele der Sortimentspolitik** bestehen darin, das Warenangebot im Rahmen der handelsbetrieblichen Leistungspolitik so zu gestalten, dass es nicht nur in der Breite und Tiefe, sondern auch im Hinblick auf die Sortimentsniveaupolitik die Grundlagen zur Erreichung der Umsatz- und Gewinnziele schafft. Dabei darf die Artikelauswahl nicht dem Zufallsprinzip überlassen bleiben, da bei den meisten Handelsunternehmungen nur ein relativ kleiner Anteil von Artikeln einen verhältnismäßig hohen Umsatz erzielt und eine überproportionale Rentabilität erreicht. Der Sortimentspolitik selbst sind dabei folgende Aufgaben zu stellen: ein klares Erscheinungsbild des Sortiments zu gestalten, einen individuellen Stil des Sortiments zu pflegen und eine gute Preislagenstufung des Sortiments festzulegen (vgl. Flach 1966, S. 127 ff.).

Man stößt mit dieser Betrachtung auf einen wesentlichen Unterschied zwischen den Zielsetzungen des Hersteller- und des Handelsmarketings. Im Gegensatz zum Konsumgüterhersteller, der durch den Einsatz seiner absatzpolitischen Instrumente seine Produkte profilieren möchte, will der Handelsbetrieb mit den ihm zur Verfügung stehenden Instrumenten die relevante Nachfrage in seinem Einzugsgebiet auf seine Betriebsstätte lenken. Er verfolgt daher die Profilierung seiner Betriebsstätte. Die Bedeutung des einzelnen Artikels im Sortiment wird somit relativiert. Der einzelne Artikel ist nur Mittel zum Zweck im Rahmen der ganzheitlichen Sortimentspolitik, durch eine geeignete Auswahl des Warenangebotes die größtmögliche Anziehungskraft auf die Kunden auszuüben. Aus diesem Grund ist das einzelne Konsumgut in den Warenträgern des Handels einem hohen Substitutionsrisiko unterworfen; denn der Handelsbetrieb hat als Regulator zwischen Produktion und Konsumtion eine Gatekeeper-Funktion auf den Distributionswegen. Aus der Vielzahl konkurrierender Konsumgüter sucht der Entscheidungsträger im Handelsbetrieb dasjenige aus, von dem er annimmt, er könne damit am ehesten seine betriebspolitischen Zielsetzungen erreichen, und zwar unter Berücksichtigung der in seinem Absatzgebiet vorhandenen Nachfragesituation (Mikro-Marketing).

Nach Maßgabe dieses betrieblichen Entscheidungsprozesses umfasst das Sortiment eines Handelsbetriebes alle Waren, die Objekt seiner wirtschaftlichen Betätigung sind (vgl. Seÿffert 1972, S. 62). Jedes Sortiment dient absatzpolitischen Zwecken und lässt sich gedanklich oder räumlich zusammenfassen und wie folgt gliedern:

- **Betriebssortiment:** Das sind **alle Waren** eines Handelsbetriebes.

- **Kernsortiment:** Das sind die **wesentlichen Handelswaren**, die den Charakter (Branche) des Betriebstyps prägen und auf die sich der Handelsbetrieb schwerpunktmäßig spezialisiert hat (z. B. Lebensmittelgeschäft, Möbelgeschäft). Im Kernsortiment sind die Hauptumsatzträger zusammengefasst.

- **Zusatzsortiment:** Das sind **solche Handelswaren**, die im Zuge der Bedarfsorientierung und des Nachfrageverbundes das Kernsortiment betriebswirtschaftlich **sinnvoll ergänzen** (z. B. Non-food-Artikel wie Kleintextilien, Elektrogeräte und Zeitschriften im Lebensmittelgeschäft; Schuhe, Schirme und Hüte im Herrenoberbekleidungsgeschäft).

- **Randsortiment:** Das sind **problematische Artikel und Sorten** des Kern- und des Zusatzsortiments, wie z. B. Übergrößen als Sorten mit unterdurchschnittlichen Umschlagshäufigkeiten, Artikel mit kurzen Lebenszyklen, die unter Rentabilitätsgesichtspunkten permanent beobachtet werden müssen.

Wenn überhaupt, dann gibt es heute nur noch in wenigen Großhandelsbereichen Sortimente in traditionell eng geschlossenen Branchengrenzen. Insbesondere im Einzelhandel haben sich durch den scharfen Wettbewerb über die differenzierten Betriebstypen die Sortimente teilweise radikal verändert. Auch die Tatsache, dass der relative Anteil der Konsumgüter des Grundbedarfs am verwendungsfähigen Haushaltseinkommen der Konsumenten immer kleiner geworden ist, zwingt zu Sortimentsumwandlungen, vor allem Sortimentsausweitungen, um dadurch Umsatzverluste zu kompensieren. Diese Sortimentsausweitung durch Aufnahme bislang noch nicht geführter Warengruppen bezeichnet man als Sortimentsdiversifikation.

5.1.1.2 Digitalisierung, Individualisierung und Personalisierung von Leistungen

Güter und Dienstleistungen lassen sich in physische und digitale, in undifferenzierte und individualisierte, in anonyme und personalisierte Leistungen einteilen. Die Digitalisierung, Individualisierung und Personalisierung von Leistungen haben das Sortiment, haben die Wertkette nachhaltig verändert. Dies wirkt sich auf die Maßnahmen der Sortimentspolitik aus.

Unter einer **digitalen Leistung** wird die Erbringung von Diensten oder Artikeln verstanden, die durch elektronische Zustände abgebildet werden können. Man kann zwischen reinen digitalen Leistungen (in allen Marktphasen digital) und Kombinationen von physischen und digitalen Leistungen unterscheiden. Digitale Leistungen durchlaufen alle Phasen einer Markttransaktion ohne Medienbruch, wie z. B. E-Books. Physische Leistungen, deren Absatz in einzelnen Marktphasen elektronisch unterstützt wird, unterliegen immer einem Medienbruch. *Bliemel* und *Fassott* (2000, S. 509) sprechen in diesem Zusammenhang auch vom E-Share einer Ware, die den Anteil von E-Komponenten am angebotenen Leistungsbündel eines Produkts beschreibt.

Reine digitale Artikel finden sich vorwiegend in der Informations- und Unterhaltungsbranche. Dazu gehören papier-basierte Informationsprodukte (Zeitungen oder Zeitschriften), Wareninformationen (Gebrauchsanleitungen), multimediale Grafiken (z. B. Fotos, Grußkarten), Audioaufzeichnungen (z. B. Musikstücke, Reden) oder Videos (Film- und Fernsehausschnitte). Bei digitalen Diensten handelt es sich um den Abruf von Dienstleistungen, etwa Reservierungen von Flügen, Hotelzimmern, Konzerten oder Sportveranstaltungen über elektronische Medien, wie Internet, Smartphones und Tablet PCs. Zu den digitalen Dienstleistungen zählen u. a. auch Dienste der öffentlichen Verwaltung, wie z. B. Steuererklärung online, oder Finanzdienstleistungen, wie z. B. Online-Banking (vgl. Turban u. a. 2000, S. 429).

Entscheidend für den Einsatz digitaler Waren ist vor allem der adäquate Umgang mit den kennzeichnenden Merkmalen digitaler Information, insbesondere der Beständigkeit, Veränderbarkeit und der Reproduzierbarkeit. Die **Beständigkeit digitaler Leistungen** basiert zunächst auf der Annahme, dass digitale Waren keiner physischen Abnutzung unterliegen: Neue und gebrauchte Waren sind identisch. Für den Handel ist aber die Abnutzung physischer Artikel oft eine wichtige Überlebensgrundlage, da der Werteverzehr und der Verbrauch neue Nachfrage auslösen. Dies gilt in besonderem Maße für Lebensmittel, Textilien oder Möbel. Die Beständigkeit führt bei den betroffenen Händlern zu der sog. **Coase Conjecture** (Coase 1972, S. 143 ff.), d. h. der Markt für eine Ware schrumpft mit der Anzahl der verkauften Artikel. Als Gegenmaßnahmen ist hier zum einen eine Differenzierung des angebotenen Artikels zu empfehlen. Zum anderen bieten sich technische Möglichkeiten, die Gebrauchszeit beim Kunden zu begrenzen, um die Wiederkaufrate zu erhöhen und der illegalen Vervielfältigung vorzubeugen. Beispielhaft sei hier die Möglichkeit der digitalen Artikelimplosion genannt, bei der sich beispielsweise ein heruntergeladenes Video nach einer vorher vom Händler definierten Zeitspanne auflöst. Eine andere Entwicklung ist das sog. Streaming Video, bei dem der Kunde zwar multimediale Daten, wie Videos, im Internet ansehen, aber nicht auf dem eigenen Rechner abspeichern kann.

Die **Veränderbarkeit digitaler Leistungen** durch die Endkunden stellt eine Handelsunternehmung vor ein weiteres Problem. Denn sie kann die Authentizität und Integrität der abgesetzten Produkte nicht mehr kontrollieren. Dies wiederum kann sich zu rechtlichen Problemfällen für den Anbieter entwickeln, etwa im Rahmen der Produkthaftung. Als Gegenmaßnahmen bieten sich die Produktdifferenzierung und der technische Warenschutz an. Digitale Leistungen sind so zu differenzieren, dass Veränderungen für die Konsumenten umständlich oder zeitaufwändig werden. Sichere Übertragungsprotokolle und spezifische Datei-Formate (z. B. pdf) helfen, Veränderungen während der Übertragung oder Nutzung zu verhindern und so den Warenschutz zu erhöhen.

Die mühelose und kostengünstige **Reproduzierbarkeit digitaler Leistungen** verändert ganze Branchen, etwa die Film- und Musikindustrie. Trotz hoher „First Copy Costs" konvergieren die Grenzkosten der Reproduktion digitaler Leistungen gegen Null und zwar auch für den Kunden (vgl. Krcmar 2000, S. 24).

Die Digitalisierung von Leistungen in einzelnen oder allen Marktphasen bietet einer Handelsunternehmung neben den aufgeführten Nachteilen folgende Vorteile. Der Zugang zu internationalen Märkten wird leichter, die Standortabhängigkeit nimmt ab. Je mehr Marktphasen digitale Güter durchlaufen, desto mehr Kosten können in den Bereichen Beschaffung, Produktion und Absatz reduziert werden. Es lassen sich innovative digitale Sortimente und Dienstleistungen entwickeln, rückwärtige Prozesse der Wertschöpfungskette werden integriert, der Händler wird zum Hersteller.

Als **Individualisierung von Leistungen** kann man den Zuschnitt von Gütern und Dienstleistungen auf die jeweiligen Wünsche der Kunden bezeichnen. Formen sind (1) das Mass Customization, (2) das Angebot individueller Einzelleistungen sowie (3) die individuelle Neubündelung von Einzelkomponenten. Die informatorische Grundlage für die Individualisierung von Leistungen ist, dass Kunden als Individuen identifiziert und ihre Präferenzen ermittelt werden können. Die Informationsgewinnung erfolgt u. a. durch die Analyse von Formularen, Cookies und Zugriffsprotokollen, die Informationsbearbeitung durch Personalisierungs-Software. Wenn persönliche Daten vorliegen, wird auch die **Personalisierung**, d. h. die persönliche Ansprache von Kunden möglich.

(1) Der Ausdruck **Mass Customization** (auch: Built-to-Order, Consumer-Co-Construction) setzt sich aus den Begriffen „Mass Production" und „Customization" zusammen. Der Begriff „Mass" bringt die mit der Massenproduktion verbundenen Kostenvorteile zum Ausdruck (vgl. Schröder 2005, S. 49 f.). Der Begriffsteil „Customization" zielt auf die mit der individuellen Leistungserstellung verbundene Bedürfnisbefriedigung ab. Da es sich im *Porter*'schen Sinne bei kosten- und leistungsbasierten Strategien um gegensätzliche Optionen handelt, wird die Verknüpfung – nicht unbedingt zutreffend, aber kommunikativ sehr

wirksam – als Oxymoron bezeichnet. Mass Customization soll der Bedürfnisvielfalt der Kunden Rechnung tragen, ohne auf die aus der Massenfertigung resultierenden Kosten- und damit Preisvorteile zu verzichten. Der Grundgedanke ist, dass viele Kunden zwar verschiedene Anforderungen an Produkte und Dienstleistungen stellen, eine Reihe der Leistungskomponenten aber entweder identisch ist oder sich in demselben Prozess fertigen lässt. Hohe Auflagen von identischen Einzelteilen führen zu Economies of Scale, hohe Aus- lastung von Fertigungsprozessen bei der Herstellung verschiedener Einzelteile zu Econo- mies of Scope (vgl. Piller 2003, S. 235 ff.).

Für eine Handelsunternehmung bietet Mass Customization die Möglichkeit, in mehreren Phasen des Kaufes Vermittlungsleistungen für die Kunden zu individualisieren (vgl. Barth/Stoffl 1997, S. 3 ff.). In der **Informations- und Beratungsphase** lenkt der Händler den Kunden bei der Suche nach Informationen, Waren und Dienstleistungen und nimmt vor allem eine beratende Funktion ein. Wenn die Kunden ihre Informationen leichter beschaf- fen, sinken ihre Transaktionskosten, vor allem auf elektronischen Märkten. Für den Handel impliziert elektronische Massenfertigung eine kostengünstigere Ansprache und Interaktion mit einer Vielzahl von Kunden (vgl. Reichwald/Picot 2000, S. 369 ff.). In der **Spezifikati- onsphase** können die Kundendaten digital online oder stationär (z. B. 3D-Scanner) erfasst und im Idealfall ohne Medienbruch direkt in die Produktionsdatenbanken der Hersteller eingesteuert werden. Wenn der Händler kundenindividuelle Daten speichert, so ist er in der Lage, konkurrierende Angebote zu konfigurieren und anzubieten. So können Eigen- marken der Händler individualisiert werden, wie etwa durch das Abmischen von Farben in Baumärkten. In der **Fertigungs- und Absatzphase** werden Güter in Varianten erstellt, um die differenzierten Wünsche der Kunden zu erfüllen. Ware, die vom Händler angeboten wird, kann virtuell durch weitere Zusatz- und Randsortimente im Sinne von Up- und Cross-Selling ergänzt werden (vgl. Hansen/Hohm/Mekwinski 2002, S. 266). In der **Nach- kaufphase** kann der Handel die Informationen zum Aufbau einer individuellen Kunden- beziehung nutzen. Er kann den Kunden aufgrund der individualisierten Datenbasis besser ansprechen, z. B. durch elektronisches Direkt-Marketing, und dem Kunden den Wieder- kauf erleichtern, weil dieser kein weiteres Mal seine Daten angeben muss.

(2) Der **Absatz individueller Einzelleistungen** ist eine weitere Methode der Personalisie- rung von Leistungen. Dem Kunden werden auf seine individuellen Bedürfnisse abge- stimmte Waren oder Dienstleistungen angeboten, allerdings entfallen wegen der Einzelan- fertigung die Kostenvorteile der Massenproduktion, wie sie das Mass Customizing ermög- licht. Auf der Basis gespeicherter, analysierter und für die Kommunikation bereitgestellter Kundeninformationen wird ein hoher waren- und kundenorientierter Integrationsgrad erreicht. Grundlage hierfür ist das sogenannte Content Management, das die Verwaltung von Inhalten, inklusive der Definition einzelner Arbeitsschritte und Berechtigungskonzepte für den jeweiligen Benutzer umfasst (vgl. Korper/Ellis 2001, S. 158 ff.). Beispielsweise kön- nen digitale Bücher anhand von Fontgröße (Schriftgröße), Umschlaggestaltung, integrati- ver Medienwahl (Audio- und Videosequenzen) oder auch inhaltlichen Veränderungen (männlicher oder weiblicher Ich-Erzähler, Selektion des Handlungsausgangs etc.) individu- ell den Kundenwünschen angepasst werden.

(3) Bei der **Neubündelung von Einzelkomponenten** kann der Kunde sich die Ware nach seinem Geschmack aus einzelnen Standard-Komponenten zusammenstellen lassen (vgl. Bliemel/Fassot 2000, S. 513). Diese Art der elektronischen Personalisierung ist vor allem aus dem Hardware-Bereich für online-konfigurierbare Personal Computer (z. B. bei Dell) bekannt.

Personalisierung geht zum einen einher mit dem Bedürfnis der Kunden nach Abwechslung bei der Auswahl der Waren und Dienstleistungen. Für Handelsunternehmungen bedeutet dies, individuell auf Kunden eingehen und insbesondere im Internet variantenreiche Sortimente oder über geeignete Hersteller Einzelfertigungen anbieten zu können. Zum anderen sind die mit der Personalisierung verbundenen Risiken zu beachten, wie z. B. die Verletzung der Privatsphäre, die Verletzung des Datenschutzes oder die Aushebelung von Rechten an persönlichen Daten, etwa durch deren Weiterverkauf.

5.1.1.3 Maßnahmen der Sortimentspolitik

Die Dynamik der wirtschaftlichen Rahmenbedingungen bewirkt, dass der Sortimentsentscheidungsprozess den wechselnden Marktkonstellationen angepasst werden muss. Grundsätzlich läuft der Prozess der Sortimentsbildung in zwei Stufen ab. Die erste Planungsstufe ist die **Gestaltung des Rahmensortiments**, welches sich vorwiegend auf die Dimension der Sortimentsbreite bezieht (Gümbel 1963, S. 92 ff.). Die zweite Planungsstufe ist die **Gestaltung des Detailsortiments**, in der über die in das Sortiment aufzunehmenden Artikel und Sorten entschieden wird. Dabei sind Entscheidungen über die Grundeinheiten (Detailplanung von Sorten) möglicherweise je nach Branche täglich zu treffen und unterliegen nicht nur saisonalen, jahreszeitlichen und witterungsbedingten Änderungen, sondern auch modischen und durch die technische Entwicklung bedingten Nachfrageverschiebungen.

Innerhalb der Sortimentspolitik sind derartige Umsatzbewegungen in die laufenden Dispositionen einzubeziehen, um zeitlich ausgeglichene Proportionierungen von Sortimenten zu ermöglichen. Bei der Zusammenstellung des Gesamtsortiments ist das **Prinzip der zeitlichen Kompensation** anzuwenden, welches durch Aufnahme von Produkten mit zeitlich gegenläufigen Umsatzbewegungen innerhalb des Gesamtangebots mindestens Umsatznivellierungen ermöglicht (vgl. Seÿffert 1972, S. 187; Hansen 1990, S. 237 f.). Das Prinzip der zeitlichen Kompensation im Sortiment wird sich am besten dann umsetzen lassen, wenn eine bestimmte Sortimentsbreite gegeben ist bzw. eine Sortimentsdiversifikation realisiert werden kann. Unter Umständen wird in diesem Zusammenhang auch ein so weitgehender Schritt wie eine Betriebstypendiversifikation notwendig werden, um die Schwankungen im Gesamtsortiment einer Handelsunternehmung aufzufangen. Darüber hinaus muss unter Berücksichtigung des Lebenszyklus von Produkten nicht nur für eine ausgeglichene Altersstruktur aller Produkte und Warenbereiche gesorgt werden, sondern es muss auch ein möglicher Sortimentsverschleiß beachtet werden. Diesem Sortimentsverschleiß wird vornehmlich durch Sortimentsaktualisierungen und innovative Sortimentszusammenstellungen Rechnung getragen. Vor dem Hintergrund des habitualisierten Kaufverhaltens von Kunden sind diesen Maßnahmen in Abhängigkeit von der einzelnen Branche allerdings

spezifische Grenzen gesetzt, die im Einzelfall zu berücksichtigen sind und von den Ansprüchen der angesprochenen Zielgruppen abhängen.

Laufende Sortimentsaktualisierungen bzw. Sortimentspflegemaßnahmen kann man als
passive Sortimentspolitik bezeichnen. Größere Bedeutung hat in der Praxis die **aktive
Sortimentspolitik** im Sinne eines aktiven Handelsmarketings, um sogenannte „Initialaktio-
nen" sicherzustellen (Gümbel 1963, S. 253). Danach lassen sich drei Handlungsoptionen
unterscheiden: die Sortimentskontraktion, die Sortimentsexpansion und die Sortimentskonsolidierung.

Die **Sortimentskontraktion** bzw. die Einschränkung des Sortiments kann sich sowohl auf
ganze Abteilungen als auch auf jede einzelne Ebene der Sortimentspyramide beziehen, d. h.
die Breiten- und die Tiefenkontraktion (vgl. Möhlenbruch 1993a, S. 49 ff.). Bei der Entscheidung für eine Kontraktion sind die bestehenden Verbundbeziehungen innerhalb eines
Sortiments zu berücksichtigen. Darüber hinaus ist die Sortimentseinschränkung grundsätzlich mit dem Problem behaftet, dass brachliegende Raumkapazitäten entstehen und somit
Ressourcen verschwendet werden.

Auch die **Sortimentsexpansion** bzw. die Erweiterung des Sortiments kann sich auf jede
Ebene der Sortimentspyramide erstrecken (Breiten-, Tiefenexpansion) und schließt die
Sortimentsdiversifikation mit ein. Dabei ist unter dem Begriff der **Sortimentsdiversifikation** die Aufnahme neuer artverwandter Teilsortimente mit wachstumsträchtigen Pro-
duktbereichen und Dienstleistungen zu verstehen. So kann beispielsweise die Aufnahme
von Reisebüros, Finanzdienstleistungen und Delikatessenabteilungen in Warenhäusern
oder die Aufnahme von Non-food-Artikelbereichen im Lebensmittelhandel als Diversifikation bezeichnet werden. Eine Diversifikationsstrategie kann nicht nur zu einer besseren
Auslastung vorhandener Kapazitäten führen, sondern ermöglicht auch die Nutzung von
Nachfrageverbünden.

Die Sortimentsexpansion schließt auch Maßnahmen zur **Sortimentsinnovation** mit ein. Der
Handel wird jährlich mit einer Vielzahl neuer Produkte konfrontiert, über deren Aufnahme
im Sinne einer Sortimentsaktualisierung zu entscheiden ist. Dabei ist in Abhängigkeit des
Neuigkeitsgrades zwischen echten Innovationen bzw. Marktneuheiten und Me-too-Pro-
dukten zu unterscheiden, wobei letztere lediglich im Angebotsprogramm der Unternehmung, jedoch nicht für den Markt neu sind.

Probleme bei der Sortimentsexpansion ergeben sich einerseits aus den begrenzten Ver-
kaufsflächenkapazitäten. Andererseits ist die Ausweitung des Warenangebotes mit einer
Erhöhung der Kapitalbindungskosten verbunden, so dass die Sortimentserweiterung ohne
gleichzeitige Eliminierungsentscheidungen nur begrenzt realisierbar ist.

Die **Sortimentskonsolidierung** ist durch einen umsatzorientierten Umstrukturierungs-
prozess innerhalb des Gesamtsortiments gekennzeichnet, ohne dass sich die Artikelanzahl
zwangsläufig verändert. Im Idealfall werden ertragsstarke Warenbereiche hinsichtlich der
Tiefen- oder der Breitendimension oder hinsichtlich beider Dimensionen erweitert, wäh-

rend das Sortimentsangebot in ertragsschwachen Bereichen eingeschränkt wird. Das Ziel ist die optimale Ausnutzung der vorhandenen Kapazitäten.

Zudem umfasst die Konsolidierung die sogenannte bereinigende Sortimentserweiterung, bei der artikelspezifische Strukturveränderungen vorgenommen werden, die sich auf die Veränderung von Umsatzanteilen innerhalb der Sortimentspyramide beziehen. Dies wird in der Regel durch eine Veränderung der Preispolitik begleitet, um gewünschte Gewichtsverlagerungen im Sortiment sicherzustellen. Auch kommt zur Veränderung von Umsatzanteilen der Austausch einzelner Sorten oder Artikel in Frage.

Auf der Grundlage der hier schematisch dargestellten sortimentspolitischen Verhaltensweisen und Handlungsoptionen, die in der Praxis insbesondere auch Mischformen einbeziehen, ergibt sich ein breiter Spielraum kreativer und innovativer Sortimentspolitik, der jedoch durch das Spektrum von Verbundbeziehungen in der Regel wieder erheblich eingeschränkt werden kann.

Eine typische Frage bei filialisierenden Handelsunternehmungen ist der **Standardisierungsgrad in der Sortimentspolitik**. Es gibt Unternehmungen, deren Filialen ein standardisiertes Sortiment führen, und Unternehmungen, deren Filialen unterschiedlich stark ausdifferenzierte Sortimente haben, etwa das gleiche Kernsortiment und unterschiedliche Zusatz- und Randsortimente oder ein in allen Bereichen unterschiedliches Sortiment. Jeder Händler muss sich bei der Frage „Standardisierung oder Differenzierung" fragen, ob die Kostenvorteile einheitlicher Sortimente oder die Umsatzvorteile überwiegen, die sich aus dem Erreichen verschiedener Kundenwünsche ergeben. Bei Betriebstypen mit aggressiver Preispolitik könnte die Standardisierung im Sortiment vorteilhaft sein, um Kostenvorteile auf den Beschaffungsmärkten in niedrige Preise auf den Absatzmärkten transferieren zu können.

Bereits vor etlichen Jahren lieferte der Lebensmittel-Discountfilialist *Aldi* ein eindrucksvolles Beispiel für die Standardisierung im Sortiment. Die Grundlage des Erfolges ist die Beschränkung des Sortiments auf problemfreie und selbstbedienungsgerechte Massenbedarfsartikel, die mit einem gehobenen Qualitätsstandard unter Ausschöpfung aller Maßnahmen der Kosteneinsparung zu sehr niedrigen Preisen angeboten und lediglich um Saisonartikel und Aktionsware ergänzt werden (vgl. Boyens 1981, S. 92 f.). In der konsequenten Beschränkung des Sortiments ist einer der entscheidenden Gründe für die Preisführerschaft zu sehen. Dies schließt keineswegs die oben angeführten Maßnahmen der Sortimentsveränderungen im Detail aus, auch nicht die eine oder andere strategische Neuausrichtung von Sortimenten, wie z. B. die Hinzunahme der Telefonie, *Aldi Talk*, aber eben schnell, einfach, bequem und günstig. Das Wachstum wird ausschließlich auf der Grundlage eines rigorosen Kostenmanagements über eine intensive Filialisierung gesucht, auch auf ausländischen Märkten.

In den letzten Jahrzehnten ist eine **branchenübergreifende Bedarfsbündelung** zu beobachten gewesen, was zu einer erheblichen Verwischung von Branchengrenzen und zu einer Erhöhung der Betriebstypenvielfalt im Einzelhandel geführt hat. Die vielfältigen Möglichkeiten der Bedarfsbündelung im Einzelhandel stellen nicht nur ein erhebliches innovatori-

sches Potenzial in der Sortimentspolitik dar, sondern eröffnen der einzelnen Unternehmung auch die Möglichkeit, neue Bedarfe zu stimulieren. Darüber hinaus bieten sich neue
Möglichkeiten zur Festlegung und intensiven Bearbeitung von Zielgruppen.

Eine weitere Entwicklung ist die **Polarisierung** zwischen den dienstleistungsorientierten
Fachgeschäften und den preisaggressiven Discountbetrieben. Die meisten traditionellen
Fachgeschäfte reagierten auf den zunehmenden Konkurrenzdruck und die Niedrigpreispolitik der Discounter nicht nur mit einer Erhöhung der Preislagen-Stufung und des Sorti-
mentsniveaus, sondern sahen sich auch gezwungen, eine Aufspaltung ihres Gesamtsortiments in ein sogenanntes Normalsortiment und ein Aktionssortiment vorzunehmen, um
zumindest teilweise durch Sonderangebotswaren ein Abwandern von Kunden an die neu-
en preisaggressiven Betriebstypen zu verhindern.

Die Identitätskrise der Warenhäuser mit der teilweise aufgegebenen Sortimentsphiloso-
phie, „alles unter einem Dach" anzubieten, bestätigt die Polarisierungstendenz. Für die
Sortimentspolitik stellen sich bedeutende Aufgaben in der Zielgruppen-Bestimmung und
der Marktsegmentierung. Dabei ist aber nicht zu verkennen, dass das „entweder oder"
einer Polarisierung zunehmend durch ein „sowohl als auch" ersetzt wird, denn der heutige
Kunde erwartet nicht nur Qualität und Service, sondern auch gleichzeitig Preisgünstigkeit
(vgl. Zentes 1996, S. 20 f.).

In der jüngeren Vergangenheit ist eine **Renaissance der Fach- und Spezialgeschäfte** zu
beobachten, die an Zeiten Ende des 19. und Anfang des 20. Jahrhunderts erinnern. Sie sind
national häufig wenig bekannt, weil sich ihre Aktivitäten auf wenige Geschäfte in einem
engen räumlichen Raum beschränken: In der Regel sind die Eigentümer selbst tätig, sie
sind es, die den Geschäften „ihren Geist einhauchen" und damit den Engpass für eine Multiplikation des Konzeptes bilden.

5.1.1.4   Verbundeffekte und Sortimentspolitik

Je mehr Möglichkeiten ein Händler seinen Kunden bietet, bei dem Besuch seines Geschäftes
mehrere Produkte zu kaufen, umso mehr Verbundbeziehungen gibt es zwischen den Artikeln. Maßgeblich hierfür sind die Breite und die Tiefe des Sortimentes. Je breiter das Sortiment ist, desto mehr komplementäre Produkte, je tiefer das Sortiment ist, desto mehr substitutive Produkte bietet das Sortiment.

Beschränkt man sich auf die Erlösseite und vernachlässigt mögliche Auswirkungen auf der
Kostenseite, dann lässt sich der **Sortimentsverbund** wie folgt definieren. Unterschiedliche
Artikel und Warengruppen werden nach absatzpolitischen Prinzipien zusammengefasst
und erzeugen dadurch einen synergetischen Effekt, dass bei der Elimination eines Sorti-
mentsteiles nicht nur der Umsatz dieses Sortimentsteils entfällt, sondern auch der Umsatz
anderer Artikel. Als Ausprägungen des Sortimentsverbundes lassen sich der Bedarfsverbund, der Auswahlverbund, der Nachfrageverbund und der Akquisitionsverbund (Kaufverbund) unterscheiden (vgl. Merkle 1981, S. 4).

Der **Bedarfsverbund** tritt bei Artikeln auf, die in einem komplementären Ge- oder Verbrauchsverhältnis zueinander stehen. Der Bedarfsverbund korreliert stark mit der Sortimentsbreite, da dem Kunden ge- oder verbrauchsbedingte Komplementärgüter offeriert werden. Der Bedarfsverbund bietet den Kunden additive Kaufmöglichkeiten und führt daher zu einem Bedarfserweiterungseffekt.

Der **Auswahlverbund** bezieht sich auf Artikel, die von artgleicher Gattung sind und in einem substitutionalen Verhältnis zueinanderstehen. Der Auswahlverbund korreliert stark mit der Sortimentstiefe und schafft alternative Kaufmöglichkeiten. Soweit ein Kunde für mehrere Konsumenten eines Haushalts oder für verschiedene eigene Bedürfnisse einkauft, steigen auch die additiven Kaufmöglichkeiten. Die Aufnahme neuer Sorten führt daher zu Substitutionseffekten, Bedarfserweiterungseffekten (Simultankauf verschiedener Sorten) sowie Partizipationseffekten über verbesserte Bedarfsentsprechung im Vergleich zu den Wettbewerbern. Der Partizipationseffekt bedeutet, dass die Kunden statt bei einem konkurrierenden Händler bei dem betrachteten Händler kaufen.

Der **Nachfrageverbund** bezieht sich auf diejenigen Artikel, die der Kunde aus Gründen der Beschaffungsrationalisierung in einem einzigen Vorgang, also bei einem Besuch des Geschäftes kauft. Unter sortimentspolitischen Aspekten wird im Gegensatz zum Bedarfsverbund vornehmlich den Einkaufsgewohnheiten der Kunden Rechnung getragen. Der Nachfrageverbund korreliert sowohl mit der Breite als auch mit der Tiefe des Sortiments. Ein positives Preis-Leistungs-Image und verkehrsbedingte Beschaffungserleichterungen fördern den Nachfrageverbund. Der Nachfrageverbund fördert Bedarfserweiterungs- und Partizipationseffekte, wenn der Kunde seinen Beschaffungsprozess rationalisieren kann.

Der **Akquisitionsverbund** (Kaufverbund) bezieht sich auf diejenigen Artikel, die Gegenstand einer kurzfristig angelegten absatzpolitischen Förderung sind. Der Einsatz verschiedener absatzpolitischer Instrumente soll Artikel werblich herausstellen, um sowohl geplante als auch ungeplante Kaufhandlungen der Kunden zu fördern. Artikel in einem Akquisitionsverbund stimulieren Bedarfserweiterungseffekte (Förderung von Spontankäufen), Substitutionseffekte zu Lasten der nicht geförderten Substitutionsartikel sowie Partizipationseffekte dadurch, dass Käufer durch die Förderungsmaßnahme von den Wettbewerbern abgezogen werden.

Bevor eine akquisitorische Umsetzung von Verbundeffekten in konkrete sortimentspolitische Maßnahmen möglich ist, sind zunächst **Analysen von Sortimentsverbünden** durchzuführen. Die Aufgabe von Verbundanalysen besteht darin, mögliche Ausstrahlungseffekte einzelner Waren bzw. Warengruppen aufzudecken und in konkrete absatzpolitische Maßnahmen umzusetzen. Dabei liefern derartige Untersuchungen nicht nur Hinweise für sortimentspolitische Entscheidungen, sondern auch für Maßnahmen der Preispolitik, der Werbepolitik, der Warenpräsentationspolitik und der Sonderaktionspolitik sowie nicht zuletzt auch für die Personalpolitik.

Bei der Nutzung von Erkenntnissen über den Sortimentsverbund kann eine Handelsunternehmung grundsätzlich zwei Optionen verfolgen. Zunächst besteht die Möglichkeit, bereits vorhandene Verbundeffekte zu stützen und zu verstärken. Zum anderen kann das

Ziel verfolgt werden, neue Verbundeffekte zu schaffen, die die bereits bestehenden ergänzen und fördern sollen (vgl. Böcker/Merkle 1975, S. 191).

Zur **Ermittlung von Sortimentsverbünden** stehen verschiedene **Verfahren** zur Verfügung, die mit unterschiedlichen Problemen behaftet sind. Für eine Analyse des Bedarfs- und Nachfrageverbundes eignet sich in der Regel eine Befragung bei aktuellen und potenziellen Kunden einer Handelsunternehmung mit allen sich daraus ergebenden Schwierigkeiten hinsichtlich der Validität und der Reliabilität. Bei der Analyse des Kaufverbundes wird man in der Regel auf Kassenbelege und Scannerdaten zurückgreifen, um Verbundkaufwahrscheinlichkeiten zu schätzen (vgl. Michels 1995, S. 37 ff.). Hierbei stellt sich allerdings die Frage, ob von einer Konstanz festgestellter Verbundbeziehungen ausgegangen werden kann. Denn nur bei einer annähernden **Konstanz** der Daten oder zumindest bei einer geringen Schwankungsbreite können die gewonnenen Informationen über den Kaufverbund für Prognosezwecke und eine gesicherte Beurteilung alternativer Sortimentsstrategien herangezogen werden.

Hinzu kommt das Problem der **Bewältigung des Datenumfangs**. Discounter haben durchschnittlich 2.000 Artikel in ihrem Sortiment, kleine Supermärkte 12.000, große Supermärkte 25.000 und SB-Warenhäuser rund 50.000 Artikel (Stand: 2014; vgl. EHI 2014b). Warenhäuser in Großstädten haben bis zu 500.000 Artikel (Stand 2013; vgl. Galeria Kaufhof GmbH 2013). Bei großen Sortimenten erscheint es zweckmäßig, Verbundbeziehungen und die Frage nach deren Konstanz zunächst nur auf Warengruppen- und Abteilungsebene zu analysieren und für die Umsetzung in sortimentsspezifische Maßnahmen in Erwägung zu ziehen (dazu exemplarisch Hruschka/Lukanowicz/Buchta 1999).

Ein weiterer Punkt bei Sortimentsverbundanalysen ist die Bestimmung von **Verbundkoeffizienten**, mit deren Hilfe der dependente oder interdependente Zusammenhang zwischen einzelnen Sortimentsteilen bestimmt werden kann. Dabei hat eine Bewertung von Kaufverbundeffekten auf der Grundlage quantitativer Analysemethoden vornehmlich folgende grundsätzlichen Fragestellungen zu klären (vgl. Böcker 1974, S. 62):

- Welche Kaufmerkmale sind bei der Messung des Verbundes heranzuziehen?

  - Die in den einzelnen Warengruppen jeweils getätigten Umsätze,
  - die Zahl der jeweils erworbenen Artikel in den einzelnen Warengruppen oder
  - der Tatbestand, dass in einer bestimmten Warengruppe ein Umsatz erzielt wurde?

- Welche Maßgrößen sollen zur Ermittlung der Verbundintensität genutzt werden?

  - Wahrscheinlichkeitsaussagen,
  - Korrelationskoeffizienten,
  - andere Affinitätsmaße?

- Sind die Stärken der Verbundbeziehungen zwischen den einzelnen Warengruppen als gleich oder ungleich anzusehen? Sind es

  - symmetrische Beziehungen oder
  - asymmetrische Beziehungen?

Um beurteilen zu können, welche Ausstrahlungseffekte von Sortimentsteilen ausgehen, ist es notwendig, zunächst die Richtung von Verbundbeziehungen näher zu analysieren. Hierbei unterscheidet man grundsätzlich vier Richtungszusammenhänge (vgl. Merkle 1981, S. 34 ff.):

Reflexive Verbundbeziehungen sind dann gegeben, wenn ein Artikel nicht einzeln, sondern in mehrfacher Ausfertigung gleichzeitig gekauft wird, weil er beispielsweise nicht alleine genutzt werden kann oder kleine Packungsgrößen für den Kunden uninteressant sind.

Symmetrische Verbundbeziehungen besagen, dass bei zwei im Verbund gekauften Artikeln die Verbundwirkung des ersten Artikels in Richtung des zweiten Artikels gleich der reziproken Verbundwirkung ist.

Asymmetrische Verbundbeziehungen liegen dann vor, wenn zwar reziproke Verbundwirkungen zwischen zwei Artikeln gegeben sind, diese aber mit ungleicher Stärke wirken. In der Praxis wird es in der Regel jedoch erhebliche Schwierigkeiten bereiten, symmetrische von asymmetrischen Verbundbeziehungen zu unterscheiden, da eine Richtungsbestimmung einschließlich einer Evaluation der Stärke nur auf der Grundlage von Befragungen mit geringer Validität der Daten möglich ist. Vor diesem Hintergrund erscheint es zweckmäßig, auf Plausibilitätsüberlegungen zurückzugreifen und von einem symmetrischen Verbundmodell auszugehen, bei dem kein einzelner Artikel als sogenannter „Urkauf" angesehen wird. Vielmehr wird bei typischen Verbundkombinationen eine Bedarfseinheit unterstellt, die durch einen sogenannten Hintergrundfaktor definiert werden kann. Dieser Faktor lässt sich beispielsweise aus einem Verwendungszusammenhang oder auch aus einer bestimmten Markenpräferenz erklären und begründet „indirekte Symmetriebeziehungen" zwischen verschiedenen Artikeln (vgl. Merkle 1981, S. 37).

Transitive Verbundbeziehungen liegen dann vor, wenn die Beziehungen zwischen den Artikeln a und b einerseits und den Artikeln b und c andererseits zu einer Verbundbeziehung zwischen den Artikeln a und c führen, wobei die zuletzt genannte Relation sowohl symmetrisch als auch asymmetrisch sein kann.

In der Literatur werden oft sowohl Symmetrie als auch Transitivität als gegeben vorausgesetzt, um eine wegen der in der Regel vorhandenen Sortimentsbreite notwendige Verdichtung der Daten zu ermöglichen und damit eine Entscheidungsgrundlage für sortimentspolitische Maßnahmen bilden zu können.

Korrelationsmodelle kommen in Frage, um Einkäufe auf Sortimentsverbünde hin zu untersuchen. Die aus Kaufdaten errechneten Korrelationskoeffizienten werden als Maß für die Verbundintensität interpretiert. Die Grenzen einer solchen Vorgehensweise sind (vgl. Sydow 1978, S. 3 f.):

■   Wenn man sich in der Analyse auf den Kaufverbund beschränkt, kann man das Sortiment nur im Hinblick auf Eliminationsentscheidungen absichern. Kundenwünsche im Sinne von Nachfrage- und Bedarfsverbünden sind so nicht festzustellen. Gerade zur

Fundierung sortimentspolitischer Maßnahmen über die Aufnahme neuer Produkte sind daher begleitende Untersuchungen unverzichtbar.

- Da gerade im Konsumgüterbereich die Dynamik des Kundenverhaltens außerordentlich ausgeprägt ist, können ex post-Analysen zu unrealistischen zukunftsbezogenen Annahmen über die Verbundbeziehungen im Sortiment führen. Konstante Verbundbeziehungen im Sortiment können nur in seltenen Fällen vorausgesetzt werden, so dass derartige Annahmen unter Umständen gravierende sortimentspolitische Fehlentscheidungen zur Folge haben.

- Der Korrelationsansatz kann nur diejenigen Einkäufe als Verbundkäufe erfassen, die durch einen Kaufakt realisiert worden sind. Erstreckt sich jedoch ein kausaler Verbundkauf auf mehrere Beschaffungsakte, wird er in der Regel als Verbundkauf nicht erfasst und mit später getätigten Einkäufen als Verbundkauf in Zusammenhang gebracht, obwohl unter Umständen zu diesen Zeitpunkten kein sachlicher Zusammenhang besteht. Dies wäre beispielsweise dann gegeben, wenn ein Kunde gezielt zeitlich befristete Sonderangebote bei lagerfähigen Waren ausnutzt und sich dadurch sein jeweiliger Warenkorb in der Zusammensetzung erheblich ändert.

- Die Prämisse von symmetrischen Verbundbeziehungen in der Auswertung kann zum Problem werden. Wird nämlich zwischen zwei Warengruppen, bei denen die eine positive und die andere negative Deckungsbeiträge aufweist, eine Verbundbeziehung festgestellt, kann unter Umständen die eliminationsverdächtige Warengruppe im Sortiment verbleiben, obwohl sie doch faktisch ausschließlich Gegenstand von Folgekäufen ist und ohne Nachteil für den Absatz der anderen Warengruppe eliminierbar wäre.

- Ein niedriger Korrelationskoeffizient in Verbindung mit einem unbefriedigenden Deckungsbeitrag muss nicht unbedingt ein Eliminationsgrund sein, weil niedrige Verbundkoeffizienten auch das Ergebnis nicht bedarfsgerechter Warenplatzierung sein können, welche die Verbundkaufrate unter Umständen erheblich reduziert.

Diese Einschränkungen machen deutlich, dass der Korrelationsanalyse nur eine unterstützende Funktion bei der Fundierung sortimentspolitischer Entscheidungen zukommen kann und gerade für die innovative Sortimentspolitik Primärerhebungen zur Analyse des Kundenverhaltens unerlässlich sind.

5.1.1.5   Die Sortimentssteuerung

Die Anpassung der Sortimente an die Bedingungen des Marktes, insbesondere an die sich auch kurzfristig ändernden Ansprüche der Verwender, erfolgt im Rahmen der operativen Sortimentssteuerung. Auf der einen Seite gibt es Waren mit einem vergleichsweise kontinuierlichen Warenabfluss (in der Lebensmittelbranche auch als Fast Moving Consumer Goods, FMCG, bezeichnet). Auf der anderen Seite gibt es Waren, die starken Schwankungen unterworfen sind und hohe Anforderungen an die Planung stellen. Dies betrifft vor allem modeabhängige Artikel (vgl. Hermanns 1999, S. 13). Modezyklen kennzeichnen die „Innovationsschübe" vor allem im Bereich der Oberbekleidung. Sie führen zu in der Regel absehbar begrenzten Verkaufszeiträumen mit einem hohen Lagerräumungsbedarf. Da die

Leistungsfähigkeit der Sortimentsplanung erst nach den Kaufentscheidungen der Kunden bewertet werden kann, müssen Maßnahmen der Absatzsteuerung die Diskrepanzen von Sortimentsplanung und Käuferverhalten ausgleichen (vgl. Schneider 1994, S. 1351 ff.). Solche Maßnahmen sind z. B. modulare Sortimente, um sich in einem Filialsystem besser an die jeweiligen Standortbedingungen (Kundenstruktur, Kaufkraft, Wettbewerber etc.) anzupassen. Modulare Konzepte sind mit der Einkaufsbündelung über den Zentraleinkauf vereinbar. Die Vermarktungschancen lassen sich erhöhen durch flexible Abschriften- und Verkaufsprämienplanung sowie Präsentationsänderungen und Direktwerbung auf der Basis von Kundeninformationssystemen (Stichwort: Personalisierung von Leistungen).

Handlungsempfehlungen für ein Regelwerk der Absatzsteuerung ergeben sich aus der Theorie von Marktdiffusionsprozessen (vgl. Rogers 1983, S. 247). Sie erklärt den Übernahmeprozess von Neuerungen in sozialen Systemen in der Zeit und unter Risikoaspekten, wobei zwischen Innovatoren, frühen Adaptoren, frühen Mehrheiten, späten Mehrheiten sowie Nachzüglern unterschieden wird. Ein Beispiel aus der Bekleidungsindustrie liefert *Fuchslocher* (1986). Idealtypische Diffusionskurven können über Vergangenheitsdaten empirisch gestützt werden, wobei beispielsweise bei einer Saison von 16 Wochen nach Ablauf von zwei Monaten ca. 50 % der gesamten Abverkaufsmenge vermarktet sein sollte.

Im Hinblick auf die idealtypische Diffusionskurve können drei Artikelkategorien nach Maßgabe ihres Abweichungsverhaltens von der Norm unterschieden werden, und zwar

- „Renner" mit überdurchschnittlich hohen Abverkaufsquoten,

- „Penner" mit unter dem Durchschnitt liegenden Abverkaufsquoten sowie

- Artikel mit von Filiale zu Filiale ganz unterschiedlicher Gängigkeit.

Idealtypische Absatzverläufe, Überprüfungszeitpunkte und die sich aus dem Vergleich ergebenden Maßnahmen der Absatzsteuerung sind in **Abbildung 5.1** dargestellt. Grundsätzlich ist es für das modische Sortiment empfehlenswert, kurz vor Beginn der Saison bereits mit einem Kommunikationskonzept der Aufmerksamkeitsgewinnung zu starten, damit durch eine schnelle Aktivierung der Innovatoren und einer daraus folgenden Mobilisierung der frühen Mehrheiten der Prozess der Marktdiffusion beschleunigt werden kann.

Soweit im Textilbereich noch das Stauprinzip (Push-Prinzip) vorherrscht, ergibt sich in aller Regel die Notwendigkeit, hohe Restbestände zu verwerten. Maßnahmen zur Bestandsverwertung für die Zwecke der Lagerräumung und Schaffung von Liquidität sind folgende:

- Verwertung der Restbestände innerhalb der Filialen durch Zusammenführung des Überlagers in „Resteecken" bei aggressiver Preisstellung,

- Verwertung in bestimmten Filialen durch Einrichtung sog. Schnäppchenmärkte (zwar entstehen dadurch zusätzliche Logistikkosten, jedoch vermeidet man in den „Nicht-Verwertungs-Filialen" eine mögliche Imageverwässerung),

- externe Verwertung durch Partievermarkter verbunden mit dem Nachteil geringer Erlöse.

Abbildung 5.1   Absatzverläufe, Überprüfungszeitpunkte und Steuerungsmaßnahmen

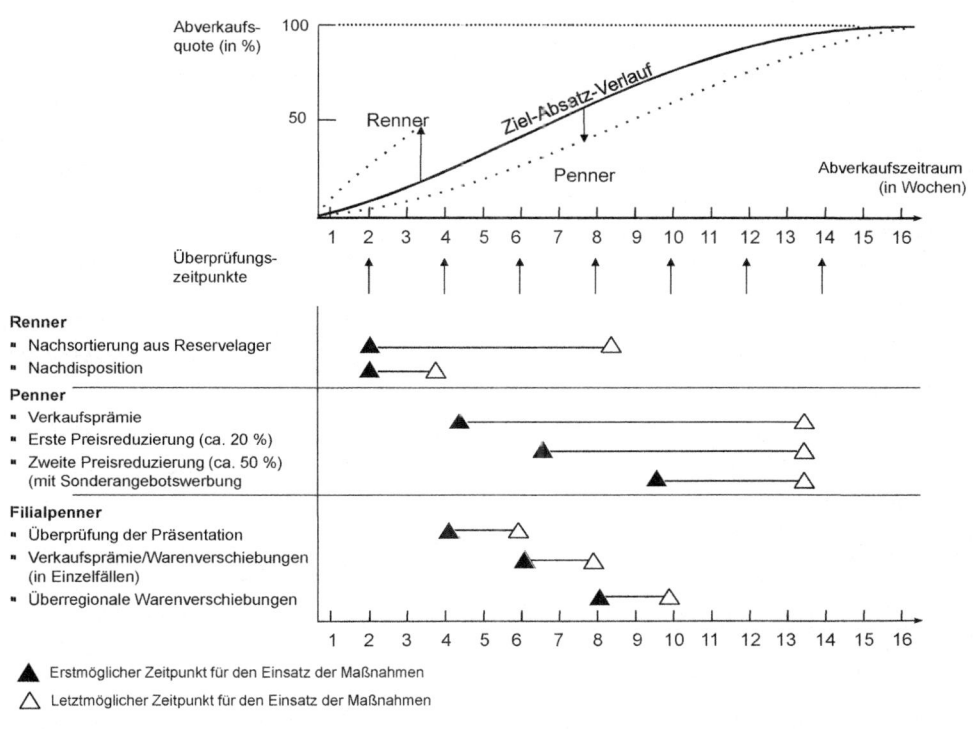

Quelle: Schneider 1994, S. 1351 ff.

Angesichts der langen Verweildauer der Produkte in der textilen Wertschöpfungskette und der nicht selten hohen Restbestände sollten besonders in der Textilwirtschaft die im Rahmen des ECR-Ansatzes diskutierten Methoden umgesetzt werden.

5.1.2   Die Preispolitik

Der Preis ist das Entgelt für ein mengen- und wertmäßig spezifiziertes Warenangebot sowie für die damit verbundenen distributiven Leistungen. Preispolitische Entscheidungen beziehen sich auf alternative Preisstellungen gegenüber den Nachfragern. Der Preispolitik kommt im marketingpolitischen Instrumentarium vor allem aus zwei Gründen eine zentrale Rolle zu:

■ Die Preispolitik gilt neben der Sortimentspolitik als primärer Beeinflussungsfaktor der Absatzhöhe (vgl. Gümbel 1974, Sp. 1884).

■ Der Preis ist im Gegensatz zur Leistung in der Regel sofort sichtbar (Ausnahmen sind z. B. Check out Coupons), und zwar für die Kunden und die Wettbewerber.

Aus Kundensicht kann der Preis als der in Geldeinheiten ausgedrückte Nutzen bezeichnet werden, den ein Käufer einer bestimmten Qualitäts- und Mengenkombination eines Handelsproduktes beimisst. Der Preis spiegelt demzufolge Stärken und Schwächen der handelsbetrieblichen Leistung wider. Probleme im Hinblick auf die Akzeptanz von Preisforderungen weisen auf Schwachstellen bei den nicht-preislichen Marketingparametern hin. Preis und Leistungsangebot sind also sehr eng miteinander verflochten. Ein Beispiel aus der Sortimentspolitik: Nicht nur Veränderungen in der Sortimentstiefe, in der Sortimentsbreite oder im Sortimentsniveau sind mit entsprechenden Veränderungen der Preispolitik zu verknüpfen (vgl. Möhlenbruch 1994, S. 31). Im Grunde sind nahezu alle sortimentspolitischen Ziele – so beispielsweise die Abhebung vom Wettbewerb, die zielgruppen- und standortspezifische Sortimentsauswahl, faires und angemessenes Preis-Leistungs-Verhältnis und auch die Schaffung von Spielräumen in der Kalkulation – ohne den Einbezug preispolitischer Überlegungen nicht realisierbar.

Nun gestaltet sich gerade im Handel die Preispolitik als besonders komplexes Entscheidungsproblem. Die exakte theoretische Durchdringung der Preisfindung wird aufgrund folgender Überlegungen erschwert:

■ In einer konkreten betrieblichen Situation haben die Entscheider nur geringe und unvollständige Informationen darüber, welche Absatzmengen eines Artikels bei alternativer Preisstellung erzielbar sind. Dies ist unter anderem darauf zurückzuführen, dass die nachfrageseitige Nutzenbemessung nicht eindeutig und objektiv nachvollziehbar ist.

■ Der Handelsbetrieb ist die komplexeste Form der Mehrproduktunternehmung. Einzelne artikelspezifische Preis-Absatz-Funktionen lassen sich, wenn überhaupt, nur mit einem außerordentlichen Erhebungsaufwand abschätzen (Auswertung von Zeitreihen der Preise und Absatzmengen im Rahmen der Panelforschung und mit Hilfe von Scannerkassen, Befragungen der Kunden nach ihrem Kaufverhalten sowie Experimente). Hinzu kommt, dass ex post-Erhebungen aufgrund des wechselnden Kundenverhaltens eine geringe prognostische Relevanz besitzen. Eine sinnvolle Anwendung mikroökonomischer Preisfindungsmodelle ist daher derzeit noch zu bezweifeln.

■ Die mikroökonomische Preistheorie stößt auch mit Blick auf die Berücksichtigung unterschiedlicher Marktformen schnell an ihre Grenzen. Aufgrund der Heterogenität der Handelsleistung verbunden mit einer mehr oder minder starken Tendenz der Kunden, gerade die Güter des kurzfristigen Bedarfs in der Nähe der Wohnung zu kaufen, entstehen zwar Unvollkommenheitsbedingungen, die in der Sprache der mikroökonomischen Preistheorie zu einem monopolistischen Spielraum in den Grenzen einer doppelt geknickten Preis-Absatz-Funktion führen. Diese durch den monopolistischen Spielraum geprägte Autonomiezone bei der Preisfindung gilt aus der Sicht eines Handelsbetriebes aber nicht für alle Warengruppen und erst recht nicht für alle von ihm geführten Artikel gleichermaßen.

Preisentscheidungen lassen sich somit nicht auf ein einfaches Optimierungskalkül reduzieren.

5.1.2.1   Preispolitische Ziele

Wenn eine Handelsunternehmung preispolitische Ziele formuliert, sollte sie sich überlegen, welchen Planungszeitraum (Zeitbezug), welche Artikel und Warengruppen (Sachbezug) und welche Arten von Zielen (inhaltlicher Bezug) sie ins Auge fasst.

a)   Der Zeitbezug der Ziele

Ein Blick in die Praxis lässt nicht selten die Vermutung aufkommen, dass die Preispolitik eine Serie von Kurzfristentscheidungen ohne eine leitende Zielvision ist. Schlagworte wie „Preissturzaktion" sind tagtäglich in den Medien zu finden. Einzelhandelsunternehmungen, die bei der Verfolgung kurzfristiger Ziele die langfristige Perspektive allzu lange aus den Augen verlieren, dürften allerdings bei der erfolgreichen Behauptung ihrer Wettbewerbsposition gefährdet sein. Deshalb sind neben der Preisfindung Überlegungen dahingehend anzustellen, Veränderungserfordernisse frühestmöglich zu erkennen und rechtzeitig Flexibilitätspotenziale aufzubauen, die ein nachhaltig erfolgreiches Agieren am Markt möglich machen. In diesem Sinne ist eine Verfolgung sowohl kurz- als auch langfristiger Preisziele angeraten. So ist etwa zu überlegen, welche langfristigen ökonomischen Wirkungen eintreten, wenn eine Handelsunternehmung in wiederkehrenden Abständen einen Nachlass von „20 Prozent auf alles – außer Tiernahrung" gewährt. Kurzfristig mögen solche Aktionen den Umsatz und – je nach Umschlag – auch den Rohertrag steigern. Langfristig können sie die Existenz der Unternehmung gefährden.

b)   Der Sachbezug der Ziele

Ausdruck der Sortimentsbezogenheit handelsbetrieblicher Preispolitik ist die in der Praxis vorherrschende Handhabung, dass dem einzelnen Artikel je nach Eignung häufig eine akquisitorische Sonderaufgabe für die Zwecke der Sortimentsprofilierung zugewiesen wird. Der einzelne Artikel oder die Artikelfamilie wird unter Gewinnverzicht, nicht selten sogar unter Außerachtlassung der Vollkostendeckung (letztlich auch eine unbekannte Größe wegen des Problems der Zurechnung der Gemeinkosten) kalkulatorisch herausgestellt. Vor allem zwei Aspekte sind für einen kalkulatorischen Ausgleich typisch:

- Mit einer gegenüber Wettbewerbsangeboten erheblich günstigeren Preisstellung beim Kunden soll ein Übertragungseffekt ausgelöst werden. Das bei den niedrig kalkulierten Artikeln günstige Preis-Leistungs-Verhältnis soll auf das gesamte Sortiment oder weite Teile davon ausstrahlen.

- Wenn Artikel im Preis gesenkt werden und wenn deren Absatzmengen dann nicht in dem Maße steigen, um die durch die Preissenkung ausgelösten Erlös- bzw. Rohertragseinbußen zu verhindern, so muss eine kompensatorische Kalkulation stattfinden. Die niedrigeren Handelsspannen der Aktionsartikel (Signalartikel) müssen durch entsprechend höhere Handelsspannen in den übrigen Sortimentsbereichen ausgeglichen werden. In diesem Sinne legt der Begriff „kalkulatorischer Ausgleich" vor allem nahe, dass Verbundwirkungen im Sortiment angenommen werden.

Im Rahmen der **Kompensationskalkulation** ist zwischen Ausgleichsgebern und Ausgleichsnehmern zu unterscheiden (vgl. Hansen 1990, S. 332 ff.; Müller-Hagedorn 1998b, S. 96). Artikel, die durch ein hohes Maß an Preisbewusstsein bei den Kunden oder eine hohe Intensität des Preiswettbewerbs gekennzeichnet sind, empfehlen sich als Ausgleichsnehmer und sollten daher geringer kalkuliert werden. Dies trifft insbesondere für jene Artikel zu, bei denen die Kunden über umfassende Preis- und Qualitätsinformationen verfügen; diese Artikel werden auch Eckartikel genannt. Sie eignen sich bei entsprechender Preisstellung zur Verbesserung des akquisitorischen Potenzials des gesamten Sortiments bzw. zur Mobilisierung von Kaufbereitschaft. Ausgleichsgeber hingegen haben eine Alimentationsfunktion zu übernehmen. Sie werden im Vergleich zur durchschnittlichen Betriebsspanne höher kalkuliert und kompensieren daher die Deckungsbeitrags- bzw. Rohertragsverluste der niedrig kalkulierten Ausgleichsnehmer (siehe hierzu Kapitel 5.1.2.2).

Fazit: Nicht der Erfolg eines Einzelartikels steht bei preispolitischen Zielen im Vordergrund. Vielmehr sind preispolitische Maßnahmen auf die Gewinnposition von Sortimentsbereichen oder sogar der Gesamtunternehmung ausgerichtet. Vor diesem Hintergrund ist es im Übrigen unverständlich, warum durch die Kartellgesetzänderung 1999 der unternehmerische Kalkulationsfreiraum im Zuge des Verbots der Untereinstandspreis-Kalkulation (vgl. Hanke 1999, S. 4) eingeschränkt wurde.

c)   **Die Inhalte der Ziele**

Wichtige Ziele preispolitischer Maßnahmen sind zweifelsohne die Kostendeckung sowie die Steigerung des Gewinns als absolute oder relative Größe. Mit Blick auf den Absatzmarkt spielen als Zwischenziele dabei der Umsatz und die Absatzmenge, der Marktanteil, die Kundenzahl, die Kaufhäufigkeit, das durchschnittliche Einkaufsvolumen usw. als quantitative Größen eine Rolle. Voraussetzung für die Erreichung dieser Ziele ist die Behauptung gegenüber der Konkurrenz sowie die Akzeptanz seitens der Marktpartner.

In diesem Zusammenhang rückt vor allem der Kunde in den Fokus. Die Intensivierung von Kundenbindung bzw. die Abschwächung der Wechselbereitschaft sowie die Akquisition von Neukunden sind explizit in das preispolitische Zielsystem aufzunehmen. Der Preis spielt bei Kaufentscheidungen eine große Rolle (vgl. Müller-Hagedorn 1997, S. 2). Geht man demzufolge von einem rational handelnden Kunden aus, ist der Preis eines Artikels ein wesentlicher Kaufentscheidungsfaktor. Die Preispolitik kann hier der Attraktion von Kunden und damit der Schaffung von Einkaufsfrequenz bzw. der Erhöhung der Einkaufssumme dienlich sein. In der Regel ist die Preiskenntnis der Kunden jedoch begrenzt. Der Kunde verlässt sich auf seine Preiserfahrungen und seine Einschätzung über das Preis-Leistungs-Niveau. An dieser Stelle kommt dem Ziel des Preisvertrauens eine hohe Bedeutung zu (vgl. Diller 2008, S. 162 ff.). Preisvertrauen liegt dann vor, wenn ein Kunde bei fehlendem Preiswissen keinen Preisnachteil annimmt und ein positives Preisimage bezüglich einer Einkaufsstätte oder eines bestimmten Warenbereiches gebildet hat. Das fehlende Preiswissen ersetzt der Käufer durch seine im Zeitablauf gemachten Einkaufserfahrungen und überprüften Einkaufsstättenpräferenzen. Präferenzen werden aber nur für jene Betriebe gebildet, bei denen der Kunde von einem fairen Preis-Leistungs-Verhältnis ausgeht und daher Preisvertrauen gebildet hat.

5.1.2.2   Die Kompensationskalkulation

Die Kompensationskalkulation verknüpft die Kosten- und Gewinnorientierung mit der Nachfrageorientierung. Wir erläutern im Folgenden, wie sich diese Form der Kalkulation durchführen lässt. Ausgehend von den dispositiven Überlegungen der Handelsbetriebsführung ist zunächst die notwendige Betriebsspanne der Planungsperiode zu ermitteln, die die Soll-Betriebskosten und den Plangewinn abzudecken hat. Die Betriebsspanne ist die Summe aller Artikel- bzw. Warengruppenspannen. Grundlage ist somit die retrograde Gewinnplanung, wie sie in einfacher Form **Abbildung 5.2** darstellt.

Abbildung 5.2   Beispiel für die retrograde Gewinnplanung

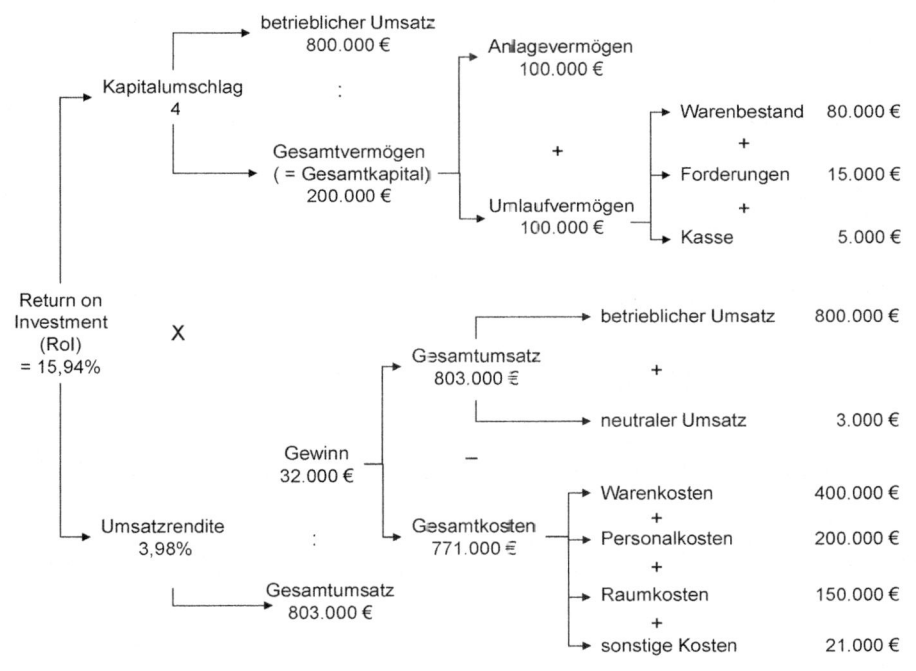

Auf der Grundlage dieser Planungsdaten gelangt man zu der **Betriebsspanne** für den betrieblichen (ordentlichen) Umsatz – soweit nicht anders vermerkt, ist mit Umsatz im Folgenden der betriebliche Umsatz gemeint. Zur Erinnerung: Handlungskosten sind alle Kosten des Handelsbetriebes außer den Kosten für die Ware. Handlungskosten sind in diesem Beispiel die Personalkosten, die Raumkosten und die sonstigen Kosten.

$$\text{Betriebsspanne} = \frac{\text{Handlungskosten} + \text{Plangewinn}}{\text{Umsatz}} = \frac{371.000\ € + 32.000\ €}{800.000\ €}$$

$$= 50{,}375\ \%\ \text{vom Umsatz (Abschlagsspanne)}$$

Im Rahmen der Kalkulationstechnik wird neben der **Abschlagsspanne** vor allem die **Aufschlagsspanne** benötigt. Die Aufschlagsspanne α ist bei Kenntnis der Abschlagsspanne β wie folgt zu berechnen (analog die Aufschlagsspanne):

$$\text{Aufschlagsspanne } \alpha = \frac{100 \cdot \beta}{100 - \beta}\ ;\ \text{Abschlagsspanne } \beta = \frac{100 \cdot \alpha}{100 + \alpha}$$

Bei einem Einstandspreis von 20 GE und einem Verkaufspreis von 30 GE beträgt die Aufschlagsspanne α 50 %, die Abschlagsspanne β somit 33⅓ %. Steigt die Aufschlagsspanne α auf 100 %, dann korrespondiert damit die Abschlagsspanne β von 50 %.

Wenn die **Gesamt- oder Eigenkapitalrendite** das Unternehmungsziel ist, so muss diese Orientierungsgröße auch in die Kompensationskalkulation eingehen, so z. B. mit dem durch den durchschnittlichen Warenbestand gebundenen Kapital. Man kann daher für das **Kapitalergebnis der Warenwirtschaft** schreiben:

$$\text{Warenrohertrag} \cdot 100\ \%\text{Umsatz (EK)} \cdot \frac{\text{Umsatz (EK)}}{\emptyset\ \text{Warenbestand (EK)}}$$

$$= \text{Aufschlagsspanne} \cdot \text{Umschlagshäufigkeit}$$

$$= \text{Umschlagsnutzen oder Bruttonutzen}$$

Mit den Daten der Planungsrechnung kommt man zu folgendem Ergebnis:

$$\frac{400.000\ € \cdot 100\ \%}{400.000\ €} \cdot \frac{400.000\ €}{80.000\ €} = 1 \cdot 100\ \% \cdot 5 = 500\ \%$$

Diese Rechnung greift die bereits von *Schär* (1921) formulierte Empfehlung auf, bei der Kalkulation der Artikel und Warengruppen die jeweilige Lagerumschlagshäufigkeit zu berücksichtigen. Damit erhält man einen durchschnittlichen Umschlagsnutzen laut Planungskonzept von 500 %. Diese Zahl besagt, dass im Bereich der Warenwirtschaft ein Umschlagsnutzen (Bruttorentabilität, Bruttonutzen) von 500 % erwirtschaftet werden muss. Das bedeutet, dass auf je 100 € durchschnittlicher Warenbestand ein Rohertrag von 500 € zu erzielen wäre.

Ausgehend von dem durchschnittlichen Umschlagsnutzen von 500 % kommt man für die drei Warengruppen, die wir im Folgenden betrachten, durch Division durch den Umschlag zu folgenden Aufschlagsspannen (**Tabelle 5.1**).

Wie die Technik des kalkulatorischen Ausgleichs arbeitet, zeigen wir am Beispiel der Warengruppe B. Es wird unterstellt, dass bestimmte Artikel dieser Warengruppe, die durch ein hohes Maß an Preisbewusstsein bei den Kunden gekennzeichnet sind, zur Verbesserung des akquisitorischen Potenzials des gesamten Sortiments bewusst niedrig kalkuliert werden. Unter der Voraussetzung, dass der durch die Preisherabsetzung eintretende Verlust des stückbezogenen Deckungsbeitrages durch Erhöhung der Absatzmenge nicht vollständig kompensiert werden kann, sie sind sogenannte Ausgleichsnehmer, haben andere Artikel der Warengruppe B eine Alimentationsfunktion zu übernehmen, sie sind dann sogenannte Ausgleichsspender oder Ausgleichsgeber.

Tabelle 5.1   Berechnung von warengruppenbezogenen Aufschlagsspannen

Waren-gruppe	Anteil am Sortiment	Umschlag	Aufschlags-spanne α	Abschlags-spanne β	Warenein-satz	Umsatz (VK)
A	20 %	4	500 % : 4 = 125,0 %	55,5 %	71.000 €	160.000 €
B	55 %	5	500 % : 5 = 100,0 %	50,0 %	220.000 €	440.000 €
C	25 %	6	500 % : 6 = 83,3 %	45,4 %	109.000 €	200.000 €
Summe					400.000 €	800.000 €

Der Zusammenhang zwischen Ausgleichsnehmer (AN) bzw. Zugartikel und Ausgleichsspender (AS) kann rechnerisch mit dem Ziel dargestellt werden, den Umschlagsnutzen (UN) für den Ausgleichsspender zu ermitteln, wenn von einem bestimmten Anteil der AN und der AS an der Warengruppe (WG) ausgegangen und wenn eine bestimmte Preisreduktion für die Zugartikel vorgegeben wird.

Ausgehend von

$$\text{durchschn. UN} \cdot 100\ \% = \text{UN}_{AS} \cdot \text{Anteil der AS an WG}\ \% + \text{UN}_{AN} \cdot \text{Anteil der AN an WG}\ \%$$

ergibt sich

$$\text{UN}_{AS} = \frac{\text{durchschnittlicher UN} \cdot 100\ \% - (\text{UN}_{AN} \cdot \text{Anteil der Ausgleichsnehmer an WG}\ \%)}{\text{Anteil der Ausgleichsspender an WG}\ \%}$$

Als Daten liegen vor, dass der Anteil der Zugartikel an der Warengruppe 20 % beträgt, dass die Preise für die Zugartikel um 16,6 % reduziert werden sollen und dass der durchschnittliche Umschlagsnutzen, wie oben berechnet, 500 % beträgt.

Der Umschlagsnutzen für den Ausgleichsspender ist:

$$\text{UN}_{AS} = \frac{(500\ \% \cdot 100\ \%) - (\text{UN}_{AN} \cdot 20\ \%)}{80\ \%}$$

Weiterhin ist der Umschlagsnutzen des Ausgleichsnehmers wie folgt zu berechnen:

- Ermittlung der Kalkulation des Zugartikels nach Preisreduktion: Die 16,6 %ige Preisreduktion führt zu einer Abschlagsspanne β von 40 % (vorher: 50 %), die mit einer Aufschlagsspanne α von 66,7 % korrespondiert (vorher: 100 %).

- Schätzung des Einflusses der Preissenkung auf die Umschlagshäufigkeit bei gegebenem Warenbestand: Es wird angenommen, dass die Umschlagshäufigkeit des Zugartikels von 5 auf 6 erhöht werden kann. Daraus folgt ein zu erwartender Umschlagsnutzen von 66,7 % x 6 = 400 % für den Zugartikel (UN_{AN}).

Das Ergebnis ist dann:

$$UN_{AS} = \frac{(500\ \%\ \cdot\ 100\ \%) - (400\ \%\ \cdot\ 20\ \%)}{80\ \%} = 525\ \%$$

Wenn die Nachfrage unelastisch ist, die Umschlagshäufigkeit also konstant bleibt, dann werden die Spenderartikel, also 80 % der Artikel in Warengruppe B, mit 525 % : 5 = 105 % Aufschlagsspanne kalkuliert. Wenn die Nachfrage elastisch reagiert und man einen Rückgang der Umschlagshäufigkeit von 5 % erwartet (4,75 statt 5), dann beträgt die Aufschlagsspanne α für die Spenderartikel 110,5 % (525 %: 4,75).

Die Kompensationskalkulation ist notwendig, weil Preissenkungen bei einem Zugartikel unter der Voraussetzung eines fehlenden kalkulatorischen Ausgleichs und ohne flankierende absatzpolitische Maßnahmen (z. B. Werbung, Zweitplatzierung) in der Regel zu Rohertragseinbußen führen. Denn meist ist keine der Preissenkung entsprechende kompensatorisch wirkende Erhöhung der Absatzmenge zu erwarten.

Bezogen auf einen bestimmten Artikel kann der Zusammenhang zwischen Preis- und Absatzänderung auch unter Einschluss der einem Artikel direkt zurechenbaren variablen Kosten dargestellt werden. Dazu soll die der Preisänderung folgende kritische Absatzänderung ermittelt werden, um zu prüfen, ob Verluste an Deckungsbeiträgen über die Mengenkomponente ausgeglichen werden können. Hierzu bieten sich zwei Wege an:

(1) Der erste Weg ist die Analyse über die **Nettorentabilität** und die **Umschlagshäufigkeit**. Zur grundsätzlichen Erläuterung des Zusammenhangs gehen wir von folgenden Daten aus. Der Verkaufspreis (VK) des Artikels betrage 80 Euro, der Einstandspreis (EK) 40 Euro, an variablen Kosten (k_V) verursache dieser Artikel 4 Euro. In der betrachteten Periode werden 125 Mengeneinheiten (ME) abgesetzt, im Lager befinden sich durchschnittlich 25 ME. Mit Hilfe der Aufschlagsspanne oder der Abschlagsspanne lassen sich nun die **Nettorentabilität** und die **Umschlagshäufigkeit** berechnen.

Für die Aufschlagsspanne α gilt:

$$\left(\frac{VK - EK}{EK} - \frac{k_V}{EK} \right) \cdot \frac{\text{Umsatz (EK)}}{\text{Ø Warenbestand in Euro (EK)}} = \text{Nettorentabilität}$$

$$\left(\frac{80 - 40}{40} - \frac{4}{40} \right) \cdot \frac{125 \cdot 40}{25 \cdot 40} = (1,0 - 0,1) \cdot 5 = 4,5 = 450\ \% \text{ (Nettorentabilität)}$$

Für die Abschlagsspanne β gilt entsprechend:

$\left(\frac{VK-EK}{VK} - \frac{k_v}{VK} \right) \cdot$ Umsatz (VK)Ø Warenbestand in Euro (EK) = Nettorentabilität

$$\left(\frac{80-40}{80} - \frac{4}{80} \right) \cdot \frac{125 \cdot 80}{25 \cdot 40} = (0,5 - 0,05) \cdot 10 = 4,5 = 450\,\% \text{ (Nettorentabilität)}$$

Wenn der Verkaufspreis um 5 % gesenkt wird, führt dies zu einer Aufschlagsspanne α von 90 %. Mit diesen Daten lässt sich diejenige Umschlagshäufigkeit berechnen, die erforderlich ist, damit die Nettorentabilität gleich bleibt:

$$(90\,\% - 10\,\%) \cdot \text{Umschlagshäufigkeit} = 450\,\%$$

$$\text{Umschlagshäufigkeit} = 5,625$$

Oder über die Abschlagsspanne β von 47,37 %, als Ergebnis der 5 %igen Senkung des Verkaufspreises, berechnet:

$$\left(47,37\,\% - \frac{4}{(1-0,05) \cdot 80} \cdot 100\,\% \right) \cdot \text{Umschlagshäufigkeit} = 450\,\%$$

$$\left(47,37\,\% - \frac{4}{(1-0,05) \cdot 80} \cdot 100\,\% \right) \cdot \frac{\text{Absatzmenge} \cdot (1-0,05) \cdot 80}{\text{Ø Warenbestand in ME} \cdot 40} = 450\,\%$$

$$\text{Umschlagshäufigkeit} = 5,625$$

Da die Umschlagshäufigkeit jedoch nicht nur über die Verkaufsmenge, sondern auch über eine Variation des Warenbestandes beeinflusst werden kann, ist die Analyse der kritischen Verkaufsmenge für den Entscheidungsträger klarer.

(2) Der zweite Weg ist die **Analyse der kritischen Verkaufsmenge**, also derjenigen Verkaufsmenge, bei der sich der Deckungsbeitrag nicht ändert. Ausgangspunkt ist, dass die prozentuale Veränderung des Deckungsbeitrages der prozentualen Veränderung des Preises mit umgekehrtem Vorzeichen – ausgehend von einer fallenden Preis-Absatz-Funktion – entspricht. Denn die Preissteigerung bzw. Preissenkung soll dazu führen, dass der Deckungsbeitrag unverändert bleibt. Dies heißt:

$$\frac{x_2 - x_1}{x_1} \cdot \left(\frac{p_2 - p_1}{p_1} + r - v \right) \cdot 100\,\% = -\left(\frac{p_2 - p_1}{p_1} \right) \cdot 100\,\%$$

Die Veränderung der kritischen Menge ergibt sich dann aus

$$\frac{x_2 - x_1}{x_1} \cdot 100\,\% = -\left\{ \frac{p_2 - p_1}{p_1} : \left(\frac{p_2 - p_1}{p_1} + r - v \right) \right\} \cdot 100\,\%$$

Die variablen Kosten werden, wie auch oben, mit 10 % vom Verkaufspreis angenommen. Anmerkung: Im Einzelhandel sind ca. 80 % bis 85 % der Betriebskosten umsatz<u>un</u>abhängig.

Fall 1: Planung einer Preissenkung von 5 %

$$\frac{x_2 - x_1}{x_1} \cdot 100\,\% = -\frac{-0,05}{-0,05 + 0,5 - 0,1} \cdot 100\,\% = +\frac{0,05}{0,35} \cdot 100\,\% = +14,3\,\%$$

Die vorgesehene Preissenkung von 5 % erfordert eine Steigerung der Verkaufsmenge um 14,3 %, wenn der ursprüngliche Beitrag des Artikels zum Gesamtgewinn nicht geschmälert werden soll.

Fall 2: Planung einer Preiserhöhung von 5 %

$$\frac{x_2 - x_1}{x_1} \cdot 100\,\% = -\frac{+0,05}{+0,05 + 0,5 - 0,1} \cdot 100\,\% = -\frac{0,05}{0,45} \cdot 100\,\% = -11,1\,\%$$

Die vorgesehene Preiserhöhung geht mit einem Rückgang der Verkaufsmenge von 11 % einher, wenn der ursprüngliche Beitrag des Artikels zum Gesamtgewinn nicht geschmälert werden soll.

Insgesamt zeigen diese auf die Reaktion des Marktes abzielenden Überlegungen, wie schnell preispolitische Entscheidungen, die diesen Zusammenhängen zu wenig Beachtung schenken, zu Konflikten mit der Rentabilitätsplanung führen können.

Im Übrigen schlagen sich die erheblichen Preisbildungsrisiken für die Zwecke einer mitschreitenden Kontrolle von Deckungsbeiträgen in unterschiedlichen Kalkulationsgrößen nieder. In Abhängigkeit von den bei der Bestellung der Waren geplanten, nach dem Wareneingang festgelegten und nach dem Verkauf festgestellten Verkaufspreisen unterscheidet man zwischen Bestell-, Eingangs- und Ist-Kalkulation. Insbesondere die Differenz zwischen Eingangs- und Ist-Kalkulation kennzeichnet den zur Anpassung an die tatsächlichen Marktverhältnisse eingetretenen Bedarf an Preisabschriften im Sinne einer zeitlichen Preisdifferenzierung.

5.1.2.3   Basiskonzepte der Preispolitik

Bei der Preisfindung sind im Sinne einer Verknüpfung von Inside-Out- und Outside-In-Perspektive vier Säulen zu berücksichtigen, die den Orientierungsrahmen darstellen: strategische Ausrichtung sowie Kosten und Gewinn als interne Determinanten, Wettbewerber und Nachfrager als externe Einflussgrößen der Preisgestaltung.

a) Strategische Ausrichtung

Die angestrebte strategische Positionierung im Markt steckt den Rahmen für das Preis-Leistungs-Niveau und die möglichen Preisniveaus ab. Die Entscheidung für eine bestimmte **Preispositionierung** kann also nicht unabhängig getroffen werden, sondern hat in unmittelbarem Zusammenhang mit der Wettbewerbsstrategie, der ausgewählten Zielgruppe, der Sortimentsstrategie, der Betriebstypenstrategie etc. zu erfolgen. So ist zu entscheiden, ob die Preispolitik als dominantes Marketinginstrument, insbesondere in Form der Preisführerschaft, die Gestaltung preispolitischer Rahmenbedingungen unterstützen soll (aktive

Preispolitik). Alternativ können die Preisstrategien reaktiv angelegt und vornehmlich auf die Sicherung der relativen Marktposition ausgerichtet sein (passive Preispolitik).

Je nach Kundensegment bieten sich Hoch-, Mittel- oder Niedrigpreisstrategien an. Sofern mehrere Kundensegmente bearbeitet werden, sind die Preis-Leistungs-Segmente zu differenzieren. Das kann zwar zu einer „Selbstkannibalisierung" – innerhalb eines Geschäftes oder zwischen Filialen der Handelsunternehmung – führen, ist einem Kundenverlust durch Konkurrenzangebote aber auf jeden Fall vorzuziehen. Diese Vorgehensweise spiegelt sich in der im Handel üblichen Preislagenpolitik wider. Gerade hier zeigt sich die enge Verbundenheit mit der Leistungspolitik, denn Preisunterschiede gehen meist mit qualitativ bedingten Leistungsdifferenzen einher. Ein Instrument hierfür ist die Entwicklung einer **zielgruppenadäquaten Preisstruktur.**

b) Kosten- und Gewinnaspekte

Finanzielle Besonnenheit fordert die Berücksichtigung von Kosten und angestrebtem Gewinn. Einerseits sind Kosten sowie Gewinn des Handelsbetriebes mehr oder weniger langfristig im Preis abzudecken, andererseits sind Kostenstruktur und Kostenhöhe zur Disposition zu stellen.

Die Sortimentsbezogenheit der Preispolitik wird nicht nur durch Marktüberlegungen, sondern auch durch Gesichtspunkte der Kostenverrechnung und Gewinnerzielung abgestützt. Die einzelne Artikelspanne als Differenz von Verkaufspreis und Einstandspreis bringt zwar zum Ausdruck, mit welchem Anteil vom Verkaufspreis die einzelne Ware einen Kostendeckungs- und Gewinnbeitrag liefern soll. Die Höhe der Artikelspanne lässt aber keinen Rückschluss darauf zu, in welchem Umfang dieser Deckungsbeitrag im Sinne der **artikelspezifischen Kostenverursachung** angemessen ist. Denn die auf den einzelnen Artikel entfallenden Stückkosten sind weitgehend unbekannt: Angesichts des außerordentlich hohen Anteils von Gemeinkosten im Handelsbetrieb kann ein beachtlicher Kostenblock nicht auf den einzelnen Artikel verrechnet werden. So gibt denn erst die Zusammenfassung aller Artikelspannen innerhalb eines Zeitraums zur Sortiments- oder Betriebsspanne und die Gegenüberstellung dieses Wertes mit den Betriebskosten über die Frage Auskunft, inwieweit eine Kostenüberdeckung durch die Absatz- und Preispolitik erreicht werden konnte. Diese Schwierigkeiten in der Kostenerfassung und Kostenverrechnung haben in der Vergangenheit in den Handelsbetrieben zu einer Kalkulation mit relativ starren Handelsspannen geführt und eine flexible Preispolitik verhindert. Die Folge war, dass neue Betriebstypen mit veränderter Leistungs- und aggressiver Preispolitik rasche Markterfolge verzeichnen konnten.

Der Mangel an Kosteninformationen über die einzelne Handelsleistung schließt ein einfaches Cost-plus-Pricing aus. Vielmehr sollten Handelsunternehmungen im Sinne eines **Target Costing** dazu übergehen, von einem definierten Verkaufspreis über die erwünschten Deckungsbeiträge zu den erlaubten Kosten zurückzurechnen. Denn aktives Kostenmanagement in Handelsunternehmungen verlangt die Ausrichtung der Kosten auf die erzielbaren Preise.

c) Wettbewerber

Als sofort sichtbarer Parameter kommt dem Preis eine hervorragende Rolle als strategischer Wettbewerbsparameter zu. Die Berücksichtigung der Mitbewerber zielt auf zwei Parameter ab: die Konkurrenz und die Nachfrage. Bei direkter Konkurrenzorientierung wird versucht, die Konkurrenten zu einem bestimmten Verhalten, z. B. Rückzug aus einem Markt, Aufgabe von Nachfragesegmenten oder Preissenkung, zu bewegen, um letztlich die eigene Position zu verbessern. Die Nachfrage findet Beachtung, weil die Kunden den Preis häufig mit Konkurrenzangeboten vergleichen und beurteilen. Dabei ist zu berücksichtigen, dass ein Preiswettbewerb nicht nur auf Betriebsstättenebene, sondern auch auf anderen Aggregationsebenen stattfindet, wie z. B. Warengruppen und Abteilungen. Die Wettbewerbsintensitäten können hier durchaus unterschiedlich sein (vgl. Stoffl 1999, S. 271 ff.).

Grundsätzlich sind drei **Basisoptionen der Konkurrenzorientierung** möglich (vgl. Simon 1995, S. 12): Bei der Me-too-Strategie wird der gleiche Nutzen zum gleichen Preis angeboten. Diese Strategie verspricht längerfristig jedoch kaum eine „Unique Customer Proposition". Eine Distanzierung ist eher über die Wirtschaftlichkeitsstrategie (gleicher Nutzen, niedrigerer Preis) oder eine Nutzenstrategie (gleicher Preis, höherer Nutzen) zu erreichen. Problematisch werden konkurrenzorientierte Preisstrategien dann, wenn sie in einen Preiskampf ausarten, der nicht die relative Marktposition verändert, sondern in ein niedrigeres Preisniveau mit geringeren Deckungsbeiträgen und Gewinnen mündet.

d) Nachfrager

Preisfindung ohne Berücksichtigung des Absatzmarktes kann nicht zu guten Entscheidungen führen. Letztlich ist der Erfolg einer Handelsunternehmung davon abhängig, ob eine Einkaufsstätte zum Präferenzraum (Relevant Set, Choice Set) eines Kunden zählt, aus dem die Einkaufsstättenwahl getroffen wird.

Im Gegensatz zur **klassischen Preistheorie** ist davon auszugehen, dass die Nachfrager aufgrund zeitlicher und intellektueller Restriktionen meist unvollständig informiert sind und nur begrenzt rational handeln. Hinzu kommt, dass diese Eigenschaften je nach Kundensegment und in Abhängigkeit der angebotenen Leistungen unterschiedlich ausgeprägt sein können. **Verhaltenstheoretische Ansätze** liefern hier entscheidende Impulse für die Preispolitik. In zahlreichen Untersuchungen sind die Wahrnehmungs- und Lernkonstrukte analysiert worden, die die Einkaufsentscheidung der Konsumenten beeinflussen (vgl. zum Überblick Diller 2008, S. 94 ff.). In Anlehnung an *Müller-Hagedorn* (1983, S. 940) sind vor allem vier Einflussbereiche relevant:

(1) Die Wahrnehmung des Preises

Die bewusste Aufnahme von Preisen und das subjektive Preisbild sind von den Eigenschaften einer Person und von den Reizen in der Umwelt abhängig, denen eine Person ausgesetzt ist. Je größer das **Preisinteresse** einer Person ist und umso stärker die Reize der **Preiskommunikation** sind, desto größer ist die Wahrscheinlichkeit, dass Preise wahrgenommen, d. h. kognitiv verarbeitet werden. Dies gilt, was die Reize betrifft, zumindest für Reizsucher, kann für Reizabschirmer jedoch zum Gegenteil führen.

(2) Die Preiskenntnis des Konsumenten

Selbst unter der Annahme eines hohen Preisinteresses ist das exakte Preiswissen meist nur sehr schwach entwickelt und nur bei wenigen Artikeln vorhanden (vgl. Dickson/Sawyer 1990, S. 42 ff.). Zumindest aber können Kunden aufgrund von Preiserfahrungen das Preis- und Qualitätsniveau von Artikeln einschätzen. Sie entwickeln ein Empfinden für das Preis- niveau, das sie als angemessen bzw. fair einstufen. *Schmalen* (1995, S. 14 f.) spricht in die- sem Zusammenhang auch vom **Ankerpreis**, den der Kunde aufgrund der bisherigen Preis- erfahrungen bilde und der eine Mischung von „dem zuletzt gezahlten Preis, der vorausge- gangenen ‚Preisgeschichte‘, der Preiskenntnis bei ähnlichen Produkten (...) sowie bestimm- ten Erwartungen hinsichtlich der Preistendenz, z. B. Inflation" darstelle.

(3) Das Preisgünstigkeitsurteil

Im Rahmen des Preisgünstigkeitsurteils wird allein der Preis, nicht jedoch das Preis- Leistungs-Verhältnis eingestuft (vgl. Diller 2008, S. 139 ff.). Qualitative Leistungsunter- schiede haben bei der Beurteilung entweder keine Bedeutung, oder es werden nur gleich- wertige Urteilsobjekte zur Einstufung der Preisgünstigkeit herangezogen. Eine Handelsun- ternehmung kann verschiedene Beeinflussungstechniken einsetzen, um das Preisgünstig- keitsurteil der Kunden zu verbessern (vgl. Diller 2008, S. 405 ff.). Erstens kann die Preisan- gabe mit Hilfe einer sprachlichen Etikettierung semantisch positiv gefärbt werden. Durch Formulierungen wie „Discountpreis", „Supertiefstpreis", „Unser Preis" oder „knallhart kal- kuliert" soll dem Kunden der Preisvorteil verbal signalisiert werden. Zweitens kann die Preisakzeptanz durch optische Präsentation und graphische Aufmachung der Preisangabe verbessert werden. Plakative, große Preisschilder dienen dieser Zielsetzung. Drittens kann ein mit dem Preisangebot formulierter Mengenbezug Kaufentscheidungen erleichtern. So demonstrieren Preisangaben in Verbindung mit einem Multipack-System in besonderer Weise Einkaufsvorteile („Zwei zum Preis von einem"). Viertens können gebrochene Preise verwendet werden. Man geht dabei von der in der empirischen Forschung nicht eindeutig belegbaren Voraussetzung aus, dass Preise, die unterhalb bestimmter Schwellenwerte lie- gen, vom Käufer eher akzeptiert werden. Fünftens ist die Preisakzeptanz durch Präsentati- onstechniken verbesserungsfähig. Hierzu eignen sich Maßnahmen der Zweitplatzierung und die Präsentation des Artikels in Warenträgern, die innerhalb der Kassenzone aufge- stellt werden.

(4) Das Preiswürdigkeitsurteil

Im Preiswürdigkeitsurteil wägen die Kunden Preis und Leistung ab. Es geht also um das Preis-Leistungs-Verhältnis, d. h. das Verhältnis von Preiszähler und Preisnenner (vgl. Diller 2008, S. 148). Der Nachfrager befindet durch seine Kauf- oder Nichtkaufentscheidung, ob ein Preis dem individuell empfundenen Nutzen aus der Leistungsinanspruchnahme ent- spricht.

Weil der Preis im Gegensatz zur Leistung direkt ersichtlich ist, wird er auch häufig als Urteilsanker bzw. Qualitätsindikator genutzt. Der Preis wird so zum Ersatzkriterium zur Beurteilung einer Leistung. Damit öffnet sich aber auch die Perspektive, über einen hohen Preis einen hohen Nutzen zu vermitteln. Der Kunde kauft also gerade deshalb, weil ein hoher Preis zu zahlen ist. Eine derartige preisorientierte Qualitätsbeurteilung ist die inverse Form der qualitätsabhängigen Preisbeurteilung.

Die verschiedenen verhaltenstheoretischen Ansätze liefern zwar wertvolle Hilfestellung, helfen aber noch nicht bei der detaillierten Festlegung von Preisen. Dafür sind insbesondere folgende Fragen zu beantworten (Hartmann 2006):

- In welchen Preislagen kauft der Kunde bevorzugt ein? Wie muss dann die Preisarchitektur gestaltet werden?

- Wie reagiert die Nachfrage auf Preisveränderungen? Wie groß ist daran anknüpfend der Preisspielraum?

Insbesondere dem Wissen um die voraussichtlichen Kundenreaktionen auf die Verkaufspreise kommt eine hohe Bedeutung zu. Der enge Zusammenhang zwischen Preis und Nachfrage bzw. Preis und Absatzmenge kann über die Preis-Absatz-Funktion oder die Preiselastizität erfasst werden. Die **Preis-Absatz-Funktion** gibt an, wie sich der mengenmäßige Marktanteil eines Leistungsangebotes in Abhängigkeit vom geforderten Preis entwickelt. Wenn genügend Messpunkte vorliegen, um die Preis-Absatz-Beziehungen zu erfassen, lassen sich auch die Preiselastizität und die Kreuzpreiselastizität berechnen. Zumindest sollten sich heuristische Regeln ableiten lassen.

Die **Preiselastizität der Nachfrage** gibt die relative Veränderung des Absatzes $dx:x$, d. h. $(x_1 - x_2): x_1$, im Verhältnis zur relativen Veränderung des Preises $dp:p$, d. h. $(p_1 - p_2): p_1$, an. Sie kann als Indikator zur Ableitung von Prognosen über das Kaufverhalten bei Preisveränderungen herangezogen werden.

Die Preiselastizität der Nachfrage η steht im Mittelpunkt der Robinson-Amoroso-Relation, um den gewinnmaximalen Preis zu ermitteln. Ausgehend davon, das Gewinnmaximum über den Schnittpunkt von Grenzerlösen E' und Grenzkosten K' (= variable Durchschnittskosten, sofern die Kostenfunktion linear verläuft) zu bestimmen, kann die optimale Preissetzung p_{opt} bzw. der optimale Aufschlag mit Hilfe der Robinson-Amoroso-Relation gefunden werden. Die Robinson-Amoroso-Relation lautet:

$$E' = p_{opt} \cdot (1 + \tfrac{1}{\eta})$$

Wegen der Zielsetzung $E' = K'$ kann geschrieben werden:

$$p_{opt} \cdot \left(1 + \frac{1}{\eta}\right) = p_{opt} \cdot \left(\frac{1 + \eta}{\eta}\right) = K'$$

$$p_{opt} = K' \cdot \left(\frac{\eta}{1 + \eta}\right)$$

Man erhält den elastizitätsabhängigen Aufschlagsatz auf die als Grenzkosten zu interpretierenden Wareneinstandskosten. Nachfrage- und Kostenorientierung werden also verknüpft. Es folgt daraus die Entscheidungsregel: Je höher die Preiselastizität der Nachfrage, desto niedriger ist der Aufschlag auf die Grenzkosten (= variable Kosten = Wareneinstandskosten) und desto niedriger ist der Verkaufspreis. Umgekehrt gilt: Je niedriger die Preiselastizität der Nachfrage ist, desto höher ist der elastizitätsabhängige Aufschlagsatz und der daraus folgende Preis.

Fazit: Die vier Säulen strategische Ausrichtung, Kosten- und Gewinnaspekte, Wettbewerber und Nachfrager sind bei der Preisfindung als komplementäre Elemente zu verstehen. Die notwendigen Informationen müssen den strategischen Rahmen, die Gewinnziele und die Kostensituation der Unternehmung sowie das Marktgeschehen durch Prognosen des Kunden- und Konkurrentenverhaltens abbilden.

5.1.2.4 Die Preisdifferenzierung

Entscheidungen im Rahmen der Preisfestlegung lassen sich wie folgt systematisieren (vgl. Schröder 2012b, S. 122 ff.):

■ die Festlegung des Einzelpreises,

■ die zeitpunktbezogene Preisstruktur, vor allem

  – Preislagen, d. h. unterschiedliche Preise für Artikel gleicher Verwendung, gleiche Preise für Artikel unterschiedlicher Verwendung,
  – Preisdifferenzierung, d. h. unterschiedliche Preise für dieselben Artikel,

■ die zeitraumbezogene Preisstruktur, vor allem

  – konstant niedrige Preise (Dauerniedrigpreise) oder hohe Preise,
  – Sonderangebote, d. h. temporäres Senken der Preise,
  – sukzessives Senken oder Anheben der Preise im Vergleich zu den Preisen der Konkurrenz (Abschöpfungs- und Penetrationspreise).

Wir gehen hier auf die **Preisdifferenzierung** ein. Sollen die Ertragspotenziale unterschiedlich hoher Zahlungsbereitschaften verschiedener Kundensegmente genutzt werden, ist die Einheitlichkeit von Preisen zu durchbrechen. Denn uniforme Preise folgen den Annahmen der mikroökonomischen Preistheorie, die wenig Raum lässt für die Segmentierung von Kunden- und damit Preistypen. Es wird eine durch die Nachfrager festgelegte Preis-Qualitäts-Relation angenommen, an die sich die Unternehmungen optimal anzupassen versuchen. Ein derartiger Durchschnittskunde dürfte in der Realität eher die Ausnahme sein. Stattdessen ist von sehr heterogenen Preiszahlungsbereitschaften, Preissensitivitäten und Nutzenurteilen auszugehen, die den preisautonomen Entscheidungsraum der Handelsunternehmungen vergrößern. Dieser Gedanke ist die Grundidee der Preisdifferenzierung, bei der eine Handelsleistung zu verschieden hohen Preisen angeboten wird. Dabei soll primär der Preis, nicht aber andere Marketinginstrumente (wie Dienstleistung oder Qualität) planmäßig zur Ansprache unterschiedlicher Käufergruppen variiert werden.

Pigou (1932, S. 275 ff.) unterscheidet drei Grade der Preisdifferenzierung (**Tabelle 5.2**). Bei der Differenzierung ersten Grades wird von jedem Käufer der individuelle Maximalpreis gefordert. Es werden keine Segmente definiert, denen die Kunden zugeordnet werden (keine Selektion). Bei der Differenzierung zweiten Grades wird eine kundensegmentbezogene Preisstruktur entwickelt und jeder Kunde kann selbst über die Zuordnung in ein Segment entscheiden (Self Selection). Diese Annahme gilt nicht für die Differenzierung dritten Grades. Auch hier findet eine segmentbezogene Preisdifferenzierung statt, die Segmentzugehörigkeit kann vom Kunden jedoch nicht beeinflusst werden (Fremdselektion).

Tabelle 5.2   Formen der Preisdifferenzierung

Preisdifferenzierung ...		
a) ersten Grades: keine Selektion	Preisindividualisierung	Preisverhandlung
		Versteigerungen
b) zweiten Grades: Selbstselektion	leistungsbezogen	z. B. Liefer- vs. Abholpreise
	mengenbezogen	z. B. Mengenrabatt, Bonus, Pauschalpreis
	preisbündelbezogen	z. B. Set-Preis, Zubehörpaket
c) dritten Grades: Fremdselektion	personenbezogen	verschiedene Preise für z. B. Studenten, Beamte, Senioren, Kinder
	standortbezogen	z. B. Standorte der Filialen, Betriebstyp, Absatzkanal (online, offline)
	zeitbezogen	z. B. Tag- und Nachttarif, Happy Hour

Quelle: Vgl. Diller 2008, S. 229, basierend auf Pigou 1932

a) Preisdifferenzierung ersten Grades

Bei der Preisdifferenzierung ersten Grades verlangt man von jedem Kunden je Leistungseinheit genau den Preis, den er maximal zu zahlen bereit ist (Reservationspreis). Es verbleibt keine Konsumentenrente. Die Differenzierung ersten Grades ist als Gegenpol eines homogenen Durchschnittspreises für alle Kunden quasi die Differenzierung in höchster Perfektion. Kunden werden nicht nach bestimmten Kriterien selektiert oder gruppiert, sondern individuell „bearbeitet".

(1) Individuelle Preisverhandlung

Die Preisangabenverordnung (PAngV) verpflichtet zwar bei der Preisauszeichnung zur Angabe des Endpreises (§1 Abs. 1 S. 1). Allerdings kann „auf die Bereitschaft, über den angegebenen Preis zu verhandeln, [...] hingewiesen werden, soweit es der allgemeinen Verkehrsauffassung entspricht und Rechtsvorschriften nicht entgegenstehen." (§ 1 Abs. 1 S. 3). Insoweit sind individuelle Preisverhandlungen rechtlich möglich, wie sie in einigen Branchen (z. B. im Kfz-Handel) bereits seit Jahren praktiziert werden.

In diese Gruppe fällt auch das kundenbestimmte Pricing. Hier steht nicht eine Preisforderung des Verkäufers, sondern ein verbindliches Preisgebot des Kunden am Anfang (vgl. Simon 1999, S. 16). Der Anbieter verkauft daraufhin an ihn oder erklärt, dass ihm ein Verkauf zu diesem Preis nicht möglich ist.

(2) Auktionen

Auktionen sind Märkte, bei denen Nachfrager und Anbieter in direktem Kontakt stehen und versuchen, die für sie günstigsten Preise zu erreichen. In den letzten Jahren haben sich auch Online-Auktionen etabliert (vgl. Amor 2000, S. 23). Bei der **Anbieterauktion** konkurrieren die Interessenten durch Abgabe von Preisgeboten offen um die vom Verkäufer offerierte Ware, das Höchstgebot erhält den Zuschlag (vgl. Baumeister 1975, S. 6 f.). Der Verkäufer versucht so, sein Produkt zu einem möglichst hohen Preis zu verkaufen. Allerdings besteht das „Mitbieterrisiko": Ein hoher Preis wird nur dann erzielt, wenn eine hinreichende Anzahl an Kunden mitbietet. Bei der **Nachfragerauktion** (Reverse Auction) setzt der Käufer einen maximalen Preis fest, zu dem er ein Produkt erwerben möchte. Die Anbieter müssen entscheiden, ob sie ihre Leistung zu diesem Preis anbieten. Die Auktion hat mit der Verbreitung des Internets stark an Bedeutung gewonnen.

b) Preisdifferenzierung zweiten Grades

Bei der Differenzierung zweiten Grades werden die Kunden in Gruppen mit unterschiedlichen Reservationspreisen aufgeteilt. Es gibt keine Kriterien, nach denen die Kunden den gebildeten Segmenten fest zugeordnet werden könnten. Die Kunden wählen selbst das Segment. Nach den Segmentierungskriterien können die leistungs-, die mengen- und die preisbündelbezogene Preisdifferenzierung unterschieden werden.

(1) Leistungsbezogene Preisdifferenzierung

Werden Artikel, die leistungsmäßige Unterschiede aufweisen, zu unterschiedlichen Preisen offeriert, so liegt eine leistungsbezogene Preisdifferenzierung vor. Im Handel gibt es zwei grundlegende Anknüpfungspunkte für eine leistungsbezogene Preisdifferenzierung: die Sachleistung und die Dienstleistung.

Die **sachleistungsbezogene Preisdifferenzierung** lässt sich nicht eindeutig der Preispolitik zuordnen, da eine leistungsbezogene Differenzierung und damit sortimentspolitische Aspekte häufig eine mindestens ebenso große Rolle wie preispolitische Überlegungen spielen (vgl. Diller 2008, S. 237 ff.). Hinzu kommt, dass die Differenzierung durch Marken oder Produktvarianten häufig vom Hersteller ausgeht. Es ist aber durchaus denkbar, dass der Handel spezielle Handelsmarken deshalb entwickelt und anbietet, um eine bestimmte Preislage zu besetzen.

Die **dienstleistungsbezogene Preisdifferenzierung** liegt dann vor, wenn ein Anbieter für ein Handelsprodukt, das mit Blick auf die zeitliche, sachleistungs- und mengenbezogene Dimension identisch ist, in Abhängigkeit der vom Käufer beanspruchten Dienstleistungsintensität unterschiedliche Preise fordert. Folgende Varianten der Preisdifferenzierung sind für einen Händler denkbar:

- nach dem Umfang an Zusatzleistungen, z. B. Update-Möglichkeiten bei Software,

- nach dem Grad an Convenience, z. B. im Frischebereich,

- nach dem Umfang an Sicherungsleistungen, z. B. Preisgarantien,

- nach der gewährten Zahlungsform, z. B. Barzahlung versus Zahlungsziel,

- nach dem Absatzkanal, z. B. Online-Shop versus stationärer Einzelhandel.

Bei der leistungsorientierten Differenzierung ist auf den Begriff der suchkostenbezogenen Preisdifferenzierung hinzuweisen (vgl. Skiera 2000, S. 124). Es wird angenommen, dass die Kunden in Abhängigkeit ihrer Suchkosten (wie Fahrtkosten, Zeit) unterschiedliche Zahlungsbereitschaften haben. Höhere Preise sind dann gerechtfertigt, wenn dem Kunden niedrigere Transaktionskosten entstehen. Nun korrelieren die Suchkosten meist positiv mit dem Umfang des Leistungsangebotes. So sind die Suchkosten u. a. (1) beim Online-Einkauf im Vergleich zum stationären Einkauf, (2) bei höherem Informationsangebot oder (3) mit zunehmender Möglichkeit zum One-Stop-Shopping niedriger, was nach dem suchkostenbasierten Differenzierungsansatz eine höhere Preisforderung rechtfertigt. Für den Einzelhandel ergibt sich eine Unterscheidung zur dienstleistungsorientierten Preisdifferenzierung dadurch, dass die Beschaffungskosten der Kunden einbezogen werden.

(2) Mengenbezogene Preisdifferenzierung

Bei mengenbezogener Preisdifferenzierung sinkt der Preis pro Einheit mit **zunehmender Kaufmenge**. Die Kunden können sich entscheiden, welche Mengen- bzw. Preisstaffel sie wählen. Eine Variante ist die Bildung von **Einkaufsgemeinschaften** (Community-Shopping). Mehrere Kunden bündeln ihre Nachfragemengen und können so bessere Einkaufskonditionen erhalten. Dem sogenannten Multiperson Pricing liegt die Idee zugrunde, dass die Preiszahlungsbereitschaft einer zweiten Person geringer ist als jene der ersten Person (vgl. Simon/Dolan 1998, S. 194). Die zweite Person zahlt also weniger als die erste „Vollpreis"-Person. Zu den ersten elektronischen Anbietern gehörten *powershopping.de* und *letsbuyit.com*. Deutsche Gerichte untersagten aus wettbewerbsrechtlichen Gründen diese Formen des Co-Shoppings.

(3) Preisbündelbezogene Preisdifferenzierung

Bei der Preisbündelung werden mehrere Leistungen zu einem Bündel zusammengefasst und zu einem Bündelpreis angeboten (vgl. Faßnacht 1996, S. 82 ff.; Friege 1995, S. 99 ff.; Simon 1992, S. 1213). Im Unterschied zu der mengenbezogenen Preisdifferenzierung werden hier verschiedene Leistungen gebündelt. Während bei der **reinen Preisbündelung** ausschließlich der Erwerb des Gesamtbündels möglich ist, können die Teilleistungen bei **gemischten Preisbündeln** auch separat erworben werden (vgl. Simon 1995, S. 132 ff.). Nur bei der gemischten Bündelung geht es um Preisdifferenzierung, denn der Bündelpreis ist niedriger als die Summe der Einzelpreise. Bei der reinen Preisbündelung hat der Kunde keine Alternative, es gibt keine Differenzierung. Für den Kunden kann der Bündelpreis der Anreiz sein, seine Nachfrage nicht auf mehrere Händler zu verteilen, sondern bei einem Händler zu bündeln.

c) Preisdifferenzierung dritten Grades

Wie bei der Differenzierung zweiten Grades werden Kunden segmentiert, im Unterschied dazu haben sie aber nicht die Freiheit, an einem bestimmten Ort zu einem bestimmten Zeitpunkt zwischen unterschiedlichen Preisen für die Ware zu wählen. Der Erfolg hängt davon ab, inwiefern die Segmente abgeschottet werden können und eine Arbitrage verhindert werden kann.

(1) Personenbezogene Preisdifferenzierung

Bei der personenbezogenen Preisdifferenzierung setzt der Händler für unterschiedliche Personengruppen unterschiedliche Preise. **Käufermerkmale** zur Bildung von Personengruppen können das Alter (z. B. Senioren und Kinder), der Beruf (z. B. Studenten und Beamte) und der Kundentyp (Erstkäufer und Wiederkäufer) sein.

(2) Standortbezogene Preisdifferenzierung

Bei der standortbezogenen Preisdifferenzierung fordert der Händler in unterschiedlichen Regionen unterschiedliche Preise. Dies bietet sich dann an, wenn die Marktsegmente durch unterschiedliche Nachfrageelastizitäten geprägt sind. Der Erfolg der räumlichen Preisdifferenzierung hängt von der Markttransparenz, der Mobilität und der Kaufkraft der Kunden ab. Je geringer diese Größen ausfallen, desto weniger werden Kunden aus einer Marktregion in einer anderen kaufen.

(3) Zeitbezogene Preisdifferenzierung

Bei der zeitlichen Preisdifferenzierung fordert der Händler zu unterschiedlichen Zeitpunkten oder Zeiträumen unterschiedliche Preise. Gängige Formen sind Tageszeiten (z. B. Happy Hour-Angebote, siehe **Abbildung 5.3**), Wochentage oder Jahreszeiten (z. B. Sommer- oder Winterschlussverkäufe).

Abbildung 5.3   Zeitbezogene Preisdifferenzierung einer Apotheke

Kombiniert man die Zeitpunkte verschiedener Preise mit den Phasen des Lebenszyklus eines Produkts, so spricht man vom **Life-Cycle-Pricing**. Die Überlegung ist, dass die Kunden je nach Zyklusphase unterschiedliche Zahlungsbereitschaften haben. Lebenszyklusabhängige Preise spielen vor allem bei modischen Sortimenten und Waren mit technischem Alterungsprozess eine große Rolle. Betrachtet man beispielsweise modeabhängige Artikel, so ist zu beobachten, dass preisunsensible Kunden (Innovatoren, Lead User etc.) ein innovatives Angebot bereits in der ersten Lebenszyklusphase nachfragen. Die preissensiblen Segmente werden hingegen erst dann gewonnen, wenn die Ware zwar von geringerem Neuigkeitsgrad ist, der Preis allerdings auf einen niedrigeren Preis reduziert wird. Daraus folgt zunächst ein Angebot des Artikels auf relativ hohem Preisniveau unter Beachtung von Snob- und Veblen-Effekten (der hohe Preis dient der Demonstration des Konsums und zur Abgrenzung von anderen Kundengruppen), um dann bis zum Ende der Saison in mehreren Stufen Preisabschriften vorzunehmen, am Schluss mit dem Ziel, den Lagerbestand zu räumen.

5.1.2.5   Maßnahmen der Preissenkung

Weil sie in der Handelspraxis häufig anzutreffen sind, zumindest in der deutschen Handelslandschaft, gehen wir im Folgenden auf Maßnahmen der Preissenkung ein. Mit **Sonderpreisaktionen** reduziert der Händler den regulären Preis bzw. Basispreis, mit Rabatten, Boni und Coupons gibt er einen **Preisnachlass**, ohne den regulären Preis bzw. Basispreis zu reduzieren. Teilweise handelt es sich um Maßnahmen, die sich als Formen der Preisdifferenzierung verstehen lassen.

a) Sonderpreisaktionen

Sonderaktionen können sich auf das gesamte Geschäftsprinzip beziehen (Beispiel Partievermarktung), mehrere Instrumentalbereiche umfassen oder sich auf einen Instrumentalbereich beschränken. Wenn es um das Instrument des Preises geht, wird von Sonderpreisaktion gesprochen. Die Sonderpreisaktion umfasst insbesondere folgende Parameter:

- Frequenz bzw. Häufigkeit von Preisreduzierungen,

- Dauer bzw. Länge des Aktionszeitraumes,

- Ausmaß der Preisreduktion,

- Auswahl der Aktionsartikel: Preisaktion für einen Artikel oder zeitlich begrenzter Bündelpreis, der niedriger ist als die Summe der Einzelpreise,

- Standort der Preisaktion: an allen Standorten oder nur an ausgewählten Standorten.

Ziele der Sonderpreisaktionen sind, die Betriebsstätte im Wettbewerb zu profilieren (Preisimage) sowie Kaufanreize dadurch auszulösen, dass der Preisvorteil nur eine begrenzte Zeit gewährt wird. Solche Aktionen können bestehende Kundenkontakte aktivieren, die Kauffrequenz der Stammkunden erhöhen, Impulskäufe auslösen, den Kaufzeitpunkt steuern und zu Käufen von Verbundprodukten zu Regulärpreisen führen (siehe Kompensationskalkulation) und neue Kunden über Probierkäufe gewinnen.

Mitunter wird die hohe Bereitschaft zur Sonderpreisaktion dadurch erklärt, dass die Preiselastizität deutlich höher ist als die Werbeelastizität (vgl. Tellis 1988, S. 340) und damit entsprechend höhere Mengeneffekte mit Preisaktionen erwartet werden. In der betriebswirtschaftlichen Diskussion wird die Vorteilhaftigkeit der Preisaktionen dennoch recht kritisch gesehen (vgl. Schmalen 1995, S. 157 ff.; Schmalen/Pechtl/Schweitzer 1996, S. 72 ff.). Insbesondere folgende Bedenken können eingebracht werden (Hartmann 2006):

- Es wird zwar grundsätzlich eine Absatzsteigerung der Aktionsware angenommen und in empirischen Untersuchungen auch bestätigt (vgl. Gedenk 2002, S. 213 ff.), die tatsächliche Umsatzsteigerung bestimmt sich allerdings nach der Preiselastizität und langfristig nach dem Anteil an Hortungskäufen (Bevorratung).

- Unsicher ist das Ausmaß, in dem solche Kunden angelockt werden können, die auch weitere Einkäufe tätigen, und inwiefern Verbundkäufe zur Kompensation der Deckungsbeitragsverluste (hier: Rohertragsverluste) infolge der Preisreduktion stattfinden.

- Preisaktionen fördern eine sinkende Preiszahlungsbereitschaft.

- Werden Sonderpreisaktionen breit gestreut bzw. zielgruppenunspezifisch und gegebenenfalls unter Einstandspreis umgesetzt, bergen sie die Gefahr, dass bevorzugt die Schnäppchenjäger angesprochen werden. Preisaktionen führen dann dazu, dass die zum Normalpreis kaufenden Stammkunden die Einmalkäufer subventionieren. Das Ziel der Stammkundenbindung ist dann gefährdet. Gerade hier setzen im Übrigen die Dauerniedrigpreisprogramme (Every Day Low Price, EDLP) an, bei denen bestimmte Artikel konstant zu niedrigen Preisen angeboten werden, während man auf Preisaktionen verzichtet.

- Preisaktionen provozieren den Vorwurf der Verbraucher, der Normalpreis sei überhöht, wenn zuvor eine Preissenkung möglich war.

- Die Sonderpreisaktion ist insofern ein wenig perfektes Differenzierungsinstrument, als dass viele Käufer in den Genuss der Preisreduktion kommen, obwohl sie auch zum höheren Normalpreis kaufen würden.

b) Preisnachlässe

Als Preisnachlässe, bei denen der Basispreis unverändert bleibt, sollen im Folgenden der Rabatt, der Bonus sowie der Coupon unterschieden werden. **Tabelle 5.3** gibt einen Überblick über die Ansatzpunkte für die Vergabe von Preisnachlässen.

(1) Rabatt

Im Zuge der Abschaffung des Rabattgesetzes im Jahr 2001 sind die in Deutschland zuvor strengen Regelungen liberalisiert worden. Damit bieten sich neue Möglichkeiten der Rabattgewährung. Ein Preisnachlass wird dann als Rabatt verstanden, wenn er unmittelbar nach dem Kauf gewährt wird. Aus dem Rabattbegriff ausgeklammert werden der Preisnachlass in Form eines Gutscheins (Coupon) sowie der Preisnachlass, der nicht unmittelbar nach dem Kauf, sondern zu einem späteren Zeitpunkt gewährt wird (Bonus).

Je nach Zielsetzung sind verschiedene Rabattvarianten denkbar. So ist insbesondere der Barzahlungsrabatt, der Mengenrabatt, der Rabatt für ausgewählte Kundenkreise (z. B. Seniorenrabatt), der Rabatt an ausgewählten Tagen oder auch der warengruppenspezifische Rabatt zu nennen. Grenzen der Rabattierung ergeben sich einerseits aus wirtschaftlichen Überlegungen sowie andererseits durch das UWG.

Tabelle 5.3   Anknüpfungspunkte für Preisnachlässe

Leistungsbereich	Kundenleistung
Leistungsart: Welche Sach- oder Dienstleistung?	- Innovations-, Modegrad (Neuheiten, Auslaufmodelle) - Warengruppenzugehörigkeit (Verbundkauf) - Finanzierungsleistung (Zahlungstermin, -art)
Menge: Welche Menge?	- reflexive Verbundkäufe (Anzahl gleichartiger Artikel beim Kauf durch einen Kunden) - gebündelte Einkaufsmenge von Einkaufsgemeinschaften (Powershopping)
Warenkorb: Welcher Kaufwert?	- gesamter Warenkorb/Einkaufswert eines Einkaufsvorgangs, ggf. in Verbindung mit einem Mindestkaufwert - Einkaufswert in einer bestimmten Warengruppe - kumulierter Einkaufswert in einem bestimmten Zeitraum, ggf. begrenzt auf bestimmte Warengruppen
Zeit: Wann?	- zeitpunktbezogen (Wochentag/Tageszeit, z. B. Happy Hour) - zeitraumbezogen (z. B. Juli-August)
Kunde: Wer?	- Alter, Beruf, Familienstand etc. - Stammkunden/Neukunden - Inhaber/Nicht-Inhaber einer Kundenkarte - Verhandlungsstärke des Kunden
Absatzkanal: Wo?	- Selbstabholung/Zulieferung - stationärer Einkauf/Kauf via Internet oder Versandhandel

Quelle: In Anlehnung an Schröder 2002b, S. 69; ähnlich Schröder 2012b, S. 143

(2) Bonus

Im Rahmen der Bonussysteme wird dem Käufer in Abhängigkeit seines Nachfrageverhaltens, ggf. in Verbindung mit seiner Informationsbereitschaft – hier ist an Kunden- oder Konkurrenzinformationen oder auch an die Bereitschaft zur Leistungs- oder Betriebsstättenbeurteilung zu denken –, ein Bonus gewährt. Der Bonus wird mit einer Nachlaufzeit erstattet, also nicht unmittelbar beim Kauf, der den Bonus auslöst. Zudem muss der Bonus nicht zwingend aus einem Geldbetrag bestehen, sondern kann auch in Form einer Zugabe entweder als Service (z. B. Aufnahme in den VIP-Bereich) oder Sachprämie gewährt werden. Bonusprogramme werden häufig im Zusammenhang mit Punktesystemen (einzelbe-trieblich, z. B. Douglas Card, oder unternehmungsübergreifend, z. B. Payback) realisiert. Dabei wird dem Kunden pro Euro Umsatz eine bestimmte Punktzahl gutgeschrieben. Bei Erreichen einer bestimmten Höhe können die auf einem Konto gesammelten Punkte gegen die von der Einzelhandelsunternehmung angebotenen Leistungen oder auch gegen eine Euro-Gutschrift eingelöst werden.

Ziele von Bonussystemen sind die Bindung von Kunden, die Erhöhung von Kaufhäufigkei-ten, Einkaufssummen und Bedarfsdeckungen, die Entschärfung des Preiswettbewerbs, weil dem Preisnachlass eine Leistung des Kunden gegenübersteht, und nicht zuletzt die kosten-günstige Beschaffung von Kundendaten.

(3) Coupon

Seit der Aufhebung des Rabattgesetzes haben Coupons auch im deutschen Einzelhandel an Bedeutung gewonnen (Biester 2002, S. 38 ff.; o.V. 2002b, S. 10). Es handelt sich um Preisgut-scheine, die über Printmedien, per Direct Mail, in Verpackungen von Produkten (Herstel-ler-Coupons) oder durch Terminals am Point of Sale (o.V. 2002b, S. 44) an Kunden vor dem Kauf verteilt werden und für die beim Kauf ein Preisnachlass gewährt wird. Ziele von Coupons sind vor allem die Motivation zum Einkaufsstättenbesuch, die Impulskaufförde-rung und die Belohnung von Kundentreue. Der unmittelbare Erfolg von Coupons wird u. a. an der Einlösequote gemessen.

5.1.3   Die Werbepolitik

Wie andere Unternehmungen auch setzt der institutionelle Handel die Absatzwerbung als Instrument der Kommunikationspolitik ein, um Kunden und Konsumenten mit dem Ziel der Absatzförderung zu beeinflussen. Die Aufgabe eines hier knapp zu fassenden Über-blicks ist es, die Besonderheiten der handelsbetrieblichen Absatzwerbung darzustellen.

5.1.3.1   Grundlagen der Werbepolitik

Die Werbung kann als eine Form der physisch zwangsfreien geistig-seelischen Beeinflussung gekennzeichnet werden, durch die ein Werbungtreibender bestimmte Zielgruppen durch über Werbeträger gestreute Werbemittel veranlassen will, sich in einer den Zielen des Wer-bers entsprechenden Weise zu verhalten (vgl. Sundhoff 1976, S. 3). Die Werbung erfüllt ihre **allgemeine Aufgabe**, den Verkaufserfolg der Unternehmung durch den Einsatz von Wer-bemitteln zu steigern, im Rahmen einer Doppelfunktion. Über die Informationsfunktion sollen die Marktteilnehmer zum einen durch Werbemaßnahmen über die Einkaufsstätte und ihr spezifisches Leistungsangebot informiert werden. Zum anderen hat die Handels-werbung als Sozialtechnik eine motivierende Funktion. Die Werbegemeinten sollen mit Hilfe eines geeigneten Argumentationspotenzials, mit dem sie von der Vorteilhaftigkeit des Angebotes zu überzeugen sind, zum Einkauf in der beworbenen Einkaufsstätte veranlasst werden. Beide Ziele dienen letztlich der Beeinflussung des Kundenverhaltens. Bei der emo-tionalen Beeinflussung sollen beim Kunden Gefühle und Motive ausgelöst und in den Dienst der Meinungsbeeinflussung gestellt werden. Bei der gedanklichen Beeinflussung werden sachbezogene Informationen vermittelt. Die Werbung macht sich somit die emotionale Ansprechbarkeit des Menschen, die Wirkung von Emotionen auf die Informationsaufnahme und die Informationsverarbeitung zunutze (zum Überblick Schweiger/Schrattenecker 2012, Kapitel 1).

Die **Profilierung durch Werbung** ist aus mehreren Gründen eine Herausforderung für die Handelsbetriebe. Zum einen haben sich die Waren- und Dienstleistungsangebote stark angeglichen und die für den Kunden wahrnehmbaren Differenzierungsmerkmale verwaschen. Zum anderen verschärfen Konzentrationsprozesse und strategische Neuorientierungen bei Großbetrieben des Handels den Wettbewerb. Die von ihnen eingesetzten Strategien sind die Betriebstypendiversifikation und die Entwicklung preisaggressiver Betriebstypen. Die Aufgabe der Werbung ist es, durch eine Distanzierung gegenüber den Mitbewerbern und eine Profilierung gegenüber den Kunden den weitreichenden Anforderungen des Wettbewerbsdrucks durch Schaffung von Alleinstellungsmerkmalen zu begegnen. Hier haben viele Einzelhändler in den vergangenen Jahren enorme Anstrengungen unternommen und dies auch recht erfolgreich, wie z. B. *Edeka* mit „Wir lieben Lebensmittel".

In diesem Sinne kommt der Werbung eine Differenzierungs- und Profilierungsfunktion zu. Sie hat das von anderen Handelsunternehmungen wohlunterscheidbare Leistungsangebot zu kommunizieren, um auf diese Weise zu einer psychischen Ladendifferenzierung und Profilierung beitragen zu können (zur Vertiefung vgl. Barth/Theis 1991b, S. 14 ff.).

Im **Unterschied zum Konsumgüterhersteller**, der durch den Einsatz seiner absatzpolitischen Instrumente seine Produkte und Produktfamilien profilieren möchte, will der Handelsbetrieb die vorhandene Nachfrage in seinem Einzugsgebiet so weit wie möglich auf seine Betriebsstätte lenken. Er verfolgt daher das Ziel der Betriebsstättenprofilierung. Aus diesem durch die spezifische Form der Handelsleistung bedingtem Grund werden in der Absatzwerbung des institutionellen Handels entweder simultan die Leistungs- und Entgeltpolitik in Verbindung mit der Firma der Handelsunternehmung herausgestellt, oder es wird die Firma als Träger eines bestimmten Leistungskonzeptes allein zum Objekt der Werbung erhoben. Werbung ausschließlich für ein einzelnes Sachgut kann es aus ökonomischen Gründen in der Absatzwerbung des Handels aufgrund des breiten Leistungsangebotes und den daraus erwachsenden Anforderungen an die Werbeökonomie nur in Ausnahmefällen (regionales Alleinvertriebsrecht, Räumungsverkäufe, mit der Industrie abgestimmte Werbemaßnahmen etc.) geben.

Die Komplexität der betriebsinternen und betriebsexternen Gegebenheiten sowie die Unvollständigkeit, Unbestimmtheit und Unsicherheit der Informationen verbieten im Allgemeinen eine intuitive Durchführung der Planung. Diese Anforderungen gelten insbesondere für die **Werbeplanung**, die als die geistige Vorwegnahme und systematische Konzeption aller zukünftigen Maßnahmen im Bereich der Werbung definiert werden kann.

Die Werbeplanung fußt auf der Erhebung und Analyse von werbepolitisch relevanten Plandaten und findet ihren Niederschlag in einem ausgearbeiteten Werbeplan. Dieser ist in einen übergeordneten Absatzplan zu integrieren und mit sämtlichen Bereichsplänen der

Unternehmung zu koordinieren. Denn nur so kann die Werbeplanung integraler Bestandteil des allgemeinen Planungssystems einer Unternehmung werden. Hierbei sind die Maßnahmen nicht nur in – was die interne Organisation anbelangt – vertikaler (z. B. Absatz- und Werbeplanung), sondern auch in horizontaler Richtung (z. B. Absatz- und Beschaffungsplanung) abzustimmen. So verhindert man einerseits die Entstehung von konkurrierenden Zielvorstellungen, welche sich negativ auf die unternehmungspolitischen Zielsetzungen auswirken, und fördert andererseits die Entwicklung synergetischer Effekte. Die Werbeplanung lässt sich in die folgenden Phasen gliedern (vgl. Anton 1973, S. 25 ff.):

- die Informationsbasis der Werbeplanung,

- die Bestimmung der Werbeziele,

- die Planung der Werbedurchführung,

- die Bestimmung des Werbebudgets sowie

- die Planung der Werbekontrolle.

Durch die Erfassung und Analyse der Plandaten, auch als Werbeanalyse bezeichnet, schafft man die **Informationsbasis der Werbeplanung** (vgl. Barth/Theis 1991b, S. 66 ff.). Es handelt sich um eine werbebezogene Marktforschung. Je umfassender die Beschaffung und Auswertung von Informationen ist, desto geringer sollten die Risiken sein, mit denen die Werbeplanung behaftet ist. Auf der Grundlage der Ergebnisse der Werbeanalyse werden die **Werbeziele** fixiert, an welchen sich grundsätzlich alle werbepolitischen Maßnahmen ausrichten. Darauf aufbauend sind im Rahmen der **Werbedurchführungsplanung** (Planung der Werberealisation) die Zielgruppen, Objekte, Botschaften, Mittel, Träger, das Timing (Zeitpunkt und Zeitraum der Werbung) und Kooperationen der Werbung zu bestimmen. An die Werbedurchführungsplanung schließt sich die Bestimmung des **Werbebudgets** an. Das Planungsergebnis in Form des Werbefinanzplans weist die erforderlichen finanziellen Mittel aus, die zur Durchführung der Werbemaßnahmen verausgabt werden sollen und zur Erreichung vorgegebener Werbeziele dienen. Die **Werbekontrolle** schließt den Kreislauf der Werbeplanung, indem sie einerseits das Ergebnis der Werbung anzeigt und andererseits wichtiges Datenmaterial zur Planung der folgenden Periode bereitstellt. Sie ist somit eine Grundvoraussetzung für angemessene Reaktionen auf eventuelle Veränderungen inner- und außerbetrieblicher Faktoren.

5.1.3.2 Die Informationsbasis der Werbeplanung

In Anlehnung an den Terminus „Marktforschung" (vgl. Böhler 1977, S. 17) kennzeichnet der Begriff „Werbeanalyse" die systematische Sammlung, Aufbereitung, Analyse und Interpretation von Daten über Medien, Märkte und Marktbeeinflussungsmöglichkeiten zum Zweck der Informationsgewinnung für Werbeentscheidungen.

Bei der systematischen Erfassung der Plandaten wird üblicherweise eine Klassifizierung in ökonomische und vorökonomische (auch: außerökonomische) Daten vorgenommen. Für eine in die allgemeine Unternehmensstrategie eingebundene Werbepolitik bedarf es im Rahmen ökonomischer Plandaten sowohl umfangreicher markt- als auch unternehmungsbezogener Informationen. Die **ökonomischen Plandaten** lassen sich somit in betriebsexterne und betriebsinterne Daten untergliedern (vgl. Barth/Theis 1991b, S. 72). Beschaffungswirtschaftliche (wie warenspezifische Beschaffungsverhältnisse, Intensität des Vorverkaufs durch die Industrie) und absatzwirtschaftliche (Bedarf, Kaufkraft, Konkurrenzverhältnisse) Informationen bilden gemeinsam den betriebsexternen Datenkomplex, während sich die betriebsinternen Informationen aus den Unternehmungszielen, den Daten der Leistungserstellung und finanzwirtschaftlichen Daten zusammensetzen.

Als **vorökonomische Plandaten** sind die Fakten zu verstehen, die sich auf die Planung werbepolitischer Aktionen auswirken können. Darunter fallen einerseits technische Plandaten bezüglich der Werbemittel und Werbeträger sowie andererseits rechtliche Plandaten, welche die Planung werbepolitischer Maßnahmen einschränken (vgl. Barth/Theis 1991b, S. 70 ff.).

5.1.3.3 Die Planung der Werbeziele

Die Qualität der Werbung des institutionellen Handels ist in starkem Maße abhängig von der systematischen Planung der Werbeziele. Ohne die Vorgabe von Zielen können Aktionen nicht rechtzeitig koordiniert werden, ist eine abgestimmte Kommunikation innerhalb der Unternehmung nicht möglich, sind Konfliktsituationen nicht rational lösbar, kann eine Kontrolle nicht ausgeübt und eine Steuerung der einzelnen Prozesse im Sinne einer Rückkopplung nicht realisiert werden. Insbesondere der letztgenannte Punkt veranlasst dazu handelsbetriebliche Werbeziele in Anlehnung an Kategorien der Werbeerfolgskontrolle zu systematisieren. Denn die Überprüfung des Zielerreichungsgrades setzt einheitliche Ziel- und Kontrollkriterien voraus. Demzufolge kann auf einer ersten Systematisierungsebene zwischen ökonomischen und vorökonomischen Werbezielen unterschieden werden (siehe **Abbildung 5.4**).

Die **ökonomischen Werbeziele** lassen sich in umsatzbezogene und kostenbezogene Werbeziele unterteilen (vgl. Bidlingmaier 1975a, S. 410 f.). Umsatzbezogene Werbeziele beziehen sich i. d. R. auf ein bestimmtes Werbeobjekt. Das kann der Umsatz der Einkaufsstätte sein, aber auch der eines bestimmten Artikels, für den z. B. ein regionales Alleinvertriebsrecht besteht. In diese Kategorie fallen Umsatzexpansion und Umsatzerhaltung.

Bei den auf Kostendegression ausgerichteten Werbezielen lässt sich zwischen der werblichen Lenkung der Nachfrage im Zeitablauf einerseits und der werbebedingten Absatzrationalisierung andererseits unterscheiden. Die werbliche Lenkung der Nachfrage im Zeitablauf soll die durch rhythmische Absatzschwankungen entstehenden Leerkosten vermeiden. Durch die werbebedingte Absatzrationalisierung sollen dagegen die Bedarfsdeckungsformen bei den Kunden im Hinblick auf eine Senkung der Anzahl der Einkaufsakte beeinflusst werden. Im letzteren Fall stehen den betriebswirtschaftlichen Vorteilen, z. B. Reduzierung der handelsbetrieblichen Kosten der Leistungserstellung, aber auch Nachteile, z. B. Wegfall von Impulskäufen, gegenüber.

Abbildung 5.4   Die Systematik der Werbeziele im Handel

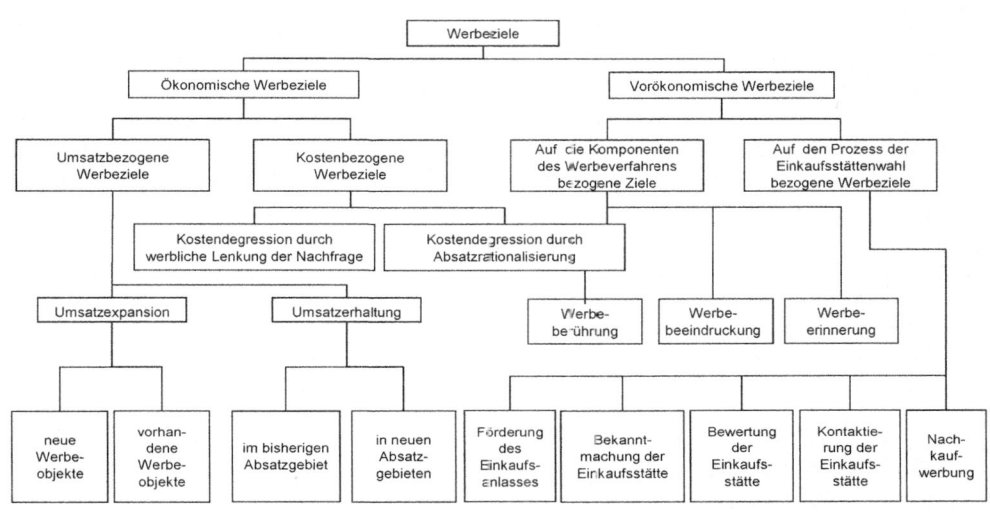

Quelle: Barth/Theis 1991b, S. 121, angepasst

Vorökonomische Werbeziele haben die Aufgabe, die Erreichung ökonomischer Werbeziele zu unterstützen, teilweise spricht man auch von psychologischen oder kommunikativen Werbezielen (vgl. Schröder 2012b, S. 130, 204). Im Handelsmarketing unterscheidet man Werbeziele, die auf die Komponenten der Werbewirkung (Werbeverfahren) bezogen sind, und Werbeziele, die den Prozess der Einkaufsstättenwahl zum Gegenstand haben (vgl. Barth/Theis 1991b, S. 125). Als auf die Werbewirkung bezogene Ziele sind insbesondere die Werbeberührung, die Werbebeeindruckung sowie die Werbeerinnerung zu nennen.

Werbeziele, die sich auf den Prozess der Einkaufsstättenwahl beziehen, verfolgen den Zweck, den Bedarf der Zielgruppe auf die beworbene Einkaufsstätte zu lenken. In diesem Zusammenhang zielt die Werbung auf die Beeinflussung eines Einkaufsanlasses, die Bekanntmachung, Auswahl und Kontaktierung der Einkaufsstätte sowie den Abbau kognitiver Dissonanzen ab.

5.1.3.4   Die Planung der Werbedurchführung

Im Rahmen der Werbedurchführung sind Entscheidungen über a) Zielgruppen, b) Objekte, c) Botschaften, d) Mittel, e) Träger, f) Timing und g) Kooperationen der Werbung vorzubereiten. Infolge vielfältiger Interdependenzen zwischen den Planvariablen kann grundsätzlich jede einzelne Variable die Entscheidung über eine andere Variable beeinflussen. Dies betrifft insbesondere Entscheidungen im Rahmen der Planung der Werbezielgruppen, da hiervon alle weiteren Möglichkeiten der Werbedurchführung beeinflusst werden.

a) Planung der Werbezielgruppen

Der mit der Handelswerbung verbundene finanzielle Aufwand ist betriebswirtschaftlich nur dann zu rechtfertigen, wenn die mit der Werbung verfolgten Zielvorstellungen der Unternehmung auch erfüllt, insbesondere Streuverluste vermieden werden. Aus diesem Grund muss der Handelsbetrieb die Voraussetzungen für eine zielgruppengerechte Werbung schaffen. Nur wenn es gelingt, jene Personen des gewählten Marktsegments oder der gewählten Marktsegmente anzusprechen, die auch als aktuelle und potenzielle Kunden in Frage kommen, kann ein effizienter Werbeeinsatz unterstellt werden. Erreicht wird dies durch eine genaue Planung der Werbezielgruppen, also alle Personen, die durch Werbeappelle zur Erfüllung des Werbezwecks veranlasst werden sollen (vgl. Behrens 1976, S. 62 f.).

Soweit Großhandelsbetriebe über personenbezogene Daten ihrer Kunden verfügen, können sie die in Frage kommenden Zielgruppen individuell bestimmen. Daher wird sich die Großhandelswerbung nur selten an die „Allgemeinheit" wenden. Die Werbemaßnahmen werden somit auf dieser Wirtschaftsstufe wesentlich ökonomischer eingesetzt als im Einzelhandel, soweit die Werbung nicht individualisiert ist.

Die potenziellen Werbezielgruppen sind anhand bestimmter Kriterien aus der Absatzzielgruppe herauszuheben. Zur Identifizierung können insbesondere soziodemographische, geographische und psychologische Kriterien herangezogen werden. Außerdem liefert die Beobachtung der Kunden Informationen über die werbepolitisch relevanten Verhaltensweisen (z. B. Einkaufsstättenkontakt, Informationsverhalten).

b) Die Planung der Werbeobjekte

Der Handelsbetrieb ist grundsätzlich als „Mehrproduktunternehmung" zu sehen, die sich durch eine mehr oder weniger große Anzahl von Artikeln auszeichnet, die darüber hinaus mit unterschiedlichen Dienstleistungen versehen angeboten werden. Die Entscheidung, „wofür" geworben werden soll, ist daher wesentlich komplexer als bei industrieller Werbung. Unklarheit besteht im Handel jedoch weniger darüber, welche Werbeobjekte grundsätzlich in Frage kommen, als vielmehr darüber, nach welchen Kriterien die Auswahl der Werbeobjekte zu erfolgen hat. Die „richtige" Auswahl der Werbeobjekte ist insoweit eine bedeutende Frage, als die Werbezielgruppen (Werbeempfänger) nur dann mit dem Besuch der Einkaufsstätte auf die Handelswerbung reagieren, wenn mit dem beworbenen Artikel oder der Dienstleistung eine konkrete Nutzenerwartung verbunden ist.

Grundsätzlich stehen dem Handelsbetrieb bei der Entscheidung „wofür er werben soll" zwei Möglichkeiten offen. Erstens kann er sich dafür entscheiden, das Geschäft als Ganzes in Gestalt des Namens zum Objekt seiner werbepolitischen Aktivitäten zu machen, also **reine Institutionenwerbung** zu betreiben. Zweitens kann er über eine **leistungs- und entgeltorientierte Institutionenwerbung** die gesamten Marktleistungen seines Geschäfts explizit herauszustellen. Dabei kann der Handelsbetrieb bei der Wahl seiner Werbeobjekte grundsätzlich auf alle leistungspolitischen Instrumente (z. B. Sortimentspolitik, Einkaufsschnelligkeit und Einkaufsbequemlichkeit, technischer Kundendienst) und entgeltpolitischen Instrumente wie Preis-, Rabatt- und Konditionengestaltung zurückgreifen. Für den

Handel typische Objekte sind insbesondere die waren-, dienstleistungs-, preis- und erlebnisorientierte Institutionenwerbung.

Es ist zu berücksichtigen, dass der Handelsbetrieb in der Regel nicht alle erfolgversprechenden Werbeobjekte in seine Werbemaßnahmen einbeziehen bzw. diese nicht mit der gewünschten Intensität herausstellen kann. Auch beeinflussen Überlegungen zu den geeigneten Werbemitteln und Werbeträgern die Werbeobjektauswahl. Als Entscheidungshilfen zur Bestimmung der relevanten Werbeobjekte können folgende Kriterien herangezogen werden:

- Zielvorgaben der Werbung, z. B. kosten- und erlöswirtschaftliche sowie imagebezogene Aspekte,

- Verbundbeziehungen zwischen Werbeobjekten sowie

- Werbekostenzuschüsse der Hersteller.

c) Die Planung der Werbebotschaft

Bei der Werbebotschaft (auch Copy Strategy) geht es um die inhaltliche Grundkonzeption, die es zu kommunizieren gilt. Sie schreibt keine Gestaltung (Verbalisierung und Visualisierung) vor, sondern gibt an, **was** inhaltlich über das Werbeobjekt ausgesagt werden soll. Festlegungen darüber, **wie** die Werbebotschaft in Werbemitteln zu gestalten ist, sind in Verbindung mit der Wahl der Werbemittel zu treffen.

Die inhaltliche Festlegung der Werbebotschaft betrifft den kreativen Part der Werbung und umfasst das Versprechen einer unverwechselbaren Leistung, des Kundennutzens (Consumer Benefit), die unterstützende Beweisführung (Reason Why) sowie den Stil, die Atmosphäre und den Charakter der Werbung (Tonality).

Das Ziel der Streuung von Werbebotschaften besteht immer in der Beeinflussung des Einkaufsstättenwahlverhaltens des Kunden. Präferenzen für die Einkaufsstätte zu schaffen, die Kaufhandlung zu beeinflussen und eine langfristige Bindung an die Einkaufsstätte zu erreichen, sind nur möglich, wenn es gelingt, den **Kundennutzen** (Consumer Benefit, hier besser: Shopper Benefit) glaubhaft zu kommunizieren. Nur wenn der Kunde ein solches Nutzenversprechen erhält, also die Behauptung eines Vorteils, wird er sich mit der Einkaufsstätte befassen. Soweit sich die Leistungsangebote von Handelsbetrieben stark gleichen, ist eine Alleinstellungswerbung, die den Grundnutzen betrifft, oftmals schwer durchzusetzen. Daher wird sich das Versprechen auf den Zusatznutzen beziehen, beispielsweise das Prestige und die Atmosphäre einer Einkaufsstätte.

Die Kommunikation eines Nutzenversprechens ist eine notwendige, aber keine hinreichende Bedingung für die Überzeugungskraft der Werbebotschaft. Darüber hinaus ist es vielmehr erforderlich, die Behauptung des Vorteils glaubhaft nachzuweisen. Zur **Beweisführung** (Reason Why) können folgende Techniken angewandt werden:

- die Meinungsführer ansprechen,

- die Vertrauenswürdigkeit des Werbenden betonen,

- Ähnlichkeiten zwischen Empfänger und Sender herausstellen und

- Referenzen nutzen.

Mit dem Kundennutzen und der Beweisführung wird das „Was" der Werbebotschaft bestimmt, mit dem **Grundton der Werbung** (Tonality) das „Wie" (vgl. Huth/Pflaum 1996, S. 97). Da die Mediawerbung (Out of Store Kommunikation) und die PoP-Werbung (Instore-Kommunikation) des stationären Handels grundsätzlich aufeinander abgestimmt sein sollten, muss der Grundton der Handelswerbung, der auch als „atmosphärische Verpackung" bezeichnet werden kann, an die jeweilige Ausrichtung der Verkaufsraumgestaltung (auch: Raumdesign, Outfit, Look) angelehnt werden (so bereits Küthe 1980, S. 121).

d) Die Planung der Werbemittel

In Werbemitteln werden die aus den Werbezielen abgeleiteten Werbebotschaften gebündelt und dargestellt (vgl. Tietz/Zentes 1980, S. 57). Für den handelsbetrieblichen Werbeplaner stellt sich bei der Planung der Werbemittel stets die Frage, welche Werbemittel grundsätzlich verwendet und welche Werbemittel letztlich zur Erfüllung der Werbeziele beitragen und daher in der Kampagne eingesetzt werden sollten.

Das **Repertoire an Werbemitteln** lässt sich unter vielen Gesichtspunkten in eine systematische Ordnung bringen. Im Folgenden werden diese Werbemittel unterschieden:

- die Printwerbung,

- die Außenwerbung,

- die Werbung am Verkaufsort,

- die Direktwerbung,

- die Film-, Radio- und Fernsehwerbung sowie

- die Internet-Werbung.

(1) Werbemittel der Printwerbung

Unter dem Begriff Printwerbung versteht man jegliche Form gedruckter Werbemittel, vor allem Anzeigen, Beilagen, Prospekte, Flugblätter, Handzettel, Kataloge und Kundenzeitschriften.

Anzeigen im Sinne der Werbung sind Bekanntmachungen geschäftlicher Art, die für die Allgemeinheit oder einen Kundenkreis besonders Interessierter bestimmt sind und durch ein im Allgemeinen für andere Zwecke hergestelltes Erzeugnis (Zeitungen, Zeitschriften, Vereinsblätter, Programmhefte usw.) verbreitet werden. Die Werbewirkung einer Anzeige ist abhängig von den ausgewählten Streumedien (Werbeträger), wobei nicht jeder Werbeträger gleichermaßen geeignet ist, das Werbemittel Anzeige optimal zu streuen. Für kleinere und mittlere Einzelhandelsbetriebe ist die Anzeigenwerbung in örtlichen Tageszeitungen vor allem aufgrund der Aktualität und der Möglichkeit, kurzfristige Werbeaktionen durchzuführen, prädestiniert. Demgegenüber ist die überregionale Zeitschriftenwerbung eher für filialisierende und kooperierende Einzelhändler geeignet, wenn sich das Verbreitungsgebiet überregionaler Zeitschriften mit dem Einzugsgebiet der beworbenen Geschäfte deckt.

Beilagen oder **Prospekte** sind in der Regel mehrseitige Werbemittel, die kostenlos über Printmedien (z. B. Tageszeitungen oder Anzeigenblätter) bzw. über Postwurfsendungen oder Werbebriefe an die Haushalte verteilt werden (vgl. Happel 1983, S. 14). Die Werbung mit Flugblättern oder Handzetteln ist eine kostengünstigere Version der Beilagen- und Prospektwerbung. Alle diese Versionen treten aus dem werblichen Umfeld durch die Unabhängigkeit von anderen Werbeträgern hervor.

Kataloge stellen eine quantitativ erweiterte Form der Prospekte dar. Sie übernehmen die Funktion des Schaufensters und des Verkaufsraumes, indem sie die fehlende Warenpräsentation am Ort des Kunden ersetzen. **Kundenzeitschriften** sind überall dort anzutreffen, wo ein enger Kundenkontakt besteht bzw. aufgebaut werden soll. Realisiert wird diese Zielsetzung, indem praktische Einkaufstipps, Trend- und Verbraucherinformationen in einer Hauszeitschrift gegeben werden und damit Interesse für die Einkaufsstätte in einem redaktionellen Umfeld erzeugt wird.

(2) Werbemittel der Außenwerbung

Der Begriff **Außenwerbung** ist eine Sammelbezeichnung für sämtliche Werbemaßnahmen außerhalb geschlossener Räume (vgl. Berekoven 1990, S. 241), wie vor allem Verkehrsmittelwerbung, Plakatwerbung (auf Litfaßsäulen, Plakatwänden etc.), Dauerwerbung (Lichtwerbung, Fassadenwerbung etc.) und Werbemittel mit „öffentlichem Charakter" (Lautsprecherwerbung, Werbung an Heißluftballons etc.).

(3) Werbemittel am Verkaufsort

Die am Point of Purchase (PoP) bzw. Point of Sale (PoS) eingesetzten Werbemittel haben die Aufgabe, den Kunden zur unmittelbaren Reaktion auf die Werbebotschaft zu bewegen (vgl. Paß 1972, S. 360). Hierzu werden eingesetzt die Schaufensterwerbung, die Fassadenwerbung und die Verkaufsraumwerbung.

Je nach Standortlage ist das **Schaufenster** unverzichtbar (z. B. in Fußgängerzonen) oder auch kaum relevant (z. B. in isolierten Außenlagen sowie bei Discountern). Neben der wichtigen Repräsentationswirkung sind der Abbau der Hemmschwelle vor dem Betreten des Verkaufsraumes sowie die Auslösung von Neugier und eines letzten Kaufimpulses wichtige Wirkungsmerkmale des Schaufensters.

Fassadenwerbung ist die werbliche Gestaltung der Außenfront des Geschäftsgebäudes. Typische Werbemittel sind Ladenschilder, Aufschriften und Lichtwerbung sowie die häufiger anzutreffende farbige Gestaltung von Geschäftsgebäuden. Im Gegensatz zu anderen

Werbemitteln (z. B. Schaufenster) ist eine kurzfristige Umgestaltung der Außenfront in der Regel nicht möglich und eine sorgfältige Vorbereitung der Gestaltung damit zwingend.

Die **Verkaufsraumwerbung** stellt ein Werbemittel dar, das vor allem Kunden anspricht, die das Verkaufslokal betreten haben, um sich zu informieren. Je weniger sie vor dem Betreten des Geschäftes entschieden haben, was sie kaufen wollen: welches Produkt? welche Sorte? welche Marke? welcher Preis?, desto wichtiger werden Informationen und Impulse am Point of Purchase. Appellative Kurzinformationen sollen sie emotional aktivieren und sie für bestimmte Warenangebote sensibilisieren. Im Gegensatz zur Mediawerbung regen sie Kaufhandlungen unter gleichzeitiger Warenpräsenz an. Insoweit besteht hier eine Schnittstelle zu der Präsentationspolitik.

Neben den traditionellen Formen wie häufig wechselnde und emotional wirkende Warenpräsentation, Dekorationsmaterial, Preisschilder, Modenschauen und Lautsprecheransagen kommen hier vor allem elektronische Werbemittel wie Ladenradio, Ladenfernsehen, elektronische Displays, am Einkaufswagen montierte Displays und Informationskioske in Frage (vgl. Barth/Blömer 1995, S. 14 ff.). Interaktive Multimedia-Konzepte kombinieren Text, Graphik, Ton, Sprache, Animation, Film und Video und geben den Kunden die Möglichkeit, mittels Eingabetastatur, Maus oder Touchscreen mit dem Anwendungsprogramm in Dialog zu treten. Solche Systeme tragen nicht nur den Informationsbedürfnissen der Kunden Rechnung, sondern bieten dem Händler die Möglichkeit, aus den von den Kunden abgefragten Informationen marketingrelevante Daten zu generieren (vgl. Stahlschmidt 1993, S. 14). Soweit es sich um digitale Werbemittel handelt, werden diese auch unter dem Begriff Digital Signage abgehandelt (siehe hierzu Brand 2010; Kaupp 2010).

(4) Werbemittel der Direktwerbung

Werbemittel der Direktwerbung richten sich an ausgewählte Empfänger-Zielgruppen (vgl. Fischer 1985, S. 327). Man kann sie in gedruckte und elektronische Werbemittel unterteilen. Zu der ersten Gruppe gehören Werbebriefe, Kataloge, Preisverzeichnisse und Warensendungen, zu der zweiten Gruppe vor allem E-Mails und SMS.

Diese Werbemittel dienen dazu, dem Umworbenen das Gefühl der individuellen Ansprache zu vermitteln. Die zeitliche Unabhängigkeit des Einsatzes erlaubt die aktuelle Bezugnahme auf unvorhergesehene Ereignisse (z. B. Sonderangebotswoche eines Wettbewerbers oder Preissenkungen beim Hersteller, die an die Kunden weitergegeben werden sollen). Unwägbarkeiten bei der langfristigen Werbeplanung (z. B. Werbeverhalten der Konkurrenten) können somit kurzfristig ausgeglichen werden.

(5) Werbemittel der Film-, Radio- und Fernsehwerbung

Typische Gestaltungselemente sind Sprache, Musik, Geräusche, plastische und bewegliche Bilder und Handlungsabläufe (vgl. Kaiser u. a. 1980, S. 34). Der Einsatz dieser Werbemittel ist zum einen wegen der hohen Herstellungskosten nur für Großbetriebe des Einzelhandels oder überregionale Einkaufs- oder Werbekooperationen sinnvoll. Zum anderen weisen Radio- und Fernsehspots für den nur regional tätigen Einzelhandel einen zu großen Streuradius auf, wenn sie sich nicht regional oder lokal steuern lassen, z. B. über entsprechende lokale Sender. Dann können sie Vorteile bei der Reichweite und Mobilität in der Ansprache, der Zielgruppenorientierung, Beziehungsstärke und Überzeugungskraft sowie Unkompliziertheit und Flexibilität liefern (vgl. Berekoven 1990, S. 250). Gut auf die lokalen Zielgruppen zuschneiden lässt sich die Kinowerbung. Zudem kann beim Kinobesucher aufgrund der entspannten Stimmung eine große Erwartungshaltung sowie eine hohe Aufnahmebereitschaft vorausgesetzt werden (vgl. Peters 1982, S. 26).

(6) Werbemittel der Internet-Werbung

Zu den Formen der Online-Werbung zählen Bannerwerbung, Podcasts und Vodcasts, Video Ads und Social Ads, Werbung im Rahmen des Suchmaschinen-Marketings, Websponsoring, Social Bookmarking und Online Entertainment (vgl. Schröder 2012b, S. 360). Jede Gruppe an Werbemitteln lässt sich weiter untergliedern, z. B. die Bannerwerbung in Interstitials, Prestitials, Layer Ads, Scroll Ads, Sticky Ads, Pop-up Banner und Skyscraper. Die im Internet eingesetzten Werbemittel haben die Aufgabe, den Nutzer durch verschiedene Gestaltungselemente wie Text, unbewegliche sowie bewegliche Bilder, Sprache, Musik, Klangeffekte und Handlungsabläufe anzuregen, sich auf die Website des Werbetreibenden, die entweder nur Präsentationszwecken oder auch dem direkten Verkauf (Online-Shop) dienen kann, per „Click" weiterleiten zu lassen. Auch ist die individuelle Positionierung der Werbemittel möglich. So können z. B. die in eine Suchmaschine eingegebenen Begriffe die Platzierung von Buttons und Bannern bei der Informationsausgabe steuern.

Nach dem Überblick über die Formen der Werbemittel kommen wir zur **Planung des Werbemitteleinsatzes.** Hierbei handelt es sich um ein Auswahlproblem, das unter Berücksichtigung des ökonomischen Prinzips – Maximierung der Werbewirkung bei gegebenem Werbeetat oder Erreichung einer bestimmten Werbewirkung mit minimalen Werbekosten – zu lösen ist. Allerdings stellt sich bei dieser rein ökonomischen Betrachtungsweise das grundsätzliche Problem, dass die Werbewirkung nicht genau zu bestimmen ist und schon gar nicht exakt dem jeweiligen Werbemittel zugeordnet werden kann. Insoweit ist nach Ersatzkriterien zu suchen, die zumindest eine subjektive Problemlösung ermöglichen.

Ein weiteres Problem betrifft den **Zusammenhang zwischen Werbemittel- und Werbeträgerauswahl.** Da Werbemittel über Werbeträger gestreut werden, können beide Auswahlmaßnahmen nicht unabhängig gesehen werden. Zumeist ist mit der Entscheidung für ein bestimmtes Werbemittel auch die Art des Streumediums bereits festgelegt.

Die **Werbemittelauswahl** ist nach Maßgabe getroffener Entscheidungen über die Werbeziele, die Zielgruppen und die Werbeobjekte festzulegen, wobei als Auswahlkriterien die Werbewirkung, der Werbeetat, das Einkaufsstättenimage sowie die Werbung der Mitbewerber berücksichtigt werden sollten. In der Praxis kommt dem Werbeetat oftmals eine vordergründige Bedeutung zu. Die Vernachlässigung der Werbeziele und die unflexible Anpassung des Werbeetats an Vergleichsgrößer bedeutet für die Werbemittelauswahl, dass aus der Vielzahl der möglichen Werbemittel nur jene ausgewählt werden, die unter Berücksichtigung der Kosten für die jeweilige Einkaufsstätte vertretbar sind. Dabei bleiben die oben genannten Kriterien häufig unberücksichtigt. Die Folgen der starken Kostenorientierung sind in der Verringerung des Werbewirkungspotenzials zu sehen. Fehlende Zieladäquanz, unzureichende Zielgruppenansprache und die unzureichende Abgrenzung gegenüber den Mitbewerbern sind zwangsläufige Folgen dieses Defensivverhaltens.

e1) Die Planung der Werbeträger (Mediaplanung) – die Werbeträger im Überblick

Die Mediaplanung bestimmt diejenigen Werbeträger, über die die Botschaft an die Zielgruppe transportiert, „getragen" werden soll (vgl. Huth/Pflaum 1988, S. 95). Unter dem Begriff „Werbeträger" sind dabei alle Medien der Streuung zu verstehen, durch welche die in den Werbemitteln gebündelten Werbebotschaften an die Werbezielgruppen herangeführt werden. Nach den Aufgaben der Mediaplanung sind die Werbeträger im Folgenden hinsichtlich ihrer Relevanz für den Handel darzustellen, um darauf aufbauend Kriterien der Werbeträgerwahl diskutieren zu können.

(1) Zeitung

Zeitungen dienen der kontinuierlichen und aktuellen, nicht auf bestimmte redaktionelle Bereiche begrenzten Nachrichtenübermittlung über Politik, Wirtschaft, Zeitgeschehen etc. (vgl. Scheld 1985, S. 79). Zeitungen lassen sich nach dem Erscheinungsrhythmus (täglich, wöchentlich, monatlich), der Vertriebsart (Abonnement- oder Kaufzeitung) und dem Verbreitungsraum (lokal, regional, überregional) unterscheiden. Sie sind primär Streumedien des Werbemittels Anzeige. Darüber hinaus können Beilagen in Form von Prospekten u. Ä. an die Verbraucher herangeführt werden. Auch wenn Zeitungen durch Aktualität und Glaubwürdigkeit „punkten" können, so haben die auf sie entfallenden Werbeausgaben abgenommen. Das hat schlicht damit zu tun, dass die Zahl der Käufer und Leser von Tageszeitungen geschrumpft ist. An ihre Stelle treten elektronische Medien.

(2) Anzeigenblätter

Der Begriff „Anzeigenblätter" hat sich aus den Begriffen „Offerten", „Wochenanzeiger", „Gratisanzeiger" usw. entwickelt. Er steht synonym für ein an fast alle Haushalte eines abgegrenzten Gebiets regelmäßig, unaufgefordert und unentgeltlich verteiltes Streumedium, das einen überwiegend ortsbezogenen Inhalt mit redaktionellen Beiträgen kommuniziert, sich jedoch ausschließlich aus Werbegeldern ihres Hauptbestandteils „Anzeigen" finanziert (vgl. Maksymir 1985, S. 117) sowie aus Beilagenprospekten.

(3) Adress- und Telefonbücher

Adress- und Telefonbücher stellen Nachschlagewerke dar, die aufgrund einjähriger Gültigkeit, hoher Reichweiten, hoher Anzahl von Kontaktchancen, hoher Glaubwürdigkeit und der Verschmelzung von redaktionellen und werblichen Informationen zu einer Einheit in ihrer Relevanz nicht zu unterschätzen sind.

(4) Kundenzeitschrift

Hinsichtlich der Verbreitungsart unterscheidet man Kundenzeitschriften, die am Ort des Kaufs (PoP), über Verteilerorganisationen oder per Post an die Verbraucher verteilt werden. Das redaktionelle Umfeld in Form von Verbraucher- und Einkaufstipps hat nach au-

ßen hin eine rein informative Bedeutung, dient jedoch letztlich der Steigerung der Lesebe-
reitschaft.

(5) Schaufenster

Das Schaufenster kann zum einen den Mitteln und zum anderen den Trägern der Einzel-
handelswerbung zugeordnet werden: Die Differenzierung erfolgt nach rein baulichen Aspekten (vgl. Weinberg 1970, S. 159). Wenn Schaufenster und Verkaufsraum baulich und
optisch eine Einheit bilden, dann ist das Schaufenster als Werbemittel zu verstehen. Liegt
jedoch eine bauliche und räumliche Trennung vor, erfüllen die dekorierten Waren die
Funktion des Werbemittels, während das Schaufenster die Funktion des Werbeträgers
übernimmt. Eine dritte Kategorie sind Schaufenster außerhalb des Geschäftsgebäudes.
Durch ihre vom Geschäftsgebäude isolierte Standortlage sind sie geeignet, die Reichweite
der betrieblichen Schaufenster und damit die Werbewirkung zu vergrößern. Als „Visiten-
karte der Unternehmung" muss das Schaufenster jene Imageziele stärken, die der gesamten
Werbeplanung zugrunde liegen.

(6) Werbeträger der Direktwerbung

Gegenüber der Media- hat die Direktwerbung insbesondere Vorteile bei der Zielgenauigkeit. Weitere Vorzüge sind u. a. die individuelle Kundenansprache, der zeitlich und gestal-
terisch unabhängige Einsatz, der Aufbewahrungswert sowie die Möglichkeit der exakten
und unmittelbaren Werbeerfolgskontrolle, zumindest was quantitative Größen anbelangt.
Da mit Hilfe von Kundenkarten und Warenkorbanalysen das Einkaufsverhalten im Zeitablauf identifiziert werden kann, sind Informationen für die individuelle Gestaltung von
Maßnahmen der Direktwerbung verfügbar.

(7) Werbeträger der Außenwerbung

Da die Werbebotschaft durch Außenwerbung nicht unmittelbar an den Kunden herange-
tragen wird, sondern sich die Wirkung auf den „zufälligen" Kontakt „auf der Straße" begründet, wendet sie sich ungerichtet an die Gesamtbevölkerung. Die mangelnde Zielbar-
keit der Werbeträger wird allerdings durch die räumliche Steuerbarkeit aufgefangen. Die
Außenwerbung kann gezielt im lokalen Bereich eingesetzt werden und verhindert somit
hohe Streuverluste. Sie empfiehlt sich insbesondere dann, wenn der Bekanntheitsgrad der
Einkaufsstätte zu steigern ist, neue Leistungsmerkmale schnell bekannt gemacht oder bestehende Angebote aktualisiert werden sollen.

(8) Radio und Fernsehen

Der Anteil der handelsbetrieblichen Ausgaben für Fernsehwerbung ist relativ gering; gemessen an den Werbeausgaben aller klassischen Werbeträger lag er im Jahr 2013 bei rund
5,4 %. Für Radiowerbung ist er mit rund 3,3 % etwas geringer, er lag aber im Jahr 2000 bei
fast 25 % (vgl. EHI Marketingmonitor Handel 2013, S. 90).

Zur Planung des Werbeeinsatzes in elektronischen Medien bieten die Radio- und TV-
Vermarkter ihren Kunden einen kostenfreien Zählservice mit Media-Daten an. Für sender-
übergreifende Planungen können Daten der *Arbeitsgemeinschaft Fernsehforschung (AGF)* und

der *Arbeitsgemeinschaft Media-Analyse (AGMA)* eingekauft werden. Die Rangreihenzählungen und Sendezeitanalysen ermöglichen die Bewertung von Einzelmedien und Medienkombinationen und dienen zur Auswahl geeigneter Werbezeiten, wobei den Leistungskriterien Zielgruppenaffinität, Nettoreichweite, weitester Hörer- oder Seherkreis und Tausend-Hörer- oder Tausend-Seherpreis Rechnung getragen wird.

Obwohl der **Fernsehwerbung** geringe Tausend-Kontakt-Preise (TKP), der durchschnittliche TKP betrug 14,74 € im Jahr 2013 (AGF), bescheinigt werden können, sind sinnvolle Einsatzmöglichkeiten im Groß- und Einzelhandel stark begrenzt. Selbst bei Inanspruchnahme regionaler Sender bedingen Überreichweiten erhebliche Streuverluste und damit einen kaum zu rechtfertigenden Werbekosteneinsatz. Anders hingegen bei der **Hörfunkwerbung**: Durch den Zerfall des Monopols der öffentlich-rechtlichen Rundfunkanstalten ist eine Vielzahl lokaler Privatsender entstanden, die angesichts geringer Tausend-Hörer-Preise mit unter 2 € und geringer Streuverluste auch für den regionalen Einzelhandel interessant geworden sind (vgl. Arbeitsgemeinschaft Media-Analyse e.V. 2014). Eine wichtige Ausprägung ist das sogenannte Formatradio als Special-Interest-Radio mit streng eingehaltenem Musikformat. Die Programminhalte werden thematisch auf die Zielgruppe ausgerichtet, so dass sozio-demographische Streuverluste stark reduziert werden können (vgl. Barth/Blömer 1995, S. 36). Sonderwerbeformen sind Live-Werbung, Quizsendungen und Direktübertragungen aus dem Ladenlokal. Ihr Vorzug ist, dass sie nicht unmittelbar als Werbung identifiziert werden und damit auch Kunden erreichen, die Werbeblöcke in der Regel ausschalten (vgl. Gierl 1994, S. 74).

(9) Kino

Im Rahmen des Programms einer Kinoveranstaltung hat der Einzelhandelsbetrieb die Möglichkeit, tönende oder stumme Bilder, Kinospots oder Werbefilme zu schalten. Obwohl die Reichweite laut *Mediaanalyse ma Kino* 2012 mit ca. 3,3 % als relativ gering zu beurteilen ist, muss betont werden, dass die Werbeträgerkontakte fast identisch mit den Werbemittelkontakten sind (vgl. Klement 1985, S. 263 ff.). Aufgrund der spezifischen Aufnahmesituation kann sich der Kinobesucher den werblichen Darbietungen nicht entziehen, er kann sie nicht überblättern, überhören oder gar abschalten. Im Gegenteil: Seine Erwartungshaltung gegenüber dem ausgewählten Filmangebot erhöht seine Aufnahmebereitschaft (vgl. Peters 1982, S. 26). Dennoch ist der Werbeträger Kino nicht als Basis-Medium geeignet, da die für eine ausreichende Werbewirkung erforderliche Kontakthäufigkeit mit dem Werbemittel zumeist nicht zustande kommt. Denn aufgrund der zeitlichen Distanz zwischen mehreren Kinobesuchen gerät die Werbebotschaft in Vergessenheit. Zudem ist für die Planung des Mediums relevant zu wissen, wie viele Kinobesucher zu erwarten sind: Im Jahr 1998 waren es rund 150 Mio., 2001 wurden mit 178 Mio. Spitzenwerte erreicht, 2012 waren es rund 133 Mio. (vgl. Filmförderungsanstalt 2012, S. 8).

(10) Kiosksysteme und das Internet

Kiosksysteme sowie das Internet (wir schließen hier neben Desktop PCs auch Notebooks, Tablet PCs, Smartphones und ähnliche Endgeräte ein) kommunizieren ihre Informationen ebenfalls per Bildschirm. Starke Unterschiede zum Fernsehen ergeben sich jedoch aus der

Darbietungsart. Während in Fernsehprogrammen Informationen und Werbung in einem festen Zeitablauf erfolgen, müssen die über diese Medien bereitgestellten Informationen i. d. R. vom Kunden abgerufen werden. Es muss folglich ein Bedürfnis zur aktiven Informationsaufnahme bestehen. Neben der Informationsaufnahme hat z. B. der Internet-Nutzer die Möglichkeit, Informationen – etwa Bestellungen – direkt an den Werbungtreibenden zurückzuleiten, was bei der Werbewirkungsmessung völlig neue Möglichkeiten schafft. Des Weiteren können die Nachfrager die aktuellen Angebote verschiedener Anbieter schnell und bequem vergleichen und ohne Rücksicht auf die Ladenschlusszeiten einkaufen. Für den Anbieter selbst bedeutet dies eine erhöhte Markttransparenz und damit einen steigenden Konkurrenzdruck. Der Vorteil dieser Medien liegt vor allem in der Übermittlung aktueller Informationen, die beliebig ergänzt, geändert oder gelöscht werden können und zudem jederzeit abrufbar sind.

(11) Messen und Ausstellungen

Fachmessen und Ausstellungen sind als typische Träger der Großhandelswerbung zu bezeichnen. Während Messen als zeitlich begrenzte, regelmäßig wiederkehrende Marktveranstaltungen dadurch gekennzeichnet sind, dass eine Vielzahl von Ausstellern das wesentliche Angebot eines oder mehrerer Wirtschaftszweige ausstellt und sie damit in erster Linie zur Darbietung von Waren für ein Fachpublikum dienen, wenden sich Ausstellungen in der Regel stärker an ein breites Publikum und finden in unregelmäßigeren Abständen statt.

Messen und Ausstellungen verfügen über eine Reihe von Vorzügen gegenüber anderen Instrumenten der Großhandelswerbung. Der Besuch von Messen und Ausstellungen besitzt einen vergleichsweise hohen Ereigniswert für den potenziellen Nachfrager. Messen und Ausstellungen bieten die Möglichkeit zur Objektbesichtigung, so dass eine Vertrauensbasis zur Gewinnung einer positiven Einstellung des Abnehmers gegenüber den Produkten geschaffen wird. Messen und Ausstellungen fördern den personalen Kontakt zwischen Anbietern und Nachfragern. Anbieterfirmen erhalten so die Möglichkeit, aus ihrer Anonymität herauszutreten. Messen und Ausstellungen führen zu einer Erhöhung des Bekanntheitsgrades und einer Verbesserung des Images der vertretenen Unternehmungen.

(12) Sonstige Werbeträger

Unter dem Begriff sonstige Werbeträger werden insbesondere Printmedien subsumiert, deren Einsatz im Werbeträgermix des Einzelhandels nur eine untergeordnete Bedeutung zukommt. Im Einzelnen sind zu nennen: Fachzeitschriften, Publikumszeitschriften und Supplements. Supplements sind regelmäßig, d. h. vierteljährlich, monatlich, 14-tägig oder wöchentlich anderen Werbeträgern kostenlos beigefügte Farbbeilagen (vgl. Walter 1985, S. 126).

Publikumszeitschriften richten sich an ein großes Publikum, wobei redaktionelle Inhalte sowohl ein breites, vielseitiges Themenangebot als auch ein Spezialgebiet präsentieren können. Demgegenüber sind Fachzeitschriften periodisch erscheinende Zeitschriften, die sich durch die Präsentation fachspezifischer Informationen auszeichnen, die auf mehr oder weniger spezifizierte Empfängerkreise ausgerichtet sind. Demzufolge eignen sie sich in herausragendem Maße für die Großhandelswerbung.

Wenn man nach der Betrachtung der Werbeträger nun von einer Einteilung in **klassische und moderne Medien der Handelswerbung** ausgeht, so haben die Ausgaben für klassische Medien deutlich abgenommen und die Anteile der beiden Bereiche bewegen sich auf einander zu (**Abbildung 5.5**). Das heißt: Der Einsatz und die Ausgaben für Flyer, Kataloge, Anzeigen, TV und Plakate nehmen ab, für Instore-Maßnahmen, Radio, Sponsoring, Direktmarketing und neue elektronische Medien nehmen zu (vgl. EHI 2013, S. 89).

Abbildung 5.5   Budgetanteile der klassischen und der modernen Handelswerbung 2007 bis 2016 (2016 geschätzt)

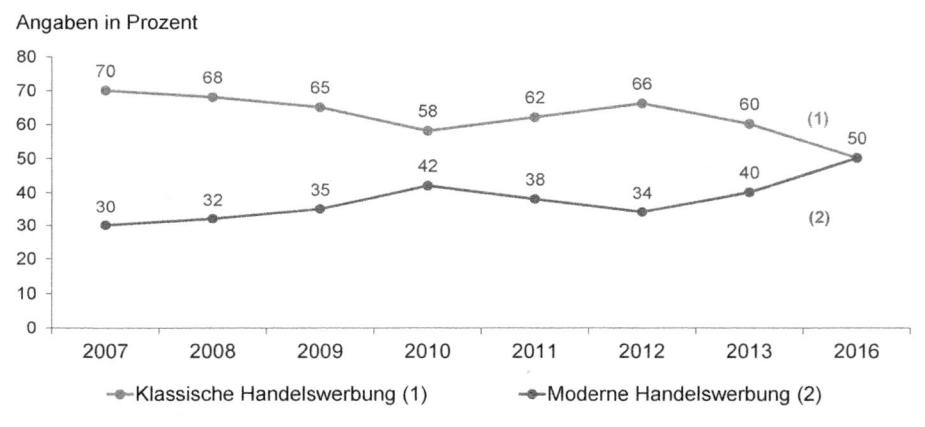

Quelle: EHI Marketing Monitor 2013

e2) Die Planung der Werbeträger (Mediaplanung) – die Mediaselektion

Um zu entscheiden, welche Werbebotschaft mit welchem Werbemittel über welchen Werbeträger kommuniziert werden soll, sind Auswahlkriterien erforderlich. Dies sind erstens Effektivitätskriterien, wie z. B. Reichweite, Werbeerinnerung, Markenbekanntheit, Einstellungen, Markenpräferenzen und Kaufbereitschaft. Dies sind zweitens Effizienzkriterien, also solche Kriterien, die die Kosten der Werbeträger miteinbeziehen, wie z. B. Tausend-Nutzer-Preis und Tausend-Kontakt-Preis, jeweils ungewichtet und nach Zielgruppe gewichtet, und Costs per Gross Rating Point.

Es gibt zahlreiche Quellen, die Informationen über die einzelnen Medien liefern:

■ für Printmedien z. B. die ZMG Zeitungs Marketing Gesellschaft (www.zmg.de) und *Die Publikumszeitschriften im VDZ* (www.pz-online.de),

- für Fernsehwerbung z. B. *GfK-Fernsehforschung*
  (www.gfk.com/gfkfernsehforschung/index.de.htm),

- für Radiowerbung z. B. *RMS. Der Radiovermarkter* (www.rms-ma-trend.de), *Radiozentrale*
  (www.radiozentrale.de) und *AS&S Radio* (www.ass-radio.de),

- für die Außenwerbung der *Fachverband Außenwerbung* (www.faw-ev.de) sowie der
  Vermarkter *Ströer* (www.stroeer.de).

Speziell für die Erfassung von Reichweiten kann man auf Daten der *Arbeitsgemeinschaft Media-Analyse* (www.agma-mmc.de) und des *Instituts für Demoskopie Allensbach* (www.ifd-allensbach.de) zugreifen. Weitere nennenswerte Quellen sind die *Verbrauchs- und Medienanalyse* (www.vuma.de), das *Institut für Medien- und Konsumentenforschung* (www.imuk.de), bekannt vor allem für die „Typologie der Wünsche" und „Communication Networks" sowie *Verbraucheranalyse* (www.verbraucheranalyse.de/va). Die drei letztgenannten Studien erschienen 2012 zum letzten Mal als eigenständige Studien. Ab 2013 werden sie in der neuen gemeinsamen Markt-Media Studie *Best4Planning* zusammengeführt.

Das vorrangige Entscheidungskriterium bei der Mediaselektion ist die wirtschaftliche Erreichbarkeit der Zielgruppe. Dazu müssen jene Werbeträger ausgewählt werden, die den größtmöglichen Beitrag zur Erreichung der Werbeziele versprechen. Im Einzelnen handelt es sich bei der Mediaselektion um folgende **Aufgabenschwerpunkte**:

- Bestimmung der Medien, die eine ansprechende und glaubhafte Darstellung der Werbebotschaft erlauben,

- zielgruppengerechte Auswahl der Medien,

- Bestimmung der Medien zur Abdeckung des räumlichen Werbegebietes,

- Bestimmung der Werbeträger unter dem Aspekt der Wirtschaftlichkeit,

- Ermittlung der Einschaltfrequenzen unter Beachtung der Reichweite und Kontaktverteilung,

- Bestimmung der Ziele einzelner Schaltungen im Verlauf einer Werbekampagne,

- Festsetzung des Einsatzgewichtes (Häufigkeit der Nutzung) von Mediengruppen und einzelnen Medien sowie

- Vermeidung von räumlichen, personalen und zeitlichen Streulücken.

Der **Prozess der Werbeträgerselektion** umfasst folgende Stufen:

- Wahl der Werbeträgerart: in Abhängigkeit von der Streuung z. B. Printmedien oder audiovisuelle Medien,

- Wahl der Werbeträgergruppe: je nach Werbezweck z. B. bei Printmedien „Beilagen" oder „Tageszeitungen", und

- Wahl des Werbeträgertyps: z. B. bei der Werbeträgergruppe „Tageszeitung" der konkrete Titel.

In der Regel werden für die Auswahl der Werbeträger als Kriterien Tausenderpreise, Reichweiten, Nutzungskosten sowie Kontakthäufigkeit und Kontakthäufigkeitsverteilung verwendet, die je nach Werbeträgerart und Werbeträgergruppe zu spezifizieren sind. Angesichts der Vielfalt der Medien und ihrer spezifischen Merkmale können wir hier nur die Grundidee vermitteln, um die es bei der Auswahl geht. Wir verdeutlichen das anhand von Überlegungen, bei denen Zeitschriften bzw. Zeitungen im Vordergrund stehen.

Der **Tausend-Auflagen-Preis (TAP)** gibt an, was Werbung in 1.000 Exemplaren eines Titels kostet. Er wird entweder für die verbreitete oder die verkaufte Auflage berechnet. Bei Zeitschriften bezieht er sich in der Regel auf eine vollfarbige ganze Seite (1/1 Seite 4c), bei Zeitungen auf 4 Spalten x 250 mm (1.000er Format).

$$\text{TAP} = \frac{\text{Preis der Anzeige} \cdot 1.000}{\text{verkaufte Auflage}}$$

Der relativ einfach durchzuführende Vergleich der TAP verschiedener Werbeträger vermittelt jedoch nur bedingt verwendbare Erkenntnisse. Insbesondere fehlen Informationen über die tatsächliche Höhe der Leserschaft und darüber, welche Personen durch die Insertion erreicht werden können. Demzufolge ist als weiteres Kriterium die Reichweite heranzuziehen.

Die Kontaktzahl **Reichweite** ist die Anzahl von Personen, die einen physischen Kontakt mit einem bestimmten Werbeträger haben (vgl. zu den verschiedenen Ausprägungen von Reichweiten Behrens 1976, S. 96 ff.). Als **quantitative Reichweite** kann sie absolut oder in Prozent der Bevölkerung ermittelt und in Abhängigkeit vom zugrunde liegenden Werbeträger festgelegt werden. Sie kommt z. B. in der Zahl der Leser einer Ausgabe in einem bestimmten Erscheinungsgebiet zum Ausdruck und wird als Leser pro Ausgabe (LpA) oder Leser pro Nummer (LpN) erfasst. Analog werden für das Radio die Hörer pro Zeitschiene, für das Fernsehen die Seher pro Zeiteinheit und für das Kino die Besucher pro Woche erhoben. Als **regionale Reichweite** kann sie auf ein bestimmtes geographisches Gebiet bezogen werden, das der Werbeträger abdeckt. Quantitative und regionale Reichweiten berücksichtigen keine Zielgruppen der Werbeplanung. Zielgruppen berücksichtigt dagegen die **qualitative Reichweite**. Allerdings liegen Daten hierüber in der Regel nur für weit verbreitete Medien vor.

Ist der Werbeplaner mit entsprechenden Daten über die Reichweiten verschiedener Werbeträger ausgestattet, kann er mit dem **Tausend-Leser-Preis** die Preiswürdigkeit der Medien für spezielle Zielgruppen errechnen.

$$\text{Tausend-Leser-Preis des Titels} = \frac{\text{Preis der Anzeige} \cdot 1.000}{\text{Reichweite}}$$

Der Tausend-Leser-Preis sagt, wie preiswürdig ein bestimmter Personenkreis durch ein Medium oder eine Medienkombination erreicht werden kann.

Im Gegensatz zur Reichweite wird mit der Kontakthäufigkeit und der Kontakthäufigkeits-verteilung berücksichtigt, dass eine Zielgruppe bei wiederholter Insertion grundsätzlich mehrfach angesprochen wird. Unter der **durchschnittlichen Kontakthäufigkeit** versteht man die durchschnittliche Anzahl der Werbeträgerkontakte aller während einer Werbe-kampagne angesprochenen Personen. Die durchschnittliche Kontakthäufigkeit zeigt aber keine Unterschiede in der Kontaktverteilung unter den Umworbenen auf. Unter Umstän-den wird durch den Werbeträger ein bestimmter Personenkreis sehr häufig und damit zu teuer, ein anderer Personenkreis hingegen sehr selten und damit nicht werbewirksam an-gesprochen. Wenn es das Ziel ist, alle in der Werbekampagne überhaupt erreichten Perso-nen gleich oft anzusprechen, so ist die **Kontakthäufigkeitsverteilung** der zu untersuchen-den Werbeträger zu berechnen. Ein niedriges Streumaß deutet auf eine relativ gleichmäßige Verteilung der Kontakte auf die Zielperson hin.

Der handelsbetriebliche Werbeplaner wird in der Regel die Werbemaßnahmen nicht auf einen Werbeträger beschränken, sondern **Werbeträgerkombinationen** verwenden. Dieses Vorgehen wird insbesondere dann erforderlich, wenn das regionale Streugebiet eines Titels nicht vollständig das Einzugsgebiet des Handelsbetriebes abdeckt oder wenn die Erschei-nungsintervalle eines Werbeträgers nicht zu der erforderlichen Kontakthäufigkeit in einem bestimmten Zeitraum führt. Werden beispielsweise zwei Tageszeitungen belegt, muss der Werbeplaner berücksichtigen, dass der Leser der einen Zeitung auch gleichzeitig Nutzer des anderen Titels sein kann. Je nach Vorgabe kann das Ziel darin bestehen, bei geringen Überschneidungen hohe Reichweiten mit wenig Mehrfachkontakten oder bei hoher Über-schneidung weniger Reichweite mit höheren Mehrfachkontakten zu erreichen.

Zur Quantifizierung der Vorteilhaftigkeit einzelner Medienkombinationen kann deren **Nettoreichweite** herangezogen werden. Sie ergibt sich aus der Zahl der innerhalb einer Werbeträgerkombination bei einmaliger Schaltung mindestens einmal erreichten Personen. Folglich dürfen bei der Bestimmung der Nettoreichweite Personen, die Kontakt zu mehre-ren Werbeträgern haben, nur einmal gezählt werden. In Verbindung mit den Kosten der Werbeträgerkombination bildet die Nettoreichweite wiederum einen Tausend-Leser-Preis als Auswahlkriterium:

$$\text{Tausend-Leser-Preis der Medienkombination} = \frac{\text{Preis der Medienkombination} \cdot 1.000}{\text{Nettoreichweite}}$$

f) Die Planung des zeitlichen Werbeeinsatzes – das Werbetiming

Im Rahmen des Werbetimings sind zwei grundsätzliche Fragen zu klären:

- ■ Wie sollen die Werbeaktivitäten insgesamt über die Planungsperiode verteilt werden?

- ■ In welcher Häufigkeit und zeitlichen Abfolge sollen bestimmte Werbeverfahren einge-setzt werden?

Wenn man externe Beeinflussungsfaktoren berücksichtigt, so ist das autonome von dem heteronomen Timing zu unterscheiden. Werden Werbemaßnahmen unabhängig von allen externen Störfaktoren geschaltet und Entscheidungen nur hinsichtlich der zeitlichen Ver-kettung der Werbeaktivitäten getroffen, spricht man von **autonomem Timing**. In diesem

Fall werden die potentiellen Orientierungsgrößen (saisonale Schwankungen im Bedarfs-
verlauf der Kunden) als unbeeinflussbar eingeschätzt. Darüber hinaus fehlt häufig das
erforderliche Wissen um Schwankungsursachen und die Aktivitäten der Mitwerber. In
jedem Fall erscheint dieses Timing in keiner Weise dazu geeignet, einen der Werbewirkung
nach optimalen Zeitpunkt für den Einsatz der Werbeträger zu bestimmen.

Beim **heteronomen Timing** hingegen wird die zeitliche Verteilung des Werbebudgets an
externen Faktoren orientiert. Als Orientierungsprinzipien für den **zeitlichen Einsatz** der
Gesamtaktivitäten können beispielhaft genannt werden (vgl. Böcker 1987, S. 403 f.):

(1) Absatzschwankungen aufgrund eines unterschiedlichen Bedarfsverlaufs der Kunden

Neben dem prozyklischen Werbeeinsatz (Werbeausgaben werden parallel zur Nachfrageentwicklung getätigt) besteht die Möglichkeit antizyklischer Werbeaktivitäten, um die
Nachfrage zeitlich kontinuierlich zu stimulieren und die Kapazitäten in der Handelsunternehmung relativ gleichbleibend auszulasten bzw. Belastungsspitzen zu reduzieren.

(2) Werbeverhalten der Konkurrenten

Insbesondere im Facheinzelhandel ist ein zeitlich gleichgerichtetes Werbeverhalten zu
beobachten (vgl. Barth/Theis 1991b, S. 420), was einerseits eventuell bestehende Erfolge der
Konkurrenten, aber auch der eigenen Unternehmung abschwächt. Andererseits ist jedoch
auch zu bedenken, dass sich das Werbeverhalten der Anbieter und das Informationsverhalten der Kunden teilweise gegenseitig bedingen, so dass dann eine zeitliche Isolierung von
Konkurrenzmaßnahmen nicht sinnvoll wäre. Grundsätzlich gilt jedoch die Annahme, dass
die einzelne Werbemaßnahme umso erfolgreicher ist, je geringer der Umfang der gesamten
Werbeaktivitäten der Mitbewerber ist.

(3) Werbeaktivitäten der Hersteller

Betreibt der Hersteller Sprungwerbung, das ist die direkt an die Endkunden gerichtete
Werbung, so stellt sich für den Handel die Frage, ob seine Werbung zeitgleich oder aber
zeitlich versetzt erfolgen sollte. Für den Handelsbetrieb empfiehlt sich hier das zeitgleiche
Werbetiming, und zwar aus folgenden Gründen:

Durch die Sprungwerbung des Herstellers werden die Endkunden für die Produkte sensi-
bilisiert, so dass eine akute Nachfrage entsteht. Von dieser Bedürfnisspannung profitiert
der Handel, der den potenziellen Endkunden mitteilen muss, wo diese ihre Wünsche befriedigen können. Darüber hinaus bewirkt die Sprungwerbung, dass die einzelne Handelsunternehmung weniger intensiv werben muss und trotzdem die gleiche Werbewirkung bei
den potenziellen Bedarfsträgern erzielt. Dadurch können die insbesondere in Klein- und
Mittelbetrieben ohnehin knapp bemessenen Werbebudgets effizienter eingesetzt werden.

(4) Anzahl von Kontakten zwischen Werbeträgern und Zielgruppe

Der Werbende hat zu berücksichtigen, dass die Chance für einen physischen Kontakt mit
den Werbezielgruppen sich nicht gleichmäßig über das Jahr verteilt. Es gibt zeitliche
Reichweitenänderungen der Werbeträger (z. B. Besucherfrequenzen in Kinos, Passanten-

und Fahrzeugfrequenzen bei der Außenwerbung), die zeitliche Verteilung der Urlaubsreisen und die zeitliche Verteilung von Jahresereignissen (z. B. Weihnachten).

(5) Kognitive Dissonanzen der Kunden

Kognitive Dissonanzen können dazu führen, dass der Kunde den Erwerb eines bestimmten Artikels im Nachhinein bereut („Reue nach dem Kauf"). Die Handelswerbung kann dazu eingesetzt werden, entstandene Unzufriedenheit abzubauen oder mögliche Unzufriedenheit durch Werbemaßnahmen zu verhindern. Auf diese Weise können die Voraussetzungen für einen Wiederholungs- oder Ergänzungskauf bzw. für ein erneutes Aufsuchen der Einkaufsstätte geschaffen werden.

Entscheidungen über die **zeitliche Verkettung von Werbemaßnahmen** betreffen die Häufigkeit sowie die zeitlichen Abstände zwischen den Werbeexponaten (vgl. Hansen 1990, S. 427). In diesem Zusammenhang wird einerseits die **Einsatzhäufigkeit der Werbeaktivitäten** im Zeitverlauf festgelegt. Für den Handel stellt sich die Frage, wie viele Wiederholungen von Werbeappellen erforderlich sind, um die angestrebte Werbewirkung zu erzielen. Forschungsergebnisse lassen darauf schließen, dass das Wirkungsmaximum bei einer fünf- bis sechsmaligen Schaltung desselben Werbeappells liegt (vgl. Jacobi 1975, S. 687). *SevenOne Media* stellt fest, dass die Werte für den Kampagnen-Recall und die Kampagnen-Sympathie deutlich auf die Anzahl der Kontakte reagieren: „Beide Kurven haben einen degressiven Verlauf, d. h. in den unteren Kontaktklassen ist der Anstieg relativ steil, während die Kurve ab Kontaktklasse 5 dann abflacht. Die Wirkung spielt sich also vor allem in den Kontaktklassen 1 bis 4 ab." (SevenOne Media 2006, S. 15) Bei solchen Ergebnissen und daraus abgeleiteten Regeln sind die Randbedingungen zu beachten, wie z. B. die gedankliche Beteiligung (Involvement) der Personen der Werbezielgruppen ist (vgl. Kroeber-Riel/Weinberg 2003, S. 92 ff.). Um den gewünschten Werbeerfolg zu erreichen, muss die Zahl der Werbewiederholungen umso größer sein, je weniger involviert die Empfänger sind.

Weiterhin ist zu entscheiden, in welcher **zeitlichen Abfolge die Werbemaßnahmen** geschaltet werden, um den geplanten Werbeerfolg zu erreichen. Dabei ist zu beachten, dass die Maßnahmen ihre volle Wirkung erst mit einer gewissen Verzögerung entfalten, welche zu prognostizieren und in die Planung des Werbetimings einzubeziehen ist.

Hinsichtlich der **zeitlichen Verteilung des Werbebudgets** bestehen grundsätzlich drei Möglichkeiten. Das konzentrierte Timing bedeutet, das Werbebudget für eine zeitlich stark konzentrierte Kampagne einzusetzen. Dies empfiehlt sich insbesondere für die Durchführung kurzfristig angelegter absatzpolitischer Maßnahmen. Beim gleichmäßigen Werbetiming erfolgt die zeitliche Verteilung der Werbeaktivitäten in einer länger anhaltenden (über das ganze Jahr verteilten), kontinuierlichen Abfolge mit größeren Intervallen (z. B. in Abständen von 4 Wochen). Der kontinuierliche Einsatz der Werbung bietet sich immer dann an, wenn der Bekanntheitsgrad einer Einkaufsstätte gesteigert und langfristig auf einem höheren Niveau gehalten werden soll. Die pulsierende Werbung schließlich verfolgt das Ziel, ausgehend von einem niedrigen Sockelwert, in bestimmten Abständen intensive Werbeimpulse auszulösen (vgl. Simon 1982, S. 60 ff.). Eine Anwendung ist nur dann ökonomisch sinnvoll, wenn die durch die Pulsation entstehenden Kosten (zyklische Absatzentwicklung) den Pulsationsvorteil (stärkere Wirkung der Stimuli) nicht überwiegen.

g) Die Planung kooperativer Werbung

Kooperative Werbung wird als Zusammenarbeit verschiedener, rechtlich selbstständiger Unternehmungen auf dem Gebiet der Kommunikationspolitik verstanden. Die Kooperation kann von einem Erfahrungsaustausch, einer gemeinsamen Marktforschung im Dienste der Werbung, der gemeinsamen Produktion von Werbematerial bis zur Realisation kooperativer Werbemaßnahmen reichen. Die Basis der Verwirklichung kollektiver Werbemaßnahmen ist die gemeinsame Wahl von Werbeobjekten und Werbezielen, welche sich auf alle Kooperationspartner beziehen.

Dem Werbetreibenden stehen verschiedene Möglichkeiten kooperativer Werbung offen. Bei der Zusammenarbeit von Wirtschaftssubjekten auf derselben Wertschöpfungsstufe liegt eine horizontale, bei Wirtschaftssubjekten verschiedener Wertschöpfungsstufen eine vertikale Kooperation vor. Die **horizontale Gemeinschaftswerbung** verzichtet auf die Namensnennung der Beteiligten. Im Mittelpunkt stehen nicht die Leistungen der einzelnen Händler, sondern vielmehr eine übergeordnete Botschaft, die der Interessenlage der ganzen Werbekooperation entspricht (vgl. Gierlich 1982, S. 2974 f.; Hansen 1990, S. 431 f.). So zielt die **kooperative Sortimentswerbung** darauf ab, den Bedarf im Sinne eines Erweiterungseffektes auf eine Branche zu lenken (Beispiel: Werbung der Floristen für Blumen). Bei der **kooperativen Standortwerbung** wollen die Händler die Attraktivität ihres gemeinsamen Standortes herausstreichen, um die Kaufkraft im Einzugsgebiet auf die Agglomerationslage zu lenken (Beispiel: Werbung einer Werbegemeinschaft in einem Stadtviertel oder einem Straßenabschnitt). Die **kooperative Institutionenwerbung** ist ein Instrument des spezifischen Interbetriebstypenwettbewerbs, mit dem das Bedarfsdeckungsverhalten der Kunden auf bestimmte Betriebstypen gelenkt werden soll (Beispiel: Werbung für den Kauf im Fachhandel).

Als **horizontale Sammelwerbung** kann man die werbliche Zusammenarbeit mehrerer Unternehmungen bezeichnen, bei der die jeweiligen Sortimente, Sortimentsteile oder Dienstleistungen nur allgemein herausgestellt werden, die Beteiligten aber mit ihrem Namen und ihrer Adresse genannt werden (Beispiel: Sammelanzeige verschiedener Einzelhändler einer städtischen Einkaufsstraße). Werden gleichartige Sortimente oder Sortimentsteile beworben, so spricht man von **Gruppenwerbung** (vgl. Berndt 1985, S. 2). Sind es verschiedene Sortimente mit komplementären Beziehungen, so spricht man von Verbundwerbung (Beispiel: Thematische Schaufensterdekoration mit Leihartikeln anderer, namentlich genannter Facheinzelhändler) (vgl. Huth/Pflaum 1988, S. 19).

Vertikale Werbekooperationen finden sich zum einen zwischen Markenartikelherstellern und Einzelhändlern. Der Anstoß geht in der Regel von den Herstellern aus, die damit zugleich versuchen, die Einzelhändler als Absatzmittler ihrer Produkte zu gewinnen, sie in die Strategie ihrer Kundenbeeinflussung einzubeziehen und insbesondere den Verkaufsraum, den Point of Purchase, als wichtigen Werbeträger für sich zu nutzen. Bestehen enge Vertriebsbindungen, wie z. B. Ausschließlichkeitsverträge zwischen Hersteller und Einzelhändler, so werden in der vertikalen Werbung Produkte und Einkaufsquellen als sich gegenseitig positiv beeinflussende Werbeobjekte herausgestellt.

Vertikale Werbekooperationen finden sich zum anderen in Verbundgruppen des Handels, wie z. B. *Büroring, EK Servicegroup, Electronic Partner, Expert, Garant Möbel, hagebau* und *Quick Schuh* (siehe auch www.mittelstandsverbund.de). Die vertikale Beziehung meint hier die Beziehung zwischen der Systemzentrale und den selbstständigen Einzelhändlern als Kooperationspartnern. Die Systemzentralen konzipieren und realisieren im Rahmen ihrer Dienstleistungen – oft Full-Service-Anbieter – Werbemaßnahmen für ihre Mitglieder.

Wirbt ein Handelsbetrieb im Rahmen einer **vertikalen Kooperation**, sollte stets geprüft werden, wie hoch der Profilierungseffekt der Werbung für den Händler tatsächlich ist. Denn in den meisten Fällen besteht ein Konflikt zwischen den Zielen der Hersteller, die ihre Produkte fördern wollen, und den Zielen der Händler, die ihre Betriebsstätten profilieren wollen. Des Weiteren besteht bei den vertikalen Kooperationsformen die Gefahr, insbesondere bei dem Verzicht auf Individualwerbung, in eine zu große Abhängigkeit von den Werbepartnern zu geraten. Das kann auf die Werbung von Verbundgruppen zutreffen.

Bei einer **horizontalen Kooperation** können durch die gemeinsame Produktion von Werbemitteln und Werbeträgern für jeden Kooperationsteilnehmer Kostenvorteile realisiert (Kostendegressionseffekte) oder durch die Standortkooperation eine Profilierung gegenüber konkurrierenden Betriebstypen oder Standorten erreicht werden (Wirkungsprogressionseffekte).

Soweit die Kooperationspartner keine unmittelbaren Konkurrenten sind und ein Interesse daran haben, ihre Partner zu fördern, besteht für diese nicht die Gefahr, in unerwünschte und allzu große werbliche Abhängigkeit zu geraten. Dagegen ist die horizontale kooperative Werbung miteinander konkurrierender Handelsbetriebe wohl die problematischste Form der Zusammenarbeit, da die Bereitschaft zur Kooperation mit zunehmender Intensität des Wettbewerbs abnehmen dürfte. Dem kann als positiver Effekt gegenüberstehen, dass durch die gemeinsame Werbung mehr Kaufkraft auf den Standort gelenkt wird als bei der Einzelwerbung eines Händlers. Denn mit der gemeinsamen Werbung wird den Kunden eine größere Auswahl an Waren und Dienstleistungen bekannt gegeben, was in ihren Augen die Attraktivität des Standortes erhöhen kann. Hiervon kann jeder der Konkurrenten profitieren.

Trotz der Vorteile, die eine Beteiligung an einer Werbegemeinschaft bietet, ist die kooperative Werbung im Allgemeinen kein Ersatz für die Individualwerbung. Das Ziel muss sein, eine erfolgreiche **Kombination von Individual- und kooperativer Werbung** zu erreichen. Beide Formen der Werbung müssen so aufeinander abgestimmt sein, dass sie sich sinnvoll ergänzen und eine werbliche Einheit mit einem Gesamtaussagebündel bilden.

Bei der allgemeinen Beurteilung der Gemeinschaftswerbung im Vergleich zur Individualwerbung ist zu berücksichtigen, dass sich die Werbeobjekte und Werbeaussagen unterscheiden. Die Werbebotschaft bezieht sich im Rahmen der Gemeinschaftswerbung in der Regel auf übergeordnete Sachverhalte. Infolgedessen kann die Wirkung der kooperativen

Maßnahmen beispielsweise die Erweiterung des Einzugsgebietes oder eine Lenkung der vagabundierenden Nachfrage herbeiführen. Dies bedingt jedoch nicht zwingend eine Steigerung der Absatzmenge jedes einzelnen Kooperationsmitgliedes. Um eine erhöhte individuelle Absatzmenge zu erreichen, muss daher die kooperative Werbung durch einzelbetriebliche Maßnahmen, in deren Mittelpunkt die eigenen Waren und Dienstleistungen stehen, ergänzt werden.

Die Sammelwerbung mit ihren Ausprägungsformen Gruppen- und Verbundwerbung kann analog beurteilt werden. Da bei der Sammelwerbung verschiedene Handelsbetriebe, die gleichartige Sortimente offerieren, namentlich genannt werden, kann zwar beispielsweise die gesamte Absatzmenge der Kooperation steigen, die individuelle Absatzmenge eines Kooperationsmitgliedes muss jedoch nicht zwangsläufig zunehmen. Auch hier darf der Händler nicht auf seine individuelle Werbung verzichten. Entsprechendes gilt für die Verbundwerbung, etwa der thematischen Schaufensterdekoration mit Leihartikeln, bei der ein Einzelhändler nicht in jedem Fall mit einer steigenden Absatzmenge und einem zusätzlichen Erlös rechnen kann, um damit die auf ihn entfallenden Werbekosten zu decken.

Tritt die Werbekooperation als solche nach außen auf, ist es für die Werbegemeinschaft unbedingt erforderlich, sogenannte „Werbekonstanten" zu kreieren, auf die ebenso in der Individualwerbung Bezug genommen werden kann. In erster Linie empfiehlt sich ein Werbeslogan in Kombination mit einem Signet, durch das die Mitgliedsbetriebe sofort identifizierbar sind. Die Verwendung einer Werbekonstanten begegnet auf der einen Seite der Nutznießung unbeteiligter Wettbewerber, wirkt folglich gegen Trittbrettfahrer, auf der anderen Seite ist es durchaus möglich, dass eine Werbekonstante bei den Konsumenten auf Dauer die gleiche Wirkung hervorruft wie eine Marke.

5.1.3.5   Die Planung des Werbebudgets

Das Werbebudget – auch als Werbeetat, Werbefinanzplan oder Jahreswerbeplan bezeichnet – weist die bereitgestellten finanziellen Mittel aus, die zur Durchführung der Werbemaßnahmen verausgabt werden sollen (vgl. Richter 1978, S. 1034). In der weiteren Betrachtung ist unter Werbebudgetierung demzufolge die Bestimmung der Höhe des Werbebudgets zu verstehen, nicht jedoch die damit in engem Zusammenhang stehenden Probleme der sachlichen und zeitlichen Verteilung dieses Budgets, was als Streuplanung bezeichnet wird.

In der Literatur wird bei der Aufstellung des Werbebudgets grundsätzlich zwischen praxisgeleiteten Ansätzen im Sinne von heuristischen Verfahren und theoriegeleiteten Ansätzen im Sinne von Optimierungsmodellen unterschieden (vgl. Korndörfer 1966, S. 25 ff.; Nieschlag/Dichtl/Hörschgen 1997, S. 586). **Mathematische Optimierungsmodelle** werden aufgrund ihres hohen Komplexitätsgrades sowie ihrer teilweise wenig realitätsbezogenen Prämissen in der handelsbetrieblichen Praxis kaum angewendet (vgl. dazu im Einzelnen Barth/Theis 1991b, S. 540 ff.). Auf die Darstellung solcher Verfahren verzichten wir hier. Handelsunternehmungen verwenden für die Festlegung des Werbebudgets vielmehr **heuristische Regeln**. Diese gehen von Erfahrungssätzen und Erfahrungsregeln aus, von denen angenommen wird, dass sich mit ihrer Hilfe die werbezieladäquate Budgethöhe festlegen lässt (vgl. Beeskow u. a. 1987, S. 881). Hierzu zählen:

- Erfolgsgrößenorientierte Budgetierungsverfahren:
  Die Höhe des Werbeetats wird in einer bestimmten Relation zum Umsatz oder Gewinn bzw. zu den Handlungskosten festgelegt.

- Liquiditätsorientierte Budgetierungsverfahren:
  Bei der „Was-können-wir-uns-leisten"-Methode orientiert sich die Budgethöhe an den in der Bedarfsperiode zur Verfügung stehenden finanziellen Mitteln.

- Konkurrenzorientierte Budgetierungsverfahren:
  Die geplanten Werbeausgaben werden an den entsprechenden Aufwendungen der Konkurrenz orientiert (Wettbewerbs-Paritäts-Methode).

- Branchenorientierte Budgetierungsverfahren:
  Die Handelsunternehmung übernimmt den durchschnittlichen Branchenwert der Vergangenheit als Grundlage für die Festlegung der Etathöhe.

Gegen alle genannten und in der Praxis präferierten Verfahren der Werbebudgetierung lassen sich grundsätzlich folgende Einwände vorbringen (vgl. Korndörfer 1966, S. 53):

- Es fehlt eine sinnvoll begründete, sachlogische Beziehung zwischen Werbebedarf und jeweiliger Bezugsgröße.

- Die zu erwartenden internen und externen Veränderungen bleiben bei der Bestimmung der Budgethöhe unberücksichtigt.

- Die Methoden widersprechen einem rationalen und zukunftsorientierten Handeln.

- Es erfolgt keine Orientierung an betriebsspezifischen Werbezielen.

Insbesondere der letztgenannte Punkt veranlasst zu der Forderung, Werbeziele zum Ausgangspunkt der Budgetplanung zu erklären. Als einzig praktikable Methode erweist sich daher die **Ziel-Mittel-Methode** (Objective and Task Method), bei der in vier Schritten das Werbebudget errechnet wird (vgl. Barth/Theis 1991b, S. 544 ff.). Im Rahmen der Werbeanalyse ist im ersten Schritt der Erfolg bisheriger Werbemaßnahmen zu überprüfen und zu überlegen, welche Konsequenzen ein etwaiger Verzicht auf Werbung bei gleichzeitiger Erhöhung anderer Marketingaktivitäten (et vice versa) haben könnte. Im zweiten Schritt ist eine Operationalisierung der Marketing- und Werbeziele vorzunehmen (z. B. Steigerung des Bekanntheitsgrades um 10 %). Im dritten Schritt sind die zur Erreichung der Werbe(teil)ziele geeigneten Instrumente festzulegen (Formulierung von Werbebotschaften, Auswahl geeigneter Werbemittel und Werbeträger etc.). Im letzten Schritt sind im Rahmen der Budgetplanung die zur Erreichung der gegebenen Ziele notwendigen finanziellen Mittel zu bestimmen.

Die praktische Durchführung der zielorientierten Budgetfestsetzung bereitet jedoch Schwierigkeiten, weil sich nicht annähernd exakt feststellen lässt, welches Werbeverfahren das vorgegebene Werbeziel mit den geringstmöglichen Kosten realisieren kann. Aufgrund vielfältiger Interdependenzen zwischen den absatzpolitischen Instrumenten lässt sich darüber hinaus der Einfluss einzelner Werbemaßnahmen auf den Absatz oder den Umsatz nicht operationalisieren. Ein weiteres Problem besteht darin, den Wert der Werbeziele zu messen und zu entscheiden, ob sich die wahrscheinlichen Kosten der Zielsetzung auszahlen. Obgleich die Orientierung des Werbebudgets an vorgegebenen Werbezielen und den zu ihrer Realisation erforderlichen Mitteln daher nicht unproblematisch ist, stellt die Ziel-Mittel-Methode – mangels tragfähiger Alternativen – das einzig sinnvolle Verfahren für den Handel dar.

5.1.3.6   Die Planung der Werbekontrolle

Jede Werbeaktivität von Handelsunternehmungen kann als eine unternehmerische Investition in den Markt verstanden werden und ist als solche einer Beurteilung zu unterwerfen. Versteht man die werbliche Kommunikation als Regelkreis, so übernimmt die Werbekontrolle die Funktion der Rückkopplung. Der Verzicht auf Werbekontrolle ist gleichbedeutend mit einer Unterbrechung des Regelkreislaufes und verhindert dadurch die Bewertung realisierter und die Planung verbesserter Werbemaßnahmen. Mithin wäre die Weiterentwicklung der Handelswerbung im Sinne eines Lernprozesses kaum möglich.

Die Werbekontrolle des Handels lässt sich in realisationsbegleitende und erfolgsbezogene Kontrollen unterscheiden. Die **realisationsbegleitende Kontrolle** begleitet den Prozess von der Planung bis zur Realisierung der Werbeaktivitäten. Ihre Ergebnisse können in jeder Phase einer Werbeaktion Entscheidungshilfen darstellen und als Rückkopplungsinformationen im kybernetischen Sinne Impulse für Änderungen oder neue Planungsprozesse liefern. Die realisationsbegleitende Kontrolle umfasst

- die Durchführungskontrolle der Werbeaktivitäten,

- die Terminkontrolle der Aktivitäten,

- die Kostenkontrolle insbesondere in Form eines Soll-Ist-Vergleichs der Werbeausgaben sowie

- die Kontrolle von Werbemaßnahmen der Mitbewerber.

Die **erfolgsbezogene Kontrolle** ermittelt im Rahmen eines Soll-Ist-Vergleichs die durch den Werbeeinsatz hervorgerufenen Veränderungen zu den festgelegten Werbezielen. Hier ist grundsätzlich zwischen der Kontrolle des ökonomischen und des vorökonomischen Werbeerfolgs zu differenzieren. Die Messung des **ökonomischen Werbeerfolgs** dient der Beurteilung der durch die Werbemaßnahmen verursachten Umsatz-, Gewinn- und Marktanteilsveränderungen (vgl. Bidlingmaier 1975b, S. 699). Eine korrekte Ermittlung des werbebedingten ökonomischen Erfolgs setzt jedoch voraus, dass insbesondere der Einfluss der übrigen Marketing-Instrumente, des Konkurrenzverhaltens und des allgemeinen Saison- und Konjunkturgeschehens isoliert werden kann. Das ist allerdings nur schwer zu realisieren. Auch die Erfassung der werbebedingten Kosten erscheint nicht unproblematisch. Zwar lassen sich die Kosten der Gestaltung, Herstellung und Streuung relativ einfach einer konkreten Werbeaktion zuordnen, die Zurechnung von Werbegemeinkosten (Kosten der Werbeabteilung und Marktforschung, Beiträge, Reisekosten etc.) ist jedoch verursachungsgerecht kaum möglich. Insofern muss die Ermittlung des ökonomischen Werbeerfolgs stets als Näherungslösung betrachtet werden.

Die Messung des **vorökonomischen Werbeerfolgs** bezieht sich auf nichtmonetäre Größen. Dies sind zum einen die Komponenten des Werbeprozesses (Berührungs-, Beeindruckungs- und Erinnerungserfolg) und zum anderen werbliche Teilziele, die sich auf den gesamten Werbeprozess beziehen (vgl. Bidlingmaier 1975b, S. 702 ff.). Da die Erfolgskategorien der Komponenten des Werbeprozesses wirtschaftsstufenindifferent gültig sind, kann auf eine explizite Darstellung verzichtet werden (vgl. dazu Bidlingmaier 1975b, S. 702 ff.; Barth/ Theis 1991b, S. 723 ff.). Für den zweiten Bereich können handelsbetriebliche Erfolgskategorien aus dem Einkaufsstättenwahlprozess des Kunden (vgl. Heinemann 1976, S. 111 ff.) abgeleitet werden:

Die Ermittlung des Bedürfnisweckungserfolges

Die Handelswerbung ist grundsätzlich geeignet, das Bedürfnis nach Handelsleistungen zu stimulieren. Die Bedürfnisweckung ist daher ein sinnvolles Ziel der Handelswerbung. Zu überprüfen ist, ob und in welchem Umfang die Werbung in der Lage ist, dieses Ziel zu erreichen. Der durch Werbung verursachte Bedürfnisweckungserfolg bezüglich der angebotenen Handelsleistung kann innerhalb einer Image-Analyse ermittelt werden. Dabei empfiehlt sich je nach beworbener Leistungskomponente eine Differenzierung des Bedürfnisweckungserfolges nach selbsterstellten Dienstleistungen und fremderstellten Sachleistungen.

Die Ermittlung des Bekanntheitsgradänderungserfolges

Die mit „Recall-Messungen" ermittelten Erinnerungswerte stellen ein Maß zur Kontrolle von Lernerfolgen von Werbebotschaften dar. Bei der Messung des Erinnerungserfolges ist auf das angestrebte Werbeziel abzustellen (hier: Firmenbekanntheit), um so die Bestimmung des Beitrags der Werbung zur Zielerreichung zu ermöglichen.

Die aktive Bekanntheit wird gemessen, indem die befragten Personen jene Handelsfirmen nennen, die sie mit bestimmten Branchen bzw. Dienstleistungen spontan in Verbindung bringen (ungestützte Bekanntheit, Unaided Recall). Werden hingegen Erinnerungshilfen etwa in Form einer Namensliste oder von Firmenzeichen gewährt, so wird die passive Bekanntheit gemessen (gestützte Bekanntheit, Aided Recall).

Die Ermittlung des Imageänderungserfolges

Das Image findet als Indikator für den Werbeerfolg in der Wissenschaft und in der Praxis breite Anerkennung. Die Wirkungszusammenhänge zwischen Image und Einkaufsstättenwahlverhalten dürfen als empirisch abgesichert gelten (vgl. Theis 1992, S. 148 ff.). Zur Ermittlung von Imageänderungen sind Mehrzeitpunktmessungen erforderlich, d. h. das Image der Einkaufsstätte ist sowohl vor als auch nach der Durchführung einer Werbekampagne zu analysieren (Vorher-Nachher-Messung). Erfolgen die Messungen darüber hinaus bei einer Kontrollgruppe, die den Werbeappellen nicht ausgesetzt wird, so erreicht man eine Isolierung des Einflusses von anderen Marketingparametern und kann damit die Imageänderung als Werbeerfolg quantifizieren.

Die Ermittlung des Kontaktintentionserfolges

Kontaktintentionserfolg heißt, dass die Werbung dazu beitragen konnte, die Einkaufsbereitschaft (oder Einkaufswahrscheinlichkeit, Kontaktabsicht) bei den Werbeadressaten zu steigern. Dies kann z. B. über eine mehrstufige Intensitätsskala gemessen werden, auf der die Befragten ihre Einkaufsbereitschaft angeben sollen. Die Messung erfolgt vor und nach dem Kontakt der Befragten mit dem Werbemittel.

Die Ermittlung des Frequentierungserfolges

Verbesserung der Kontaktabsicht heißt noch nicht, dass die Umworbenen diese in tatsächliche Einkaufsstättenbesuche und Käufe umsetzen. Die Kontaktfrequenz ist dabei sowohl vor als auch nach der zu untersuchenden Werbemaßnahme zu ermitteln. Bei der Wahl des Zeitpunktes der Messungen sind etwaige Zeitverzögerungen der Werbewirkung zu berücksichtigen. Es empfiehlt sich, sowohl vor als auch nach der Werbeaktion zu mehreren Zeitpunkten zu messen, um zeitpunktspezifische Hochs und Tiefs zu erkennen und so vergleichbare Zahlenwerte als Basis für die Ermittlung des Kontakterfolgs zu erhalten. Der Vorteil der Befragung der Kunden besteht darin, dass sich ermitteln lässt, welcher Anteil der Kontakte auf welche konkrete Werbemaßnahme zurückzuführen ist.

Die Ermittlung der Veränderung der Nach-Kauf-Bewertung

Eine Erfolgskategorie des gesamten Werbeprozesses besteht darin, die nach dem Kauf eines Artikels möglicherweise aufgetretenen kognitiven Dissonanzen („Reue nach dem Kauf") bezüglich der gewählten Einkaufsstätte zu reduzieren. Der Werbeerfolg besteht in der Eliminierung bzw. Verbesserung einer negativen Nach-Kauf-Bewertung einer Einkaufsstätte.

5.1.4   Die Präsentationspolitik

Die Präsentationspolitik in Handelsunternehmungen umfasst (1) die warenspezifische Verkaufsraumgestaltung, (2) die intralokale Standortentscheidung über die Platzierung der Waren sowie (3) die Zahl der Frontstücke eines Artikels im Verkaufsaggregat (Warenträger). Die Präsentation soll die Kaufentscheidung der Kunden fördern, sei es als Unterstützung von Plankäufen, sei es als Stimuli für Spontankäufe. Mithin muss in Analogie zur klassischen medialen Werbung auch die Präsentationspolitik unter wahrnehmungs- und motivationspsychologischen Aspekten gesehen werden (vgl. Titus/Everett 1995, S. 106 ff.).

Die Gestaltung des Verkaufsraumes ist hauptsächlich ein qualitatives Problem der Ladenarchitektur (Dodt 1980), die intralokalen Standortentscheidungen über die einzelnen Waren sowie die Entscheidungen über die Zahl der Frontstücke führen vor allem bei Selbstbedienung zu einem betriebswirtschaftlichen Problem in den Kategorien von Kosten und Leistungen. Im Folgenden werden die Platzierungsentscheidungen untersucht, die sich auf den Ort der Platzierung sowie auf die Zahl der zu präsentierenden Stückzahlen eines Artikels beziehen (Zahl der Frontstücke, Facings).

Handelsbetriebe können präsentationspolitische Entscheidungen treffen, die die Marketingstrategie des Markenartikelherstellers unterlaufen und die diesen bei nicht ausreichender Spannenbemessung akquisitorisch effiziente Regalflächen vorenthalten. Es wundert daher nicht, wenn Markenartikelhersteller durch die Übernahme der Regalpflege und mit Vorschlägen für die Regalbestückung die Präsentationspolitik von Handelsbetrieben zu bestimmen versuchen. Der Vorwurf, nachfragemächtige Handelsunternehmungen erzwängen die kostenlose Regalpflege durch Mitarbeiter der Konsumgüterindustrie, verkennt häufig Ursache und Wirkung. Zudem ergeben sich immer wieder Kooperationen zwischen Herstellern und Händlern, die sich auf Präsentationskonzepte beziehen.

5.1.4.1 Die akquisitorische Wirkung der Artikelplatzierung

Zahlreiche empirische Untersuchungen zeigen (vgl. Barth 1975, passim; Baumgartner 1981, S. 24 ff.; Heidel/Müller-Hagedorn 1989, S. 20; Bost 1987, S. 11; Gröppel 1991, S. 59; Zielke 2002, S. 9), dass die akquisitorische Wirkung der Artikelplatzierung von vier Faktoren abhängt. Diese sind

- typische Verhaltensweisen der Kunden im Geschäft,

- die unterschiedliche Attraktivität der verschiedenen Warengruppen innerhalb des Sortiments,

- die Wertigkeit der Regalplätze innerhalb des Verkaufsraumes und der Warenträger sowie

- die Anzahl der Frontstücke eines Artikels.

Aufgrund von vielfältigen Kundenlaufstudien ergibt sich ein die Mitte des Verkaufsraumes meidender wandbezogener Laufweg. Diese Gewohnheit ist so stark ausgeprägt, dass die Mittelgänge von kaum mehr als 50 %, bei ungünstiger Platzierung attraktiver Warengruppen häufig nur von etwa 25 % der Käufer frequentiert werden (vgl. Larson/Bradlow/Fader 2005, S. 35; Lemke 2005, S. 56).

Die **Verhaltensweisen der Kunden** lassen sich grundsätzlich wie folgt zusammenfassen.

- Sie gehen in der Regel in einer Richtung durch das Geschäft, die dem Uhrzeigersinn entgegengesetzt ist (vgl. z. B. Gröppel-Klein/Bartmann 2008, S. 415 f.; Kholod/Takai/ Yada 2011).

- Sie lassen ein stark wandbezogenes Laufverhalten erkennen (Larson/Bradlow/Fader 2005; Silberer 2006).

- Sie lenken ihre Aufmerksamkeit vornehmlich auf rechtsseitige Platzierungsfelder (vgl. z. B. Lotzkat 2012, S. 164).

- Sie vermeiden aufgrund ihres wand- und richtungsfixierten Laufverhaltens Kehrtwendungen (z. B. Larson/Bradlow/Fader 2005). Sie entwickeln ein individuell differenziertes Trägheitsmaß gegenüber präsentationstechnischen Umlenkungsversuchen, die ihre Transaktionskosten erhöhen.

■ Sie haben unterschiedliche Kenntnisse von den intralokalen Standorten der Warengruppen. So wissen sie in Discountern besser, wo sich welche Warengruppen befinden, als in Supermärkten (vgl. Wang 2012, S. 143 ff.).

Der zweite Faktor, der bei der Ladengestaltung und der Warenplatzierung zu beachten ist, ist die unterschiedliche **Attraktivität der Warengruppen**. Man kann daran denken, Warengruppen, die gezielt vom Kunden aufgesucht und zum Ausgangspunkt des geplanten Einkaufs gemacht werden, im rückwärtigen Teil des Verkaufsraumes zu platzieren (vgl. z. B. Wang 2012, S. 171). So wird im Lebensmittelhandel vornehmlich die Frischfleisch- und Wurstabteilung nicht nur aus technischen Gründen dort untergebracht, sondern weil viele Kunden sie gezielt aufsuchen. Gleichzeitig ist daran zu denken, dass die Kunden die Geschäfte aus unterschiedlichen Motivationen heraus aufsuchen, mal um einen großen Einkauf (Versorgungskauf) zu tätigen, mal um einen kleinen Einkauf zu tätigen (z. B. Ergänzungskauf, Deckung des Tagesbedarfs). Ein Händler wird nicht für jede Motivation der Kunden eine Lösung haben können. Er wird aber prüfen, ob er auf seiner Verkaufsfläche für Ausschnitte bestimmter Warengruppen, die längere Laufwege verlangen, Zweitplatzierungen unterbringen kann. Damit erreicht er jene Kunden, die nicht bereit sind, für einen Ergänzungskauf lange Wege auf sich zu nehmen, und die mit dem in der Zweitplatzierung angebotenen Warengruppenausschnitt ihren Bedarf decken können. Dabei ist zu beachten, dass Supermärkte eine Vielzahl von Laufmöglichkeiten bieten, die Hauptgänge der Discounter dagegen in der Regel ein einheitliches Schema haben (teilweise als Zwangslauf), das es den Kunden erlaubt, die gesamte Verkaufsfläche mit Einsicht in alle Gänge abzuschreiten. Dadurch lassen sich Kehrtwendungen im Laufweg und Suchfehler vermeiden, der Aufwand bei der Produktsuche sinkt (vgl. Wang 2012, S. 159).

Der dritte Faktor ist die unterschiedliche **Wertigkeit des intralokalen Standortes der Ware** im Verkaufsraum und innerhalb des Warenträgers, und zwar in horizontaler und vertikaler Richtung. Einige Erhebungen berichten, dass die Verlagerung eines Artikels in vertikaler Richtung, wenn überhaupt, nur eine bescheidene Auswirkung auf seinen Absatz habe (vgl. Frank/Massy 1970, S. 66). Andere Untersuchungen kommen zu dem Ergebnis, dass sich der Artikelabsatz erhöht, wenn ein Artikel aus einem tieferen Regalfach in ein höher gelegenes, in Griff- oder Augenhöhe befindliches Bord umplatziert wird (Colonial-Studie o. J., S. 96; o.V. 1972, S. 56).

Der akquisitorisch effizientere Bereich der horizontalen Regalplatzstruktur liegt in der Mitte des Warenträgers, denn dorthin schaut der Kunde in der Regel zuerst und am intensivsten. Aus der absatzfördernden Wirkung der Regalmitte folgt die kompensatorisch wirkende Platzierungsregel, bekannte und nachfrageintensive Artikel auf den Randplätzen der Verkaufsaggregate unterzubringen (z. B. Larson/Bradlow/Fader 2005). Andererseits ist genau zu planen, wie der Kunde das Regal anlaufen soll, da der Anlaufbereich durch eine hohe Wahrnehmungswahrscheinlichkeit gekennzeichnet ist.

Es gibt eine ganze Reihe empirischer Untersuchungen zur **vertikalen und horizontalen Regalplatzwertigkeit** (z. B. Leven 1992; Dréze/Hoch/Purk 1994; Christenfeld 1995; Shaw/ Bergen/Brown/Gallagher 2000; Chandon/Wansink/Laurent 2000; Meier/Robinson 2004; van Nierop/Fok 2008; Valenzuela/Raghubir 2009). Wenn die Ergebnisse unterschiedlich ausfallen, so muss das kein Widerspruch sein. Vielmehr ist zu fragen, inwieweit der Standort und die Art eines Regals, die Art der Warengruppe, die Breite und Tiefe des Sortiments sowie weitere Faktoren solche Unterschiede erklären können. Hinzu kommen auch Lerneffekte und Einstellungen der Kunden. So haben z. B. *Valenzuela, Raghubir* und *Mitakakis* (2013) festgestellt, dass Kunden bestimmte Erwartungen haben, wo Händler welche Waren platzieren, etwa hochpreisige Artikel in Augenhöhe und niedrigpreisige Artikel in Bückzonen. Schließlich sind die jeweils verwendeten Untersuchungsdesigns zu beachten, um die Ergebnisse nachvollziehen und vergleichen zu können.

Der vierte Faktor ist die **Zahl der Frontstücke eines Artikels** (Facings). Das höchst komplexe Konstrukt „Kontaktleistung" ist aber nicht nur abhängig von der Zahl der Frontstücke, sondern auch von der werblichen Funktion der Packungsgestaltung und der Packungsgröße als weitere Faktoren der Blickfangwirkung, die den Entscheidungsprozess des Kunden beeinflussen. Darüber hinaus sind die Produktarten, unterschieden nach Artikeln des Grundbedarfs und solche des Zusatzbedarfs, getrennt zu untersuchen. Untersuchungsergebnisse zu diesem Thema liefern z. B. *Corstjens/Doyle* (1981, 1983), *Zhang/Krishna* 2007 sowie *Chandon u. a.* (2009).

Bei Artikeln des Grundbedarfs und bei Gütern des Zusatzbedarfs mit nur geringem Bekanntheitsgrad besteht kaum ein Zusammenhang zwischen der Länge der Kontaktstrecke und dem Artikelabsatz. Artikel des Grundbedarfs werden vornehmlich im Rahmen eines geplanten Kaufs gesucht, wohingegen Artikel des Zusatzbedarfs mit nur geringer Verkehrsgeltung ein relativ schwaches Potenzial zur Auslösung von Impulskäufen besitzen.

Bei Artikeln des Zusatzbedarfs mit hohem Bekanntheitsgrad aufgrund einer intensiven Sprungwerbung des Herstellers besteht hingegen eine direkte Beziehung zwischen der Länge der Kontaktstrecke und dem artikelspezifischen Absatz, ohne dass jedoch die Korrelation betriebsstätten- und artikelübergreifend quantifiziert werden kann.

5.1.4.2   Die Komplexität der Planung der Präsentationsfläche

Wenn das Sortiment aus vielen Artikeln besteht, die für den Absatz durch Selbstbedienung geeignet sind, dann wird die Warenpräsentation aus zwei Gründen problematisch. Verkaufsraum und Regalplatz bilden wegen der bautechnischen Festlegung der Verkaufsräume einen Engpasssektor betrieblicher Planung. Demzufolge steht der Planer in der Einzelhandelsunternehmung vor dem äußerst schwierigen Problem, nicht nur erstens die limitierten Regalplatzkapazitäten nach Möglichkeit auf die Artikel mit den höchsten Deckungsbeiträgen zu verteilen, sondern auch zweitens jedem Artikel einen nach Ort und Fläche wohl definierten Regalplatz derart zuzuweisen, dass das Maß akquisitorischer Wirksamkeit unter Beachtung kostenwirtschaftlicher Restriktionen ein Optimum erreicht. Neben der Erlöskomponente sind bei dieser Aufgabe fünf **Kostenkategorien** von Bedeutung:

- Kosten der Verkaufsfläche und des Warenträgers,

- Kapitalbindungskosten,

- Nachfüllkosten,

- Fehlmengenkosten (Mindereinnahmen), die durch Nichtkäufe bei Präsenzlücken (Out of Shelves, Out of Stocks) entstehen, und

- Opportunitätskosten, die durch Verdrängung anderer ertragsstarker Produkte entstehen.

Geht man von einem vorhandenen innerbetrieblichen Standort aus, so hat die Ausweitung der Kontaktstrecke durch die Erhöhung der Zahl der Frontstücke eines Artikels neben der akquisitorischen Bedeutung einmal den Vorteil, dass aufgrund der Lagerfunktion des Verkaufsaggregates die Nachfüll- und Fehlmengenkosten sinken, ein Ergebnis, das auch mit Tiefenplatzierung erreicht werden kann. Die Ausweitung der Kontaktstrecke führt jedoch andererseits über den steigenden Platzbedarf zu höheren Flächen- und Kapitalbindungskosten pro Artikel. Außerdem hätte die Ausweitung der Fläche für einen Artikel die Verdrängung anderer ertragsstarker Artikel zur Folge, ein Ergebnis, das durch die Formulierung von Opportunitätskosten in das Kalkül mit aufgenommen werden muss.

Die beste Lösung bei gegenläufigen Kostentendenzen ist dann gegeben, wenn die Summe aus Verkaufsflächen-, Kapitalbindungs-, Nachfüll-, Fehlmengen- und Opportunitätskosten ein Minimum bildet. Die Verkaufsfläche, die dieser Bedingung genügt, soll als optimale Präsentationsfläche eines Artikels bezeichnet werden. Bei dieser **Optimierungsaufgabe** sind mindestens drei Probleme zu beachten.

Erstens sind die Regalplätze je nach Regalhöhe und innerbetrieblichem Standort mehrwertig. Die mehrwertigen Standorte der Waren beeinflussen die Absatzchancen der einzelnen Artikel in unterschiedlicher Weise, wobei die einzelnen Produkte wiederum in einem Nachfrageverbund stehen können, der je nach Kunde verschieden sein kann.

Zweitens hat der Platz im Warenträger nicht nur akquisitorische Funktionen zu erfüllen. Er übernimmt auch die Aufgaben eines Zwischenlagers zum Ausgleich der Spannungen zwischen der zeitlich unterschiedlich verteilten Nachfrage des Kunden und der Einkaufsdisposition des Einzelhändlers. Dies zwingt zu einer Optimierung unter Berücksichtigung der Nachfüll- und der Verkaufsflächenkosten sowie der Fehlmengenkosten im Rahmen einer stochastischen Nachfrage.

Drittens trägt ein großer Teil der im Einzelhandelsbetrieb anfallenden Handlungskosten den Charakter von Gemeinkosten, das können 80 bis 90 % der Betriebskosten sein, so dass eine dem Verursachungsprinzip entsprechende Kostenumlage auf Artikel und Regalflächeneinheit nicht nur aus Gründen der Wirtschaftlichkeit dieser Informationsgewinnung außerordentlich problematisch wäre.

Die Komplexität konkreter Platzierungsentscheidungen kann mit einem Modellansatz erhellt werden, der neben dem artikelspezifischen Deckungsbeitrag DB pro Flächeneinheit auch die Fehlmengenwahrscheinlichkeit W und die Wahrscheinlichkeit der Substitution Q in das Kalkül einbezieht. Weist im Vergleich zweier Artikel der eine Artikel häufiger Präsenzlücken auf als der andere, so können die Deckungsbeiträge durch eine vermehrte Flächenzuweisung verbessert werden. Es stellt sich die Frage, wie der Grenzertrag der Flächenzuweisung operationalisiert werden kann.

Je höher die Spanne s (als Differenz von Verkaufs- und Einkaufspreis) und die Absatzmenge x eines Artikels innerhalb einer Kontrollperiode und je kleiner die dem Artikel zugewiesene Platzierungsfläche F ist, desto größer wird der artikelspezifische Deckungsbeitrag pro Flächeneinheit sein.

$$DB = \frac{x \cdot s}{F} \cdot [€/qm]$$

Bei zwei Artikeln A_1 und A_2 kann nun innerhalb einer Kontrollperiode (Zeitspanne zwischen den üblichen Regalbeschickungszeitpunkten) geprüft werden, welcher von beiden Artikeln häufiger ausverkauft ist. Je größer die Umschlagshäufigkeit eines Artikels und je kleiner die dem Artikel zugewiesene Platzierungsfläche ist, desto größer ist die **Wahrscheinlichkeit für Fehlverkäufe** (Fehlmengen). Es wird angenommen, dass für die Platzierungsentscheidung die in **Tabelle 5.4** angegebenen Daten zugrunde liegen.

Tabelle 5.4   Daten zur Berechnung flächenbezogener Deckungsbeiträge

	Artikel 1	Artikel 2
Menge x	10 Einheiten	12 Einheiten
Spanne s	1,50 EUR	1,60 EUR
Fehlmengenwahrscheinlichkeit W	0,1	0,04
Flächenbedarf F	0,5 qm	0,5 qm

Daraus ergeben sich folgende flächenbezogene Opportunitätskosten der Artikel A_1 und A_2:

$$DB_1 = \frac{x_1 \cdot s_1}{F_1} \cdot W_1 = \frac{10 \cdot 1,5}{0,5} \cdot 0,1 = 3,00 \ €/qm$$

$$DB_2 = \frac{x_2 \cdot s_2}{F_2} \cdot W_2 = \frac{12 \cdot 1,6}{0,5} \cdot 0,04 = 1,54€/qm$$

Wenn eine Mengeneinheit von Artikel A_1 nicht verkauft werden kann, entgeht ein Deckungsbeitrag in Höhe von 3 Euro pro qm, bei Artikel A_2 dagegen nur in Höhe von 1,54 Euro pro qm. Die Rechnung zeigt, dass die Ausweitung der Platzierungsfläche für Artikel 1 die Verkaufsflächenleistung stärker verbessert als die Ausweitung der Platzierungsfläche um eine weitere Flächeneinheit für Artikel 2.

Es kann daher folgende Entscheidungsregel formuliert werden: Je größer die Fehlmengenwahrscheinlichkeit bei sonst gleichem Deckungsbeitrag pro Flächeneinheit ist, desto stärker verbessert die zusätzliche Flächenzuweisung für den Artikel mit der höheren Fehlmengenwahrscheinlichkeit die durchschnittliche Verkaufsflächenleistung des Betriebes.

Nun ist aber auch noch zu berücksichtigen, dass die Kunden im Falle einer Präsenzlücke des gesuchten Artikels auf ein Substitutionsgut ausweichen. Wenn das fehlende und das Substitutionsgut dieselbe Spanne haben, führt dies nicht zu einem Verlust an Deckungsbeitrag. Infolgedessen muss die **Substitutionswahrscheinlichkeit Q** bei der Bewertung des Fehlmengenrisikos einbezogen werden. Der Ausdruck 1 – Q beschreibt dann die Größenordnung, in der bei fehlender Substituierbarkeit des ursprünglich vom Käufer gesuchten Artikels endgültig Verluste an Deckungsbeiträgen eintreten. Zur Prüfung der Platzierungsentscheidung für alternative Produkte ist dann der Deckungsbeitrag pro Flächeneinheit mit dem Produkt aus Fehlmengenwahrscheinlichkeit W und dem Verlustkoeffizienten 1 - Q zu multiplizieren.

Wir erweitern nun das obige Beispiel und gehen davon aus, dass Artikel 1 eine Wahrscheinlichkeit der Substitution von Q = 0,6 und Artikel 2 einen entsprechenden Wert Q = 0,2 aufweisen. Das führt zu folgender Vergleichsrechnung:

$$DB_1 = \frac{x_1 \cdot s_1}{F_1} \cdot (1 - Q_1) \cdot W_1 = \frac{10 \cdot 1,5}{0,5} \cdot (1 - 0,6) \cdot 0,1 = 1,20 \; €/qm$$

$$DB_2 = \frac{x_2 \cdot s_2}{F_2} \cdot (1 - Q_2) \cdot W_2 = \frac{12 \cdot 1,6}{0,5} \cdot (1 - 0,2) \cdot 0,04 = 1,23 \; €/qm$$

Wenn man also die Substitutionswahrscheinlichkeit der beiden Artikel berücksichtigt, dann ist es nun vorteilhaft die Fläche Artikel 2 zuzuweisen. Denn dadurch verbessert sich die durchschnittliche Verkaufsflächenleistung des Betriebes. Aufgrund dieser Zusammenhänge ergibt sich die Entscheidungsregel: Je höher das Fehlmengenrisiko und je geringer die Wahrscheinlichkeit der Substitution bei sonst gleichem Deckungsbeitrag pro Flächeneinheit der zu vergleichenden Artikel sind, desto eher empfiehlt sich eine Flächenzuweisung mit dem Ziel einer Verbesserung der durchschnittlichen Verkaufsflächenleistung des Betriebes.

Es sollte jedoch beachtet werden, dass die hier eingeführte Substitutionswahrscheinlichkeit zwar kurzfristig Deckungsbeiträge sichern, langfristig jedoch zur Unzufriedenheit von Kunden und ihrer Abwanderung zu besser sortierten und bevorrateten Wettbewerbern führen kann.

In ähnlicher Weise lassen sich **weitere Parameter** berücksichtigen, wie z. B. Verbundbeziehungen fehlender Artikel und Verbundbeziehungen von Ausweichartikeln.

5.1.4.3   Heuristische Planungsverfahren

Die Strukturierung des Problems der optimalen Warenpräsentationsfläche zeigt eine außerordentlich hohe Komplexität und Schwierigkeiten bei der Quantifizierung der relevanten Einflussfaktoren. Gleichzeitig wird deutlich, dass die Präsentationsplanung die Grundelemente des klassischen **Zuordnungsproblems** enthält (vgl. Churchman/Ackhoff/Arnoff 1961, S. 314). Es ist daher zu überprüfen, inwieweit Methoden der Unternehmungsforschung leistungsfähige Lösungsansätze liefern können, um die in Frage kommenden *m*

Artikel n Regalplätzen derart zuzuordnen, dass der Deckungsbeitrag ein Maximum erreicht.

Abgesehen von dem außerordentlich hohen Rechenaufwand bei einem beispielsweise nur kleinen Sortiment von ca. 2.000 verschiedenen Artikeln mit hoher Fluktuationsrate könnte diese Zielsetzung mit Hilfe der Verfahren des Operation Research nur realisiert werden, wenn es gelänge, das Maß der Eignung der verschiedenen Regalplätze für den Absatz der m Artikel als Parameter des mathematischen Systems zu erfassen. Außerdem sind die vom individuellen Nachfrageverbund ausgehenden Wirkungen unter dem Einfluss alternativer absatzpolitischer Aktionen (Sonderangebote) nur schwer zu quantifizieren.

Es ist daher nicht überraschend, dass das Problem der optimalen Artikelplatzierung unter Anwendung bekannter Optimierungsverfahren (vgl. Urban 1998, S. 15 ff.; Wartenberg/Gaul/Decker 1997, S. 185 ff.; Zufoyden 1986, S. 413 ff.) wirtschaftlich und methodisch nur mit größten Schwierigkeiten gelöst werden kann.

Um wenigstens zu einem heuristischen Lösungsverfahren zu gelangen, empfiehlt sich die Anwendung sogenannter **Prioritätsregeln**. Demzufolge ergeben sich für die Präsentationsplanung folgende Entscheidungshilfen.

- ■ Vorrang bei der **Platzierung** gebührt jeweils dem Artikel mit dem höchsten Deckungsbeitrag pro Regalflächeneinheit. Dazu zählen solche Artikel, die neben einer angemessenen Stückspanne eine hohe Kundenreichweite und hohe Kauffrequenz aufweisen.

- ■ Vorrang bei der **Zuweisung der Frontlänge** im Regal gebührt jeweils dem Impulskaufartikel mit dem höheren Bekanntheitsgrad.

- ■ Vorrang bei der **Belegung attraktiver Platzierungsflächen** gebührt jeweils dem Impulsartikel mit dem geringeren Bekanntheitsgrad, dafür aber mit der höheren Spanne als Entgelt für die durch den Handelsbetrieb übernommene Marktbeeinflussungsfunktion.

- ■ Vorrang bei der **Belegung weniger attraktiver Platzierungsflächen** erhält jeweils ein Suchkaufartikel (z. B. ein Artikel des Grundbedarfs) oder ein Impulsartikel mit vergleichsweise hohem Bekanntheitsgrad. Damit kann dann eine gleichmäßigere Auslastung der Flächenkapazitäten erreicht werden.

Im Zusammenhang mit preispolitischen Sonderaktionen hat sich im Einklang mit den genannten Prioritätsregeln folgende Platzierungstechnik in der Praxis durchgesetzt.

Für **Güter des Grundbedarfs** und für **Impulsartikel mit geringerem Bekanntheitsgrad** wird die Kontaktstrecke möglichst gering gehalten. Dieses Mindestmaß wird durch den Zwang definiert, zur Verringerung der Fehlmengen- und Nachfüllkosten möglichst ein ganzes Gebinde (Versandeinheit) zu platzieren. Demzufolge führt die Ökonomisierung in der Massendistribution durch die Verknüpfung der Platzierungsplanung mit der innerbetrieblichen Warenbewegung zu Präsentationsformen, die zunächst die Handlungskosten in einem erheblichen Umfang senken, z. B. durch Warendarbietung auf Paletten. Als Fazit kann festgehalten werden, dass bei der Platzierungsplanung der Kostenaspekt im Gegensatz zum Umsatzaspekt stärker beachtet wird. Diese Feststellung gilt vor allem für Betriebstypen des Handels, die nach dem Discount-Prinzip arbeiten.

Ein Beispiel für die Anwendung heuristischer Regeln liefert die Firma *Henkel* für die Belegung von Regalen mit Wasch-, Putz- und Reinigungsmitteln (vgl. Bohrenfeld 2005, S. 32):

Das WPR-Regal in drei Blöcke gliedern

1. Waschen, mit einem Anteil von etwa 50 %
2. Spülen mit einem Anteil von etwa 15 %
3. Reinigen mit einem Anteil von etwa 35 %,

Die Produktgruppen und Unterwarengruppen durch eine logische Anordnung möglichst klar abgrenzen.

Die Warengruppen mit der höchsten Kauffrequenz an den Anfang des Regals stellen.

Die abverkaufsstärkste Marke an den Anfang des jeweiligen Segments platzieren.

Kreuzblockplatzierung bilden: Marken vertikal, Segmente horizontal.

Förderungswürdige Produkte in Augen- und Greifzone platzieren.

Die vom Kunden gesuchten Produkte in der Reckzone platzieren.

Die vom Kunden stark nachgefragten Produkte in der Bückzone platzieren.

Wenn die **Platzierung im Herstellerblock** eine Voraussetzung für die Akzeptanz der Herstellermarke(n) bei den Kunden ist, dann wird der System- bzw. Servicegedanke über ein geschlossenes Präsentationskonzept im Regal besser durchgesetzt. Daraus ergeben sich für das **vertikale Marketing** zwei unterschiedliche Zielsetzungen: die Durchsetzung der Marke(n) des Herstellers am Point of Purchase sowie die Erreichung bestmöglicher Flächenproduktivitäten im Handel.

Soweit das Problem der differenten Flächen- und Regalwertigkeit nicht ausreichend gelöst ist, wird der Prozess der Platzierung häufig vor allem in den Entscheidungsablauf der Abverkaufsanalyse, der Nachorder und Disposition sowie der Regalauffüllung eingebettet, um zu einer kostenorientierten Optimierung der Warenwirtschaft zu gelangen.

Die Vielzahl der für den Optimierungsprozess unter Kosten- und Umsatzaspekten bedeutsamen Variablen können am Beispiel des Programmpaketes *Spaceman* von *Nielsen* dargestellt werden (vgl. Zentes 1992b, S. 1001; Kohlhaas 1989, S. 44 ff.; Bachl 1991, S. 73 ff.). Dazu zählen u. a.:

- die Lieferzeit zwischen der Nachbestellung und dem Wareneingang,
- die Höhe und der Verlauf der Kundennachfrage,
- die Verpackungseinheiten und Mindestbestellmengen,

- die Verpackungsart, die Größe und die Stapelhöhe,

- die verfügbare Regalfläche,

- die Verkaufsflächenwertigkeiten und die Regalplatzwertigkeiten,

- die Handlungskosten,

- die Verkaufs- und Einstandspreise.

Mit diesen Daten können bei alternativer Nutzung der Ergebnisparameter Umsatz und Rohertrag durch Simulationen folgende Fragen beantwortet werden:

- Welche Artikel können das Ergebnis verbessern?

- Welche Regalanordnung bei vertikaler und/oder horizontaler Struktur ist zu bevorzugen?

- Welche Auswirkung hat eine Vergrößerung oder Verkleinerung des Platzes pro Artikel?

- etc.

Die Antworten können mit Hilfe eines Regalbelegungsplanes visualisiert werden (Planogramm). Bei einer hohen Artikelfluktuation sind allerdings der Aufbau und die Pflege der notwendigen Artikel- und Regalstammdaten sehr aufwändig.

Was am Ende bleibt. Es darf kein umfassendes analytisch-algorithmisches Entscheidungsmodell erwartet werden, da die Optimierung der Warenpräsentation ein schlecht strukturiertes und offenes Problem darstellt, das vornehmlich über Simulationen „guten" Lösungen zugeführt werden muss.

Soweit bestimmte Betriebstypen die **Erlebnisorientierung** zur Profilierung ihrer Betriebe einsetzen, bieten sich verschiedene Gestaltungselemente zur Schaffung einer zielgruppengerechten Verkaufsraumatmosphäre an (vgl. Berekoven 1995, S. 279 ff.). Präsentationspolitische Maßnahmen können mit Hilfe visueller **Gestaltungsmittel** umgesetzt werden, wozu z. B. Beleuchtung (Licht), Farbgestaltung und Materialieneinsatz bei Decken, Wänden, Böden, Warenträgern und Dekorationen gehören, des Weiteren Pflanzen, Kunst- und Einrichtungsgegenstände. Gestaltungsmittel, die andere Sinne ansprechen, sind beispielsweise Raumtemperatur, Luftfeuchtigkeit, Gerüche (Düfte) und Akustik (Musik). In immer stärkerem Maße fließen psychologische Erkenntnisse in die Verkaufsraumgestaltung ein (z. B. Müller-Hagedorn/Seifert 2007; Gröppel-Klein 2012; Schwertfeger 2012). So tragen gedämpfte Böden, weiches Licht, breite Gänge, warme Luftströme in Bodennähe, leise Musik und niedrige Regale zu einer Senkung des Stresspegels beim Kunden bei (vgl. o.V. 1996b, S. 40).

5.1.5   Die Sonderaktionenpolitik

Will ein Einzelhändler seinen Kunden für eine begrenzte Zeit ein Angebot unterbreiten, das sich von den vorher und nachher offerierten Angeboten unterscheidet, so finden sich für diesen Vorgang in der Literatur zahlreiche Begriffe, wie z. B. Sonderpreis, Sonderangebot, Sonderveranstaltung, Sonderaktion, Aktion – vorzugsweise in Verbindung mit Packung, Rabatt und Preis sowie Verkaufsförderung. Einen Überblick bieten die einschlägigen Lexika und Handwörterbücher zum Marketing, wie z. B. *Köhler, Tietz* und *Zentes* (1995), *Bruhn* und *Homburg* (2004), *Ausschuss für Definitionen zu Handel und Distribution* (2006), *Poth, Poth* und *Pradel* (2008), *Diller* (2008), *Zentes, Swoboda, Morschett* und *Schramm-Klein* (2012) sowie Lehrbücher zum Handelsmarketing.

Was sagen diese Begriffe nun aus? Eindeutig ist der Begriff „Sonderpreis", wenn er sich auf die Reduktion des Preises für einen bestimmten Zeitraum beschränkt. Dagegen nicht eindeutig ist der Begriff „Sonderangebot", wenn er Maßnahmen mit einschließt, die die Preisreduktion unterstützen, z. B. Werbung oder Zweitplatzierung. Der Begriff „Sonderveranstaltung" hatte solange im juristischen Sprachgebrauch eine Bedeutung, wie es das Verbot der „Sonderveranstaltungen" im UWG gab. Danach waren grundsätzlich alle Maßnahmen unzulässig, „die außerhalb des regelmäßigen Geschäftsverkehrs stattfinden, der Beschleunigung des Warenabsatzes dienen und den Eindruck der Gewährung besonderer Kaufvorteile hervorrufen". Dieses Verbot wurde 2004 aufgehoben. Seit dem sind alle Arten von Sonderveranstaltungen jederzeit möglich. Wird der Begriff „Aktion" mit einem Affix wie Packung, Rabatt oder Preis versehen, verschafft er Klarheit, da er das Besondere der Maßnahme herausstreicht.

Weit verbreitet ist der Begriff der Verkaufsförderung bzw. der Sales Promotion. Nicht immer wird er so deutlich definiert wie von *Gedenk.* Sie versteht Verkaufsförderung als „zeitlich befristete Maßnahmen mit Aktionscharakter [...], die andere Marketing-Maßnahmen unterstützen und den Absatz bei Händlern und Konsumenten fördern sollen." (Gedenk 2002, S. 11) Verkaufsförderung hat danach eine Querschnittfunktion: Sie bedient sich vorhandener Marketing-Instrumente und gestaltet ihren Einsatz zeitlich begrenzt. Oder anders ausgedrückt: Verkaufsförderung hat keine eigenen Marketing-Instrumente, ihr Wesen besteht vielmehr darin, die vorhandenen Instrumente mit Aktionscharakter zu bündeln.

Um den begrifflichen Unschärfen – auf zahlreiche verschiedene Definitionen verweist *Gedenk* (2002, S. 11, Fn. 2) – zu entgehen, verwenden wir hier den Begriff „Sonderaktionen". Sonderaktionen sollen alle Maßnahmen umfassen, die erstens zeitlich begrenzt durchgeführt werden und zweitens auf Preis- oder Nicht-Preis-Instrumente des Handelsmarketings zurückgreifen. Letztlich zielen alle Sonderaktionen darauf ab, den Absatz einzelner Artikel, einzelner Warengruppen oder des gesamten Sortimentes zu beschleunigen. Die Ziele für diese Maßnahmen sind verschieden. Zum einen soll die Preiswürdigkeit gegenüber der Konkurrenz dokumentiert werden, zum anderen sollen Überbestände abgebaut werden, wie etwa bei Sommer- und Winterschlussverkäufen. Des Weiteren können Notsituationen und Zwangslagen der Ausgangspunkt für Sonderaktionen sein, wie Schäden an der Geschäftsausstattung und an der Ware aufgrund höherer Gewalt, der Umbau der Geschäfts-

räume sowie die Aufgabe des Geschäftes: Der Abverkauf der betroffenen Waren soll beschleunigt und Liquidität beschafft werden.

Sonderaktionen können sich auf einen Instrumentalbereich beschränken, wie z. B. den
Preis, sie können aber, was die Regel in der Praxis ist, mehrere Instrumentalbereiche umfassen, und sie können sogar das gesamte Geschäftsprinzip darstellen, wie dies bei der
Partievermarktung der Fall ist, worunter das zeitlich und mengenmäßig begrenzte Angebot
von Waren zu verstehen ist (vgl. Schröder/Mehling 2001, S. 399 f.).

Abbildung 5.6 gibt einen Überblick über verschiedene Instrumente des Handelsmarketings
und ihre Ausprägungen im Rahmen der Sonderaktionenpolitik.

Erste Anknüpfungspunkte für Sonderaktionen sind **der Preis und das Sortiment**. So können z. B. Artikel aus dem Stammsortiment direkt im Preis gesenkt werden, das heißt jeder
Käufer profitiert von dem Preisnachlass, oder die Preissenkung ist an zusätzliche Bedingungen beim Kauf oder nach dem Kauf geknüpft, wie z. B. die Vorlage eines Coupons oder
die Rückvergütung nach einem bestimmten Zeitraum oder nach Tätigung eines Kaufs in
einer bestimmten Umsatzhöhe. Dies sind dann Elemente aus der Preisdifferenzierung.

Abbildung 5.6   Ausprägungen von Sonderaktionen im Einzelhandel

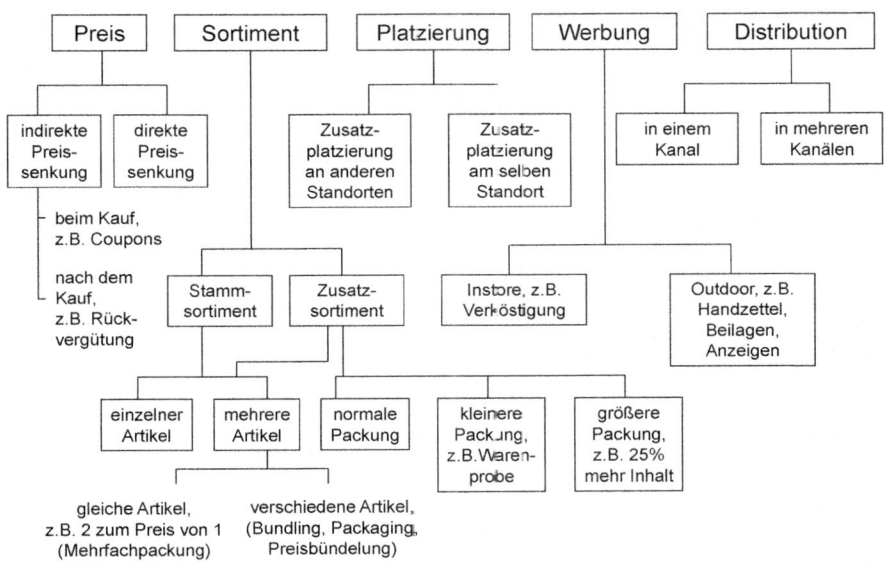

Preisaktionen entstehen auch dadurch, dass der Einzelhändler mehrere gleiche oder verschiedene Artikel aus dem Stammsortiment zeitlich begrenzt zu einem Gesamtpreis anbietet, der niedriger ist als die Summe der Einzelpreise. Die gerade beschriebenen Effekte
lassen sich ebenso mit Artikeln erzielen, die zeitlich begrenzt zusätzlich in das Sortiment

aufgenommen werden. Der Aktionseffekt wird vor allem durch die zeitlich begrenzte Verfügbarkeit erzielt, die den Kaufanreiz auslösen soll. Die fehlende Vergleichbarkeit mit dem Stammsortiment und die höhere Preiswürdigkeit des einzelnen Artikels fördern diesen Effekt.

Platzierung und Werbung unterstützen einerseits Preis- und Sortimentsaktionen. Die Werbung innerhalb (instore) und außerhalb (out of store oder outdoor – um dem Begriff instore ein Pendant an die Seite zu stellen) der Einkaufsstätte sowie zusätzliche Verkaufsflächen weisen auf Sonderpreise und Sonderartikel hin. Darüber hinaus sind sie durchaus eigenständige Instrumente der Sonderaktionenpolitik. Sowohl Werbung als auch zeitlich begrenzte Mehrfachplatzierungen können zusätzliche Käufe auslösen, ohne dass ein Preisvorteil gewährt wird oder ohne dass Sonderartikel angeboten werden. Entscheidend ist, dass Abwechslung die Aufmerksamkeit steigert und das Interesse der Kunden auf die herausgestellten Artikel lenkt. Dies bedeutet: Sonderplatzierung und Werbung kommen durchaus ohne Aktionen aus den Bereichen Preis und Sortiment aus, umgekehrt machen Preisaktionen und Sortimentsaktionen ohne Unterstützung der Werbung oder Platzierung wenig Sinn.

Weitere Entscheidungen betreffen die **Distribution in Filialsystemen**. Ein Einzelhändler kann eine Sonderaktion in dem gesamten Kanal oder an ausgewählten Standorten durchführen. Soweit es sich um preisgetriebene Aktionen handelt, liegt im zweiten Fall eine räumliche Preisdifferenzierung vor. Die Betreiber von Mehrkanalsystemen stehen zusätzlich vor der Entscheidung, ob sie die Sonderaktionen in allen Kanälen oder nur in einem Teil ihrer Vertriebswege durchführen wollen. Werden die Kanäle unter verschiedenen Händlermarken (Storebrands, Retailbrands) geführt, bietet sich die kanalspezifische Sonderaktion eher an als bei einem System, dessen Kanäle unter derselben Händlermarke geführt werden. Aber auch diese Konstellation schließt keineswegs aus, dass die Aktionen auf einzelne Kanäle oder Standorte begrenzt bleiben, insbesondere dann, wenn die Handelsunternehmung den örtlichen Wettbewerbsverhältnissen Rechnung tragen will.

Sofern sich die Sonderaktionenpolitik nicht auf ein Instrument des Handelsmarketings beschränkt, ist der Einsatz verschiedener Maßnahmen sorgfältig aufeinander abzustimmen. Zum einen sind die **Absatz- und Umsatzeffekte** von kombinierten Sonderaktionen abzuschätzen, zum anderen die mit dem jeweiligen Maßnahmenbündel zusammengehörigen Kosten. Als Datengrundlage für die Prognose der Absatz- und Umsatzeffekte kommen grundsätzlich Scannerdaten der jeweiligen Handelsunternehmung sowie Daten aus Haushaltspanels und aus Handelspanels in Frage. Scannerdaten bilden die Reaktionen aller Kunden während des Zeitraums der Sonderaktionen ab. Handelspanels bieten Daten von mehreren Einkaufsstätten im relevanten Wettbewerbsumfeld, und Haushaltspanels liefern zusätzlich Daten über Einkaufsstätten- und Markenwechsel. Alle Paneldaten sind jedoch mit dem Problem der lückenhaften Erfassung behaftet: Handelspanels und Haushaltspanels beschränken sich auf einen Ausschnitt von Händlern bzw. Haushalten als Untersuchungseinheiten. Aussagekräftige Handelspanels verlangen zusätzlich, die jeweiligen Parameter der Sonderaktionen inhaltlich und zeitlich exakt zu erfassen. Das Handelspanel von *Nielsen* erfasst wöchentlich Displays, Handzettel, Tageszeitungsinserate, Preissenkungen und Bonuspacks als Standard sowie optional Kontaktstrecken, Facings, Werbedamen, Preisausschreiben und Plakatwerbung. *IRI* erhebt wöchentlich Daten von Sonderaktionen in Scannergeschäften des Lebensmitteleinzelhandels sowie in Drogeriemärkten. Auf der Basis von Scannerdaten können z. B. die in **Tabelle 5.5** aufgeführten Effekte gemessen werden.

Tabelle 5.5   Sonderaktionen und ihre Wirkung auf den Absatz

Sonderaktionen-Matrix Marke X

Preisänderung gegen Normal- preis in Prozent	0	-5	-10	-15	-20	-25
keine Promotion	100	121	148	184	231	294
Handzettel	166	201	247	306	384	489
Display	178	216	264	327	411	523
Handzettel und Display	296	359	440	544	683	870

Sonderaktionen-Matrix Marke Z

Preisänderung gegen Normal- preis in Prozent	0	-5	-10	-15	-20	-25
keine Promotion	100	122	151	188	238	306
Handzettel	137	168	207	259	328	421
Display	117	142	176	219	278	357
Handzettel und Display	160	196	242	302	382	491

Wirkung einer Aktion der Marke Z auf die Warengruppe von Marke Z

Preisänderung gegen Normal- preis in Prozent	0	-5	-10	-15	-20	-25
keine Promotion	100	104	109	116	124	136
Handzettel	102	107	114	122	134	149
Display	104	108	114	122	132	145
Handzettel und Display	106	112	120	130	143	161

Index 100 = regulärer Wochenabsatz zum Normalpreis

Quelle: Milde 1997, S. 440 f.

So lässt sich für die Marken X und Z erkennen, welche Absatzeffekte verschiedene Sonderaktionen hervorrufen, von dem Einsatz einzelner Maßnahmen mit und ohne Preisreduzierung bis zur Kombination von Preisreduzierung, Handzettelwerbung und Sonderplatzierung (Display). Es lässt sich überprüfen, ob die höchste Einsatzintensität den höchsten Absatzzuwachs verspricht, wie dies in dem Beispiel der Fall ist (Marke X: 870, Marke Z: 491, Warengruppe von Marke Z: 161). Des Weiteren sind Informationen hilfreich, ob Nicht-Preis-Aktionen zu Absatzsteigerungen führen und welche Effekte die Aktion bei einer Marke (hier: Z) auf die übrigen Produkte der Warengruppe dieser Marke auslöst. Mit Kenntnis der Absatzeffekte lassen sich die Umsatzeffekte berechnen. In **Tabelle 5.5** führt jede Nicht-Preis-Aktion zu einer Absatz- und somit auch zu einer Umsatzsteigerung. Sobald der Preis gesenkt wird, ist erstens zu überprüfen, in welchem Verhältnis der Preiseffekt (Umsatzrückgang durch Preisreduktion) und der Mengeneffekt (Umsatzsteigerung durch Absatzsteigerung) des Aktionsartikels stehen. Zweitens sind die Umsatzwirkungen zu messen, die sich aus Verbundkäufen ergeben. Insgesamt lässt sich der Absatz durch neue Kunden (Einkaufsstättenwechsler), durch Verbundeffekte sowie durch zusätzliche Nachfrage der bisherigen Kunden nach der Sonderaktionsware steigern.

Für die Gestaltung von Sonderaktionen reicht es nicht aus, allein den Zeitraum der Sonderaktionen zu betrachten. Vielmehr ist auch die Zeit davor und danach in das Kalkül einzubeziehen. Beide Zeiträume können mit Kaufzurückhaltung der Kunden einhergehen, die Zeit davor von der Ankündigung bis zum Beginn der Gültigkeit der Sonderaktion, die Zeit danach durch Bevorratung der Kunden und durch Abwanderung zu anderen Einkaufsstätten, die nun ihrerseits Sonderaktionen durchführen (vgl. Schröder 2012b, S. 150 ff.). Diese Effekte lassen sich mit Daten aus Haushaltspanels messen. **Abbildung 5.7** zeigt, welche Wirkung eine Sonderaktion auf die Bindung an eine Marke (hier: *Ariel*) und eine Einkaufsstätte sowie auf den Wechsel von Marken und Einkaufsstätten haben kann.

Abbildung 5.7   Auswirkungen einer Sonderaktion auf die Marken- und die Einkaufsstättentreue

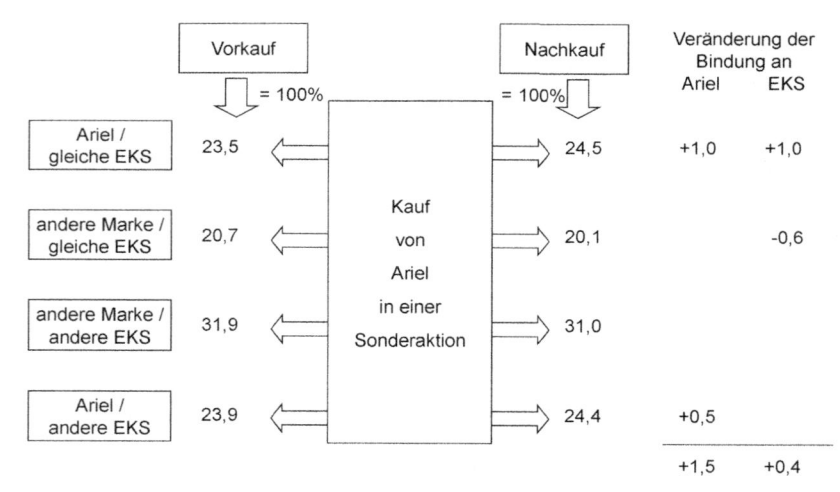

Quelle: Kaldik 2000, S. 309

In dem Beispiel konnte der Handelsbetrieb nach der Sonderaktion den Anteil der *Ariel*-Käufer erhöhen, was zum einen zu Lasten anderer Marken seines Betriebes und zum anderen zu Lasten anderer Einkaufsstätten ging. Insgesamt haben sowohl der Handelsbetrieb als auch der Hersteller bei den Mengen von Wechselkäufern profitiert. Ob die Aktion für den Händler auch einen höheren Rohertrag gebracht hat, muss separat berechnet werden. Zu beachten ist dabei, wie lange die Nachkaufeffekte anhalten und welche Wechselwirkungen zwischen den Sonderaktionen konkurrierender Einzelhändler auftreten. Angesichts der vielen Einkaufsstätten, die Kunden aufsuchen, um ihren Bedarf zu decken, ist davon auszugehen, dass positive Effekte schnell verpuffen und Schnäppchenjäger und Rosinenpicker Sonderaktionen schnell zu einem unrentablen Geschäft werden lassen.

Einen Überblick über die Messung der Effekte von Sonderaktionen sowie über empirische Befunde bietet *Gedenk* (vgl. Gedenk 2002, S. 144 ff., 260 ff.). **Tabelle 5.6** zeigt einige Ergebnisse aus Felduntersuchungen zu Sonderaktionen.

Ein aussagekräftiger Vergleich ist allerdings erst möglich, wenn Informationen über die Untersuchungsdesigns, die Art der untersuchten Betriebstypen, die Art der eingesetzten Sonderaktionen und das Wettbewerbsumfeld vorliegen.

Eine Sonderaktion ist nicht nur unter Absatz- und Umsatzaspekten, sondern ebenso unter **Kostenaspekten** zu analysieren, ein oftmals offenbar vernachlässigter Gesichtspunkt, wahrscheinlich nicht zuletzt deshalb, weil sich viele Kostenarten nicht direkt der Sonderaktion zurechnen lassen. Dabei sind die Kosten der Durchführung von Sonderaktionen nicht unerheblich, vor allem bedingt durch

- die Planung der Mengen und absatzunterstützenden Maßnahmen,

- die Bereitstellung zusätzlicher Ressourcen für die Platzierung der Ware (Fläche, Personal etc.),

- die Werbung innerhalb und außerhalb der Einkaufsstätte (Handzettel, Anzeigen, Beilagen, Displays etc.),

- die entgangenen Roherträge verdrängter Artikel durch Mehrfachplatzierung der Aktionsartikel und durch Substitutionskäufe (Kannibalisierungseffekte) sowie

- die Preisumstellung am Anfang und am Ende der Sonderpreisaktion (am Regal, an der Ware, im Kassensystem – falsche Bons bei Scannerkassen sind oftmals auf nicht rechtzeitig eingepflegte Preisänderungen zurückzuführen).

Die hier vorgestellten Überlegungen und Erhebungen zeigen die hohe Komplexität der Sonderaktionspolitik. Sie zeigen, dass ungeplante und wenig durchdachte Maßnahmen die Rentabilität des Handelsbetriebes erheblich schwächen und zu einem Ausverkauf an Substanz führen können. Diese Gefahr ist umso größer, wenn die Preissetzung unter Einstandspreisen erfolgt.

Sonderaktionen sind schließlich vor dem Hintergrund der **Beziehung zwischen Industrie und Handel** zu betrachten. Soweit es sich um abgestimmte Maßnahmen handelt, werden

Zielkonflikte ausgeschlossen sein. Betreibt der Händler dagegen eine mit seinem Lieferanten nicht abgestimmte Politik der Sonderaktionen, können Konflikte auftreten, wenn der
Hersteller von für ihn unerwünschten Wirkungen ausgeht (Ahlert 1983, 1986). Das Kern-
problem ist die Befürchtung, dass Markenartikel, deren Aufbau und Pflege mit erheblichen
finanziellen Mitteln verbunden ist, verramscht werden und das Markenimage beschädigt
wird (vgl. Schröder 1990a, S. 43 ff.; 1990b).

Tabelle 5.6   Absatzeffekte von Sonderaktionen in empirischen Studien

Autor	Produkt	Maßnahmen			
		PP allein	PP, DS	PP, H	PP, DS, H
Chevalier 1975	16 LM-Produkte		148-1097		
Chevalier 1975/76	16 LM-Produkte		240-1372		
Woodside/Waddle 1975	Instant-Kaffee	16-109	58-191		
McKinnon/Kelly/Robison 1981	6 Bekleidungspro-dukte	100	149		
Wilkinson/Paksoy/Mason 1981	4 LM-Produkte		91-267	-18-50	
Wilkinson/Mason/Paksoy 1982	4 LM-Produkte	-12-85	173-573	-29-177	261-996
Dreifürst 1985	10 LM-Produkte				244-1635
Litvack/Calantone/Warshaw 1985	72 LM-Produkte	-11-55			
Heidel 1990	Kaffee, Seife, Spiri-tuosen, Zahnpasta		126-1174		
Bemmaor/Mouchoux 1991	12 LM-Produkte	28-236		92-287	
Davis/Inman/McAlister 1992	4 LM-Produkte		27-71		
Diller/Brielmaier 1993	19 Drogerieprodukte			201	
Narasimhan/Naslin/Sen 1996	108 LM-Kategorien	34	293	161	
Schmalen/Pechtl/Schweitzer 1996	20 LM-Kategorien			28-236	

Absatzsteigerung in % gegenüber der Ausgangssituation ohne Sonderaktion, LM = Lebensmittel,
PP = Preissenkung, DS = Display/POS-Schild, H = Handzettel/Beilage/Inserat.
Die angegebenen Quellen finden sich bei Gedenk 2002.

Quelle: Gedenk 2002, S. 214-216

5.2 Das Beschaffungsmarketing

5.2.1 Die Beschaffungsmarktforschung

Die generelle Aufgabenstellung der Beschaffungswirtschaft lautet: Beschaffung der für die Leistungserstellung und Leistungsverwertung der Unternehmung benötigten Güter in der erforderlichen Menge und Qualität, zur rechten Zeit am rechten Ort und zu den günstigsten ökonomischen Bedingungen, also in der Regel unter der Nebenbedingung einer Minimierung der Einstandspreise oder einer Maximierung der Nebenleistungen des Lieferanten im Sinne einer Kostenentlastung für den Abnehmer. Daraus lässt sich als Zielsetzung der Beschaffungsmarktforschung ableiten, dem Entscheidungsträger ausreichende Transparenz der Beschaffungsmärkte zu gewähren. Zu diesem Zweck muss sie den Entscheidungsträger mit Informationen versorgen über

■ das gegenwärtige Waren- und Dienstleistungsangebot auf den Beschaffungsmärkten,

■ die Entwicklungstendenzen auf den Beschaffungsmärkten, die unter anderem

   – das Angebot neuer sowie substitutiver Produkte,
   – das Auftreten neuer sowie substitutiver Lieferanten,
   – die Entstehung neuer sowie substitutiver Beschaffungswege betreffen, sowie über

■ das Beschaffungsverhalten der Konkurrenten, das unter Umständen einen nicht unerheblichen Einfluss auf das eigene Beschaffungsmarketing ausübt.

Die Versorgung des Entscheidungsträgers mit diesen Informationen ist vor allem dann bedeutsam, wenn sich die Handelsunternehmung mit ständig steigenden Handlungskosten (insbesondere Personalkosten) bei gleichzeitig stagnierenden Absatzmärkten und damit sinkenden Erlöspotenzialen konfrontiert sieht. Zwei Wege führen zu einer Verbesserung der Situation. Eine bessere Bedarfsentsprechung, niedrigere Einstandspreise und Logistikkosten sowie ein verringerter Preisreduktionsbedarf reduzieren die Warenkosten. Oder Nebenleistungen des Händlers erlauben es, die Handlungskosten auf den Lieferanten zu überwälzen. Um hierhin zu gelangen, ist der Informationsbedarf zu systematisieren, sind die Informationsquellen zu identifizieren sowie geeignete Methoden für die Aufbereitung und Speicherung der gewonnenen Marktdaten heranzuziehen.

5.2.1.1 Der Informationsbedarf der Beschaffungsmarktforschung

Die Informationen, die die Beschaffungsmarktforschung bereitzustellen hat, lassen sich vier verschiedenen Kategorien zuordnen:

■ allgemeine Branchen- und Länderinformationen,

■ Wareninformationen,

■ Lieferanteninformationen sowie

■ Informationen über das Beschaffungsmarketing der Handelskonkurrenten.

a) Allgemeine Branchen- und Länderinformationen

Hierunter fallen Informationen über die vorgelagerten Märkte, über die generelle Branchenentwicklung, Importländer, branchentypische Absatzwege sowie über Branchengepflogenheiten.

Die vorgelagerten Märkte sind die Beschaffungsmärkte des Lieferanten (Hersteller, Großhändler, Importeure etc.). Die Beschaffungsmarktforschung soll dabei vor allem Aufschluss über seine Lieferfähigkeit verschaffen. Es geht unter anderem um Informationen über

■ Angebote der betreffenden Produkte (Rohstoffe, Vorprodukte, Endprodukte etc.),

■ Meinungen in der Öffentlichkeit gegenüber bestimmten Rohstoffen, Produktionsverfahren und Beschaffungswegen,

■ die Nachhaltigkeit der Produkte (Gleichstellung von ökologischem, ökonomischem und sozialem Nutzen) sowie

■ Preise und Preisentwicklungen, Lieferzeiten, Lieferbedingungen etc. auf dem vorgelagerten Markt.

In der eigenen Branche sind u. a. das Angebot, die Nachfrage, die Preise, die Zahl der Anbieter und Nachfrager, die Marktform und die Verteilung von Marktmacht zwischen Anbieter und Nachfrager zu analysieren. Wenn in einer Branche bestimmte Importländer von besonderer Bedeutung sind, etwa in der Hifi-Branche ostasiatische Länder, so sind folgende Informationen relevant:

■ die Staatsform und die Stabilität der politischen Verhältnisse,

■ die Art der diplomatischen Beziehungen zu dem betreffenden Land,

■ bilaterale Wirtschaftsabkommen und Mitgliedschaften dieses Landes in internationalen Wirtschaftsorganisationen,

■ allgemeine wirtschaftspolitische Informationen, wie z. B. Inflationsrate, Streikgefahr und Lohnkostenniveau,

■ staatliche Einflüsse, wie z. B. Enteignungen und Lieferboykotte,

■ der Beri-Index zur länderspezifischen Risikobeurteilung.

Bei den branchentypischen Absatzwegen ist z. B. zu klären, welche Bedeutung zwischengeschaltete Distributionsorgane (Großhandel, Absatzvermittler etc.) einnehmen. Branchengepflogenheiten sind unter anderem spezifische Vereinbarungen über Lieferbedingungen, Skonti sowie die Abwicklung von Garantiefällen und Reklamationen.

b) Wareninformationen

Wareninformationen betreffen die Verkehrsgeltung des Produkts, die Produktbestandteile und Produkteigenschaften sowie mögliche Produktbesonderheiten.

Hinsichtlich der Verkehrsgeltung ist z. B. abzuklären, ob es sich bei dem betreffenden Produkt um einen Markenartikel oder um ein anonymes Produkt handelt, über welches Image und über welchen Bekanntheits- und Distributionsgrad es verfügt, welche Stellung es im Produktlebenszyklus einnimmt und welche Alternativen es zu diesem Produkt gibt. Mit solchen Informationen lässt sich beispielsweise abschätzen, ob mit einer wachsenden oder sinkenden Nachfrage zu rechnen ist.

Informationen über Produktbestandteile und Produkteigenschaften betreffen die Art und die Qualität der im Produkt enthaltenen Rohstoffe (bedeutsam z. B. in der Textil- oder Lebensmittelbranche), den materiellen (sachlichen und technischen) sowie den immateriellen (emotionalen) Nutzen des Produkts, die Erfüllung gängiger Qualitätsnormen (z. B. ISO-Normen) sowie angewendete Herstellungsverfahren.

Produktbesonderheiten ergeben sich beispielsweise aus den erforderlichen Manipulationen, die in der Einzelhandelsunternehmung vorzunehmen sind, aus den Nachkauf-Leistungen (z. B. Zustellung, Montage und Reparatur), die im Zusammenhang mit diesem Produkt anzubieten wären, aus den spezifischen Anforderungen an die Lagerung des betreffenden Produkts (z. B. besondere technische Ausstattung des Warenträgers) sowie aus gesetzlichen Vorschriften, die beim Handel mit dem betreffenden Produkt zu beachten sind (z. B. Abgabe nur an legitimierte Personen, Beachtung besonderer Gefahrenvorschriften).

c) Lieferanteninformationen

Diese Informationen betreffen nicht das Produkt, sondern den Lieferanten, und zwar Informationen über die Marketingkonzeption des Lieferanten, Informationen über die Dienstleistungen des Lieferanten sowie generelle Unternehmungsinformationen über den Lieferanten.

(1) Informationen über die Marketingkonzeption des Lieferanten

Ist der Lieferant der Hersteller der Waren, die der Händler beziehen kann, so sind Informationen über die **Produktpolitik** des Lieferanten von Bedeutung. Es ist zu prüfen, welche Markenpolitik er betreibt, ob er – auch – anonyme Me-too-Produkte herstellt, welche Marktsegmente er mit welchen Produkten anspricht, welches Image er bei den Konsumenten besitzt, ob also bereits sein Name für einen bestimmten Qualitätsstandard bürgt, ob der Lieferant gegebenenfalls austauschbar ist und somit auf ihn auch verzichtet werden kann, welchen Forschungs- und Entwicklungsaufwand er betreibt und ob bei ihm mit kontinuierlichen Produktinnovationen zu rechnen ist.

Handelt es sich bei einem Lieferanten nicht um einen Industriebetrieb, sondern um eine andere zwischen Produktion und Konsumtion eingeschaltete Distributionsinstitution (z. B. Großhändler oder Importeur), so sind Informationen über seine **Sortimentspolitik** zu beschaffen. Es ist vor allem zu klären, ob diese mit der eigenen Sortimentspolitik kompatibel ist.

Bei der **Distributionspolitik** ist zu ermitteln, welche Distributionswege der Lieferant für den Absatz seiner Produkte benutzt. Es ist vor allem festzustellen, ob er auch Konkurrenten beliefert oder ob eine Exklusivbelieferung möglich ist. In diesem Zusammenhang ist außerdem zu prüfen, ob die Beziehungen zum Lieferanten vertraglich abgesichert werden können (z. B. Liefervereinbarungen, Vereinbarung konstanter Preise, Mindestabnahmeverpflichtung). Von Interesse ist ferner, ob von ihm das gesamte Produktionsprogramm oder Sortiment bezogen werden kann oder bestimmte Teile davon ausgenommen sind, weil z. B. Exklusivverträge mit Konkurrenten bestehen.

Informationen über die **Logistikpolitik** des Lieferanten betreffen unter anderem die Art der Belieferung (z. B. eigener Fuhrpark, Post oder Paketdienst, Spedition) sowie seine Standortpolitik (z. B. Auslieferung der Ware zentral von einem Ort oder dezentral über verschiedene Auslieferungslager). Solche Informationen zeigen beispielsweise, ob gegebenenfalls auch neue Formen logistischer Kooperationen möglich sind. Und schließlich sind auch die Lieferzeiten sowie die Lieferzuverlässigkeit zu prüfen.

Informationen über die **Kontrahierungspolitik** eines Lieferanten sollen unter anderem klären, wie seine Preishöhe (Preisgünstigkeit) und sein Preis-Leistungs-Verhältnis (Preiswürdigkeit) zu beurteilen sind, welche Rabattstaffelung er bietet, in welcher Währung er fakturiert, ob bei einem ausländischen Lieferanten mit Währungsrisiken zu rechnen ist, welche Zahlungskonditionen eingeräumt werden (Zahlungsfrist, Skonto, Einhaltung branchenüblicher Gepflogenheiten etc.) und ob die Möglichkeit der Warenbeschaffung auf Kommissionsbasis besteht.

Hinsichtlich der **Kommunikationspolitik** des Lieferanten sind zum einen seine Kommunikationsbeziehungen zu der eigenen Handelsunternehmung bzw. zum Handel generell sowie zu den Endkunden zu untersuchen. Erstere betreffen vor allem den Umfang und die Qualität der Beratung vor dem Beschaffungsvorgang sowie den Umfang und die Wirksamkeit von Verkaufsförderungsmaßnahmen des Lieferanten (z. B. Sonderangebotsaktionen). Zu prüfen ist auch, inwieweit der Lieferant zu einer kooperativen Werbung mit dem Händler bereit ist. Bei der zweiten Beziehung ist vor allem der Umfang der Werbung gegenüber den Endkunden von Bedeutung. Bei einer intensiven Sprungwerbung profitiert der Handelsbetrieb von der Bekanntheit und dem Vertrauen der Produkte bei den Endkunden. Das verringert sein Risiko bei der Aufnahme des betreffenden Produkts in sein Sortiment.

(2) Informationen über die Dienstleistungen des Lieferanten

Hier ist zu klären, welche Dienstleistungen der Lieferant dem Händler zur Verfügung stellt. Dienstleistungen, die der Qualitätssicherung dienen, sind z. B. die Garantie- und Kulanzleistungen des Herstellers, Wartungen, Reparaturen sowie Ersatzteilversorgung. Dienstleistungen, die den Kaufprozess der Kunden unterstützen und den Händler entlasten, sind z. B. Finanzierungs- und Leasingangebote, die Bereitstellung von Warenträgern und Regalpflege sowie Werbekostenzuschüsse. Zu prüfen ist außerdem die Bereitschaft des Lieferanten, Produktanregungen des Händlers und Kundenwünsche zu beachten, spezielle Wünsche des Händlers auszuführen und z. B. Marktforschungsergebnisse an den Handel weiterzugeben.

(3) Generelle Unternehmungsinformationen über den Lieferanten

Zu erkunden sind unter anderem die Unternehmungsgröße, der Marktanteil sowie die generelle Unternehmungsentwicklung des Lieferanten in der letzten Zeit. Hieraus lassen sich Rückschlüsse auf seine Marktstellung gewinnen, mit welcher Marktmachtverteilung also zwischen Lieferant und der eigenen Unternehmung zu rechnen ist. Zu untersuchen sind weiterhin seine Vorlieferanten. Es ist zu klären,

- ob er möglicherweise von einem oder wenigen Vorlieferanten abhängig ist,

- ob er im Ausland produzieren lässt,

- ob er von bestimmten Rohstoffen abhängig ist etc.

Solche Informationen erlauben u. a. eine Beurteilung der Qualität seiner Produkte und seiner Lieferzuverlässigkeit. Für Preisverhandlungen sind Informationen zu erheben

- über die Kostensituation des Lieferanten,

- über seine Kalkulationsmethoden sowie

- über die Auswirkungen des eigenen Beschaffungsmarketings auf seine Kostensituation, ob z. B. Großbestellungen zu Kostensenkungen führen (Economies of Scale).

d) Informationen über das Beschaffungsmarketing der Handelskonkurrenten

Hier ist zum einen zu untersuchen, welche Produkte die Handelskonkurrenten anbieten. Von Interesse sind vor allem die geführten Marken und Lieferanten. Zum anderen ist in Erfahrung zu bringen, welche Konditionen die Konkurrenten von den Lieferanten erhalten und ob diese gegebenenfalls besser sind als die eigenen.

Die Systematisierung des durch die Beschaffungsmarktforschung zu deckenden Informationsbedarfs ist damit abgeschlossen. Es sind nun die dafür geeigneten Informationsquellen darzustellen.

5.2.1.2   Die Informationsquellen der Beschaffungsmarktforschung

Die Beschaffungsmarktforschung stützt sich vor allem auf sekundärstatistisches Material. Das Hauptproblem liegt folglich im Auffinden geeigneter Quellen für bestimmte Informationen. **Brancheninformationen** liefern z. B. das *Statistische Jahrbuch*, der *Monatsbericht der Deutschen Bundesbank*, Fachzeitschriften sowie Mitteilungen von Branchenverbänden und Instituten (z. B. *Ifo-Institut*). Als Quellen für **länderspezifische Informationen** kommen in Frage: Botschaften, Konsulate, Auslandsabteilungen der Industrie- und Handelskammern sowie der Banken, Auslandshandelskammern sowie die Bundesstelle für Außenhandelsinformation.

Als Quellen für **produkt- und lieferantenbezogene Informationen** können neben den Lieferanten selbst (wie z. B. Abgabe von Angeboten, Preislisten, Werbung) auch unabhängige Informationsträger herangezogen werden. Dies sind z. B. Firmen- und Branchenverzeichnisse, Börsenberichte, Auskunfteien sowie Information-Broker. Als Quellen für produkt- und lieferantenbezogene Informationen lassen sich auch das Internet (Mailinglisten, Newsgroups, Suchmaschinen, Web- und Adresskataloge etc.) und das Intranet nutzen (multimediale Beschaffungsmarktforschung, vgl. Reinelt 2002, S. 572 ff.).

Schwieriger dürfte in der Regel die Gewinnung von **Informationen über das Beschaffungsmarketing der Handelskonkurrenten** sein. Hier kommt häufig nur die direkte Beobachtung in Frage, indem Konkurrenzbetriebe anonym besucht (sogenannte C-Gänge) oder ihre Werbeaktivitäten analysiert werden. Zu ermitteln sind dabei unter anderem

- die im Sortiment geführten Produkte, Marken und Hersteller,

- die Preise der Produkte, um z. B. Rückschlüsse auf die von dem betreffenden Lieferanten gewährten Konditionen zu ziehen, sowie

- der Umfang und die Qualität der durch den Lieferanten initiierten Verkaufsförderungsaktionen in dem Konkurrenzbetrieb.

5.2.1.3   Die Aufbereitung und Speicherung der Beschaffungsmarktdaten

Die ermittelten Beschaffungsmarktdaten sind so aufzubereiten, dass sie weiterführende Informationen liefern, und so zu speichern, dass der jederzeitige Zugriff auf benötigte Marktdaten gewährleistet ist. Wir gehen hier auf einige Aspekte ein (vgl. ausführlich Bichler 2010, S. 55 ff.).

a) Marktanteilsberechnungen

Folgende Marktanteile sind für die Beschaffungswirtschaft von Bedeutung:

- der Marktanteil des Lieferanten bei dem zu beschaffenden Produkt,

- der Anteil der eigenen Bezüge eines bestimmten Gutes am Gesamtabsatz des Lieferanten (eigener Absatzanteil beim Lieferanten),

- die Absatzanteile der Konkurrenten, soweit sie ebenfalls dieses Gut bei dem betreffenden Lieferanten beziehen,

- Anteile der eigenen Bezüge eines bestimmten Gutes am Gesamtabsatz aller Lieferanten bei diesem Gut (Beschaffungsmarktanteil bei einem bestimmten Gut).

Derartige Marktanteilsberechnungen geben Hinweise auf Auswirkungen der eigenen Anfrage- und Bestelltätigkeit auf das Preisniveau und die Beschäftigungslage der Branche, sie lassen die eventuelle Notwendigkeit einer Auftragsverteilung auf mehrere Lieferanten erkennen, sie lassen Rückschlüsse auf die eigene Abhängigkeit von Lieferanten, auf die eigene Marktmacht auf der Beschaffungsseite und auf die Stärke der Verhandlungsposition im konkreten Bedarfsfall zu.

b) Lieferantenanalyse

Ziel der Lieferantenanalyse ist es, diese anhand bestimmter Merkmale wie z. B. Bedeutung für das eigene Sortiment, Preisniveau, Zuverlässigkeit und Kooperationsbereitschaft einzuteilen. Es bietet sich dafür eine ABC-Analyse an, bei der die Gesamtheit der Lieferanten in die Gruppe der sehr wichtigen, weniger bedeutsamen und die Gruppe der relativ unwichtigen und jederzeit ersetzbaren Lieferanten aufgeteilt wird.

c) Trendberechnungen

Mit der Trendberechnung soll aus der Vergangenheit auf die Zukunft geschlossen werden etwa mit statistischen Verfahren wie der Regressionsanalyse. Trendberechnungen werden z. B. für Marktanteile, Preise und Güterqualitäten durchgeführt.

Sie unterstützt auch die Beantwortung der Frage, ob es bei einer vertraglichen Fundierung der Beziehungen zu einem Lieferanten besser ist, Fest- oder Gleitpreise zu vereinbaren. Für deren Durchsetzbarkeit spielen dann jedoch die Marktverhältnisse eine nicht unerhebliche Rolle.

d) Darstellung und Speicherung der Informationen

Die geeignete Darstellung und Speicherung der Informationen muss gewährleisten, dass die benötigten Informationen zur richtigen Zeit, am richtigen Ort und in der richtigen Form zur Verfügung stehen. Es gibt zwei Darstellungsformen: die Zusammenfassung der Informationen in ausführlichen Berichten und in Power-Point-Präsentationen, als Synonym für kompexitätsreduzierende und multimedial unterstützte Variante. Beide Darstellungsformen können neben Text auch Tabellen, Graphiken und Schaubilder beinhalten (vgl. Berekoven/Eckert/Ellenrieder 2009, S. 230).

Die Speicherung der Daten erfolgt in Dateien, die nach unternehmungsspezifischen Ordnungskriterien organisiert werden. So lassen sich beispielsweise Artikeldateien, Lieferantendateien, Branchendateien und Länderdateien unterscheiden. Die Zusammenfassung dieser Dateien erfolgt in einer Datenbank, die so konzipiert sein muss, dass mit minimalem Zeitaufwand komplexe und bestenfalls individuell zugeschnittene Auswertungen realisierbar sind. Dies geschieht hierfür in Data Warehouses in Verbindung mit On-Line Analytical Processing (OLAP). Ergänzt wird die Datenbank durch ein Programm-Bibliotheks-System, das sämtliche Auswertungs- und Verarbeitungsprogramme enthält.

5.2.2 Die Grundlagen der Beschaffungsplanung

Die Beschaffungsplanung als gedankliche Antizipation und Ausgestaltung zukünftiger Beschaffungsmaßnahmen kann unter zeitlichen und Risikoaspekten in einen strategischen sowie operativen Planungsprozess unterteilt werden.

Die **strategische Beschaffungsplanung** ist die Festlegung von Maßnahmen, die eine Handelsunternehmung zur Sicherung bestehender oder zur Erschließung neuer Erfolgspotenziale auf den Beschaffungsmärkten realisieren will. Somit ist die strategische Beschaffung als Quelle originärer Wettbewerbsvorteile anzusehen. Das gilt einmal aus der ganzheitlichen Sicht des Beschaffungsprozesses mit Beschaffungsmarketing und Einkauf sowie Logistik und Redistribution.

Das gilt zum anderen aus der Perspektive zur Schaffung von Marktchancen durch beschaffungs- und lieferantenorientierte Innovationsfähigkeit, durch Ausschöpfung globaler Lieferantenpotenziale, durch vertikale Integrations- und Vernetzungsfähigkeit sowie horizontale Verbundpotenziale zur Auftragsbündelung und zum Aufbau von Nachfragemacht.

Die strategische Beschaffungsplanung als derivativer Bereich der Unternehmungsplanung erhält unter den Bedingungen des Käufermarktes ihre wesentlichen Impulse aus der strategischen Marketingplanung. Diese kann man über die im Rahmen der Planung des Absatzmarketings strukturierten Überlegungen durch folgende Fragen beschreiben:

■ Wie lauten die marketingpolitischen Grundprinzipien und inwieweit können diese als noch nicht realisiert oder gar gefährdet gelten?

■ So könnte exemplarisch für ein Warenhaus das marketingpolitische Grundprinzip lauten: „Wünsch Dir was – die preiswerte Einkaufsstätte für die gesamte Familie!"

■ Wo steht die Unternehmung am Markt? Wie sieht die gegenwärtige Unternehmungsposition in der derzeitigen Umweltsituation aus? Ist möglicherweise bei hohem Wettbewerbs- und Kostendruck das marktliche Erscheinungsbild der Unternehmung diffus?

■ Wo sollen die Schwerpunkte der Geschäftsbereiche nach Ablauf von fünf Jahren liegen? Kann eine Renaissance des stagnierenden Betriebstyps mit neuen leistungspolitischen Vorteilen ermöglicht werden, oder empfiehlt sich eine laterale Diversifikation mit partiellem Rückzug aus nicht mehr tragfähigen Geschäftsbereichen?

■ Welche Gefahren bedrohen den Betriebstyp, und welche Chancen bieten sich für die weitere Zukunft?

■ Wie kann man die strategischen Ziele erreichen, und was muss für die Zielerreichung in der Zeitfolge getan werden?

Mit den beiden letztgenannten Fragen wird nicht nur der Übergang von der strategischen zur operativen Marketingplanung vollzogen, sondern vor allem die Analyse der Stärken und Schwächen des Handelsbetriebes und die Prüfung seiner kritischen Erfolgsfaktoren zum Ausgangspunkt der Planung gemacht (vgl. Meffert 1985, S. 20 ff.). Aus den kritischen Erfolgsfaktoren der Unternehmung können dann die strategischen und operativen Beschaffungsziele abgeleitet werden.

Können z. B. das Angebot des auf das Kundensegment abgestimmten Sortiments, das günstige Preis-Leistungs-Verhältnis bei Betonung eines positiven Preisimages sowie die relativen Kostenvorteile gegenüber den direkten Wettbewerbern als für die Zielerreichung ausschlaggebende kritische Erfolgsfaktoren identifiziert werden, dann ergeben sich daraus für das Einkaufsmanagement z. B. folgende **strategische Beschaffungsziele**:

- das Auffinden kostengünstiger, qualitativ leistungsfähiger Lieferanten im Standard-artikel-Bereich,

- die Sicherung der Geschäftsbeziehungen mit Lieferanten potenter Marken und einer hohen Rate der Produktinnovation im Spezialitäten-Sektor,

- die Sicherung des Warenflusses bei höchstmöglicher Wirtschaftlichkeit und Lieferzuverlässigkeit,

- die Sicherung der langfristig notwendigen Wachstums- und Veränderungsprozesse der Unternehmung durch kreative Beschaffungsleistungen. Aus diesem Grund ist beschaffungsseitig das Ansehen der Handelsunternehmung durch enge Zusammenarbeit mit renommierten und kompetenten Lieferanten zu stützen. Diese strategische Position ist insbesondere durch die Pflege der Lieferantenbeziehungen und den Aufbau eines Images als distributionsstarker Nachfrager zu fundieren, aber auch durch eine gezielte Erschließung neuer Beschaffungsmärkte. Um diese strategischen Beschaffungsziele realisieren zu können, ist ein hohes Qualifikationsniveau der Funktionsträger im Beschaffungsbereich sicherzustellen.

Bei der Verfolgung der strategischen Beschaffungsziele ergeben sich dann für den Einkaufsbereich folgende **operative Zielsetzungen:**

- die Schaffung und Aufrechterhaltung eines umsatzstarken Sortiments mit hoher zielgruppenorientierter Marktakzeptanz,

- die Kostenreduktion im warenwirtschaftlichen Bereich,

- die Ausnutzung des Anbieterwettbewerbs auf den Beschaffungsmärkten sowie

- die Verbesserung des Warenflusses auf der Grundlage integrierter, geschlossener Warenwirtschaftssysteme.

Nach Abschluss der Bestimmung unternehmungs- und beschaffungsrelevanter kritischer Erfolgsfaktoren müssen Maßnahmen im operativen Bereich erörtert werden. Wesentliche Schlussfolgerungen ergeben sich aus der Sortiments- und Lieferantenanalyse, um die Frage zu beantworten, was jetzt zur Erreichung bestimmter Ziele geleistet werden muss.

5.2.2.1   Die Sortimentsanalyse

Die Sortimentsanalyse bietet Möglichkeiten für die strategische und die operative Planung des Handelsmarketings. So lassen sich die betriebswirtschaftlichen Stärken und Schwächen einzelner Warengruppen (Abteilungen) des Handelsbetriebes mit einem **Portfolio** darstellen und Ansatzpunkte für Maßnahmen ableiten.

In einem Koordinatensystem werden die warengruppenspezifischen Deckungsbeiträge und die auf die einzelnen Warengruppen bezogenen Käufereinstellungen (Images) erfasst (**Abbildung 5.8**). Unter der Voraussetzung, dass die Leistungsfähigkeit einer Handelsunternehmung in Bezug auf den Absatz bestimmter Warengruppen vom Käufer durch Auswahl, Qualität und Preis beurteilt wird, können die durch Befragung gewonnenen Werte für die Operationalisierung des jeweiligen Warengruppenimages genutzt werden. Dieses Portfolio kann simultan zur Ableitung beschaffungs- und absatzpolitischer Maßnahmen genutzt werden, die im Rahmen der ganzheitlichen Planung des Handelsmarketings zu berücksichtigen sind.

Abbildung 5.8   Ein Portfolio zur Analyse von Warengruppen

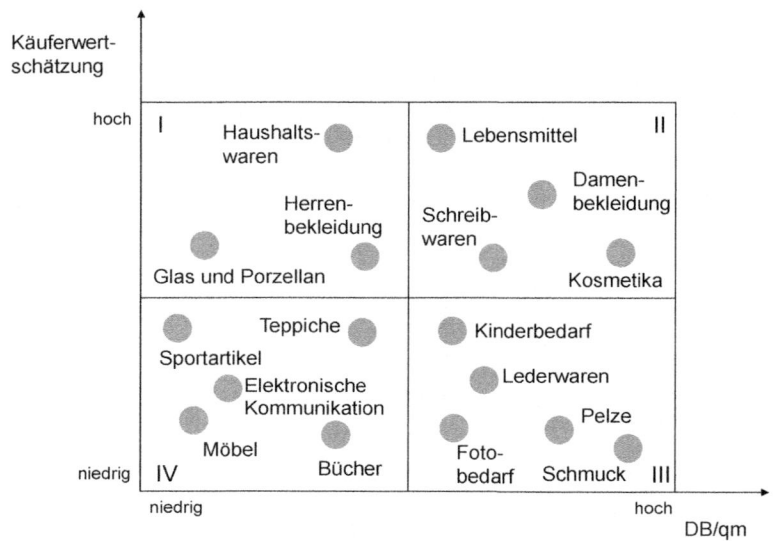

Die Warengruppen im **Quadranten I**, deren Erträge verbesserungsnotwendig sind, stellen Merchandising und Operating vor folgende Aufgaben: Der Einkäufer hat Konditionenverbesserungen und Kostenentlastungen mit den Lieferanten auszuhandeln. Er wird gemeinsam mit dem Verkaufsförderer die Chancen zur Verbesserung des Bruttonutzens prüfen. Der Verkaufsförderer wird mit dem Verkaufsabteilungsleiter (Operating) die Flächenzuweisung überprüfen, da durch eine veränderte Präsentationspolitik die Flächenproduktivität verbessert werden kann.

Die Warengruppen im **Quadranten IV** sind im besonderen Maße entscheidungs- und kontrollbedürftig. Denn der Ertrag und das Image sind zu stärken und über Selektionsentscheidungen ist zu wirksameren Leistungsträgern (Artikel) zu gelangen. Zunächst ist der Einkäufer gefordert, entweder Lieferanten mit stärkeren Marken zu gewinnen oder die Lieferanten zu intensiveren Werbemaßnahmen anzuhalten. Eventuell kann er auch Werbekostenzuschüsse aushandeln, um über die Handelswerbung eine bessere Käufereinschätzung der in diesen Warengruppen geführten Artikel zu erreichen. Schließlich sollte der Einkäufer den Lieferanten klarzumachen versuchen, dass für die in diesen Warengruppen geführten Artikel Handelsfunktionen erbracht werden, die möglicherweise in der Spannenbemessung nur unzureichend berücksichtigt werden. Überzeugen solche Argumente, so bieten sie die Grundlage für eine Verbesserung der Einkaufskonditionen. Darüber hinaus haben Merchandising und Operating über die Flächenzuweisung nachzudenken, um über eine veränderte Präsentationspolitik zu besseren Produktivitätszahlen zu gelangen und Fläche für neue ertragsstarke Artikel freizubekommen.

Die Käufereinschätzung der Warengruppen im **Quadranten III** ist durch Werbemaßnahmen zu verbessern. Werbekostenzuschüsse oder Erhöhungen des Werbebudgets aus eigenen Mitteln machen sich bezahlt, wenn über eine verbesserte Käufereinschätzung der Umschlagsnutzen erhöht wird und die in den vergrößerten Deckungsbeiträgen zurückfließenden Mittel zur Rationalisierung in anderen Abteilungen oder Unternehmungsbereichen oder zur Einführung neuer aussichtsreicher Artikelfamilien genutzt werden können.

Der Leser mag abschließend überlegen, wie er mit den Warengruppen im **Quadranten II** umgehen will. Diese Warengruppen zeichnen sich durch eine hohe Flächenproduktivität und eine hohe Wertschätzung der Käufer aus.

Mit dieser Portfolio-Analyse, die in regelmäßigen Abständen zur Feststellung von Entwicklungstendenzen zu wiederholen ist, schafft der Einkäufer die Voraussetzungen, um über eine Prüfung der Warengruppenstruktur sowie der Artikelattraktivität seine beschaffungspolitischen Maßnahmen besser zu fundieren.

Die Sortimentsanalyse kann durch spezielle Warengruppenanalysen verfeinert werden (vgl. dazu die Ausführungen zur Sortimentsdiagnose und -therapie in Kapitel 6.4.6). Für diese Zwecke wird das Abteilungssortiment (Hauptwarengruppe) einer **ABC-Analyse** unterzogen. Die ABC-Analyse ist ein Verfahren zur wertmäßigen Klassifikation von Sortimentselementen (Hauptwarengruppen, Warengruppen, Artikelfamilien, Artikel). Es können Umsatz- und Deckungsbeitragsprofile gezeichnet und die Frage geprüft werden, welche Abweichung zwischen Umsatz- und Deckungsbeitragsprofil (Sortimentsschiefe) besteht. Durch Vergleichsarbeiten können die Rangfolgen einzelner Analyseobjekte (z. B. Warengruppen) gemessen in Umsatz- und Deckungsbeitragsanteilen festgestellt sowie die Abweichungen zum Branchentrend und, falls diese Informationen beschaffbar sind, zu den wichtigsten Wettbewerbern ermittelt werden. Außerdem sind negative Abweichungen im Sinne einer Verlustquellenforschung betriebswirtschaftlich zu begründen und Schlussfolgerungen für das Merchandising zu ziehen.

Schließlich sollte die ABC-Analyse durch eine **XYZ-Analyse**, ursprünglich ein Verfahren der Materialbedarfsplanung, ergänzt werden, um Strategien für die Warenbereitstellung abzuleiten. Dabei werden den Beschaffungswerten (ABC) die Bedarfshäufigkeiten (XYZ) gegenübergestellt (vgl. Arnold 1997, S. 231 ff.). Artikel mit hohem Warenwert und regelmäßiger Nachfrage (AX-Güter) sollten absatzsynchron beschafft werden, um die Kapitalbindungskosten zu reduzieren. Im Großhandel wären in diesem Fall auch Streckengeschäfte geboten. Bei den Artikeln mit hohem Warenwert und schwankendem bzw. unregelmäßigem Bedarf (AY- bzw. AZ-Güter) wäre die Lagerhaltung ebenfalls zu teuer. Hier sollten Sondervereinbarungen mit den Lieferanten im Sinne von Rahmen- und Abrufverträgen getroffen werden. Artikel mit mittlerem und niedrigerem Warenwert, aber regelmäßiger Nachfrage (BX- und CX-Güter) sollten in optimalen Losgrößen beschafft werden. Sie bieten auch eine gute Voraussetzung für kooperative Lösungen zwischen Industrie und Handel im Rahmen von ECR-Konzepten. Bei B- und C-Gütern der Klasse Y und Z hingegen kann je nach Preistrend eine Bevorratung sinnvoll sein. Eindeckungsstrategien und Lieferanten mit hohem Lieferservice sollten dem Einkauf ein opportunistisches Handeln ermöglichen.

5.2.2.2   Die Lieferantenanalyse

Die ABC-Analyse kann auch die Lieferantenanalyse unterstützen, um die für die Warenwirtschaft in Frage kommenden Lieferanten zu erfassen. Die Lieferanten lassen sich z. B. pro Warengruppe nach Beschaffungswerten pro Jahr ordnen und in eine Rangreihe bringen. Anschließend werden die Bezugsquellen nach Attraktivitätskriterien (z. B. Markenbekanntheit, erzielbare Roherträge, Zielgruppenbedeutung) geprüft und Lieferanten mit gleichen oder ähnlichen Lieferprogrammen einer vergleichenden Bewertung unterzogen (siehe das Beispiel in **Tabelle 5.7**).

Tabelle 5.7   ABC-Analyse von Lieferanten

Lieferant	Beschaffungswert in Euro	Rang	Beschaffungsanteil, kumuliert	Beschaffungsklasse	Lieferantenanteil, kumuliert
II	14.000 €	1	23,8 %		10 %
IV	12.000 €	2	44,2 %		20 %
V	9.000 €	3	59,5 %	A 74,7 %	30 %
I	8.900 €	4	74,7 %		40 %
VIII	5.000 €	5	83,2 %		50 %
VII	3.600 €	6	89,3 %	B 20,0 %	60 %
IX	3.200 €	7	94,7 %		70 %
X	1.200 €	8	96,8 %		80 %
VI	1.100 €	9	98,6 %	C 5,3 %	90 %
III	800 €	10	100,0 %		100 %
Summe	58.800 €				

Zunächst werden die Beschaffungswerte pro Lieferant für die zu untersuchende Warengruppe in einer Periode aufgeführt. Die Beschaffungswerte pro Periode werden nach absteigender Größe sortiert, danach Ränge gebildet. Dann werden die relativen Beschaffungswerte kumuliert. Die Grenzen für die Einordnung in die drei **Beschaffungsklassen** A, B oder C werden hier auf 75 %, 20 % und 5 % des gesamten Beschaffungswertes gesetzt. Es zeigt sich dann, dass von 40 % der Lieferanten ein Beschaffungswertanteil von knapp 75 % vorliegt, von 30 % knapp 20 % und von weiteren 30 % der Lieferanten rund 5 % des Einkaufswertes beschafft wird.

Lieferanten, die derzeit nach Maßgabe der ABC-Analyse nur eine untergeordnete Rolle spielen, können aber durchaus positive Attraktivitätsmerkmale aufweisen, die zu einem Lieferantenwechsel veranlassen könnten. Solche Analysen und Überlegungen tragen dazu bei, die Schwächen eines habitualisierten Beschaffungsverhaltens zu überwinden.

Auch können die bei der Aufnahme neuer Artikel aufzulistenden Erfolgsindikatoren für die Operationalisierung der Bezugsquellenattraktivität herangezogen werden. Und die pro Bezugsquelle erwirtschafteten Deckungsbeiträge lassen sich für die Zwecke der Lieferantenanalyse nutzen und in einem Lieferantenbewertungssystem erfassen.

5.2.3 Das beschaffungspolitische Instrumentarium

Nach Maßgabe der Symmetrie-Hypothese der betriebswirtschaftlichen Marktlehre gelten die für das Absatzmarketing relevanten Instrumente auch für das Beschaffungsmarketing.

Der **Zentraleinkauf eines Handelsbetriebes** hat durch den Einsatz der ihm zur Verfügung stehenden Instrumente des Beschaffungsmarketings und in Kenntnis ihrer Wirkungsweise die Möglichkeit, die eigene Position auf den Beschaffungsmärkten in einem strategischen und operativen Sinne zu festigen und auf diese Weise die materiellen Voraussetzungen für ein zielorientiertes Handelsmarketing zu schaffen, durch das sich der Handelsbetrieb auch auf seinen Absatzmärkten und gegenüber den Wettbewerbern im Horizontalverhältnis profilieren kann.

Mit dem Hinweis auf die Verbesserung der strategischen Beschaffungsmarktsituation wird die Zwecksetzung des beschaffungspolitischen Instrumentariums aber nur unvollständig beschrieben, denn als Regulator zwischen Produktion und Konsumtion zielt die Beschaffung im Handelsbetrieb über den unter kostenwirtschaftlichen Kriterien zu minimierenden Lagerprozess hinweg direkt auf den Absatzmarkt.

Im Sinne seiner Marktausgleichungsfunktion kommen der Beschaffung des Handels ausgesprochen **kreative und innovative Aufgaben** zu. Denn durch sie ist die Produktion von heute auf den Markt von morgen auszurichten und auf dem Markt von heute sind unter Umständen die Überbestände aus der Produktion von gestern abzusetzen. Aus der Sicht des Unternehmungszieles „kauft" die Beschaffung Marktchancen, aber auch Marktrisiken, und liefert damit wesentliche Voraussetzungen für Umsatzsteigerungen und Kostensenkungen.

Wie auch im Bereich des Absatzmarketing können die **beschaffungspolitischen Instrumente** mit Hilfe von vier das aktive Markthandeln kennzeichnenden Fragestellungen systematisiert werden.

- Welche Artikel, Artikelfamilien, Warengruppen etc. sollen am Markt beschafft werden? (Beschaffungsobjekte und Beschaffungsprogramm)

- Durch wen und auf welchen Wegen sollen die benötigten Güter bereitgestellt werden? (Beschaffungsmethoden)

- Zu welchen Bedingungen sollen die Waren beschafft werden? (Beschaffungskontrahierung)

- Welche Informations- und Beeinflussungsmaßnahmen sollen ergriffen werden, um die potenziellen Lieferanten zu Lieferungen und Leistungen im Sinne des Unternehmungszieles des Beschaffers zu veranlassen? (Beschaffungskommunikation)

5.2.3.1   Die Beschaffungsprogrammpolitik

Die Handelsunternehmung verfügt im Rahmen ihrer Beschaffungsprogrammpolitik über eine Reihe unterschiedlicher Aktionsmöglichkeiten. Dazu zählen

- die zu beschaffenden Warenarten, wobei zwischen einer durch das Angebot der Hersteller determinierten Sortimentspolitik und einer durch den Handel beeinflussten Produktgestaltungspolitik zu unterscheiden ist (vgl. Hansen 1990, S. 479 ff.),

- die zu beschaffenden Warenmengen sowie

- die Nebenleistungen der Lieferanten, die das Beschaffungsprogramm rationalisieren.

Zunächst zu den **Warenarten**. Das Sortiment kann aus Warengruppen und Artikeln bestehen, die, ohne die Produktpolitik des Herstellers beeinflussen zu können, vom Handelsbetrieb aus den Beschaffungsmärkten „entnommen" werden. Damit sind diese Produkte nach Art und Qualität ein Datum (also nicht beeinflussbar), über dessen Aufnahme der Einkauf aufgrund seiner betriebswirtschaftlichen Kriterien zu entscheiden hat.

Das Sortiment kann aber auch aus Artikeln bestehen, die auf Initiative des Handels durch den Hersteller entwickelt, produziert und speziell markiert worden sind. In diesem Fall übernimmt der Einkauf des Handels nicht nur eine Selektion aus dem durch die Industrie vorgegebenen Warenangebot, sondern er beeinflusst den Hersteller aktiv in dessen Dispositionen zur marktwirksamen Produktgestaltung.

Im Einzelnen geht die durch den Hersteller beeinflusste Sortimentspolitik des Handels von einer absatzmarkt- und kundenorientierten Selektion eines Warenangebotes aus, das durch die Lieferanten vorgegeben wird. Dadurch ergeben sich unterschiedlich weite Freiräume in der Sortimentspolitik je nach Branche, Betriebstyp sowie Sortiment.

Handelsunternehmungen mit standardisiertem Fach- und Spezialsortiment sind daher im Kernsortiment relativ eingeschränkt, während sie im Zusatz- und Randsortiment einen weiteren Spielraum in ihrer Beschaffungsdisposition haben, der beim Partievermarkter (nicht zu verwechseln mit Partyverkauf) oder beim Off-Price-Store am größten ist. Dort liegt der Schwerpunkt der Beschaffungstätigkeit auf der Auffindung preisgünstiger Markenware, um dadurch den Kunden auf dem Absatzmarkt einen Preisvorteil bieten zu können. Im Übrigen schlägt sich die Sortimentsdynamik des Handels vor allem im Rand- und Zusatzsortiment über Verbund-, Folge- und Gelegenheitsmarktprinzipien nieder.

Die Aktionsmöglichkeiten der durch die Hersteller determinierten Sortimentspolitik, die sowohl die Breiten- als auch die Tiefendimension des Sortiments betreffen, können wie folgt gegliedert werden (vgl. Hansen 1990, S. 471 ff.):

- Orientierung an der Warensystematik der Vorstufe, dazu zählen herkunfts- und produktionsbedingte sowie distributionsbedingte Warenordnungen,

- Orientierung am handelsgerichteten Marketingverhalten der Lieferanten.

Bei der **Orientierung an der Warenordnung der Vorstufe** verzichtet der Handel auf die Warenumgruppierung im Hinblick auf spezielle bedarfsorientierte Erfordernisse des Absatzmarktes. Dies ist unter Marketing-Gesichtspunkten nur dann sinnvoll, wenn vom Endkunden eine herkunfts- oder produktionsbedingte Sortimentierung verlangt wird. Ansonsten resultiert daraus eine Beschaffungsmaßnahme für den Handel, die zur Zielsetzung der marktstrategisch wichtigen Bedarfsorientierung der Sortimentspolitik konfliktär ist, weil substitutive und komplementäre Bedarfszusammenhänge nicht berücksichtigt werden, soweit diese nicht bereits in der Programmpolitik des Herstellers berücksichtigt sind.

Auch **distributionsbedingte Warenordnungen**, wie z. B. die Beschaffung über nur einen Sortimentsgroßhändler, führen gegenüber dem Wettbewerb, der auch diese Einkaufsquelle benutzt, zu wenig profilierenden Sortimentsleistungen. Daraus resultiert die Bedeutung des Spezialgroßhandels im Nahrungs- und Genussmittelbereich als Beschaffungsquelle mit Differenzierungspotenzial für den Einzelhandel.

Setzen die Hersteller ein nach Vertriebswegen differenziertes System von Maßnahmen der Absatzförderung ein, so beeinflussen diese die Beschaffungsdispositionen des Einzelhandels. Aus den **auf den Handel gerichteten Marketingaktivitäten der Industrie** ergeben sich Vorteile für den Händler:

- Die Produktqualität, die Packungsgestaltung, die Markierung sowie die endkundengerichtete Werbung (Sprungwerbung) beeinflussen die Verkehrsgeltung des Artikels in einem derart positiven Ausmaß, dass der Handel mit dem Produkt auch gleichzeitig eine starke Nachfrage einkauft. Damit werden starke Markenartikel zu Sortimentssäulen.

- Die Packungsgestaltung führt zu Ökonomisierungseffekten für die Warenwirtschaft des Handels. Dazu zählen nicht nur Verpackungsformen, die die Warenbewegung zwischen Hersteller und Handel rationalisieren, sondern z. B. auch attraktive Display-Ständer und Display-Kartons, die zu einer Förderung des Absatzes sowie einer Einsparung an Handlingkosten, Verkaufsflächen und Warenträgern führen.

- Allgemeine Verkaufsförderungsmaßnahmen der Industrie beleben den Umsatz beim Handel. Insbesondere im Rahmen des Key Account Managements oder des Category Managements sind starke, längerfristig wirkende dispositionsbezogene Koordinationseffekte zwischen Industrie und Handel zu beobachten.

Auf den Handel gerichtete Marketingaktivitäten der Industrie können auch die sortimentspolitischen Beschaffungsdispositionen des Einzelhandels einschränken. Dies geschieht in der Regel durch vertragliche Vereinbarungen, mit denen der Händler bestimmte Pflichten übernimmt bzw. dem Lieferanten bestimmte Freiheiten einräumt:

- Sortiments- oder Produktlinien, die nur geschlossen abgegeben werden (Depot- bzw. Franchisesysteme),

- vertikale Preisbindungen (z. B. Verlagserzeugnisse),

- Kommissions- und Agenturvertrieb sowie

- Rackjobber.

Beim Kommissions- und Agenturvertrieb sowie in der Regel auch beim Regalgroßhändler (Rackjobber) verbleibt die Ware im Eigentum des Lieferanten, der auch das Absatzrisiko und die Kapitalbindungskosten trägt. Der Einzelhandelsbetrieb ist vornehmlich Inkasso-bevollmächtigter des Lieferanten und Vermieter von Regalfläche. Das engt die marktpoliti-schen Freiheitsgrade des Einzelhändlers stark ein.

Nach der Darstellung der durch die Lieferanten beeinflussten Sortimentspolitik des Han-dels kommen wir zu der durch **den Handel beeinflussten Produktgestaltungspolitik**, wir wechseln also die Perspektive der Beeinflussung (vgl. Hansen 1990, S. 479 ff.). Eine aktive Produktgestaltungspolitik ist dann leichter möglich, wenn der Handel die Macht im Verti-kalverhältnis zu seinen Gunsten verlagern kann, und zwar durch Nachfragemacht auf-grund internen oder externen Wachstums, aufgrund von Überkapazitäten bei den Herstel-lern sowie einer Zersplitterung der Herstellerseite, wenn neben einigen Großproduzenten zahlreiche kleinere Hersteller auf dem Markt agieren.

Bei den Formen aktiver Produktgestaltungspolitik handelt es sich aus der Sicht der Han-delsunternehmungen um eine Form der Rückwärtsintegration, da sie bei den materiellen Eigenschaften, der Markierung und der Verpackung der Ware in die Produktpolitik der Hersteller eingreifen. Allerdings ist es für Handelsbetriebe in Zeiten eines Ange-botsüberhanges wenig zweckmäßig, durch Unternehmungskauf eine vertikale (stufen-übergreifende) Diversifikation zu betreiben. Man wäre an die eigenen industriellen Kapazi-täten gebunden und damit in der Einkaufsflexibilität (Wahl der Lieferanten) stark einge-engt.

Eine aktive Produktgestaltungspolitik betreiben die Großbetriebe des Handels aus vor-nehmlich absatzpolitischen Gründen dann, wenn sie sich durch das Marketing der Marken-artikelindustrie in ihren marktpolitischen Freiheitsgraden eingeengt fühlen oder der Mei-nung sind, über **Handelsmarken** dem Konsumenten ein besseres Preis-Leistungs-Ver-hältnis bieten zu können.

Diese **Emanzipation des Handels** gegenüber der Markenartikelindustrie kann in vier Ab-stufungen erfolgen:

- Einflussnahme auf die Verpackung und die Markierung, wobei auch Überkapazitäten der Markenartikelhersteller für eine Produktion von Handelsmarken genutzt werden können.

- Vereinbarungen von Produktspezifikationen, nach denen die Vertragslieferanten Produktion und Produkte gestalten.

- Vereinbarungen über Produktspezifikationen, Materialvorschriften und normierte Fertigungsverfahren, gestützt durch starke Kontrollrechte des Handels.

- Errichtung eigener Produktionsstätten. Allerdings ist diese Entscheidung unter betriebswirtschaftlichen Kriterien sehr sorgfältig zu prüfen.

Eine aktive Produktgestaltungspolitik betreibt der Handel auch aufgrund beschaffungstechnischer und betrieblicher Rationalisierungsüberlegungen. So können über die Vorschriften zur Verpackungsgestaltung Rationalisierungsgewinne beim Transport, bei der Lagerung sowie der innerbetrieblichen Warenbewegung erreicht werden. Auch die Probleme des Leerguthandlings veranlassen den Handel, in die industriellen Entscheidungen zur Packungspolitik einzugreifen. Die Diskussionen um die Mehrwegverpackungen sowie neue Entsorgungskonzepte liefern dazu ein beredtes Zeugnis.

Betrachten wir nun die **Warenmengen** als Aktionsbereich der Beschaffungsprogrammpolitik. Es stellt sich die Frage, inwieweit der Einkauf über die Mengenpolitik die Anbieter beeinflussen und er seine Unternehmungsziele durch Alternativen in der Mengenpolitik besser erreichen kann.

Mit dem Einsatz des Aktionsparameters „Menge pro Lieferant" werden vor allem bei standardisierbaren Massengütern zwei strategische Zielsetzungen zu erreichen versucht. Erstens kann die Verteilung der Gesamtbeschaffungsmenge pro Planperiode auf mehrere Lieferanten einem möglichen **Ausfallrisiko entgegenwirken**. Zweitens können durch die Auftragskonzentration **Konditionenvorteile** bei den Lieferanten erreicht werden.

Wenn die Mengen stark variiert werden sollen, erfordert dies eine hohe **Dispositionselastizität**. Dafür ist ein innerbetriebliches Planungsinstrumentarium zur Optimierung der Warenbereitstellung erforderlich, das einen einkaufspolitischen Orientierungsrahmen liefert, der die für den Absatz benötigten Mengen längerfristig fixiert. Infolgedessen gehören Bedarfs-, Bestands- und Bestellplanung zu den betriebswirtschaftlichen Grundvoraussetzungen einer effizienten Handhabung der Mengenpolitik (siehe hierzu in Kapitel 5.3.1). Denn was nutzen Konditionenverbesserungen, die mit einer Verstopfung des Handelslagers erkauft werden?

Der **Einfluss der Marktkonstellation** auf die Mengenpolitik des Einkaufs ist offensichtlich (**Tabelle 5.8**). Je geringer die Zahl der Anbieter und je geringer die angebotene Gütermenge im Vergleich zum eigenen Bedarf ist, desto mehr werden die beschaffungspolitischen Freiheitsgrade eingeengt. Stehen wenige Anbieter einer gestreuten Nachfrage gegenüber (Oligopol-Polypson), so folgt daraus ein für alle Nachfrager einheitliches Beschaffungspreis-Niveau. Nachfragende Unternehmungen haben nur die Wahl, sich bei beschränktem Einkaufsbudget mengenmäßig anzupassen oder den Weg kooperativen Einkaufs zu beschreiten.

Tabelle 5.8   Marktformen

Anbieter \ Nachfrager	einer	wenige	viele
einer	bilaterales Monopol (Monopol-Monopson)	beschränktes Angebotsmonopol (Monopol-Oligopson)	Angebotsmonopol (Monopol-Polypson)
wenige	beschränktes Nachfragemonopol (Oligopol-Monopson)	bilaterales Oligopol (Oligopol-Oligopson)	Angebotsoligopol (Oligopol-Polypson)
viele	Nachfragemonopol (Polypol-Monopson)	Nachfrageoligopol (Polypol-Oligopson)	bilaterales Polypol (Polypol-Polypson)

Quelle: Theisen 1970, S. 52

Günstiger liegen die Verhältnisse, wenn wenige Großbetriebe mit hohen Beschaffungsvolumina einer Vielzahl kleiner Anbieter gegenüberstehen (Polypol-Oligopson). In diesem Fall bestimmen die nachfragenden Unternehmungen weitgehend die Preise für die Beschaffungsgüter. Allerdings ist daran zu denken, dass Preise, die nicht die Kosten decken, die Angebotsbereitschaft hemmen und die Anbieter wegen mangelnder Kostendeckung aus dem Markt treiben.

Kommen wir schließlich zu den **Nebenleistungen der Lieferanten, die das Beschaffungsprogramm rationalisieren.** Es geht um die Kosteneinsparung über Funktionenrückwälzung und Risikoreduktion. Dabei ist zu prüfen, welche Arten von Nebenleistungen des Lieferanten den Absatzzweck beim Handel fördern und wie die Marktbedingungen jeweils auszusehen haben, die die Durchsetzung und Vereinbarung von Nebenleistungen des Lieferanten erleichtern.

Die **Durchsetzbarkeit von Nebenleistungen** ist umso größer, je mehr das Marktgewicht zugunsten des Beschaffers verschoben ist. So wird in der Praxis und in der Wettbewerbsrechtsprechung immer wieder auf das Beispiel hingewiesen, der Handel habe durch seine Nachfragemacht die Regalpflege und die Regalbestückung als Elemente des Nichtleistungswettbewerbs bei der Industrie erzwungen. Die Erfinder der Regalpflege sitzen jedoch in der Markenartikel-Industrie; denn aus der Interessenlage eines Markenartikel-Herstellers ist es zweckmäßig, in die Präsentationspolitik des Handels einzugreifen, um durch Zuweisung akquisitionsstarker Regalfläche mit Hilfe seines Außendienstes zu Lasten von konkurrierenden Marken die Kaufwahrscheinlichkeit für die eigenen Produkte zu erhöhen (vgl. zum Nebenleistungswettbewerb Barth/Möhlenbruch 1983, S. 593 ff.).

Der Katalog der **Arten von Nebenleistungen** ist vielfältig. Zu den Nebenleistungen aus Funktionenrückwälzungen in Verbindung mit der Ware als Hauptleistung, die den Handel kostenwirksam entlasten, zählen u. a. die Übernahme der Preisauszeichnung durch die Industrie nach der Anweisung des Handels, Inventurhilfen, Regalpflege und Platzierungshilfen durch Regalbestückung, die Bereitstellung von Warenträgern und Verkaufshilfen sowie Werbekostenzuschüsse.

Nebenleistungen zur Risikoreduktion beim Handel können sich auf das Absatzrisiko und auf das Funktionsausfallrisiko beim Gebrauch der Güter beziehen. Nebenleistungen zur Reduktion des Absatzrisikos beim Handel sind z. B. die Warenrücknahme, das Konsignationslager, das Konzept des Vendor Managed Inventory und die Erstattung entgangener Deckungsbeiträge bei der Aufnahme neuer Artikel. Nebenleistungen zur Reduktion des Funktionsausfallrisikos sind z. B. Garantien des Herstellers, Kulanzversprechen und die Übernahme der technischen Kundendienste durch den Lieferanten. Die zuletzt genannten Leistungen sind aus der Sicht des Herstellers von größtem Interesse; denn sie beeinflussen das Produktimage erheblich und sind in der Lage, Nachkaufdissonanzen zu reduzieren.

5.2.3.2 Die Beschaffungsmethodenpolitik

Die Handelsunternehmung verfügt im Rahmen ihrer Beschaffungsmaßnahmen über die folgenden Instrumentalvariablen:

- die Beschaffungswege und die geeigneten Lieferanten, wobei die Lieferanten unter arbeitsteiligen, quantitativen und zeitlichen Aspekten auszuwählen sind,

- die Beschaffungsart, wobei zwischen gebundener und ungebundener Beschaffung unterschieden wird, und

- die Kontaktformen der Beschaffung, die gleichzeitig auch Intensitätsmaße für die Beurteilung der Beschaffungsaktivitäten und Hinweise auf die Marktseitenverhältnisse liefern.

a) Die Beschaffungswege

Wir nehmen bei der folgenden Darstellung der Beschaffungswege die Perspektive einer Einzelhandelsunternehmung ein. Wenn diese Einzelhandelsunternehmung zwischen sich und dem Produzenten keine weiteren Stufen des Handels einschaltet, so soll dies – analog zum direkten Vertrieb – als **direkte Beschaffung** bezeichnet werden. Die Aufgaben der Beschaffung übernehmen unternehmungseigene Organe des Einzelhändlers oder unternehmungsfremde Organe, die an die Weisungen des Auftraggebers gebunden sind und die selbst kein Eigentum an der zu beschaffenden Ware erwerben; diese werden auch als Beschaffungshelfer bezeichnet. Werden dagegen Eigenhändler (z. B. Sortimentsgroßhändler, Spezialgroßhändler, Importeure) bei der Beschaffung eingeschaltet, die ihrerseits die Waren von Vorstufen erwerben, so soll dies als **indirekte Beschaffung** bezeichnet werden.

(1) Direkte Beschaffung

Die direkte Beschaffung **ohne Einschaltung von Beschaffungshelfern** erfordert, dass die beschaffende Einzelhandelsunternehmung die Leistungen mit der ihnen zur Verfügung stehenden Einkaufsorganisation und Lagerwirtschaft bewältigt oder die Hersteller über eine interne Vertriebsorganisation verfügen, welche die Einzelhandelsunternehmungen betreuen. Es kommt also zu einer Arbeitsteilung zwischen Produzenten und Einzelhändlern. Gerade bei breiten Sortimenten des Einzelhandels führt die direkte Beschaffung zu einer Vielzahl relevanter Lieferanten.

Bei der direkten Beschaffung **mit Einschaltung von Beschaffungshelfern** kommen Handelsvertreter, Kommissionäre und Makler in Frage. **Handelsvertreter** (§ 84 ff. HGB) sind selbstständige Gewerbetreibende, die im fremden Namen für fremde Rechnung tätig werden, die in der Regel für mehrere Hersteller tätig sind und dem nachfragenden Handelsbetrieb komplementäre Artikel anbieten können. Damit entlastet der Handelsvertreter den Nachfrager in seiner Sortimentsfunktion. Gegenüber kleineren Handelsbetrieben ist der Handelsvertreter ein marktkundiger Gesprächspartner. Häufig fungiert er auch als Repräsentant internationaler Exklusivmarken. Aus der Sicht des Herstellers ist der Handelsvertreter ein Organ der Akquisition (Absatzhelfer). Als Entgelt erhält der Handelsvertreter eine Provision, die der Auftraggeber (Hersteller) zu zahlen hat.

Kommissionäre (§§ 383 ff. HGB) können sowohl Verkaufs- als auch Einkaufsaufgaben erfüllen. Als selbstständige Gewerbetreibende handeln sie im eigenen Namen für fremde Rechnung. Aus der Sicht des beschaffenden Handelsbetriebes kann ein Einkaufskommissionär insbesondere im Außenhandel und beim Partiekauf eingeschaltet werden.

Makler (§§ 93 ff. HGB) haben die Aufgabe, Angebot und Nachfrage zusammenzuführen und Vertragsabschlüsse zu vermitteln. Ihre Funktionen lassen sich wie folgt kennzeichnen: Beurkundungspflicht, Aufzeichnungspflicht und Sicherungspflicht. Der Handelsmakler hat die Interessen beider Parteien, also hier von Lieferant und Einzelhändler, zu wahren. Aus der Sicht der Großbetriebe des Einzelhandels spielt der Makler, wenn überhaupt, nur bei der Partiekontrahierung eine Rolle.

Generell kann mit wachsender Betriebsgröße im Einzelhandel eine Tendenz zur direkten Beschaffung festgestellt werden, wobei gerade die Markenartikelindustrie durch die als Key Account Management oder Category Management strukturierte Vertriebsorganisation ihre Kunden auf der Einzelhandelsstufe auch im operativen Marketing entlastet.

Die direkte Beschaffung ist aus betriebswirtschaftlicher Sicht differenziert zu beurteilen. Die mit breiten Sortimenten einhergehende Ausweitung der Lieferantenzahl aufgrund der direkten Bezugswege hat Vor- und Nachteile. Nachteile sind die geringere Auftragskonzentration pro Bezugsquelle und damit die in der Regel höheren Einstandspreise. Im Übrigen multiplizieren sich die fixen Kosten der Beschaffungsadministration mit der Zahl der Lieferanten. Schließlich wachsen mit der Anzahl der Beschaffungsquellen der Organisationsgrad sowie die Organisations- und Personalkosten im Einkaufs- und Lagerbereich der beschaffenden Einzelhandelsunternehmung. Vorteile ergeben sich durch eine größere Unabhängigkeit und einen intensiveren Marktzugang, breitere Risikostreuung und flexiblere Sortimente im Hinblick auf wechselnde Kundenbedürfnisse.

Die Wahl der Bezugsquellen ist auch unter dem Aspekt der zeitlichen Abfolge zu überprüfen. Die Handelsunternehmung ist die klassische Form des Kompensationsbetriebes. Daraus folgen unter saisonalen und konjunkturellen Gesichtspunkten austauschbare Sortimentsteile von wechselnden Lieferanten, um auch Vorteile aus einem differenzierten Beschaffungsprogramm ausschöpfen zu können. Je starrer jedoch der Sortimentsrahmen und je höher der Anteil von Handelsmarken ist, desto größer ist der Grad der Lieferantentreue. Diese ist häufig genug das Ergebnis eines habitualisierten Kaufverhaltens, bei dem Marktchancen nicht selten unentdeckt und ungenutzt bleiben.

(2) Indirekte Beschaffung

Eine andere Form der Arbeitsteilung entsteht, wenn die Einzelhandelsunternehmung ihre Waren nicht direkt bei den Herstellern, sondern bei nachgelagerten Handelsstufen, Großhändlern, bezieht. **Großhandelsbetriebe** können als Sortiments- oder Spezialgroßhandel auftreten. Bei einem breiten und häufig in den Bestellschwerpunkten wechselnden Beschaffungssortiment der Einzelhandelsbetriebe übernimmt der Großhandel Sortiments-, Raum- und Zeitüberbrückungsfunktionen für den Einzelhandel mit deutlichen Effekten einer Kostenentlastung. Im Bestreben, die Marktchancen ihrer Abnehmer auf der Einzelhandelsstufe zu fördern, haben die Sortimentsgroßhandelsbetriebe ihre klassischen Handelsfunktionen wesentlich erweitert. Konzepte des vertikalen Marketings, betriebswirtschaftliche Beratung und Übernahme administrativer Aufgaben für ihre Kunden auf der Einzelhandelsstufe kennzeichnen die Funktionenausweitung des Großhandels.

b) Die Wahl der Beschaffungsarten

Im Rahmen der Beschaffungsarten wird zwischen ungebundener und gebundener Beschaffung unterschieden. Bei der **ungebundenen Beschaffung** können die Lieferanten nach der Zahl, dem Ort und der Art frei gewählt werden, wobei eine solche Wahl nicht immer nur unter harten ökonomischen Kriterien, sondern auch unter vorökonomischen Kriterien, wie z. B. Korpsgeist, persönliche Beziehungen und gesellschaftliche Verpflichtungen, getroffen wird.

Bei der **gebundenen Beschaffung** unterwerfen sich die Einzelhandelsunternehmungen den von den Lieferanten erzwungenen Restriktionen oder gehen freiwillig Restriktionen ein. Wesentliche Restriktionen gehen von Selektivvertriebssystemen des Lieferanten aus (vgl. Ahlert 1996, S. 205 ff.). Im Zuge einer derartigen Anbieterpolitik werden Nachfrager von der Belieferung ausgeschlossen, die bestimmte Kriterien nicht erfüllen. Zu diesen Selektionskriterien, an die die Bedingung der Begünstigung gebunden wird, zählen

- Mengenkriterien (Mindestabnahmemengen pro Auftrag oder Zeitraum),

- finanzielle Kriterien (Bankbürgschaft, Barzahlung, Delcredere etc.),

- Betriebsgrößen- und Ausstattungskriterien (anspruchsvolle Raumausstattung für Exklusiv-Vertrieb, technisch versierte Verkaufsberatung) und

- Betriebstypenkriterien (Nichtbelieferung preisaggressiver Handelsbetriebe, Belieferung nur des Fachhandels).

Will oder kann eine Handelsunternehmung solche Anforderungen nicht erfüllen, will aber diese Waren beschaffen, so kann sie nach Umgehungsstrategien bei der Beschaffung suchen. Als Bezugsquellen kommen andere Einzelhändler in Frage, die zum Selektivvertriebssystem des Herstellers gehören, die Ware liefern und dabei möglicherweise gegen das Querlieferungsverbot des Herstellers verstoßen. Eine andere Bezugsquelle sind Händler im Ausland, durch die sich die Waren reimportieren lassen.

Eine Beschaffungsbindung kann auch auf vertragliche Initiative des Handels zurückzuführen sein. Zu denken wäre an die vertraglich zu sichernde Produktion und Belieferung mit Eigenmarken, an die Monopolisierung des Handelsbetriebes als regionaler Alleinanbieter im Rahmen eines Exklusivvertriebs sowie an den Abschluss von Rahmenverträgen zur Konditionenoptimierung.

Beschaffungsbindungen freiwilliger Art können ferner für die Zwecke der Beschaffungskooperation im Horizontalverhältnis zwischen den Einzelhandelsbetrieben vereinbart werden. So schließen sich Handelsbetriebe in Verbundgruppen zusammen und übertragen ihren Einkauf einem Verbandbetrieb. Durch Auftragskonzentration, Konditionenverbesserung und sonstige Organisationsvorteile sind vor allem kooperierende Klein- und Mittelbetriebe in der Lage, ihre Wettbewerbsnachteile gegenüber den Großbetrieben auszugleichen (vgl. Falk/Wolf 1992, S. 106 f.). Beschaffungskooperationen können auch zur Erschließung und gemeinsamen Bearbeitung ausländischer Märkte betrieben werden (siehe hierzu auch Kapitel 4.6.6 „Kooperationsstrategien").

c) Die Kontaktformen der Beschaffung

Als Kontaktformen der Beschaffung kommen für Anbieter und Nachfrager in Betracht (vgl. Hansen 1990, S. 492 ff.):

■ Kontakte am Geschäftssitz des Beschaffers,

■ Kontakte am Geschäftssitz des Lieferanten,

■ Kontakte über elektronische Medien und

■ Kontakte auf organisierten Märkten.

(1) Kontakte am Geschäftssitz des Beschaffers

Der Einzelhandelsbetrieb wird nicht nur zur erstmaligen Anbahnung von Geschäftsbeziehungen aufgesucht, sondern in einem festgelegten Besuchsturnus. Durch den regelmäßigen Besuchsturnus kann der Lieferant das Risiko verringern, von einem Wettbewerber aus dem Regal des Einzelhandels verdrängt zu werden. Die von Betriebstyp zu Betriebstyp unterschiedlichen Kontaktzeiten der Außendienstorganisation des Lieferanten, insbesondere der Markenartikelhersteller, dienen auch durch die Übernahme entsprechender Nebenleistungen der Förderung des Verkaufs und der permanenten Kontrolle der Absatzkanäle.

Bei dieser Kontaktform verhält sich der Beschaffer im Einzelhandel passiv. Ein solches Beschaffungsverhalten ist nur dann sinnvoll, wenn feste, das Produktangebot vollständig abdeckende Lieferantenbeziehungen bestehen und der Einzelhandelsbetrieb aufgrund seiner Größe hinreichend attraktiv ist, um sicher zu gehen, dass durch die Aktivitäten der Lieferanten der Markt voll ausgeschöpft werden kann.

(2) Kontakte am Geschäftssitz des Lieferanten

Kontakte am Geschäftssitz des Lieferanten sind Ausdruck eines aktiven Beschaffungsverhaltens des Einzelhandels, der dazu eigene Mitarbeiter oder externe Beschaffungshelfer einsetzt. Diese Kontaktform muss nicht die Folge einer Verkäufermarktsituation sein, denn es gibt eine Reihe von Branchen (Antiquitäten, Teppiche etc.), die vornehmlich kollektierend (Aufkaufhandel nach Inspektion) tätig sind.

Zu denken ist auch an die Musterschauen der Hersteller, die zu regelmäßigen Terminen der Vordisposition des Einzelhandels dienen. Außerdem wird der Einzelhandelsbetrieb, der geeignete Produktionsbetriebe für seine Handelsmarken sucht, sich von deren Leistungsfähigkeit an Ort und Stelle informieren wollen. Schließlich arbeiten auch Großhändler mit dieser Kontaktform, d. h. Einzelhändler suchen sie zur Beschaffung auf.

(3) Kontakte über elektronische Medien

Zu den elektronischen Medien zählen z. B. das Internet, das Intranet und CD-ROMs, also Medien, die Daten digital übertragen. Die Kontaktgestaltung über das Internet hat in den letzten Jahren deutlich zugenommen. In der industriellen Produktion hat sich die Beschaffung von Material im Zuge der Implementierung von Supply-Chain-Management-Systemen inzwischen weitgehend zu einer engen Partnerschaft mit den strategischen Lieferanten entwickelt. Tendenziell ist davon auszugehen, dass Fast Moving Consumer Goods oder „Schnelldreher" insbesondere auf Druck der Hersteller sowie aufgrund von Skaleneffekten primär über elektronische Medien bestellt werden (vgl. Kollmann 2013, S. 168 f.).

Die Automatisierung der Warenwirtschaftssysteme auf der Basis geeigneter Bestands- und Dispositionssysteme hat die Bestellungen über elektronische Medien intensiviert. Dies ist jedoch aus der Sicht des Marketings nicht gefahrlos. Das habitualisierte Einkaufsverhalten kann zu einem Verlust an Markttransparenz führen und die Abhängigkeiten von den Lieferanten verstärken. Dies gilt insbesondere für kleine und mittelständische Händler, die sich für kompatible Hard- und Software des Großhändlers entscheiden und sich damit aufgrund hoher Wechselkosten in eine Abhängigkeit begeben (vgl. Albrecht/Dean/Hansen 2005, S. 868 ff.).

(4) Kontakte auf organisierten Märkten

Schließlich können Anbieter und Nachfrager Kontakte auf organisierten Märkten knüpfen. Dazu zählen Messen, Ausstellungen, Großhandelsdispositionszentren (auch: Trade Marts, Trade Centers), Waren- und Warenterminbörsen sowie Auktionen, die der Markterkundung, Vertragsanbahnung und dem Geschäftsabschluss dienen. Es handelt sich um eine räumliche und zeitliche Konzentration von Anbietern und Nachfragern. Trade Marts sind ständige Ausstellungen in Gebäudekomplexen, die Großhändler, Hersteller, Verbände und Organisationen der Wirtschaft zumeist über Jahre hinweg mieten und in denen permanent Verkaufs- und Schauveranstaltungen stattfinden (vgl. Sandt 1976, S. 418 f.). Insofern stellen

Trade Marts eine Ergänzung zu Messen dar, weil sich nachfragende Einzelhandelsunternehmungen auch außerhalb von Messen einen Überblick über das Angebot verschaffen können.

Bei Kontakten auf elektronischen Märkten ist die räumliche und zeitliche Konzentration nicht mehr notwendig. Zu elektronischen Märkten zählen zum einen Portale, die auch weiterführende Informationen enthalten, z. B. vertiefende Beiträge und Nachrichten, Communities zur zielgruppenspezifischen Kommunikation oder geprüfte Links, die den Anwender mit anderen beschaffungsrelevanten Internet-Seiten vernetzen. Zum anderen zählen zu elektronischen Märkten der Beschaffung reine Beschaffungsplattformen, wie etwa vertikale, branchenspezifische Börsen, auf denen Hersteller oder Händler mit den Endkunden zur Warenbeschaffung elektronisch in Verbindung treten (vgl. Nenninger/Lawrenz 2001, S. 22 f.; Saggau 2007, S. 49 ff.). Gründe für die Nutzung elektronischer Märkte sind

- Kostensenkungen,

- Flexibilisierung,

- Interaktivität,

- Individualisierung,

- dynamisches Content Management,

- Zeitersparnisse sowie die

- Integrationsfähigkeit elektronischer Märkte (vgl. Dolmetsch 2000, S. 138 f.).

5.2.3.3   Die Beschaffungskontrahierungspolitik

Durch die Gestaltung der Kontrahierungspolitik will die beschaffende Handelsunternehmung festlegen, zu welchen entgeltwirksamen Bedingungen die für den Absatz geeigneten und notwendigen Handelswaren eingekauft werden können. Zu den Aktionsparametern der Kontrahierungspolitik zählen

- die Beschaffungspreispolitik,

- die Rabattpolitik sowie

- die Politik der Lieferungs- und Zahlungsbedingungen, einschließlich Kreditierung durch die Lieferanten und Lieferservice.

Mit der Kontrahierungspolitik können erhebliche Kostenentlastungen und Wettbewerbsvorteile im Horizontalverhältnis erreicht werden. Es ist jedoch die Frage zu prüfen, unter welchen Voraussetzungen überhaupt die beschaffende Handelsunternehmung eine aktive Kontrahierungspolitik zu betreiben in der Lage ist. Kann der Einkäufer aktiv auf der Grundlage seiner Kontrahierungsstrategie auf den Lieferanten einwirken oder muss er sich den durch den Anbieter gesetzten Kontrahierungsbedingungen beugen? Zur Beantwortung dieser Frage muss auf die Marktmacht und die das Marktgleichgewicht beeinflussende Marktkonstellation eingegangen werden (vgl. Theisen 1970, S. 124 ff.).

a) Marktkonstellationen der Beschaffung

Im Falle des **Polypol-Oligopsons** (siehe noch einmal **Tabelle 5.8**) ist das Marktgleichgewicht zugunsten der nachfragenden Unternehmung verschoben. Die Einkäufer verfügen in aller Regel über einen hohen Freiheitsgrad bei der Gestaltung ihrer kontrahierungspolitischen Instrumente. Sie fixieren nicht nur die Entgelte für die zu beschaffenden Handelswaren, sondern diktieren in aller Regel die für ihre Unternehmungsziele günstigsten Lieferungs- und Zahlungsbedingungen. Außerdem bestimmen sie die Form des Lieferservices, der ihnen unter Beachtung der durch den Lieferanten gegebenen Möglichkeiten die größten Kostenvorteile schafft. Es handelt sich um eine Marktkonstellation mit großem Preisdruck, der die Gewinne und die Deckungsbeiträge des Herstellers abschöpft, insbesondere dann, wenn bei homogenen (austauschbaren) Gütern die Lieferanten leicht ausgewechselt werden können.

Im Falle des **Oligopol-Polypsons** ist das Marktgleichgewicht zugunsten der anbietenden Lieferanten verschoben, die über relativ große Marktanteile verfügen. Der Einkauf hat in dieser Konstellation kaum Freiheitsgrade bei der Gestaltung seiner kontrahierungspolitischen Instrumente, insbesondere dann nicht, wenn die Güter wegen ihrer Heterogenität nicht leicht austauschbar sind und ein Nachfrageüberhang besteht. Diese Marktlage führt dazu, dass die Anbieter gegenüber den Nachfragern nicht nur die Preise und Rabatte, sondern auch die übrigen Konditionen „quasi diktieren" können.

Diese Verschiebung des Marktgleichgewichts zugunsten der Lieferanten hat für die Vielzahl kleiner Nachfrager die Konsequenz, bei gegebenen Preisforderungen die Beschaffungsmenge an das eigene Einkaufsbudget anpassen zu müssen. Diese Marktsituation fördert die Kooperationsformen des Einkaufs mit der Folge, dass bei Rückgang der Nachfrage und nicht ausgelasteten Kapazitäten der Verdrängungswettbewerb unter den Oligopolisten die Preisbildung bestimmt und die konditionenpolitischen Freiheitsgrade wachsen.

Die Fälle des **bilateralen Oligopols** und des **bilateralen Monopols** sind durch ein mehr oder weniger stabiles Gleichgewicht zwischen Nachfragern und Lieferanten gekennzeichnet. In diesen Situationen können die vertraglichen Vereinbarungen über den Leistungsaustausch das Ergebnis eines mehr oder weniger langen Verhandlungsprozesses sein. Infolgedessen ist die Durchsetzbarkeit bestimmter kontrahierungspolitischer Vorstellungen vom Geschick der Verhandlungsführung abhängig.

Die Vielzahl imponderabler, auch außerökonomischer Faktoren, die auf den Verhandlungsprozess einwirken, erschweren Prognosen über das Verhandlungsergebnis. Jedoch ist auch bei gleicher Unternehmungsgröße der Verhandlungspartner der Lieferanten durch wachsenden Leerkostendruck dem nachfragenden Handelsbetrieb unterlegen.

b) Zur Beschaffungspreisbildung

Die drei betrachteten Marktkonstellationen lassen zwar generelle Aussagen über die eventuell gegebene Verhandlungsmacht des Einkäufers und des Lieferanten zu, eindeutige Rechenanleitungen zur Einkaufspreisbildung werden dadurch jedoch nicht verfügbar. Durchweg sind die Beschaffungsmärkte **unvollkommene Märkte**, so dass infolge von Markintransparenz ein Gleichgewichtspreis im Sinne des vollständigen Ausgleichs von Angebot und Nachfrage nur in seltenen Fällen (Warenbörsen, Auktionen) eintritt. Daher ist dem Einkäufer im Rahmen seiner Einkaufspolitik ein mehr oder weniger großer Spielraum gegeben, der nicht zuletzt das Ergebnis eines **Geheimwettbewerbs** zwischen den Anbietern ist.

Der Spielraum in der Einkaufspolitik lässt sich auch dadurch begründen, dass die Fähigkeiten der Entscheidungsträger in den anbietenden Unternehmungen sehr unterschiedlich sind. Unterschiedliche Ausbildungen und Persönlichkeiten führen zu einer durchaus verschiedenartigen Einschätzung wirtschaftlicher Gegebenheiten und Entwicklungstendenzen. Unterschiedliches Entscheidungsverhalten des Anbieters kann aber auch dadurch bedingt sein, dass unterschiedliche kostenrechnerische Gesichtspunkte bei der Festsetzung des Angebotspreises relevant sind.

Bei Anwendung der **Vollkostenrechnung** in Form der Zuschlags-, Divisions- oder Äquivalenzziffernkalkulation können verschiedene Strukturbedingungen der industriellen Anbieter (z. B. geringer oder hoher Automatisierungsgrad) zu unterschiedlichen Angebotspreisen führen. Ein weiterer Punkt ist, dass sich die fixen Kosten in der Regel nicht verursachungsgerecht (i. S. v. von Abbaufähigkeit) auf die Kostenträger verteilen lassen, was zu unterschiedlichen Verrechnungshöhen und damit zu unterschiedlichen Preisen führt.

Auch aus der **Teilkostenrechnung** können unterschiedlich hohe Angebotspreise abgeleitet werden. Gründe hierfür können verschiedene Verfahren der Schlüsselung von Gemeinkosten auf die Kostenträger und unterschiedliche hohe Fixkosten- und Gewinnaufschläge sein.

Offensichtlich ist der Einkäufer gut beraten, sich für den Prozess der Preisverhandlung mit **betriebswirtschaftlichen Argumentationshilfen** zu versehen, die aus folgenden Bereichen abgeleitet werden können: kostenrechnerische Überlegungen, ökonomische Vorteilsabwägung für den Lieferanten sowie Markt- und Absatzanteilsberechnungen.

Die **kostenrechnerischen Überlegungen** betreffen die

- Einschätzung der Kostensituation des Lieferanten, insbesondere die Relation von variablen und anteilig verrechneten fixen Kosten,

- Erfahrung und Kalkulationsmethoden,

- Ermittlung von Kostensenkungseffekten beim Hersteller durch die Hereinnahme von Großaufträgen (Economies of Scale und Economies of Scope),

- Abschätzung der Preisuntergrenze, die sich definiert als die Grenzkosten des Produkts zuzüglich der Opportunitätskosten abzüglich der Opportunitätserlöse.

Die **ökonomischen Vorteilsabwägungen für den Lieferanten** können insbesondere beim Abschluss von Rahmenverträgen und Großabschlüssen fertigungs- und distributionswirtschaftliche Argumente betreffen. Beide Bereiche betreffen vor allem die sich aus Economies of Scale und Economies of Scope ergebenden Vorteile. Zu den **fertigungswirtschaftlichen Vorteilsabwägungen** zählen:

■ die Stückkostendegression durch Erhöhung der Losgröße,

■ geringere Rüstzeiten und Rüstkosten,

■ die bessere Amortisation von Sonderwerkzeugen und sonstigen speziellen Fertigungseinrichtungen,

■ die Verbesserung der Konditionen für die Materialbeschaffung,

■ die Vorteile längerer Zeiträume für die Fertigungsplanung und Fertigungssteuerung.

Die **distributionswirtschaftlichen Vorteilsabwägungen** betreffen folgende Punkte.

■ Große Abnahmemengen über eine oder wenige Dispositionsstellen senken die Distributionskosten.

■ Der Lieferant ist in Großbetrieben des Einzelhandels mit hoher Marktakzeptanz gelistet, was sowohl seine numerische als auch seine gewichtete Distribution erhöht.

■ Seine Artikel sind an erstklassigen Standorten mit starker Kundenfrequenz vertreten und eingebettet in eine absatzfördernde Verkaufsatmosphäre und Raumausstattung einschließlich adäquater Beratung und Dienstleistungen.

■ Der Lieferant gewinnt einen wichtigen Kunden als Referenz für andere Abnehmer.

Schließlich lassen sich **Markt- und Absatzanteilsüberlegungen** anstellen und in die Preisverhandlungen einbringen. Der Wert oder die Menge der zu beschaffenden Handelswaren wird ins Verhältnis gesetzt zum Wert oder zu der Menge der von allen relevanten Herstellern produzierten Artikel (Beschaffungsmarktanteilsberechnung) oder der Wert oder die Menge der zu beschaffenden Handelswaren wird ins Verhältnis gesetzt zum Wert oder zu der Menge der vom Lieferanten hergestellten Produkte (Absatzanteilsberechnung).

Solche Anteilsberechnungen lassen Rückschlüsse auf Abhängigkeiten des einzelnen Herstellers, auf die Marktmacht des Nachfragers und damit auf die Stärke der Verhandlungsposition des Einkäufers gegenüber dem Lieferanten zu.

Die durch Anteilsberechnungen relativierten Mengen- und Wertbezüge von einem Lieferanten bieten eine Verhandlungsgrundlage für die Modifizierung der Beschaffungspreise durch Rabattforderungen.

c) Zur Rabattpolitik

Unter Rabatt versteht man einen Preisnachlass (in Naturalien oder in Geld), der zwischen Anbieter und Nachfrager vereinbart wird, wenn der Beschaffer durch sein Verhalten betriebswirtschaftliche Vorteile im Lieferbetrieb auslöst. Damit sinkt der Basispreis (auch: Listenpreis). Die durch Preisnachlässe honorierten Vorteile lassen sich dadurch konkretisieren, dass der Kunde

- mit der Bestellmenge Degressionseffekte in Beschaffung, Fertigung und Distribution des Herstellers auslöst (Mengenrabatt),

- auf Leistungen des Lieferanten verzichtet, wie z. B. Zahlungsziele (Barzahlungsrabatt), Lieferung (Selbstabholerrabatt),

- Leistungen im Zusammenhang mit der Transaktion der Waren erbringt und so z. B. Zentralregulierungs-, Funktions-, Einführungs- und Sammelbestellerrabatte erhält.

Der Auszug aus dem Schwarzbuch des *HDE (Hauptgemeinschaft des Deutschen Einzelhandels,* heute: *Handelsverband Deutschland)* zeigt, dass dem Erfindungsreichtum des Handels bei Rabattforderungen keine Grenzen gesetzt sind (**Tabelle 5.9**). Diese Aufstellung ist nicht erschöpfend. Sie vermittelt zudem einen Eindruck, welche Möglichkeiten sich eröffnen, über die unangemessen hohe Festsetzung von Rabatten und Boni hinaus durch das Erfinden immer neuer Begriffe und durch Rabattkumulierung das Verhältnis von Leistung und Gegenleistung zu verschleiern.

Im Rahmen der Auseinandersetzung um die Konditionenpolitik zwischen Industrie und Handel wird regelmäßig der Vorwurf erhoben, nachfragemächtige Handelsunternehmungen und Verbundgruppen forderten Rabatte ohne „angemessene" Gegenleistung. Dabei wird offensichtlich von der Vorstellung ausgegangen, der Rabatt als Preisnachlass müsse auf einer „angemessenen" quantitativen oder qualitativen Gegenleistung des Abnehmers beruhen. Die in der Rechtsprechung und Praxis manifeste Vorstellung des Rabattes als „echtes Leistungsentgelt" beruht auf zwei unterschiedlichen Ansätzen.

Zum ersten definiert die betriebswirtschaftliche Literatur den **Rabatt (Handelsspanne) als Entgelt für übernommene Handelsfunktionen** (vgl. Seÿffert 1972, S. 594 ff.; Sundhoff 1953, S. 10 ff.; Sölter 1957, S. 887). Zum zweiten geht auch die juristische Argumentation davon aus, dass sich der Rabatt an den Kosten für eine zu erbringende Leistung zu orientieren habe. Dies belegt etwa in der Vergangenheit die ausnahmsweise zu erteilende Erlaubnis für ein Rabattkartell (§ 3 GWB vor der 7. Novellierung 1999), die von der Vorlage des Nachweises abhängig gemacht wurde, dass die zu gewährenden Rabatte ein echtes Leistungsentgelt darstellen. Eine solche Beurteilung von Rabatten, die im Rahmen des **Wettbewerbs** von Handelsbetrieben gefordert oder von Herstellern eingeräumt werden, ist aber denkbar ungeeignet, denn § 3 GWB lieferte lediglich ein Prüfkriterium für Rabatte innerhalb eines Rabattkartells, die sich nicht im Wettbewerb bilden. Es handelte sich dabei um eine zum Öffentlichen Preisrecht (§ 5 VOPR 30/53) analoge Regelung, die dann eingreift, wenn bei fehlenden Marktpreisen von Lieferungen an einen öffentlichen Auftraggeber auf eine an den Selbstkosten des Lieferanten ausgerichtete Preisbindung zurückgegriffen werden muss. Preis und Rabatt als „echte" kostenorientierte Leistungsentgelte entsprechen jedoch nicht den marktwirtschaftlichen Prinzipien. Infolgedessen ist die Angemessenheitsprüfung von Rabatten aufgrund einer ausschließlich kostenorientierten Leistungsbewertung mit marktwirtschaftlichen Prinzipien nicht vereinbar.

Tabelle 5.9   Rabatte und Boni

Mengenrabatte, z. B.	Vollsortimentsrabatt
Gesamtrabatt	Sortimentserweiterungsrabatt
Bezugsmengenrabatt	Frühbezugsrabatt, Früheinteilungsrabatt
Totalmengenrabatt	Saisonrabatt, Vorsaisonrabatt
Großhandelsjahresmengenrabatt	Musterrabatt
Großhandelsmengenstaffelrabatt	Platzierungsrabatt, Neuplatzierungsrabatt
Auftragsgrößenrabatt	Delkredere-Rabatt
Waggonrabatt, Lkw-Rabatt, Palettenrabatt,	Bar-Rabatt
Kartonrabatt	Einführungsrabatt
Sammelauftragsrabatt	Schaufensterrabatt
Funktionsrabatte, z. B.	Werbevergütung
Handwerkerrabatt	Werbekostensondervergütung, Insertionsun-
Großhandelsrabatt	terstützungsrabatt
Liefergroßhandelsrabatt, C&C-Rabatt	Rabatte für lose Ladung
Vorausrabatt	Naturalrabatt
Leistungsstaffelrabatt	Set-Rabatt (z. B. bei Abnahme mehrerer Ge-
Stützpunkthändlerrabatt	räte für eine Küche)
Exportrabatt	Montagerabatt
Kollegenrabatt	Selbstabholrabatt
Sonderrabatt	Einwaschprämie (bei Waschmaschinen)
Sonderprämie	**Boni, z. B.**
Exklusivrabatt	Jahresbonus, Halbjahresbonus, Vierteljah-
Dispositionsrabatt	resbonus
Sonderdispositionsrabatt	Klassik-Bonus (bei Schallplatten)
Sondervergütungsprämie	Großhandelsbonus
Sonderleistungsrabatt	Rückvergütungsprämie
Treuerabatt	Gewährleistungsbonus
Lieferrabatt	Einführungsbonus
Konzentrationsrabatt	Möbelbonus
Förderungsrabatt	Organisationsmittel-Mischungsbonus
Fakturenrabatt	Sonderbonus
Messerabatt, Börsenrabatt, Börsensonder-	Werbebonus
prämie	

Quelle: Hauptgemeinschaft des Deutschen Einzelhandels 1978, S. 7

Auch aus der in der betriebswirtschaftlichen Literatur üblichen Formulierung des Rabattes als Entgelt für übernommene Handelsfunktionen können **keine „angemessenen" quantitativen und qualitativen Gegenleistungen** abgeleitet werden. Dafür sprechen zwei Gründe. Erstens ergibt sich die Funktionenverteilung zwischen Industrie und Handel aufgrund ständiger Wettbewerbsprozesse. Die Funktionenausgliederung (Funktionenfortwälzung), die Funktioneneingliederung (Funktionenrückwälzung), die Funktionenschöpfung und der Funktionenfortfall sind das Ergebnis eines Entdeckungsverfahrens in der Zeit mit dem Zweck, immer rationellere Transaktionsbedingungen in der Distribution zu finden. Eine Funktionenzementierung würde daher Ausdruck eines unzureichenden Wettbewerbs sein. Infolgedessen ist die Funktionenübernahme ein vom jeweiligen Wettbewerb abhängiger dynamischer Prozess.

Neben der Unmöglichkeit, auf Dauer bestimmte Funktionen bestimmten Institutionen in der Distribution zurechnen zu können, findet zweitens in einer Wettbewerbswirtschaft nur hilfsweise eine kostenorientierte Funktionenbewertung statt. In der Regel entscheidet die jeweilige Marktseite auf der Grundlage von Angebot und Nachfrage, was als angemessene Gegenleistung für eine Funktionenwahrnehmung anzusehen ist. Das einzige Kriterium für die Bewertung einer Funktion bzw. einer Leistung, die im Rahmen einer Transaktion zwischen Wirtschaftssubjekten erbracht wird, ist der Preis, den die Marktgegenseite dafür zu zahlen bereit ist (vgl. Wilde 1979, S. 96 ff.). Aufgrund dieser Überlegungen ist das Angemessenheitsprinzip bei der Beurteilung von Rabatten unter Zuhilfenahme einer vor allem kostenorientierten Leistungsbewertung und Funktionenfestschreibung offensichtlich nicht zielführend. Dieser Konsequenz entspricht auch der in der Betriebswirtschaftslehre üblichen Definition des Rabattes als Maßnahme der preispolitischen Feinsteuerung, um beim Abnehmer nicht nur eine betriebswirtschaftlich erwünschte Verhaltensweise auszulösen, sondern auch das Leistungsentgelt an die kundenspezifischen Nachfrage- und Kostenverhältnisse anzupassen.

d) Zur Politik der Lieferungs- und Zahlungsbedingungen

Die Lieferungs- und Zahlungsbedingungen werden häufig in Geschäftsbedingungen festgelegt und einheitlich allen Geschäftsabschlüssen einer Unternehmung zugrunde gelegt. Abgesehen davon, dass die jeweilige **Marktstellung** der Vertragsparteien darüber entscheidet, ob der Lieferant oder der einkaufende Betrieb seine Geschäftsbedingungen im Vertragsabschluss durchsetzen kann, beeinflussen Lieferungs- und Zahlungsbedingungen die Einstandspreise und die Kapitalbindungskosten der Warenvorräte in recht unterschiedlicher Weise. Zudem wird unter diesem Punkt auch der Lieferservice erörtert, der eng mit den Lieferungsbedingungen verbunden ist.

Es wundert daher nicht, dass gerade die Lieferungs- und Zahlungsbedingungen wegen der Möglichkeit, Kosten zu entlasten und Risiken fortzuwälzen, Gegenstand harter Verhandlungen und Ausdruck des **Geheimwettbewerbs** sind. Die unterschiedliche Durchsetzbarkeit von Konditionenbestandteilen führt zu den Unvollkommenheitsbedingungen des Beschaffungsmarktes, die jenes Maß an Markttransparenz verursachen, das optimale Beschaffungsentscheidungen, zumal unter Zeitdruck, so ungemein erschwert.

Hinzu kommt die Schwierigkeit, bestimmte Konditionenbestandteile als Preisnachlässe nicht dem einzelnen Artikel oder der jeweiligen Bestellung zurechnen zu können, so dass der **Einstandspreis** des Artikels oder einer bestimmten Bestellmenge eines Artikels nicht hinreichend genau erfassbar ist.

Da sich der Einstandspreis einer Ware – von den vielfältigen Formen von Preisnachlässen abgesehen – zusammensetzt aus Produktpreis, Transportkosten, Umschlagskosten, öffentliche Abgaben (Zölle etc.) und Regulierungskosten, ist zu prüfen, wie sich die Lieferungs- und Zahlungsbedingungen auf den Produktpreis, auf die Transport-, die Umschlags- und die Regulierungskosten auswirken. Dabei ist zu klären, wer im Rahmen der Konditionenvereinbarung die jeweiligen Kosten zu übernehmen hat. Durch eine entsprechende Vergleichskalkulation kann dann das günstigste Angebot ermittelt werden.

(1) Zahlungsbedingungen

Zu den Bestandteilen der Zahlungsbedingungen zählen

- die Arten der Zahlung,

- die Absicherung der Zahlung,

- die zeitliche Regelung der Zahlung,

- die mit der zeitlichen Regelung der Zahlung korrespondierende Kreditinanspruchnahme sowie in der Regel

- die Absicherung gegenüber Preisrisiken.

Arten der Zahlungsmittel sind inländische Geldmittel in Form von Bargeld oder im Rahmen des bargeldlosen Zahlungsverkehrs Scheckzahlungen. Der Verkäufer der Ware kann auch mit der Hereinnahme eines Wechsels einverstanden sein, wobei gleichzeitig eine Finanzierungsform vereinbart wird (Rembours- und Negoziierungskredite).

Bei Importen aus dem Ausland können auch Sorten bestimmter ausländischer Geldmittel vereinbart werden, doch sollte man zur Abwälzung des Wechselkursrisikos die Fakturierung in der Währung des Importlandes durchzusetzen versuchen. Gelingt diese Vereinbarung nicht, kann entweder eine Währungsoption vereinbart oder ein parallel laufendes Devisentermingeschäft abgeschlossen werden. Gegengeschäfte „Ware gegen Ware" spielen derzeit im Handel im Gegensatz zur Industrie kaum eine Rolle.

Eng mit der Art der Zahlung verwandt ist die **Absicherung der Zahlung**. Falls keine Barzahlung mit einer entsprechenden Skontoregelung vereinbart wurde, ist auch eine Zahlung gegen offene Rechnung denkbar, die bei zweifelsfreier Bonität des Käufers gewährt wird. Dokumentäre Zahlungsformen (Documents against Payment bzw. Acceptance, Bestellung eines Akkreditivs) sichern den Lieferanten vor Ausfallrisiken vor allem im grenzüberschreitenden Warenverkehr. Darüber hinaus sei die Sicherungsfunktion des Eigentumsvorbehalts erwähnt.

Die Vereinbarungen über die **zeitliche Regelung der Zahlung** betreffen den Lieferantenkredit. Der **Lieferantenkredit** ist eine Finanzierungsform für den Einkäufer, der das Ziel verfolgt, über einen Zahlungsaufschub einen möglichst späten Zahlungstermin zu erwirken. Der betriebswirtschaftliche Vorteil liegt in einer Liquiditäts- und Kostenentlastung sowie in Zinsgewinnen (vgl. Ahlert 1972, S. 1 ff.).

Zu den Lieferantenkrediten zählen alle Kredite, die der Lieferant an seine Abnehmer in Zusammenhang mit dem Verkauf seiner Waren gewährt oder vermittelt. Man unterscheidet den Lieferantengüterkredit und den Lieferantengeldkredit. Der **Lieferantengüterkredit** wird unmittelbar mit dem Verkauf der Ware gewährt, indem dem Kunden der Kaufpreis für die erworbenen Güter gestundet wird. Es gibt kurzfristige sowie mittel- und langfristige Lieferantengüterkredite. Die mittel- und langfristigen Kredite weisen im Unterschied zu dem kurzfristigen folgende Merkmale auf: Schriftform des Kreditvertrags, Anzahlung, periodisch gleich hohe Tilgung und getrennte Berechnung der Kreditkosten. Die mittel- und langfristigen Kreditformen sowie das Leasing (Mietkauf) für Betriebsmittel sollen hier nicht weiter behandelt werden.

Im Rahmen der kurzfristigen Lieferantengüterkredite unterscheidet man den Wechselkredit und den Buchkredit. Der **Wechselkredit** kommt in der Regel dadurch zustande, dass der Lieferant dem Abnehmer für die gelieferten Waren einen Barpreis in Rechnung stellt, dem Einkäufer jedoch die Möglichkeit bietet, statt barer Zahlung ein (meist) Dreimonatsakzept über den Rechnungsbetrag zuzüglich Diskont, Wechselsteuer und Spesen einzureichen. Durch Weitergabe des Wechsels an eine Bank kann sich der Lieferant sofort refinanzieren.

Der **Buchkredit** ist eng mit der Vereinbarung von Skonto verknüpft. Der Begriff Skonto kommt von dem italienischen Wort scontare, was abziehen bzw. abrechnen heißt. Der Lieferant räumt dem Käufer die Möglichkeit ein, entweder innerhalb einer Skontofrist unter Skontoabzug oder nach Ablauf eines zu vereinbarenden Zahlungsziels ohne Skontoabzug zu zahlen.

Für die nicht beanspruchte Finanzierungsleistung des Lieferanten erhält die beschaffende Unternehmung einen Preisnachlass P, dessen kreditpolitische Bedeutung wir aufzeigen. Der Ausgangspunkt ist die Umrechnung (Normierung) des Skontozinses auf das Jahr:

$$P[\%] = \frac{360}{\text{Ziel} - \text{Kassafrist}} \cdot \text{Skontozins }\%$$

Ein Beispiel: Für ein Zahlungsziel von 30 Tagen und einen Skontozins S von 3 % ergibt sich der folgende Preisnachlass P, wenn der Abnehmer nach 10 Tagen, hier als maximale Skontofrist unterstellt, bezahlt, d. h. für 20 Tage wird der Zins von 3 % genutzt:

$$P[\%] = \frac{360}{30 - 10} \cdot 3\% = 54\%$$

Der nicht beanspruchte Skonto ist mit einem Kredit zu vergleichen, der 54 % Zinsen pro Jahr kosten würde. Ob es wirtschaftlicher ist, einen Bankkredit zur Ausschöpfung der Skonti auszunutzen, lässt sich nun nachweisen, indem man die Nettoverzinsung N berechnet, die man bei der Inanspruchnahme eines Bankkredites zwecks Ausnutzung des Skontos erhält. Wir gehen hier von Bankzinsen BZ in Höhe von 10 % p.a. aus. Dann ergibt sich in der Fortführung des Beispiels folgende Nettoverzinsung:

$$N = \left(S - \frac{\text{Ziel} - \text{Kassafrist}}{360} \cdot BZ\right) \cdot 12$$

$$N = \left(3\,\% - \frac{30 - 10}{360} \cdot 10\,\%\right) \cdot 12 = (3\,\% - 0{,}555\,\%) \cdot 12 = 2{,}445\,\% \cdot 12 = 29{,}34\,\%$$

In der Regel dürfte der Skontozins höher als die Bankzinsen sein.

Zu den **Lieferantengeldkrediten** zählen der Einrichtungskredit sowie der Überbrückungskredit. Im Rahmen des Einrichtungskredites wird dem Kunden ein Geldbetrag zur Verfügung gestellt, um Ladenausstattungen und Ladeneinrichtungen zu beschaffen, die den Verkauf der bezogenen Handelswaren beschleunigen. Durch Bereitstellung eines Überbrückungskredites sollen Liquiditätsengpässe beim Abnehmer beseitigt werden. Der Kreditgeber kann aus einem Überbrückungskredit die Vorteile ziehen, einen Kunden zu erhalten, dessen Beschaffungsmarketing zu beeinflussen sowie ihm Alleinbezugsbindungen aufzuerlegen.

Auch der beschaffende Handelsbetrieb kann dem Hersteller Einrichtungs- und Überbrückungskredite gewähren, um eine leistungsfähige Produktion von Eigenmarken sicherzustellen, und zwar in Form von Investitions- und Betriebsmittelkrediten.

Zu den Bestandteilen der Zahlungsbedingungen zählen auch Übereinkünfte zur **Behandlung von Preisrisiken**. Häufig liegt zwischen dem Termin der Auftragsvergabe und dem Lieferzeitpunkt eine nicht unerhebliche Zeitspanne. Die während dieser Zeitspanne auftretenden Preisbildungsrisiken können durch die Vereinbarung von Preisklauseln abgewehrt werden, die je nach den Marktverhältnissen Einkäufer oder Lieferanten vor eventuellen Preisrisiken schützen.

Baisseklauseln schützen den Einkäufer vor Preisrisiken. Sie lauten: „Bei Material- und Lohnkostensteigerungen gelten die vereinbarten Preise, Kostensenkungen hingegen führen zu entsprechenden Preiskorrekturen." In der Regel wird jedoch der Einkäufer Festpreise vereinbaren.

Hausseklauseln schützen den Lieferanten vor Preisrisiken. Sie beinhalten eine kostenbedingte Preiserhöhung. Der Einkäufer sollte dann auf eine Preisgleitklausel mit Kostenspezifikation bestehen, um zu verhindern, dass der Lieferant die Kostenart mit der höchsten Steigerungsrate während der Lieferzeit für die Begründung der Preiserhöhung heranzieht. Eine Preisgleitklausel mit Kostenspezifikation könnte folgende Struktur haben:

$$P_L = P_V \cdot \left(0{,}3 \cdot \frac{A_L}{A_V} + 0{,}2 \cdot \frac{B_L}{B_V} + 0{,}4 \cdot \frac{C_L}{C_V} + 0{,}1 \cdot \frac{D_L}{D_V}\right)$$

P_L	= Preis zum Lieferzeitpunkt
P_V	= Preis zum Zeitpunkt des Vertragsabschlusses
V	= Vertragsabschluss
L	= Lieferzeitpunkt
A, B, C, D	= Kosten unterschiedlicher Faktorarten

(2) Lieferbedingungen

Die Lieferbedingungen legen fest, wer (Lieferant oder Käufer) die Kosten- und Gefahrtragung auf dem Warenweg zwischen Hersteller und Abnehmer übernimmt. Dabei kann man sich, insbesondere im grenzüberschreitenden Warenverkehr, der sogenannten *Incoterms®* bedienen. Es werden E-, F-, C- und D-Klauseln unterschieden (vgl. Internationale Handelskammer Paris 2010, S. 4 ff.):

E-Klausel:

EXW   Ex Works (named place), ab Werk (benannter Ort)

F-Klauseln:

FCA   Free Carrier (named place), frei Frachtführer (benannter Ort)

FAS   Free Alongside Ship (named port of shipment), frei Längsseite Seeschiff (benannter Verschiffungshafen)

FOB   Free On Board (named port of shipment), frei an Bord (benannter Verschiffungshafen)

C-Klauseln:

CFR   Cost and Freight (named port of destination), Kosten und Fracht (benannter Bestimmungshafen)

CIF   Cost, Insurance and Freight (named port of destination), Kosten, Versicherung und Fracht (benannter Bestimmungshafen)

CPT   Carriage Paid To (named destination), frachtfrei (benannter Bestimmungsort)

CIP   Carriage and Insurance Paid to (named destination), frachtfrei versichert (benannter Bestimmungsort)

D-Klauseln:

DAP   Delivered At Place (named place), geliefert benannter Ort (benannter Ort)

DAT   Delivered At Terminal (named terminal), geliefert Terminal (benanntes Terminal)

DDP   Delivered Duty Paid (named place), geliefert verzollt (benannter Ort)

Im Rahmen der E-Klausel stellt der Verkäufer dem Käufer die Ware auf seinem eigenen Gelände zur Verfügung. Bei Vereinbarung einer F-Klausel ist der Verkäufer verpflichtet, die Ware einem vom Käufer benannten Frachtführer zu übergeben. Bei den C-Klauseln schließt der Verkäufer den Beförderungsvertrag ab, ohne Risiken hinsichtlich Verlust oder Beschädigung der Ware und zusätzlicher Kosten, die nach Abtransport der Ware entstehen, zu tragen. Bei den D-Klauseln übernimmt der Verkäufer alle Kosten und Risiken, bis die Ware am Bestimmungsort eintrifft.

Eng mit den Lieferungsbedingungen ist der **Lieferservice** verknüpft. Zu den Bestandteilen des Lieferserviceniveaus zählen die Lieferbereitschaft des Verkäufers sowie seine Lieferzuverlässigkeit, wobei die Lieferzuverlässigkeit in zeitlicher, quantitativer und qualitativer Hinsicht zu bestimmen ist. Bei einer starken Marktposition der beschaffenden Unternehmung kann der Versuch unternommen werden, ein bestimmtes Lieferserviceniveau zum Bestandteil des Vertrags zu machen und die Einhaltung der Lieferzuverlässigkeit durch Konventionalstrafen oder durch sonstige Sanktionen zu erreichen.

Es ist leicht nachzuvollziehen, dass die Vereinbarung einer hohen Lieferbereitschaft zu erheblichen Kostenvorteilen in der beschaffenden Unternehmung führt; denn auf diese Weise kann die kostenverursachende Lagerfunktion auf den Lieferanten abgewälzt werden, der darauf mit einer Flexibilisierung seiner Fertigung bzw. Beschaffung zu reagieren hat. Präsenzlücken werden mit einer verkaufsnahen Nachlieferung vermieden, die um die Regalbestückung und Regalpflege erweitert wird. So zielt das ECR-Konzept (Efficient Consumer Response) darauf ab, durch eine interorganisationale Steuerung der Warenprozesse mit Hilfe des elektronischen Austauschs von Geschäftsdaten (EDI) einerseits die Logistikkosten und Warenbestände sowie andererseits das Local Store Marketing durch Nutzung von Scannerdaten zu verbessern.

5.2.3.4 Die Beschaffungskommunikationspolitik

Hinter der Beschaffungskommunikation steht die Frage: Durch welche informationsbezogenen Beeinflussungsmaßnahmen sollen die potenziellen Lieferanten zu Lieferungen veranlasst werden? Im Rahmen der Beschaffungskommunikation sind drei Aktionsbereiche zu unterscheiden, und zwar

- die Beschaffungswerbung,
- die Vertrauenswerbung sowie
- der Konkurrenzaufruf (Ausschreibung).

Probleme bestehen bei der praktischen Bedeutsamkeit der Beschaffungs- und der Vertrauenswerbung. Die **Beschaffungswerbung** kann nicht spiegelbildlich zur Absatzwerbung gesehen werden; denn die Absatzwerbung richtet sich an die Kunden und ist meist als Sozialtechnik emotional getönt. Die Beschaffungswerbung ist in ihrer praktischen Relevanz von der Marktkonstellation abhängig und hat sich an den gewerblich Tätigen zu richten. Darüber hinaus nutzt die Beschaffungswerbung nur in seltenen Fällen die Print-Medien. Sie bedient sich der Direktwerbung durch Briefe sowie elektronischer Medien und vollzieht sich dann als personale Beschaffungskommunikation.

Da die Bedeutung der Beschaffungskommunikation von der **Marktform** abhängig ist, muss geprüft werden, unter welchen Marktbedingungen die Beschaffungswerbung als Aktionsparameter einsetzbar ist, um durch ihre kommunikative Wirkung die Marktposition der beschaffenden Unternehmung zu verbessern (siehe noch einmal **Tabelle 5.8**):

Da in einem **Oligopol-Polypson** viele kleine nachfragende Betriebe mehreren großen Anbietern gegenüberstehen, sind sie bei der Beschaffung Mengenanpasser; denn sie können die Angebotspreise nicht beeinflussen. Ein Einkäufer kann in diesem Fall seine Marktposition durch Beschaffungswerbung insoweit nicht verbessern, als dass er den Anbieter nicht zu einer Änderung des Angebotspreises bewegen kann. Seine Nachfragemenge ist ohne beachtlichen Einfluss auf den Lieferanten. Es wäre jedoch falsch anzunehmen, dass nun jede kommunikative Aktivität des Einkäufers unzweckmäßig wäre. Die Werbung kann das Ziel verfolgen, **Vertrauen zu bilden**, um bei zweifelhafter Solvenz kein Opfer von Selektionsmaßnahmen zu werden.

Da in einem **Polypol-Oligopson** viele kleine Anbieter wenigen großen Nachfragern gegenüberstehen, braucht der beschaffende Großbetrieb grundsätzlich weder eine Beschaffungs- noch eine Vertrauenswerbung; denn die kleinen Anbieter überbieten sich gegenseitig in ihren Akquisitionsbemühungen.

Da in einem **Polypol-Polypson** viele Nachfrager vielen Anbietern gegenüberstehen, steht die Beschaffungswerbung mit ihrer Informationsaufgabe im Vordergrund. Die Händler geben ihren spezifizierten Bedarf entweder durch Anzeigen in Branchenzeitungen oder durch Briefe bekannt. Diese Form der Beschaffungswerbung kann auch als Kollektivwerbung im Rahmen des kooperativen Einkaufs durchgeführt werden.

Im Folgenden gehen wir auf verschiedene Anlässe und Situationen ein, um die Anforderungen und Möglichkeiten der Beschaffungskommunikation aufzuzeigen. Ein Anlass ist, dass die beschaffende Handelsunternehmung ganz **bestimmte Lieferanten akquirieren** möchte. Es kann sich beispielsweise um bekannte Markenartikelhersteller handeln, deren Produkte bei den Konsumenten eine so hohe Verkehrsgeltung besitzen, dass auf sie zur Sortimentsprofilierung nicht verzichtet werden kann. Die Beschaffungswerbung ist besonders dann gefordert, wenn ein solcher „Quasi-Angebotsmonopolist" außerdem noch für seine Handelskunden Konkurrenzausschluss bietet und an jedem Standort nur einen einzigen Einzelhandelsbetrieb beliefert (Gebietsschutz).

Ein weiterer Anlass ist die **Einführung neuer Betriebstypen**, die zunächst ein System von Bezugsquellen zu erschließen haben und auf Schwierigkeiten stoßen, beliefert zu werden, wenn sie eine aggressive Preispolitik verfolgen. Wenn der betreffende Hersteller einen Handelskonkurrenten beliefert, dann hat die Beschaffungswerbung die geeigneten Argumente zu liefern, mit denen dieser Hersteller veranlasst werden kann, den Konkurrenten als Kunden aufzugeben und die eigene Einkaufsstätte zu beliefern. Wenn der betreffende Hersteller bereits die eigene Handelsunternehmung beliefert, dann hat die Beschaffungswerbung sicherzustellen, dass dieser Hersteller als Lieferant erhalten bleibt und nicht von Handelskonkurrenten abgeworben wird.

In der Situation, dass zwischen der beschaffenden Handelsunternehmung und dem industriellen Lieferanten eine **Integration der Warenprozesse** (siehe z. B. ECR-Konzept) oder eine

Belieferung mit Handelsmarken vereinbart wurde, so ist es die Aufgabe der Beschaffungskommunikation zur Förderung, Entwicklung, Erziehung und Pflege der Lieferanten beizutragen (vgl. Arnold 1997, S. 189 ff.).

Die **Jahresgespräche des Zentraleinkaufs** mit den Vertretern der Industrie (Mitglieder der Geschäftsleitung, Key Account Manager etc.) lassen sich der personalen Beschaffungskommunikation zurechnen. Diese Gespräche sollten sorgfältig geplant werden, weil die Ergebnisse die strategischen Wettbewerbsvorteile des Handels für das kommende Jahr determinieren. Zu den Vorbereitungsarbeiten zählen

- die Sammlung von Erfahrungen im Hinblick auf die Qualität der Zusammenarbeit im letzten Geschäftsjahr sowie in Bezug auf die letztjährige Verhandlung,

- die Klassifikation der Lieferanten nach Leistungssicherheit, Innovationsaktivitäten, Konflikt- und Gefahrenpotenzialen sowie Konditionenspielräumen und Kostenentlastungen für die Zwecke der Ertragsstützung des Handelsbetriebes,

- die Überprüfung der Wettbewerber im Hinblick auf ihre Einkaufsstrategien sowie

- der Entwurf eines strategischen Konzeptes, gestützt durch evtl. Nachverhandlungsoptionen.

Die größte Bedeutung haben die Beschaffungs- und die Vertrauenswerbung in Zeiten der **Warenverknappung** (Verkäufermarkt). Um zur Sicherung des Warenflusses Präferenzen bei den Produzenten zu erreichen, müssen Preisgebote abgegeben werden, die die Einkaufskonkurrenz überbieten, oder allerlei „nützliche Aufwendungen" geleistet werden. Offensichtlich ist das *Bundeskartellamt* in seinen Bemühungen, den Nachfragewettbewerb im Handel zu kennzeichnen, eine zu lange Zeit von dem für den Einzelhandel nicht mehr zutreffenden Paradigma des Verkäufermarktes ausgegangen, wenn festgestellt wird, funktionsfähiger Nachfragewettbewerb läge dann vor, wenn sich die nachfragenden Handelsunternehmungen gegenüber der Industrie in ihren Preisgeboten überböten (Bundeskartellamt 1981).

Zur Beschaffungskommunikation ist weiterhin die **Ausschreibung** zu zählen. Durch öffentlichen Konkurrenzaufruf wird eine unbestimmte Anzahl von leistungsfähigen Anbietern zur Abgabe von Angeboten für eine genau spezifizierte Leistung aufgefordert. Die einzelnen Angebote werden nach bestimmten formalen Kriterien behandelt, um durch die Anonymität des Verfahrens die Zuschlagserteilung an den Anbieter mit der günstigen Offerte sicherzustellen.

Im Falle eines öffentlichen Konkurrenzaufrufes, z. B. durch eine Anzeige in der Presse, spricht man von öffentlicher Ausschreibung. Wird hingegen nur eine ausgewählte Zahl von Teilnehmern zur Angebotsabgabe aufgefordert, spricht man von beschränkter Ausschreibung.

Die Ausschreibung bietet in der Regel den Vorteil, dass die Angebotspreise stärker dem jeweiligen Beschäftigungsstand der Anbieter angepasst werden, als es beim freihändigen Einkauf bei Stammlieferanten der Fall ist. Ein derartiger Konkurrenzaufruf ist allerdings im

Bereich des Handels nur für Standardware des Massenbedarfs üblich und wird dann als beschränkte Ausschreibung vor allem in Niedriglohn-Ländern durchgeführt.

5.2.4   Entscheidungskriterien für die Aufnahme neuer Artikel

Angesichts der großen Bedeutung der Aufnahme neuer Artikel für eine zielführende Sortimentspolitik soll diese bedeutsame Beschaffungsentscheidung in einem gesonderten Abschnitt innerhalb der Planung des Beschaffungsmarketings behandelt werden.

Die Beschaffungssituation des Handelsbetriebes ist dadurch zu kennzeichnen, dass einer außerordentlichen Vielfalt und Dynamik des Industrieangebots eine begrenzte Verkaufsfläche bei knappem Kapitalbudget im Handel gegenübersteht. Infolgedessen muss der Einkäufer eine Auswahlentscheidung treffen, die insbesondere bei der Aufnahme neuer Artikel dadurch schwierig wird, dass eingeführte Produkte mit bekannten Roherträgen von neuen Waren mit unbekannten und zu prognostizierenden Roherträgen verdrängt werden sollen. Um dieses komplexe Entscheidungsproblem zu klären, muss geprüft werden,

- wie sich das Beschaffungsverhalten bei der Aufnahme neuer Produkte in der Praxis darstellt,

- wie der Informationsbedarf im Rahmen einer Artikelaufnahme systematisierbar ist und

- welche quantitativen und qualitativen Auswahlkriterien und welche Bewertungs- und Entscheidungstechniken genutzt werden können.

5.2.4.1   Das Beschaffungsverhalten bei neuen Artikeln in der Praxis

Um das Beschaffungsverhalten durch empirische Befunde zu erhellen, kann in der Praxis der Handelsbetriebe festgestellt werden, wer über die Aufnahme neuer Artikel entscheidet, welche Formen der Informationsbeschaffung zu beobachten sind und welche Merkmale des Angebotes in die Aufnahmeentscheidung einfließen.

In den Großbetrieben des Handels werden die Entscheidungen über die Neuaufnahme von Artikeln weitgehend in kollektiver Verantwortung gefällt. Denn die Institutionalisierung von **Einkaufsgremien** ist nahezu die Regel. Empirische Erhebungen zeigen, dass der Einkäufer als Gesprächspartner der Industrie die Entscheidungen im Gremium durch gezielte Empfehlungen stark beeinflussen kann (vgl. Hansen/Skytte 1998, S. 286).

Zur Stützung der Beschaffungsentscheidung kann u. a. auf die Informationen der Hersteller, der Fachzeitschriften – beides sind **Fremdinformationen** – sowie auf Eigeninformationen zurückgegriffen werden. Die in den **Einkaufsgesprächen mit dem Außendienst der Industrie** übermittelten Informationen haben für die Aufnahmeentscheidung jedoch nur eine geringe Bedeutung. Diese Feststellung steht mit der Beobachtung in Einklang, dass die Einkäufer die vorgestellten Produkte nur einer oberflächlichen Bewertung unterziehen. Empirische Erhebungen zeigen, dass die Zahl der von den Einkaufsgruppenmitgliedern erinnerten Produktargumente erstaunlich gering ist. Zudem bestehe ein starkes Informationsgefälle in den Handelsunternehmungen zwischen der Einkaufsseite und der weniger gut unterrichteten Absatzseite (z. B. Kline/Wagner 1994).

Die Gründe für das oberflächliche Informations- und Bewertungsverhalten sind in der Arbeitsbelastung der Entscheidungsträger, den geringfügigen Folgen einer verfehlten Aufnahmeentscheidung, relativ hohen Kosten für eine Verbesserung der Informationsbasis (Pilotstudien im Handel) sowie in der Diskrepanz zwischen dem Informationsangebot der Industrie und dem Informationsbedarf des Handels zu sehen. Dabei gibt es durchaus Marktforschungsstudien der Industrie zu Trends im Verbraucherverhalten und Marktchancen neuer Artikel. So intensivierte z. B. *Nestlé* die Marktforschung rund um die Marke *Maggi* und liefert u. a. Ergebnisse aus Detailstudien für die Bereiche Ernährung und Kochen (vgl. Druck 2009, S. 43).

Bei der Gegenüberstellung eines Informationsangebotsprofils der Industrie mit dem Informationsbedarfsprofil des Handels kann es aber sein, dass die zur Verfügung gestellten Informationen auf keinerlei Bedarf treffen, während wesentliche Informationswünsche des Handels offen bleiben (vgl. Dichtl/Bauer 1978, S. 76 f.).

Viele Zentraleinkäufer verlassen sich weniger auf Fremd- als auf **Eigeninformationen**. Dabei spielen Erfahrung und Fingerspitzengefühl eine nicht unerhebliche Rolle. Storetests zur Prüfung der Marktakzeptanz von Artikeln wurden in der Vergangenheit selten durchgeführt. Diese Enthaltsamkeit gegenüber einer Eigenbewertung unter realen Marktbedingungen wurde mit hohen Kosten und organisatorischen Problemen begründet.

Die bereits zitierte Erhebung nennt folgende Faktoren, die für die Einkaufsentscheidung der Beschaffungsträger relevant sind.

- Beweise für die Artikelakzeptanz beim Konsumenten: Me-too-Produkte, denen ein unverwechselbares Produktversprechen fehlt, haben offensichtlich nur geringe Chancen. In der Regel wird auch ein hoher Qualitätsanspruch gestellt, so dass die Annahme fehlgeht, der vorteilhafte Preis würde über den Qualitätsaspekt dominieren.

- Starke Media-Werbung für den Artikel sowie mit dem Handel abgesprochene Maßnahmen der Verkaufsförderung: Allerdings darf es dabei nicht zu einem Ungleichgewicht von Pull- und Push-Aktionen durch die Industrie kommen.

- Konditionen, die überschaubar sind und der spezifischen Marktleistung des Handelsbetriebes gerecht werden.

- Vertrauen in die Innovationsfähigkeit der Produktpolitik des Herstellers.

Es kann nicht verwundern, dass solche Argumente des Herstellers, die auf einen schnellen Absatz der Produkte schließen lassen, bei der Fundierung der Aufnahmeentscheidung eindeutigen Vorrang genießen; denn von den Faktoren, die den Rohertrag ausmachen, ist die voraussichtliche Umschlagshäufigkeit unsicherer als die Spanne.

5.2.4.2   Der Informationsbedarf bei der Aufnahme neuer Artikel

Der für die Listungsentscheidung eines neuen Artikels notwendige Informationsbedarf hängt von der jeweiligen Warengattung und den betriebswirtschaftlichen Besonderheiten des einzelnen Betriebstyps und Betriebes ab. Im Allgemeinen sind Antworten auf folgende Fragen zu finden:

■ Für welche Absatzkontaktform (Betriebstyp) ist der Artikel besonders geeignet?

■ Welche Zielgruppe soll angesprochen werden?

■ In welchem Umfang wird diese Zielgruppe von dem vorhandenen Sortiment bereits erreicht?

■ Liegt ein unverwechselbares Produktversprechen vor?

■ Wie ist die Qualität des Artikels zu beurteilen?

■ In welcher Preislage soll der Artikel positioniert werden?

■ Sind Markttests durchgeführt worden, wenn ja, mit welchen Methoden und mit welchem Erfolg?

■ Wie will der Hersteller den Artikel bei fortschreitender Distribution werblich unterstützen? Welche Medien werden in welchen Abständen belegt?

■ Welche Produkte werden im Umfeld bereits erfolgreich geführt?

■ Wie bekannt ist der Hersteller, und wie ist sein Profil als Markenartikel-Produzent zu beurteilen?

■ Verfügt der Hersteller über einen schlagkräftigen Außendienst, und wie ist dieser organisiert (Gebiets- oder Kundengruppenorganisation)?

■ Welche Konditionen werden gewährt?

■ Welche Kostenentlastungen und Sicherungen gegen das Absatzrisiko kann der Hersteller bieten?

■ Führt die Artikelaufnahme zu vertretbaren Preis-Mengen-Relationen?

■ Wie hoch sind der Rohertrag, der Deckungsbeitrag und die Bruttorentabilität des Artikels?

■ Welcher Artikel kann substituiert und ausgelistet werden?

■ Wie hoch sind die „Rüstkosten" der Artikelaufnahme und wie können sie durch Maßnahmen des Herstellers gesenkt werden?

Die aufgeführten Inhalte lassen sich drei Gruppen von Indikatoren zuordnen: Indikatoren zur direkten Beurteilung des Gewinnpotenzials, Indikatoren zur Beurteilung der Produktakzeptanz durch die Endkunden und durch die Mitarbeiter des Händlers sowie Indikatoren zur Beurteilung der Absatzförderung durch den Hersteller.

Die Überprüfung der Indikatoren soll helfen, typische Fehler bei den Einkaufsentscheidungen zu vermeiden. Solche Fehler sind

■ das ausschließlich kostenorientierte, auf Konditionenverbesserung abzielende Verhalten unter Vernachlässigung der Absatzchancen,

■ die Hinnahme überproportionaler Dispositionsmengen, um Mengenrabatte zu realisieren,

■ die Fehleinschätzung der Artikelakzeptanz wegen fehlenden Kontaktes zum Absatzmarkt aufgrund der organisatorischen Trennung von Einkauf und Verkauf,

■ die unkritische Übernahme der Herstellerinformationen, kein kritisches Hinterfragen der vorgestellten Markttest-Ergebnisse sowie

■ keine Analyse der Marketing-Konzeption des Herstellers.

5.2.4.3 Bewertungs- und Entscheidungstechniken bei der Aufnahme neuer Artikel

Eine Möglichkeit, zahlreiche quantitative und qualitative Kriterien zu verarbeiten, um bewertungs- und entscheidungsrelevante Informationen zu erhalten, bietet das **Punktbewertungsmodell** bzw. **Scoring-Modell**. Die Vorgehensweise besteht aus folgenden Schritten:

■ Definition der relevanten Bewertungskriterien für die Artikellistung,

■ Zuordnung einer Punktzahl aus einer Skala für jedes Bewertungskriterium,

■ Gewichtung der Bewertungskriterien und Multiplikation der Punktwerte mit den Gewichtungsfaktoren,

■ Addition der Faktorwerte zu einem Gesamtwert als Scoring-Wert für jeden Artikel.

Die Gewichtungsfaktoren sollen aus der spezifischen Sicht einer jeden Warengruppe abgeleitet und einer Expertenvalidierung unterzogen werden. **Tabelle 5.10** zeigt auf der Grundlage der zuvor beschriebenen Gruppen von Indikatoren, welche Kriterien für die Entscheidung über die Artikellistung in einem Scoring-Modell verwendet werden können.

Die Anforderungen eines Punktbewertungsmodelles sind, alle relevanten Bewertungskriterien zu identifizieren, diese so überschneidungsfrei wie möglich auszuwählen, das Verhältnis der Gewichtungsfaktoren zueinander zu bestimmen, die Subjektivität bei allen Verfahrensschritten im Auge zu behalten und schließlich einen kritischen Punktwert festzulegen, bei dessen Überschreitung die Listung des Artikels empfohlen wird.

Da die Leistungsfähigkeit eines Scoring-Modells aus den genannten Gründen begrenzt ist, stellt sich die Frage, wie der Entscheidungsträger aus der Vielzahl möglicher Leistungskriterien, zumal unter dem in der Praxis zu beobachtenden Zeitdruck, die ihn vornehmlich interessierenden selektiert. Empirische Erhebungen zeigen denn auch, dass die jeweilige Kriterienauswahl durch den **Typus des Einkäufers** geprägt wird (vgl. Bauer 1980, S. 333 f.).

Tabelle 5.10   Struktur eines Scoring-Modells für die Artikellistung

Bewertung des Artikels N			
1 für die ungünstigste Ausprägung bis maximal 5 Punkte für die günstigste Ausprägung			
Bewertungskriterien	ungewichteter Punktwert	Gewichtungs-faktor	gewichteter Punktwert
(1) Gewinnpotenzial			
Handelsspanne			
Umschlagshäufigkeit			
Warenbewegungsaufwand			
Flächenproduktivität			
Nebenleistungen des Herstellers			
Rohertragsverlust durch Substitutionsartikel (negativer Verbundeffekt)			
Rohertragsgewinn durch Komplementärartikel (positiver Verbundeffekt)			
Zwischensumme (1)			
(2) Produktakzeptanz			
Verkaufsversprechen (USP)			
Bekanntheitsgrad			
Neuheitsgrad			
Produktqualität			
Verpackungsattraktivität			
Image des Produkts			
Preis-Leistungs-Verhältnis (Einkauf)			
Qualität der Marktforschungsergebnisse			
Zwischensumme (2)			
(3) Absatzförderung durch den Hersteller			
Werbung			
Art und Anregungen für Promotions			
Marketingkooperationsbereitschaft			
Bereitschaft zu vertraglichen Vereinbarungen			
Zwischensumme (3)			
Gesamtsumme aus (1), (2) und (3)			

Der **loyale Einkäufer** zeichnet sich durch Bezugsquellentreue aus. Er listet Artikel aus dem Angebot seiner Stammlieferanten auch dann, wenn er nicht die günstigsten Konditionen erhält. Dieses Beschaffungsverhalten stellt sich ein, wenn sich der Einkäufer mehr an eigenen Zielen und Präferenzen orientieren kann als an vereinbarten und verbindlichen Warengruppen- und Unternehmungszielen. In der Regel sind damit auch Defizite in der ergebnisorientierten Steuerung aller Unternehmungsbereiche verbunden.

Der **konditionenorientierte Einkäufer** selektiert kritisch und wechselt häufig die Bezugsquellen. Ein solches Verhalten ist meist dann zu beobachten, wenn Handelsunternehmungen eine schwache Konkurrenzposition zu verbessern oder eine starke Wettbewerbsposition im Horizontalverhältnis zu anderen Händlern auszuspielen und zu erhalten versuchen. Der auf Konditionenvorteile konzentrierte Einkäufer, der damit relative Kostenvorteile für eine preisdominante Absatzpolitik schafft, ist häufig in Handelsbetrieben mit straffem Einliniensystem anzutreffen. Damit kann er aber nicht gewinnorientiert, sondern nur über die Minimierung der Beschaffungskosten geführt werden.

Der **absatzorientierte Einkäufer** ist daran interessiert, mit neuen Produkten Marktnischen zu besetzen, um sich von den Wettbewerbern in seinem Einzugsgebiet absetzen zu können. Dieses Verhalten wird durch stagnierende Märkte und hohen Konkurrenzdruck erzwungen. Der auf die Marktwirksamkeit der Werbung abzielende Einkäufer legt vor allem auf jene Maßnahmen der Absatzwerbung und Verkaufsförderung Wert, die den zügigen Verkauf der neuen Artikel sicherstellen. Dieses Verhalten wird durch eine stark umsatzorientierte Unternehmensführung gefördert, die über eine Erhöhung der Umschlagshäufigkeit Ökonomisierungsgewinne erwirtschaften will.

Der **qualitätsorientierte Einkäufer** wird bei seinen Beschaffungsentscheidungen hauptsächlich von den qualitativen Eigenschaften der neuen Artikel geleitet. Dieses Einkaufsverhalten ist Ausdruck einer starken Wettbewerbsstellung und Qualitätsführerschaft im relevanten Marktsegment. Gerade im Bereich des Textileinzelhandels ist diese Form der qualitäts- und markenorientierten Beschaffung die Grundlage für eine zielgruppenbezogene Hochpreisstrategie. Nicht einsichtig ist daher der Hinweis in der Literatur (vgl. Bauer 1980, S. 334), der qualitätsorientierte Einkäufer sei regelmäßig dann anzutreffen, wenn der Handelsbetrieb wenig straff mittels Aufwands- und Erfolgskennzahlen geführt würde.

Die Marketingstrategie, der Wettbewerbs- und Kostendruck sowie der Führungsstil in der beschaffenden Handelsunternehmung sind wesentliche Grundbedingungen, die die Rangfolge einkaufspolitischer Entscheidungskriterien determinieren. Es ist daher Ausdruck einer qualifizierten Führung des Betriebs, wenn nicht die Persönlichkeitsmerkmale des Einkäufers, sondern die Unternehmungs- und Marktziele das Beschaffungsmarketing bestimmen.

Der Entscheidungsprozess der Beschaffung lässt sich in einzelnen Phasen durch den Einsatz von **Expertensystemen** automatisieren. Als Teilgebiet der künstlichen Intelligenz bieten Expertensysteme die computerunterstützte Bereitstellung von Wissen, das informationstechnisch die Problemlösungsfähigkeit menschlicher Experten in komplexen Entscheidungsfeldern abbildet (vgl. Mahnkopf 1992, S. 59 ff.). Hierbei gilt es nicht nur fachspezifische Daten und Erfahrungswissen von Spezialisten zu integrieren, welches insbesondere durch Heuristiken sowie Assoziationsvermögen gekennzeichnet ist. Vor allem müssen wissensbasierte Systeme in der Lage sein, auch auf der Grundlage unsicherer oder unvollständiger Daten Entscheidungen abzuleiten. Denn gerade die Qualifikation, trotz eines mangelhaften Informationsstandes die richtigen Entschlüsse zu fassen, macht das Wissen von Experten für die Unternehmensführung unentbehrlich. Hinsichtlich der Beurteilung und Auswahl von Lieferanten können in einem Expertensystem verschiedene Beschaffungsstrategien auf der Basis einer Verknüpfung von relevanten Entscheidungskriterien durchgeführt werden, wodurch der Einkäufer in seinen Beschaffungsentscheidungen wesentlich unterstützt wird (vgl. Mahnkopf 1992, S. 166).

Abschließend ist noch auf das **Kundengruppenmanagement** der Markenartikelindustrie (Key Account Management) für den Einkauf des Handels hinzuweisen. Nach der Devise „Konditionen plus Marketingkonzepte" versucht der Markenartikelhersteller über seine Institution des Kundengruppenmanagements, die produktspezifischen Promotionen in solche Aktionen umzusetzen, die der Betriebsstättenprofilierung des jeweiligen Großkunden auf der Handelsstufe dienen (vgl. Hallier 1986, S. 340 ff.).

Damit wächst bei den Markenartikelherstellern, die ein solches Kundengruppenmanagement betreiben, der Personalaufwand. Die von den Verkaufsförderungsmaßnahmen der Industrie profitierenden Händler könnten nun in Erwägung ziehen, ihrerseits den Personalaufwand für eigene Verkaufsförderer zu reduzieren und sich auf die funktionsorientierten Organisationsprinzipien (Einkauf – Verkauf) zu konzentrieren. Mit der Funktionenausgliederung der Verkaufsförderung auf die Industrie sinken in den Handelsbetrieben zwar Kosten, jedoch besteht die Gefahr, die Eigenständigkeit der handelsbetrieblichen Marketingpolitik zu verlieren und neue Abhängigkeiten von der Industrie in Kauf zu nehmen.

Bei wachsender Konzentration im Handel kann das Marketing der Konsumgüterindustrie durch eine Doppelstrategie gefördert werden. Neben dem klassischen auf die Stärke der Marke gerichteten Consumer-Marketing kann das **Trade-Marketing** den vielfältigen Problemlösungsbedürfnissen des Handels (z. B. Betriebsstättenprofilierung, Schaffung von Kostensenkungspotenzialen in der Logistikkette) Rechnung tragen (vgl. Böhlke 1992, S. 187 ff.). Im Übrigen unterstützt auch das bereits mehrfach erwähnte **Category Management** der Industrie die Sortimentsplanung der Handelskunden, einschließlich der Listungsvorschläge für neue Artikel. Für solche Vorschläge greift das Category Management auf Handelspaneldaten, Konsumentenpaneldaten, Scannerdaten der Händler, sofern sie ihnen diese zur Verfügung stellen, sowie auf Ergebnisse der qualitativen Marktforschung zurück. Die Eignung der Daten hängt auch von der Beantwortung der Frage ab, ob es um die Listung einer Marktneuheit oder um die Listung einer – für den Händler – Unternehmungsneuheit geht.

5.3 Die Warenbewirtschaftung

Wenn wir hier Planungstechniken zur Realisierung des warenwirtschaftlichen Optimums erörtern, dann gehen wir von der Zielsetzung aus, dass die für den Absatz innerhalb eines bestimmten Zeitraums benötigten Handelswaren in der erforderlichen Menge und Qualität, zur richtigen Zeit und am gewünschten Ort unter bestmöglichen Konditionen (Einstandspreis) und minimalen Kosten (inner- und zwischenbetriebliche Warenbewegung) bereitzustellen sind.

Wir führen unsere Betrachtung an einem geschlossenen Warenwirtschaftssystem durch. Ein Warenwirtschaftssystem wird als geschlossen bezeichnet, wenn die IT-Struktur der eigenen Unternehmung alle Stationen (Elemente) abbildet, die der einzelne Artikel vom Bestellvorgang über den Wareneingang bis zum Warenausgang durchläuft (vgl. Olbrich 1992, S. 54 ff.). Fehlt eines dieser Module, wird von einem offenen Warenwirtschaftssystem gesprochen. Wir behandeln im Folgenden das Bestellwesen, den Wareneingang, die Lagerhaltung sowie den Warenausgang.

In einem geschlossenen Warenwirtschaftssystem sind weiterhin planungs- und kontrolltechnische Elemente zu unterscheiden. Hierzu zählen z. B. das Limitwesen, die kurzfristige Erfolgsrechnung und die Warenabflussanalyse. Auf diese Instrumente wird bei der Behandlung jener Führungsentscheidungen eingegangen, zu deren Fundierung sie jeweils nutzbar sind.

a) Das Bestellwesen

Wenn das **Bestellwesen automatisiert** ist, löst das EDV-System aufgrund vorgegebener Dispositionsanweisungen eine Bestellung aus. Bei dem Bestellrhythmusverfahren als Dispositionsanweisung wird zu äquidistanten Zeitpunkten bestellt, bei dem Bestellpunktverfahren dann, wenn der Bestand des betreffenden Artikels unter eine bestimmte Mindestmenge sinkt. Ein solches Bestellwesen empfiehlt sich bei standardisierten Artikeln wie vor allem Lebensmitteln, die über eine längere Zeitspanne unverändert im Sortiment geführt werden. Eine Variante des automatischen Bestellsystems ist das **Bestellvorschlagssystem,** bei dem das EDV-System der Einkaufsabteilung die Dispositionsentscheidung nicht abnimmt, sondern lediglich eine Bestellvorschlagsliste erstellt.

Unterliegt das Sortiment innerhalb kürzester Zeit starken Veränderungen (z. B. Moderströmungen), ist also bei jedem Beschaffungsvorgang erneut über Farbe, Form, Größe, Menge etc. der zu beschaffenden Artikel zu entscheiden und liegt außerdem noch unter Umständen der Bestellzeitpunkt erheblich vor dem Zeitpunkt des Wareneingangs (wie z. B. im Textileinzelhandel), so ist ein **manuelles Bestellsystem** empfehlenswert. In diesem Fall ist zunächst eine Beschaffungsvorbereitung erforderlich, indem der Einkaufsabteilung im Rahmen der Limitplanung Einkaufsbudgets (ggf. nicht nur wertmäßig, sondern auch nach anderen Kriterien wie z. B. Menge, Farbe, Preislage etc.) in Abhängigkeit von der prognostizierten Nachfrage für eine bestimmte Periode vorgegeben werden. Des Weiteren ist bei einem solchen Bestellsystem die lückenlose Erfassung aller getätigten Bestellungen (Orderbestandsführung) notwendig. Schließlich sind unter Berücksichtigung der Informationen aus der Orderbestandsführung in der laufenden Periode im Rahmen der Limitkontrolle die ursprünglich geplanten Einkaufsbudgets der tatsächlichen Nachfrageentwicklung laufend anzupassen.

b) Der Wareneingang

Beim Wareneingang ist zu prüfen, ob die auf der Rechnung des Lieferanten ausgewiesene Ware mit der gelieferten übereinstimmt. Es ist außerdem zu kontrollieren, ob der Auftrag in der ursprünglichen Form abgewickelt worden ist, ob also z. B. die Ware in der gewünschten Qualität und Menge geliefert und der gewünschte Liefertermin eingehalten worden sind. Damit soll verhindert werden, dass für nicht erhaltene oder nicht bestellte Ware gezahlt wird. Welche hohen Einsparungsmöglichkeiten bereits in einer solchen Rechnungs- und Konditionenkontrolle liegen, haben Untersuchungen gezeigt, nach denen ca. 15 Prozent aller eingehenden Rechnungen im Einzelhandelsbetrieb falsch, meist überhöht, ausgestellt waren (vgl. Zentes 1984, S. 23).

Die Form der sich anschließenden Warenetikettierung hängt davon ab, welche warenwirtschaftlichen Informationen in der Unternehmung erforderlich sind. Im einfachsten Fall wird der eingegangene Artikel lediglich mit dem Verkaufspreis sowie eventuell noch mit der betreffenden Warengruppe gekennzeichnet. Es werden dann beim Wareneingang sowie beim Warenausgang nur wertmäßige Lagerbestandsgrößen warengruppengenau fortgeschrieben. Die Unternehmung erhält in diesem Fall beispielsweise keine exakten Informationen über den mengenmäßigen Umsatz, über den mengenmäßigen Lagebestand oder über das durchschnittliche Alter der gelagerten Ware.

Diese einfachste Form der Warenetikettierung mit einer entsprechend anspruchslosen Form der Datenerfassung war z. B. im Lebensmitteleinzelhandel üblich, da dort lange die große Warenmenge in Relation zum Umsatz eine aufwändige und informativere Etikettierung ausgeschlossen hat.

Eine aufwändigere Warenetikettierung ist erforderlich, wenn diese nicht nur über den Verkaufspreis und die Warengruppe, sondern auch z. B. über das Wareneingangsdatum, über den Einkaufspreis oder über den Lieferanten informieren soll. Diese Informationen werden entweder auf dem Etikett verschlüsselt – der Endkunde soll nicht unbedingt z. B. den Einkaufspreis oder das Wareneingangsdatum erfahren. Oder es wird dem einzelnen Artikel eine Identifizierungsnummer zugewiesen, unter der zentral alle gewünschten Informationen über diesen Artikel gespeichert und im Falle einer Warenbewegung abgerufen werden können. Eine verbesserte Lösung dieses Problems ergibt sich für den Einzelhandelsbetrieb, wenn eine solche Identifizierungsnummer (Barcode) bereits seitens des Herstellers an der Ware nach vorgegebenen Regeln angebracht wird (heute GTIN, früher: EAN), so dass die Warenetikettierung – genauer: das körperliche Anbringen des Etiketts an der Ware – in der Handelsunternehmung entfällt.

Zu weiteren Fortschritten hat die **Radio Frequency Identification (RFID)** geführt (vgl. Schröder 2012b, S. 122). Versandeinheiten (z. B. Paletten), Verpackungseinheiten (z. B. Kartons) und Endverbrauchereinheiten (Produkte) lassen sich mit Funketiketten (auch: RFID-Tags, Transponder), das sind Computerchips mit einer Antenne, ausstatten, deren Inhalte durch ein Lesegerät ausgelesen werden. Das Auslesen geschieht ohne Sicht- und Berührungskontakt, wenn das Objekt mit dem Funketikett das Lesegerät passiert (**Abbildung 5.9**).

Abbildung 5.9   Elemente und Funktionsweise der RFID-Technik

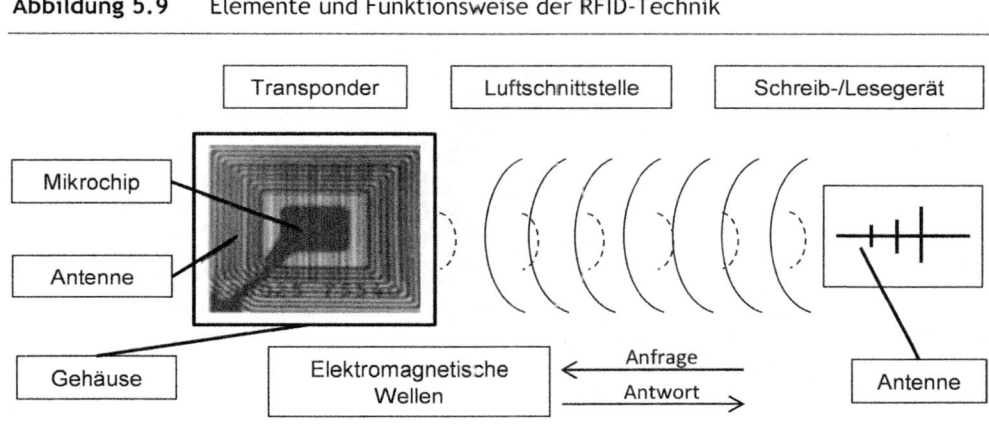

Quelle: In Anlehnung an Finkenzeller 2012, S. 6 ff., und Hessisches Ministerium für Wirtschaft, Energie, Verkehr und Landesentwicklung 2014

So laufen Prozesse des Wareneingangs und grundsätzlich Prozesse der Verfolgung von Waren schneller, als wenn Barcodes manuell mit einem Lesegerät erfasst werden müssen. Der **Electronic Produkt Code (EPC)** ermöglicht es, weltweit eindeutige Seriennummern zu vergeben und jedes einzelne Produkt zu identifizieren. Zudem lassen sich auf den Funketiketten individuelle Daten abspeichern, die umfangreichere Analysen erlauben als die Barcodes. Ein gut nachvollziehbares Anwendungsbeispiel liefert *Gerry Weber* für den Textilbereich (**Abbildung 5.10**). Informationen hierzu finden sich unter http://bit.ly/1k1jzFI (Abruf: 2014-07-19). Weitere Anwendungsbeispiele und Erfahrungen finden sich für die Automobilwirtschaft (Weigert 2007), für die Textilwirtschaft (Hodel/Jacobs 2008), die Lebensmittelwirtschaft (vgl. Resl/Windischbauer 2006, S. 68 ff.) sowie branchenübergreifend (Franke/Dangelmaier 2006).

c) Die Lagerhaltung

Das Element der Lagerhaltung erfasst alle Ruhezustände der Artikel sowie der Warenbewegungen zwischen dem Wareneingang und dem Warenausgang. Hierzu zählen z. B. Bewegungen zwischen verschiedenen Warengruppen, indem Ware einer Warengruppe – aus welchen Gründen auch immer – durch eine andere Warengruppe übernommen wird, oder auch Bewegungen zwischen Filialen Des Weiteren sind alle wertmäßigen Bestandsveränderungen zu erfassen, die eintreten, ohne dass es zu einer mengenmäßigen Veränderung des Lagerbestands kommt. Gemeint sind hiermit Preisveränderungen, also z. B. Preis-reduktionen bei veralteter oder verderbgefährdeter Ware sowie gegebenenfalls Preiserhö-hungen bei Waren, deren Wiederbeschaffungspreis infolge steigender Rohstoffpreise er-heblich gestiegen ist.

Abbildung 5.10   RFID-Tag von Gerry Weber

Quelle: Gerry Weber 2014

d) Der Warenausgang

Der Warenausgang bildet das Gegenstück zum Wareneingang; es werden alle Informa-tionen erfasst, mit denen die Ware beim Eingang etikettiert worden ist. Je mehr Informatio-nen das Warenetikett über den Artikel enthält, wie z. B. Lieferant und Wareneingangsda-tum, desto ergiebiger ist die Warenabflusskontrolle. So lassen sich dann z. B. die mit einem Artikel oder einem Lieferanten durchschnittlich erzielte Stückspanne oder die auf einen bestimmten Lieferanten oder Artikel entfallenden Preisreduktionen feststellen. Auch sind Auswertungen über gängige Preislagen, Größen, Farben etc. möglich. Es entsteht damit eine wichtige Informationsgrundlage für zukünftige Beschaffungsentscheidungen.

Auch in diesem Bereich hat die RFID-Technik zu einem deutlichen Fortschritt geführt. Die Warenhäuser von *Kaufhof* zählten zu den ersten Handelsbetrieben in Deutschland, die die RFID-Technik eingesetzt haben. Als Einsatzgebiete in der Logistik nannten sie 2005 (Kanzok 2005):

- Unit-Mengenkontrollen Wareneingang und Warenausgang,

- Item-Mengenkontrollen Wareneingang und Warenausgang,

- Wareneingangs-Datenerfassung,

- Sortierung und Verteilung und

- Verfolgung von Mehrwegtransportverpackungen.

Als Einsatzgebiete in den Filialen werden genannt: alle Arten der Bestandserfassung, die Unterstützung bei der Artikelsuche und beim Kassiervorgang, die Bestandsüberwachung und die Nachbestellung, die visuelle Verkaufsunterstützung sowie die Unterstützung im Kundenservice (Garantie, Ansprache, Kiosksysteme, Artikelinformationen).

5.3.1   Die Bestellmengen

Um die betriebswirtschaftlichen Dimensionen der Beschaffungsentscheidungen zu kennzeichnen, ist darauf zu verweisen, dass die Bereitstellung der für den Absatz geeigneten Handelswaren mit **Artikelkosten** (Warenkosten) und **Bestellkosten** (einschließlich Transportkosten), in der Regel aber auch mit **Lagerhaltungs- und Kapitalbindungskosten** verbunden ist. Die Minimierung dieser Kosten – wir nennen sie Kosten der Beschaffungswirtschaft – ist ein erstes Ziel der Entscheidungsträger im Beschaffungsbereich.

Ein zweites Ziel ist die **Sicherstellung der Verkaufsbereitschaft** und die **Vermeidung umsatzschädlicher Lücken in der Warenpräsenz**. Beschaffungsentscheidungen, insbesondere in Einzelhandelsunternehmungen, sind durch ein hohes Maß informatorischer Unsicherheit gekennzeichnet, da aufgrund rasch wechselnder Marktlagen und Einkaufsgewohnheiten keine sicheren Daten über die tatsächlich absetzbaren Bedarfsmengen vorliegen (stochastische Nachfrage).

Infolgedessen ist die Zielsetzung der Kostenminimierung nicht mit der Forderung nach maximaler Verkaufsbereitschaft vereinbar. Denn die 100 %ige Lieferbereitschaft wäre, weil auch extremen Nachfragemengen Rechnung getragen werden müsste, mit exponentiell steigenden Lagerhaltungs- und Kapitalbindungskosten verbunden. Es sind aber auch solche Beschaffungsentscheidungen häufig nur scheinbar mit der Zielsetzung der Kostenminimierung verträglich, die über vorsichtige Einkaufsdispositionen unverkäufliche Restbestände zu vermeiden suchen. Einerseits sinkt zwar bei geringeren Einkaufsmengen die Wahrscheinlichkeit eines Eintritts unverkäuflicher Restmengen. Andererseits kann eine zu vorsichtige Einkaufspolitik bei unerwartet hoher Nachfrage zu Fehlmengenkosten in Form von Mindereinnahmen führen, von möglichen Image- und damit auch Kundenverlusten ganz zu schweigen.

Man stößt in diesem Zusammenhang auf den bereits mehrfach erwähnten **Zielkonflikt zwischen den Entscheidungsträgern** im Beschaffungs- und im Absatzbereich. Dieser Zielkonflikt zwischen Kostenorientierung und Gewinn- bzw. Umsatzorientierung würde sicherlich verstärkt, wenn die Beschaffungsinstanz nur über die Zielgröße „Kostenminimierung" geführt würde. Hierdurch wird noch einmal die bereits wiederholt formulierte These bestätigt, dass im Handelsbetrieb die funktionale Trennung von Einkauf und Verkauf zu Spannungen führen muss, die optimale Lösungen im Sinne des Unternehmungsganzen verhindern. Eine enge Interaktion zwischen Einkauf und Verkauf ist umso eher geboten, als durch rechtzeitige Preisabschriften der Unverkäuflichkeit von Lagerbeständen entgegengewirkt werden kann. Im besten Fall werden nur Artikel geordert, die den Kundenbedürfnissen entsprechen.

Die **Beschaffungsplanung,** durch die die Bereitstellung von Handelswaren für bestimmte Planungszeiträume gedanklich und administrativ vorbereitet wird, ist in der Regel – wenn man von der Möglichkeit spekulativer Käufe zunächst absieht – von den Daten des Absatzmarktes und des Absatzplanes abhängig. Sie gliedert sich in drei Schritte, die in einem sachlogischen Zusammenhang stehen.

Der erste Schritt ist die **Bedarfsplanung.** Der Bedarf derjenigen Handelswaren wird festgelegt, die für die Planungsperiode nach Maßgabe der Absatzplanzahlen benötigt werden.

Der zweite Schritt ist die **Vorrats- und Lagerbestandsplanung,** die auf außer- und innerbetriebliche Friktionen Rücksicht zu nehmen hat. Die Lagerbestandsplanung hat aufgrund der Pufferfunktion des Lagers die Spannungen auszugleichen, die zwischen der Beschaffungsdisposition der Handelsunternehmung und der stochastisch verteilten Nachfrage auftreten können. So sind bei zu erwartenden Lieferengpässen Sicherheitsbestände – auch im Hinblick auf die kaum exakt prognostizierbare Nachfrage – aufzubauen. Andererseits sind Lagerbestände, die eine definierte Mindestumschlagsgeschwindigkeit des Warenlagers verhindern, durch Sonderaktionen im Verkauf oder durch einen Orderstop abzubauen. Infolgedessen kann die im ersten Schritt erwähnte Bedarfsplanung auf terminierte Lieferungen sowie auf gegebene Lagerbestände und deren Abbau zurückgreifen.

Sind unter Berücksichtigung von Sicherheitsbeständen und Sonderaktionen Bedarf und Lagerbestand definiert, dann folgt in der dritten Stufe die **Bestellplanung.** Die Bestellplanung hat die quantitativen, qualitativen und zeitlichen Daten für den Bestell- und Anlieferungsprozess zu erfassen. Darüber hinaus sind die Mindestkonditionen und die Einkaufsbudgets festzulegen. Aufgrund der sich aus der Bestellung für die ordernde Handelsunternehmung ergebenden finanzwirtschaftlichen Konsequenzen wird in der Praxis des Einzelhandels die Bestellplanung als Limitplanung konzipiert, um neben der Mengenkomponente gleichzeitig auch die Wertkomponente zur Sicherstellung des finanziellen Gleichgewichts zu budgetieren. Wegen ihrer besonderen Bedeutung für die Einzelhandelspraxis wird die Limitplanung in einem gesonderten Kapitel (5.3.2.4) behandelt.

5.3.1.1   Die Optimierung der Bestellmenge - das Grundmodell

Der mit der Bestellplanung betraute Einkäufer im Handelsbetrieb, der die Bedarfszahlen aufgrund der unterjährigen Absatzplanung vorliegen hat, steht bei seinen beschaffungswirtschaftlichen Dispositionen vor folgendem Problem. Entweder ordert er nur den gegenwärtigen Bedarf unter Berücksichtigung eines etwa gegebenen Lagerbestandes oder er antizipiert Anteile des zukünftigen Bedarfs in der Bestellung. Bestellt er mehr als derzeitig benötigt, sinkt der Einkaufspreis je Einheit, wenn er einen Mengenrabatt erhält. Auch verteilen sich die pro Bestellung anfallenden Bestellkosten (für Bestellbearbeitung, Transport etc.) auf eine größere Bestellmenge.

Andererseits jedoch müssen die jetzt bestellten, aber erst später abzusetzenden Artikel eingelagert werden. Die dadurch entstehenden Kosten für das durch die Ware gebundene Kapital (einschließlich Verderb, Schwund etc.) sowie für die Lagerhaltung (Lagerraum, Bewegung der Ware etc.) sind umso höher, je mehr vom später anfallenden Bedarf bereits jetzt geordert wird. Wir differenzieren hier bewusst zwischen diesen beiden Kostenbereichen. Denn die Kapitalbindungskosten sind eine wertabhängige Größe: Je höher der Wert der eingelagerten Ware ist, desto höher sind die Zinsen auf das Fremdkapital oder die kalkulatorischen Zinsen auf das Eigenkapital, desto höher sind auch die entgangenen Deckungsbeiträge bei Verderb und Schwund (Opportunitätskosten). Dagegen sind die Lagerhaltungskosten eine mengenabhängige Größe: Je mehr Mengen eingelagert werden, desto mehr Fläche wird benötigt und desto mehr Vorgänge an der Ware finden statt.

Der bestmögliche Kompromiss zwischen diesen gegenläufigen Kostenentwicklungen ist dann gefunden, wenn die Summe aus Beschaffungskosten (Artikel- bzw. Warenkosten, Bestellkosten) auf der einen sowie Kapitalbindungskosten und Lagerhaltungskosten auf der anderen Seite bezogen auf eine Bestellmenge das Minimum erreicht. Die Bestellmenge, die diesen Bedingungen genügt, wird als **optimale Bestellmenge** bezeichnet.

In der Praxis des Einkaufs ist man jedoch oft genug bestrebt, immer nur so viel zu bestellen, wie man zur Aufrechterhaltung der Verkaufsbereitschaft in einem definierten Zeitraum (Umsatz pro Woche oder Umsatz pro Monat) benötigt, das ist – wenn man es englisch mag – das sogenannte „Hand to Mouth Buying". Diese Bestellpolitik bedeutet: Bei jeder Bestellrechnung werden alle Artikel, welche die Soll-Eindeckung unterschritten haben, bestellt. Die Bestellmenge entspricht der Differenz zwischen Ist-Bestand und Soll-Eindeckung zur Aufrechterhaltung der Verkaufsbereitschaft in einem definierten Verkaufszeitraum. Dieses Verfahren, auch als **Order-up-System** bezeichnet, hat Vorteile, aber auch Nachteile. Vorteile sind: Das Lagerrisiko durch Verderb, Schwund und Unverkäuflichkeit bleibt relativ gering. Entsprechend gering sind die Kosten für den Lagerraumbedarf und die Kapitalbindung.

Nachteile: Auf Konditionenvorteile im Einkauf durch größere Bestellmengen wird verzichtet, was sich negativ auf die Artikelkosten auswirkt. Und wegen vieler kleiner Bestellmengen im Zeitablauf fallen relativ hohe Bestellkosten, aber auch Nachfüllkosten an.

Eine Rechnung zur Ermittlung der optimalen Bestellmenge für einen Zeitraum muss daher alle entscheidungsrelevanten Kosten der Beschaffungswirtschaft berücksichtigen: Kosten für die Lagerhaltung (Lagerraum, Personal etc.), das gebundene Kapital, die Bestellvorgänge und die zu beschaffenden Artikel:

$$K_G = K_L + K_K + K_B + K_A$$

$$K_G = \frac{1}{2}(x \cdot k_L) + \frac{1}{2}(x \cdot p \cdot z) + \frac{1}{x} M \cdot B + M \cdot p$$

Legende (gilt auch für die folgenden Darstellungen):

K_G = Gesamtkosten der Beschaffungswirtschaft [GE = Geldeinheiten]

K_L = Lagerhaltungskosten [GE]

K_K = Kapitalbindungskosten [GE]

K_B = Bestellkosten [GE]

K_A = Artikelkosten [GE]

M = Periodenbedarf, z. B. Jahresbedarf [ME = Mengeneinheiten]

B = Kosten eines Bestellvorganges [GE]

x = Bestellmenge in einem Periodenabschnitt [ME]

k_L = Lagerhaltungsstückkosten [GE/ME]

p = Preis für eine Einheit der Bestellmenge [GE/ME]

z = Zinssatz [%]

Das Minimum dieser Kostenfunktion erhält man durch Differentiation und Nullsetzung des Differentialquotienten. Diese Rechnung führt zu der **periodenkostenminimalen Bestellmenge** x_{opt}:

$$x_{opt} = \sqrt{\frac{2 \cdot B \cdot M}{p \cdot z + k_L}}$$

Eine erste Anmerkung: In der Literatur findet sich im Zähler häufig der Wert 200 statt 2. Dies ist dann richtig, wenn man für Zinssätze und sonstige Kostensätze Angaben in Prozent verwendet, ohne sie durch 100 zu teilen, z. B. 10 für 10 %. Wir verwenden stattdessen für alle Prozentwerte durch 100 geteilte Werte, also z. B. 0,1 für 10 %.

Eine zweite Anmerkung: Da wir, wie oben begründet, in Kapitalbindungskosten und Lagerhaltungskosten unterscheiden, hinter denen unterschiedliche Kostentreiber stehen, weicht unsere Kostenfunktion und damit die Formel für die optimale Bestellmenge auch im Nenner von sonst häufig anzutreffenden Darstellungen ab, die als *Andler*-Formel bezeichnet wird. *Kurt Andler* hat sich als einer der ersten deutschen Autoren wissenschaftlich mit der Planung optimaler Losgrößen befasst (Andler 1929).

Um die Grenzen für die Anwendbarkeit der klassischen Bestellmengenformel für den Handelsbetrieb – oder Losgrößenformel, wenn man die Bestellmenge als Los des Händlers betrachtet – zu erkennen, ist es notwendig, die **Prämissen der Modellkonstruktion** zu nennen (vgl. auch Schmidt 1985, S. 34 ff.):

1. Bei der Berechnung des Durchschnittsbestandes, dem die halbe Bestellmenge zugrunde liegt, wird unterstellt, dass die Lagerentnahme mit konstanter, d. h. **kontinuierlicher Nachfrage** erfolgt. Tritt aber eine stochastische Nachfrage auf, führt die klassische Bestellmengenformel bei der Anwendung nicht zu einem Kostenminimum.

2. Die Ungewissheit über die zukünftige Nachfrage der gelagerten Artikel nimmt mit wachsenden Eindeckungszeiten zu. Damit wächst aber auch das Risiko für Verderb, Schwund und Unverkäuflichkeit. Einer derartigen Zunahme des Lagerrisikos mit größer werdenden Eindeckungszeiten trägt die klassische Bestellmengenformel ebenfalls

nicht Rechnung, da die **Lagerhaltungsstückkosten und der Zinskostensatz als konstante Größen der Bestellmengenermittlung** zugrunde gelegt werden.

3. Die Stückpreise der zu beschaffenden Artikel werden nicht als Funktion der Bestellmenge ausgewiesen. Mit anderen Worten: Wachsende Bestellmengen führen zu keiner Verbesserung der **Einkaufskonditionen**.

4. Die Berechnung der optimalen Bestellmenge geht schließlich von der Voraussetzung aus, dass die Summe der Kosten für jeden zu ordernden Artikel getrennt minimiert werden kann. Diese Voraussetzung ist jedoch dann nicht erfüllbar, wenn wegen des Vorteils einer Transportkostendegression die **Verbunddisposition** gewählt wird.

Sind die Prämissen konstanter Größen nicht erfüllt, muss die Ermittlung wirtschaftlicher Bestellmengen dynamisiert werden. Dann sird z. B. Lagerhaltungsstückkosten von der Zeit und Artikelpreise von der Bestellmenge abhängig.

5.3.1.2 Der Einfluss von Rabatten auf die optimale Bestellmenge

Rabatte zählen zu jenen Einflussgrößen der Bestellmenge, die zum Standardrepertoire in der Literatur gehören. Sie finden sich in Lehrbüchern wie etwa *Müller-Hagedorn, Toporowski* und *Zielke* (2012, S. 846 ff., mit weiteren Quellen) sowie in Monographien wie *Toporowski* (1996) und Aufsätzen, wie z. B. *Müller-Merbach* (1963) sowie *Hübner, Isl* und *Kuhn* (2012). Letztere gehen auf mehrere Rabattarten ein (Mengenrabatte, Zeitrabatte und Funktionsrabatte) und stellen graphisch die Auswirkungen auf die optimale Bestellmenge dar.

Im Folgenden betrachten wir einen Mengenrabatt, den der Lieferant dem Händler ab einer Mindestbestellmenge gewährt. Die Überlegungen lassen sich weiterführen, wenn man z. B. gestaffelte Mengenrabatte, Mindermengenzuschläge und Blockrabatte annimmt (vgl. Hübner/Isl/Kuhn 2012, S. 468 f.).

Wenn die Höhe des Beschaffungspreises p für einen Artikel von dem prozentualen Mengenrabatt r und somit von der Bestellmenge abhängt, so ist dies in der Gesamtkostenfunktion wie folgt zu berücksichtigen (zur Legende siehe die Grundformel).

$$K_G^r = K_L + (1 - r) \cdot K_K + K_E + (1 - r) \cdot K_A$$

$$K_G^r = \frac{1}{2} (x \cdot k_L) + (1 - r) \cdot \frac{1}{2} (x \cdot p \cdot z) + \frac{1}{x} M \cdot B + (1 - r) \cdot M \cdot p$$

Die optimale Bestellmenge mit Mengenrabatt x_{opt}^r ist dann größer als in dem Fall ohne Mengenrabatt:

$$x_{opt}^r = \sqrt{\frac{2 \cdot B \cdot M}{(1 - r) \cdot p \cdot z + k_L}}$$

Die für den Einkäufer ermittelte optimale Bestellmenge, die auf der Gewährung eines bestimmten Mengenrabattes basiert, muss aber keineswegs der **Mindestabnahmemenge** entsprechen, die der Lieferant für diesen Rabatt fordert. Die für den Einkäufer und den Lieferanten jeweils optimalen Mengen können also voneinander abweichen. Der Einkäufer sollte sich daher mit der Frage befassen, welche Bestellmenge ökonomisch sinnvoll ist: Jene ohne oder diese mit der Berücksichtigung eines Mengenrabattes. Wenn die für die Inanspruchnahme des Mengenrabattes erforderliche Mindestabnahmemenge nicht nachteilig sein soll, so muss der Mindestrabatt R_{min} [GE] die Kostendifferenz ausgleichen, die sich aus den Kosten der Beschaffungswirtschaft bei der Mindestabnahmemenge und den Kosten der Beschaffungswirtschaft bei der **optimalen Bestellmenge x_{opt} ohne Mengenrabatt** ergibt:

$$R_{min} = K_G(x_{opt}) - K_G(x_{min})$$

Beispiel: Der Periodenbedarf M beträgt 100.000 ME, die Kosten B je Bestellung 40 GE, die Lagerhaltungsstückkosten k_L 4 GE/ME, der Stückpreis p des Artikels 80 GE/ME und der Zinssatz z 5 %. Dann ist die optimale Bestellmenge 1.000 ME:

$$x_{opt} = \sqrt{\frac{2 \cdot B \cdot M}{p \cdot z + k_L}} = \sqrt{\frac{2 \cdot 40 \cdot 100.000}{80 \cdot 0,05 + 4}} = 1.000 \text{ ME}$$

Die Gesamtkosten der Beschaffungswirtschaft betragen dann:

$$K_G(1.000) = \frac{1}{2}\,(1.000 \cdot 4) + \frac{1}{2}\,(1.000 \cdot 80 \cdot 0,05) + \frac{1}{1.000}\,100.000 \cdot 40 + 100.000 \cdot 80$$

$$K_G(1.000) = 8.008.000 \text{ GE}$$

Verlangt der Lieferant nun eine **Mindestabnahmemenge von 1.100 ME** so liegen die Gesamtkosten ohne Berücksichtigung eines Mengenrabattes bei:

$$K_G(1.100) = \frac{1}{2}\,(1.100 \cdot 4) + \frac{1}{2}\,(1.100 \cdot 80 \cdot 0,05) + \frac{1}{1.100}\,100.000 \cdot 40 + 100.000 \cdot 80$$

$K_G(1.100) = 8.008.036,4 \text{ GE}$.

Die Mehrkosten für die Bestellung einer Mindestabnahmemenge von 1.100 ME liegen bei 36,4 GE. Das ist der Rabattbetrag, den der Händler mindestens beanspruchen wird. Beträgt der Mengenrabatt des Lieferanten 1 %, so sind die Gesamtkosten rund 80.000 GE niedriger als im Fall der optimalen Bestellmenge ohne Mengenrabatt.

$$K_G^r(1.100; 0,01) = \frac{1}{2}\,(1.100 \cdot 4) + \frac{1}{2}\,(1.100 \cdot 80 \cdot (1 - 0,01) \cdot 0,05) + \frac{1}{1.100}\,100.000 \cdot 40 +$$

$$100.000 \cdot 80 \cdot (1 - 0,01) = 7.928.014,4 \text{ GE}$$

Der Leser möge zum Schluss einmal überlegen, wie sinnvoll es bei diesem Optimierungskalkül ist, anstelle eines Rabatt<u>betrages</u> [GE] einen artikelbezogenen Rabatt<u>satz</u> [%] zu bestimmen.

5.3.1.3   Der Einfluss von Lieferantenkrediten auf die optimale Bestellmenge

Gegen Bestellmengenentscheidungen in der vorgestellten Form erhebt die Praxis häufig den Einwand, die Losgrößenrechnung führe insbesondere für eine Lagerwirtschaft, die durch hohe Umschlagshäufigkeiten gekennzeichnet sei (z. B. im Einzelhandel), zu falschen Ergebnissen, da die Zeitspanne, in der der Verkauf erfolge, kürzer sei als das in Anspruch genommene Zahlungsziel. Demzufolge werde nicht das eigene Kapital, sondern das Kapital des Lieferanten im Lager gebunden. Daher ist die Frage zu prüfen, welchen Einfluss die Inanspruchnahme eines Zahlungsziels, d. h. des Lieferantenkredits, auf die optimale Bestellmenge hat, wenn kein Skonto gewährt, sondern die Rechnung valutiert wird.

Gewährt der Lieferant für die frühere Zahlung keinen Skonto, so ist das gleichzeitig vereinbarte Zahlungsziel so zu werten, als sei ein zinsloser Kredit für die Dauer von t Tagen eingeräumt worden. Wäre der Lieferant zur Einräumung dieses Kredites nicht bereit, müsste die nachfragende Unternehmung anderweitig Kapital bereithalten und dafür – gleichgültig ob Eigen- oder Fremdkapital – einen Zinssatz in Höhe von i ansetzen. Anmerkung: Der bislang und weiterhin verwendete Zinssatz z soll neben den Kosten für die Kapitalbindung auch die Kosten für Schwund und Verderb berücksichtigen.

Durch die Inanspruchnahme des Lieferantenkredites lassen sich für einen Rechnungsbetrag, der sich aus dem Produkt von dem Preis p und der Menge x zusammensetzt, Zinsen und damit Kosten K_I in dieser Höhe sparen:

$$K_I = p \cdot x \cdot i \cdot \frac{t}{360}$$

Die Gesamtkostenfunktion K_G^{Lief} der Beschaffungswirtschaft unter Einbeziehung des Lieferantenkredites lautet dann (ohne den Einfluss von Rabatten):

$$K_G^{LKr} = K_L + K_K + K_B + K_A - K_I$$

$$K_G^{LKr} = \frac{1}{2}(x \cdot k_L) + \frac{1}{2}(x \cdot p \cdot z) + \frac{1}{x}M \cdot B + M \cdot p - p \cdot x \cdot i \cdot \frac{t}{360}$$

Daraus ergibt sich als periodenkostenminimale Bestellmenge:

$$x_{opt}^{LKr} = \sqrt{\frac{2 \cdot B \cdot M}{(k_L + p \cdot z) - \frac{p \cdot i \cdot t}{180}}}$$

Lieferantenkredite (Skonti) wirken auf die Höhe der optimalen Bestellmenge wie Rabatte. Ohne ihre Berücksichtigung sind die Stückkosten zu hoch und die optimalen Bestellmengen zu niedrig (zur Berücksichtigung von Lieferantenkrediten in der Bestellmengenplanung, siehe z. B. Hofmann 2009).

5.3.1.4   Der Einfluss der Verbunddisposition auf die optimale Bestellmenge

Bislang wurde die Bestellmenge für einen einzelnen Artikel optimiert. Das entspricht der Annahme, dass Artikel einzeln und nicht im Verbund bestellt werden. Im Folgenden soll untersucht werden, welchen Einfluss die Verbunddisposition auf die Ermittlung der optimalen Bestellmengen hat (vgl. Naddor 1971, S. 62 f.).

Wir gehen von der Annahme aus, dass die Bestellkosten in einer bestimmten Höhe für jene Artikel gemeinsam anfallen, die im Verbund geordert werden. Das bildet z. B. den Fall ab, dass diese Artikel von einem Lkw befördert werden und dass die Transportkosten weder von der Zahl der bestellten Artikel noch von der Zusammensetzung der Ladung abhängig sind. Infolgedessen sind diese Kosten mit den bereits oben verwendeten Bestellkosten B gleichzusetzen.

Wir gehen davon aus, dass n Artikel im Verbund geordert werden und dass – dies ist eine wichtige Voraussetzung für das Entscheidungsmodell – deren Bestellzyklen gleich sind. Der für alle Artikel einheitliche Bestellzyklus wird mit w bezeichnet. Aus der Annahme eines für alle Güter in der Verbunddisposition einheitlich zu wählenden Bestellzyklus folgt eine für alle Artikel gleiche Bestellhäufigkeit. Das Ziel ist es, über die **Optimierung der Bestellzyklen** zu optimalen Bestellmengen zu gelangen. Es gilt derjenige Bestellzyklus als optimal, in dem die gesamten Periodenkosten der Beschaffungswirtschaft minimal sind.

Um die für jeden Artikel notwendige Bestellmenge x_v [ME] zu ermitteln, ist die Länge des Bestellzyklus w [ZE] mit der Bedarfsrate m_v [ME/ZE] des Artikels v zu multiplizieren. Unter Bedarfsrate versteht man die Bedarfsgröße pro Zeiteinheit (z. B. Bedarf pro Tag während eines Bestellzyklus). Folglich ist

$$x_v = m_v \cdot w$$

Zur besseren Übersicht hier noch einmal die zu verwendenden Symbole:

v   = Artikel (v = 1, 2, 3, ..., n)

x_v = Bestellmenge für Artikel v während des Bestellzyklus [ME]

m_v = Bedarfsrate des Artikels v [ME/ZE]

w   = Bestellzyklus [ZE]

B   = Bestellkosten für eine Verbunddisposition [GE]

k_{Lv} = Lagerhaltungsstückkosten für die Güter v [GE/ME und ZE]

Nun ist die Gleichung der **Kosten $K_{VB}(w)$ für den Bestellzyklus** zu entwickeln, die aus der Verbundbestellung VB aller Artikel entstehen. Denn das Ziel ist es, damit diejenigen Bestellmengen aller Artikel zu ermitteln, die die Gesamtkosten der Beschaffungswirtschaft $K_G(w)$ innerhalb eines Bestellzyklus minimieren.

Die Bestellkosten $K_B(w)$ [GE/ZE] je Bestellzyklus betragen:

$$K_B(w) = \frac{B}{w}$$

Es wird während des Zyklus nur einmal bestellt. Daher fallen die Bestellkosten B in w nur einmal an. Die Kosten der Lagerhaltung und der Kapitalbindung für den Bestellzyklus betragen, ebenfalls in der Dimension [GE/ZE]:

$$K_L(w) = \sum_{v=1}^{n} \frac{1}{2} m_v \cdot w \cdot k_{Lv}$$

$$K_K(w) = \sum_{v=1}^{n} \frac{1}{2} m_v \cdot w \cdot p_v \cdot z$$

Die Kosten $K_{VB}(w)$, die während des Bestellzyklus w aus der Verbunddisposition für Bestellungen, Lagerhaltung und Kapitalbindung entstehen, jeweils in [GE/ZE], sind dann:

$$K_{VB}(w) = K_B(w) + K_L(w) + K_K(w) = \frac{B}{w} + \frac{1}{2} w \sum_{v=1}^{n} (m_v \cdot k_{Lv} + m_v \cdot p_v \cdot z)$$

Wenn man nun diese Kostenfunktion $K_{VB}(w)$ nach w differenziert, erhält man den Bestellzyklus w_{opt}, für den die Kosten bezogen auf die im Verbund zu ordernden Artikel das Minimum bilden.

$$\frac{\partial K_{VB}(w)}{\partial w} = -\frac{B}{w^2} + \frac{1}{2} \sum_{v=1}^{n} (m_v \cdot k_{Lv} + m_v \cdot p_v \cdot z) \overset{!}{=} 0$$

$$w_{opt} = \sqrt{\frac{2 \cdot B}{\sum_{v=1}^{n} m_v \cdot (k_{Lv} + p_v \cdot z)}}$$

Für eine Bedarfsmenge des Artikels v beträgt die optimale Bestellmenge:

$$x_{v\,opt} = m_v \cdot w_{opt} \text{ (für } v = 1, 2, 3, ..., n)$$

oder

$$x_{v\,opt} = m_v \cdot \sqrt{\frac{2 \cdot B}{\sum_{v=1}^{n} m_v \cdot (k_{Lv} + p_v \cdot z)}}$$

Mit dem Wert für den optimalen Bestellzyklus lassen sich nun die **minimalen Gesamtkosten der Beschaffungswirtschaft** $K_G(w)_{min}$ für die Periode ermitteln. Hierzu ein Beispiel. Die Verbunddisposition betrifft fünf Artikel, die von einem Lieferanten durch Selbstabho-

lung bezogen werden. Als Zeiteinheit wird „Monat" gewählt, hierfür wird die Bedarfsmenge ermittelt. Die für die Entscheidungsfindung relevanten Werte zeigt **Tabelle 5.11**.

Tabelle 5.11   Beispiel für optimale Bestellmengen bei einer Verbunddisposition

Artikel v	Bedarfsmenge m [ME/Monat]	Bestellkosten B [GE]	Lagerhaltungsstück-kosten k_{Lv} [GE/ME und Monat]	Beschaf-fungspreis p [GE/ME]	Kapitalbindungs-stückkosten p · z [GE/ME und Monat] (mit z = 10 %)
1	1.100		2,00	20	2,00
2	1.300		1,00	20	2,00
3	500	1.200	7,00	50	5,00
4	900		11,00	40	4,00
5	1.400		10,00	60	6,00

$$w_{opt} = \sqrt{\frac{2 \cdot B}{\sum_{v=1}^{n} m_v \cdot (k_{Lv} + p_v \cdot z)}}$$

$$w_{opt} = \sqrt{\frac{2 \cdot 1.200}{1.100 \cdot 4 + 1.300 \cdot 3 + 500 \cdot 12 + 900 \cdot 15 + 1.400 \cdot 16}}$$

$$w_{opt} = \sqrt{\frac{2.400}{50.200}} = 0,219 \text{ Monate} = 6,6 \text{ Tage}$$

Über den ermittelten optimalen Bestellzyklus w_{opt} von 0,219 Monaten lassen sich für die
fünf Artikel die optimalen Bestellmengen $x_{v\,opt}$ errechnen. Anmerkung: Wenn durch diese
Vorgehensweise kleinere Bestellmengen „provoziert" werden, so können dadurch die
Mengenrabatte für einzelne Artikel geringer ausfallen (vgl. Hertel/Zentes/Schramm-Klein
2011, S. 315 f.). Dem können aber umsatzbezogene Rabatte gegenüberstehen, die diesen
Nachteil ausgleichen oder übertreffen.

$$A1: x_{1\,opt} = m_1 \cdot w_{opt} = 1.100 \cdot 0,219 = 240,9 \approx 241 \text{ ME}$$

$$A2: x_{2\,opt} = m_2 \cdot w_{opt} = 1.300 \cdot 0,219 = 284,7 \approx 285 \text{ ME}$$

$$A3: x_{3\,opt} = m_3 \cdot w_{opt} = 500 \cdot 0,219 = 109,5 \approx 110 \text{ ME}$$

$$A4: x_{4\,opt} = m_4 \cdot w_{opt} = 900 \cdot 0,219 = 197,1 \approx 197 \text{ ME}$$

$$A5: x_{5\,opt} = m_5 \cdot w_{opt} = 1.400 \cdot 0,219 = 306,6 \approx 307 \text{ ME}$$

Mit diesen Bestellmengen lassen sich schließlich die Gesamtkosten der Beschaffungswirtschaft einer Periode ermitteln, die mit dem optimalen Bestellzyklus minimal sind. Der Leser mag das selbst berechnen.

5.3.1.5 Der Einfluss veränderter Beschaffungspreise auf die optimale Bestellmenge

Wenn der Lieferant für einen bestimmten Artikel eine **Preiserhöhung** ankündigt, so stellt sich für den Einkäufer die Frage, in welcher Höhe der Lagerbestand für diesen Artikel aufzufüllen wäre, damit die Wareneinstandspreise erst möglichst spät durch die Preiserhöhung verändert werden (vgl. Müller-Merbach 1973. S. 72 f.).

Wir erörtern das Problem mit folgendem Beispiel: Ein Handelsbetrieb verkauft von einem Standardartikel im Durchschnitt ca. 2.000 ME pro Woche. Diese Menge m wird wöchentlich von einem Hersteller bezogen, der nunmehr ankündigt, den Preis von 7 auf 8 [GE/ME] zu erhöhen.

Für den Einkäufer, der keine Möglichkeit hat, auf einen anderen Lieferanten auszuweichen, stellt sich die Frage, welche Menge des Artikels er zum alten Preis ordern soll, damit sein Handelsbetrieb erst möglichst spät von dieser Preiserhöhung betroffen wird. Bei einer zu großen Bestellmenge zum alten Preis kann die Einsparung durch ein Anwachsen der Lagerhaltungs- und Kapitalbindungskosten verloren gehen.

Daher wird der Einkäufer eine Rechenlösung suchen, mit der er die Differenz zwischen den Einsparungen beim Einkauf zu den gegenwärtig noch geltenden Konditionen und den Lagerhaltungs- und Kapitalbindungskosten aufgrund der dann zu erhöhenden Lagermenge maximieren kann. Wir gehen davon aus. dass die Bestellkosten unverändert bleiben.

Für seine Entscheidungsrechnung fordert der Einkäufer Informationen über die Kosten aus dem Rechnungswesen an. Die Lagerhaltungsstückkosten betragen 0,05 [GE/ME], für die Kapitalbindung wird von einem Zinssatz von 16 % p.a. ausgegangen, das sind pro Woche rund 0,308 %.

Wenn man die zu errechnende Bestellmenge (Einkaufsmenge) mit x bezeichnet und den alten Stückpreis mit p_{alt} sowie den neuen Stückpreis mit p_{neu}, dann beträgt die **Kosteneinsparung K_A** wegen des Vorteils niedrigerer Artikelpreise:

$$K_A = (p_{neu} - p_{alt}) \cdot x = (8 - 7) \cdot x$$

Die Bestellmenge x deckt den Bedarf für x/m Wochen. Somit können die **Lagerhaltungskosten K_L** und die **Kapitalbindungskosten K_K** für x/m Wochen wie folgt geschrieben werden:

$$K_L + K_K = \frac{x}{m} \cdot \frac{1}{2} (x \cdot k_L) + \frac{x}{m} \cdot \frac{1}{2} (x \cdot p_{alt} \cdot z)$$

In einem weiteren Schritt sind die Lagerhaltungskosten K_L und die Kapitalbindungskosten K_K von der Kosteneinsparung K_A abzuziehen, um den Vorteil ΔK aus der vorzeitigen Disposition zu quantifizieren:

$$\Delta K = K_A - K_L - K_K = (p_{neu} - p_{alt}) \cdot x - \frac{x}{m} \cdot \frac{1}{2} (x \cdot k_L) - \frac{x}{m} \cdot \frac{1}{2} (x \cdot p_{alt} \cdot z)$$

$$= (p_{neu} - p_{alt}) \cdot x - \frac{k_L}{2m} \cdot x^2 - \frac{p_{alt} \cdot z}{2m} x^2$$

$$= (p_{neu} - p_{alt}) \cdot x - \frac{k_L + p_{alt} \cdot z}{2m} \cdot x^2$$

Um die optimale Dispositionsmenge x_{opt} zu errechnen, ist die Gewinngleichung ΔK nach x zu differenzieren und gleich Null zu setzen:

$$\frac{\partial \Delta K}{\partial x} = p_{neu} - p_{alt} - \frac{k_L + p_{alt} \cdot z}{m} \cdot x \overset{!}{=} 0$$

$$x_{opt} = \frac{(p_{neu} - p_{alt}) \cdot m}{k_L + p_{alt} \cdot z}$$

Bezogen auf das Beispiel ergibt sich als optimale Bestellmenge:

$$x_{opt} = \frac{(8 - 7) \cdot 2.000}{0,05 + 7 \cdot (0,16 : 52)} \approx 27.957 \text{ ME}$$

Diese Menge von 27.957 Einheiten deckt den Bedarf von knapp 14 Wochen (27.957 ME : 2.000 ME/Woche). Ob tatsächlich ein Kostenvorteil erzielt werden kann, lässt sich wie folgt ermitteln:

$$\Delta K = K_A - K_L - K_K = (p_{neu} - p_{alt}) \cdot x_{opt} - \frac{k_L + p_{alt} \cdot z}{2m} \cdot x_{opt}^2$$

$$\Delta K = (8 - 7) \cdot 27.957 - \frac{0,05 + 7 \cdot (0,16 : 52)}{2 \cdot 2.000} \cdot 27.957^2$$

$$\Delta K = 27.957 - 13.978,5 = 13.978,5 \text{ GE}$$

Ergebnis: Der Vorteil der Einsparung, der sich aus den niedrigeren alten Beschaffungspreisen ergibt, ist um rund 14.000 GE höher als die zusätzlichen Lagerhaltungs- und Kapitalbindungskosten, die sich aus der erhöhten Lagermenge ergeben.

Ebenso dienen die vorangehenden Überlegungen der Bewertung von Preissenkungen oder Sonderangebotsaktionen des Herstellers. Hierfür ist das Kalkül leicht geändert, denn die Lagerhaltungs- und Kapitalbindungskosten beziehen sich auf die Einlagerung der Waren zu dem Sonderpreis p_{neu}:

$$\Delta K = K_A - K_L = (p_{alt} - p_{neu}) \cdot x - \frac{k_L + p_{neu} \cdot z}{2m} \cdot x^2$$

$$x_{opt} = \frac{(p_{alt} - p_{neu}) \cdot m}{k_L + p_{neu} \cdot z}$$

Stellt der Hersteller z. B. einen Sonderpreis von 6 [GE/ME] in Aussicht, ausgehend von einem Normalpreis von 7 [GE/ME], so liegt die optimale Bestellmenge bei:

$$x_{opt} = \frac{(7 - 6) \cdot 2.000}{0,05 + 6 \cdot (0,16:52)} ME \approx 29.214 \ ME$$

Die vorgezogene Dispositionsmenge x_{opt} würde den Bedarf von rund 14 ½ Wochen (29.214 ME : 2.000 ME/Woche) decken, wenn diese Verkaufsförderungsmaßnahme des Herstellers nicht in den Verkaufspreis des Einzelhandelsbetriebes weitergegeben wird, also nicht zu Sonderpreisen für die Endkunden und damit nicht zu höheren Absätzen führt.

5.3.1.6   Der Einfluss dynamischer Aspekte auf die optimale Bestellmenge

Wenn der Bedarf (die Lagerentnahme) und der Lagerhaltungskostensatz von der Zeit und der Stückpreis der zu ordernden Handelsware von der Bestellmenge abhängig sind – dies dürfte in der Praxis die Regel sein –, dann reicht das statische Modell nicht aus, um die Bestellmenge zu optimieren. Das Modell ist daher zu dynamisieren. Im Gegensatz zur klassischen Losgrößenrechnung, die das Minimum der Kosten der Beschaffungswirtschaft marginalanalytisch ermittelt, ist man bei der dynamischen Losgrößenrechnung weitgehend auf die Methode des systematischen Probierens angewiesen (Heuristik). Einige Vorbemerkungen sollen die rechnerischen Zusammenhänge veranschaulichen, um zu einer entsprechenden Heuristik gelangen zu können (vgl. Trux 1972, S. 324 ff.).

Zunächst sind die Lagerhaltungsstückkosten der i-ten Periode k_{Li} [GE/ME] zu errechnen. Dabei ist zu berücksichtigen, dass der Beschaffungspreis pro Stück p_m, der Bedarf der i-ten Periode M_i sowie der Lagerhaltungskostensatz der i-ten Periode l_i variabel sind. Anmerkung: Anders als zuvor wird hier angenommen, die Lagerhaltungskosten lassen sich mit l_i als Prozentsatz des Stückpreises ausdrücken, also als wertabhängige und nicht als mengenabhängige Größe. Die Lagerhaltungsstückkosten k_{Li} lauten dann:

$$k_{Li} = p_m \cdot \frac{l}{n} = p_m \cdot l_i = \left[\frac{GE}{ME}\right]$$

Legende:

k_{Li} = Lagerhaltungsstückkosten der i-ten Periode [GE/ME]

i   = Periode, z. B. ein Monat

p_m = bestellmengenabhängiger Beschaffungspreis pro Stück [GE/ME]

l   = Lagerhaltungskostensatz des Planungszeitraumes n [%]

n   =   Anzahl der Perioden des Planungszeitraumes, z. B. ein Jahr

l_i =   Lagerhaltungskostensatz pro Periode i [%]

Ferner ist die Länge des Zeitraums zu berechnen, in der der Bedarf M_i für die i-te Periode auf Lager läge, wenn man diesen Bedarf **zu Beginn der ersten Planungsperiode** bereits einlagern würde. Unterstellt man eine in etwa gleichmäßige Entnahme des auftretenden Bedarfs vom Lager, so bliebe die erste Nachfragemenge eine halbe Periode, die zweite 1,5 Perioden, die dritte 2,5 Perioden und die i-te Bedarfsmenge „i minus 0,5 Perioden" auf Lager. Daher kann die **Lagerdauer t_i** für den Bedarf in der i-ten Periode bei sofortiger Ein-lieferung in folgender allgemeiner Form geschrieben werden:

$$t_i = (i - 0,5)$$

Die Lagerhaltungskosten K_{Li} (für jeden Periodenbedarf entstehende Lagerhaltungskosten) haben dann folgenden Ausdruck:

$$K_{Li} = k_{Li} \cdot M_i \cdot (i - 0,5)$$

Geht man weiter davon aus, dass heute bereits der Bedarf der nächsten i Perioden (i = 1, 2, ... j) in einer Losgröße auf Lager genommen würde, dann addieren sich die Lagerhaltungs-kosten K_{Li} und man erhält die **gesamten Lagerhaltungskosten des Beschaffungsloses** durch die Gleichung:

$$K_L = \sum_{i=1}^{j} K_{Li} = \sum_{i=1}^{j} k_{Li} \cdot M_i \cdot (i - 0,5)$$

Diese Form der Darstellung der gesamten Losgröße ist aber insoweit ungünstig, als die von der Bestellmenge abhängigen Preise implizit in k_{Li} enthalten sind. Eliminiert man infolge-dessen p_m aus der Gleichung

$$k_{Li} = p_m \cdot l_i \ \left[\frac{GE}{ME}\right],$$

so erhält man

$$\frac{k_{Li}}{p_m} = \cdot l_i$$

Wenn die Perioden z. B. in Monate eingeteilt sind und der Jahreszins z. B. 20 % beträgt, dann ist der Lagerhaltungskostensatz l_i pro Monat:

$$\frac{20\%}{12} = 1,67\ \%$$

Da l_i durch die Eliminierung der Wertkomponente nicht mehr die prozentualen Lagerhal-tungskosten pro Preis einer Mengeneinheit, sondern den prozentualen Lagerhaltungskostensatz pro Periode darstellt, muss man, um die gesamten Lagerhaltungskosten zu gewinnen, zum Bedarfswert der i Perioden

$$p_m \cdot \sum_{i=1}^{j} M_i$$

die Summe der prozentualen Lagerhaltungskostenaufschläge für alle i Perioden addieren. Demzufolge ergibt sich für die **gesamten Lagerhaltungskosten** folgender Ausdruck:

$$K_L = p_m \left[\sum_{i=1}^{j} M_i + \sum_{i=1}^{j} l_i \cdot M_i \cdot (i - 0{,}5) \right]$$

Um nun die Beschaffungs- und Lagerhaltungskosten pro Mengeneinheit zu erhalten, sind noch zwei weitere Rechenschritte notwendig:

(1) Zu den gesamten Lagerhaltungskosten K_L sind die Kosten B im Zusammenhang mit der Bearbeitung des Bestellvorgangs hinzuzufügen.

(2) Die dadurch zu ermittelnden Gesamtkosten K_G der Bestellmenge sind durch die Anzahl der bestellten Einheiten zu dividieren, um die Stückkosten pro Bestellmengeneinheit zu erhalten. Demnach lautet die Operationscharakteristik zur Ermittlung der minimalen Kosten der Beschaffungswirtschaft:

$$k_{min} = 1 \leq \overset{min}{\widehat{m}} \leq J \left[\frac{B + p_m \left[\sum_{i=1}^{j} M_i + \sum_{i=1}^{j} l_i \cdot M_i \cdot (i - 0{,}5) \right]}{\sum_{i=1}^{j} M_i} \right]$$

Die Symbole haben folgende Bedeutung:

k_{min} = minimale Stückkosten des Bestellvorganges [GE/ME]

B = Kosten im Zusammenhang mit der Bearbeitung des Bestellvorganges [GE]

p_m = bestellmengenabhängiger Beschaffungspreis pro Stück [GE/ME]

M_i = Bedarf (Lagerabgang) in der Periode i [ME/ZE]

l_i = Lagerhaltungskostensatz pro Periode i [%]

J = maximale Periodenzahl für die Durchführung der Optimierungsrechnung

Beispiel: Ein Konsumgüterproduzent bietet einen bestimmten Artikel einer Filialunternehmung mit folgender **Rabattstaffel** an:

1 bis 2.499 ME: 10 GE; 2.500 bis 3.499 ME: 9,70 GE; 3.500 ME und mehr= 9,60 GE pro ME.

Die Kosten für die Bearbeitung des Bestellvorganges betragen in der Zentrale unter Berücksichtigung einer Umrüstung des Ordersatzes 1.500 GE. Die Analyse der Lagerhaltungskosten ergibt einen Lagerhaltungskostensatz l_i von 2,5 % im ersten Monat. Eine Periode i sei ein Monat. Aufgrund stark steigender Finanzierungskosten wächst der Lagerhaltungskostensatz l_i jeden folgenden Monat um 0,5 %-Punkte. Für die Bedarfsmeldungen durch die Filialen (Lagerentnahme) werden aufgrund eines festgelegten Aktionsprogramms die Abnahmemengen M für die nächsten sechs Monate vorausgesetzt. **Tabelle 5.12** zeigt auf der Grundlage der allgemeinen Operationscharakteristik den Gang der Losgrößenberechnung.

Tabelle 5.12   Berechnung der dynamischen Losgröße

Operatoren	Perioden und Daten					
i (Monate)	1	2	3	4	5	6
M_i (siehe Daten)	600	500	800	700	900	1.100
$\sum_{i=1}^{j} M_i$	600	1.100	1.900	2.600	3.500	4.600
p_m (siehe Daten)	10,00	10,00	10,00	9,70	9,60	9,60
l_i (siehe Daten)	0,025	0,03	0,035	0,04	0,045	0,05
$i - 0,5$	0,5	1,5	2,5	3,5	4,5	5,5
$M_i \cdot (i - 0,5)$	300	750	2.000	2.450	4.050	6.050
$l_i \cdot M_i \cdot (i - 0,5)$	7,5	22,5	70	98	182,3	302,5
$\sum_{i=1}^{j} l_i \cdot M_i \cdot (i - 0,5)$	7,5	30	100	198	380,3	682,8
$\sum_{i=1}^{j} M_i + \sum_{i=1}^{j} l_i \cdot M_i \cdot (i - 0,5)$	607,5	1.130	2.000	2.798	3.880,3	5.282,8
$p_m \cdot$ $[\sum_{i=1}^{j} M_i + \sum_{i=1}^{j} l_i \cdot M_i \cdot (i - 0,5)]$	6.075	11.300	20.000	27.140,6	37.250,4	50.714,9
B	1.500	1.500	1.500	1.500	1.500	1.500
$B + p_m \cdot$ $[\sum_{i=1}^{j} M_i + \sum_{i=1}^{j} l_i \cdot M_i \cdot (i - 0,5)]$	7.575	12.800	21.500	28.640,6	38.750,4	52.214,9
$k = \{B + p_m \cdot$ $[\sum_{i=1}^{j} M_i + \sum_{i=1}^{j} l_i \cdot M_i \cdot (i - 0,5)]\} :$ $[\sum_{i=1}^{j} M_i]$	12,63	11,64	11,32	11,02	11,07	11,35

Die **optimale Bestellmenge** x_{opt} ergibt sich aus der zum Stückkostenminimum von 11,02 GE/ME gehörenden Bedarfssumme in der Periode 4. Entsprechend ist die erste Rabattstufe (p = 9,70 GE/ME) sinnvoller als die zweite.

5.3.2   Die Bestellzeiten und Lagermengen

Der Dispositionsprozess des Einkäufers wird insbesondere durch die stochastischen Verläufe des Bedarfs erschwert. Beschaffungssituationen mit stochastischer Nachfrageabhängigkeit, aber auch mit variablen Lieferzeiten durch die Produzenten erlauben keine simultane Festlegung des Beschaffungsvorganges in zeitlicher und mengenmäßiger Hinsicht. So können z. B. die Bestellzeitpunkte Gegenstand eigenständiger Entscheidungen sein, da aufgrund des stochastischen Verlaufs der Nachfrage nicht genau abgeschätzt werden kann, zu welchem Zeitpunkt der Lagerbestand erschöpft ist und welche Lieferzeiten anzusetzen sind. Zur Verbesserung des Entscheidungsverhalters des Disponenten löst man die Zeitkomponente der Beschaffungsplanung von der Mengenkomponente, um der Unsicherheit zukünftiger Entwicklungen zu begegnen. In der Literatur werden solche praktikablen Dispositionssysteme, je nach der Art der Behandlung von Mengen- und Zeitkomponente, als Bestellpunkt- und Bestellrhythmusverfahren bezeichnet (vgl. Brunnberg 1970, S. 41; siehe auch Müller-Hagedorn/Toporowski/Zielke 2012, S. 859 ff., mit weiteren Nachweisen).

5.3.2.1   Das Bestellpunktverfahren

Beim Bestellpunktverfahren werden Dispositionen in Höhe einer **festgelegten Bestellmenge** x_c dann aufgegeben, wenn die Warenvorräte auf eine kritische Meldemenge x_m abgesunken sind (**Abbildung 5.11**). Die Bestellmenge ist also fix, d. h. immer gleich hoch, und die Zeit zwischen zwei Bestellungen variiert und damit auch der Bestellzeitpunkt. Infolgedessen ist bei jeder Entnahme aus dem Lager oder aus dem Verkaufsraum zu prüfen, ob die kritische Meldemenge erreicht ist. Bei der Erreichung der kritischen Meldemenge zu irgendeinem Zeitpunkt t_m wird eine gleichbleibende Bestellmenge x_m aufgegeben. Die Meldemenge muss sicherstellen, zwischen dem Zeitpunkt der Bestellung und dem Eintreffen der Lieferung verkaufsfähig zu sein.

Bei der Festlegung dieser konstanten Bestellmenge kann in einem gewissen Umfang auf Einkaufsvorteile und die Degression der Beschaffungskosten geachtet werden. Trotz Beachtung dieser Optimalitätskriterien wird die konstante Bestellmenge aufgrund des schwankenden Bedarfs **nicht** der optimalen Losgröße entsprechen. Sie gilt nämlich nur bei der deterministischen Nachfrage.

Sind die beiden Größen – Meldemenge als kritischer Lagerbestand und Bestellmenge – festgelegt, bedarf es für die Beschaffungsdisposition nur noch Routineentscheidungen, die durch automatisierte Warenwirtschaftssysteme auf der Basis einer artikelgenauen Abgangserfassung – hilfreich hierbei sind Techniken wie z. B. RFID-Tags – vollzogen werden können. Das Bestellpunktverfahren trägt dem Risiko der stochastischen Nachfrage durch eine Veränderung der Bestellzeitpunkte Rechnung. Demzufolge hängen die Ordertermine von den tatsächlichen Nachfrageentwicklungen ab (Nachfrageorientierung des Order-Systems).

Abbildung 5.11   Das Bestellpunktverfahren

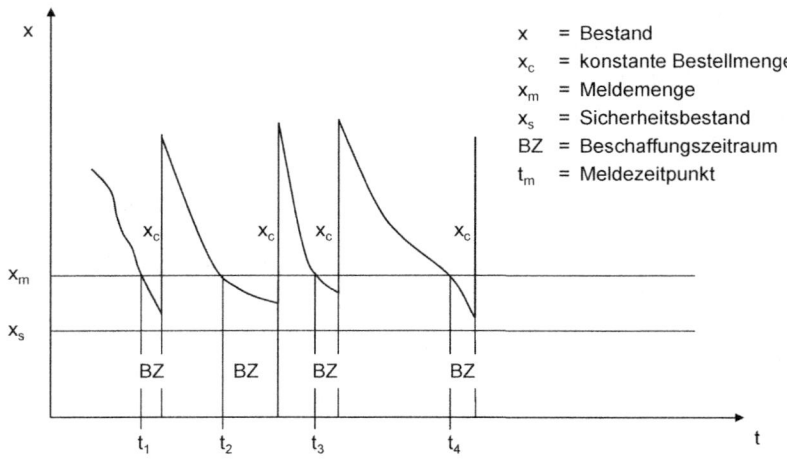

Die **Leistungsfähigkeit des Bestellpunktverfahrens** wird in erster Linie von der Festlegung der kritischen Meldemenge beeinflusst. Diese Meldemenge ergibt sich aufgrund der zu schätzenden durchschnittlichen Nachfrage während der Beschaffungszeit und einem zu planenden Sicherheitsbestand als Reservelager für unerwartete Nachfrageschübe und eventuelle Lieferverzögerungen. Je kürzer die Lieferzeiten und je gleichmäßiger die Nachfrage, desto geringer kann die Meldemenge angesetzt werden.

Geringe **Sicherheitsbestände** (siehe Näheres in Kapitel 5.3.2.3) senken zwar die Lagerhaltungskosten, erhöhen jedoch das Fehlmengenrisiko. Offensichtlich muss ein optimales, besser: ein gutes Reservelager durch das Minimum der Summe von Fehlmengenkosten und Lagerhaltungskosten gekennzeichnet sein. Die Schwierigkeit bei der Ermittlung dieses Minimums besteht eben darin, dass bei stochastischer Nachfrage die Fehlmengenkosten als wahrscheinliche Mindereinnahmen nur geschätzt werden können.

5.3.2.2   Das Bestellrhythmusverfahren

Das Bestellrhythmusverfahren ist im Gegensatz zum Bestellpunktverfahren dadurch gekennzeichnet, dass die Zeit ein fixer Parameter ist und nun die **Menge zu variieren** ist (**Abbildung 5.12**). Das Bestellrhythmusverfahren kommt immer dann zum Zuge, wenn die Lieferanten Bestelltermine $t_{\ddot{u}}$ zu äquidistanten Zeitpunkten vorgeben, d. h. $t_4 - t_3 = t_3 - t_2 = t_2 - t_1$. Zu denken ist beispielsweise an eine Filialbeschickung mit fünftägigem Bestellrhythmus oder an einen nach saisonalen Gesichtspunkten festgelegten Bestellrhythmus (Anbieterorientierung des Ordersystems).

Um ein solches Bestellrhythmusverfahren im Sinne betriebswirtschaftlicher Kostenkriterien zweckmäßig durchzuführen, wird zu bestimmten **äquidistanten Zeitpunkten** der Warenbestand auf einen bestimmten Sollbestand aufgefüllt. Damit wird zwar der Gefahr überhöhter Lagerbestände durch Vorgabe eines Sollbestandes begegnet, doch können Fehlmengen bei stark schwankender Nachfrage nicht ausgeschlossen werden. Bei einer Begrenzung der Lagerhaltungskosten besteht bei diesem Verfahren offensichtlich keine optimale Handhabe zur Steuerung der Fehlmengenkosten.

Abbildung 5.12 Das Bestellrhythmusverfahren

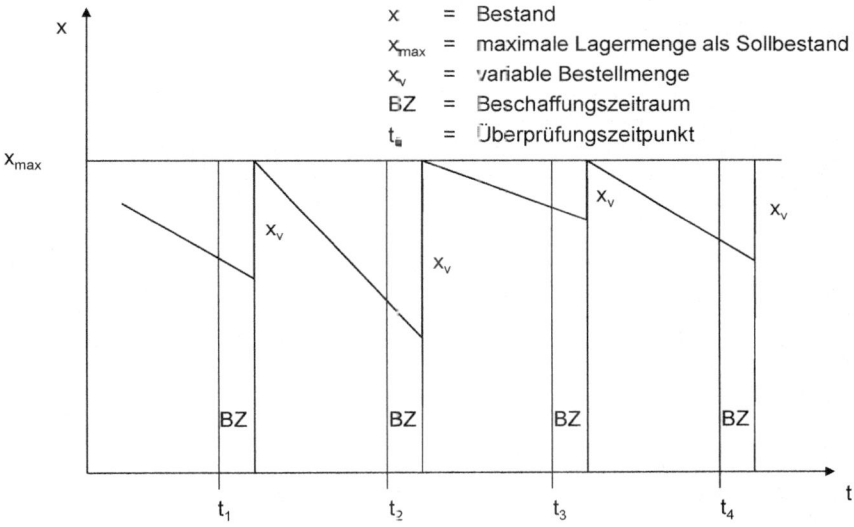

Andererseits wird versucht, durch **Einbau von Prognosetechniken** (z. B. exponentielle Glättung) den Sollbestand flexibel vorzugeben. Da jedoch derartige Sollvorgaben aus der Hochrechnung unterschiedlich gewichteter Vergangenheits- und Gegenwartsdaten entstehen, können brauchbare Prognoseergebnisse nur dann erwartet werden, wenn die statistische Eigenschaft der Zeitreihe konstant bleibt (keine Strukturbrüche, keine allzu großen Nachfrageschwankungen).

In manchen Bereichen des Großhandels sind automatische Bestands- und Bestellsysteme gebräuchlich. Zwar werden auch in den Großbetrieben des Einzelhandels derartige Systeme zunehmend häufiger eingesetzt, jedoch sind sie nur begrenzt anwendbar. Diese Begrenzung liegt daran, dass nur für solche Artikel die Bedarfsschwankungen einigermaßen genau bestimmt werden können, die mindestens bereits 15 Monate im Sortiment geführt worden sind. Vor allem solche Artikel scheiden aus, die dem Wandel der Mode und des Geschmacks unterworfen sind, die der technischen Entwicklung unterliegen und die infolgedessen von starken Absatzschwankungen geprägt sind. Außerdem erwächst aus den nach Standorten differenzierten Sortimenten einzelner Filialen eine weitere Restriktion für die Anwendung automatisierter Dispositionssysteme, weil nämlich nicht nur das Nachfrageverhalten von Standort zu Standort unterschiedlich sein kann, sondern auch eine weitere Aufsplitterung dispositionsfähiger Warengruppen die Folge ist.

Als Fazit kann festgehalten werden, dass auf der methodischen Grundlage des Bestell-rhythmusverfahrens eine Automatisierung der Artikeldisposition offensichtlich mit größe-ren Risiken verbunden ist als bei der Anwendung des Bestellpunktverfahrens.

5.3.2.3 Die Planung von Sicherheitsbeständen, Meldemengen und Bestellmengen

a) Die Berechnung von Sicherheitsbeständen

Wenn die Nachfrage der Kunden und die Lieferzeit der Lieferanten schlecht zu prognosti-zieren sind, kann die betriebliche Lagerwirtschaft ihren Bereitstellungs- bzw. Versorgungs-auftrag nur erfüllen, wenn im Rahmen der Bestellplanung mit einem Sicherheitsbestand gearbeitet wird, der den Schwankungen der Nachfrage und den Veränderungen im Liefer-verhalten vorgelagerter Betriebe Rechnung trägt (vgl. Grochla/Schönbohm 1980, S. 155 f.).

Ein richtig dimensionierter Sicherheitsbestand führt zu einem hohen Bereitstellungs- bzw. Lieferserviceniveau. Der Sicherheitsbestand als Mindestbestand sollte nur dann unter-schritten werden, wenn (1) der tatsächliche Verbrauch den erwarteten Bedarf überschreitet und (2) die ursprünglich geplante oder vereinbarte Beschaffungszeit überzogen wird.

Aufgrund dieser **Risikofunktion des Sicherheitsbestandes** sollte die Bestellung so recht-zeitig aufgegeben werden, dass zum Zeitpunkt der Lageraufüllung der Mindestbestand nicht wesentlich unterschritten wird. Hierbei hilft, wie bereits erwähnt, die Formulierung von Meldebeständen, die dem Sicherheitsbestand vorgelagert sind. Das Problem eines ausreichenden Sicherheitsbestandes für das Lagerhaltungssystem lässt sich nur befriedi-gend lösen, wenn (1) ein gewünschtes Bereitstellungsniveau vorgegeben wird und (2) An-nahmen über die Wahrscheinlichkeitsverteilung der täglich auftretenden Nachfrage ge-macht werden können.

Aufgrund der zuletzt getroffenen Forderung wäre es zweckmäßig, mit Hilfe der betrieb-lichen Aufzeichnungen zu prüfen, ob in der Vergangenheit die Schwankungen der Nach-frage näherungsweise normalverteilt waren. Häufig kann man davon ausgehen, dass die Nachfrageschwankungen einer Normalverteilung gehorchen, so dass die Sicherheitsbe-stände unter Umständen auf der Grundlage der *Gaußschen* Normalverteilung ermittelt werden können (vgl. im Folgenden Müller-Merbach 1965, S. 641 ff.).

Für die weiteren Überlegungen zur Ermittlung von Sicherheitsbeständen sollen folgende Symbole eingeführt werden:

$$SG = \text{Servicegrad des Lagers} = \frac{\text{Perioden mit vollständig abgedeckter Nachfrage}}{\text{Gesamtzahl der Perioden}} \cdot 100\,\%$$

x_s = Sicherheitsbestand des Lagers [ME], um den Servicegrad SG einzuhalten

x_t = tägliche Absatzmenge [ME]

$\bar{x}_t$ = arithmetisches Mittel aller täglichen Absatzmengen [ME]

$SZ = \dfrac{x_s}{\bar{x}_t} \cdot 100$ = Sicherheitszuschlag [%]

Bei der Konzeption einer **tageweisen Planung** des Lagersystems im Allgemeinen und eines Sicherheitsbestandes im Besonderen sind zunächst weder der Mittelwert $\bar{x}_t$ noch die Standardabweichung σ_t bekannt. Der Planer muss folglich zuerst auf die Lageraufzeichnungen zurückgreifen und prüfen, inwieweit die die Nachfrage kennzeichnenden Lagerabgänge einer Normalverteilung (oder einer sonstigen Verteilungsfunktion) entsprechen. Kann die tatsächliche Häufigkeitsverteilung näherungsweise z. B. durch die *Gaußsche* Normalverteilung abgebildet werden, dann lassen sich auf der Grundlage der statistischen Fehlertheorie die für das Dispositionssystem geeigneten Sicherheitsbestände ermitteln.

Für die weiteren Überlegungen soll davon ausgegangen werden, dass über ein Warenlager folgende Daten vorliegen: An hundert Tagen wurde ein bestimmter Artikel in Mengen zwischen $x_t = 380$ und 460 ME nachgefragt. Die Häufigkeiten h_{xt}, mit denen die verschiedenen täglichen Verkaufsmengen an 100 Tagen auftraten, zeigt **Tabelle 5.13**.

Tabelle 5.13 Häufigkeitsverteilung der täglichen Nachfragemengen (Rechenbeispiel)

x_t	380	390	400	410	420	430	440	450	460
h_{xt}	3	6	12	21	23	20	11	3	1

Aufgrund dieser Angaben, die der Lageraufzeichnung entnommen wurden, können nun der Mittelwert $\bar{x}_t$ und die Standardabweichung σ_t berechnet werden.

$$\bar{x}_t = \frac{\sum x_t \cdot h_{xt}}{\sum h_{xt}} = \frac{41.800}{100} = 418\,ME$$

$$\sigma_t = \sqrt{\frac{\sum h_{xt} \cdot (x_t - \bar{x}_t)^2}{\sum h_{xt}}} = \sqrt{\frac{27.400}{100}} \approx 16,6\,ME$$

Der ausreichende Sicherheitsbestand x_s für das zu planende Lagerhaltungssystem ergibt sich als Produkt aus der Standardabweichung σ_t und dem Sicherheitsfaktor f_s, der in Abhängigkeit vom gewünschten Servicegrad (SG) des Lagerhaltungssystems zu sehen ist:

$$x_s = \sigma_t \cdot f_s\,(SG)$$

Je nach dem gewünschten Servicegrad des Lagers nimmt der Sicherheitsfaktor f_s einen bestimmten Wert an, der sich aufgrund der *Gaußschen* Normalverteilung berechnen lässt. **Tabelle 5.14** gibt für ausgewählte Servicegrade die dazugehörenden Sicherheitsfaktoren an.

Tabelle 5.14   Servicegrad und Sicherheitsfaktor (Quantile der Normalverteilung)

Servicegrad SG	Sicherheitsfaktor f_S
90 Prozent	1,29
92 Prozent	1,41
94 Prozent	1,56
95 Prozent	1,65
96 Prozent	1,75
98 Prozent	2,06
99 Prozent	2,33
99,5 Prozent	2,59

Angenommen, das Lagerhaltungssystem soll einen Servicegrad von 99 % einhalten, dann beträgt der **Sicherheitsbestand** x_s für $\sigma_t = 16{,}6$ und für den Sicherheitsfaktor $f_S = 2{,}33$:

$$x_s = 16{,}6 \cdot 2{,}33 = 38{,}56 \approx 39 \text{ ME}$$

Daraus ergibt sich der **Sicherheitszuschlag**:

$$SZ = \frac{x_s}{\bar{x}_t} \cdot 100\,\% = \frac{38{,}56}{418} \cdot 100\,\% = 9{,}22\,\%$$

b) Die Berechnung von Meldemengen beim Bestellpunktverfahren

Ist die Lagerwirtschaft nach dem Bestellpunktprinzip organisiert, so muss nach jeder Lagerentnahme der Bestand kontrolliert werden (siehe Kapitel 5.3.2.1). Wird die Meldemenge x_m erreicht oder unterschritten, muss der Zeitraum **von der Nachbestellung bis zur Anlieferung** durch den vorhandenen Lagerbestand gedeckt sein. Folglich ist die Meldemenge so zu bemessen, dass der Lagerbestand mit dem über den Servicegrad festgelegten Sicherheitsbestand bis zum Zeitpunkt der Lieferung die auftretende Nachfrage befriedigen kann.

Die **Meldemenge** setzt sich daher aus der durchschnittlichen Absatzmenge bis zur Lieferung und dem Sicherheitsbestand bis zur Lieferung zusammen. Allgemein gilt für eine Zeit- bzw. Planungsperiode, die das n-Fache an Tagen beträgt:

$$\bar{x}_n = \bar{x}_t \cdot n \quad \text{sowie} \quad \sigma_n = \sigma_t \cdot \sqrt{n}$$

Die Meldemenge berechnet sich dann wie folgt:

$$x_m = \bar{x}_n + x_s = \bar{x}_n + \sigma_n \cdot f_s$$

oder ausführlich

$$x_m = \bar{x}_t \cdot n + x_s = \bar{x}_t \cdot n + \sigma_t \cdot \sqrt{n} \cdot f_s$$

Bei der **täglichen Bestellung** und Lieferung liegt die Meldemenge x_m bei:

$$x_m = \bar{x}_t + \sigma_t \cdot f_s$$

$$= 418 + 16{,}6 \cdot 2{,}33 \approx 457 \text{ ME}$$

Bei der **wochenweisen Bestellung** und Lieferung und den Annahmen, dass es sechs Verkaufstage sind, dass der Servicegrad von 99 % erfüllt sein soll und dass die Absatzmengen der einzelnen Tage normalverteilt sind, ergibt sich eine Meldemenge von

$$x_m = \bar{x}_t \cdot n + \sigma_t \cdot \sqrt{n} \cdot f_s = 418 \cdot 6 + 16{,}6 \cdot \sqrt{6} \cdot 2{,}33$$

$$x_m = 2.508 + 94{,}7 \approx 2.603 \text{ ME}$$

c) Die Berechnung von Bestellmengen beim Bestellrhythmusverfahren

Legt man nunmehr der Lagerwirtschaft das Bestellrhythmusprinzip zugrunde, dann wird der Lagerbestand in festgelegten Zeitabständen wieder aufgefüllt. Dabei muss die Bestellmenge so berechnet werden, dass (1) der Bestellzyklus w sowie (2) der Lieferzeitraum t_L im Rahmen des gewünschten Servicegrades abgedeckt werden können. Die Bestellmenge x ergibt sich dann aus der durchschnittlichen Absatzmenge innerhalb des Lieferzeitraums t_L und des Bestellzyklus w zuzüglich des Sicherheitsbestandes in dieser Zeit abzüglich des Lagerendbestandes x_{EB} zum Bestellzeitpunkt:

$$x = \bar{x}_t \cdot (w + t_L) + \sigma_t \cdot \sqrt{w + t_L} \cdot f_s - x_{EB}$$

Da der Lagerbestand eine mit dem Bestellzeitpunkt variierende Größe ist, soll der Einfachheit halber für den Lagerendbestand der Wert Null angesetzt werden. Ansonsten ergibt sich auf der Grundlage des bisherigen Beispiels sowie für w = 5 Tage und t_L = 3 Tage folgende Bestellmenge:

$$x = 418 \cdot (5 + 3) + 16{,}6 \cdot \sqrt{5 + 3} \cdot 2{,}33 - 0 \approx 3.454 \text{ ME}$$

d) Ein zyklisches Bestellverfahren mit Bestandskontrollen

Ein **Nachteil der zyklischen Bestellung** ist, dass mit höheren Sicherheitsbeständen gearbeitet werden muss, um die Absatzschwankungen innerhalb des Bestellzyklus und während der Lieferzeit abzusichern. Daher wäre es auch sinnvoll, das Bestellverfahren als **zyklisches Bestellsystem** mit Bestandskontrollen in konstanten Zeitabständen zu strukturieren. Dieses Lagerhaltungssystem wäre als Kompromiss denkbar, weil das Bestellrhythmusverfahren mit festen Bestellintervallen zu relativ hohen Lagerhaltungskosten aufgrund großer Sicherheitsbestände führt und das Bestellpunktverfahren eventuell durch den Nachteil beachtlicher Bestandsüberwachungskosten geprägt ist.

Das Bestellrhythmusverfahren mit zyklischer Vorratskontrolle ist dadurch gekennzeichnet, dass nicht nach jeder Entnahme, sondern in festgelegten, gleichen Intervallen der Bestand überprüft wird. Liegt der Bestand unter einer bestimmten festgelegten Meldemenge x_m, wird eine neue Bestellung aufgegeben.

In diesem System kann der für die Disposition ungünstige Fall eintreten, dass der Meldebestand x_m erst nach Durchführung einer Bestandskontrolle erreicht oder unterschritten wird. Da dieser Tatbestand erst bei der nächsten Lagerkontrolle erkannt würde, ist die Meldemenge x_m daher so zu bemessen, dass diese Meldemenge bzw. Bestellgrenze ausreicht, um die Nachfrage während der Lieferzeit und während der Kontrollperiode abzudecken. In Analogie zu dem vorher behandelten Bestellrhythmusverfahren mit festen Bestellzyklen, die durch den Lieferanten veranlasst waren, ergibt sich die kritische Meldemenge aus der durchschnittlichen Absatzmenge innerhalb des Lieferzeitraums t_L und des Überwachungsintervalls $t_Ü$ zuzüglich des Sicherheitsbestandes in dieser Zeit:

$$x_m = \bar{x}_t \cdot (t_L + t_Ü) + \sigma_t \cdot \sqrt{t_L + t_Ü} \cdot f_s$$

Legt man für t_L = 4 Tage und für $t_Ü$ = 10 Tage zugrunde, so erhält man die Meldemenge:

$$x_m = 418 \cdot (4 + 10) + 16{,}6 \cdot \sqrt{4 + 10} \cdot 2{,}33 \approx 5.997 \text{ ME}$$

Bei Erreichung dieser Meldemenge ist das Lager wieder auf den vorgegebenen Sollbestand aufzufüllen.

5.3.2.4   Die Limitplanung

Die Gegenüberstellung des Bestellpunktverfahrens und des Bestellrhythmusverfahrens hat gezeigt, wie schwierig es ist, angesichts der prognostischen Probleme die Zielsetzung einer optimalen Beschaffungswirtschaft zu realisieren, die darin besteht, die Summe aus Bestell-, Artikel-, Lagerhaltungs- und Kapitalbindungskosten unter Einschluss eventueller Fehlmengenkosten zu minimieren.

Aufgrund dieser Schwierigkeiten bedient man sich im Einzelhandel der sogenannten Limitplanung als relativ einfach zu handhabendes Verfahren der Warenbewirtschaftung. Bei der Limitplanung handelt es sich um eine kurzfristige, in der Regel auf den Monat bezogene Planungsrechnung mit dem Zweck der Koordination von Beschaffung, Lagerung und Absatz der Handelsware. Diese Planungsrechnung dient dem Ziel einer wirtschaftlichen **Abstimmung von Einkauf und Verkauf**, und zwar einerseits zur Erreichung einer vollständigen ertragsorientierten Warenpräsenz, andererseits zur Vermeidung kapitalbindender und kostenverursachender Überläger. Da mit Hilfe der Limitplanung dem Einkäufer die Einkaufsbudgets vorgegeben werden, dient sie gleichzeitig auch der **Sicherung des finanziellen Gleichgewichts** in der Unternehmung. Denn der finanzielle Rahmen für die Einkaufsdispositionen wird in Abhängigkeit von der Unternehmungs- und Absatzplanung limitiert.

Zu diesem Zweck wird der aus dem Schema der retrograden Gewinnplanung ableitbare Lagerumschlag zum beherrschenden Regulativ der Lagerbestands- und der Limitplanung, wobei das Einkaufslimit aufgrund des geplanten Absatzes und der im Planungszeitraum vorgesehenen Erhöhung bzw. Verminderung des Warenbestandes ermittelt wird.

Ausgehend von der **Absatzplanung** in **Tabelle 5.15** werden die monatlichen Soll-Umsatzerlöse insgesamt und nach Warengruppen gegliedert festgelegt. Wir gehen im Folgenden von der Warengruppe Glas und Porzellan sowie dem Soll-Umsatz von 193.000 Euro aus. Die Planperiode umfasst sechs Monate.

Tabelle 5.15   Umsatzplanung insgesamt und nach Warengruppen gegliedert

| Lager | Umsätze der Vor-Saisons | | | Plan-Umsatz | | | Aufteilung des Plan-Umsatzes nach Monaten | | | | | | | | | | | |
	3. Vorjahr EUR	2. Vorjahr EUR	Vorjahr EUR	% gg. Vorj.	EUR	%	Mon.: Januar EUR	%	Mon.: Februar EUR	%	Mon.: März EUR	%	Mon.: April EUR	%	Mon.: Mai EUR	%	Mon.: Juni EUR	%
Glas, Porzellan	142.500	156.700	167.700	115	193.000	3,0	28.000	14,5	27.000	14,0	34.000	17,6	32.700	16,9	36.100	18,7	35.200	18,3
Haushaltswaren	105.800	115.200	128.100	113	145.000	2,3	22.800	15,7	20.200	13,9	23.200	16,0	23.400	16,1	25.000	17,2	30.400	21,1
Beleuchtung	142.500	148.300	158.800	104	165.000	2,6	27.600	16,7	25.100	15,2	30.600	18,5	25.100	15,2	28.200	17,1	28.400	17,3
Holz, Korbwaren	85.700	92.400	96.500	109	105.000	1,6	17.900	17,0	17.600	16,8	18.700	17,8	16.000	15,2	17.500	16,7	17.300	16,5
Hausputz	58.200	61.100	64.900	116	75.000	1,2	11.200	14,9	10.400	13,9	13.600	18,2	13.000	17,3	13.400	17,8	13.400	17,9
Schallplatten	35.200	46.200	44.100	109	48.000	0,7	7.500	15,6	9.800	20,4	8.700	18,1	7.200	14,9	7.900	16,4	6.900	14,8
Hartwaren Ges.	1.095.700	1.125.200	1.248.000	109	1.360.000	21,2	207.400	15,3	206.800	15,2	240.800	17,7	228.600	16,8	238.200	17,5	238.200	17,5
Kurzwaren	63.100	103.900	115.200	108	125.000	2,0	21.000	16,8	19.200	15,4	19.900	15,9	20.100	16,1	21.500	17,2	23.300	18,6
D.+K.-Wäsche	97.200	120.900	125.300	112	140.000	2,2	30.200	21,6	29.300	20,9	20.800	14,9	17.800	12,7	20.900	14,9	21.000	15,0
Miederwaren	43.300	87.200	93.100	107	100.000	1,6	14.200	14,2	18.200	18,2	16.000	16,0	16.700	16,7	16.000	10,0	18.900	18,9
H.+Kn.-Trikotagen	38.500	45.100	49.000	112	55.000	0,9	11.300	20,6	9.600	17,5	7.900	14,3	7.900	14,3	7.900	14,3	10.400	19,0
Babyartikel	61.900	80.400	92.000	114	105.000	1,6	15.500	14,6	15.300	14,6	19.100	18,2	16.900	16,1	17.600	16,8	20.800	19,7
Textilwaren	3.741.500	4.369.900	4.624.200	109	5.050.000	78,8	833.000	16,5	732.800	14,5	828.100	16,4	812.500	16,1	888.700	17,6	954.900	18,9
Gesamt	4.837.200	5.495.100	5.872.200	109	6.410.000	100,0	1.040.400	16,2	939.600	14,6	1.068.900	16,7	1.041.100	16,3	1.126.900	17,6	1.193.100	18,6

Um das monatliche Limit, hier für den Monat Januar zu ermitteln, ist wie folgt vorzugehen. Zunächst sind die Soll-Umsatzerlöse um die geplante Handelsspanne (Plan-Kalkulation) zu korrigieren, da es um Beschaffungswerte geht. Anschließend sind der geplante Warenumschlag, die planmäßige Lagerveränderung (in diesem Fall ein Lagerabbau) sowie der Planumsatz für den Monat Januar zu berücksichtigen (**Tabelle 5.16**).

Tabelle 5.16   Limitplanung für einen Monat

	193.000 EUR	Soll-Umsatz
minus	91.600*	Spanne = 47,46 % vom Absatzwert, * gerundet
gleich	101.400	Wareneinsatz pro Periode (6 Monate)
geteilt durch	1,5	geplanter Warenumschlag
gleich	67.600	Plan-Durchschnittslager
	70.200	**Anfangslager-Bestand**
minus	5.200	Lagerabbau, um Plan-Durchschnittslager zu erreichen
gleich	65.000	Endlager
	101.400	**geplanter Wareneinsatz**
minus	5.200	geplanter Lagerabbau
gleich	96.200	Saisonlimit
	13.950	**Umsatz-Januar, 14,5 % vom Saisonumsatz (6 Monate)**
minus	1.395	Limitreserve von 10 %
gleich	12.555	Freies Limit für Monat Januar

Für die Einkaufssteuerung ist es zweckmäßig, das Limit von 13.950 Euro nicht in voller Höhe freizugeben. Ein zu definierender Anteil (im Beispiel 10 %) sollte als Limitreserve zunächst gesperrt werden, um die bei den Umsatzerlösen eventuell eintretenden Planabweichungen auch im Einkauf auffangen zu können. Die Limitreserve wird erst dann zur Disposition freigegeben, wenn sich Absatz und Spanne wie im Planungsabschnitt vorgesehen entwickeln.

Neben dieser Methode des **Durchschnittslagerverfahrens**, das **Tabelle 5.17** noch einmal darstellt, gibt es das Höchstlagerverfahren. Das **Höchstlagerverfahren**, das **Tabelle 5.18** zeigt, unterscheidet sich vom Durchschnittslagerverfahren dadurch, dass die monatlichen Lagerbestandswerte zu Verkaufswerten und als Höchstwerte (Sollbestand) ausgewiesen werden, die aus den Vergleichszeiträumen der Vorjahre mit Hilfe von Lagerindex-Werten abzuleiten sind. Der durchschnittliche Lagerbestand, der das wesentliche Regulativ der

Limitplanung im Allgemeinen darstellt, wird mit den jeweiligen monatlichen Indexwerten multipliziert. Daraus resultiert der Soll-Lagerbestand am Monatsende.

Tabelle 5.17 Limitplanung für die Warengruppe Glas und Porzellan nach dem Durchschnittslagerverfahren

Limit-Planung nach dem Durchschnittslagerverfahren

Saison-Monate	Plan-Umsatz EUR	Ist-Umsatz EUR	Abweichung EUR	Plan-Kalkulation EUR	Limit-Korrektur EUR	Bemerkungen
Januar	28.000	30.000	+2.000	960	+1.040	$\dfrac{AB + EB}{2} = \varnothing L$
Februar	27.000					
März	34.000					
April	32.700					$AB + EB = 2\,\varnothing L$
Mai	36.100					$EB = 2\,\varnothing L - AB$
Juni	35.200					
Gesamt-Saison EUR	193.000					$EB = 135.200$
% Plan-Kalkulation 47,46 % = der Saison EUR	91.600					$-\ 70.200$
= Brutto-Limit (Wareneinsatz) EUR	101.400					$=\ 65.000$
+ Lager-Anbau EUR	—					
- Lager-Abbau EUR	5.200					$70.200 - 65.000 = 5.200$

$$\text{Plan-Umschlag } 1,5 = \frac{\text{Plan } \varnothing\text{-Lager} \quad 67.600}{\ }$$

$$\frac{\text{Anfangs-Lager} \quad 70.200}{\ } - \ = \frac{\text{Differenz} \quad 2.600}{\ } \times 2$$

Aufteilung des Netto-Limits nach Monaten

		Januar	Februar	März	April	Mai	Juni
Netto-Limit (EW) = der Saison	%	100,0	14,5	14,0	17,6	16,9	18,7	18,3
	EUR	96.200	13.900	13.500	16.900	16.200	18.000	17.700
- Limit-Reserve (EW)	%	10	10	10	10	10	10	10
	EUR	9.620	1.390	1.350	1.690	1.620	1.800	1.770
= Freies Limit (EW)	EUR	86.580	12.510	12.150	15.210	14.580	16.200	15.930

Tabelle 5.18 Limitplanung für die Warengruppe Glas und Porzellan nach dem Höchstlagerverfahren

Saison-Monate	Januar	Februar	März	April	Mai	Juni	gesamt
Lager-Bestands-Planung	Endbestd. %	Endbestd. %	Endbestd. %	Endbestd. %	Endbestd. %	Endbestd. %	⊘-Lager %
Ist: Saison - 3. Vorjahr	103	105	102	93	93	96	100
Ist: Saison - 2. Vorjahr	106	108	106	96	92	99	100
Ist: Saison - Vorjahr	103	108	104	96	93	96	100
Plan Lager-Indizes	104	107	104	95	93	97	100
Limit-Errechnung	EUR	EUR	EUR	EUR	EUR	EUR	EUR
Plan-Lager im VW am Monatsende	133.800	137.700	133.800	122.300	119.700	124.800	128.700
- Plan-Lager im VW am Monatsanfang	131.000*	133.800	137.700	133.800	122.300	119.700	—
= Lager-Abbau -							18.000
Lager-Anbau +	2.800	3.900	3.900	11.500	2.600	5.100	11.800
+ Plan-Umsatz	28.000	27.000	34.000	32.700	36.100	35.200	193.000
= Ges.-Limit im VW	30.800	30.900	30.100	21.200	33.500	40.300	186.800
% Plan-Kalkulation EUR	43,5	46,5	49,2	49,6	49,6	49,6	48,0
= Ges.-Limit im EW	17.400	16.500	15.300	10.700	16.900	20.300	97.100
% Limit-Reserve EUR	10	10	10	10	10	10	10
	1.740	1.650	1.530	1.070	1.690	2.030	9.710
= Freies-Limit im EW	15.660	14.850	13.770	9.630	15.210	18.270	87.390

Plangrößen	1. Planung	Korrektur der 1. Planung
Umsatz	193.000 EUR	EUR
Lager-Umschlag	1,5 mal	mal
⊘-Lager	128.700 EUR	EUR
Kalkulation	48,0 %	%

VW-Verkaufswert, EW-Einkaufswert; *-geplantes Endlager der Vorsaison

In einem zweiten Schritt ist aus der Differenz zwischen dem Lagerbestand am Monatsanfang und dem Soll-Lagerbestand am Monatsende zu ermitteln, in welchem Umfang das Lager aufgestockt oder abgebaut werden muss. Wie beim Durchschnittslagerverfahren werden die Bruttolimitwerte durch Abzug der Handelsspanne vom verkaufswertorientierten Gesamtlimit errechnet und schließlich auch die Limitreserve als Mittel für die kurzfristige Anpassung an veränderte Marktsituationen eingesetzt.

Beide Verfahren der Limitplanung tragen den Bedürfnissen nach einfacher Handhabung eines Planungsinstrumentes Rechnung. Sie führen aber im Hinblick auf die prognostischen Probleme der Marktentwicklung nicht immer zu optimalen Lösungen.

Die Limitplanung kann am ehesten noch als zyklisch kontrolliertes Bestellsystem (Bestellrhythmusverfahren) interpretiert werden, dessen Bestellwerte von der Umsatzplanung und einem durchschnittlichen Warenbestand determiniert sind. Der Sollbestand entspricht beim

■ Durchschnittslagerverfahren näherungsweise durch entweder kontinuierlichen Lageranbau oder Lagerabbau dem durchschnittlichen Lagerbestand, dagegen beim

■ Höchstlagerverfahren den aus Vergangenheitsdaten abgeleiteten Grenzwerten, die durch den geplanten durchschnittlichen Warenbestand reguliert werden.

Infolgedessen ergeben sich im Rahmen des Höchstlagerverfahrens stärker schwankende Dispositionsmengen und unter Umständen ein beträchtlicher Lagerräumungsbedarf.

Da die Limitplanung in der Regel mit Beschaffungs- oder Absatzmarktpreisen arbeitet, führen Preisänderungen, soweit diese nicht zusätzlich bei der Limitvorgabe berücksichtigt werden, zu Ungenauigkeiten, denen allerdings auch mit einer **mengenbezogenen Limitplanung** begegnet werden kann.

Eine zu eng gehandhabte Limitplanung ist betriebswirtschaftlich bedenklich, weil sie den Einkäufer hindert, Marktchancen wahrzunehmen und optimale Eindeckungsstrategien vor Preiserhöhungen zu entwickeln. Schließlich muss auch bei der Konzeption der Limitplanung darauf geachtet werden, dass nicht solche Artikel in einem Planungssegment zusammengefasst werden, die durch erhebliche Unterschiede in der Gängigkeit gekennzeichnet sind. Bei hohen Lagerbeständen mit weniger gängiger Ware führt eine zu enge und auf eine ganze Warengruppe als Planungssegment bezogene Limitplanung zu weiteren Umsatzrückgängen, weil aufgrund einer zu geringen Nachdisposition die Auswahl für die Kunden leidet. Gute Ergebnisse liefert hingegen die Limitplanung für **gängige Standardware**, die in beliebigen Mengen beschafft werden kann.

5.3.3 Die Lagerwirtschaft

Die Lagerung erfüllt die Aufgabe, die Beschaffung und den Absatz im Handelsbetrieb abzustimmen. Beschaffung und Absatz sind zwei betriebliche Teilbereiche, deren Input- und Outputströme zeitlich in der Regel nicht synchronisiert und quantitativ nicht angepasst sind.

Neben der Aufgabe des Zeit- und Mengenausgleichs haben die lagerwirtschaftlichen Sub-systeme des Handelsbetriebes risikopolitische und spekulative Aufgaben zu erfüllen. Die **risikopolitische Funktion des Lagers** ergibt sich aufgrund unsicherer Planbarkeit des Be-darfs an Handelswaren. Diese Unsicherheiten sind eine Folge des schlecht vorhersehbaren Kundenverhaltens.

Die **spekulative Funktion des Lagers** zeigt sich dann, wenn durch die Lagerhaltung eine Arbitrage zwischen unterschiedlichen Beschaffungsmarktpreisen herbeibeigeführt werden soll. Bei der Spekulation auf solche Gewinne ist darauf zu achten, dass der Differenz aus den gegenwärtig niedrigen Beschaffungspreisen und den für einen späteren Zeitpunkt erwarteten höheren Wiederbeschaffungskosten (Kostenvorteil) die Lagerhaltungs- und Kapitalbindungskosten gegenüberstehen, die höher ausfallen können (Kostennachteil). Ebenso muss das Risiko möglicher Preissenkungen gesehen werden.

5.3.3.1   Entscheidungen im Rahmen der Lagerwirtschaft

Bei der Planung der Lagerwirtschaft sind zunächst solche Entscheidungstatbestände zu klären, die der ökonomisch zweckmäßigen Versorgung der Verkaufsstellen durch das Handelslager Rechnung tragen. Infolgedessen wird zuerst die Frage zu prüfen sein, wel-ches **Bereitstellungsniveau** (Servicegrad) durch die Einrichtung eines Zentrallagers er-reicht werden soll. Ebenso kann die Errichtung von Regionallagern in Betracht gezogen werden. Das Bereitstellungsniveau eines Lagers wird durch zwei Kriterien gekennzeichnet: die **Lieferbereitschaft** und die **Lieferzeit**. Durch organisatorische Schwachstellen in den verschiedenen betrieblichen Teilbereichen kann es durchaus geschehen, dass die ordernde Verkaufsstelle trotz Vorratshaltung längere Zeit auf die Anlieferung zu warten hat. Das Bereitstellungsniveau des Zentrallagers ist daher nicht nur eine Funktion der dort lagern-den Bestände, sondern auch eine Folge des Informationsflusses und des Lagerstandortes.

Ein hohes Bereitstellungsniveau reduziert zwar die Fehlmengenkosten, die aufgrund man-gelnder Warenpräsenz entstehen. Andererseits muss jedoch beachtet werden, dass ein hohes Bereitstellungsniveau mit überproportional steigenden Lagerhaltungs- und Kapital-bindungskosten einhergeht; denn je höher die geforderte Lieferbereitschaft ist, desto höher müssen die Sicherheitsbestände des Lagers sein. Da theoretisch jede noch so hohe Zufalls-abweichung der Nachfrage möglich ist, führt eine Lieferbereitschaft von 100 % zu unend-lich hohen Lagerhaltungskosten.

Neben der Entscheidung über den Servicegrad, den das Zentrallager sicherstellen soll, wird zu klären sein, wie die direkt dem Lagerbereich zuzurechnenden Kosten minimiert werden können. Hierbei finden vor allem drei **Kostenkategorien** Beachtung:

- die durch die Lagerbestände unmittelbar verursachten Kosten, das sind die Kapitalbin-dungskosten, Versicherungsprämien sowie Verluste aus Qualitäts- und Mengenrisiken,

- Einrichtungskosten sowie

- Personalkosten.

Die im Zentrallager anfallenden Kosten werden daher entscheidend durch die technische Ausstattungsqualität des Lagers, durch die Bestandsmengen und Bestandswerte sowie durch die Lagerdauer, die die Kapitalbindung determiniert, beeinflusst.

Allerdings führt die ausschließliche Minimierung der Lagerkosten zu erheblichen Konflikten mit den übrigen Teilbereichen des Handelsbetriebes. Folglich sind die Kosten der Lagerwirtschaft immer an der primären Zielsetzung der lagerwirtschaftlichen Versorgungsaufgabe zu überprüfen.

Für den Planungsträger in der Unternehmung ist es äußerst schwierig, die genannten Ziele der Lagerwirtschaft – einerseits ein hohes Bereitstellungsniveau und andererseits eine Reduzierung der Lagerkosten – in Einklang zu bringen, da es sich um **konkurrierende Ziele** handelt. Zur Lösung des Zielkonfliktes können das Minimalprinzip und Maximalprinzip als Ausprägungen des **ökonomischen Prinzips** beitragen:

- Minimierung der mit der Lagerwirtschaft verbundenen Kosten bei einem vorgegebenen Bereitstellungsniveau oder

- Maximierung des Bereitstellungsniveaus bei einem vorgegebenen Kostenbudget für die Lagerwirtschaft.

Zu den lagerwirtschaftlichen Entscheidungstatbeständen, die auf eine ökonomisch zweckmäßige Versorgung der Verkaufsstellen gerichtet sind und die sowohl das Bereitstellungsniveau als auch das Lagerkostenbudget determinieren, zählen a) die interlokalen und b) die intralokalen Standortentscheidungen sowie c) die Wahl der lagertechnischen Ausstattung.

a. Bei der **interlokalen Standortplanung** sind optimale Standortentscheidungen besonders schwierig, weil in der Regel eine Fülle von Nebenbedingungen bei der Festlegung des interlokalen Standortes eines Zentrallagers zu berücksichtigen ist. Zu den **außerbetrieblichen Restriktionen** zählen u. a. die baurechtlichen Vorschriften, die gewerbeaufsichtsamtlichen Auflagen sowie die nicht beliebige Verfügbarkeit geeigneter Grundstücke.

    Zu den **innerbetrieblichen Faktoren** zählen die zu lagernden Bedarfsmengen, welche die räumliche Kapazität des Lagers sowie dessen Anforderungen an die Standortgröße festlegen. Dazu zählen weiter die qualitativen und quantitativen Eigenschaften der zu lagernden Artikel des Handelssortimentes.

    Neben den Kosten des Zentrallagers fließen in die Entscheidung die Kosten der Warenbewegung zwischen Zentrallager und den Verkaufsstellen, die Transportkosten. Die Transportkosten zwischen dem Zentrallager und den einzelnen Verkaufsstellen innerhalb des Verkaufsstellennetzes sind zu minimieren. Analoge Überlegungen gelten für Regionallager.

b. Bei der **intralokalen Standortplanung** geht es um die geeignete Anordnung der Lagereingangs- und Lagerausgangsstellen, die Anordnung und Aufteilung der Flächen für Stauzone, Packzone und Sortierzone sowie für die Qualitätskontrolle und Verwaltung. Alle intralokalen Standortentscheidungen zielen darauf ab, die Warenbewegung und die Warenlagerung zu kostenminimalen Bedingungen durchzuführen.

Unter dieser Zielsetzung sind vor allem die Anordnung und Platzierung der einzelnen Artikel und Warengruppen innerhalb des Lagerraums festzulegen. Abgesehen davon, dass bei der Platzierungsregelung die Verträglichkeit der zu lagernden Waren untereinander zu beachten ist, kann versucht werden, die Zugriffszeiten für die am häufigsten nachgefragten Artikel zu minimieren. Ein weiteres Prinzip ist, die Waren so einzulagern, dass bestimmte Zugangs- und Abgangsfolgen der Waren gewährleistet werden. Verzichtet man auf ein festes Ordnungssystem für gleiche Produkte oder Marken und lagert man die Waren dort ein, wo für bestimmte Außenmaße ausreichend Platz ist, so spricht man von dynamischer bzw. chaotischer Lagerhaltung. Der Vorteil ist, dass leere Lagerplätze und Staus von Waren im Lagereingang vermieden werden. Die Ware wird dort eingelagert, wo Platz für sie ist (vgl. Pfohl 2010, S. 116 f.).

c. Die Wahl der **lagertechnischen Ausstattung** betrifft die baulichen Gestaltungen und Vorrichtungen (konventionelles Lager, Hochregallager etc.), Lageraggregate (Regale, Ständer, Kühltruhen, Tanks etc.), Fördermaschinen (Gabelstapler, Krananlagen, Unterflurförderer, Rollen- und Gurtbahnen etc.), Lastträger (Container, Paletten, Behälter etc.) und sonstige Einrichtungen (Mess- und Wiegegeräte, Palettiermaschinen etc.) (vgl. Bamberger 1975, Sp. 2431).

Die geeignete Lagerausstattung zu konzipieren ist überwiegend ein technisches Problem. Jedoch ist die Effizienz der Problemlösung an ökonomischen Kriterien zu prüfen, wobei die Kosten des durch die technischen Problemlösungen realisierten Bereitstellungsniveaus die entscheidende Rolle spielen.

5.3.3.2   Kommissionierungstechniken

Die bislang behandelten lagerwirtschaftlichen Entscheidungstatbestände waren vornehmlich darauf gerichtet, die wirtschaftliche und technische Funktionsfähigkeit des Warenlagers herzustellen. Im Rahmen der Ausgleichsfunktion des Lagers ist aber auch der Frage nachzugehen, auf welche Art die Waren dem Lager entnommen und zu Kommissionen zusammengestellt werden können.

Die Warenbewegung zwischen Lager und Verkaufsstellen beginnt mit der Transformation der im Lager nach bestimmten Platzierungsregeln gespeicherten Artikel in auftragsadäquate Versandeinheiten. Dies wird als Kommissionierungsprozess bezeichnet. Man kann die Tätigkeit des Kommissionierens definieren als das Zusammenstellen von Sendungen aus einem Sortiment nach vorgegebenen Aufträgen. Hierfür kommen auftragsorientierte, serienorientierte, serielle sowie parallele Kommissionierungsprinzipien in Frage (vgl. Halasz 1976, S. 16 f.).

Bei der **auftragsorientierten Kommissionierung** bestimmt der einzelne Kunden- oder Filialauftrag das Kommissionierungsprogramm. Die einzelnen Aufträge bilden organisatorisch und warenflusstechnisch individuell zu behandelnde Kommissionseinheiten. Diese Regelung hat ablauforganisatorisch gesehen zur Folge, dass eine Vielzahl von unterschiedlichen Artikelstandorten wiederholt angelaufen werden muss (Mann zur Ware), wenn die gleichen Artikel in den verschiedenen Auftragsfolgen immer wiederkehren.

Bei der **serienorientierten Kommissionierung** werden die verschiedenen Kunden- oder Filialaufträge zerlegt und zunächst die artgleichen Artikel der einzelnen Aufträge mengenmäßig erfasst. Diese bilden dann eine Einheit innerhalb der Kommissionierungsserie unterschiedlicher Artikel. Dann wird die aus dem Regal entnommene Gesamtzahl eines Artikels auftragsspezifisch zerlegt und die Bestellmengen werden den einzelnen Aufträgen zugewiesen. Der ablauforganisatorische Vorteil dieses Verfahrens ist, dass für eine Serie von Aufträgen ein bestimmter Artikelstandort nur einmal angelaufen werden muss.

Im Gegensatz zur auftrags- und serienorientierten Kommissionierung bedeuten die **serielle und parallele** Kommissionierung, dass entweder die einzelnen Kundenaufträge nacheinander (seriell) oder gleichzeitig (parallel) zusammengestellt werden.

Aufgrund dieser Überlegungen ergeben sich grundsätzlich vier Kombinationen für die genannten Kommissionierungstechniken, und zwar

- die auftragsorientierte, serielle Kommissionierung,

- die auftragsorientierte, parallele Kommissionierung,

- die serienorientierte, serielle Kommissionierung sowie

- die serienorientierte, parallele Kommissionierung.

Die **auftragsorientierte, serielle Kommissionierung** ist die organisatorisch einfachste Form. Es werden Aufträge zu einem Kommissionierungsdurchgang im Lager zusammengefasst. Sukzessive werden beim Passieren der relevanten Artikelstandorte die einzelnen Aufträge hintereinander komplettiert. Dieses Verfahren ist bei kleineren Artikelmengen pro Auftrag mit ähnlicher Artikelstruktur empfehlenswert. Es bietet den Vorteil eines einstufigen Kommissionierungsprozesses.

Die **auftragsorientierte, parallele Kommissionierung** zerlegt den Kunden- oder Filialauftrag in Teilaufträge, die nach Maßgabe bestimmter Lagerbereiche gebildet werden. Die Einzelaufträge werden in den verschiedenen Lagerbereichen gleichzeitig (parallel) zusammengestellt. Dadurch sinken die Durchlaufzeiten pro Auftrag.

Dieses Verfahren empfiehlt sich bei größeren Artikelmengen mit sehr heterogener Artikelstruktur des Gesamtauftrages. Allerdings sind die administrativen Vorarbeiten für den Kommissionierungsprozess sehr aufwändig und ohne Zuhilfenahme der EDV praktisch nicht zu lösen. Die auftragsadäquate Zusammenstellung der Teilaufträge ist hingegen kein Problem und nicht so zeitaufwändig wie bei der serienorientierten, parallelen Kommissionierung (siehe unten).

Da der serielle Kommissionierungsaspekt den Auftrag als eine Einheit betrachtet und der serienorientierte Aspekt die Aufgliederung der Aufträge nach gleichartigen Artikeln fordert, ergibt sich ein Widerspruch, der die **serienorientierte, serielle Kommissionierung** sinnlos werden lässt.

Bei der **serienorientierten, parallelen Kommissionierung** werden die Kunden- oder Filialaufträge zunächst einer administrativen Vorbereitung unterzogen. Man überprüft die einzelnen Positionen der unterschiedlichen Kundenaufträge und fasst gleiche Artikel jeweils zu einem Kommissionierungsauftrag zusammen. Die daraus resultierenden artikelspezifischen Kommissionierungsaufträge werden dann gleichzeitig (parallel) in den jeweiligen Lagerbereichen bearbeitet.

Dieses Kommissionierungsprinzip ist empfehlenswert bei großen Bestellmengen pro Artikel und Auftrag, wobei sich die einzelnen Aufträge durch eine sehr heterogene Artikelstruktur auszeichnen und auch die Zahl unterschiedlicher Artikel pro Auftrag kaum begrenzt ist. Teilt man diese serienorientierte, parallele Kommissionierungstechnik in die drei Stufen Kommissionierungsvorbereitung, Durchführung der Kommissionierung und auftragsadäquate Zusammenführung ein, so wird die Auftragsbearbeitung nur durch die zweite Stufe beschleunigt. Denn sowohl die Aufteilung der Kundenaufträge zu Kommissionierungsserien in der ersten Stufe als auch die in der dritten Stufe notwendige Zusammenführung der Serien zu versandfertigen und kundenspezifischen Auftragseinheiten ist ziemlich zeitaufwändig und stellt hohe Anforderungen an die Organisation.

Im Gegensatz zu der oben beschriebenen Kommissioniertechnik handelt es sich bei der Methode **Ware zu Mann** um eine dynamische Bereitstellung, bei der die Lagereinheiten zum festen Arbeitsplatz des Kommissionierers geleitet werden. Mit einem hohen Automatisierungsaufwand soll die Kommissionierung beschleunigt werden, womit der weitgehende Wegfall von Wegezeiten der Lagerarbeiter und damit eine erhöhte Umschlagshäufigkeit erreicht werden sollen. Allerdings erfordert die Ware-zu-Mann-Bereitstellung einen hohen Investitions- und Steuerungsaufwand für notwendige Fördermittel, so dass diese Methode einen hohen Lagerumschlag für eine effiziente Bewirtschaftung vorgibt. Des Weiteren bewirkt die einmal getroffene Investition in Hochtechnologie eine Flexibilitätsverringerung bei Strukturveränderungen. Neue Produkte oder veränderte Maße können unter Umständen von einer stark spezialisierten Fördertechnik nicht mehr bedient werden.

5.3.4   Die Handelslogistik

5.3.4.1   Zum Begriff der Handelslogistik

Als Standardwerk zur Logistik ist das Buch „Logistiksysteme: Betriebswirtschaftliche Grundlagen" von *Hans-Christian Pfohl* zu empfehlen, aktuell in der 8. Auflage von 2010. Der Leser möge sich dort mit den Grundbegriffen und den vielen Facetten der Logistik vertraut machen. Einen Überblick über Praktiken zur Steigerung der Effektivität und der Effizienz in der Distribution bietet *Schröder* (2012b).

Neben der lebenszyklus- und der dienstleistungsorientierten **Definition** formuliert *Pfohl* (2010, S. 12) Logistik in einer flussorientierten Sichtweise: „Zur Logistik gehören alle Tätigkeiten, durch die die raum-zeitliche Gütertransformation und die damit zusammenhängenden Transformationen hinsichtlich der Gütermengen und -sorten, der Güterhandhabungseigenschaften sowie der logistischen Determiniertheit der Güter geplant, gesteuert, realisiert oder kontrolliert werden. Das Zusammenwirken dieser Tätigkeiten soll einen Güterfluss in Gang setzen, der einen Lieferpunkt mit einem Empfangspunkt möglichst effizient verbindet".

Besondere **Anforderungen an die Logistik im Handel** ergeben sich aus unterschiedlichen Lieferstrategien bei der Verkaufsstellenversorgung und aus der für eine konsequente Marktorientierung notwendigen organisatorischen Zusammenfassung von Einkauf und Verkauf.

Die **Zielsetzung der Handelslogistik** liegt darin, Leistungsreserven zu erschließen, indem Logistikkosten gesenkt oder Logistikleistungen verbessert werden. Bei allen dafür erforderlichen Maßnahmen müssen Anforderungen an die Handelslogistik berücksichtigt werden (vgl. Bock/Hildebrandt/Krampe 1993, S. 234 f.). Zu diesen zählen die Gewährleistung eines kundengerechten Sortiments, insbesondere hinsichtlich Inhalt, Preissetzung und -staffelung sowie Warenpräsenz und -präsentation. Außerdem gehören dazu durchgängig abgestimmte Warenflüsse vom Lieferanten über das Lager, den Point of Sale (PoS) bzw. Point of Purchase (PoP) bis hin zum Check Out bzw. zum Kunden sowie schnittstellenminimierte und auf einem einheitlichen Standard aufbauende Informationsflüsse und eine ständige Verbesserung dieses Wertschöpfungsnetzwerkes.

Um über die **Vorteilhaftigkeit** verschiedener Elemente der Handelslogistik und letztlich der logistischen Gesamtkonzeption entscheiden zu können, reicht eine Orientierung an allgemein formulierten Einsparungspotenzialen nicht aus. Vielmehr müssen für den konkreten Einzelfall Untersuchungen durchgeführt werden, bei denen eine **Wertkettenanalyse** insbesondere die finanziellen Auswirkungen der Entscheidungen feststellt. Des Weiteren ist es erforderlich, alle Aktivitäten und Prozesse hinsichtlich ihrer Effizienz einer Analyse zugänglich zu machen. Als Methode bietet sich die **Prozesskostenrechnung** an. Die Prozesskostenrechnung ist ein System der Vollkostenrechnung, das auf die traditionelle Kostenarten- und Kostenstellenrechnung zurückgreift, relevante Kosten aber in vorher identifizierten Prozessen und darin ablaufenden Aktivitäten erfasst und zu ihren Treibern in Bezug setzt (vgl. Klaus 1997, S. 12). Die Gemeinkosten sollen über die tatsächliche Inanspruchnahme von Ressourcen in den Prozessen verursachungsgerecht auf die einzelnen Kostenträger verteilt werden. Die klassische Schlüsselung von Gemeinkosten auf Leistungseinheiten kann dem Prinzip der verursachungsgerechten Verteilung nur bedingt entsprechen (Näheres zur Prozesskostenrechnung in Kapitel 6.2.4).

Wenn Managementkonzepte, wie z. B. das ECR-Konzept, nachfragesynchrone Belieferungssysteme fordern, so wirkt sich das unmittelbar auf die Handelslogistik aus (siehe dazu und zum Folgenden Kloth 1999, S. 45 ff.). Eine Voraussetzung, um diese Anforderungen zu erfüllen, sind integrierte Handelsinformationssysteme. Sie erlauben ein artikelgenaues Bestandsmanagement und eröffnen die Möglichkeit, Bestände zu verkleinern sowie Regal- und Verkaufsflächen zielgerichtet anzupassen (vgl. Zentes 1997, S. 365).

Um diese Anforderungen zu erfüllen, sind im Rahmen des Logistikmanagements folgende Entscheidungsfelder systembildend (vgl. Krampe/Lucke 1993, S. 54 ff.):

- die Grundstruktur des Logistiksystems (nur bei Neuaufbau),

- die organisatorische Eingliederung der Logistik in die Unternehmung,

- die interlokale Standortwahl für Geschäftsstätten (Fall Residenzhandel),

- die langfristige interlokale Lagersystemgestaltung,

- die langfristige Verkehrsträgerauswahl,

- Bestands- und Entsorgungsstrategien,

- Make-or-Buy-Entscheidungen sowie

- die Planung der Informationssysteme.

Wie warenbezogenes Logistikmanagement aussehen kann, lässt sich am Beispiel des Supply Chain Managements des ECR-Konzeptes verdeutlichen. Das **Continuous Replenishment** (auch Efficient Replenishment) ist die gemeinsame Überprüfung jeder Aktivität in der Lieferkette in Bezug auf die Gewährleistung eines optimierten Warenflusses, der insbesondere in einer Verringerung von Bestellmengen bzw. Vorratsbeständen und einer bedarfsnahen Versorgung von Lagerstufen, Geschäftsstätten und des Kunden zum Ausdruck kommt. Continuous Replenishment soll zu folgenden Effekten führen (vgl. Wiese 1996, S. 44):

- Bestandsreduzierung im Distributionszentrum,

- optimierter Einsatz von Transportkapazitäten,

- Reduzierung von Prozesszeiten und Prozessaufwand sowie

- Verbesserung der Produktverfügbarkeit am PoP bzw. PoS.

Für die Erschließung dieser Potenziale werden Optimierungsmöglichkeiten des Zentralisierungs- und des Differenzierungsgrades von Lager- bzw. Umschlagssystemen benötigt. Denn getrennte Lagerstandorte für Produkte mit hoher oder geringer Umschlagshäufigkeit können beispielsweise die Kommissionierwege um mehr als die Hälfte verkürzen. Ferner stehen Verbesserungen des Transportsystems in den Bereichen Transportmittel und Transportprozess zur Diskussion, da diese das Transportproblem in logistischen Netzwerken determinieren (vgl. Pfohl 2010, S. 150 f.). Eine klare Trennung zwischen Lager- und Transportstrategien ist dabei problematisch, weil sie sich gegenseitig bedingen und sich häufig erst durch ihre Kombination und Koordination Synergieeffekte erzielen lassen. Dennoch muss aus Gründen der Systematik eine solche Dichotomie hier akzeptiert werden.

5.3.4.2 Methoden der Beschaffungslogistik

Als Teilsystem der Logistik befasst sich die Beschaffungslogistik mit der Güterversorgung von Betrieben, mit den Funktionen Einkauf, Bestellung, Abruf, Transport, Lager und Bereitstellung (vgl. Bloech 1997, S. 69). Grundsätzlich bieten sich für den Entwurf einer ganzheitlichen Logistikkonzeption unterschiedliche Methoden an, z. B. Streckengeschäft, Zentralläger, Transit, Cross Docking und Regionalläger, die parallel eingesetzt werden können.

Beim **Streckengeschäft** beliefern die Lieferanten direkt einzelne Geschäftsstätten (Direct Store Delivery bzw. Filialstrecke). Fakturiert wird über die Zentrale, d. h. Geld- und Güterströme fallen auseinander. Dies kann insbesondere bei der Anlieferung von schnelldrehender Ware bei Großbetriebstypen wie z. B. SB-Warenhäusern oder Verbrauchermärkten sinnvoll sein. Die entfallende zwischengeschaltete Manipulation von Ganzpaletten, also das „Aufbrechen" des Ladungsträgers oder ganzer Wagenladungen in einem Zentral- oder Regionallager, wäre ansonsten eine kostentreibende Funktion ohne Wertschöpfung (vgl. Kloth 1999, S. 47).

Das **Zentrallager** ist dann vorteilhaft, wenn sich die Knotenzahl zwischen Liefer- und Empfangspunkten und die Sicherheitsbestände reduzieren lassen. Ziel ist die bestandsarme Lagerhaltung, die im Grenzfall bestandslos wird, wobei man dann von Transitterminals (Warenverteilzentren) spricht (vgl. Zentes 1997, S. 365). **Transit** auf Zentrallagerstufe bedeutet, dass in einem bestandslosen Lagerbereich nicht vorgehaltene Sortimentsteile (z. B. Aktions- und Saisonware), sortenreine Ware der Hersteller oder auf Herstellerebene bereits vorkommissionierte Waren nach Auslieferungsaufträgen und ohne jede weitere Manipulation lediglich durchgeschleust werden (Flächen-Kommissionierung). Der effiziente Einsatz dieser Methode setzt allerdings das Überschreiten einer kritischen Masse voraus, d. h. mindestens eine Ganzpalette pro Artikel und Lager.

Bei der Methode des **Cross Docking** wird die Ware ebenfalls nicht mehr auf der eigenen Verteilerstufe gelagert, jedoch erfolgt ihre umgehende Weiterleitung erst nach einer sogenannten Feindistribution (Fein-Kommissionierung). Der Einsatz dieser Methode ist keiner bestimmten Wertschöpfungsstufe (Hersteller, Logistikdienstleister, Handel) vorbehalten. So kann beispielsweise eine geschäftsstättenorientierte Vorkommissionierung der Ware durch den Hersteller vorteilhaft sein. Erweiterbar ist diese Methodenausrichtung einerseits durch kollektierende Hersteller bzw. Logistikdienstleister, die die Waren ihrer Konkurrenten bzw. Kunden vorher „einsammeln", mitkommissionieren und gebündelt anliefern. Andererseits kann das Lager bzw. ein Teil davon durch einen Hersteller oder Logistikdienstleister als sogenanntes **Vendor Managed Inventory** (VMI) selbst bewirtschaftet werden. VMI ist auch ohne eine Kombination mit Cross Docking denkbar. Dann muss der Hersteller bzw. Logistikdienstleister allerdings zusätzliche Lagerbestände aufbauen.

Im deutschen Lebensmittelhandel bewirkte in den 1990er Jahren ein aus nur 3.000 bis 4.000 schnelldrehenden Food-Artikeln bestehendes Kernsortiment, dass die kritische Masse jeweils erst mit ca. 60 % eines landesweiten Cross-Docking-Einsatzes erreicht wird (vgl. Hascher 1996, S. 46). Deshalb müssen besonders Handelsorganisationen mit verschiedenen Betriebstypen interne Synergien erschließen, um diese Umschlagtechnik für sich nutzbar machen zu können.

Die Errichtung eines Systems von **Regionallagern** ist insbesondere dann sinnvoll, wenn die Schnelligkeit einer Lieferung (Lieferzeit) im Vordergrund steht, wie bei Frischwaren, oder aus dem Standort des Zentrallagers für einzelne Regionen inakzeptable Transportwege resultieren.

Eine Grundlage für den effektiven Einsatz dieser Methoden ist die Übermittlung elektronisch erfasster Abverkaufsdaten, die auf Filial-, Zentral- oder Herstellerebene zu Bestellvorschlägen verarbeitet werden. Bei der elektronisch gestützten Bestandsergänzung wird zwischen drei Formen unterschieden (vgl. Vahrenkamp 1997, S. 26 f.):

■ Die Nachbestellungen werden vom Handel per EDI an den Hersteller übermittelt.

■ Der Handel stellt Lagerbestands- und -abgangsdaten per EDI dem Hersteller zur Verfügung, der wiederum schickt Bestellvorschläge zur Überprüfung per EDI an den Handel.

■ Wie zuvor, nur dass die Bestellabwicklung durch den Hersteller per EDI ohne jede Überprüfung durch den Handel vorgenommen wird.

Welche Relevanz die vom Handel bereitgestellten Daten an die Industrie für die Beschaffungslogistik haben, zeigt das Beispiel von *Tesco*. Die englische Handelsunternehmung übermittelt via EDI Prognoseinformationen an über 270 Lieferanten. Voraussetzung dafür ist die Erstellung möglichst exakter Verkaufsprognosen (Joint Forecasting), für die aktuelle und archivierte EPOS-Daten die Basis sind. Zusätzlich ist auch die Berücksichtigung von Wirkungsprognosen bezüglich des Makro- und Mikromarketing möglich, sogar Trendentwicklungen und die Auswirkungen von Wetterveränderungen oder lokalen Großveranstaltungen lassen sich flankierend in die Bedarfsprognose integrieren (vgl. Laurent 1996, S. 221).

5.3.4.3   Die Belieferung im Residenzhandel

Die oben gekennzeichneten Methoden für den Entwurf einer ganzheitlichen Konzeption der Logistik implizieren bereits die Transportstrategien. Um Wiederholungen zu vermeiden, werden diese nicht erneut aufgegriffen, sondern um spezielle Strategien zur Belieferung von Verkaufseinrichtungen (Residenzhandel) und Kunden (Distanzhandel) ergänzt. Im Einzelnen handelt es sich dabei um

■ die Belieferung von Geschäftsstätten,

■ die Transportlogistik innerhalb von Geschäftsstätten sowie

■ das „Outsourcing" von außerbetrieblichen Transportleistungen.

Effektive und effiziente Strategien zur flächendeckenden **Belieferung eines Geschäftsstättennetzes** sind eines der kompliziertesten Logistikprobleme im Handel. Sie betreffen die Lagerkonzeption und die Lagerzonen, die Umschlagsprozesse sowie die Tourenplanung. Speziell bei dem letzten Punkt gilt es, die Problematik steigender Anlieferfrequenzen zu bewältigen. Dafür müssen Direktlieferungen einzelner Hersteller (Streckenbezug) sowie sonstige Anlieferungen im Sinne einer City-Logistik koordiniert bzw. gebündelt werden. In diesem Zusammenhang ist insbesondere auf die zunehmende Bedeutung von Fuhrpark-management- bzw. Tourenplanungssystemen hinzuweisen. Anlieferzeitpunkte müssen mit der Personaleinsatzplanung der jeweiligen Geschäftsstätte abgestimmt werden, damit Wartezeiten an der Rampe und Engpässe beim Verkaufsprozess bzw. Kundenservice wegen Personalmangels vermieden werden.

Bei der **Transportlogistik in Geschäftsstätten** kommen z. B. das Roll Cage Sequencing und automatisierte Warenflusssysteme für Verkaufsstätten in Frage. **Roll Cage Sequencing** bedeutet eine filialgerechte Beladung jedes einzelnen Rollcontainers auf einer Vorstufe, z. B. im Handelslager oder beim Hersteller. Dabei soll die Anordnung von Gängen, Waren- und Artikelgruppen im einzelnen Outlet berücksichtigt werden. Da hierfür eine der jeweiligen Verkaufsstätte angepasste Vorkommissionierung erfolgen muss, verursacht dieses Beschickungskonzept zwar Kostensteigerungen auf Zentrallagerebene und durch teils nicht voll nutzbaren Lkw-Laderaum, jedoch können diese durch eine Reduktion von Regalbeschickungskosten auf Geschäftsstättenebene überkompensiert werden.

Automatisierte Warenflusssysteme sind als Warenbus ausgelegt, welche die mit einem maschinenlesbaren Code versehenen Behälter aus den Lieferfahrzeugen an der Rampe übernehmen und sie ohne menschliche Manipulation über Pufferläger zu den einzelnen Abteilungen befördern (vgl. Szielasko 1997, S. 20). In Anlehnung an die im Rahmen der Kommissionierung gebräuchlichen Termini wird somit beim Roll Cage Sequencing nach dem Prinzip „Mann zur Ware" und bei automatisierten Warenflusssystemen nach dem Prinzip „Ware zum Mann" verfahren.

Die **außerbetriebliche Transportleistung** bedeutet die Fremdvergabe logistischer Leistungen (Outsourcing). Sie soll einer Handelsunternehmung ermöglichen, sich auf Kernkompetenzen zu konzentrieren. Grundsätzlich kommen andere Handelsunternehmungen oder Logistikdienstleister in Frage, um Transportleistungen zu übernehmen. Während beim Platz- und Distanzhandel im Allgemeinen die Sortimentskompetenz in Verbindung mit ergänzenden marketingpolitischen Aktionsparametern (z. B. intensive Kundenberatung, erlebnisorientierte Warenpräsentation oder aggressive Niedrigpreispolitik) von besonderer Bedeutung ist, stehen bei speziellen Absatzmittlerformen andere Betätigungsfelder im Mittelpunkt.

Beispielsweise erfüllt der **Streckengroßhandel** „nur" Aufgaben der dispositiven akquisitorischen Distribution. Dabei wird das Verpflichtungsgeschäft von ihm zwar eigenverantwortlich abgewickelt, die Ware im Zuge eines Streckengeschäfts aber direkt durch den Produzenten an den Kunden geliefert. Der **lagerhaltende Großhandel** hingegen trägt neben den auch hier erforderlichen guten Branchenkenntnissen besonders mit der Transport- und Lagerlogistik maßgeblich zur Wertschöpfung bei.

Nun sind aber die genannten Kompetenzfelder entweder teils deckungsgleich mit denen von Logistikdienstleistern oder sogar überflüssig, was zu **Ausschaltungsgefahren** bei bestimmten Betriebstypen des Großhandels führt. Dies ist in erster Linie beim Streckengeschäft ohne zusätzliche Serviceleistungen der Fall. Um diesen Verdrängungstendenzen zu begegnen, sind neue Formen der Service- bzw. Kundenpolitik in die Großhandelsleistun-

gen zu integrieren, vor allem Dienstleistungen, wie z. B. EDV-, Marketing- und Absatzbera-
tung, Informationsversorgung, Schulung sowie unterstützende Hilfen beim Aufbau von
Logistik- und Finanzierungssystemen (vgl. Kapell 1997, S. 42; Diller 1997, S. 43). Ferner
können durch vorwärtsgerichtete vertikale Diversifikation neue Betätigungsfelder erschlossen werden.

Die oben genannten Empfehlungen erscheinen umso dringlicher, wenn man davon ausgeht, dass Logistikdienstleister untereinander durch Kooperation in der Tourenplanung
einen Großteil des Distributionsverkehrs einsparen können. Aus der **Sicht der Logistik-
Dienstleister** eröffnen sich dadurch drei strategische Handlungsalternativen, welche die
Komponenten des Lieferservice für den Handel betreffen (vgl. Bretzke 1995, S. 3, 16):

- Die Beibehaltung von Systemgrenzen: Bei der Intensivierung vorhandener Dienstleistungen werden bestehende Funktionen besser erfüllt und Einsparungspotenziale genutzt.

- Die Erweiterung von Systemgrenzen: Bei dem Ausbau von Dienstleistungen werden
  weitere Funktionen übernommen. Es kommt zu einer Schnittstellenverschiebung.

- Die Einschränkung von Systemgrenzen: Bei einer Servicepartnerschaft entfallen Schnittstellen, und Wertschöpfungsstufen werden integriert (Wertschöpfungsverbund). Syner-
  giepotenziale, die über Kostenverschiebungen hinausgehen, werden erschlossen.

5.3.4.4   Die Belieferung im Distanzhandel

Beim Distanzhandel entfällt eine Belieferung von Geschäftsstätten mit Ware, weil diese
vom Lager auf direktem Wege zum Kunden gelangt. Eine solche **Direktbelieferung** verlangt entsprechend ausgestaltete Lagerkonzepte und Transportstrategien.

Lagerkonzepte im Distanzhandel sind durch eine zentralistische Struktur gekennzeichnet.
Anders als bei den Logistikkonzepten des Residenzhandels, bei denen heterogene Warengruppen meist die Grenzen einzelner Logistiksubsysteme begründen, wird eine Sorti-
mentssegmentierung und Lagerhaltung im Distanzhandel nach morphologischen Trennva-
riablen wie Volumen und Gewicht vorgenommen. Der *Otto-Versand* unterschied beispielsweise zwischen den vier Sortimentssegmenten kleinvolumige, mittelgroße und große Artikel sowie hochwertige Konfektion, die jeweils in geographisch getrennten Lägern bewirtschaftet wurden (vgl. Müller 1997, S. 80 f.).

Wer als Händler im Distanzhandel einen hervorragenden **Lieferservice** erreichen will,
kann auf spezielle abwicklungstechnische Verfahren für verschiedene Sortimentssegmente
zugreifen. Da die Ware nicht für einzelne Geschäftsstellen, sondern für einzelne Kunden
kommissioniert wird, muss sie des Weiteren bestenfalls zum Wunschtermin geliefert werden. Eine Möglichkeit dies zu erreichen, sind **strategische Allianzen mit sogenannten
Zustelldiensten**, wie sie z. B. der *Otto-Versand* und der *Hermes-Versand* eingegangen sind,
die zusätzliche Serviceleistungen für den Kunden erbringen können, bspw. Sendungsver-
folgung (aktuelle Statusinformation über den Transport per Satellit, Internet o. ä.), Beratung
oder Montage.

6 Das Handelscontrolling

6.1 Grundlagen des Handelscontrollings

6.1.1 Besonderheiten des Handelscontrollings

Nach einer jahrelangen, teilweise sehr kontrovers geführten Diskussion um den Begriff des Controllings hat sich eine Definition herausgebildet, die den Koordinationsaspekt in den Mittelpunkt rückt: Controlling übernimmt die zielorientierte Koordination von Managementaufgaben (zum Überblick Lehmann 1992).[1] Notwendig wird diese Tätigkeit durch die Differenzierung und Spezialisierung von Managementaufgaben wie Planung, Führung und Kontrolle. Im Einzelnen können mit dem Controlling die Aufgaben verbunden sein,

- den Aufbau und die Pflege der benötigten Informationssysteme zu veranlassen sowie die Versorgung des Managements mit relevanten Informationen sicherzustellen,

- das Management bei der Planung, Führung und Kontrolle zu beraten und zu unterstützen sowie

- Teile der Kontrollfunktion zu übernehmen (vgl. Ahlert 1997, S. 51 ff.).

Das Handelscontrolling weist im Vergleich zu anderen Wirtschaftsstufen und anderen Wirtschaftszweigen einige Besonderheiten auf. Sie resultieren aus den Bedingungen, unter denen in einer Handelsunternehmung geplant, geführt, kontrolliert und organisiert, also „gemanagt" wird (vgl. Ahlert/Schröder 1990, S. 59 ff.; Ahlert 1997, S. 75 ff.).

Erstens sind die **standortspezifischen Einflüsse** zu berücksichtigen. Jeder Standort zeichnet sich durch eigene Strukturen und Verhaltensweisen der Marktpartner aus. Die Vielfalt der Einflüsse steigt, wenn Handelsunternehmungen über mehrere Betriebe verfügen, wie beispielsweise Filialsysteme und kooperierende Gruppen.

Zweitens muss jede Handelsunternehmung einen hohen **sortimentsspezifischen Informationsbedarf** decken, und zwar sowohl im Beschaffungs- als auch im Absatzbereich. Die Anforderungen an das Handelsmanagement wachsen mit der Breite und Tiefe des Sortiments, mit der Anzahl der vertretenen Branchen und der Vertriebslinien. Die Bandbreite reicht von Unternehmungen mit einer Branche und einem Betriebstyp, wie z. B. *Aldi* (Lebensmittel/Discounter), über Unternehmungen mit einer Branche und mehreren Betriebstypen, beispielsweise *Görtz* (Schuhe/zielgruppenspezifische Betriebstypen: *Görtz*, *Görtz Shoes*, *Görtz 17* und *Hess Schuhe*) oder *Electronic Partner* (Elektro- und Elektronikgeräte/

---

[1] Die Ausführungen zu Kap. 6.1.1, Kap. 6.1.2, Kap. 6.1.3 und Kap. 6.1.4 sind entnommen aus Schröder, H., Handelscontrolling in Theorie und Praxis – Besonderheiten, konzeptionelle Grundlagen und praktische Umsetzung, in: Reinecke, S./Tomczak, T. (Hrsg.), Handbuch Marketingcontrolling, 2. Aufl., Wiesbaden 2006, S. 1047-1076.

Fachgeschäfte, Fachmärkte), bis hin zu Unternehmungen mit mehreren Branchen und mehreren Betriebstypen, wie etwa *Rewe, Tengelmann, Metro* und *Douglas*.

Drittens hat das Handelsmanagement eine **Vielfalt von Abstimmungsaufgaben** zu bewältigen, die etwa zwischen den verschiedenartigen Warengruppen, zwischen den verschiedenen Abteilungen innerhalb einer Betriebsstätte, zwischen der Handelszentrale und den Betriebsstätten sowie zwischen den Betriebsstätten und den Vertriebslinien auftreten. Eine Kernaufgabe ist die Koordination zwischen Einkauf und Verkauf.

Viertens ist auf die Besonderheiten hinzuweisen, die sich aus dem Aufbau und der **Bewirtschaftung eines Mehrkanalsystems** im Einzelhandel ergeben (vgl. Schröder 2005, S. 260 ff.; Schröder/Schettgen 2004a, b). Die Kombination von Online-Shops, stationären Geschäften und Versandkatalogen versetzt den Einzelhandel in die Lage, seine Kunden an unterschiedlichen Orten zu unterschiedlichen Zeiten zu erreichen. Entsprechend hat das Multichannel-Retailing seine Informations- und Koordinationssysteme auf die Bedürfnisse der Kunden auszurichten, die einzelne Schritte eines Einkaufs auf verschiedene Kanäle verteilen oder zwischen den Einkäufen den Kanal wechseln, in dem sie sich informieren und den Kauf tätigen.

Fünftens bleibt den Einkaufsstätten des Handels die **Absicherung durch gewerbliche Schutzrechte** weitgehend versagt. Während Hersteller mit Patenten, Gebrauchsmustern und Geschmacksmustern technisch-funktionale und ästhetische Eigenschaften ihrer Produkte vor unzulässiger Nachahmung schützen können, kann sich eine Handelsunternehmung mit rechtlichen Mitteln nicht wehren, wenn zum Beispiel ihr erfolgreiches Fachmarktkonzept „abgekupfert" wird. Dagegen werden die Hersteller ihre rechtlichen Schutzpositionen aktivieren, um sich gegen „Produktpiraterie" zu verteidigen. Allerdings könnte sich etwas zugunsten des Handels ändern. Nachdem das *Deutsche Patent- und Markenamt* einen Antrag von *Apple* zur Patentierung der Ladengestaltung abgelehnt hatte, entschied der Europäische Gerichtshof im Juli 2014 (vgl. Europäischer Gerichtshof 2014, Rechtssache C-421/13), dass die Verkaufsraumgestaltung als Marke patentiert und damit vor Nachahmern geschützt werden kann, wenn drei Voraussetzungen gemäß der Markenrichtlinie (vgl. Europäisches Parlament 2008, Richtlinie 2008/95/EG) erfüllt sind: Die Verkaufsraumgestaltung muss (1) ein Zeichen, (2) grafisch darstellbar und (3) geeignet sein, „Waren" oder „Dienstleistungen" einer Unternehmung von denen anderer Unternehmungen zu unterscheiden.

Sechstens steigt der Anpassungsbedarf einer Handelsunternehmung, wenn die **Umstellungsflexibilität der Konkurrenz** hoch ist. In kaum einem Wirtschaftssektor ist die Flexibilität so groß wie im Einzelhandel. Wer allein das äußere Erscheinungsbild der Handelslandschaft einer Stadt betrachtet, wird feststellen, wie schnell Handelsbetriebe in der Lage sind, bisherige Standorte aufzugeben, sie zu verlagern, mit der Konkurrenz zu tauschen oder an einem vorhandenen Standort das Betreibungskonzept, in der Regel verbunden mit einem Umbau, radikal zu verändern. Die Umstellungsflexibilität der Konkurrenz wird nicht zuletzt auch durch die fehlenden Schutzrechte begünstigt, was ihr die unverzügliche und legale Nachahmung erfolgreicher Praktiken erlaubt.

Siebtens sind die Anforderungen an das Handelscontrolling im Zuge der **Einführung neuer Managementkonzepte** gestiegen. Im Konsumgüterbereich und hier vor allem in der Lebensmittelbranche ist es das Konzept des Efficient Consumer Response, das von Industrie und Handel verlangt, sich auf neue Methoden der Gewinnung und Analyse von Daten sowie auf neue Kennzahlen der Planung und Steuerung von Sortimenten einzustellen. In der Regel gehen mit der Einführung des Efficient Consumer Response organisatorische Restrukturierungen einher, die sowohl die internen Prozesse einer Handelsunternehmung als auch die wirtschaftsstufenübergreifenden Prozesse zwischen einer Handelsunternehmung und ihren Lieferanten betreffen.

Achtens ist im Bereich der Personalführung auf die **schwer steuerbare Verkaufsfunktion** hinzuweisen. Die für den Erfolg der Handelsunternehmung relevante Interaktion zwischen dem einzelnen Verkäufer und dem Kunden ist schwierig zu kontrollieren, und die Motivations- und Koordinationsprobleme des Verkaufspersonals stellen höchste Anforderungen an die Führungskräfte.

Die genannten Einflüsse multiplizieren sich bei **international tätigen Handelsunternehmungen**. Kulturelle, politisch-rechtliche, ökonomische, natürliche und sonstige Umweltbedingungen treten in zahlreichen Facetten auf. Selbst Bestrebungen, heterogene Wirtschaftsräume anzugleichen, wie beispielsweise innerhalb der Europäischen Union, werden an der Vielfalt der Einflüsse wenig ändern. So werden beispielsweise trotz aller Bemühungen, das Recht in den Mitgliedstaaten der EU zu harmonisieren und unterschiedliches Recht anzuerkennen, weiter – teilweise erhebliche – Unterschiede in den Rechtsordnungen bestehen bleiben.

Die wissenschaftliche Auseinandersetzung mit dem Controlling im Handel muss – anders als beim Controlling in der Industrie – bislang als stiefmütterlich bezeichnet werden. Zu den Arbeiten, die sich konzeptionell mit dem Handelscontrolling beschäftigen, zählen vor allem *Ebert* (1986), *Günther* (1989), *Witt* (1992), *Burg* (1995), *Ahlert* (1997), *Kerkom* (1998), *Möhlenbruch/Meier* (1998), *Stöckl* (2000), *Krey* (2002), *Feldbauer-Durstmüller* (2001), *Richter* (2005) und *Becker/Winkelmann* (2008). Daneben gibt es eine Reihe von Arbeiten, die sich mit ausgewählten Aspekten des Handelscontrollings befassen. Einen Überblick hierüber geben z. B. *Feldbauer-Durstmüller* (2000), *Müller-Hagedorn* (2002) und *Graßhoff u. a.* (2003) sowie *Buttkus/Neugebauer* (2012) und *Schettgen* (2013).

6.1.2   Aufgaben des Handelscontrollings

Das Handelscontrolling kann Funktionen der Informationsversorgung, der Beratung und Unterstützung des Managements sowie der Kontrolle übernehmen. Das Verständnis für den Umfang des Aufgabenspektrums ist in der Literatur keineswegs einheitlich (vgl. Müller-Hagedorn 2002, S. 262 f.). Bei der Ableitung von Aufgaben kann man sich an den Phasen des Managementprozesses orientieren, die **Tabelle 6.1** zeigt.

Tabelle 6.1   Raster zur Ableitung von Aufgaben des Handelscontrollings aus den
                     Phasen des Managementprozesses

Phase des Managementprozesses	Aufgabe des Handelscontrollings
Situationsanalyse: Wo steht die Unternehmung, gemessen an bestimmten Erfolgsgrößen?	
Entwicklungsprognose: Wohin entwickelt sich der Erfolg der Unternehmung, wenn keine neuen Maßnahmen geplant und umgesetzt werden?	
Zielplanung: Welchen Erfolg strebt die Unternehmung an?	
Strategie- und Maßnahmenplanung: Welche Strategien und Instrumente stehen zur Verfügung?	
Wirkungsprognose: Inwieweit tragen die betrachteten Strategien und Instrumen- te dazu bei, die gesetzten Ziele zu erreichen?	
Entscheidung: Welche Strategie soll mit welchen Instrumenten umgesetzt werden?	(keine Aufgabe des Controllings)
Willensdurchsetzung: Was muss getan werden, damit der Plan von den Beteiligten akzeptiert und realisiert wird?	
Kontrolle: Sind die gesetzten Ziele erreicht worden?	

Quelle: Vgl. Schröder 2006, S. 1052

Mit Ausnahme der Entscheidung – sie muss dem Management vorbehalten bleiben, ansonsten fehlte es an einem Merkmal zur Abgrenzung von Management und Controlling –
lassen sich dem Handelscontrolling in jeder Phase Aufgaben übertragen. Dabei sind sys-
tembildende und systemkoppelnde Tätigkeiten zu unterscheiden: Für die einzelnen Aufgaben sind entsprechende Systeme aufzubauen und zu aktualisieren (Systembildung), beispielsweise Informations-, Planungs- und Kontrollinstrumente, und es ist die Abstimmung
zwischen den einzelnen Systemen sicherzustellen (Systemkopplung). Diesen Tätigkeiten
kommt gerade im Handel angesichts des immensen Informationsbedarfes, der zahlreichen
standortspezifischen Einflüsse und des hohen Abstimmungsbedarfes zwischen den einzelnen Organisationseinheiten eine große Bedeutung zu.

Das folgende Beispiel soll die Bandbreite der Aufgaben des Handelscontrollings verdeutlichen. Ausgangspunkt sei ein Filialsystem der Lebensmittelbranche, das mit einem
Betriebstyp (hier: Supermarkt) am Markt vertreten ist. Das Handelscontrolling kann zunächst die Suche und Auswertung von Daten über die derzeitige Lage der eigenen Unter-

nehmung (Situationsanalyse) sowie von Daten über die künftige Entwicklung, sofern keine neuen Maßnahmen eingeleitet werden (Entwicklungsprognose), veranlassen. Die Zielplanung setzt ein für die Handelsunternehmung entwickeltes Kennzahlensystem ein. Darin abgebildet sind die Erfolgsbeiträge, die die Supermärkte bislang erzielt haben und die die Unternehmung nun anstrebt. Bei der Strategie- und Instrumenteplanung versorgt das Handelscontrolling das Management zum einen mit Informationen über die Erfolgsbeiträge verschiedener Handlungsmöglichkeiten, wie z. B. Ausbau oder Reduktion des Filialnetzes im Bereich der Supermärkte, Akquisition einer Touristikunternehmung oder Einführung des Betriebstyps Discounter. Zum anderen stellt es Planungsinstrumente für die Verarbeitung der Informationen bereit, beispielsweise eine Portfoliomethode oder ein Positionierungsmodell. In der Phase der Willensdurchsetzung ist das Controlling daran beteiligt, die Planungsergebnisse in führungsgeeignete Größen zu transformieren und die Entscheidung „nach innen zu verkaufen". Auch in der Kontrollphase sind zahlreiche Aufgaben denkbar. Die Kontrolle kann sowohl eingriffs- als auch lernorientierter Natur sein.

Es werden während (eingriffsorientiert) oder nach der Realisation von Maßnahmen (lernorientiert) Kontrollen durchgeführt, die sich auf Prämissen, Verhaltensweisen und Ergebnisse des Managementprozesses sowie auf die dabei eingesetzten Systeme beziehen können. Ein Kernziel besteht darin, die Qualität des Entscheidungsfeldmodells und damit die Qualität von Entscheidungen zu erhöhen. Das Handelscontrolling soll vor allem den Wissensstand des Managements über die künftigen Ausprägungen des Zustandsraumes und die Wirkungen der Maßnahmen auf die Ergebnisse verbessern.

6.1.3 Instrumente des Handelscontrollings

Das Controlling greift bei seinen systembildenden und systemkoppelnden Aufgaben auf das betriebswirtschaftliche Instrumentarium zurück, das für die Analyse, Planung, Steuerung und Kontrolle zur Verfügung steht und geeignet ist, die Aufgaben der Koordination, der Beratung und Unterstützung sowie der Information zu bewältigen. Die folgenden Ausführungen konzentrieren sich auf Instrumente zur Versorgung des Managements mit relevanten Informationen. Empirische Untersuchungen zeigen, dass die Marketingplanung von Einzelhandelsunternehmungen im Hinblick auf die eingesetzten Informationsinstrumente teilweise unsystematisch und unvollständig erfolgt. Die wesentlichen Mängel sind (vgl. Barth/Hartmann 1992, S. 139 f.)

- der vollständige Verzicht auf die Verwendung strategischer Planungstechniken,

- die nur bedingt durchgeführte Abgrenzung von Marktsegmenten,

- der Verzicht auf die Definition strategischer Geschäftseinheiten,

- die nur unzureichende Berücksichtigung von unternehmungsexternen Einflussfaktoren,

- das Fehlen einer geschlossenen Gesamtkonzeption der strategischen Marketingplanung, das heißt, einzelne Phasen des Managementprozesses werden gar nicht oder unzulänglich durchlaufen.

Es ist die Aufgabe des Handelscontrollings, diese Mängel zu beheben und ein unternehmungsspezifisches Instrumentarium zur Versorgung mit Informationen aufzubauen und zu pflegen. Grundsätzlich kann zwischen Methoden der Datengewinnung (Primär- und Sekundärforschung), der statistischen Datenaufbereitung (uni-, bi- und multivariate Verfahren) und der Informationsverarbeitung unterschieden werden.

Die im Rahmen der Marketingplanung einsetzbaren **Instrumente der Informationsverarbeitung** unterscheiden sich grundsätzlich nicht von denen anderer Wirtschaftsstufen und anderer Wirtschaftssektoren. Wichtige Instrumente sind vor allem der Betriebsvergleich (Müller-Hagedorn 1995), das Benchmarking (Schröder 1996a, b, 1997a), die Erfolgsfaktorenforschung (Schröder 1994), die Imageanalyse (Wolf 1981), die Portfoliomethode (Drexel 1981, S. 153 ff.; Barth/Hartmann 1992, S. 143 ff.; Kube 1991, S. 232 ff.), das Positionierungsmodell (Theis 1992), die Warenkorbanalyse (Fischer 1993; Recht/Zeisel 1997b; Schröder 2004), die Balanced Scorecard (Müller-Hagedorn/Büchel 1999) sowie Prognosetechniken (Mattmüller 1990).

Die jeweiligen Instrumente lassen sich verschiedenen Aufgaben des Controllings zuordnen. So ordnet z. B. *Müller-Hagedorn* (2002, S. 264) Conjoint-Analysen und Markttests der Entwicklung marktgerechter Betriebstypen, die Balanced Scorecard der strategiegerechten Umsetzung und die Kundenanalysen der Kundenbindung zu.

Das Handelscontrolling hat bei der Implementierung und der Anwendung dieser Instrumente die handelsspezifischen Besonderheiten zu beachten, wie z. B.

- die von Handelsunternehmungen verfolgten Ziele, die von jenen in der Industrie erheblich abweichen können,

- die Auswahl geeigneter Kriterien zur Bildung von Gruppen vergleichbarer Betriebe,

- die überschneidungsfreie Abgrenzung strategischer Geschäfteinheiten (Betriebstypen, Einkaufsstätten, Warengruppen bzw. Categories),

- die Bestimmung von Parametern zur Abbildung strategischer Geschäftsfelder in einem Portfolio unter Berücksichtigung der Frage, ob die für die Industrie entwickelten Parameter auch für Handelsunternehmungen gelten,

- die Berücksichtigung situativer, insbesondere standortspezifischer Faktoren,

- die Auswahl und Verdichtung von relevanten Kriterien zur Messung des Einkaufsstättenimages,

- den Zusammenhang zwischen Einkaufsstätten- und Markenimage, Einkaufsstätten- und Markenwahl sowie Einkaufsstätten- und Markentreue.

Ein Controlling, das die unternehmungs- und marktspezifischen Bedingungen des Handels berücksichtigt und in ein zweckorientiertes Instrumentarium einfließen lässt, kann wesentlich dazu beitragen, die Effizienz von Managementprozessen zu steigern.

6.1.4   Kennzahlen und Kennzahlensysteme des Handelscontrollings

Kennzahlen des Handelscontrollings lassen sich in quantitative und qualitative Größen unterteilen (vgl. Ahlert 1997, S. 82 f.; Witt 1992, S. 24 ff.). **Quantitative Größen** lassen sich direkt messen, da für sie „normierte Messlatten" vorhanden sind, wie z. B. Euro, Stück, Stunden, Kilogramm und Quadratmeter. Für die Analyse von Handelsbetrieben spielen insbesondere solche Kennziffern eine Rolle, bei denen zwei oder mehr Größen zueinander in Relation gesetzt werden, wie z. B. bei der Flächenproduktivität (Umsatz pro Quadratmeter Verkaufsfläche), der Mitarbeiterproduktivität (Umsatz pro Mitarbeiter) und der Filialproduktivität (Umsatz pro Filiale). Analog können der Rohertrag oder der Deckungsbeitrag in Relation zu diesen und anderen Objekten betrachtet werden.

Anders als in vielen Industrieunternehmungen spielt der (artikelbezogene) Deckungsbeitrag im Handel, insbesondere im Lebensmittelhandel, in der Regel nur eine untergeordnete Rolle. Denn aufgrund der durch die Verkaufsfläche und das Personal bedingten Fixkosten entfallen auf den einzelnen Artikel nur wenige variable Kosten. Im Hinblick auf die Zurechenbarkeit artikelbezogener Kosten besteht das Problem, dass der überwiegende Teil Gemeinkosten sind; geeignete Schlüssel zur Verrechnung der Gemeinkosten existieren jedoch kaum (vgl. Schröder 1990c, S. 116 f.)

Neben dem Problem der am Umsatz orientierten Messgrößen tritt in der Handelspraxis häufig ein weiteres Dilemma auf. Kennzahlen verschiedener Betriebe, wie auf den Umsatz bezogene Personal-, Miet- oder Werbekosten, Produktivitätskennziffern oder Umsatzrentabilitäten, werden verglichen, ohne auf standortspezifische und betriebsbezogene Unterschiede zu achten. Um die Vergleichbarkeit herzustellen, ist es zweckmäßig, die Betriebe nach Konkurrenzbeziehungen, Kaufkraft, Qualität des Standorts usw. sowie nach der Art und dem Umfang der Einsatzfaktoren zusammenzufassen.

Qualitative Größen sind, anders als quantitative Kennzahlen, nicht direkt messbar. Sie sind theoretische Konstrukte, die zunächst zu konzeptualisieren und zu operationalisieren sind, bevor sie einer Messung zugeführt werden können (vgl. Meffert 1992, S. 183; Homburg/Giering 1996, S. 6 f.). Qualitative Größen des Handelscontrollings sind zum Beispiel:

- die Einstellungen der Verbraucher gegenüber der Handelsleistung,

- die Einkaufsstättentreue,

- das Vertrauen zu dem Händler,

- die Zufriedenheit der Kunden mit der Handelsleistung.

Der Anwender dieser Messgrößen muss auf ein entsprechendes Wissen bei der Definition und der Operationalisierung theoretischer Konstrukte zurückgreifen können, damit die gemessenen Sachverhalte über die erforderliche Güte verfügen (Validität, Reliabilität usw.) und im Rahmen des Managementprozesses verwendet werden können. Vielleicht ist diese Voraussetzung die Ursache dafür, dass das Handelscontrolling qualitative Größen bislang stark vernachlässigt hat, stärker noch als das Controlling in Industrieunternehmungen. Dieses Defizit dürfte künftig aus zwei Gründen behoben werden. Zum einen sind viele Handelsunternehmungen dabei, ihren Nachholbedarf an akademischen Führungskräften zu decken, die das erforderliche methodische Know-how mitbringen, insbesondere aus den Bereichen Konsumentenverhalten und Marktforschung. Zum anderen senken kostengünstige Hardware und benutzerfreundliche Software die Barriere zur Durchführung eigener Marktforschung.

Kennzahlensysteme verknüpfen mehrere Kennzahlen, zwischen denen ein sachlicher Zusammenhang besteht. Die in der Handelsliteratur anzutreffenden Kennzahlensysteme adaptieren einerseits die für die Industrie entwickelten Systeme. Dies trifft beispielsweise auf das *DuPont*-Schema des Return on Investment (RoI) (Barth 1976, S. 164) sowie auf die Deckungsbeitragsrechnung mit stufenweiser Fixkostendeckung und die Einzelkosten-Deckungsbeitragsrechnung zu (Tietz 1985, S. 1108). Andererseits sind Systeme entwickelt worden, die von den Besonderheiten des Handels ausgehen. Dazu zählen beispielsweise das Kennzahlensystem der Betriebsanalyse des *Instituts für Handelsforschung* (Klein-Blenkers 1991, S. 26), das Konzept der Direkten-Produkt-Rentabilität (mit Kritik Schröder 1997b, S. 335 ff.), filialbezogene Deckungsbeitrags- und Spannenrechnungen (Witt 1992, S. 133 ff.), unternehmungsbezogene Erfolgsrechnungen (Fröhling 1996) sowie für einzelne Instrumente entworfene Kennzahlensysteme, wie das in **Abbildung 6.3** (Kap. 6.4.6 Maßnahmen zur Förderung der Artikelrentabilität) dargestellte Schema zur Sortimentssteuerung.

Handelsbetriebliche Kennzahlensysteme weisen oftmals die Schwäche auf, dass sie weder umfassend noch ganzheitlich sind. Wenn überhaupt Kennzahlensysteme existieren, dann sind sie vielfach Stückwerk. Die Komplexität verschiedener Dimensionen und Aggregationsstufen wird als Hindernis dafür gesehen, ein einziges Kennzahlensystem zu entwickeln. Darüber hinaus muss bemängelt werden, dass traditionell das Denken in Funktionen überwiegt und bereichs- sowie unternehmungsübergreifende Konzepte kaum umgesetzt sind. Folglich fehlen Kennzahlensysteme, die diese Schnittstellen aufgreifen.

Angesichts der anhaltend hohen Wettbewerbsintensität im Handel und der fortschreitenden Kooperation zwischen Handelsunternehmungen sowie zwischen Herstellern und Handelsorganisationen – Supply Chain Management, Category Management, Collaborative Planning, Forecasting and Replenishment und Beziehungsmarketing (Customer Relationship Management, CRM) sind nur einige aktuelle Themen, die diese Entwicklung widerspiegeln – werden folgende Anforderungen an Kennzahlensysteme und damit an das Handelscontrolling zu stellen sein:

- Abbildung von unternehmungsinternen und -übergreifenden Prozessen,

- Berücksichtigung unternehmungsinterner (z. B. Finanzbuchhaltung, Anlagenbuchhaltung, Kostenrechnung, Statistiken) und unternehmungsexterner (z. B. Lieferanten, Kunden, Handelspartner) Schnittstellen,

- Einbeziehung verschiedener Dimensionen und Aggregationsstufen bei der Bildung von Bezugsgrößen.

6.2 Das interne Rechnungswesen als Informationsbasis

6.2.1 Anforderungen an das interne Rechnungswesen

Das rechnungstechnische Informationssystem in einem Handelsbetrieb berichtet über die Höhe und die Quellen des wirtschaftlichen Erfolgs der abgelaufenen Wirtschaftsperiode(n) und dient der Formulierung rentabilitätsorientierter Sollvorgaben.

Die gegenüber einem Kunden erbrachte Handelsleistung, die sich aus fremderstellten Sach- und eigenerstellten Dienstleistungen zusammensetzt, ist mit den gebräuchlichen Methoden der Kostenträgerrechnung kalkulatorisch kaum zu erfassen. Diese Schwierigkeit wird vornehmlich dadurch verursacht, dass zwar die Kosten der Sachleistung in Form des wertmäßigen Wareneinsatzes, jedoch kaum die Kosten der im Einzelfall nachgefragten Dienstleistung der Sachleistung zurechenbar sind, vor allem, wenn man davon ausgeht, dass die verschiedenen Artikel eines Sortiments vom Kunden im Verbund bei unterschiedlicher Intensität der Dienstleistungen verlangt werden. Die kostenrechnerischen Probleme erwachsen aus dem gegenüber dem industriellen Fertigungsbereich völlig anders gearteten Leistungsprozess im Handelsbetrieb.

Es entspricht daher dem praktischen Bedürfnis nach rascher und ökonomischer Informationsgewinnung, den Erfolgsbeitrag von Geschäftseinheiten mit Hilfe einer **abteilungsbezogenen kurzfristigen Periodenrechnung** zu ermitteln. Erleichternd tritt die nach Warengruppen entwickelte Abteilungsgliederung hinzu, so dass unterschiedliche Leistungsbereiche mit spezifischer Faktorkombination nach Maßgabe der Verantwortung und Leitung überwacht und als geschlossene, homogene Abrechnungseinheiten angesehen werden können, wenn die dort zusammengefassten Artikel mit annähernd gleichen Anteilen an direkten Handlungskosten belastet sind.

Für das Controlling ist weiter die Frage zu beantworten, ob die **Kostenrechnung als Voll- oder Teilkostenrechnung** zu entwickeln ist. Aussagen über die Leistungsfähigkeit der genannten Verfahren sind von der mit der Kostenrechnung verbundenen Zielsetzung, von der gewünschten Genauigkeit und von dem mit der Durchführung einhergehenden Arbeitsaufwand abhängig.

Im Hinblick auf die Überwachungsaufgaben des Controllers hat die Kostenrechnung komparative Aufgaben zu erfüllen, die sich nicht nur auf den innerbetrieblichen Soll-Ist-Vergleich auf der Basis des aus der Zielkonzeption abgeleiteten Kennzahlensystems, sondern auch auf den zwischenbetrieblichen Vergleich erstrecken, so dass aufgrund der diagnostischen Funktion des **Betriebsvergleiches** der einzelne Betrieb seine Kosten-, Leistungs- und Erfolgsverhältnisse an den Ergebnissen anderer Unternehmungen messen und beurteilen kann.

Die gleichartige Erfassung des Basismaterials im Rechnungswesen der einzelnen am Vergleich beteiligten Unternehmungen wirkt unter anderem als formelle Voraussetzung für eine **zwischenbetriebliche Vergleichsfähigkeit**. Sie stützt sich im Wesentlichen auf die einheitliche Organisation der Buchführung und des übrigen Rechnungswesens; denn hier liegt die Quelle des einzelbetrieblichen Informationsstromes, der für die komparativen Arbeiten ausgewertet und verdichtet wird. Die Systematisierung des rechnungstechnischen Datenflusses mit Hilfe eines überbetrieblichen Kontenrahmens dient nicht nur der rationelleren Gewinnung von Rechnungsergebnissen, sondern auch der Verbesserung der Aussagefähigkeit der einheitlich ermittelten Daten im Rahmen des Unternehmungsvergleiches (vgl. Barth 1973, S. 64). Die Überwachungsfunktion des Controllings soll durch Kritik Lernvorgänge auslösen, die auf allen Ebenen der Unternehmung zur Ökonomisierung der Betriebsprozesse beitragen. Eine solche fruchtbare Kritik wächst auf dem Boden des Vergleichs, der zu einer Aktualisierung der menschlichen Erfahrung führt.

Der Aufbau einer leistungsfähigen kurzfristigen Erfolgsrechnung ist insbesondere in **Filialunternehmungen des Einzelhandels** mit erheblichen Schwierigkeiten verbunden, weil durch die Trennung von Zentral- und Filialbereich ein zweistufiger Verbund mit auf den Absatz gerichteten Leistungsbeziehungen entsteht. Die Absatzleistungen der Filiale vollziehen sich auf der Grundlage von Sach- und Serviceleistungen der Zentrale, die als Funktionskopf der Unternehmung angesehen werden kann. Im Hinblick auf den Aufbau und den Wertefluss der Kostenrechnung sind die Zentralkostenstellen als vorläufige Endkostenstellen tätig. Denn von dort aus werden die Kosten des Zentralbereichs nach Maßgabe der dem Verursachungsprinzip entsprechenden Anteile auf die Filialen und Abteilungen übertragen. Aufgrund dieser Verbundwirkung entstehen in den Absatz-Endkostenstellen infolge direkter und indirekter Kostenerfassung mindestens zwei unterschiedliche, von der Art der Kostenermittlung und -verteilung abhängige Kostenkategorien, die gleichzeitig auch Ansatzpunkte differenzierter Kostenrechnungsmethoden liefern.

Die Leistungsfähigkeit und Gestaltung dieser Kostenrechnungsmethoden sind vor allem von der verfahrenstechnischen Behandlung der sogenannten **nicht direkt zurechenbaren Kosten** abhängig; denn die Aussagefähigkeit der kurzfristigen Filial- bzw. Abteilungserfolgsrechnung steht und fällt mit der verursachungsgerechten Schlüsselung dieses Kostentyps. Dieses Problem hat weitreichende Konsequenzen für die Abbildung des handelsbetrieblichen Entscheidungsfeldes. Von der Zielsetzung der Kosten- und Leistungskontrolle einmal abgesehen, die auch bei einem das Verursachungsprinzip verletzenden methodischen Fehler nicht unmöglich würde, hat das interne Rechnungswesen Dispositionsgrundlagen für die Unternehmungspolitik zu schaffen. Solche Informationen sind z. B. für die Planung von Betriebstypen wichtig, wenn gezeigt werden kann, inwieweit unterschiedliche Filialtypen den Zentralbereich belasten, und der Kapitalrückfluss des Investitionsobjektes über das Filialergebnis zu ermitteln ist. Insbesondere bei unzureichender Kostenverrechnung fehlen geeignete Entscheidungshilfen für die Geschäftsleitung.

6.2.2   Die Vollkostenrechnung

Die Vollkostenrechnung wird von dem Grundgedanken getragen, alle Einzel- und Gemeinkosten der Unternehmung auf die Endkostenstellen des Absatzbereiches (z. B. Filialen, Abteilungen) zu verrechnen. Durch die Gegenüberstellung mit den filial- und abteilungsspezifischen Umsatzerlösen lassen sich dann die auf eine Periode bezogenen Filial- und Abteilungserfolge ermitteln und diese zum Unternehmungsergebnis zusammenfassen.

Alle Leistungen, welche die Filialen und Verkaufsabteilungen durch die Tätigkeit der Zentrale empfangen haben, führen zu entsprechenden **Kostenübernahmen**. Das fundamentale Problem für die Vollkostenrechnung besteht in der Auffindung solcher Größen, mit denen insbesondere die Leistungen der Zentrale für die einzelnen Verkaufsbereiche gemessen und die dabei anfallenden Kosten auf die Filialen bzw. Abteilungen verrechnet werden können. Die Schwierigkeit bei der Wahl geeigneter Leistungsmaßstäbe und die **Problematik der verursachungsgerechten Kostenüberwälzung** (Gemeinkostenschlüsselung) können an zwei ausgewählten Beispielen veranschaulicht werden.

Wenn der gesamte Leistungsaustausch zwischen der Zentrale und ihren Filialen über den Versand des Zentrallagers abgewickelt wird, wird man bei der **Umlage der Kosten des Zentrallagers** von der Zielsetzung ausgehen, alle Kosten des Zentralbereichs mit Hilfe von Zuschlagssätzen und Kostenschlüsseln auf die Endkostenstelle „Versand des Zentrallagers" im Zentralbereich zu überwälzen, weil nun über die Bemessungsgrundlage von Versandeinheiten sichtbar wird, in welchem Umfang die einzelnen Filialen das Zentrallager in Anspruch genommen und Zentralkosten zu übernehmen haben. Das Problem einer solchen Kostenzuteilung ist, dass die Filialen in ganz unterschiedlicher Weise die Lager- und Versandabteilung belasten können. Bei der Verrechnung der Zentralkosten ausschließlich auf der Grundlage von Versandeinheiten würden vor allem die größeren Filialen benachteiligt, wenn sie aufgrund ihrer kontinuierlichen und umfangreichen Bestellungen Verfahrensdegressionskosteneffekte bewirken und auf die Versandeinheit bezogen weniger Kosten in der zentralen Lagerwirtschaft verursachen als kleinere Filialen. Die verursachungsrechte Genauigkeit bei der Ermittlung von Umlageverfahren kann daher nur über umfangreiche arbeitswissenschaftliche und ablauforganisatorische Untersuchungen sichergestellt werden, wobei die kritische Frage im Raum steht, ob der dabei anfallende Arbeitsaufwand noch in einem sinnvollen Verhältnis zum erreichbaren Informationsertrag steht.

Ähnliche Probleme der Kostenverrechnung entstehen bei der **Umlage der Kosten des Fuhrparks** auf die einzelnen Filialen. Würde dieser Kostenblock nach den Filialumsätzen verteilt (Kostentragfähigkeitsprinzip), verzichtete die Geschäftsleitung wegen des zweifelhaften Vorteils einer schnellen Umlagerechnung auf wichtige Kontrollinformationen; denn die einzelnen Filialen werden in Abhängigkeit von den Umsatzerlösen ganz unterschiedlich an den Fuhrparkkosten beteiligt. Die Leistungen des Fuhrparks werden umso mehr in Anspruch genommen, je weiter die Filiale von der Zentrale entfernt liegt, je häufiger sie aufgrund unzulänglicher Dispositionen oder zu kleiner Regalplatzkapazitäten versorgt werden muss und je ungünstiger ihre standorteigenen Entladebedingungen sind.

Gelingt es der Unternehmungsleitung dagegen, diese vielfältigen Kostenbeziehungen in die Form einer Äquivalenzrechnung zu kleiden, liefert die Vollkostenrechnung wichtige Kontrollinformationen über die organisatorischen Fähigkeiten der Disponenten im Zentral- und Filialbereich. Die anteiligen Fuhrparkkosten einer Filiale i (K_{Fi}) lassen sich unter Berücksichtigung der Entfernungen sowie der Entladezeiten durch folgenden Verteilungsschlüssel erfassen (vgl. Schneider 1968, S. 44):

$$K_{F_i} = \left[\frac{D_{F_i Z} \cdot H_i}{\sum_{i=1}^{n} D_{F_i Z} \cdot \sum_{i=1}^{n} H_i} \cdot (T_G - T_E) + t_{E_i} \right] \cdot \frac{K_G}{T_G}$$

K_{F_i} = anteilige Fuhrparkkosten der Filiale F_i

F_i = Filiale (i = 1, 2 , …, n)

$D_{F_i Z}$ = doppelte Entfernung der Filiale F_i zur Zentrale (wegen Hin- und Rückfahrt)

H_i = Häufigkeit der Touren in Bezug auf die Filiale F_i

T_G = Gesamteinsatzzeit des Fuhrparks

T_E = Gesamtentladezeit

t_{E_i} = Entladezeit in der Filiale F_i

K_G = Gesamtkosten des Fuhrparks

Im Gegensatz zur industriellen Kostenrechnung kann die Kostenstellenrechnung im Handelsbetrieb nicht als Hilfsrechnung für eine Kostenträgerrechnung angesehen werden. Der im Vordergrund ihrer Zielsetzung stehenden Kontrollfunktion im Rahmen einer Abteilungsrechnung wird sie nur gerecht, indem sie Einzel- und Gemeinkosten am Ort ihrer Entstehung erfasst und verursachungsgerecht (soweit möglich) auf sogenannte Endkostenstellen verteilt. Als Instrument zur Kontrolle der Betriebsgebarung ist die Kostenstellenrechnung insbesondere als innerbetriebliche Vergleichsrechnung leistungsfähig, weil sie klare Verantwortungsbereiche definiert sowie die dortigen Betriebsprozesse quantifiziert und kontrolliert.

Eine Teilkostenrechnung hingegen, so wird kritisch vermerkt, führe aufgrund des im Einzelhandelsbetrieb recht hohen Anteils von Gemeinkosten zu relativ umfangreichen unverteilten Kosten, welche die Übersicht über die Wirtschaftlichkeit und Betriebsgebarung einzelner Filialen und Abteilungen erschwerten. Gleichzeitig ergäbe sich im Hinblick auf die Profit-Center-Konzeption der Nachteil, den Stellenleiter aus der Verantwortlichkeit für solche Kostentypen zu entlassen, für die im Rahmen einer Teilkostenrechnung auf eine verursachungsgemäße und durch Disposition zu beeinflussende Umlage verzichtet wurde (z. B. Fuhrparkkosten).

Zweifellos ermöglicht die differenzierte Kostenstellenrechnung, und darin liegt ihr eigentlicher Wert, eine Überwachung des stellenspezifischen Güterverzehrs auf der Basis einer kausalen und funktionalen Analyse des Betriebsprozesses, so dass Unwirtschaftlichkeiten an Ort und Stelle festgestellt und Friktionen kurzfristig beseitigt werden können.

Abschließend kann darauf hingewiesen werden, dass die methodisch abgesicherte kurzfristige Erfolgsrechnung den informatorischen Grundstock für den innerbetrieblichen Filialvergleich legt. Das gesamte Datenmaterial wird für den internen Vergleich unter Berücksichtigung der Bedürfnisse einer differenzierten Information der verschiedenen Führungsinstanzen verarbeitet. So ermöglicht das durch Kennzahlen verdichtete Informationsmaterial beispielsweise einen Vergleich der Leistungs-, Kosten- und Bestandsentwicklung einschließlich der Warenverluste in den einzelnen Filialen und Abteilungen. Dieses Kennzahlensystem ist so anzulegen, dass das Kosten- und Erfolgsbewusstsein auf die Positionen gelenkt werden kann, die sich durch die Mitglieder des Führungskaders auch beeinflussen lassen, und der Führungserfolg dieser rechnungstechnischen Kontrollen nicht durch Methodenkritik unterlaufen wird.

6.2.3   Die Teilkostenrechnung

Die Beurteilung der Leistungsfähigkeit einer Teilkostenrechnung muss im Zentrum der Kritik an der Vollkostenrechnung ansetzen. Die Qualität der Ergebnisse einer Vollkostenrechnung hängt in erster Linie davon ab, wie die Gemeinkosten auf die Kostenstellen und die Kostenträger geschlüsselt werden. Die Mängel der Vollkostenrechnung resultieren aus dem Zwang einer vollständigen Umlage vor allem der Gemeinkosten, wodurch eine Mischung leistungs- und periodenbezogener Kostengrößen infolge einer rechentechnischen Transformation zeitabhängiger Gemeinkosten in leistungsobjektbezogene Kosten hervorgerufen wird. Demzufolge verstößt die Vollkostenrechnung gegen den fundamentalen Grundsatz verursachungsgemäßer Zurechnung von Kosten auf Bereiche und Leistungen; denn für den weitaus größten Teil der Gemeinkosten lassen sich häufig nur fiktive Verteilungsschlüssel finden. Aus diesen Gründen gerät die traditionelle Vollkostenrechnung allzu leicht in den Verdacht, Nettoerfolge mit großem rechnerischen Aufwand nur auf dem Papier auszurechnen und Grundlagen für unternehmerische Fehlentscheidungen zu schaffen. Solche negativen Einflüsse auf die Aussagefähigkeit der Vollkostenrechnung gehen von dem ihr immanenten Zwang aus, alle in einer Periode angefallenen Kosten vollständig auf Filialen oder Abteilungen als Endkostenstellen verrechnen zu müssen. Diese Technik führt dann auch häufig zu einer Verteilung der Kosten nicht genutzter Kapazitäten (sog. Leerkosten). Da diese Leerkosten, die z. B. durch einen zu geringen Auslastungsgrad des Zentrallagers verursacht sein können, jedoch nicht von den einzelnen Verkaufsbereichen zu vertreten sind, kann eine solche Verteilungsrechnung kaum mit dem Verursachungsprinzip der Kostenrechnung vereinbar sein (vgl. Gümbel 1969, S. 37).

Es würde den Rahmen sprengen, alle möglichen in der betriebswirtschaftlichen Literatur behandelten Teilkostenverfahren in Bezug auf ihre spezielle Leistungsfähigkeit gerade für den Handelsbetrieb zu diskutieren. Die weiteren Ausführungen beziehen sich daher auf die, insbesondere für Handelsbetriebe zu empfehlende, **Deckungsbeitragsrechnung auf der Basis relativer Einzelkosten** (Riebel 1994).

Im Gegensatz zur filial- oder abteilungsbezogenen Vollkostenrechnung ermöglicht die Deckungsbeitragsrechnung auf der Basis relativer Einzelkosten eine artikelbezogene Analyse. Den Erlösen der zu untersuchenden Artikel werden in einem ersten Schritt die **arti-kelspezifischen Einzelkosten** gegenübergestellt (**Tabelle 6.2**). So entsteht ein Deckungsbeitrag, der aufzeigt, in welchem Ausmaß die Artikel über ihre Einzelkosten (Wareneinstandskosten, Handlungskosten) hinaus zur Deckung der fixen und variablen Gemeinkosten sowie zur Gewinnerzielung beitragen.

Tabelle 6.2   Artikelbezogene Einzelkostenrechnung

Bezugsgröße		Erfolgsgröße
Einzelartikel		Bruttoumsatz mit diesen Artikeln auf der Einzelhandelsebene
Einzelartikel	–	endkundenbezogene Erlösschmälerungen
Einzelartikel	=	Nettoumsatz
Einzelartikel	–	Wareneinstandspreise
Einzelartikel	=	DB 1 (Warenrohertrag)
Einzelartikel	–	artikelbezogene Beschaffungskosten
Einzelartikel	–	artikelbezogene Verkaufsunterstützung, z. B. Werbekostenzuschuss
Einzelartikel	=	DB 2

In einem zweiten Schritt werden **die eine Artikelgruppe betreffenden Einzelkosten** zusammengefasst, um den Deckungsbeitrag der Artikelgruppe auszuweisen. Über die Deckungsbeiträge der Artikelgruppen hinaus können ferner die Deckungsbeiträge der Warengruppen, Verkaufsabteilungen und Filialen ermittelt werden. Sie ergeben sich bei dem gewählten Bezugsgrößensystem nach Abzug der den Abteilungen und Filialen zurechenbaren Einzelkosten. Schließlich bieten sich durch die Zusammenfassung regional verbundener Filialen weitere Deckungsbeiträge zur Ermittlung an, indem z. B. die in einer Region angefallenen Werbe- und Fuhrparkkosten als Einzelkosten des regionalen Bereichs abgezogen werden.

Im Gegensatz zur Vollkostenrechnung wird die problematische Kostenschlüsselung entbehrlich und durch eine differenzierte Kostenspaltung ersetzt. Die Warengruppen, Abteilungen, Filialen und Verkaufsbezirke werden nun nicht mehr danach bewertet, in welchem Umfang sie die mehr oder weniger willkürlich zugewiesenen Gemeinkosten abzudecken in der Lage sind, sondern ausschließlich nach der Höhe ihrer Erlösüberschüsse, die sie über ihre direkt zurechenbaren Einzelkosten hinaus zur Deckung des restlichen Gemeinkostenblocks und des Gewinns der Unternehmung erzielen können. Eine Abteilung oder Artikelgruppe bleibt in diesem Sinne solange wirtschaftlich, wie sie positive Deckungsbeiträge für die noch nicht verrechneten variablen und fixen Gemeinkosten in den übergeordneten Abdeckungshierarchien beisteuert.

Alle **betrieblichen Entscheidungen** werden daran zu überprüfen sein, inwieweit sie geeignet sind, bereichsspezifische Deckungsbeiträge zu verbessern. Schließlich sind diese Deckungsbeiträge als Leistungsanreizsysteme für die Mitarbeiterführung zweckmäßig, da die Leistung der Führungskräfte nicht über die realisierten Umsatzerlöse, sondern über geeignete Deckungsbeiträge geplant, kontrolliert und prämiert werden kann. Nur auf diese Weise kann die Kongruenz von Individualziel und Unternehmungsziel zur Verbesserung der Delegationseffizienz erreicht werden.

Die Deckungsbeitragsrechnung auf Basis relativer Einzelkosten ist ein zweckmäßiges Instrument für die Planung und Kontrolle von Kosten und Leistungen in der Einzelhandelsunternehmung. Aber auch sie hat Grenzen, die sich nicht so sehr auf die Methode, als vielmehr auf die Anwender beziehen. Der Kostenrechner muss gezwungen werden, die Hierarchien der Teilkostenrechnung tief genug zu gliedern, um den Block undifferenzierter Kosten nicht zu groß werden zu lassen. Eine Missachtung der Forderung könnte zu zwei nicht unbeachtlichen Nachteilen führen.

Erstens ist man leicht der Gefahr ausgesetzt, durch einen großen **Block unverteilter Kosten** den Zugang zu einer analytischen Kostenuntersuchung zu erschweren. Die Folge wäre eine Verminderung des Informationsgrades bei der Kontrolle von Funktionskostenstellen, die im Leistungsverbund untereinander stehen.

Zweitens könnte wegen der relativen Höhe der unverteilten Kosten und der damit einhergehenden Verschleierung langfristig ersatzbedürftiger Kosten die Teilkostenrechnung als Instrument der Preispolitik zu einer die Liquidität der Unternehmung gefährdenden Kalkulation in der Nähe einer **unzulänglich definierten Preisuntergrenze** führen. Diese Gefahren sind nicht methodenimmanent, sie müssen aber durchaus gesehen werden. Auch ist festzuhalten, dass der Preis vornehmlich von den Mechanismen des Marktes abhängig ist und dass bei hoher Wettbewerbsintensität sowie weitgehend homogenen Leistungsangeboten die Kosten der Waren- und Betriebswirtschaft immer wieder zur Disposition gestellt werden müssen, wenn es um die Ermittlung der Preisuntergrenze geht.

6.2.4 Die Prozesskostenrechnung

Die bereits erwähnte Methode der Direkten-Produkt-Profitabilität (DPP, auch DPR) enthält Elemente einer prozessorientierten Kostenrechnung, die im Übrigen in der amerikanischen Literatur als Activity Based Costing (ABC) bezeichnet wird (vgl. Küting/Lorson 1991, S. 1421). Bei steigenden Gemeinkostenanteilen an den Gesamtkosten soll mit Hilfe der Prozesskostenrechnung eine verursachungsrichtigere Verrechnung der indirekten Leistungsbereiche (Gemeinkostenbereiche) auf den einzelnen Kostenträger (Artikel) ermöglicht werden, und zwar über die Inanspruchnahme von Prozessleistungen.

Der Aufbau einer Prozesskostenrechnung verlangt die differenzierte und verursachungsgerechte Zuordnung der Handlungskosten zu einzelnen Leistungsträgern (z. B. Artikeln). Die Prozesskostenrechnung stellt somit nach wie vor eine Vollkostenrechnung dar, die auf der traditionellen Kostenarten- und Kostenstellenrechnung basiert. Insoweit lässt sich im Handel das Problem der verursachungsgerechten Zuordnung der Gemeinkosten auf einzelne Kostenträger per Prozesskostenrechnung auch nur zum Teil lösen. Der Unterschied ist, dass die Prozesskostenrechnung die Unternehmung als eine Kombination aus regelmäßig wiederkehrenden Aktivitäten und Abläufen betrachtet, um eine an der Wertschöpfungskette orientierte Kostenanalyse zu ermöglichen. Somit erfolgt die Verrechnung der Gemeinkosten <u>nicht</u> über Kostenstellen und wertmäßige Bezugsgrößen, sondern über die der Leistungserstellung zugrunde liegenden Prozesse (vgl. Rokohl 1997, S. 128 ff.). Mithin leistet die Prozesskostenrechnung einen Beitrag zu mehr Kostentransparenz; denn zahlreiche Aktivitäten einer Handelsunternehmung sind kostenstellenübergreifend miteinander verknüpft und stellen Prozesse dar, deren wechselseitige Beziehungen in der traditionellen Kostenrechnung nur unzureichend abgebildet werden. Auch werden bei herkömmlichen Verrechnungsmethoden die tatsächlichen Einflussfaktoren der Kosten einer Kostenstelle – im Hinblick auf die Identität von Entscheidungs- und Verantwortungsbereichen – nicht hinreichend deutlich (vgl. Guldin/Neugebauer 1998, S. 327 f.).

Der Aufbau der Prozesskostenrechnung durchläuft verschiedene Phasen (vgl. z. B. Horváth 2011, S. 482 ff.; Reichmann 2006, S. 160 ff.): Zunächst erfolgt innerhalb eines klar abgegrenzten Untersuchungsbereiches eine **Tätigkeitsanalyse**, um die einzelnen Teilprozesse zu identifizieren, die bislang verschiedenen Kostenstellen zugerechnet werden, aber sachlich zusammenhängende Tätigkeiten abbilden. Im Anschluss werden – soweit möglich – geeignete **Kosteneinflussgrößen** (z. B. Lagerraumbeanspruchung) für jeden einzelnen Prozess bestimmt. Sind die entsprechenden Aktivitäten abhängig vom zu erbringenden Leistungsvolumen, d. h. mengenvariabel, spricht man von „leistungsmengeninduziert", sind sie davon unabhängig, also mengenfix, werden sie als „leistungsmengenneutral" bezeichnet. So stellt beispielsweise beim Cross Docking der für das Durchschleusen von Ladungsträgern benötigte Raum eine leistungsmengeninduzierte Einflussgröße dar, die Verwaltung des Raums dagegen eine leistungsmengenneutrale Einflussgröße. Anschließend werden die Prozessmengen ermittelt. Die hierbei verwendeten Maßgrößen (z. B. Durchsatzvolumina in m³, Anzahl geschleuster Paletten) werden als **Prozessbezugsgrößen** oder Kostentreiber bezeichnet und zeigen an, welche Einsatzfaktoren (Personal, Raum, Betriebsmittel) in Abhängigkeit vom Volumen der Prozessleistung in welcher Menge benötigt werden. Danach lassen sich per Multiplikation und Addition die Prozesskosten ermitteln. Zuletzt erfolgt die Ermittlung der Prozesskostensätze, welche die für eine Einheit der Prozessbezugsgröße entstehenden Kosten ausdrücken:

$$\text{Prozesskostensatz} = \frac{\text{leistungsmengeninduzierte Prozesskosten}}{\text{Prozessbezugsgröße}}$$

$$\text{Umlagesatz} = \frac{\text{leistungsmengenneutrale Prozesskosten}}{\sum \text{leistungsmengeninduzierte Prozesskosten}}$$

$$\text{Gesamtprozesskostensatz} = \text{Prozesskostensatz} + \text{Umlagesatz}$$

Für die **Prozesskostenkalkulation** werden für jeden Teilprozess Prozessmengen und Prozesskosten sowie Prozesskostensätze und Sätze zur Umlage der leistungsmengenneutralen Aktivitäten ermittelt. Ein Beispiel zeigt **Tabelle 6.3**.

Tabelle 6.3 Beispiel zur Prozesskostenkalkulation: Warenversorgung der Filialen durch das Zentrallager

| Teilprozess | Prozess-charak-ter | Kostentreiber | | Pro-zess-kosten | Prozess-kosten-satz | Pro-zess-umlage-satz* | Gesamt-prozess-kosten-satz |
		Art	Menge				
Bestellungen der Filialen entgegen-nehmen	lmi	Anzahl Bestellungen	25	80	3,20	0,30	** 3,5
Bestellungen bearbeiten	lmi	Anzahl Bestell-positionen	30	150	5	0,46	5,46
Kommissionierung der Ware	lmi	Anzahl Paletten	15	300	20	1,86	21,86
Transport der Ware	lmi	Anzahl Paletten	15	420	28	2,60	30,6
Ausladen	lmi	Anzahl Paletten	15	150	10	0,93	10,93
Rechnungsstellung	lmi	Anzahl Rechnungen	25	120	4,80	0,45	5,25
Zahlungsverfol-gung	lmi	Anzahl Mahnungen	2	50	25	2,32	27,32
Reklamationen bearbeiten	lmi	Anzahl Warenretouren	2	130	65	6	71
Koordination der Bestellungen	lmn	–	–	130	–	–	–

lmi = leistungsmengeninduziert, lmn = leistungsmengenneutral, * Umlagesatz: 130 : 1.400 = 9,286 %

** 3,5 = 80 : 25 + 3,2 · 0,09286 = 3,2 + 0,29715 = 3,2 + 0,3 (gerundet)

Die Prozesskostenrechnung eignet sich besonders für strukturierte, repetitive Prozesse, nicht dagegen z. B. für dispositive Tätigkeiten, soweit diese unterschiedlich ausfallen und sich mengenmäßige Wiederholungen nicht feststellen lassen. Dienstleistungsprozesse sind nur schwer zu erfassen, da bei ihrer Erstellung die Integration eines externen Faktors, z. B. des Kunden, erforderlich ist, dessen Verhalten in der Regel unregelmäßig ist. Deshalb wird im Handel die Prozesskostenrechnung bevorzugt in regelmäßig ablaufenden Prozessen der Warenlogistik eingesetzt. Dabei erfordert die Bildung der Kostentreiber und Prozesskostensätze allerdings eine starke Vereinfachung der Realität. So geht man z. B. von der Annahme aus, dass die Transport- und Handlingkomplexität bestimmter Artikelgruppen gleich sind (vgl. Rokohl 1997, S. 131).

Trotz dieser durch Pauschalierung in Kauf genommenen Ungenauigkeiten kann die Prozesskostenrechnung zu einer Erhöhung der Gemeinkostentransparenz beitragen; denn die Ermittlung direkt zurechenbarer Kosten ermöglicht insbesondere den Erfolgsausweis auf Artikel- und Versandeinheits-Ebene. Des Weiteren führt die Anwendung einer Prozesskostenrechnung zur Diskussion weiterer, zum Teil strategisch ausgerichteter Fragestellungen. Aufgrund der detaillierten Prozessanalyse ist es möglich, Schwachstellen und damit Effizienzsteigerungspotenziale bezüglich der Kriterien Kosten, Zeit, Qualität und Wertschöpfungsbeitrag zu identifizieren. Zudem sind die Überprüfung der Prozesseffektivität hinsichtlich der Kundenerwartungen sowie gegebenenfalls die Um- oder Neugestaltung von Prozessen im Rahmen eines Business Process Reengineering möglich, wobei das Outsourcing eine Strategiealternative darstellt. Weitere Ökonomisierungspotenziale können durch einen Vergleich der Prozesskosten und Kostentreiber mit anderen Handelsunternehmungen im Rahmen eines externen Betriebsvergleiches erschlossen werden. Diese Ökonomisierungstatbestände kommen auch bei der Implementierung von Wertschöpfungspartnerschaften, wie z. B. im ECR-Konzept, zum Tragen, indem interorganisationale Prozessstrukturen durch analoge Prozesskostenrechnungsmodelle analysiert werden. Schließlich unterstützt die Prozesskostenrechnung eine wertorientierte Unternehmungssteuerung, indem per Prozessbewertung die Strategieumsetzung permanent überprüft wird, was zuletzt einen Rückschluss auf den Erreichungsgrad strategischer Ziele zulässt (Stichwort: Balanced Scorecard, siehe Kapitel 6.8).

6.3   Die Ableitung der Unternehmungs- und Bereichsziele

Ohne die Vorgabe oder die Vereinbarung von Zielen innerhalb organisatorischer Gebilde können Aktionen kaum rechtzeitig koordiniert und zweckgerichtet ausgeführt werden und sind Konfliktsituationen zwischen den verschiedenen betrieblichen Bereichen rational nicht zu lösen (vgl. Szyperski 1971, S. 651). Ferner kann ohne Ziel keine Kontrolle ausgeübt und keine Steuerung der Betriebsprozesse im kybernetischen Sinne vorgenommen werden. Die **Formulierung von Sollwerten** für das zukünftige Handeln in den Bereichen Beschaffung, Warenbewirtschaftung und Absatz ist demzufolge grundlegende Voraussetzung für die systematische Gestaltung handelsbetrieblicher Umsatzprozesse. Im Folgenden sind zunächst die Möglichkeiten der Zielformulierung zu erörtern.

6.3.1   Die Ableitung der Unternehmungsziele

Vom einzelbetrieblichen Standpunkt aus wird oft das Gewinnziel als dominant angesehen, allerdings aus Gründen der Operationalität und Praktikabilität nicht als Extremierungsgröße (Gewinnmax bimum), sondern als **Satisfizierungswert**. Bei der Festlegung des befriedigenden Gewinns spielt das Anspruchsniveau des jeweiligen Entscheidungsträgers eine bedeutende Rolle. Zur grundsätzlichen Bedeutung des Gewinnziels im Handel äußern sich, unterfüttert mit Ergebnissen aus der empirischen Zielforschung *Klein-Blenkers* (1972), *Fritz u. a.* (1985), *Möhlenbruch* und *Meier* (1996) sowie *Zentes* und *Schramm-Klein* (2002).

Neben dem Gewinn als Satisfizierungsgröße sind in der Praxis auch **andere Zielausprägungen** anzutreffen. So kann in Zeiten der Rezession die Erhaltung des Marktanteils, zu Zeiten der Prosperität die Expansion den Vorrang genießen. In diesen Fällen kann der Unternehmer zugunsten der kurzfristig vorrangigen Erhaltungs- und Wachstumsziele auf Gewinne verzichten. Eine solche Zielpolitik ist aber im Zusammenhang mit dem Lebenszyklus einer Unternehmung zu sehen, der durch Phasen der Expansion und Konsolidierung geprägt wird. Dann ist z. B. die kurzfristige Umsatzmaximierung Bestandteil der fundamentalen Strategie, nämlich langfristig über den Abschottungseffekt hoher Marktanteile einen befriedigenden Gewinn zu sichern.

Das häufig in der handelsbetrieblichen Praxis formulierte Unternehmungsziel der **Umsatzsteigerung** wird sich immer dann als eine brüchige Krücke für eine gewinnorientierte Zielplanung erweisen, sofern die Kosten der damit verbundenen Maßnahmen den Umsatz aufzehren. Wenn dennoch viele Handelsunternehmungen ihre Ziele nicht gewinnbezogen, sondern umsatzorientiert planen, dann ist diese Vorgehensweise der aus dem traditionellen Spannendenken erwachsenen Hypothese zu verdanken, dass mit einem definierten Umsatzvolumen auch ein bestimmter Gewinnanteil verknüpft sei. Auf stagnierenden Märkten sowie bei hohem Kostendruck ist dies jedoch ein unhaltbares Konzept.

In den Großbetrieben des Handels finden sich **Kapitalrenditen** als Zielkomponenten der Unternehmungsplanung. Eine Gewinngröße (hier ist genau zu definieren, um welche Gewinngröße es gehen soll) wird in Prozent vom eingesetzten Kapital ausgedrückt, so als Eigenkapitalrentabilität r_{EK} oder als Gesamtkapitalrentabilität r_{GK}:

$$r_{EK} = \frac{Gewinn}{durchschnittlich\ gebundenes\ Eigenkapital}$$

$$r_{GK} = \frac{Gewinn + Fremdkapitalzinsen}{durchschnittlich\ gebundenes\ Gesamtkapital}$$

Diese Vorgehensweise ist jedoch in den mittelständischen Handelsunternehmungen kaum entwickelt. Dies hängt vor allem damit zusammen, dass von einer eindeutig strukturierten Zielkonzeption im mittelständischen Handel nur in Ausnahmefällen die Rede sein kann. Die Funktion der Zielkonzeption als Steuerungs- und Koordinationsinstrument wird kaum erkannt. Vielmehr steht das Streben nach einer gesicherten, unabhängigen Berufstätigkeit innerhalb einer eigenen Unternehmung an herausragender Stelle. Danach vermögen Wachstumsziele die Einkommensansprüche zu begrenzen. Schließlich bewirken Prestige- und Liquiditätsziele sowie eine relativ verantwortungsbewusste Kunden- und Mitarbeiterversorgung Einkommensverzichte. Ein Mangel solcher Untersuchungen kann jedoch darin bestehen, dass die befragten Unternehmungen stillschweigend den erwirtschafteten und den entnommenen Gewinn gleichgesetzt haben.

Die Zielplanung ist in der Praxis - wenn sie überhaupt betrieben wird – häufig multivalent. In sie fließen wenig operationale Nebenziele ein, die die konkrete Ausgestaltung einer gewinn- bzw. rentabilitätsorientierten Unternehmungsplanung erheblich behindern. Ausbildungsprogramme für den Handel, welche die Theoriedefizite bei der praktischen Handhabung einer gewinnorientierten Unternehmungsplanung abbauen können, liefern infolgedessen einen wichtigen Ansatz zur Verbesserung der Betriebsführung.

Nach dieser Darstellung einiger empirischer Befunde soll nunmehr der Frage nachgegangen werden, welche **operationalen Unternehmungsziele im Rahmen des Controllings** formuliert werden können, die auch zum Ausgangspunkt eines Planungssystems zu nutzen sind - ein Konzept, das alle Betriebsbereiche einschließt.

Für den Praktiker in der Handelsunternehmung ist die Zielplanung aufgrund der ihm gebotenen methodischen und informatorischen Möglichkeiten nur dann für die betrieblichen Steuerungszwecke zu konkretisieren, wenn sich der Planungsträger von einem definierten Gewinnziel leiten lässt. Alle Alternativpläne werden daran zu überprüfen sein, mit welcher Wahrscheinlichkeit sie geeignet sind, den zur Sicherung der Existenzfähigkeit der Unternehmung und den zur Sicherung der Gewinn- bzw. Dividendenansprüche der Eigenkapitalgeber notwendigen Mindestgewinn sicherzustellen. In den wachstumsorientierten Großbetrieben des Handels führt diese Zweck-Mittel-Relation meist zu einer kontinuierlichen Umsatzausweitung unter dem Postulat einer Mindestgewinn-Realisation. Dabei werden gleichzeitig das **Gewinnziel** und das die Kapazitäten des Handelsbetriebes determinierende **Umsatzziel** festgelegt. Diese dualistische Zielsetzung deckt sich durchaus mit dem angeführten Primärziel der Gewinnsatisfizierung, da gleichzeitig über die Umsatzausweitung auch die Gewinngröße nach Maßgabe des Anspruchsniveaus und der marktlichen sowie kostenwirtschaftlichen Gegebenheiten dynamisiert wird.

Den Ausgangspunkt in der Abschätzung eines realisierbaren und mit den übrigen Zielvorstellungen zu vereinbarenden Gewinnniveaus stellen die **Erfahrungswerte** der Unternehmung dar. In der praktischen Planungsarbeit hat der eigene Vorjahresgewinn unter Berücksichtigung der Umsatzchancen für die Zwecke einer als angemessen zu betrachtenden Gewinnsteigerung oder auch Gewinnbeibehaltung das größte psychologische Gewicht bei der Festlegung des prospektiven Gewinnniveaus.

Diese Verhaltensweise ist dadurch erklärbar, dass die Unternehmungsleitung nur Maßnahmen zu realisieren versucht, die in der Nähe des Status quo liegen. Das Wissen um die gewinnbeeinflussenden Zusammenhänge in den einzelnen betrieblichen Teilbereichen ist in der Regel zu gering, als dass sich ein Entscheidungsträger auf der Basis solch unsicherer und fragmentarischer Informationen auf allzu große Änderungen einlässt. Demzufolge ist der Prozess der Gewinnfindung ein durch Suchverhalten gekennzeichneter Lernvorgang, der das Ziel verfolgt, sich schrittweise an ein – letztlich unbekanntes – Optimum heranzutasten, wobei der Controller bezüglich der dafür erforderlichen Maßnahmen wesentliche Impulse beisteuert.

Ein Beispiel zur Bestimmung des Plangewinns G_{t+1} auf der Basis einer geplanten Umsatzrentabilität $r_{U, t+1}$:

$$G_{t+1} = G_t + [\Delta U_{t+1} \cdot r_{U, t+1}]$$

G_t = Gewinn in der Periode t

G_{t+1} = Gewinn in der Periode t+1

$r_{U,t+1}$ = Soll-Umsatzrentabilität für die Periode t+1

ΔU_{t+1} = geplante Umsatzausweitung für die Periode t+1

Wenn der Gewinn der Periode t 100.000 € beträgt und der geplante Umsatzzuwachs für die Periode t+1 bei 300.000 € liegt, so führt die Soll-Umsatzrentabilität von 4 % zu einem anvisierten Gewinn der Periode t+1 von G_{t+1} = 100.000 € + [300.000 € · 0,04] = 112.000 €.

Das Gewinnziel sollte jedoch nicht als absolute Größe oder als Quotient in der Ausprägung nur der **Umsatzrendite** vorgegeben werden. Vielmehr wäre es für die Zwecke einer optimalen Allokation der Kapitalressourcen empfehlenswert, das Gewinnziel unter der Berücksichtigung des zu seiner Realisierung notwendigen Kapitaleinsatzes als Rentabilitätskennzahl zu definieren. Wie im Einzelnen noch zu zeigen sein wird, haben Kennzahlen damit aufgrund ihrer informationsverdichtenden Eigenschaft nicht nur retrospektive, sondern auch prospektive Funktionen zu erfüllen.

Eine solche Zielgröße, die das Kapitalergebnis konkretisiert, ist der **Return on Investment (RoI)**. Sie ergibt sich aus der Multiplikation von Umsatzrentabilität und Kapitalumschlag. Aufgrund dieser formalen Beziehung kann gezeigt werden, welche unternehmerischen Entscheidungen den Gewinn beeinflussen können, und zwar

■ durch die Variation der Erlöse aufgrund des Einsatzes der absatzpolitischen Instrumente (Sortiments-, Preis- und Werbepolitik etc.),

■ durch die Variation der Kosten in den betrieblichen Teilbereichen aufgrund von Ökonomisierungsmaßnahmen sowie

■ durch die Variation des investierten Kapitals, z. B. über die Erhöhung der Lagerumschlagshäufigkeit und die Senkung des betriebsnotwendigen Kapitals.

Insbesondere bei der Filialisierung und der Warengruppendiversifikation werden diese betriebswirtschaftlichen Überlegungen eine Rolle spielen. Denn die Ausweitung des Absatzvolumens ist nur dann sinnvoll, wenn durch zusätzliche Umsätze (hervorgebracht durch neue Filialen oder neue Warengruppen) die bisherige Kapitalrentabilität nicht unterschritten wird. Damit gelangt man auch zu den Grundlagen des **Wertmanagements zur Schaffung profitablen Wachstums**. Dazu zählen drei Maßnahmen:

■ die Erhöhung der Umsatzrendite aus dem operativen Geschäft durch Verbesserung der Wertschöpfung und Kostensenkung über den warenwirtschaftlichen Bereich hinaus,

■ die Verbesserung der Kapitaleffizienz durch Prozessbeschleunigung, Bestandssteuerung, Abbau von Leistungstiefe (Outsourcing) unter Ausnutzung entsprechender Logistik-Konzepte (Supply Chain Management) sowie Lieferantenfinanzierung und

■ die Steigerung des Wachstums durch Multiplikation erfolgreicher Warengruppen und Betriebstypen, deren Kapitalrückfluss über den Kapitalkosten liegt.

Diese Handlungsoptionen führen aufgrund der multiplikativen Verknüpfung von Umsatzrendite, Kapitalumschlag und dem Equity Multiplier (Relation von Gesamt- und Eigenkapital) zu einer **Steigerung der Eigenkapitalrendite** im Vergleich zum Vorjahr:

$$\frac{G}{U} \cdot \frac{U}{GK} \cdot \frac{GK}{EK}$$

Die Hebelwirkung des Equity Multiplier zeigt die Zweckmäßigkeit einer offensiven Fremdfinanzierung im Handel, solange der Rückfluss aus der Kapitalinvestition über den Kapitalkosten liegt.

6.3.2   Die Ableitung der Bereichsziele

Für die Gestaltung der weiteren Zielkonzeption mit dem Return on Investment als Unternehmungsziel stellt sich dem Controller nunmehr die Frage, wie diese Kennzahl in spezifischen Steuerungsgrößen (d. h. rentabilitätsorientierte Soll-Vorgaben) für die einzelnen handelsbetrieblichen Teilbereiche (Beschaffung, Absatz, Warengruppen, Abteilungen, Filialen, Verkaufsbezirke etc.) transformiert werden kann.

Mit den beiden zentralen Einflussgrößen der Kapitalrentabilität – der Umsatzrendite und dem Kapitalumschlag - bietet sich die Möglichkeit, eine Unternehmungsplanung auf der Plan-Bilanz und der Plan-Erfolgsrechnung aufzubauen. Aus den beiden Gliedern der Planungsrechnung kann dann ein Kennzahlensystem abgeleitet werden, das nicht nur Bereichsziele konkretisiert, sondern auch als Budgetierungssystem genutzt werden kann.

Das Schema der retrograden Gewinnplanung, das sogenannte *DuPont*-Schema, vermittelt über Kapitalumschlag und Umsatzrendite zunächst

■ absolute Bestandsgrößen als Plan-Bilanzwerte sowie

■ absolute Aufwands- und Ertragsgrößen als Werte für die Plan-Erfolgsrechnung.

Diese Größen der prospektiven Unternehmungsrechnung können im Rahmen einer analytischen Präzisierung z. B. zu Abteilungsergebnissen fortentwickelt und zu spezifischen Abteilungsrentabilitäten verdichtet werden, wie es **Abbildung 6.1** darstellt. Derartige Rentabilitäten lassen sich – neben den Abteilungen – auch für andere Bezugsobjekte ermitteln, etwa für die einzelnen Geschäfte (Filialen), für die Absatzkanäle (stationäre Geschäfte, Online-Shop und Katalogversand) und für die Warengruppen.

Das Schema der retrograden Gewinnplanung können auch kleinere Handelsbetriebe ohne allzu aufwändige Rechentechniken anwenden (vgl. Barth 1976, S. 164). Als Planungsrahmen liefert es die Basis für die Formulierung spezifischer Steuerungs- und Leistungskennzahlen.

Abbildung 6.1 · Die retrograde Gewinnplanung mit dem *DuPont*-Schema

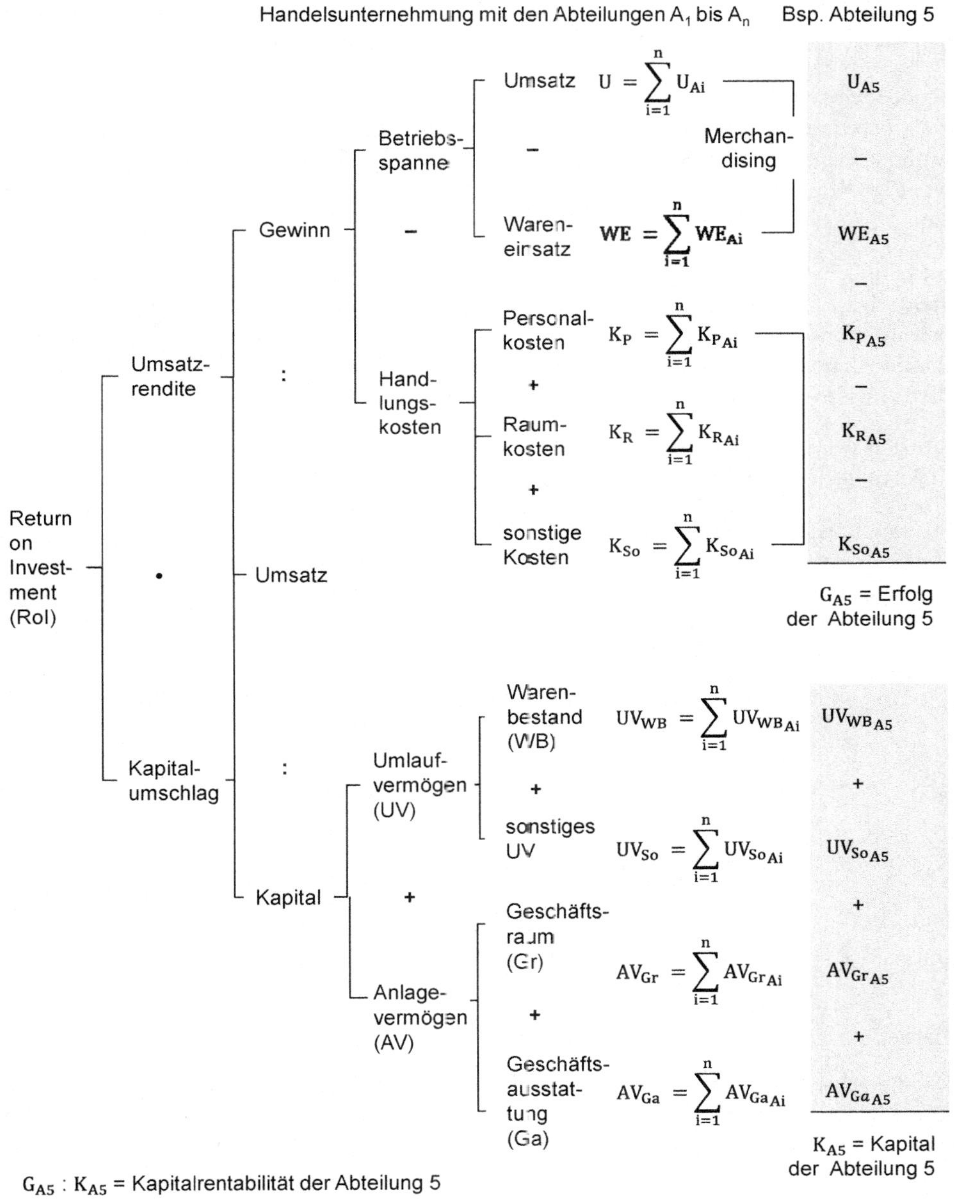

Handelsunternehmung mit den Abteilungen A_1 bis A_n · Bsp. Abteilung 5

$$U = \sum_{i=1}^{n} U_{Ai} \qquad U_{A5}$$

Umsatz

Betriebs-spanne — Merchandising —

$$WE = \sum_{i=1}^{n} WE_{Ai} \qquad WE_{A5}$$

Waren-einsatz

Gewinn —

$$K_P = \sum_{i=1}^{n} K_{PAi} \qquad K_{PA5}$$

Personalkosten —

$$K_R = \sum_{i=1}^{n} K_{RAi} \qquad K_{RA5}$$

Raumkosten —

$$K_{So} = \sum_{i=1}^{n} K_{SoAi} \qquad K_{SoA5}$$

sonstige Kosten

Hand-lungs-kosten +

Umsatz-rendite :

G_{A5} = Erfolg der Abteilung 5

Return on Investment (RoI) •

Umsatz

$$UV_{WB} = \sum_{i=1}^{n} UV_{WBAi} \qquad UV_{WBA5}$$

Warenbestand (WB)

$$UV_{So} = \sum_{i=1}^{n} UV_{SoAi} \qquad UV_{SoA5}$$

sonstiges UV

Umlaufvermögen (UV) +

Kapital-umschlag :

Kapital +

$$AV_{Gr} = \sum_{i=1}^{n} AV_{GrAi} \qquad AV_{GrA5}$$

Geschäftsraum (Gr)

$$AV_{Ga} = \sum_{i=1}^{n} AV_{GaAi} \qquad AV_{GaA5}$$

Geschäftsausstattung (Ga)

Anlagevermögen (AV) +

K_{A5} = Kapital der Abteilung 5

$G_{A5} : K_{A5}$ = Kapitalrentabilität der Abteilung 5

Quelle: Vgl. Barth 1976, S. 164

Dazu zählen nicht nur Warengruppenspannen, sondern für die Bereiche der Filialen und Abteilungen differenzierte Deckungsbeiträge, die durch ein System handelsbetrieblicher Kennzahlen flankiert werden, um eine zielorientierte Personal- und Raumleistung sowie die Bandbreite des zu steuernden Warenumschlages zu projizieren. Damit werden **Teilproduktivitätsmaße in den Zusammenhang der Rentabilitätsplanung** gestellt.

Schließlich schafft dieses Hierarchiesystem von Steuerungskennzahlen die Grundlage für ein operationales, präskriptives Leistungsanreizsystem, das alle Ränge in der Unternehmung erfassen und als **Basis für eine leistungsabhängige Mitarbeitervergütung** die notwendige Kompatibilität von Unternehmungs- und Individualziel des Mitarbeiters beachten kann.

Im Hinblick auf den hohen Anteil kaum verursachungsgerecht zu verteilender **Gemeinkosten** wird es für die praktische Arbeit häufig problematisch, einen Nettogewinn im Verhältnis zu dem pro Warengruppe und Abteilung eingesetzten Kapital zu ermitteln. Aus diesem Grund muss man sich mit einer Näherungslösung begnügen, die den praktischen Bedürfnissen nach unkomplizierter Erfassung entgegenkommt.

Für den warenwirtschaftlichen Bereich kann eine solche kennzahlengestützte Optimierung in Form des **Umschlagsnutzens** dargestellt werden (siehe weiter unten).

Für den flächenintensiven Abteilungsbereich wäre hingegen folgender Ansatz für die Zwecke einer optimalen Allokation der Ressourcen hilfreich. Es wird der in der Abteilung nach Abzug der Hauptkostengrößen für Wareneinsatz, Personal und Raum geplante Deckungsbeitrag auf die für die Abteilung wichtigste Investierungsgröße, die Verkaufsfläche, bezogen und als **Flächenproduktivität** bezeichnet:

$$\text{Flächenproduktivität} \left[\frac{\text{GE}}{\text{qm}}\right] = \frac{RE_i - K_{P,i} - K_{R,i}}{\text{Fläche}_i} = \frac{DB_i}{\text{Fläche}_i}$$

RE_i = Warenrohertrag der i-ten Abteilung (oder der i-ten Warengruppe, wenn sich die Analyse darauf bezieht)

$K_{P,i}$ = Personalkosten der i-ten Abteilung (oder der i-ten Warengruppe)

$K_{R,i}$ = Raumkosten der i-ten Abteilung (oder der i-ten Warengruppe)

DB_i = Deckungsbeitrag nach Abzug der Personal- und Raumkosten der i-ten Abteilung (oder der i-ten Warengruppe)

Fläche_i = von der Abteilung i (oder der Warengruppe i) in Anspruch genommene Fläche

Da die Abteilungsgliederung in der Regel aus der Warengruppengliederung erwächst, führt die Förderung der Warengruppen nach Maßgabe ihrer Flächenproduktivitäten gleichzeitig bei einer ökonomischen Ausnutzung knapper Verkaufsflächen auch zu einer rentabilitätsorientierten Steuerung der Abteilungen. Im Rahmen eines Suchprozesses kann die Produktivität der Verkaufsflächen durch Präsentations- und Zuweisungsplanung einem besseren Wert angenähert werden. Er ist optimal, wenn der Quotient durch Faktorvariation nicht mehr verbessert werden kann (zweites *Gossen'sches* Gesetz vom Ausgleich des

Grenznutzens). Ein solches Optimum lässt sich allenfalls näherungsweise erreichen, da die erforderliche Variation der Fläche nicht möglich ist.

Nicht erst hier muss der Hinweis gegeben werden, dass die Ermittlung der Verkaufsfläche alles andere als trivial ist. Was gilt als Verkaufsfläche innerhalb der Geschäfte? Wie wird mit nicht überbedachten und überdachten Außenflächen umgegangen, die dem Verkauf dienen? Einen guten Überblick über die verschiedenen Messansätze und die Probleme bei der Erfassung der Verkaufsfläche gibt *Müller-Hagedorn* (2009).

Das Erreichen des Optimums ist jedoch kaum möglich, da z. B. schon das Problem der optimalen Warenpräsentation für das breite und in der Regel auch durch eine hohe Artikel-fluktuation gekennzeichnete Abteilungssortiment selbst mit adäquater IT-Unterstützung methodisch und wirtschaftlich nicht gelöst werden kann. Das betriebswirtschaftliche Zu-weisungsproblem, die beschränkten Verkaufsflächen und Regalplätze unter der Zielset-zung der Gewinnmaximierung auf die ertragsstärksten Artikel zu verteilen, ist bereits im Kapitel zur „Präsentationspolitik" erörtert worden.

Sofern die kostenrechnerische Voraussetzung gegeben ist, die Abteilungen (bzw. Waren-gruppen) als Kostenträger zu führen, ermöglicht es die über den Deckungsbeitrag definier-te Flächenproduktivität, Abteilungen (bzw. Warengruppen) auf der Grundlage der Profit-Center-Konzeption rentabilitätsorientiert zu steuern und Rationalisierungseffekte in der Personal-, Raum- und Warenwirtschaft zu erkennen.

6.4 Die Artikelrentabilität als Beispiel für eine quantitative Größe zur Steuerung der Warenwirtschaft

6.4.1 Vorbemerkungen

Ein wesentlicher Punkt ist, in welchem Umfang der Warenbestand das Kapital des Einzel-händlers bindet und welchen Anteil die Warenkosten an den Gesamtkosten oder am Um-satz haben. Das *Institut für Handelsforschung (IfH)* an der Universität zu Köln hat in den über viele Jahrzehnte geführten und mittlerweile eingestellten Betriebsvergleichen hierzu branchenbezogene Informationen geliefert. So betrug 1999 der Wareneinsatz im Lebensmit-teleinzelhandel 71,9 % des Bruttoumsatzes (das ist der Umsatz einschließlich Mehrwert-steuer), in Einzelhandelsfachgeschäften ohne Lebensmitteleinzelhandel 50,7 % und in Ein-zelhandelsfachgeschäften einschließlich des Lebensmitteleinzelhandels 58,5 % des Brutto-umsatzes (vgl. Kaapke 2000, S. 245).

Insoweit sind gerade die Warenwirtschaft im Allgemeinen und die Sortimentspolitik im Besonderen in den Mittelpunkt handelsbetrieblicher Rationalisierungs- und Kontrollbemü-hungen zu stellen. Diese Forderung ist jedoch entschieden leichter zu erheben, als hand-habbare Verfahren zu ihrer Erfüllung bereitzustellen. Denn bei einer Artikelzahl, die je nach Betriebstyp zwischen 500 und über 120.000 liegt, ist die Suche nach dem geeigneten Sortiment nicht nur eine Frage der Entscheidungs- und Kontrolltechnik, sondern auch ein Problem der Informationsgewinnung und -verarbeitung.

Umso wichtiger sind quantitative Kennzahlen zur Steuerung der Warenwirtschaft, wie z. B. die **Artikelrentabilität.** Vor allem die Handelsspanne eines Artikels, seine Umschlagshäufigkeit, sein durchschnittlicher Lagerbestand sowie seine direkt zurechenbaren Kosten beeinflussen die Artikelrentabilität (vgl. Barth 1980, S. 55 ff.). Jedoch stehen diese Informationen bei konkreten Einkaufsentscheidungen der Praxis oft entweder nicht zur Verfügung oder werden nicht genutzt. Die Schwierigkeiten, sortimentspolitische Entscheidungen mit unvollkommenen Informationen treffen zu müssen, wachsen aber auch infolge eines weiteren Grunds. Jedes Jahr drängt eine Flut neuer oder modifizierter Artikel auf den Markt, so dass der Entscheidungsträger im Handelsbetrieb die Frage zu klären hat, welcher dieser Artikel in das Sortiment aufgenommen und – um Platz hierfür zu schaffen – welcher Artikel aus dem Sortiment gestrichen werden soll. Infolgedessen stellt sich für Groß- und Einzelhandel gleichermaßen die Frage nach operablen Techniken für die Sortimentssteuerung und das Warenwirtschafts-Controlling.

6.4.2   Die Handelsspanne

Die Handelsspanne ist als ein Entgelt für die vom Handelsbetrieb übernommenen Distributionsaufgaben anzusehen. In die Kalkulation der Artikelspannen gehen zwei Größen ein:

- kostenorientierte Einflussgrößen: der Handlungskostenaufschlag (als kalkulierte Kosten für die übernommenen Handelsfunktionen), der Gewinnaufschlag, Möglichkeiten der Spannenkompensation sowie die Umschlagshäufigkeit des Artikels,

- marktorientierte Einflussgrößen: Wettbewerbsverhältnisse, insbesondere Beschaffungsmarktsituation, Absatzförderungsmaßnahmen Dritter sowie die Preiselastizität der Nachfrage.

Die Handelsspanne (auch: Ertragskraft, Bruttoertrag, Warenrohertrag) einzelner Artikel lässt sich auf drei Arten berechnen, nämlich über die Betragsspanne, über die Aufschlagsspanne und über die Abschlagsspanne:

- Handelsspanne = Artikel-Netto-Umsatz minus Artikel-Netto-Einstandskosten

- Handelsspanne = Artikel-Netto-Einstandskosten mal Aufschlagsspanne

- Handelsspanne = Artikel-Netto-Verkaufspreis mal Abschlagsspanne

Bei den rabattorientierten Verhandlungsprozessen zwischen Hersteller und Handelsbetrieb ist davon auszugehen, dass hohe Mengenbezüge zwar durch hohe Rabatte honoriert werden, Vorleistungen der Hersteller aber zu einer Rabattminderung führen. Ebenso wie die ersparten Kosten der Regalpflege und eventuell durch den Hersteller gewährte Werbekostenzuschüsse als materielle Spannenbestandteile zu bewerten sind, müssen die Werbemaßnahmen des Produzenten, die der Präferenzordnung des Produkts bei den Konsumenten dienen, als immaterielle Spannenbestandteile angesehen werden. Sprungwerbung und konsumentenbezogene Verkaufsförderungsmaßnahmen der Hersteller verbessern über die Erhöhung der Kaufakte pro Zeiteinheit der Erfolg der Handelsbetriebe. Diese Effekte werden allzu gerne übersehen, wenn ein Handelsbetrieb die Entscheidung über die Einführung von Handelsmarken trifft (vgl. auch Schröder 2012b, S. 308 ff.). Das Kalkül beschränkt sich dann auf den Vergleich der Spannen und lässt bislang von der Industrie übernommene Absatzfunktionen, die der Handelsbetrieb nun selbst übernehmen muss, außen vor.

6.4.3   Die Umschlagshäufigkeit

Häufig übt der Einkäufer im Handelsbetrieb Kritik an der Konditionenpolitik des Herstellers. So wird unter dem Hinweis, der für den Einkauf eines bestimmten Artikels gewährte Rabatt unterschreite eine kritische Grenze, die die Weiterführung des Artikels im Sortiment als nicht mehr lohnend erscheinen ließe, eine Konditionenverbesserung gefordert. Diese Argumentation muss jedoch auf ihre betriebswirtschaftliche Schlüssigkeit hin überprüft werden.

In der Regel wird diese für das Einkaufsverhalten entscheidende kritische Spannengrenze aus einer Sollbetriebs- oder Sollabteilungsspanne abgeleitet:

$$\text{Sollbetriebsspanne} = \frac{\text{Sollbetriebskosten} + \text{Plangewinn}}{\text{Sollumsatz}}$$

Die Ermittlung einer kritischen Spannengrenze für die Artikelbewertung auf dieser Grundlage ist aus betriebswirtschaftlicher Sicht falsch. Wird die Erfolgsträchtigkeit des Artikels ausschließlich über die Spanne beurteilt, so vernachlässigt man die artikelspezifische Umschlagshäufigkeit. Ohne die Einbeziehung der Umschlagshäufigkeit in das zunächst spannenorientierte Bewertungssystem der Artikel lassen sich aber keine gehaltvollen Entscheidungen treffen, die die Rentabilitätsverbesserung zum Ziel haben.

Die Umschlagshäufigkeit ist der Quotient aus dem zu Einstandspreisen bewerteten Umsatz und dem zu Einstandspreisen bewerteten durchschnittlichen Warenbestand:

$$\text{Umschlagshäufigkeit} = \frac{\text{Umsatz zu Einstandspreisen}}{\text{durchschnittlicher Warenbestand zu Einstandspreisen}}$$

Die Umschlagshäufigkeit ist erstens ein Maß, das sich auf die Marktaktivitäten richtet (Zähler), und zweitens ein Maß, das sich auf die Prozesse in der Lagerwirtschaft bezieht (Nenner). Sie gibt Auskunft darüber, wie oft Sortimentsteile (z. B. ein Artikel) innerhalb eines bestimmten Zeitraums einzelne Ebenen (z. B. Zentrallager, Verkaufsregal) oder das gesamte Handelssystem passiert haben.

Die Umschlagshäufigkeit ist negativ korreliert mit

- den Zinskosten für die Bestände und für das in Lagereinrichtungen gebundene Kapital,

- den Abschreibungen auf Lagereinrichtungen sowie

- den Energie- und Versicherungskosten.

Kosten, die aus Verderb und Preisabschriften veralteter Bestände resultieren, lassen sich durch höheren Umschlag ebenfalls verringern. Bei zunehmender Umschlagshäufigkeit steigt der in einer gleichbleibenden Handelsspanne enthaltene Gewinnanteil (Gewinnspanne), wenn dadurch ausgelöste Kostenverschiebungen, insbesondere solche warenspezifischer Logistik-Einzelkosten, unberücksichtigt bleiben (vgl. Möhlenbruch 1994, S. 282).

Obwohl die jeweiligen Leistungsbeiträge von Handel und Industrie nicht isoliert werden können, kennzeichnet die Umschlagshäufigkeit die Marktstellung und die Kaufhäufigkeit des Artikels. Die absatzpolitischen Maßnahmen, die Industrie und Handel zur Förderung der Nachfrage nach dem jeweiligen Produkt ergreifen, schlagen sich in hohen Absatzmengen nieder. Diese bieten bei einer entsprechenden Lagerpolitik die Chance für eine Verbesserung der Lagerumschlagshäufigkeit mit allen positiven Auswirkungen auf die Rendite des Handelsbetriebes. Die Umschlagshäufigkeit eines Artikels ist damit das Ergebnis vielfältiger miteinander verknüpfter Prozesse von Handel und Industrie, denen man durch ECR-Konzepte (Supply Chain Management und Category Management) Rechnung zu tragen versucht.

6.4.4   Die Verknüpfung von Handelsspanne und Umschlagshäufigkeit

Schließlich ist der Frage nachzugehen, wie die Spanne und die Umschlagshäufigkeit die Kapitalrentabilitäten des Handelsbetriebes beeinflussen. Der **Return on Investment** (RoI), als eine Form der Kapitalrentabilität, ist das Ergebnis der Multiplikation von Umsatzrendite und Kapitalumschlag, die im Übrigen für die Entwicklung eines Gewinnplanungs- und Budgetierungssystems Anwendung findet (siehe noch einmal **Abbildung 6.1**).

Der Return on Investment kann zur Beurteilung des in die Warenwirtschaft investierten Kapitals aufgrund folgender Überlegungen abgewandelt werden. Anstatt den Umschlag des gesamten in der Unternehmung arbeitenden Kapitals zugrunde zu legen, wird der Umschlag des **in der Warenwirtschaft gebundenen Kapitals** ermittelt, und zwar durch den Quotienten aus Umsatz, berechnet mit Wareneinstandspreisen, und durchschnittlichem Warenbestand, ebenfalls berechnet mit Wareneinstandspreisen. Anstatt den Nettogewinn unter Abzug aller Betriebskosten zwecks Bestimmung der Umsatzrendite zu ermitteln, werden von den Umsatzerlösen nur die Kosten des Wareneinsatzes abgezogen und diese Differenz auf den mit Einkaufswerten bewerteten Umsatz bezogen. Das Ergebnis wird **Bruttorentabilität**, **Bruttonutzen** oder **Umschlagsnutzen** eines Artikels bezeichnet:

$$\text{Bruttorentabilität} = \frac{\text{Nettoumsatz minus Wareneinsatz zu Einstandspreisen}}{\text{durchschnittlicher Warenbestand zu Einstandspreisen}}$$

$$\text{Bruttorentabilität} = \text{Aufschlagsspanne} \cdot \text{Umschlagshäufigkeit}$$

$$\text{Bruttorentabilität} = \text{Abschlagsspanne} \cdot \text{Kapitalumschlag}$$

Ein Zahlenbeispiel: Der Umsatz betrage 5.000 €, der Wareneinsatz 2.000 € und der durchschnittlich gebundene Warenbestand 1.000 €. Dann ergeben sich je nach Berechnung:

$$\text{Bruttorentabilität} = \frac{5.000 - 2.000}{1.000} = \frac{5.000 - 2.000}{2.000} \cdot \frac{2.000}{1.000} = \frac{5.000 - 2.000}{5.000} \cdot \frac{5.000}{1.000} = 3$$

Die Bruttorentabilität von 3 oder 300 % besagt, dass das Dreifache des durchschnittlich gebundenen Warenbestandes als Bruttoertrag „geschöpft" werden konnte.

Durch die multiplikative Verknüpfung von Spanne und Umschlagshäufigkeit erhält der Entscheidungsträger im Handelsbetrieb auch ein Auswahlkriterium für Konkurrenz- bzw. Substitutionsartikel. Denn je höher der Bruttonutzen eines Artikels im Vergleich zu Substitutionsgütern bei sonst gleichen Kosten der Warenbewirtschaftung ist, desto besser ist der Kapitalrückfluss aus der jeweiligen Wareninvestition und damit die Bruttorentabilität eines Artikels.

Die betriebswirtschaftlichen Möglichkeiten, Sortimentsteile auf der Grundlage von Rentabilitätsindikatoren zu kontrollieren und zu steuern, können noch durch die Ermittlung der **artikelspezifischen Kompensationskraft** verbessert werden. Diese kennzeichnet im Rahmen einer ABC-Analyse die Leistungsfähigkeit eines Artikels, für die Zwecke des kalkulatorischen Ausgleichs die Geber- bzw. Spenderfunktion zu übernehmen. Für diese Prüfzwecke kann auf die Bruttorentabilität zurückgegriffen werden, unter deren Berücksichtigung die Kompensationskraft eines Artikels wie folgt errechnet wird:

$$\text{Bruttokompensationskraft} = \frac{\text{durchschnittliche Bruttorentabilität des Artikels i}}{\text{durchschnittliche Bruttorentabilität seiner Warengruppe}}$$

Darüber hinaus kann die Bruttokompensationskraft als Spitzenkennzahl eines Kennzahlensystems dargestellt werden (**Abbildung 6.2**).

Ein über 100 % hinausgehender Wert kennzeichnet einen entsprechenden relativen Stützungseffekt durch den i-ten Artikel einer bestimmten Artikelfamilie. Je höher die Kompensationskraft des einzelnen Artikels über dem Niveau seiner Artikelfamilie liegt, desto bedeutsamer ist sein Rentabilitätsbeitrag für die Unternehmung und desto eher können solche Artikel zum kalkulatorischen Ausgleich beitragen.

Abbildung 6.2   Kennzahlensystem zur Aufschlüsselung der Bruttokompensationskraft eines Artikels

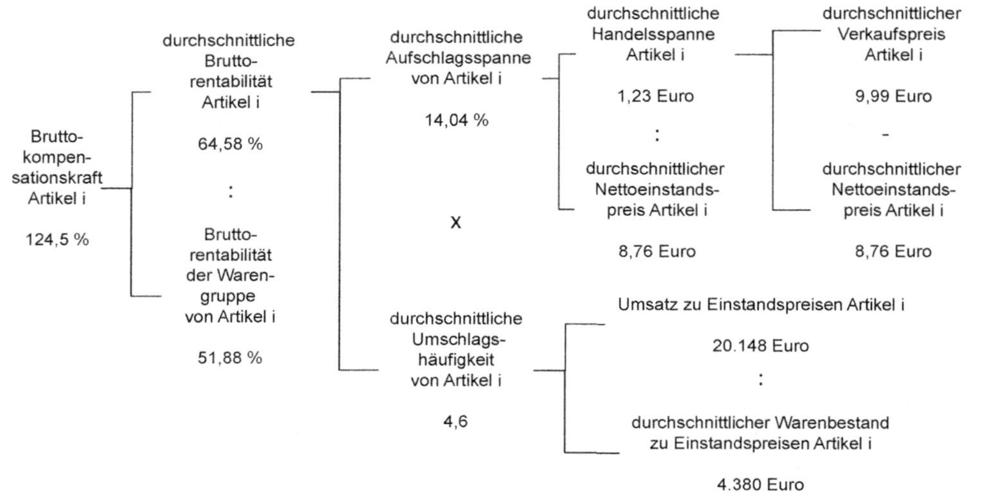

6.4.5   Direkt zurechenbare Kosten

Genaue artikelspezifische Verlagerungs- und Selektionsentscheidungen im Rahmen der Sortimentspolitik lassen sich aus betriebswirtschaftlicher Sicht nur dann treffen, wenn auch diejenigen Kosten in die Entscheidungsrechnung einbezogen werden, die durch den zu prüfenden Artikel selbst verursacht worden und somit entscheidungsrelevant sind.

Eine wesentliche Voraussetzung für derartige Nettoerfolgsanalysen, die auch die Kosten der artikelspezifischen Warenbewegung einschließen, sind **umfangreiche Erhebungen** auf der Grundlage von Zeitstudien, Flächen- und Raumvermessungen sowie Gewichtsermittlungen, die wegen der Art der Mengenbezüge im Bereich des Großhandels in der Regel einfacher als im Einzelhandelsbetrieb durchzuführen sind. Nicht nur wegen des erheblichen Aufwandes der Datenermittlung muss der Nutzen der Methode der Direkten-Produkt-Profitabilität (DPP), auch als Direkte-Produkt-Rentabilität (DPR) bezeichnet, die auf solchen Analysen basiert, als problematisch beurteilt werden (vgl. Schröder 1990c; Behrends 1992, S. 205). Das weitere Problem ist die in weiten Teilen fehlende Entscheidungsrelevanz der direkt zugerechneten Kosten, handelt es sich doch überwiegend um Fixkosten.

Die bei der Kennzahlenbildung bisher unberücksichtigten, direkt oder nur indirekt zurechenbaren Kosten sind in ihrer Summe Kapazitätsbeanspruchungs- und Bewegungskosten. Möglichkeiten ihrer Ermittlung werden heute im Rahmen der **Prozesskostenrechnung** wieder verstärkt diskutiert (siehe Kapitel 6.2.4). Das Hauptproblem der Prozesskostenermittlung besteht aber darin, die Handlungskosten mit Gemeinkostencharakter verursachungsgerecht auf einzelne Artikel nach Maßgabe beanspruchter Prozesse zu verteilen. Gelingt dies ohne Verwendung pauschaler, z. B. umsatzproportionaler Prozentsätze, ist ein Ausweis des tatsächlichen **Nettoerfolgs** möglich, welcher dann die Marge repräsentiert, die innerhalb einer definierten Periode zur Abdeckung der noch ungedeckten Kosten sowie des Gewinns erwirtschaftet wurde. Die Genauigkeit der Ergebnisse hängt unmittelbar von der Qualität der eingesetzten Ermittlungsmethoden ab (vgl. Kloth 1999, S. 191 ff.). Anmerkung: Der so gebrauchte Begriff Nettoerfolg muss insoweit irritieren, weil er nicht alle noch verbliebenen Handlungskosten abdeckt, also eben nicht netto, d. h. nicht rein bzw. nicht frei von Kosten ist:

$$\text{Nettoerfolg} = \text{Handelsspanne minus direkt zurechenbare Handlungskosten}$$

Durch eine Verknüpfung der Kennzahlen Nettoerfolg und durchschnittlicher Warenbestand lässt sich des Weiteren die **Nettorentabilität** errechnen:

$$\text{Nettorentabilität} = \frac{\text{Nettoerfolg}}{\text{durchschnittlicher Warenbestand}}$$

Die auf diesem Wege ermittelte Kennzahl kann dann für weitere Prüfzwecke auch zur Ermittlung der **Nettokompensationskraft** eines Artikels verwendet werden:

$$\text{Nettokompensationskraft} = \frac{\text{durchschn. Nettorentabilität des Artikels i}}{\text{durchschn. Nettorentabilität seiner Warengruppe}}$$

Der Nettoerfolg lässt sich darüber hinaus auch zur Ermittlung von **Produktivitätskennzahlen** nutzen. Denn von besonderer Bedeutung für absatzwirtschaftliche Dispositionen ist der spezifische Deckungsbeitrag je in Anspruch genommener Einheit von Engpassfaktoren (vgl. Riebel 1994, S. 195). Solche knappen Ressourcen können z. B. begrenzte Verkaufsflächen und die begrenzte Anzahl verfügbarer Personaleinsatzstunden sein. Mithin lassen sich relative Deckungsbeiträge je Engpasseinheit (z. B. je Quadratmeter Verkaufsfläche, je Personaleinsatzstunde) ermitteln, die dann als Verkaufsflächen- bzw. Personalproduktivität bezeichnet werden (vgl. Gritzmann 1991, S. 146 ff.):

$$\text{Verkaufsflächenproduktivität} = \frac{\text{Nettoerfolg (€)}}{\text{Verkaufsfläche (qm)}}$$

$$\text{Personalproduktivität} = \frac{\text{Nettoerfolg (€)}}{\text{Personaleinsatz (Std.)}}$$

Eine Systematisierung der bis hierhin vorgestellten Kennzahlen befindet sich am Ende des nachfolgenden Gliederungspunktes.

6.4.6   Maßnahmen zur Förderung der Artikelrentabilität

Eine Rentabilitätsanalyse kann zu dem Ergebnis führen, dass bestimmte Artikel keine ausreichenden Beiträge leisten, um das Unternehmungsziel zu erreichen. Dann bietet sich eine **Verlustquellenforschung** an, um die Frage zu beantworten, ob die Streichung aus dem Ordersatz Kapital und Fläche für die Listung anderer ertragsstarker Artikel freisetzt oder ob es Maßnahmen gibt, die die Rentabilität dieser Artikel fördert. Die einzelnen Erfolgshebel und damit letztlich die Nettorentabilität der zu prüfenden Artikel sind abhängig von Aktivitäten des Handelsbetriebes und des Herstellers (**Abbildung 6.3**).

Abbildung 6.3   Kennzahlen zur Diagnose und Therapie des Sortiments

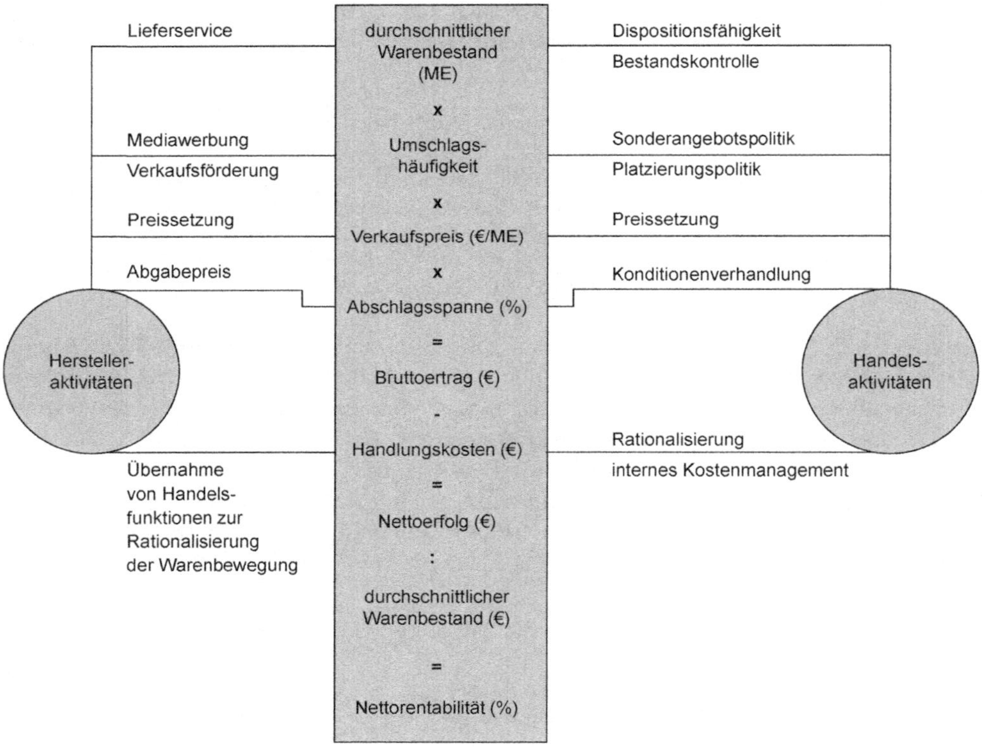

a)   Maßnahmen des Handelsbetriebes

In einem ersten Prüfschritt hat der Handelsbetrieb die Frage zu klären, inwieweit durch eigene betriebswirtschaftliche Maßnahmen der Deckungsbeitrag des Artikels, der einer Diagnose unterzogen werden soll, zu verbessern ist. So wäre es durchaus denkbar, dass der **durchschnittliche Warenbestand** im Rahmen des Supply Chain Managements durch die

Veränderung der Bestellrhythmen, durch den Abbau von Sicherheitsbeständen, durch intensivere Bestandskontrollen und ähnliche Maßnahmen gesenkt werden kann.

Außerdem sollten die Gründe für die unbefriedigende **Umschlagshäufigkeit** geklärt werden. Wird der Artikel eventuell von einem Wettbewerber stark gefördert? Kann die Umschlagshäufigkeit durch verbesserte Platzierung oder durch Aufnahme in das Sonderaktionskonzept gefördert werden? Ebenso ist der Einfluss **preispolitischer Maßnahmen** auf den Warenrohertrag zu klären. Wird der Artikel von Mitbewerbern derart im Preis herabgesetzt, dass die Artikelrendite auf Dauer ruiniert ist? Wie hoch ist die Elastizität der Nachfrage auf Preisänderungen? Können Preissenkungen zu überproportional steigenden Absatzmengen führen, um dadurch den Ertrag zu verbessern? Man erkennt durch diese Fragen auch die erheblichen gegenseitigen Abhängigkeiten der einzelnen Faktoren, welche die Ertragskraft eines Artikels beeinflussen.

Ferner sind die derzeit ausgehandelten **Rabatte** zu überprüfen. Sind alle Rabattarten ausgeschöpft oder sind die Rabattsätze auf dem Verhandlungswege noch verbesserungsfähig? Wie stellen sich die Konditionen bei vergleichbarer Leistungen in den Unternehmungen der Wettbewerber dar, und zwar auf der Hersteller- und auf der Handelsstufe? Schließlich müssen auch die **Kosten der Warenbewegung** untersucht werden. Häufig stecken in den Kosten der innerbetrieblichen Warenbewegung noch erwähnenswerte Rationalisierungsreserven, die durch arbeitswissenschaftliche Untersuchungen und kostenwirtschaftliche Informationen auf der Basis der Prozesskostenrechnung identifiziert werden können.

b) Maßnahmen des Herstellers

In einem zweiten Prüfschritt hat der Entscheidungsträger im Handelsbetrieb die Frage zu klären, in welchem Umfang Maßnahmen des Herstellers den Deckungsbeitrag des Artikels steigern können.

So wäre es unter Umständen möglich, um wieder beim durchschnittlichen Warenbestand zu beginnen, dass der Hersteller mit einem veränderten **Lieferservice** den Warenbestand reduziert (Efficient Replenishment). Die Gründe für die derzeit unbefriedigende **Umschlagshäufigkeit** können z. B. in einer geographisch einseitigen Mediawerbung zu finden sein. Ferner müsste durch Gespräche geklärt werden, inwieweit der Handelsbetrieb stärker in die vom Hersteller ausgehenden Maßnahmen der Verkaufsförderung einzubinden wäre. Außerdem kann eine falsche Preissetzungspolitik des Herstellers die Umschlagshäufigkeit negativ beeinflussen. So sind Preisempfehlungen zu untersuchen, die von Wettbewerbern des Handelsbetriebes ständig erheblich unterboten werden.

In diesem Zusammenhang ist auch zu prüfen, inwieweit den Marktleistungen des Handelsbetriebes in der **Spannenpolitik des Herstellers** Rechnung getragen wird. Werden die Spannen in einer die jeweiligen Marktleistungen beachtenden Art und Weise gestaffelt? Eventuell ausgehandelte Werbekostenzuschüsse müssen als ersparte Aufwendungen zu den materiellen Spannenbestandteilen gerechnet und in die Rentabilitätsprüfung mit einbezogen werden.

Schließlich sind auch die artikelspezifischen Kosten der **Warenbewegung** mit dem Hersteller zu diskutieren. Häufig ergeben sich gerade aus seiner Sicht erhebliche Rationalisierungsmöglichkeiten, wenn er sich besser auf die betrieblichen Verhältnisse seiner Abnehmer einstellt oder gar Funktionen übernimmt, die zu einer Kostenentlastung des Handelsbetriebes führen.

Mit Hilfe dieser Fragen sowie eines einfach gegliederten Kennzahlensystems, das **Abbildung 6.3** darstellt, erhält man nicht nur ein Instrument zur Sortimentsdiagnose, sondern auch ein Mittel, um Fortschritte in der Artikelsteuerung zu erkennen, damit der falsche Einsatz von Kapital mit den so schädlichen Folgen für die Liquidität und Rentabilität der Unternehmung verhindert werden kann.

Elektronische Kassen, die eine artikelgenaue Abgangserfassung ermöglichen, schaffen die informationstechnische Grundlage für die Bewältigung dieser Kontrollprobleme. Darüber hinaus können auch die **Verbundbeziehungen** zwischen den einzelnen Artikeln identifiziert werden, die bei Selektionsentscheidungen wichtige betriebswirtschaftliche Nebenbedingungen bilden.

6.5 Die Zufriedenheit als Beispiel für eine qualitative Größe zur Steuerung der Kunden

In regelmäßigen Abständen oder auch im Rahmen mitschreitender Kontrollen ist die Frage zu klären, inwieweit die in der operativen Marketingplanung gesetzten Ziele auch erreicht werden konnten. Eine Methode zur Schaffung von Ergebnisprotokollen über den Erfolg der Markt-, vor allem der Kundenwunschbearbeitung liefert die Analyse der Kundenzufriedenheit.

Die Zufriedenheit des Kunden mit dem genutzten Leistungsangebot des Handelsbetriebes stellt sich aus Sicht des marketingpolitischen Entscheidungsträgers als eine nicht beobachtbare psychographische Größe dar, die sich aus dem Vergleich der individuellen Erwartungen des Kunden mit der von ihm subjektiv wahrgenommenen Erwartungserfüllung ergibt (vgl. Esch/Billen 1994, S. 410). Die Zufriedenheit des Kunden äußert sich für die Handelsunternehmung demnach als Nachkauferscheinung, welche aus der Ex-post-Beurteilung des konkreten, selbsterfahrenen Konsumerlebnisses resultiert (vgl. Stauss/Seidel 2003, S. 156). Insoweit korreliert das akquisitorische Potenzial der Unternehmung direkt mit der Kundenzufriedenheit.

6.5.1 Zur Bedeutung der Kundenzufriedenheit

Weil den Anforderungen des Kunden eine uneingeschränkte Dynamik innewohnt, ergibt sich die von ihm empfundene Zufriedenheit mit der von dem Handelsbetrieb angebotenen Leistung, auch unabhängig von ihrer jeweiligen Qualität, als zeitlich instabiles Phänomen. So sind die an die Unternehmungsleistung gestellten Erwartungen des Kunden nicht nur das Ergebnis seiner jeweiligen individuellen Bedürfnisse und Wünsche. Sein Anforderungsniveau wird darüber hinaus insbesondere durch seine bisherigen Erfahrungen mit den Leistungen des Handelsbetriebes und denen konkurrierender Anbieter, der jeweiligen Kommunikation der Leistungsangebote durch die Wettbewerber sowie der Beurteilung angebotener Problemlösungen durch Dritte beeinflusst.

Nach dem in der Literatur zur Kundenzufriedenheitsforschung priorisierten **Confirmation-Disconfirmation-Paradigma** entstehen Zufriedenheit und Unzufriedenheit als Konsequenzen einer empfundenen Diskrepanz zwischen erwarteter und wahrgenommener Leistung (vgl. Homburg/Stock-Homburg 2012, S. 20 f.). Unzufriedenheit der Kunden mit dem erbrachten Leistungsangebot der Handelsunternehmung kann damit sowohl auf einer zu hohen Erwartungshaltung der Kunden als auch auf einem qualitativ schlechten Leistungsniveau des Betriebs basieren. Die Reaktionen der Kunden auf eine solche als negativ wahrgenommene Disproportionalität zwischen erwarteter und bereitgestellter Leistung können sich einerseits in der Beschwerde und damit in einer offenen Kritik äußern. Eine Identifikation und Lösung der vom Kunden wahrgenommenen Probleme gestaltet sich für die Handelsorganisation jedoch wesentlich aufwändiger, wenn aus der Unzufriedenheit der Kunden andererseits eine stillschweigende Abwanderung und damit die Verlagerung der Nachfrage auf die Konkurrenzangebote (unvoiced complaints) folgt. Empirische Untersuchungen zeigen, dass sich nur circa 15 % unzufriedener Kunden über das erbrachte Leistungsangebot beschweren, etwa 85 % reagieren nicht, wandern kritiklos zur Konkurrenz ab oder äußern ihre Beschwerden lediglich indirekt gegenüber Dritten (vgl. Homburg/Rudolph 1995, S. 44).

Aus der genaueren Betrachtung dieses Marktverhaltens zufriedener und unzufriedener Kunden erwächst die Notwendigkeit eines aktiven und systematischen **Beschwerdemanagements** unter Berücksichtigung der Rentabilität des eingesetzten Maßnahmenbündels. Während nicht vernachlässigt werden darf, dass jede Erzeugung von Kundenzufriedenheit auch mit erheblichen Sach- und Personalkosten verbunden ist, bedeuten nicht umgesetzte potenzielle Erst- und Wiederholungskäufe entgangene Deckungsbeiträge für die Unternehmung. Die Analyse des Konsumentenverhaltens zeigt, dass ein unzufriedener Kunde negative Erfahrungen mit einer Unternehmung oder einem Produkt durchschnittlich elf weiteren Personen mitteilt, während positive Erfahrungen im Durchschnitt nur drei Personen berichtet werden (vgl. Töpfer/Mann 1996, S. 57). Gemäß diesen branchenunspezifisch festgestellten Multiplikatoren positiver und negativer Mund-Kommunikation kann es dem Handelsbetrieb damit erst mit einer deutlichen Überschreitung des Anteils unzufriedener durch die Anzahl zufriedener Kunden gelingen, über die Protokolle aus der Kundenbefragung die positive Beurteilung seiner Leistung auf dem Markt weiter auszubauen. Die Ausrichtung der Geschäftsaktivitäten an den Problemlösungsbedürfnissen des Kunden (Kundenorientierung) führt damit sowohl zur Bindung des Kunden an den eigenen Betrieb (vgl. Herrmann/Johnson 1999, S. 579 ff.) und somit zur Erhöhung seines Customer Lifetime Value (CLV) für die Unternehmung als auch zu von ihm ausgehenden positiven Werbeeffekten durch Weiterempfehlungen.

Für den Handelsbetrieb ergeben sich hieraus sowohl Kosten- als auch Umsatzeffekte. Neben der Senkung der Transaktions- und Akquisitionskosten – teilweise ist in Dienstleistungsbetrieben der Erhalt der Stammkundschaft bis zu fünfmal kostengünstiger als ihre Kompensation durch Neukundengewinnung (vgl. Meister/Meiser 1996, S. 10) – lassen sich durch die Zufriedenheit des Kunden mit dem erbrachten Leistungsangebot eine niedrigere Preissensibilität bei im allgemeinen geringer Kundenloyalität und die Steigerung eines positiven Bekanntheitsgrades realisieren. Die Vorteile für den Unternehmungserfolg, die sich aus diesem Prozess ergeben, liegen auf der Hand.

6.5.2   Verfahren und Probleme der Kundenzufriedenheitsmessung

Mit dem „Prozesscharakter des Dienstleistungskonsums" (Stauss/Seidel 2003, S. 158) im Allgemeinen und der Inanspruchnahme von Sach- sowie verschiedener Dienstleistungen während eines Einkaufsvorganges durch den Kunden im Besonderen ergibt sich für das Handelsmanagement für die Messung der Kundenzufriedenheit und die Entwicklung effektiver Maßnahmen zur Qualitätsverbesserung im Leistungserstellungsprozess die Aufgabe, diesen Gesamtprozess in alle jene Tätigkeitsfolgen zu zerlegen, die einen Kundenwert schaffen. Die Qualität der Dienstleistung als eigenerstellter Bestandteil der Handelsleistung, das heißt die „Fähigkeit eines Anbieters, die Beschaffenheit einer primär intangiblen und der Kundenbeteiligung bedürfenden Leistung gemäß den Kundenerwartungen auf einem bestimmten Anforderungsniveau zu erstellen" (Bruhn 2013, S. 33), ist mithin das Ergebnis aller während des Leistungserstellungsprozesses anfallenden Teilprozesse. Ausgangspunkt der Erzeugung und Messung der Kundenzufriedenheit ist somit die Identifikation und Optimierung derjenigen Geschäftsprozesse unter Effizienzgesichtspunkten, die sich über ihre positiven Auswirkungen auf die Kernkompetenzen der Handelsorganisation in einem für den Kunden eindeutig erkennbaren Nutzen und damit in Wettbewerbsvorteilen für die Unternehmung niederschlagen (vgl. Siegle 1994, S. 165 f.). Hierbei wird zugrunde gelegt, dass sich die Beurteilung der Dienstleistungsqualität aus Kundensicht als Kundenzufriedenheit ausdrückt. Anmerkung: In der Literatur werden kontroverse Auffassungen bezüglich der interdependenten Beziehungen zwischen Dienstleistungsqualität und Kundenzufriedenheit vertreten (vgl. Dreyer/Dehner 2003, S. 31 ff., die dort angegebenen Quellen sowie zu den verschiedenen Ansätzen des Qualitätsverständnisses Meffert/Bruhn 2006, S. 290 f.).

Aufgrund der dem Dienstleistungsbegriff inhärenten **Integration des externen Faktors** in den Leistungserstellungsprozess und der dem Erstellungsprozess von stationären Handelsleistungen notwendigerweise zugrunde liegenden physischen Präsenz des Kunden wird die Qualität des Leistungsergebnisses der Handelsunternehmung entscheidend durch den Kunden selbst sowie durch das Verhalten anderer Kunden mitbeeinflusst. Aus der dem Handelsmarketing innewohnenden Integration des Kunden in den Prozess der Dienstleistungserstellung sowie den daraus resultierenden Interaktionsprozessen zwischen Einkaufsstättenpersonal und Kunden einerseits sowie zwischen Nachfragern andererseits ergibt sich für die Unternehmensführung im Hinblick auf die Beurteilung der erbrachten Leistungsqualität eine hohe Komplexität und Unsicherheit (vgl. Stauss 1992, S. 10). **Abbildung 6.4** veranschaulicht die Entstehung und die Folgen von Kundenzufriedenheit.

Abbildung 6.4   Entstehung und Folgen von Kundenzufriedenheit

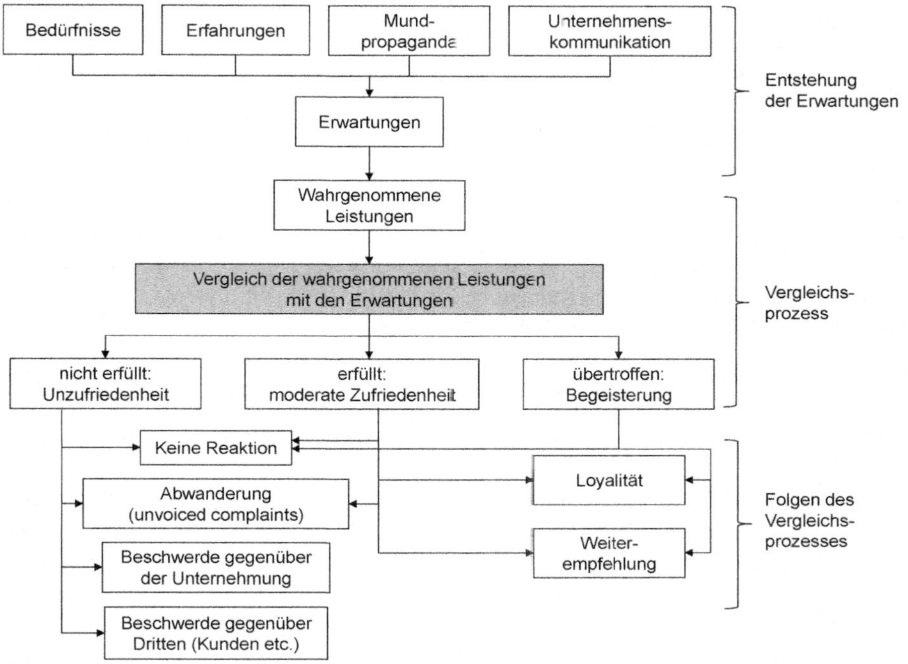

Quelle: In Anlehnung an Hinterhuber/Handlbauer/Matzler 1997, S. 15

Aufbauend auf den ersten, seit Beginn der 80er Jahre entwickelten Qualitätsmodellen für Dienstleistungen (vgl. Meffert/Bruhn 2006, S. 300 ff.) erarbeiteten *Meyer* und *Mattmüller* (1987, S. 191 ff.) ein durch drei Qualitätsdimensionen (Subqualitäten) ausgezeichnetes Konzept, um die zu einem bestimmten Zeitpunkt auf die Qualitätsbeurteilung der Dienstleistung durch den Kunden wirkenden Bestimmungsfaktoren differenziert zu erfassen.

Die **Potenzialqualität des Dienstleistungserstellungsprozesses** wird sowohl von der Qualität der Produktionsfaktoren des Dienstleistungsanbieters als auch den Leistungsvoraussetzungen des externen Produktionsfaktors bestimmt. Hierbei bezeichnet die letztgenannte Qualitätsdimension die physische, intellektuelle und emotionale Fähigkeit und Bereitschaft des Nachfragers zur Mitwirkung am Dienstleistungserstellungsprozess, welche basierend auf persönlichen Grundhaltungen, seinem Anforderungsniveau und Interaktionen zwischen Kunden die objektive Leistungsqualität sowie seine subjektive Qualitätswahrnehmung beeinflusst. Neben den jeweiligen Leistungspotenzialen des Anbieters und

Kunden wird die kundenindividuelle Beurteilung der Dienstleistungsqualität durch das Verhalten aller am Gesamtprozess der Leistungserstellung beteiligten Leistungsfaktoren und damit wesentlich durch die Interaktionen zwischen dem internen Produktionsfaktor Mitarbeiter und dem externen Produktionsfaktor Kunde geprägt. Die Dimension der Ergebnisqualität unterteilt sich zum einen in Qualitätsaspekte des prozessualen Endergebnisses der erbrachten Dienstleistung und zum anderen in ihre nachgelagerte und zeitlich nicht eindeutig manifestierbare Folgequalität.

Ein Einwand an dieser Stelle könnte sein: Die Besonderheit der Handelsleistung, welche sich als Kombination einer fremderstellten Sachleistung mit eigenerstellten Dienstleistungen ergibt, führt zu einer wesentlichen Komplexitätssteigerung im Rahmen der handelsleistungsbezogenen Qualitätsbeurteilung und wird durch die vorangegangene Diskussion nicht erfasst. Dem sei jedoch entgegengesetzt, dass sich die qualitative Auswahl der im Sortiment angebotenen Artikel und Warengruppen durch den Handelsbetrieb als Ergebnis der sich aus der Sortiments- und Marktausgleichsfunktion ergebenden Handelsleistungen darstellt. Damit wird auch die Bewertung des sachleistungsbezogenen Bestandteils der Handelsleistung durch den Kunden letztlich im Dienstleistungsprozess der Handelsunternehmung begründet. Denn neben der Zielgruppen- und Trendgerechtigkeit hat das gesamte Warensortiment die erforderliche Qualität widerzuspiegeln (vgl. Stoffl 1997, S. 346).

Der Weg zur Kundenzufriedenheit führt aber nicht nur über die Verbesserung der angebotenen Leistung. Der Kunde ist zunehmend qualitätsverwöhnt, preissensibel und kritisch-emanzipatorisch geworden. Er fühlt sich weder an Betriebsstätten noch an Marken gebunden und tritt sowohl als Qualitätskäufer, Schnäppchenjäger als auch als Smart Shopper auf (vgl. Grey Strategic Planning 1996, S. 12), wenn man einer solchen Klassifikation von Käufern folgen will. Somit stellt sich Kundenzufriedenheit als ein Phänomen mit neuen Spielregeln dar. Die Devise einer marktorientierten Unternehmung kann demnach nicht mehr lauten „Preis oder Service", sondern muss die Bedeutung von Preis, Service und Qualität gleichermaßen in den Vordergrund stellen.

Außerdem ist zu prüfen, wann und in welchen Warenbereichen mangelnde Dienstleistungsqualität durch einen Preisvorteil überkompensiert werden kann. Mithin ist bei der Messung der Kundenzufriedenheit bzw. der erbrachten Dienstleistungsqualität des Handelsbetriebes von einem **relativen Qualitätsansatz** auszugehen, der – bestimmt durch ein subjektiv wahrgenommenes Preis-Leistungs-Verhältnis – die Ablösung des „entweder-oder" einer Kosten- bzw. Qualitätsführerschaft durch ein „sowohl-als-auch" bedeutet. Wenn die Einflussfaktoren bekannt sind, nach denen die Kunden die angebotenen Leistungen beurteilen, so liegen für die Handelsorganisation zwei Ansatzpunkte vor: zum einen die kundenorientierte Ausgestaltung des Marketing-Mix sowie ein ergebnisorientiertes Marketing-Controlling, zum anderen ein den Anforderungen der Kunden gerecht werdender qualitativer und quantitativer Personalbestand, der z. B. durch die Merkmale Sachkenntnis, Freundlichkeit, Zuverlässigkeit und Erreichbarkeit gekennzeichnet sein muss.

Die Prozessdimension der Qualitätsbeurteilung bedingt darüber hinaus eine effiziente und effektive Ablauforganisation aller potenziell im Gesamtprozess der Leistungserstellung integrierten Teilprozesse, um durch Leistungskoordination und Harmonisierung der Schnittstellen sowohl eine Verringerung der Durchlaufzeiten als auch eine entscheidungsorientierte, an den Präferenzen der Konsumenten ausgerichtete Informationsverfügbarkeit zu gewährleisten. Alleiniges Ziel einer kundenorientierten Marketingkonzeption im Handelsbetrieb darf jedoch nicht die möglichst kosten- und zeiteffiziente Reaktion des Managements und des Personals auf geäußerte Kundenanforderungen sein. Vielmehr gilt es diese Notwendigkeit um das Erfordernis einer proaktiven, dynamischen Anpassungsfähigkeit des Marketingprogrammes an Marktveränderungen zu ergänzen, um so eine den Problemlösungsbedürfnissen der Zielgruppen entsprechende Leistungserstellung realisieren zu können. Voraussetzung hierfür ist neben der Verarbeitung betriebsinterner Informationen die Identifikation der Kundenbedürfnisse und -erwartungen durch geeignete, multiattributive Marktforschungskonzepte. Einen Überblick über Instrumente zur Messung von Kundenzufriedenheit gibt **Abbildung 6.5**.

Abbildung 6.5   Instrumente zur Messung der Kundenzufriedenheit

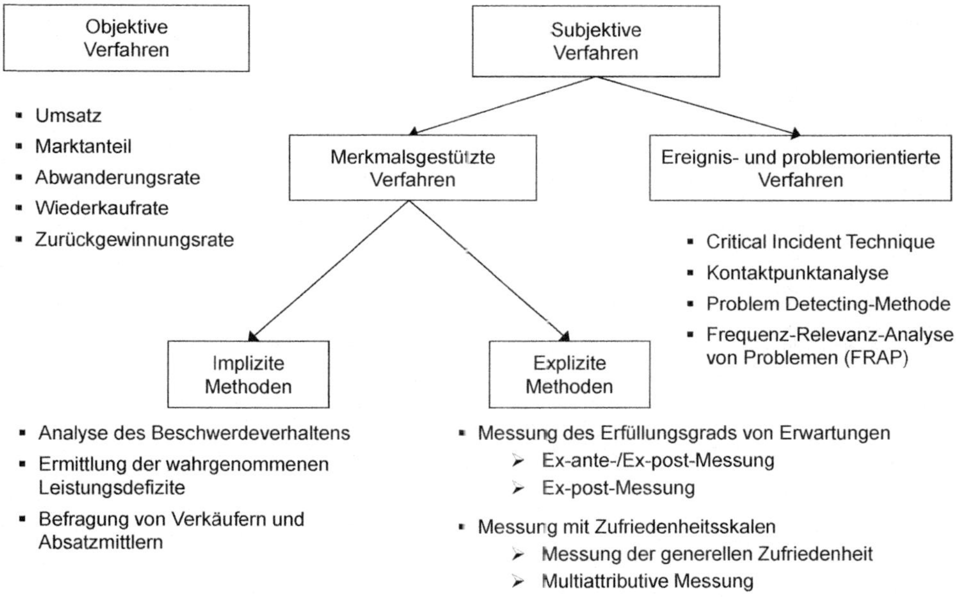

Quelle: Vgl. Homburg/Rudolph 1997, S. 45

Einen Ansatz, die Kundenzufriedenheitsmessung in die Marktforschungskonzeption zu integrieren, liefert das **Kano-Modell**. Es dient der kundenorientierten Identifikation und Systematisierung relevanter Leistungsattribute in subjektiven merkmalsorientierten Kundenzufriedenheitsanalysen (vgl. Kaapke/Hudetz 1998, S. 51). Unter der Annahme, dass die

Erfüllung bzw. Nichterfüllung unterschiedlicher Kundenpräferenzen divergierenden Einfluss auf das Zufriedenheitsempfinden des Nachfragers ausüben kann, werden im Kano-Modell Basisanforderungen (Musskriterien), Leistungsanforderungen (Sollkriterien) und Begeisterungsanforderungen (nicht erwartete Kriterien) unterschieden (vgl. Bailom u. a. 1996, S. 117 ff.).

Abbildung 6.6 veranschaulicht die Zufriedenheitsniveaus in Abhängigkeit des Erfüllungsgrades der Kundenanforderung in den verschiedenen Kategorien. Die Erfüllung der **Basisanforderungen** kann nur Unzufriedenheit vermeiden, die Nichterfüllung von **Leistungsanforderungen** führt zu Unzufriedenheit, ihre Erfüllung zu Zufriedenheit der Kunden, die Nichterfüllung von **Begeisterungsanforderungen** kann keine Unzufriedenheit erzeugen.

Abbildung 6.6   Das Kano-Modell der Kundenzufriedenheit

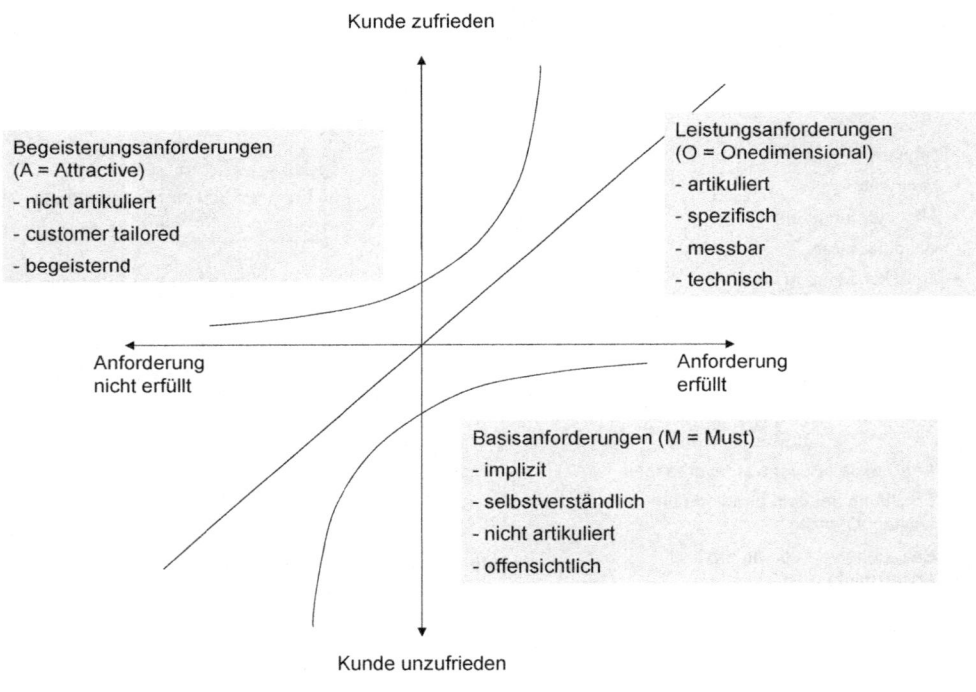

Quelle: Vgl. Berger u. a. 1993, S. 4

Auf der Basis einer dem Kano-Modell inhaltlich identischen Klassifizierung verschiedener Kundenanforderungen untersucht die **Penalty-Reward-Contrast-Analyse** von *Brandt* die Zugehörigkeit einzelner Leistungsattribute zu den jeweiligen Anforderungskategorien mit

Hilfe der Ermittlung von Zufriedenheitswerten (vgl. Schuckel/Dobbelstein 1998, S. 91 ff.). Da es im Gegensatz zur Anwendung des Kano-Modells durch den Einsatz des Ansatzes von *Brandt* jedoch nicht möglich ist, die Zuordnungen der jeweiligen Anforderungen auch für einen einzelnen Kunden zu ermitteln, stellen die unterschiedlichen methodischen Analyseansätze der beiden Verfahren ein vielseitiges, komplementäres Instrumentarium zur Kategorisierung der Kundenpräferenzen dar (vgl. Schuckel/Dobbelstein 1998, S. 101).

In Anbetracht des prozessualen Charakters von Dienstleistungskonsum und Zufriedenheitsentstehung ist es im Rahmen der merkmalsorientierten Zufriedenheitsermittlung zunächst notwendig, die einzelnen **Leistungsattribute** des Einkaufsvorganges den entsprechenden Teilleistungen des Dienstleistungsprozesses aus Kundensicht zuzuordnen (vgl. Stauss/Seidel 2003, S. 169). Aufgrund des immateriellen Charakters der Dienstleistungskomponente der Handelsleistung müssen neben diesen vom Kunden erkennbaren Geschäftsprozessen auch die diesen zugrunde liegenden, nicht vom Kunden (eindeutig) erkennbaren Teilprozesse der Leistungserstellung eruiert und abgegrenzt werden. Grundlage der Fragebogenerstellung ist demnach die detaillierte Strukturanalyse und Visualisierung des Erstellungsprozesses der Handelsleistung, welche durch die Identifikation aller Interaktionen mit dem Kunden (Kontaktpunkte), der Kennzeichnung des kontaktpunktspezifischen Personals und physischen Umfelds je Interaktionsprozess sowie der Hervorhebung der vom Kunden sichtbaren Leistungserstellungsprozesse komplettiert wird (vgl. Stauss/Seidel 2003, S. 169, 162 ff.).

Im Rahmen der **Kundenbefragung** muss der Zufriedenheitsgrad des Kunden sowohl für die vollständige Transaktion (Einkaufsvorgang) ermittelt werden als auch für jede Teilleistung, wie z. B. Warenangebot, Warenpräsentation und Beratung, sowie für alle teilprozessspezifischen Leistungsmerkmale, wie z. B. alternative und additive Kaufmöglichkeiten, Preisstaffelung, bedarfsverbundorientierte Warenplatzierung, ansprechende Warenpräsentation, Sachkompetenz und Freundlichkeit (vgl. Stauss/Seidel 2003, S. 169 f.). Die somit gewonnene Beurteilung partieller Transaktionsbeziehungen aus der Sicht eines einzelnen Kunden sollte mit den Messergebnissen seiner Beziehungszufriedenheit bezüglich der beurteilten Handelsleistung („Gesamtzufriedenheit") überprüft werden. Die hierbei zu ermittelnden Abhängigkeiten zwischen Beziehungs- und Transaktionszufriedenheit einerseits sowie den einzelnen Leistungsattributen zu diesen beiden Zufriedenheitsdimensionen andererseits lassen sich durch Varianzanalysen identifizieren (vgl. hierzu z. B. Backhaus u. a. 2011, S. 472 ff., sowie ergänzend Hammann/Erichson 1990, S. 227 ff., 246 ff.).

Da mit ansteigender Zeitspanne zwischen Einkaufserlebnis und Zufriedenheitsmessung die Schwierigkeit einer validen retrospektiven Analyse eines psychologischen Konstrukts wächst, sollte die Befragung der Kunden entweder prozessbegleitend oder kurz nach Beendigung der Transaktion(en) durchgeführt werden, um **Verzerrungen** durch (1) Erfahrungen des Kunden aufgrund anderer Einkaufsvorgänge, durch (2) Kommunikation mit Dritten sowie durch (3) Dissonanzreduzierungen dieser Kunden entgegenzuwirken (vgl. Kaas/Runow 1984, S. 453 f.). Wenn eine Kundenzufriedenheitsanalyse aussagefähig sein soll, sollte sie sich nicht auf <u>ein</u> Messverfahren beschränken. Vielmehr ist zu beachten, welches Messverfahren welche Schwächen hat und welches Verfahren andere in der Aussagekraft ergänzt.

Ein weiteres Potenzial, die Kundenzufriedenheit zu erhöhen, bietet die **Analyse von Beschwerden**. Ein aktives und systematisches Beschwerdemanagement wird vor allem die Zweck verfolgen, jene Kunden zu Beschwerden zu veranlassen, die ihre Unzufriedenheit und deren Ursachen ansonsten gegenüber dem Handelsbetrieb nicht artikulieren würden (unvoiced complaints), und die Beschwerdeursachen zu identifizieren und zu beseitigen (vgl. Günter 2012, S. 331). Damit entsteht nicht nur die Chance, Probleme und daraus entstehende Kundenunzufriedenheit ex post abzubauen, sondern auch durch antizipatives Handeln potenzieller Unzufriedenheit entgegenzuwirken. Ergebnisse empirischer Studien in den USA belegen, dass die zufriedenstellende Beschwerdebehandlung die Wahrscheinlichkeit von Wiederholungskäufen erhöht (vgl. Töpfer/Mann 1996, S. 61).

Welche Effekte sich aus der **Beschwerdebehandlung** ergeben können, zeigt auch das Beispiel des Deutschen Kundenbarometers in **Abbildung 6.7**.

Abbildung 6.7   Zusammenhang zwischen Beschwerdebehandlung und Globalzufriedenheit bei Versandhäusern

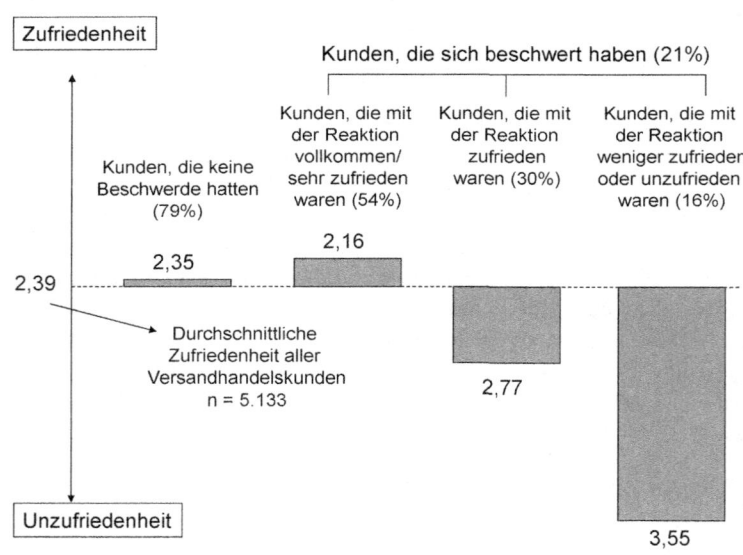

Quelle: Vgl. Meyer/Dornach 1995, S. 30

Die durchschnittliche Kundenzufriedenheit aller befragten Versandhandelskunden lag bei 2,39 (der Wert für die höchste Zufriedenheit ist 1, für die niedrigste 5), Kunden ohne Beschwerden waren mit 2,35 etwas zufriedener. Kunden, die sich nun beschwerten und die mit der anschließenden Reaktion des Versandhändlers vollkommen oder sehr zufrieden waren, hatten mit 2,16 nicht nur eine höhere Zufriedenheit als diejenigen Kunden, die weniger zufrieden mit der anschließenden Reaktion des Versandhändlers waren; sie waren auch insgesamt zufriedener als alle Kunden ohne Beschwerden.

Auch liefern die Auswertungen von Leistungsdefiziten der Unternehmung Ansatzpunkte für Innovationen (vgl. Günter 2012, S. 332). Damit wird das Beschwerdemanagement als Maßnahme der Qualitätssicherung zu einem wesentlichen strategischen Erfolgsfaktor der Handelsorganisation.

Das Instrument der Beschwerdeanalyse ist als inhaltsanalytische Aufdeckung und Auswertung von Kundenproblemen gleichermaßen für jede Art von Dienstleistung geeignet (vgl. Benkenstein/Güthoff 1996, S. 523; Stauss 1989, S. 49 f. sowie die dort angegebenen Quellen). Sind Dienstleistungen jedoch durch eine hohe Anzahl verschiedener Teilprozesse oder eine lange Erstellungsdauer, deren Gesamtleistung phasenweise beurteilt wird, gekennzeichnet, kann diese Komplexität der Leistungsmerkmale eine abnehmende Beschwerdeintensität induzieren (vgl. Benkenstein/Güthoff 1996, S. 523). In Abhängigkeit des Ausmaßes der Unzufriedenheit entsteht die Gefahr, dass der Kunde dem negativen Vorfall nicht mehr die entsprechende Bedeutung beimisst oder dieser von ihm vergessen wird, wenn die Gelegenheit zur Beschwerdeäußerung erst nach Abschluss des gesamten Leistungserstellungsprozesses oder erst an einem in der Zukunft liegenden Zeitpunkt besteht.

6.6   Der Betriebsvergleich als Beispiel für eine Vergleichsanalyse

Betriebsvergleiche lassen sich auf verschiedene Weise durchführen: Ein Betrieb wird im Zeitraum untersucht, d. h. seine Ergebnisse und die sie beeinflussenden Größen zu zwei oder mehr Zeitpunkten. Ein Betrieb wird zu einem Zeitpunkt mit einem anderen Betrieb verglichen; ein solcher Vergleich lässt sich dann auch im Zeitraum durchführen. Und bei den Betrieben kann man unterscheiden, ob sie derselben oder verschiedenen Unternehmungen angehören, was dann zu internen und externen Betriebsvergleichen führt (ausführlich Klein-Blenkers 1983; Müller-Hagedorn/Erdmann 1995). Richtet man die Vergleiche an den besten Betrieben aus und leitet daraus Maßnahmen zur Verbesserung ab, so spricht man von Benchmarking (Schröder 1997a; Ahlert/Schröder 1997).

Über die diagnostische Funktion des externen Vergleichs kann die einzelne Unternehmung ihre Kosten-, Leistungs- und Erfolgsverhältnisse an den Ergebnissen anderer Betriebe messen. Durch den Vergleich sind betriebliche Schwachstellen überprüfbar und durch die Konzeption einer effizienteren Prozessbewirkung zu beseitigen. Schließlich können durch Vergleich die auf Leistungsverbesserung abzielenden Maßnahmen in ihrer Wirksamkeit überprüft werden. Um profunde betriebswirtschaftliche Informationen zu liefern, muss der Betriebsvergleich methodisch abgesichert sein.

6.6.1   Zur Methodik des Betriebsvergleiches

Für den erfolgreichen Ablauf der komparativen Arbeiten sind einige verfahrensmäßige Voraussetzungen zu beachten. Eine wichtige Erfolgsgrundlage stellt neben der Motivation der Betriebsvergleichsteilnehmer ihr Vertrauensverhältnis zu der Institution dar, welche die Daten erhebt. Da in den Betrieben häufig das Vorurteil verbreitet ist, mit der Bekanntgabe betrieblicher Zahlen gleichzeitig auch Betriebsgeheimnisse zu offenbaren und Wettbewerbsvorteile möglicherweise zu verlieren, werden alle jene Maßnahmen die Erhebungsarbeit fördern, welche die Anonymität sichern.

Im Hinblick auf die Vergleichbarkeit der Betriebe lassen sich zwei Verfahren des Betriebsvergleiches unterscheiden (vgl. Müller-Hagedorn/Greune 1992, S. 125). Im Rahmen der **horizontalen Analyse** werden verschiedenartige Betriebe verglichen, um Prognosen darüber zu erhalten, wie sich eine Variation betriebspolitischer Parameter (z. B. Verkaufsfläche) auf den Unternehmungserfolg auswirkt. Demgegenüber werden bei der **vertikalen Analyse** nur solche Betriebe in den Vergleichsprozess aufgenommen, die im Hinblick auf materielle Aspekte vergleichbar sind. Von einer materiellen Vergleichbarkeit spricht man dann, wenn die Vergleichsobjekte einheitliche Strukturmerkmale aufweisen, die zu einer gleichgelagerten Leistungsbereitschaft der zu vergleichenden Unternehmungen führen. Infolgedessen dienen die in der Handelsbetriebslehre entwickelten Strukturmerkmale der Segmentierung vergleichbarer Betriebstypen.

In der Regel muss auf die **Identität mindestens dieser Strukturmerkmale** geachtet werden:

- Sortiment,

- Standortbedingungen,

- Betriebsgröße und

- Faktorkombination.

Die Gleichartigkeit der Betriebsgröße ist die Voraussetzung für einen Vergleich in kapazitativer Hinsicht übereinstimmender Betriebe und ihrer Zusammenfassung zu einer Auswertungseinheit. Die Betriebsgröße, d. h. die Kapazität des Betriebes, wird vor allem im Bereich des institutionalen Handels durch die Faktoren Personal, Raum und Absatz pro Zeiteinheit gemessen. Dabei ist jedoch zu berücksichtigen, dass die Absatzkennzahl bei der Definition der Betriebsgröße lediglich Kontrollfunktionen im Hinblick auf die Wirksamkeit von Personal und Raum ausüben kann, da der Absatz kein Merkmal der Leistungsbereitschaft ist, sondern bereits das Leistungsergebnis der Unternehmung darstellt.

Unter Beachtung der genannten Identitätsbedingungen können dann Abweichungen in den einzelnen Leistungsergebnissen der zu vergleichenden Betriebe auf die unterschiedliche Qualität der Unternehmensführung (Planung, Organisation und Kontrolle) sowie auf die differenzierte Qualifikation der Mitarbeiter zurückgeführt werden. In der Praxis des Betriebsvergleiches kann sich die Verlustquellenforschung jedoch nicht allein auf diesen schon recht problematischen Kausalnexus stützen, weil das Raster der Identitätsbedingungen in Hinblick auf die Vielfalt der Gestaltungsmöglichkeiten betrieblicher Leistungserstellung zu grob ist und das Problem der Zurechnung von Ursachen und Wirkungen betrieblicher Faktoren in Bezug auf das Leistungsergebnis erschweren muss.

Des Weiteren ist die **gleichartige Erfassung des statistischen Basismaterials** bei den zu vergleichenden Betrieben sicherzustellen. Diese formelle Voraussetzung stützt sich im Wesentlichen auf die einheitliche Organisation des Rechnungswesens. Große Schwierigkeiten bereiten oftmals die Ungleichmäßigkeiten bei der Verbuchung der verschiedenen Kostenelemente. Die betriebliche Erfahrung zeigt, dass die Kontenpläne der Betriebsvergleichsteilnehmer häufig nicht einheitlich sind, dass z. B. gleiche Kostenarten unterschiedlich kontiert und geschlüsselt werden und das statistische Urmaterial somit uneinheitlich abgegrenzt wird.

Im Hinblick auf die genannten formellen Voraussetzungen sind insbesondere die **Filialvergleiche** innerhalb der als Filialunternehmungen geführten Großbetriebe des Einzelhandels leistungsfähig. Bei einer großen Zahl von Filialen und bei einer häufig nicht unbeachtlichen Individualität in der Filialgeschäftsführung trotz genereller Geschäftsanweisungen können innerhalb dieser Vergleichsarbeit die formellen Vorteile des internen mit den informatorischen Vorzügen des externen Vergleichs verknüpft werden.

Für die Zwecke der Sammlung des statistischen Urmaterials kann der Träger des Betriebsvergleiches auf zwei Erhebungsmethoden zurückgreifen: die Begehung oder die Befragung der Betriebe. Die Entscheidung darüber ist an den vier Kriterien Erhebungskosten, Erhebungszeit, Datengenauigkeit und Datenverfügbarkeit zu messen.

Die **Erhebung durch Betriebsbegehung** führt insbesondere bei Spezialvergleichen außerhalb des normalen Rechnungswesens zu besseren Resultaten. Zu beachten sind jedoch die relativ hohen Erhebungskosten und die mögliche Abneigung, betriebsfremden Personen Einblick in die Unterlagen der Unternehmung zu gestatten.

Weitaus wirtschaftlicher, insbesondere bei regelmäßigen Erhebungen innerhalb eines großen Kreises von Betriebsvergleichsteilnehmern, ist die **Erhebung durch Befragung.** Hier zeigen sich auch die Vorteile eines durch Empfehlungen vereinheitlichten Rechnungswesens, wenn es gelingt, die Fragen nach den Kosten und Leistungen in Anlehnung an den jeweiligen Branchen-Kontenrahmen zu formulieren. Die Anpassung der wichtigsten Erhebungspositionen an den entsprechenden Kontenrahmen erleichtert das rasche Ausfüllen der Fragebogen durch den Teilnehmer und vereinfacht die umfangreichen Auswertungsarbeiten. Diese können weiter durch direkte Übernahme von Datenträgern im Rahmen elektronischer Datenverarbeitung verbessert werden.

Die Datenverarbeitung durch die Zentralstelle ist die nächste Phase im Prozessverlauf des Betriebsvergleiches. Bevor die gesammelten Informationen zu einem auf Durchschnittswerten basierenden Kennzahlensystem (Betriebsvergleichszahlen) verdichtet werden können, sind die ausgefüllten Fragebögen einer Kontrolle zu unterziehen, die gleichzeitig zu einer Sortierung nach solchen Auswertungskriterien führt, welche die spezielle Fragestellung des Vergleichs prägen. Auf die statistischen Methoden der Durchschnittswertfindung kann an dieser Stelle nicht eingegangen werden. Es fördert jedoch die Interpretation der Betriebsvergleichsergebnisse, wenn die Streubreite einzelbetrieblicher Daten erkennbar wird, die zur Durchschnittswertbildung beigetragen haben.

6.6.2   Der Informationsgehalt des Betriebsvergleiches

Die im Rahmen des Betriebsvergleiches zu erhebenden Daten sind von der informatorischen Zielsetzung der komparativen Arbeit abhängig. Insbesondere werden absatzwirtschaftliche Kennzahlen gewonnen, indem man das Leistungsergebnis „Umsatz" oder „Rohertrag" auf die durch die Leistungserstellung in Anspruch genommenen Betriebsfaktoren bezieht (**Abbildung 6.8**). Die Mitarbeiterleistung, die Raumproduktivität sowie der Lager- und Kapitalumschlag sind für den Auswertenden Elemente eines Leistungs- und Wirtschaftlichkeitsvergleiches, der durch Kosten- und Ergebnisvergleichszahlen auszubauen ist. Darüber hinaus werden unter anderem als Spezialauswertungen Bilanzvergleiche durchgeführt, die mit dem Kennzahlenapparat der Bilanzanalyse arbeiten und die Vermögens- und Kapitalstruktur sowie die Deckungsverhältnisse von Aktiva und Passiva im Durchschnitt der am Vergleich beteiligten Betriebe zeigen.

Abbildung 6.8   Ausgewählte Kennzahlen aus dem Betriebsvergleich des *IfH*

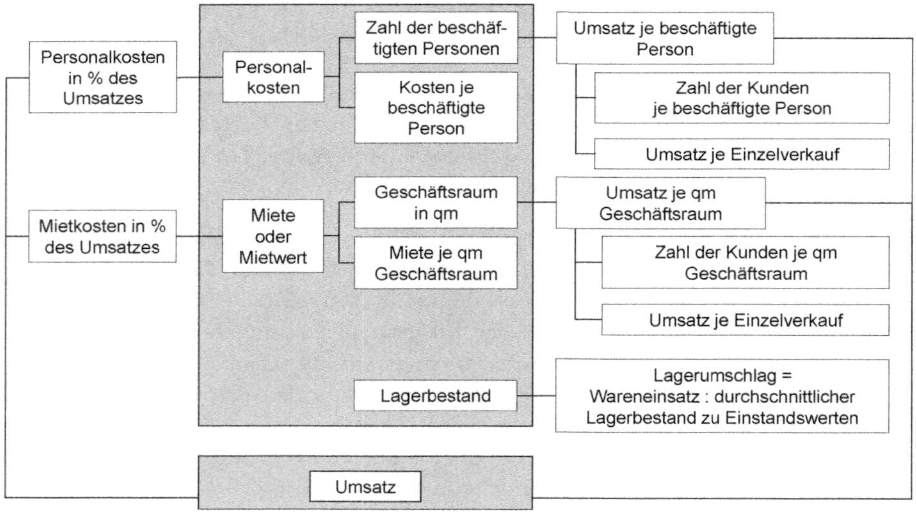

Quelle: Vgl. Müller-Hagedorn/Bekker 1994, S. 234

Bei zwischenbetrieblichen Vergleichen wird die Auskunftsbereitschaft der teilnehmenden Betriebe gefördert, wenn statt der absoluten Zahlen Beziehungs- und Gliederungszahlen verwendet werden. Sie relativieren das betriebliche Zahlenmaterial und führen zu einem

Kennzahlensystem, das übersichtlich die Ergebnisse betrieblicher Tätigkeit verdichtet und die Auswertungs- und Kontrollarbeiten erleichtert.

Die Bekanntgabe der Vergleichsergebnisse kann mit Hilfe sogenannter synoptischer Tabellen erfolgen. In diesen Übersichten findet der Vergleichsteilnehmer die betriebsindividuelle Einzelauswertung seines Betriebs sowie die Daten aller übrigen Berichtsbetriebe der jeweiligen Branche. Darüber hinaus können auch die nach Branchen und Größenklassen geordneten Durchschnittswerte angegeben werden.

Zur Verbesserung der betriebsinternen Auswertung und zur Aktualisierung des Betriebsvergleiches werden in der Regel zusätzliche Daten bereitgestellt (vgl. Philippi 1992, S. 153 f.):

- eine **Vorabauswertung**, welche kurzfristig Vergleichszahlen für das Berichtsjahr und das Vorjahr liefert und gleichzeitig die Überprüfung des vom Betrieb gemeldeten Zahlenmaterials ermöglicht,

- eine **Einzelauswertung**, welche die einzelbetrieblichen Werte der synoptischen Tabellen den Größenklassendurchschnitten und den Vorjahreswerten gegenüberstellt und Abweichungen kenntlich macht, sowie

- eine **Betriebsanalyse**, die durch eine über die Einzelauswertung hinausgehende Untersuchung von Kennzahlen den Vergleich intensiviert und die Zahlenanalyse ausführlich kommentiert sowie Schwachstellen aufzeigt, was die Interpretation der Vergleichsergebnisse in den Berichtsbetrieben erleichtert.

Dieses Informationsmaterial bildet die Grundlage für eine Interpretation der Betriebsvergleichszahlen durch die Teilnehmer. Der Betriebsvergleich kann seinen Zweck nur erfüllen, wenn bei den Teilnehmern neben dem Willen auch die Fähigkeit zur betriebswirtschaftlichen Interpretation des Zahlenmaterials vorhanden ist. Dies setzt jedoch eine intensive betriebswirtschaftliche Schulung voraus, die gerade in den Kleinbetrieben des Einzelhandels häufig vermisst wird. **Betriebsberatungen** durch sachkundige Institutionen sowie der Meinungsaustausch in sogenannten **Erfahrungsaustauschgruppen** (Erfa-Gruppen) sind daher flankierende Maßnahmen für die Realisierung des auf Leistungsverbesserung gerichteten Vergleichszieles.

Erdmann (1992) hat die verschiedenen Aufgliederungen des Betriebsvergleiches und deren Bedeutung für die Arbeit in Erfa-Gruppen des Facheinzelhandels untersucht. Aus den Ergebnissen (**Tabelle 6.4**) zieht er den Schluss, dass die Nutzungsmöglichkeiten des Betriebsvergleiches in den befragten Erfa-Gruppen nicht ausgeschöpft werden, und er vermutet, dass die vielfältigen Möglichkeiten nicht hinreichend bekannt sind (vgl. Erdmann 1992, S. 117 f.).

Im Vordergrund der Diskussion über die Leistungsfähigkeit von Unternehmungsvergleichen steht immer wieder die Frage, inwieweit die Vergleichszahlen ein zutreffendes Abbild der Gesamtsituation eines ganzen Wirtschaftszweiges liefern können. Die Repräsentativität von Unternehmungsvergleichen kann durch folgende Bedingungslagen gestört sein:

■ Die statistische Teilmasse „Betriebsvergleichsteilnehmer" ist zu klein im Verhältnis zur Gesamtmasse aller Betriebe einer Branche (quantitativer Aspekt der Repräsentativität).

■ Durch die Freiwilligkeit der Meldung zu einer Teilnahme am Vergleich vollzieht sich eine gerichtete und keine zufällige Auswahl im Sinne der stochastischen Stichproben-theorie, weil durch dieses Auswahlkriterium vornehmlich betriebswirtschaftlich aufge-schlossene und daher leistungsfähige Betriebe in den Vergleich einbezogen werden (qualitativer Aspekt der Repräsentativität).

Tabelle 6.4   Verwendung verschiedener Betriebsvergleiche in Erfa-Gruppen des Facheinzelhandels

Mit welchem Betriebsvergleich arbeitet Ihre Erfa-Gruppe?	Anzahl der Nennungen	in % der Betriebe
spezielle Betriebsvergleichsauswertung des *Instituts für Handels-forschung (IfH)* für die Erfa-Gruppe	141	52,4 %
allgemeiner Betriebsvergleich des Instituts (*IfH*)	132	49,1 %
eigener Betriebsvergleich des Erfa-Gruppenleiters	115	42,8 %
anderer Betriebsvergleich	25	9,3 %
Erfa-Gruppenmitglieder insgesamt: 269 (100 %), Mehrfachnennungen möglich		

Quelle: Vgl. Erdmann 1992, S. 118

Der **quantitative Aspekt der Repräsentativität** ist im *Institut für Handelsforschung (IfH)* experimentell überprüft worden. Die Berechnungen, die auf den Zahlen ausgewählter Einzelhandelsbranchen beruhen, zeigen, dass bereits auf einer Erhebungsbasis von 100 bis 150 Betrieben einer Branche Betriebsvergleichszahlen ermittelt werden können, welche den realen Kosten-, Leistungs- und Erfolgsverhältnissen recht genau entsprechen (vgl. Ritter/Klein 1954, S. 31 ff.). Je ausgeprägter jedoch die möglichen strukturellen Differenzierun-gen in einer Branche sind, desto größer muss die Zahl der am Vergleich beteiligten Betriebe sein, um belastbare Aussagen zu bieten. Gegebenenfalls wäre auch von dem Verfahren der geschichteten Stichprobe Gebrauch zu machen.

Problematischer ist dagegen der **qualitative Aspekt der Repräsentativität** zu erfüllen, solange aufgrund freiwilliger Meldungen die betriebswirtschaftlich aufgeschlossenen und leistungsfähigeren Betriebe in einem Vergleich dominieren. Diese Zusammenhänge erhö-hen die Gefahr, dass die überdurchschnittlich guten Vergleichsergebnisse in den schlechter arbeitenden Betrieben keinen Lernprozess, sondern Resignation auslösen. Solche Randbe-dingungen sind zu beachten, wenn der Betriebsvergleich als Instrument zur Entschei-dungsfindung und Entscheidungskontrolle genutzt werden soll. Bei gleichzeitiger Be-kanntgabe der Leistungskennzahlen des branchenbesten Betriebes könnte der Betriebsver-gleich auch den Anforderungen an eine Benchmarking-Rechnung tragen.

6.6.3   Ein Anwendungsbeispiel zum Betriebsvergleich

Die zielführende Auswertung der Ergebnisse des Betriebsvergleiches in der Handels-unternehmung ist an drei prinzipielle Voraussetzungen geknüpft.

- Die Daten des Vergleichs müssen durch eine kompetente Instanz innerhalb der Unternehmungshierarchie ausgewertet werden.

- Die gewonnenen Kennzahlen müssen systematisch, vollständig und richtig interpretiert werden.

- Die daraus gezogenen Schlussfolgerungen müssen im Betrieb auch durchgesetzt werden.

Die diagnostische und therapeutische Leistungsfähigkeit des Betriebsvergleiches kann durch ein Beispiel veranschaulicht werden (Tabelle 6.5), bei dem ein Kosten- und Leistungsvergleich auf der Einzelhandelsstufe zugrunde gelegt wird (vgl. Barth/Strobel 1974, S. 299 ff.).

Tabelle 6.5 stellt einem Betrieb A einen vergleichsfähigen Betrieb B mit gleichen Strukturmerkmalen gegenüber (Pos. 1 bis 3). Trotz gleicher Leistungsbereitschaft, ausgedrückt durch die Zahl der Mitarbeiter und die Betriebsgröße, weichen die erwirtschafteten Umsatzrentabilitäten deutlich voneinander ab (Pos. 15).

Bei gleicher realisierter Kalkulation (Betriebsspanne, Pos. 14) ist dieses Rentabilitätsdefizit bei A auf dessen hohe relative Belastung mit Betriebskosten (Handlungskosten) zurückzuführen. Da die absoluten Werte der monatlichen Personal-, Miet- und Gesamtkosten im Betrieb A deutlich geringer sind als im Betrieb B (Pos. 17 bis 19), erwachsen die hohen relativen Kostenbelastungen aus unbefriedigenden Faktorleistungen. Insbesondere erweisen sich der Absatz je beschäftigte Person und der Absatz je Quadratmeter Geschäfts- und Verkaufsfläche (Pos. 5 bis 7) als zu gering. Die Ursache für diese unterdurchschnittlichen Faktorleistungen liegt nicht darin begründet, dass der einzelne Kunde im Betrieb A zu geringe Einkäufe tätigt. Der Kaufbetrag je Kunde (Pos. 8) entspricht näherungsweise dem des Vergleichsbetriebes. Aus der Analyse der Kennzahlen kann vielmehr der Schluss gezogen werden, dass die Zahl der Kunden, die der Betrieb A an sich binden kann, nicht ausreicht, um ein befriedigendes wirtschaftliches Ergebnis zu erzielen. Diese dadurch bedingte unzureichende Faktorauslastung wird auch durch die Kennzahlen in Pos. 20 bis 22 bestätigt.

Therapeutische Maßnahmen müssen über den gezielten Einsatz absatzpolitischer Instrumente auf eine Erhöhung der Kundenzahl ausgerichtet sein. Vergleicht man die Kosten der Werbung in Prozent des Umsatzes, dann wird rasch deutlich, dass im Betrieb A aufgrund eines zu geringen Werbebudgets der Werbung zu wenig Beachtung geschenkt wurde. Durch Erhöhung der Mittel für Anzeigen- und Direktwerbung könnte Betrieb A seine ökonomische Situation verbessern.

Tabelle 6.5   Betriebswirtschaftlicher Vergleich der Kennzahlen zweier Betriebe

Pos.-Nr.	Auswertungspositionen	Betrieb A	Betrieb B	Differenz A minus B
1	Zahl der qm Geschäftsraum	264	272	- 8
2	davon Verkaufsraum in %	86	74	+12
3	Gesamtzahl der beschäftigten Personen	16,0	17,7	- 1,7
4	Umsatz inkl. MwSt. in Tausend DM	1.440	2.360	- 920
5	Umsatz je beschäftigte Person in DM	90.140	133.290	- 43.150
6	Umsatz je qm Geschäftsraum in DM	5.460	8.670	- 3.210
7	Umsatz je qm Verkaufsraum in DM	6.350	11.720	- 5.370
8	Umsatz je Kunde in DM	32,00	31,00	+ 1,00
9	Personalkosten mit Unternehmerlohn in % des Umsatzes	19,7	15,5	+ 4,2
10	Mietkosten in % des Umsatzes	2,7	2,0	+ 0,7
11	Werbekosten in % des Umsatzes	0,9	1,5	- 0,6
12	Sonstige Kosten in % des Umsatzes	7,7	6,0	+ 1,7
13	Gesamtkosten in % des Umsatzes	31,0	25,0	+ 6,0
14	Betriebshandelsspanne in % des Umsatzes	30,0	30,00	+/- 0,0
15	Betriebswirtschaftliches Betriebsergebnis in % des Umsatzes	- 1,0	+ 5,0	- 6,0
16	Mehrwertsteuerinkasso in % des Umsatzes	9,9	9,9	+/- 0,0
17	Monatliche Vergütung je beschäftigte Person	1.480	1.720	- 240
18	Monatsmiete je qm Geschäftsraum	12,30	14,50	- 2,20
19	Gesamtkosten pro Monat	3.720	4.920	- 1.200
20	Zahl der Kunden je beschäftigte Person	2.816	4.300	- 1.484
21	Zahl der Kunden je qm Geschäftsraum	171	280	- 109
22	Zahl der Kunden je qm Verkaufsraum	198	378	- 180

Quelle: Vgl. Barth/Strobel 1974, S. 300

Abbildung 6.9 zeigt, wie die systematische Analyse der Vergleichszahlen betriebliche Schwachstellen aufdeckt und wie Maßnahmen betriebswirtschaftlicher Therapie wirken, die dann in ihrer Einsatzwirkung im inner- und außerbetrieblichen Zeitvergleich zu kontrollieren sind. Das Flussdiagramm stellt die einzelnen Schritte der betriebswirtschaftlichen Diagnose und Therapie mit Hilfe des Betriebsvergleiches noch einmal systematisch dar.

Abbildung 6.9   Vorgehensweise der Diagnose und Therapie mit dem Betriebsvergleich

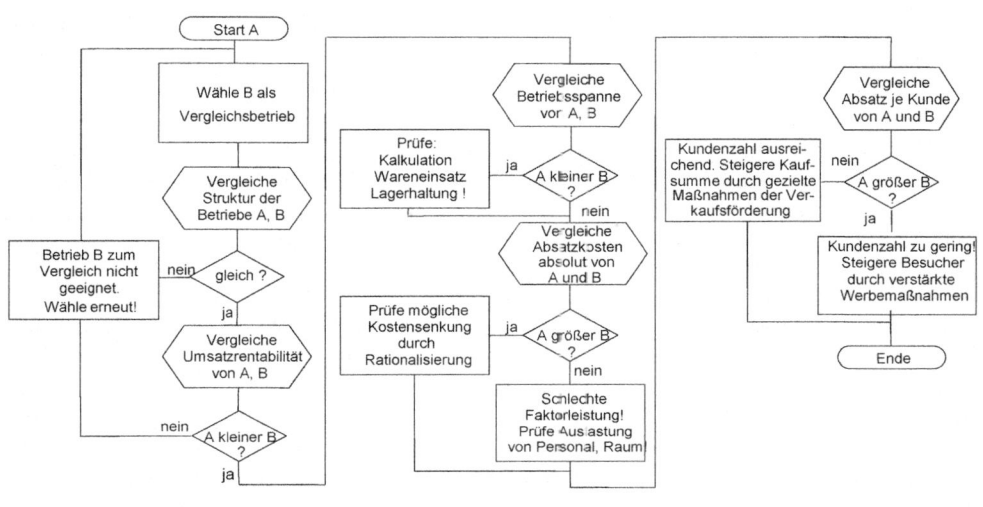

Quelle: Vgl. Barth/Strobel 1974, S. 300

6.6.4   Erweiterungen des traditionellen Betriebsvergleiches

Für eine umfassende Planung, Steuerung und Kontrolle der Aktivitäten einer Handels-unternehmung kann der traditionelle Betriebsvergleich erweitert und zu einem modernen Controllinginstrument ausgebaut werden. So hat das *Institut für Handelsforschung* (*IfH*) an der Universität zu Köln den sogenannten **Unternehmenskompass** entwickelt, um den Betriebsvergleich den Erfordernissen des integrierten Handelscontrollings anzupassen (vgl. Müller-Hagedorn 1999, S. 742 ff.; Kaapke 1996, S. 209 f.). Dabei werden sowohl die Quellen der in den Vergleich einbezogenen Daten erweitert als auch die Art der Datenaufbereitung geändert. Es werden nicht mehr nur Kennzahlen aus dem Rechnungswesen, sondern eben-falls (qualitative) Informationen über Marketingaktivitäten sowie Umfeldinformationen berücksichtigt, die sich zusätzlich auf Prozesse, Regionen, Filialen, Abteilungen, Waren-gruppen etc. beziehen.

Im traditionellen Betriebsvergleich werden alle Einzelwerte ausgewiesen, was die Analyse erschwert. Versucht man diese Problematik mit Hilfe von Durchschnittsdaten zu entschär-fen, führt dies zu einem zu hohen Informationsverlust aufgrund der breiten Streuung han-delsbetrieblicher Kennzahlenwerte. Deshalb erfolgt die Aufbereitung der Informationen zusätzlich zu den synoptischen Tabellen in einer Kombination aus Zahlen, Texten und Graphiken, welche die Daten der Handelsunternehmung bzw. anderer Vergleichsobjekte vor dem Hintergrund der individuellen und Durchschnittsdaten anderer Betriebe darstellen. Diese werden dabei im Hinblick auf verschiedene Fragestellungen aufbereitet, um die Aufnahme und Verarbeitung von Informationen zu vereinfachen.

Die zusätzlichen **Ziele und Prinzipien** des erweiterten Betriebsvergleiches als Unternehmenskompass hingegen bestehen zunächst in der Identifikation von Stärken und Schwächen der Handelsunternehmung sowie von Ansatzstellen für deren Festigung bzw. Abbau (vgl. Müller-Hagedorn 1998a, S. 629 ff.). So deuten Werte einer unterdurchschnittlichen Zielerfüllung auf Schwachstellen hin und zeigen weiteren Analysebedarf in den betroffenen Bereichen an. Bei der hierfür notwendigen Operationalisierung wird die Kennzahl „Betriebsergebnis" in ihre verschiedenen Komponenten weiter aufgespalten, um die Ursachen für bestehende Schwächen im Detail aufzuspüren.

Die Prognose der Auswirkungen von Variationen einzelner absatzpolitischer Instrumente kann erleichtert werden, indem z. B. Betriebsergebnis und Umsatz von Konkurrenzunternehmungen mit unterschiedlichem Werbemitteleinsatz, aber ansonsten gleichen Merkmalen betrachtet werden. Sämtliche Detaildaten werden sodann im Unternehmenskompass zusammengeführt und verdichtet, um die Unternehmensführung bei der Formulierung realistischer Zielvorgaben, entsprechender Strategien, ihrer Umsetzung sowie bei der laufenden Kontrolle zu unterstützen. Der Unternehmenskompass ermöglicht dann insbesondere einen internen Vergleich auf Warengruppen-, Filial- oder Vertriebslinienebene, sofern die Gleichartigkeit der in den Vergleich einfließenden Daten garantiert ist, was identische Analyse- und Prognoseverfahren sowie einheitliche Schlüssel zur Kennzahlengenerierung voraussetzt (vgl. Kloth 1999, S. 229 f.). Eine Filiale ist dann nicht mehr als reine Input-Output-Einheit zu betrachten (vgl. Müller-Hagedorn 1995, S. 334), sondern es ist möglich, weiterführende Daten mit höheren Detaillierungsgraden bzw. niedrigeren Verdichtungsstufen zu generieren und umfassende Analysen durch Vergleiche der Filialen im Sinne eines Filialbenchmarking durchzuführen.

Insbesondere bei dezentralen Entscheidungsstrukturen einer Handelsunternehmung (z. B. Führung der Filialen als Profit Center) schafft das in einem Handelsinformationssystem integrierte Data Warehouse, auf das die Filialleiter je nach Verantwortungsbereich Zugriff haben, die Voraussetzung dafür, dass das Filialmanagement an allen Standorten per Abruf über aktuelle und detaillierte Informationen verfügen kann. Mithin können die für ein Filialbenchmarking benötigten Kennzahlen von den Filialleitern selbst generiert werden, was sie zu einem Selbst-Controlling befähigt und die Delegationseffizienz erhöht.

6.7   Die Verbesserung von Entscheidungen - dargestellt an Beispielen

Ein integriertes Handelsinformationssystem liefert zum einen aktuelle, vollständige und detaillierte Informationen über den Einsatz des Regiefaktors Ware. Zum anderen lassen sich damit auch Führungsentscheidungen fundieren, die weit über die bloße Steuerung dieses Betriebsfaktors hinausgehen. Neben der Planung des Wareneinsatzes sowie der

Kontrolle des Warenabflusses als zwei zentrale Aufgaben eines solchen Systems, lässt es sich für weitere absatzwirtschaftliche, aber auch z. B. für personal- oder finanzwirtschaftliche Aufgaben nutzen. So kann man beispielsweise Informationen über die Preisakzeptanz, über die Verkaufswirksamkeit bestimmter Präsentationsstandorte im Verkaufsraum, über die Verkaufsleistung einzelner Mitarbeiter oder über den zu einem bestimmten Zeitpunkt bestehenden Liquiditätsbedarf für Wareneingänge gewinnen. Darüber hinaus lassen sich auch Lieferanten- und Kundendaten unter Renditegesichtspunkten analysieren. Damit wird das integrierte Handelsinformationssystem zum entscheidenden Ökonomisierungsinstrument des Handelsbetriebes, mit dem er dem wachsenden Rationalisierungsdruck in geeigneter Weise begegnen kann.

6.7.1 Die Fundierung sortimentspolitischer Entscheidungen

Die artikelgenaue Eingangs- und Abgangserfassung auf jeder Stufe des jeweiligen Handelssystemes ermöglicht eine exakte Analyse des Flusses und des Bestands der Ware. Die Warenabflussanalyse informiert über die Gängigkeit einzelner Sortimentsteile und zeigt damit, inwieweit mit dem vorhandenen Leistungsangebot der eintretenden Nachfrage entsprochen werden kann und welche (kurzfristigen) absatzpolitischen, insbesondere sortimentspolitischen Entscheidungen erforderlich sind.

Erste warenflussorientierte Informationen liefert die **kurzfristige Erfolgsrechnung,** die für einzelne Abteilungen, Warengruppen bis hin zum einzelnen Artikel durchgeführt werden kann. In einem integrierten Handelsinformationssystem werden die Daten in der kurzfristigen Erfolgsrechnung laufend fortgeschrieben, so dass sie permanent auf jeder Ebene der Sortimentspyramide zumindest über folgende Größen informiert:

- Umsatzentwicklung,
- Wareneingang,
- Wareneingangskalkulation,
- Lagerbestand,
- Lagerumschlagshäufigkeit,
- Preisänderungen,
- Warenausgangskalkulation (erzielte Handelsspanne),
- Rohertrag (als Differenz zwischen Umsatz und Wareneinsatz),
- Bruttonutzen.

Sie liefert somit Informationen z. B. über einzelne Artikel, über bestimmte Sortimentsteile innerhalb einer Warengruppe oder über bestimmte Lieferanten. Der möglichen Vielfalt derartiger Auswertungen ist kaum eine Grenze gesetzt, und bei leistungsfähigen Management-Support-Systemen kann der Einzelhandelsmanager sofort entscheiden, welche Informationen ihm das System in welcher Aggregationsform bereitstellen soll. So lässt sich die Gängigkeit von Sortimentsteilen z. B. auf Artikelebene nicht nur im Rahmen traditioneller Renner-Penner-Analysen ermitteln, sondern auch nach zusätzlichen Selektionskriterien, wie z. B.

- nach einzelnen Sorten (Farbe, Verpackungseinheit etc.),

- nach einzelnen Standortattraktivitäten,

- nach einzelnen Lieferanten,

- nach Preislagen sowie

- nach Zeitpunkten, d. h. welcher Artikel wann besonders stark nachgefragt wird (vgl. Kirchner 1984, S. 163).

Basisinformationen für die Sortimentssteuerung liefert die Analyse von Einzelkennziffern aus dem System artikelspezifischer Erfolgsindikatoren, welches oben in seinen Grundzügen dargestellt wurde. Neben den Größen Absatz-, Umsatz- und Ertragskraft lassen sich daraus auch Brutto- und Netto-Rentabilitäten als Vergleichsmaßstäbe ermitteln. Basiert ein Teil dieser Kennzahlen auf einer prozessorientierten Deckungsbeitragsrechnung, sollten die verrechneten Prozesskosten und Umschlagshäufigkeiten als Meta-Daten flankierend hinterlegt sein, um erforderlichenfalls per Tiefenanalyse (Drill-Down) näher betrachtet werden zu können (vgl. Kloth 1999, S. 203). Das Filial-Benchmarking ermöglicht, dass sich aktuelle Sortimentssteuerungsdaten von anderen Geschäftsstätten des Filialsystems zum Vergleich hinzuziehen lassen.

Bei einem Sortimentscontrolling der bislang beschriebenen Art bleiben jedoch **Verbundstrukturen und -intensitäten** zwischen Sortimentsteilen unberücksichtigt. Insofern können Steuerungsinformationen, die auf der Grundlage der oben verwendeten Kennzahlen formuliert werden, zu Fehlentscheidungen und somit zu einer Fehlallokation von Ressourcen führen. Denn erst die Warengruppen- und Verbundkompetenz addieren sich zur Sortimentskompetenz. Mithin gilt es Verbundphänomene aufzudecken. Die Messung des Zusammenhangs zwischen den Sortimentsteilen im Rahmen entsprechender Verbundanalysen ist nicht nur aufgrund ausufernder Artikelzahlen im Handel ein äußerst komplexes Problem, sondern auch wegen uneinheitlicher Richtungszusammenhänge, die sowohl zu unterschiedlichen Tageszeiten als auch zwischen Kundengruppen bzw. Einzelkunden voneinander abweichen können (zum Überblick Buhr 2007). Außerdem kommt erschwerend hinzu, dass sowohl die Variation von Verkaufspreisen, Werbeaktivitäten und Präsentationsmaßnahmen als auch der Einfluss des Verkaufspersonals sowie Art und Umfang von Rand- und Zusatzsortiment die Verbundbeziehungen im Kernsortiment verändern (vgl. Bordemann 1985, S. 276 f.).

Eine Lösung für dieses Problem der Steuerung eines effizienten Sortimentsaufbaus, der sowohl zur Einsparung von Suchkosten der Kunden als auch zur Erhöhung des Cross-Selling-Potenzials und damit von Spontankäufen beiträgt (vgl. Barth/Stoffl 1997, S. 13), liefern **Data-Mining-Verfahren im Speziellen** und **warenkorborientierte Kennzahlen** im Allgemeinen (vgl. Kloth 1999, S. 206 ff.). Warenkorbanalysen geben z. B. Umsätze, Artikelkennzahlen und Roherträge pro Warenkorb bzw. Kunde sowie durchschnittliche Umsätze und Roherträge pro Warenkorb in einer speziellen Warengruppe an (vgl. Fischer 1997, S. 288 ff.).

6.7.1.1 Warenkorbanalysen 1 - Support, Confidence und Lift

Anders als die Analysen nach dem Motto – „Zeige mir, was mich interessiert!" – arbeiten Methoden des Data Mining auf der Grundlage des Bottom-up-Ansatzes. „Finde heraus, was interessant ist!" lautet das Motto des Data Mining, was umgangssprachlich auch das „Buddeln in der Datenmine" genannt wird, um in großen Datenmengen Hypothesen über nicht-triviale Zusammenhänge aufzudecken. Data Mining ist ein Sammelbegriff für verschiedene Verfahren, zu denen Assoziationsregeln, Entscheidungsbaumverfahren, Genetische Algorithmen, Clusteranalyse, Faktorenanalyse. Regressionsanalyse, Diskriminanzanalyse, K-Nächste-Nachbarn und Neuronale Netze gezählt werden (vgl. Wiedmann/Buckler/Buxel 2001, S. 28; zu Anwendungen vgl. Schröder/Feller/Rödl 2003, S. 183ff.).

Für die Aufdeckung von Verbundeffekten setzt man auf die Größen Support (Relevanz), Confidence (Konfidenz) und Lift (Verbundkauf-Hebel). Um diese Größen zu erklären verwenden wir eine Verbundkaufmatrix mit vier Artikeln.

	A	B	C	D
A	X	65	85	50
B	65	X	20	45
C	85	20	X	30
D	50	45	30	X
Summe	200	130	135	125

Die Kennzahl **Support** eines Artikels (auch Relevanz, Absatzstützung) sagt aus, in wie vielen Warenkörben ein bestimmter Artikel i enthalten war:

$$\text{Support eines Artikels } i = \frac{\text{Anzahl der Warenkörbe, die Artikel } i \text{ enthalten}}{\text{Anzahl aller Warenkörbe}}$$

Einflussfaktoren sind die Käuferreichweite, die Kaufhäufigkeit, die Zielgruppenkongruenz und die Bedarfsdeckungsquote. Die Zielgruppenkongruenz dient dabei der Abstimmung von Makro- und Mikro-Marketing.

Ein Beispiel: Kaufen von 1.000 Kunden 200 den Artikel A und 135 den Artikel C, beträgt der Support von Artikel A 20 %, der von Artikel C 13,5 %. Über die Kennzahl Support kann innerhalb einer Warengruppe über das Ranking im Auswahlverbund entschieden werden; denn der Support informiert über die Wichtigkeit der Listung einer Marke im Vergleich zu konkurrierenden Marken.

Die Kennzahl **Confidence** (auch Verbundkauf-Wahrscheinlichkeit) gibt an, wie häufig ein Verbundartikel j in Verbindung mit einem Basisartikel i gekauft wurde, oder anders ausgedrückt, wie hoch ist der Anteil der gekauften Artikel j, wenn der Artikel i gekauft wurde:

$$\text{Confidence } (j \rightarrow i) = \frac{\text{Anzahl der Warenkörbe, die Artikel } i \text{ und } j \text{ enthalten}}{\text{Anzahl aller Warenkörbe, die Artikel } i \text{ enthalten}}$$

Fortsetzung des Beispiels: Die Daten zeigen, dass 50 % aller Artikel B-Käufer (das sind 130) auch Artikel A erwerben (das sind 65), aber lediglich 32,5 % der Artikel A-Käufer (das sind 200) ebenfalls Artikel B nachfragen (das sind 65). Somit hat Artikel A in Bezug auf Artikel B einen Confidence-Wert in Höhe von 50 % (65 : 130), Artikel B in Bezug auf Artikel A hingegen einen Confidence-Wert in Höhe von 32,5 % (65 : 200). Die Kennzahl Confidence bildet also asymmetrische Verbundbeziehungen ab (sofern sie tatsächlich asymmetrisch sind).

Da die Confidence-Werte der Artikelkombination AB einen Mittelwert von 41,3 % haben, die Confidence-Werte der Artikelkombination CD jedoch zu einem Mittelwert von 23,1 % führen ([24 % + 22,2 %] : 2), ist auf Grund der höheren durchschnittlichen Verbundkauf-Wahrscheinlichkeit die Artikelkombination AB der Artikelkombination CD vorzuziehen.

Die Kennzahl **Lift** (auch Verbundkauf-Hebel) gibt die Verbundintensität eines Basisartikels i in Bezug auf einen Verbundartikel j an. Sie informiert darüber, wie stark die für einen Verbundartikel errechnete Abverkaufswahrscheinlichkeit durch den Verkauf eines Basisartikels gefördert wird:

$$\text{Lift } (j \rightarrow i) = \frac{\text{Confidence } (j \rightarrow i)}{\text{Support des Artikels } i}$$

Fortsetzung des Beispiels: Da Artikel A einen durchschnittlichen Support von 20 % und in Bezug auf Artikel B einen Confidence-Wert von 50 % aufweist, liegt der Lift bei 2,5. Die Kaufwahrscheinlichkeit des Artikels A ist demnach 2,5-mal höher, wenn Artikel B gekauft wird. Umgekehrt gilt: Die Kaufwahrscheinlichkeit des Artikels B ist 2,5-mal höher, wenn Artikel A gekauft wird. Denn der Lift ist ein symmetrisches Maß.

Bei Artikel C führen Confidence in Bezug auf Artikel B (15,4 %) und Support (13,5 %) zu einem Lift von 1,1. Mit Blick auf die differierenden Lift-Werte des Basisartikels B in Bezug auf die Verbundartikel A (2,5) und C (1,1) ist bei gleicher Rentabilität der Artikel A und Artikel C auf Grund der höheren Verbundkauf-Intensität der Artikel A auszuwählen.

Nun die **kritische Betrachtung dieser Größen**: Rechnerisch sind die Werte für die Confidence und den Lift richtig. Allerdings „wissen" sie nicht, welches der Basisartikel (Initialartikel) und welches der Verbundartikel (Folgekaufartikel) ist. Es gibt kein statistisches Verfahren zur Bestimmung von Initial- und Folgekaufartikeln. Daraus erwächst die Notwendigkeit weiterer Untersuchungen, wie z. B. (1) die Identifikation der potenziellen Kundenlaufwege und die Generierung von Laufindizes, (2) die Durchführung entsprechender Kundenbefragungen sowie (3) die Beobachtung des Kundenkaufverhaltens durch den Verkäufer. Confidence und Lift sind also als Instrumente zur Erfassung und Abbildung der Richtungszusammenhänge von Verbundbeziehungen zwischen Artikeln ungeeignet.

Wir verdeutlichen das Problem an einem weiteren Beispiel. Die Daten stammen aus dem *GfK*-Haushaltspanel der Jahre 2002 und 2003. Das Beispiel entstammt dem Beitrag von

Schröder und *Rödl* (2006, S. 64): „Wenn eine Zahnbürste (B) gekauft wird, dann wird in 27 % aller Fälle auch Zahncreme (C) gekauft, d. h. die conf(B→C) beträgt 0,27. Wird dagegen Zahncreme (C) gekauft, dann in 8 % aller Fälle auch eine Zahnbürste (B), d. h. die conf(C→B) ist 0,08. Dieses Ergebnis kann zu folgender Interpretation führen: Zahncremekäufe werden eher durch Zahnbürstenkäufe induziert, da sie häufiger zusätzlich zu Zahnbürsten gekauft werden als anders herum.

Eine solche Aussage birgt jedoch Tücken, die sich zeigen, wenn man die Kaufhäufigkeiten in den Subwarengruppen berücksichtigt. Die Häufigkeit des Auftretens von Zahncreme unter der Voraussetzung, dass auch eine Zahnbürste gekauft wird, liegt weit unter der Häufigkeit des Kaufs aller Zahncremes. Dies lässt vermuten, dass sich auch die Anzahl der Bons mit Artikeln aus der Warengruppe Mundpflege, auf denen Zahncreme auftritt, in einer ähnlich hohen Größenordnung bewegt. Tatsächlich treten Zahncremes auf 66 % der Bons auf, d. h. sup(C) ist 0,66. Das Verhältnis dieser beiden Häufigkeiten wird durch die Kennzahl **Lift** repräsentiert, die sich aus dem Quotienten der Konfidenz einer Regel, hier Zahnbürste(B)→Zahncreme(C), und dem Anteil des Regelkopfes an allen Käufen, hier Zahncreme (C), zusammensetzt. Für das Beispiel ergibt sich: Die Konfidenz der Regel Zahnbürste(B)→Zahncreme(C) liegt mit 27 % unterhalb des Anteils der Kaufhäufigkeit von Zahncreme auf allen Bons mit Artikeln aus der Warengruppe Mundpflege (66 %). Das heißt, dass Zahncremes (C) seltener gekauft werden, wenn auch Zahnbürsten (B) gekauft werden, als im Durchschnitt aller Bons der Datenbasis:

$$\text{Lift } (B \to C) = \frac{\text{conf}(B \to C)}{\text{sup}(C)} = \frac{0,27}{0,66} = 0,41$$

Mit anderen Worten: „Normalerweise" treten auf 66 % der Bons mit Artikeln der Warengruppe Mundpflege auch Zahncremes auf. Wenn eine Zahnbürste gekauft wird, wäre zu vermuten, dass auch auf ungefähr zwei Dritteln dieser Bons Zahncremes auftreten. Dies trifft aber nicht zu: Zahncreme wird dann nur in 27 % der Fälle gekauft. Der Lift von weniger als 1 bedeutet also, dass die Wahrscheinlichkeit des Kaufs einer Zahncreme geringer ist, wenn zugleich eine Zahnbürste gekauft wird.

Zahncremes und Zahnbürsten werden offenbar größtenteils unabhängig voneinander gekauft und unterstützen sich gegenseitig nicht im Sinne eines Bedarfsverbundes, wie er bei Komplementärgütern vorliegt. Wie sind dann Konfidenz und Support zu verstehen? Zahncremes und Zahnbürsten werden in einer hohen Anzahl gekauft. Deshalb treten sie häufig zusammen auf Bons auf. Da der Support eben diesen Umstand wiedergibt, fällt er hoch aus. Zahncremes werden aus der Warengruppe Mundpflege mit Abstand am häufigsten gekauft. Es ist daher zu erwarten, dass Zahncremes am häufigsten auf allen Bons mit der Warengruppe Mundpflege auftreten. Dabei ist es irrelevant, welche anderen Subwarengruppen ein Bon aufweist. Eine hohe Konfidenz ist in diesem Fall verteilungsbedingt. Anders ausgedrückt: Weniger löst der Kauf einer Zahnbürste den Kauf einer Zahncreme aus, als dass die voneinander unabhängigen Käufe zeitlich zusammenfallen. Insofern liegt weniger bzw. nicht nur der Verbund von Komplementärgütern (Bedarfsverbund) als vielmehr der Verbund des gemeinsamen Einkaufs von Gütern aus Gründen der Beschaffungsrationalisierung vor (Nachfrageverbund). Daher ist es sinnvoll, die Abverkaufsdaten um Ergebnisse aus Befragungen zu ergänzen, die Aufschluss darüber geben, welcher Anteil der Verbundbeziehungen auf den Bedarfsverbund und den Kaufverbund entfällt."

6.7.1.2   Warenkorbanalysen 2 - Das Conjoint-Profit-Modell

Nicht jede Methode hält das, was sie verspricht. Auch hierauf hat das Handelscontrolling im Rahmen seiner systembildenden und systemkoppelnden Aufgaben zu achten. Kritische Distanz ist z. B. bei dem sogenannten Conjoint-Profit-Modell von *Zeisel* angebracht (Zeisel 1999 sowie Recht/Zeisel 1995, 1997a, 1997b, 1998a). Die folgenden Ausführungen sind dem Beitrag „Sortimentserfolgsrechnungen im Handel – Warum das Conjoint-Profit-Modell nicht hält, was es verspricht, und was es zu tun gilt" entnommen (Schröder 2004).

a)   **Darstellung des Conjoint-Profit-Modells von *Recht* und *Zeisel***

Beginn der Entnahme aus *Schröder* (2004, S. 478; die wenigen redaktionellen Änderungen sind der Anpassung an dieses Werk geschuldet): „Auf der Grundlage der Absätze x des Artikels k, seiner Preise p, seiner Deckungsbeiträge DB sowie der Umsätze und der Deckungsbeiträge der Warenkörbe j wird der Conjoint Profit CP des Artikels k berechnet als

$$CP_k = \sum_{j=1}^{n} gDB_{jk}$$

mit dem von *Recht* und *Zeisel* (1998a, S. 471) als geschlüsselt bezeichneten Deckungsbeitrag gDB des Artikels k im Warenkorb j

$$gDB_{jk} = \frac{x_{jk} \cdot p_k}{\sum_{k=1}^{m} x_{jk} \cdot p_k} \cdot DBWK_j \quad,$$

wobei sich der Deckungsbeitrag des Warenkorbes j ergibt aus

$$BWK_j = \sum_{k=1}^{m} x_{jk} \cdot DB_k.$$

Der Conjoint Profit CP des Artikels k berechnet sich also dadurch, dass zunächst der Anteil des Umsatzes von Artikel k am Umsatz des Warenkorbs j mit dem Deckungsbeitrag des Warenkorbes j multipliziert wird und anschließend die geschlüsselten Deckungsbeiträge des Artikels k aller Warenkörbe aufsummiert werden. **Tabelle 6.6** verdeutlicht die Berechnung des Conjoint Profits am Beispiel von fünf Artikeln und drei Warenkörben.

Tabelle 6.6 Beispiel zur Ermittlung der warenkorbanteiligen Verbunderträge der Artikel nach *Recht* und *Zeisel*

Artikel k	Menge x_{jk}	DB_k	Preis p_k	DB_{jk}	Umsatz$_{jk}$	gDB_{jk}
Warenkorb 1	A	B	C	D = A · B	E = A · C	
1	1	0,28	1,98	0,28	1,98	0,076
2	2	-0,05	2,19	-0,10	4,38	0,168
3	1	-0,19	3,98	-0,19	3,98	0,153
4	4	0,08	0,50	0,32	2,00	*0,077
5	2	0,12	0,99	0,24	1,98	0,076
			Summe	0,55	14,32	0,550
Warenkorb 2	A	B	C	D = A · B	E = A · C	
1	1	0,28	1,98	0,28	1,98	0,174
2	1	-0,05	2,19	-0,05	2,19	0,193
4	2	0,08	0,50	0,16	1,00	0,088
5	2	0,12	0,99	0,24	1,98	0,174
			Summe	0,63	7,15	0,630
Warenkorb 3	A	B	C	D = A · B	E = A · C	
3	4	-0,19	3,98	-0,76	15,92	-0,760
			Summe	-0,76	15,96	-0,760

* Lesebeispiel: gDB_{14} ist der geschlüsselte DB des Artikels 4 im Warenkorb 1 mit

$$gDB_{14} = \frac{4 \cdot 0{,}50}{14{,}32} \cdot 0{,}55 = 0{,}077$$

Quelle: Vgl. Recht/Zeisel 1998a, S. 472

Auf der Basis der in **Tabelle 6.6** ermittelter warenkorbanteiligen Verbunderträge der Artikel lassen sich nun über alle Warenkörbe hinweg die Verbunderträge der Artikel - die Conjoint Profits - berechnen und mit ihren Deckungsbeiträgen vergleichen. *Recht* und *Zeisel* (1998a, S. 473 f.) sehen den Verbundertrag als eine „sinnvolle Erweiterung des Konzeptes einzelproduktbezogener Kennzahlen", da diese Kennzahl „nicht nur den Erfolg des einzelnen Produkts misst, sondern auch (möglicherweise verborgene) Verbundbeziehungen zu anderen Produkten" berücksichtigt. Daher basieren ihre Empfehlungen für das Auslisten (-) oder Listen des Artikels (+) in der nächsten Periode auf Verbunderträgen und nicht auf Deckungsbeiträgen der Artikel (**Tabelle 6.7**).

Tabelle 6.7   Vergleich der Conjoint Profits der Artikel mit ihren Deckungsbeiträgen und ihrer Umsatzbedeutung

Artikel k	$\sum\limits_{j=1}^{n} DB_{jk}$	Empfehlung aufgrund von $\sum\limits_{j=1}^{n} DB_{jk}$	Umsatz	ABC-Analyse	Verbundertrag VE_k (= Conjoint Profit CP_k)	Empfehlung aufgrund von VE_k (= CP_k)
1	0,56	+	3,96	C	*0,250	+
2	-0,15	–	6,57	B	0,361	+
3	-0,95	–	19,90	A	**-0,607	–
4	0,48	+	3,00	C	0,165	+
5	0,48	+	3,96	C	0,250	+

Lesebeispiel: * 0,25 = 0,076 + 0,174 ;   **-0,607 = 0,153 + (-0,76)

Quelle: Vgl. Recht/Zeisel 1998a, S. 473

Beispiele und Empfehlungen derselben Art finden sich auch in den weiteren Veröffentlichungen von *Recht* und *Zeisel* (1997a, 1997b), *Zeisel* (1999) und *Pfeiffer* und *Zeisel* (2003). Empfehlungen beziehen sich auch auf Sonderangebote: „Der Verbundertrag kann somit auch herangezogen werden, um das Anbieten von Sonderangeboten [...] zu begründen. Vielleicht erweist sich der Verbundertrag in diesem Zusammenhang den bisherigen Steuerungsgrößen sogar als überlegen." (Recht/Zeisel 1998a, S. 474). Schließlich leiten sie aus dem Verbundertrag Spezialkennzahlen ab, die sich auf Produkteinheiten, Fixkosten und Kontaktstrecken beziehen.

b)   Kritische Würdigung des Conjoint-Profit-Modells von *Recht* und *Zeisel*

(1) Probleme mit den Daten

Das Conjoint-Profit-Modell benötigt für seine Berechnungen die Absatzmengen und Preise der Artikel, ihre Stück-Deckungsbeiträge sowie die mengenmäßige Zusammensetzung der Warenkörbe. Die Warenwirtschaftssysteme der Handelsunternehmungen liefern die Daten der Bons (Warenkörbe), einschließlich der Mengen und Preise. Dagegen bereiten – gerade im Einzelhandel – die Deckungsbeiträge erhebliche Probleme. Offenbar verwenden *Recht* und *Zeisel* (1998a, S. 464) als **Deckungsbeitrag** die Differenz aus dem Verkaufspreis eines Artikels und seinen variablen Produkteinzelkosten, die zum überwiegenden Teil aus den Wareneinstandskosten bestehen. Ob und wie **variable Handlungskosten** den Artikeln zugerechnet werden, erfährt man nicht. Ebenso wenig wird auf das Problem der Ermittlung der **Wareneinstandskosten** eingegangen. Dabei ist bekannt, dass die tatsächlichen

Wareneinstandskosten dem Händler in der Regel verborgen bleiben, weil einige Rabatte nicht rechnungswirksam sind, wie z. B. Skonti, jährliche Umsatzvergütungen, Werbekostenzuschüsse und Treueboni (Oversohl 2002, S. 12). Oder wie *Hans Reischl*, ehemaliger Vorstandsvorsitzender der *Rewe-Zentral AG*, formulierte: „In der Tat glaube ich nicht, daß bei uns jemand den Einstandspreis einer Dose Ravioli kennt. Es gibt ja nicht nur die Listenpreise der Industrie, sondern auch viele pauschale Vergütungen der Lieferanten für den Gesamtumsatz, den wir mit ihnen machen. Wie wollen Sie das auf das einzelne Produkt herunterrechnen?" (o. V. 1999, S. 77 f.) Stück-Deckungsbeiträge für Artikel einer Handelsunternehmung sind daher mit einem hohen Grad an Ungenauigkeit behaftet. Diese Ungenauigkeit pflanzt sich über den Deckungsbeitrag einzelner Artikel fort auf den Deckungsbeitrag von Warenkörben, wie er von dem Conjoint-Profit-Modell benötigt wird.

Die Verwendung artikelbezogener Deckungsbeiträge ist ein methodenunabhängiges Problem im Einzelhandel und kann insoweit nicht den Autoren angelastet werden. Doch ist die Frage zu stellen, ob man angesichts der kaum zu lösenden Probleme der Ermittlung der Wareneinstandskosten und der Zurechnung von (variablen) Gemeinkosten nicht grundsätzlich auf artikelbezogene Deckungsbeiträge verzichten und stattdessen auf den Deckungsbeitrag einer höheren Verdichtungsebene, etwa **Warengruppen**, zugreifen sollte.

(2) Probleme der Methode

Das Kernelement der Conjoint-Profit-Berechnung sind die geschlüsselten Deckungsbeiträge gDB_{jk} (vgl. Recht/Zeisel 1997b, S. 98). Dies bedeutet: Ist der Anteil eines Artikels am Umsatz des Warenkorbes höher als der Anteil seines Deckungsbeitrages am gesamten Deckungsbeitrag des Warenkorbes, liegt der geschlüsselte Deckungsbeitrag gDB_{jk} über dem ungeschlüsselten Deckungsbeitrag DB_{jk} (und vice versa). Damit ist der Erfolg eines Artikels abhängig von der Höhe des Umsatzes, den er am Markt erzielen kann. Artikel mit niedrigem Deckungsbeitrag und hohem Umsatz sind die Gewinner des geschlüsselten Deckungsbeitrages gDB_{jk}. Artikel mit hohen Deckungsbeiträgen und niedrigen Umsätzen sind die Verlierer, obwohl sie den Gesamtdeckungsbeitrag steigern.

Des Weiteren ist der Argumentation, dass dieser Schlüssel „der Verhaltensweise der Konsumenten [...] gerecht" werde (Recht/Zeisel 1998a, S. 469), nicht uneingeschränkt zuzustimmen. Die Autoren interpretieren die Warenkorbumsätze und die Einzelpreise als Größen, die „in die Preis-Leistungs-Zufriedenheit eines Konsumenten" eingehen. „Durch den Kaufakt dokumentiert der Kunde einerseits die Akzeptanz des Gesamtpreises des Warenkorbes (Warenkorbumsatz), andererseits aber auch die Akzeptanz der Einzelpreise innerhalb des gesamten Warenkorbs. Die Entscheidung für den Kauf eines bestimmten Warenkorbes ist für den Konsumenten stets auch eine Entscheidung für ein in diesem Sinne akzeptables Preis-Leistungsverhältnis." (Recht/Zeisel 1998a, S. 469 f.) Das Argument, „bei der Urteilsbildung über das Preis-Leistungsverhältnis kann das Urteil über die Preisgünstigkeit eines Artikels auf andere Artikel übertragen werden (Generalisierung)", lässt sich durch die zitierte Quelle (Müller-Hagedorn 1993, S. 224) nicht stützen. Denn das Preisgünstigkeitsurteil „bezieht sich [gerade] nicht auf das Verhältnis von zu zahlendem Preis zur Qualität der Ware oder zu den Mühen, das Gut zu kaufen, sondern ausschließlich auf die Beurteilung des nach Meinung des Verbrauchers zu zahlenden Preises." (Müller-Hagedorn 1993, S. 223, ebenso Diller 2000, S. 154)

Ferner ist der Rückgriff auf die Dissonanztheorie von *Festinger* (1957) nicht nachvollziehbar. *Recht* und *Zeisel* (1998a, S. 470) begründen die Tatsache, dass jeder Warenkorb gerade in dieser und keiner anderen Zusammensetzung von dem Kunden realisiert wird, mit dessen Bestreben, „Konsonanzen (ausgelöst zum Beispiel durch subjektiv relativ niedrig wahrgenommene Preise) und Dissonanzen (ausgelöst zum Beispiel durch subjektiv relativ hoch wahrgenommene Preise)" auszugleichen. Die „Dissonanz- beziehungsweise Konsonanzstärken" lassen sich nach Ansicht der Autoren „durch die Quantität und den Preis der gekauften Ware, also die Warenkorbumsätze und die Einzelpreise, operationalisieren." Diese Perspektive vernachlässigt das reale Kaufverhalten im Einzelhandel mit Lebensmitteln. Es sei hier nur auf drei Aspekte hingewiesen. Erstens darf <u>ein</u> Warenkorb eines Kunden nicht losgelöst von <u>anderen</u> Warenkörben betrachtet werden, die er in dieser Einkaufsstätte realisiert. Da die Verbrauchsrhythmen von Produkten sehr verschieden sind, variieren auch die Wiederkaufszeitpunkte, woraus sich sehr unterschiedlich zusammengesetzte Warenkörbe ergeben. Zweitens variiert das Einkaufsverhalten der Kunden untereinander. Es gibt Kunden, die Großeinkäufe (Wocheneinkäufe) bevorzugen, während andere ihren Bedarf in einer Einkaufsstätte auf mehrere kleine Einkäufe verteilen. Entsprechend unterschiedlich fallen die Warenkörbe aus. Drittens wird die Struktur der Warenkörbe nicht allein durch Plankäufe, sondern auch durch Impulskäufe bestimmt. *Kroeber-Riel* und *Weinberg* (2003, S. 412) beschreiben Impulskäufe mit einer starken Aktivierung der Kunden, einer sehr geringen gedanklichen Kontrolle und einem weitgehend automatischen Reagieren auf eine Kaufsituation, etwa auf atmosphärische Reize. Der Preis steht dabei oftmals im Hintergrund, kann somit nicht Indikator für Akzeptanz sein. Folgt man den Angaben von *Kroeber-Riel* und *Weinberg* (2003, S. 415), dass echte Impulskäufe 10-20 % der Käufe ausmachen, dann handelt es sich hierbei um eine nicht zu vernachlässigende Größe. Fazit: Bei allen drei Aspekten sind nicht die Einzelpreise bzw. die Relationen der Preise zueinander allein verantwortlich für die Struktur der Warenkörbe.

Verwendet man trotz der vorgetragenen Bedenken den umsatzorientierten Schlüssel, so liefert das Conjoint-Profit-Modell als kritisch anzusehende Empfehlungen. Besonders deutlich wird dies, wenn der Deckungsbeitrag des gesamten Warenkorbes negativ ist. **Tabelle 6.8** zeigt einen solchen Fall.

Da die Artikel 6 und 7 allein in diesem Warenkorb auftreten, entsprechen die gDB_{56} und gDB_{57} den Conjoint Profits der Artikel 6 und 7. Nach den Empfehlungen von *Recht* und *Zeisel* wären diese Artikel auszulisten. Sie begründen dies mit den zwischen den Artikeln bestehenden Verbundwirkungen. Auf das Beispiel angewandt hieße das: Die Artikel 6 und 7 würden ausschließlich im Verbund mit dem Artikel 3 gekauft. Daher sei es gerechtfertigt, zunächst Artikel 3 aus dem Sortiment zu eliminieren, wie bereits in **Tabelle 6.8** vorgeschlagen. Für den Handelsbetrieb entstände kein Erfolgsnachteil, da die Artikel 6 und 7 dann ohnehin nicht mehr gekauft würden. Somit weisen sie nach *Recht* und *Zeisel* (1998a) zu Recht einen negativen geschlüsselten Deckungsbeitrag aus. Genau diese Kenntnis liegt aber ohne weitere Analysen nicht vor und ergibt sich auch nicht aus den Resultaten des Conjoint-Profit-Modells. Hierauf haben bereits *Fröhling* und *Haiber* (1997, S. 426) hingewiesen. Die Replik von *Recht* und *Zeisel* (1998b, S. 382) kann in diesem wie auch in anderen Punkten nicht überzeugen. Sie erkennen zwar das Fehlen von Beziehungszahlen an, bezeichnen dies jedoch als den „Preis, der bezahlt werden muß, um ein sehr praxisnahes, implementierbares Modell zur Verfügung zu haben". Wie kann aber etwas praxisnah sein, das die Praxis nicht nur unzureichend, sondern auch noch falsch abbildet? Dabei liegt mit der Assoziationsanalyse ein Verfahren vor, das symmetrische und asymmetrische Verbundbeziehungen aufdeckt (vgl. Decker/Schimmelpfennig 2002, S. 203 ff.). Auch wenn man *Recht* und *Zeisel* zu Gute hält, dass die Technik Mitte der 90er Jahre noch der Engpass für die Auswertung von Massendaten im Einzelhandel gewesen sein kann, so trifft dies für das Jahr 2003 nicht mehr zu (siehe Pfeiffer/Zeisel 2003).

Tabelle 6.8   Berechnung von geschlüsselten Deckungsbeiträgen bei einem negativen Warenkorb-DB

Artikel k	Menge x_{jk}	DB_k	Preis p_k	DB_{jk}	Umsatz$_{jk}$	gDB_{jk}
Warenkorb 5	A	B	C	$D = A \cdot B$	$E = A \cdot C$	
3	3	-0,19	3,98	-0,57	11,94	-0,085
6	2	0,10	3,98	0,20	7,96	-0,057
7	1	0,20	3,98	0,20	3,98	-0,028
			Summe	-0,17	23,88	-0,170

Quelle: Vgl. Schröder 2004, S. 482

Die Kosten einer Fehlentscheidung auf der Basis des Conjoint-Profit-Modells sind offensichtlich, wenn, wie in dem Beispiel in **Tabelle 6.8** dargestellt, fälschlicherweise von Verbundeffekten ausgegangen wird. Werden die Artikel 6 und 7 auch ohne den Artikel 3 nachgefragt, verzichtet der Handelsbetrieb bei jeder nicht verkauften Einheit der beiden Artikel auf 0,10 bzw. 0,20 Geldeinheiten an Deckungsbeitrag." Ende der Entnahme aus *Schröder* (2004, S. 482). Zu weiteren hier nicht aufgeführten Kritikpunkten siehe dort.

6.7.2   Die Fundierung preispolitischer Entscheidungen

Für preispolitische Entscheidungen liefert das Handelsinformationssystem in mehrfacher Hinsicht Grundlagen (vgl. Kloth 1999, S. 217 ff.). Im Rahmen der kurzfristigen Erfolgsrechnung informiert es warengruppen- und artikelgenau über die durchschnittlich erzielte

Handelsspanne. Es bietet damit eine laufende Kontrolle, ob in der Unternehmung bisher durchschnittlich kostendeckend und gewinnzielend kalkuliert worden ist. Es wird damit gleichzeitig deutlich, welcher Spielraum für **Preisreduktionen** besteht. Das System zeigt außerdem auf, bei welchen Sortimentsteilen bzw. Artikeln Preisnachlässe zu gewähren sind, weil z. B. Verderb oder technische Veralterung droht (Altwarenkontrolle).

Des Weiteren lassen sich über den Test unterschiedlicher Preise für einen Artikel **partielle Preis-Absatz-Funktionen** und **Preiselastizitäten** bestimmen, die es ermöglichen, jenen Preis für einen Artikel zu finden, mit dem sich sein Bruttogewinn (Rohertrag) steigern lässt. Allerdings hat der Funktionsverlauf nur dann Gültigkeit, wenn die Qualität der spezifischen Leistungsangebote, die Einsatzintensitäten der weiteren Marketing-Instrumente sowie das Verhalten der Konkurrenten unverändert bleiben oder die Einflüsse dieser interdependenten Preisstimuli bekannt sind (vgl. Woratschek 1995, S. 162). Ferner empfiehlt sich bei der Ermittlung von Preis-Absatz-Funktionen auf der Grundlage von *EPOS*-Daten eine standortbezogene Vorgehensweise, weil die Zahlungsbereitschaft der Kunden auch von der geographischen Lage des Geschäfts abhängt. Die Generierung linearer oder exponentieller Preiselastizitätsfunktionen, z. B. auf Artikelebene, setzt allerdings eine zeitliche Preisdifferenzierung (Zeitreihenanalyse) voraus. Eine solche Vorgehensweise erscheint umso problematischer, je mehr ein Artikel im Brennpunkt des Preiswettbewerbs steht (vgl. Diller 1991, S. 274). Die Preiskenntnis der Kunden beeinflusst somit direkt die Breite des preispolitischen Aktionsfeldes, weil deren Preisurteil aus einem Vergleich von Verkaufspreis und Ankerpreis resultiert („Preisempfinden im Hinblick auf ein bestimmtes Produkt", vgl. Schmalen 1995, S. 15).

Schließlich ist festzustellen, dass nur für eine beschränkte Anzahl von Artikeln die Schätzung von Preis-Absatz-Funktionen sinnvoll und möglich ist (vgl. Heidel 1993, S. 160). Gelingt dies, ergeben sich Hinweise auf eine **Kompensationskalkulation**. So wird deutlich, welche (preisunelastischen) Artikel mit einer überdurchschnittlichen Stückspanne kalkuliert werden können, um als Ausgleichsspender niedrig kalkulierte Artikel (z. B. Sonderangebote) als Ausgleichsnehmer zu subventionieren. Darüber hinaus werden durch die Ermittlung von Kreuzpreiselastizitäten auch Kannibalisierungseffekte gegenüber anderen Artikeln prognostizierbar.

Informationen für eine derartige Kompensationskalkulation ergeben sich auch z. B. aus der Auswertung von Warenkörben einzelner Kunden. Man erhält damit Aufschluss über **Sortimentsverbundbeziehungen**, die insbesondere im Lebensmitteleinzelhandel von Bedeutung sind, weil hier die Kunden bei einem Einkaufsakt in der Regel eine Mehrzahl von Artikeln kaufen. So weist eine hohe Verbundzentralität eines Artikels, der also überdurchschnittlich häufig mit anderen zusammengekauft wird, auf seine **Sonderangebotseignung** hin. Denn in diesem Fall ist die Wahrscheinlichkeit höher, dass der Kunde nicht nur den oft niedrig kalkulierten Sonderangebotsartikel, sondern auch verbundene Artikel kauft, die unter Beachtung ihrer jeweiligen Preiselastizität entsprechend hoch kalkuliert als Ausgleichsspender für den betreffenden Sonderangebotsartikel fungieren können. Allerdings gelten hinsichtlich der Aufdeckung von Verbundwirkungen die zuvor gemachten Einschränkungen (siehe Kapitel 6.7.1.1).

Informationen über Saisonartikel und Artikel, die kurzen Lebenszyklen unterliegen, sowie über modische Produkte sind hilfreich für die **zeitliche Preisdifferenzierung**. Soweit die Zeitpunkte schrittweiser Abschriften bereits im Vorfeld festgelegt werden, verzichtet man auf Informationen über die Veränderungen von Umschlagshäufigkeiten während des Abverkaufs, obwohl diese einen wesentlichen Entscheidungsparameter darstellen. Die schnelle Erfassung von Abverkäufen, etwa über die Ausstattung der Waren mit RFID-tags, erlaubt situationsbezogene Anpassungen von Abschriften, die einen Verzicht auf Rohertrag verhindern, sei es durch zu hohe Preisabschriften oder durch zu hohe Restbestände verursacht. Schnelle Preisanpassungen am Regal sind über elektronische Preisschilder (Electronic Shelf Labeling) möglich.

Im Rahmen des Preiscontrollings ist auch die **Wirksamkeit psychologischer Preisgestaltungsprinzipien** zu untersuchen, wozu sich verschiedene Experimente anbieten (ausführlich Diller 2008, S. 120 ff.; Zielke 2007). Es lässt sich z. B. für einzelne Artikel oder auch Warengruppen die Frage klären, ob Preisgegenüberstellungen sinnvoll sind, und wenn ja, in welcher Höhe, um einerseits den Kunden noch einen kaufauslösenden Preisnachlass zu vermitteln und um andererseits auch nicht unglaubwürdig zu erscheinen. Diese Gefahr besteht insbesondere bei überhöhter Vergleichspreisstellung, wenn dem reduzierten, aber dennoch „normal" kalkulierten Preis ein unglaubwürdig hoher fiktiver Ausgangspreis gegenübergestellt wird. Hinsichtlich der psychologischen Preisgestaltung lassen sich des Weiteren Wirkungen von Preisschwellen auf Absatzmengen eines Artikels überprüfen, z. B. ob glatte Preise verkaufswirksamer sind als gebrochene (z. B. 29,90 EUR) oder umgekehrt, oder ob die Endziffer des Preises die Verkaufswirksamkeit beeinflusst und ähnliches mehr.

6.7.3 Die Fundierung präsentationspolitischer Entscheidungen

Die Aufgabe des Präsentationscontrollings ist die Planung, Koordinierung und Steuerung der akquisitorischen Wirkungen von Platzierungsentscheidungen. Diese beziehen sich im stationären Handel auf die Bereiche Verkaufs- sowie Regalflächengestaltung. Die Verkaufsfläche ist kurzfristig nicht veränderbar, stellt somit ein konstitutives Element dar und wird nicht zuletzt aufgrund des ständig wachsenden Warenangebotes zum Engpassfaktor, also einer nur begrenzt verfügbaren Ressource. Allerdings erzwingt der auf Handelsunternehmungen lastende Veränderungs- und Innovationsdruck eine kreative und dynamische Verkaufsflächengestaltung, so dass konstitutive Elemente der intralokalen Standortplanung zunehmend flexibilisiert werden. Somit trägt man dem Umstand Rechnung, dass der Erfolg einer Warengruppe (Category) nicht nur durch die Attraktivität ihrer Artikel sowie ihres synergetischen Ausstrahlungseffektes bestimmt wird, sondern auch von der jeweiligen Regalplatzwertigkeit innerhalb des Verkaufsraumes. Die Regalplatzwertigkeit hängt eng mit dem Kaufverhalten der Kunden zusammen, das insbesondere bei hohen Kaufintensitäten, wie im Lebensmitteleinzelhandel, stark habitualisiert ist. Auch wenn das Einkaufsverhalten durch wiederkehrende Muster gekennzeichnet ist, welche in der handelswissenschaftlichen Literatur bereits seit längerem katalogisiert werden (vgl. z. B. die Arbeiten von Gröppel-Klein), so sollte die **Suchlogik** der Kunden kontinuierlich überprüft werden. Einen

Untersuchungsrahmen hierfür liefern *Esch* und *Thelen* (1997). Er verdeutlicht, welche Einflussfaktoren zu untersuchen sind, um das Suchverhalten der Kunden nachvollziehen zu können (**Abbildung 6.10**).

Abbildung 6.10   Modell zum Suchverhalten von Kunden

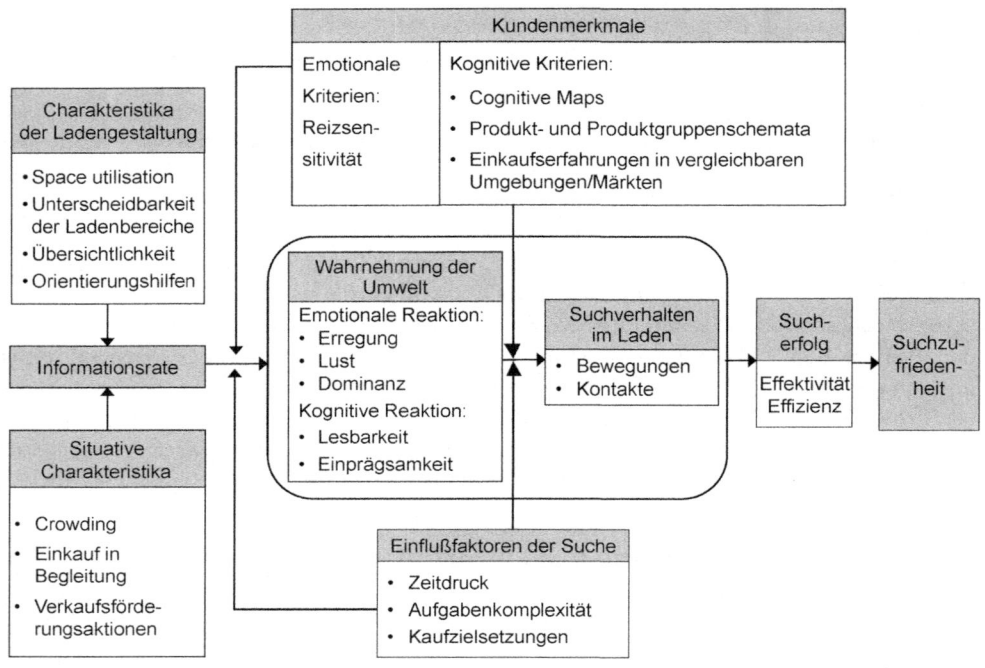

Quelle: Vgl. Esch/Thelen 1997, S. 299

Für die Analyse bieten sich Methoden des Data Mining an, die zeitliche Verbundbeziehungen über Zeitreihenmuster aufdecken und so Kaufwahrscheinlichkeiten für Additivgüter nach dem Erwerb eines bestimmten Artikels ermitteln. Die Identifizierung signifikanter **Entnahmeketten** anhand von Warenkorbanalysen ermöglicht auch die Formulierung von Empfehlungen für Zweitplatzierungen im Angebotsverbund (vgl. Hasenauer 1995, S. 126). Die so gewonnenen Erkenntnisse lassen sich bei der Verkaufsflächenallokation im Allgemeinen sowie der orientierungsfreundlichen Anordnung von Abteilungen und Warengruppen, Ruhezonen, Aktionsflächen, der Kassenzone etc. (sog. Funktionszonen, vgl. Hansen 1990, S. 298 f.) im Besonderen berücksichtigen. Die Erfüllung dieser Aufgaben steht im Mittelpunkt der Ladengestaltung (Interior Design), bei welcher der Grundrissplan der Geschäftsstätte den Ausgangspunkt für die Flächenoptimierung (Space Utilisation Optimization) bildet (vgl. Lutz 1994, S. 30).

Neben der Berücksichtigung wahrnehmungspsychologischer und verhaltensbezogener Erkenntnisse ist die Flächenverteilung und -belegung durch platzierungsorientierte Erfolgsparameter zu steuern. Neben **Flächen- und Präsentationselastizitäten** sowie **Handlingkostensätzen** lassen sich als weitere Messkriterien für die Ökonomisierung der Verkaufsfläche Raumleistungskennzahlen ermitteln, bei denen Umsätze oder Deckungsbeiträge auf die Geschäfts-, Verkaufs- oder Regalfläche bezogen werden. Die Kennzahl Verkaufsflächenproduktivität (als Quotient aus Nettoerfolg und beanspruchter Quadratmeterzahl) wurde oben bereits vorgestellt.

Bei der Regalflächengestaltung sind die Artikel in den Warenträgern so zu platzieren, dass

- die Sortimentsgestaltung verbessert,

- verkaufsfördernde Regalbilder geschaffen,

- Handlingkosten verringert,

- Out-of-Stock- bzw. Out-of-Shelf-Situationen vermieden,

- Kapitalbindungs- und Flächenkosten durch Bestandsabbau gesenkt und

- abverkaufsgerechte, d. h. kundengerechte Platzierungen ermöglicht werden, die im Sinne der Suchzufriedenheit die Transaktionskosten der Käufer reduzieren (vgl. Hertel 1997, S. 217).

Die Planung einzelner Warenträger wird bereits seit längerem durch sogenannte **Spacemanagement-Programme** unterstützt, die nicht nur Roh- und Hilfsdaten aus den operativen Systemen verarbeiten, sondern auch Rentabilitätskennzahlen und Messergebnisse von Verbundbeziehungen sowie psychologische Determinanten berücksichtigen (zu den Problemen von Spacemanagement-Systemen siehe Günther/Mattmüller 1993, S. 77 ff.; Möhlenbruch/Meier 1993, S. 183 ff.). Vorschläge für die optimale Platzierungsbreite beziehen sich z. B. auf die Anzahl der Frontstücke (Facings). Als Daten verwenden sie artikelindividuelle Absatzerwartungen unter Berücksichtigung von Nachfüllrhythmen und gegebenenfalls. Traygrößen, das sind Verpackungseinheiten, die mehrere gleiche Artikel aufnehmen, sowie Stapelhöhen (vgl. Milde 1997, S. 443). Wenn Belegungspläne auf der Zentralebene eines Handelssystems entwickelt werden, sind sie nur für standardisierte Sortimentsmodule sowie Abteilungen mit vorgegebener Musterplatzierung gültig (vgl. Rosik 1997, S. 49).

Mittlerweile ist die Handelspraxis in weiten Teilen dazu übergangen, standortbezogene Regalbelegungspläne zu entwickeln. Oder sie entwerfen Regalbelegungspläne für verschiedene Gruppen von Geschäften, das Ergebnis sind Platzierungsmodule. Ein Beispiel für eine solche Modulplanung zeigt **Abbildung 6.11**. Dies geschieht schlicht aus der Kenntnis heraus, dass sich die Wettbewerber, die Kunden und andere standortbezogene Einflussfaktoren stark unterscheiden können und dass die Informationssysteme in der Lage sind, standortbezogene Daten zu liefern, Stichwort: mikrogeographisches Marketing. Zu dem hier gezeigten Beispiel ist zu ergänzen, dass sich die Größe der Module nicht nach der Größe der Warenhäuser richtet, sondern nach dem Absatzpotenzial der Warengruppe an dem jeweiligen Standort. Mit der Planung wird in diesem Fall auch festgelegt, welche Strumpfmarken in welchem Modul enthalten sind.

Abbildung 6.11   Planung der Platzierungsmodule für den Bereich Strümpfe eines Warenhauses

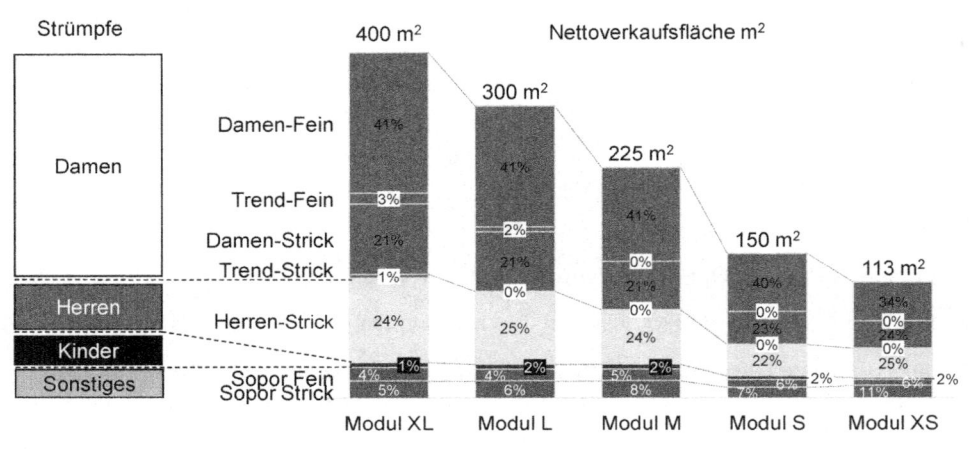

Quelle: Karstadt 2008

So sollten Probleme der Vergangenheit vermieden werden, etwa dass 40 % der Verkaufsregale mit zu breiten Facings fehlbelegt sind, auch weil die angenommene Korrelation zwischen Absatz und Platzierungsbreite nur sehr bedingt zutraf (vgl. Milde 1997, S. 442). Insofern können die sicherlich nur begrenzt übertragbaren Ergebnisse US-amerikanischer Studien nicht überraschen, dass nämlich 15 % der Regalfläche ohne Umsatzverluste eingespart und somit Raum für eine kundenorientierte Sortimentsausweitung geschaffen werden könnten (vgl. Davies 1996, S. 129 f.).

6.7.4   Die Fundierung werbepolitischer Entscheidungen

Sortiments- und Imagewerbung des Handels sind als Investitionen in den Markt zu verstehen, wobei der Erreichungsgrad der außerökonomischen und ökonomischen Ziele durch realisationsbegleitende und erfolgsbezogene Kontrollen zu beurteilen ist.

Für eine Feinsteuerung von Werbeeinsätzen sind Detailanalysen der Werbewirkung erforderlich. Mit Informationen darüber, welche Stückzahlen zu Werbekonditionen verkauft und welche Ergebnisse und Deckungsbeiträge erzielt wurden, können Wirkungsanalysen je Artikel und je Werbeseite durchgeführt werden (vgl. Conradi 1989, S. 103), auch verdichtet für weitere Aggregationsebenen von Bezugsobjekten, z. B. Warengruppen, Filialen und Regionen. Den beiden letztgenannten Ebenen einer solchen Messung von „finalen Verhaltenswirkungen" (Steffenhagen 1995, Sp. 2689 :f.) kommt deshalb eine besondere Bedeutung zu, weil die Betriebsstättenprofilierung das Hauptziel handelsbetrieblicher Werbemaßnahmen ist. Die Preisgünstigkeit oder die Qualität der werblich herausgestellten Produkte soll demnach nicht nur deren Abverkauf steigern, sondern auch auf das Gesamtangebot am jeweiligen Standort ausstrahlen. Solche Wirkungen zu messen verlangt die Betrachtung entsprechender Aggregationsebenen. Auf diesen ist dann für die Ermittlung des Grades der Zielerreichung nicht die Beurteilung einzelner Werbemaßnahmen relevant, sondern vielmehr die Summe ihrer Wirkungen. Dafür müssen Kennzahlenvergleiche durchgeführt werden, bei denen auf die Entwicklung von Besucher- und Käuferfrequenzen, Warenkorbstrukturen sowie kumulierten Ergebnisbeiträgen abgestellt wird.

Folgende Messungen empfehlen sich für **effiziente Werbewirkungsanalysen** im Handel (vgl. Biester 1998, S. 40):

- Es sind die Umsatz- und Rohertragsentwicklungen der beworbenen Artikel sowie die Anzahl der sie jeweils kaufenden Kunden zu ermitteln.

- Diese Basisdaten müssen in einem weiteren Schritt auch auf höheren Aggregationsebenen (z. B. Warengruppe, Abteilung, Filiale etc.) erhoben werden.

- Es sind die Verbundkäufe zu ermitteln, die das beworbene Bezugsobjekt ausgelöst hat.

Grundsätzlich besteht bei den genannten Werbewirkungsmessungen ein **Validitätsproblem**, weil das beurteilte Kaufverhalten nicht nur auf Werbeimpulse zurückgeführt werden kann (vgl. Steffenhagen 1995, Sp. 2690) und weil die Identifikation von Artikeln schwierig ist, die Verbundkäufe auslösen. Dies ist bei der sogenannten Promotionplanung zu beachten, wenn Produkte gesucht werden, die sich kurz- oder mittelfristig für die werbliche Herausstellung eignen. Hilfreich sind Erfahrungswerte aus vorherigen Aktionen.

Auch lässt sich flankierend der zeitliche Abstand zwischen werblichem Reiz und der Reaktion bei den Adressaten messen, der dann bei der Formulierung von **Werbe-Timing-Strategien** berücksichtigt werden sollte. Dies gilt insbesondere für das Saisongeschäft. Insgesamt liefert eine solche Werbewirkungsanalyse trotz der genannten Zurechnungsproblematik Impulse für die Planung des Werbeetats und des Werbemix.

Letzten Endes kommt es darauf an, die außerökonomischen und die ökonomischen Wirkungen der Werbung zu messen und zu überprüfen, ob die gesetzten Ziele erreicht worden sind. Ein Beispiel, wie eine solche Werbeerfolgskontrolle aussehen kann, zeigt *Ad Impact Monitor* für die Werbekampagne von *Edeka*: „*Wenn man den Grill täglich zur Weißglut bringt, muss es Liebe sein.*" (**Abbildung 6.12)**

Die Ergebnisse weisen zum Vergleich die Durchschnittswerte anderer Handelsmotive aus. Diese Darstellung legt also nicht offen, ob und welche anderen Motive besser beurteilt worden sind, auch weiß nur *Edeka*, ob die gesetzten Ziele mit diesen Ergebnissen erreicht worden sind – und welches überhaupt die gesetzten Ziele gewesen sind.

Abbildung 6.12   Werbeerfolgskontrolle – am Beispiel einer Anzeige von *Edeka*

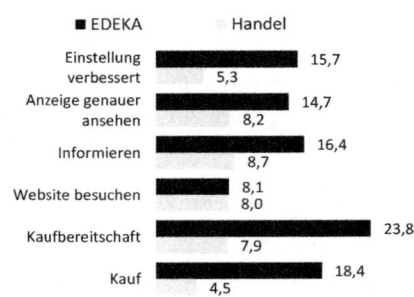

Verhaltensweisen, in %

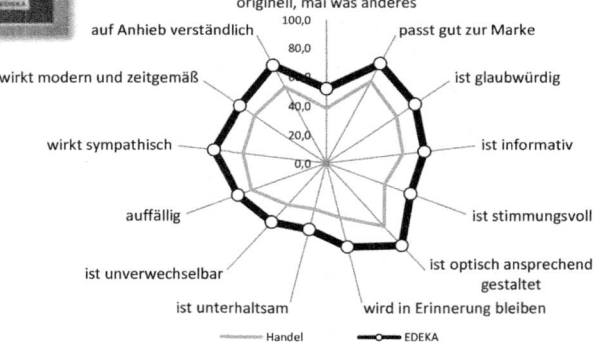

Basis: Internetnutzer 14-69 Jahre (n = 408), 140 Motive im Handel, erhoben Juli 2010 bis März 2013

Quelle: Ad Impact Monitor 2013

6.7.5   Die Fundierung kundenbezogener Entscheidungen

Während **Mikro-Marketing** eine standortbezogene Filialführung mit einer möglichst differenzierten Marktbearbeitung kennzeichnet, um eine effizientere Ansprache und Ausschöpfung standortspezifischer Absatzpotenziale zu erreichen, zielt das **Relationship-Marketing** darauf ab, möglichst individuell Zielgruppen oder einzelne Kunden anzusprechen und zu erreichen. Mithin geht es um die personengruppen- bzw. personenbezogene Segmentierung, die zum einen auf der Analyse artikelgenauer Abverkaufsdaten auf Warenkorbebene basiert (vgl. Kloth 1999, S. 239 ff.), zum anderen weitere vorökonomische und ökonomische Daten der Kunden heranzieht. Die personenindividuelle Zurechenbarkeit der Warenkörbe ist im stationären Handel durch den **Einsatz von Kundenkarten** möglich, in Online-Shops wird jeder Einkauf personenbezogen zugeordnet, da jeder Kunde beim Kauf bzw. der Bestellung seine **persönlichen Daten** angeben muss. Personenbezogene Kaufdaten sind die Grundlage für Längsschnitt- bzw. Zeitreihenanalysen. Mit ihnen lassen sich z. B. Kauffrequenzen, Bedarfsdeckungquoten sowie Marken- und Geschäftstreue ermitteln. Neben den Kaufdaten stehen für das Database-Marketing auch soziodemographische Daten zur Verfügung, soweit sie bei der Beantragung einer Kundenkarte oder bei der Anmeldung als Kunde in einem Online-Shop abgefragt (und beantwortet) werden.

Je besser die Händler ihre Kunden kennen, desto besser können sie ihre Maßnahmen auf sie abstimmen und damit das akquisitorische Potenzial erhöhen und anschließend ausschöpfen. Bevor jedoch handelsbetriebliche Leistungen kostenwirksam stärker auf Kundensegmente oder Einzelkunden ausgerichtet werden, ist zu prüfen, in welchen Fällen Kundenbindung bzw. Geschäftstreue auch profitabel ist. Für die Kundenbewertung stehen verschiedene Verfahren zur Verfügung (**Tabelle 6.9**, siehe ausführlich zu den Verfahren Rudolf-Sipötz 2001 und Rödl 2010).

Tabelle 6.9   Systematisierung ausgewählter Verfahren zur Kundenbewertung

Komplexität \ Zeitbezug	statisch	dynamisch
monokriteriell	Kundendeckungs-beitragsrechnung	Customer Lifetime Value
multikriteriell	Scoringmodelle Kundenporfolio-Analyse	Kundenwert (Customer Equity)

Quelle: Vgl. Rudolf-Sipötz 2001, S. 32

Der **Kundenwert** resultiert aus einer Beurteilung der Qualität aktueller oder potentieller Kunden und dient als Steuergröße für Art und Umfang der in die Geschäftsbeziehung geleisteten Investitionen (vgl. Kloth 1999, S. 242).

Im Zeitablauf ermöglicht die Katalogisierung derartiger Analysen den Aufbau einer dynamischen **Kunden-Bilanz**, die dann als Instrument des **Customer Relationship Managements** (CRM) einer Steuerung und Kontrolle der auf den Kunden einwirkenden Stimuli dient. Das Ziel ist, die Bedarfsdeckungquote (Bezugsquote) insgesamt und den Deckungsbeitrag pro Einkauf zu erhöhen. Die dafür notwendigen Investitionen können im Versandhandel z. B. Druckkosten für Direct-Mailings und Kataloge, Kosten der Bonitätsprüfung, Auftragsbearbeitung, Rechnungsstellung und Warenversendung sowie Retourenkosten beinhalten; während im stationären Handel insbesondere die segmentorientierte Umplatzierung von Waren- oder Artikelgruppen nach Tageszeiten sowie die auf einzelne Kartenkunden – über ein Kiosksystem oder einen Handscanner vermittelte – zugeschnittene Angebotserstellung die in Rede stehenden Kosten verursacht.

Ein Beispiel: **Abbildung 6.13** zeigt, wie Kunden mit den Umsatzdaten aus dem Einsatz ihrer Kundenkarte (Payback) in A-, B- und C-Kunden klassifiziert werden können.

Abbildung 6.13   Kundensegmentierung mit den Daten einer Kundenkarte

	A-Kunden	B-Kunden	C-Kunden
Kundenumsatz p.a. netto	> 1.277 €	511-1.277 €	< 511 €
Haushalte	17,3 % der PB-HH	20,9 % der PB-HH	61,8 % der PB-HH
Umsatzanteil Payback	61,2 % an PB-Umsatz	24,1 % an PB-Umsatz	14,7 % an PB-Umsatz
Ø-Bon	40,41 €	31,44 €	27,75 €
Ø-Umsatz/HH p.a.	2.507,50 €	825,49 €	169,26 €
Ø-Einkaufanzahl/Jahr	62,1 Einkäufe	26,3 Einkäufe	6,1 Einkäufe
Non-Food Anteil	19,2 %	24,9 %	31,4 %
Werbeanteil	23,0 %	27,1 %	28,7 %

Datenbasis Stand Anfang 2005:

- über 29 Mio. Payback-Karten im Umlauf
- 8,2 Mio. von real,- ausgegebene Payback-Karten
- Umsatzanteil von real,- via Payback: 63,6 %

Quelle: Vgl. Hemmer 2005, S. 9

Wie die Inhaber einer Kundenkarte individuell angesprochen werden können, soll eine Vermarktungsaktion von real,- aus dem Oktober 2004 verdeutlichen (vgl. Hemmer 2005, S. 14 ff.). Als Basis wurden alle Inhaber einer Kundenkarte ausgewählt, die im Zeitraum von Mai bis Oktober 2004 für Wein zwischen 25 und 750 Euro ausgegeben hatten. Das waren 150.000 Haushalte. Sie wurden persönlich angeschrieben und bekamen die 10-fache Punktzahl für einen Weineinkauf sowie 50 bzw. 100 Punkte für vier spezielle Weine in Aussicht gestellt und erhielten eine Weinempfehlung für preisreduzierte Spitzenweine. Ergebnis: Insgesamt wurden 11.892 Coupons eingelöst, das waren 7,9 % der angeschriebenen Haushalte.

Interessant wäre auch die Beantwortung der Frage gewesen, ob man die Kunden, die bislang wenig oder gar keinen Wein bei real-, gekauft hatten, mit einer solchen Aktion hätte bewegen können, ihre Bedarfsdeckungsquote an Wein bei diesem Händler zu erhöhen. Denn letztlich bleibt die Frage der ökonomischen Effizienz: Gewinnt man mehr bei den starken oder bei den schwachen Kunden? Wie lassen sich C- zu B- oder A-Kunden entwickeln? Mit welchen Maßnahmen lässt sich die Treue der A-Kunden stabilisieren? Die Antworten, d. h. die jeweiligen Maßnahmen dürften verschieden sein. Zudem ist darauf zu achten, dass Maßnahmen für die eine Kundengruppe andere Kundengruppen nicht irritieren oder verärgern. Die Datenbasis einer Kundenkarte lässt sich auch verwenden, um Fragen im Rahmen des Category Managements zu beantworten (vgl. hierzu und zu Folgenden Hemmer 2005, S. 22).

> Käuferstruktur: Wer sind die Kunden der Warengruppe bzw. der Artikel (Altersstruktur, Haushaltsgröße, Kinderanzahl)?
>
> Erst- und Wiederkauf: Wie viele Kunden pro Woche kaufen das Produkt zum ersten Mal, wie viele Kunden waren bereits Käufer dieses Produktes?
>
> Käuferreichweite: Wie hoch ist der Anteil der kaufenden Kunden an der Gesamtkundenanzahl?
>
> Kaufrhythmus: In welchem Rhythmus wird das Produkt von einem Kunden gekauft, in welchem Rhythmus die Category?
>
> Mehrstückkauf: Wie viele Stücke kauft ein Kunde von einem bestimmten Artikel in einem definierten Zeitraum ein?
>
> Brand Loyalty: Welche schwachen Artikel sind auszulisten, um möglichst wenig und vor allem nicht die besten Kunden zu verärgern?
>
> Brand Switching: Wie sieht die Kundenwanderung nach einer Promotion aus?

Schließlich ist darauf hinzuweisen, dass die **Grenzen des Individualmarketings** in erster Linie nicht von der Leistungsfähigkeit entsprechender Analyse-Tools bestimmt werden, sondern von der Toleranz der („gläsernen") Kunden, insbesondere im Zeitalter von *NSA*, was als Synonym für die vollständige Transparenz persönlicher Daten steht und was vielen bereits vor 2013 völlig klar gewesen ist oder gewesen sein muss. Möglichkeiten zur Anhebung der Toleranzschwelle ergeben sich durch die Schaffung zusätzlicher Kundenvorteile. Solange aber in Deutschland die Rechtsprechung gelegentlich den hierbei sehr wirkungsvollen preispolitischen Aktionismus behindert, was wiederum die Akzeptanz und somit die Diffusion von Kundenkarten bremst, stehen hierzulande der effizienten Ansprache des Privatkunden manchmal noch wenig liberale Regeln entgegen.

Themenwechsel: Nicht nur im Absatzmarketing, sondern auch in den übrigen Bereichen der Unternehmensführung vermag ein Handelsinformationssystem zahlreiche Aufgaben zu erfüllen.

6.7.6 Die Fundierung personalwirtschaftlicher Entscheidungen

Manche Personalinformationssysteme beschränken sich auf vergangenheits- und gegenwartsbezogene Informationen über Personalstand, Personalabwesenheit (Krankenstand, Weiterbildung etc.) und Personalfluktuation (vgl. Grolimund 1996, S. 70). Darüber hinaus sollten jedoch auch Personalplanungen in Bezug auf Bedarf, Beschaffung, Entwicklung,

Freistellung und dergleichen möglich sein (vgl. Stoffl 1996, S. 68). Dafür müssen diese Systeme entsprechende Schnittstellen zu angrenzenden Subsystemen aufweisen, z. B. zum Finanzcontrolling für den Abruf von Budgetvorgaben.

Hier folgt eine kurze Betrachtung des auf die Verkaufsmitarbeiter ausgerichteten **Personalcontrollings**, das sich in vier Komponenten zerlegen lässt (vgl. Kloth 1999, S. 233):

- Kassenplatzbezogene Auswertungen,

- Personal-Beurteilungssysteme,

- leistungsorientierte Entlohnungssysteme und

- abteilungsbezogene Personaleinsatzplanung.

Zu den **kassenplatzbezogenen Auswertungen** zählen Kasseneinsatz-Berichte, Bedienerproduktivitäts-Berichte und Bediener-Sonderfälle, beispielsweise Abweichungen der durch EPOS-Daten ermittelten Umsätze vom tatsächlichen Geldbestand, die als Kontrollinstrumente eine an Nachfrageschwankungen ausgerichtete **Kasseneinsatzplanung** flankieren (vgl. Zentes/Exner/Braune-Krickau 1989, S. 34).

Personal-Beurteilungssysteme basieren in erster Linie auf Aktivitätsrechnungen, die zeitraum- oder kundenbezogene Daten pro Mitarbeiter, Verkaufsteam etc. verarbeiten und beispielsweise folgende Absolut-Kennzahlen über die Leistungsergebnisse des Personals liefern:

- Umsatz eines Verkaufsteams (Mitarbeiters) pro Tag (Stunde/Woche),

- Anzahl der von einem Mitarbeiter verkauften Artikel (Absatz) pro Woche,

- Roherträge eines Verkaufsteams (Mitarbeiters) pro Tag (Stunde),

- Anzahl der Reklamationen und Retouren pro Mitarbeiter,

- Anzahl der von einem Mitarbeiter (Team) bedienten Kunden pro Tag,

- durchschnittliche Anzahl der von einem Mitarbeiter pro Kunde verkauften Artikel (Absatz) pro Woche.

Diese Auswertungsrechnungen lassen sich in Verbindung mit Daten aus dem Ergebniscontrolling zu Leistungs-, Rentabilitäts- und weiteren Kennzahlen verdichten. Unter den Bezeichnungen Umsatz-, Rohertrags-, Deckungsbeitrags- und Kundenleistung, Stundenproduktivität, Personalkostenumschlag und Personalintensität werden sie im Personalinformationssystem zusammen mit dem Personalstamm hinterlegt. Aus der Summe dieser Daten lassen sich durch Einsatz von künstlichen neuronalen Netzen nicht nur mitarbeiterspezifische Eignungskennzahlen und -urteile generieren, sondern auch entsprechende Eignungsprognosen, die einer Personalbeurteilung sehr dienlich sein können, weil einheitliche und intersubjektiv nachprüfbare Kriterien einfließen (vgl. Lackes/Mack 1996, S. 2 ff.). Schließlich lassen sich hinreichend fundierte Individual- sowie Gruppenprämien berechnen.

Im Rahmen eines monetären, **leistungsbezogenen Anreizsystems** kann sich die Entlohnung von Verkaufsmitarbeitern an den vom Personal-Beurteilungssystem gelieferten Ergebnissen orientieren, die noch durch mitarbeiterspezifische (qualitative) Verhaltensbeschreibungen (über Beobachtungen, Testkäufe sowie Mitarbeiter- und Kundenbefragungen, vgl. Möhlenbruch/Meier 1998, S. 66) zu ergänzen sind. Dafür müssen Beurteilungsskalen entwickelt werden, die nach einer Prüfung auf Objektivität, Reliabilität und Validität geeignet sind, Entscheidungen im Personalmanagement wesentlich besser zu fundieren.

Komplexe Beurteilungssysteme dienen aber nicht nur einer leistungsorientierten Entgeltdifferenzierung, sondern liefern darüber hinaus auch Informationen für die **abteilungsbezogene Personaleinsatzplanung**. Bei dieser werden Daten über Voll- und Teilzeitkräfte in einem Arbeitszeitmodell verknüpft, welches neben Arbeits-, Pausen- und Überstundenzeiten auch Verkaufs- und Regalpflegetätigkeiten etc. festlegt (vgl. Wieland 1998, S. 93). Außerdem lassen sich Vorschläge für den Austausch von Mitarbeitern zwischen einzelnen Geschäftsstätten entwickeln.

Der Nutzen solcher Arbeitszeitmodelle hat zunehmend an Bedeutung gewonnen. Denn zum einen hat die Liberalisierung der gesetzlichen Öffnungszeiten zu einer größeren Schwankungsbreite bei den Nachfragerhythmen geführt. Zum anderen lässt sich zeigen, dass es kleine Kundengruppen gibt, die zu bestimmten Wochen- und Tageszeiten Warenkörbe mit besonders hohen Roherträgen erwerben. Insofern bietet es sich an, den Personaleinsatz in Bedienungsabteilungen nicht nur den prognostizierten Umsatzerwartungen anzupassen, sondern über mitarbeiterbezogene Eignungsurteile auch den **Kundenwerten** (vgl. Kloth 1999, S. 236).

6.7.7 Die Fundierung finanzwirtschaftlicher Entscheidungen

In bestimmten Branchen – etwa im Textileinzelhandel – liegt nicht nur der Zeitpunkt der Bestellung erheblich vor dem Zeitpunkt des Wareneingangs, sondern zu bestimmten Zeiten (z. B. Frühjahr, Herbst) ist auch ein besonders starker Wareneingang zu verzeichnen, der mit einem entsprechend hohen Liquiditätsbedarf einhergeht. Im Rahmen der Orderbestandsführung informiert das Handelsinformationssystem über den zukünftigen Wareneingang nach Zeitpunkt und Wert in den verschiedenen Entscheidungseinheiten. Es lässt sich damit für die Zwecke des Wareneingangs eine **Liquiditätsbedarfsplanung** vornehmen. Außerdem kann rechtzeitig für eine ausreichende Liquiditätsbereitstellung Sorge getragen werden, ohne dass z. B. die sehr teure Finanzierung über den Lieferanten (Verzicht auf Skontoausnutzung) in Anspruch genommen werden müsste.

Durch die Verknüpfung von liquiditäts- und erfolgsorientierten Informationen lassen sich die Investitions-, die Finanzierungs- und die Working-Capital-Planung integrieren (vgl. Salfeld 1998, S. 244).

6.8   Die Balanced Scorecard –
ein mehrdimensionales Kennzahlenkonzept

Die Balanced Scorecard (BSC) ist ein Konzept der Erfolgssteuerung, das von *Kaplan* und *Norton* aufgrund der allgemeinen Unzufriedenheit mit den bis dahin im Einsatz befindlichen Management-Informationssystemen und Controlling-Konzepten entwickelt wurde. Diesen werden verschiedene Mängel vorgehalten (vgl. hierzu und zum folgenden, wenn nicht anders vermerkt, Kaplan/Norton 1996, 1997).

- Sie sind ex-post-orientiert, beziehen sich also auf bereits vergangene Ereignisse und informieren das Management häufig erst mit einer erheblichen zeitlichen Verzögerung.

- Sie sind hauptsächlich monodimensional angelegt und beziehen sich zum größten Teil auf Daten aus dem Rechnungswesen.

- Sie stellen finanzwirtschaftlich orientierte Kennzahlen in den Fokus (wie z. B. im Rahmen des Economic-Value-Added-Konzeptes, EVA) und vernachlässigen qualitative Kenngrößen.

- Sie betonen kurzfristige finanzielle Erfolge zu Lasten der langfristigen Zielerreichung.

- Sie vernachlässigen strategierelevante Maßgrößen und können daher keine hinreichenden Impulse für die Entwicklung von Unternehmungsstrategien liefern.

- Sie betrachten die wertschöpfenden Unternehmungsaktivitäten nicht prozessorientiert.

- Sie vernachlässigen die konsequente Kundenorientierung.

Einen Abbau dieser Mängel verspricht das Konzept der Balanced Scorecard (BSC), das unter Beachtung der gebotenen Mehrdimensionalität der Führungsperspektive ein strategisches und operatives Controlling ermöglichen soll, welches sich am Kundennutzen zu orientieren und profitables Wachstum (Wertmanagement) zu fördern hat. Die aus der Unternehmungsstrategie abzuleitenden Ziele werden über Ursache-Wirkungs-Ketten auf der Grundlage geeigneter Kennzahlen zu einer integrativen Sichtweise verknüpft.

Nach *Kaplan* und *Norton* wären die mehrdimensionalen Sichtweisen der Balanced Scorecard wie folgt zu gliedern (**Abbildung 6.14**): Finanzwirtschaft, Kunden, Prozesse sowie Lernen und Entwicklung, wobei sich letztere Perspektive auf die Entwicklung der Ressourcen bezieht, denen eine leistungstreibende Funktion (z. B. Personalqualifizierung) beigemessen wird. „Balanced" bedeutet in diesem Zusammenhang eine ausgewogene Ausrichtung dieser Perspektiven vor dem Hintergrund der strategischen Unternehmungsziele. Mit „Scorecard" wird die Messbarkeit dieser Größen zum Ausdruck gebracht und gefordert. Damit wird auch der Anspruch des Konzeptes deutlich, denn monetäre und nicht-monetäre Kennzahlen, die externe und die interne Perspektive sowie nachlaufende und vorlaufende Indikatoren sind gemeinsam, d. h. ganzheitlich zu betrachten (zu einer kritischen Auseinandersetzung mit der Balanced Scorecard vgl. Weber/Schäffer 1998, S. 345 ff.).

Abbildung 6.14   Die Balanced Scorecard von *Kaplan und Norton*

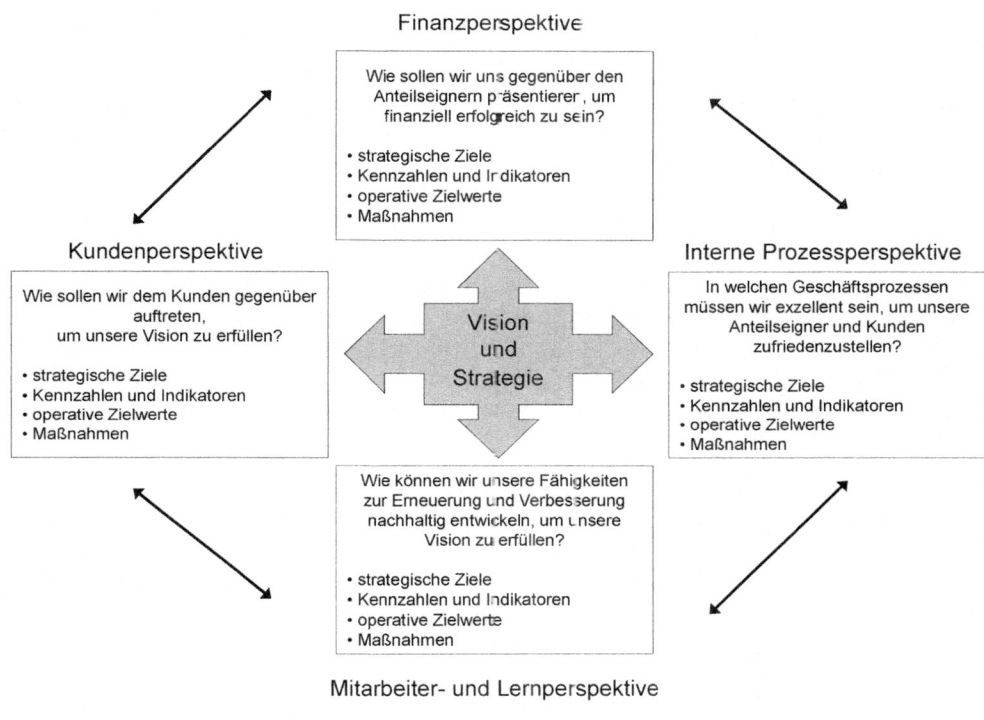

Quelle: Vgl. Kaplan/Norton 1996, S. 76

Für den Einsatz in Handelsunternehmungen sind einige **Modifikationen und Erweiterungen** vorzunehmen (zum Einsatz der Balanced Scorecard im Handel siehe auch Krey 2002, S. 47 ff., 191 ff.; Müller-Hagedorn/Wierich 2003; Feldbauer-Durstmüller 2004, Ahlert/Bils/ Rohlfing 2009). Bei der Erstellung der Handelsleistung stehen die Dienstleistungskomponente und der Einfluss der Mitarbeiter auf die Sicherung von Alleinstellungsmerkmalen im Mittelpunkt. Dies erfordert eine noch stärkere Berücksichtigung des **Leistungsfaktors Personal**. Insbesondere in einem dynamischen Wettbewerbsumfeld mit sich stetig ändernden Kundenanforderungen spielen Investitionen in immaterielle Werte, wie z. B. Innovationsfähigkeit und Aufbau von Flexibilisierungspotenzialen, eine immer größere Rolle. Deshalb sollten diese durch die Mitarbeiter als intellektuelles Kapital einer Unternehmung gesichert werden. Deren Motivation und Qualifikation bestimmen die Mitarbeiterzufriedenheit, die wiederum positiv die Kundenzufriedenheit beeinflusst.

Des Weiteren spielt die **Zusammenarbeit mit den Lieferanten** der Waren eine große Rolle für Handelsunternehmungen. Dieser Aspekt der strategischen Bedeutung der Beschaffung wird in der ursprünglichen Konzeption der Balanced Scorecard nicht genügend beachtet. Anders dagegen *Guldin* (1997, S. 294 f.), der in seiner Konzeption der Balanced Scorecard für die *E. Breuninger GmbH & Co. KG* folgende Perspektiven zugrunde legt: Finanzen, Kunde und Markt, Ware und Lieferant sowie interne Prozesse und Ressourcen.

Einen weiteren Kritikpunkt, der bei einer Modifikation der Balanced Scorecard für den Handel aufzugreifen wäre, bietet die mangelnde **Konkurrenzorientierung** (vgl. Müller-Hagedorn 1999, S. 737). Diese könnte u. a. durch die Einbindung von Daten aus dem externen Betriebsvergleich geschaffen werden.

Bei dem **Aufbau einer Balanced Scorecard** wird ansonsten wie folgt vorgegangen. Ausgehend von der allgemeinen **Unternehmungsvision** wird eine unternehmungsspezifische **Strategie** formuliert. Im Rahmen der Strategiedefinition ist der Implementierung einer Balanced Scorecard eine Branchen- und Unternehmungsanalyse vorzuschalten. Dabei ist es unerlässlich, die aktuelle und zukünftige Position der Unternehmung im Markt zu beschreiben, indem die unternehmungseigenen Stärken und Schwächen ermittelt und die Wettbewerber, Lieferanten, Kunden, Umfeldfaktoren etc. mit den jeweiligen Chancen und Risiken bei der Untersuchung berücksichtigt werden.

Die Vision „Wir wollen der kundenfreundlichste Einzelhändler für Unterhaltungselektronik werden und daraus unseren Gewinnanspruch ableiten!" ist an sich wenig aussagefähig, da aufgrund der vornehmlich qualitativen Formulierung ein weiter Interpretationsspielraum für Führungskräfte und Mitarbeiter der Handelsunternehmung darüber besteht, was „kundenfreundlich" für diesen Einzelhändler bedeutet. In dieser Phase des Aufbaus einer BSC wird ein gemeinsames Grundverständnis über die Vision gelegt, indem die Strategie formuliert und für jede Perspektive **strategische Ziele** festgelegt werden. Die Anforderungen und Wünsche der Kunden schlagen sich in entsprechenden Wertangeboten nieder. Der Aspekt „kundenfreundlich" kann z. B. durch „kompetente Beratung" und „schneller Service" weiter konkretisiert werden.

Die **Finanzperspektive** dient als übergeordneter Fokus aller anderen Perspektiven und zeigt, inwieweit sich die Unternehmungsleistung auch in einer adäquaten Wertsteigerung niederschlägt. Damit wird letztlich die Beurteilung der Unternehmung aus der Shareholder-Sicht ermöglicht. So könnte die Realisation der Strategiekomponente „Ableitung eines Gewinnanspruchs" z. B. über die Zielgröße 15 % Rendite auf das eingesetzte Kapital gemessen werden.

Die **Kundenperspektive** bildet zusammen mit der finanziellen ebenfalls einen Fokus für die anderen Perspektiven, da die Kunden die Erlösquelle der Unternehmung repräsentieren. Hier wird beschrieben, inwieweit die Handelsunternehmung in der Lage ist, einen Mehrwert für die Kunden über unverwechselbare Leistungsangebote zu entwickeln und Kundenzufriedenheit zu schaffen. Wenn es der Handelsunternehmung nicht gelingt, die von den Kunden geforderte Leistung durch effiziente Prozesse zu erbringen, wird die Unternehmung keinen Gewinn erwirtschaften (vgl. Olve/Roy/Wetter 1999, S. 61). Die Ziele der anderen Perspektiven „Lieferanten" und „interne Prozesse und Ressourcen" müssen folglich aus der Finanz- und Kundenperspektive abgeleitet werden, weil sie die Voraussetzungen zur Realisation von Kundenzufriedenheit schaffen.

Die kundenorientierte Gestaltung der absatzpolitischen Instrumente der Handelsunternehmung zur Erreichung von **Kundenzufriedenheit** und damit von **Kundenbindung** ist aber nur möglich, wenn die Präferenzen der Kunden und ihr Verhalten über Instrumente der Marktforschung in Erfahrung gebracht werden. Die Handelsunternehmung muss klären, welchen Nutzen die angebotene Leistung für die Kunden hat und welche Leistungselemente ihnen besonders wichtig sind. Dafür sind die kontinuierliche Analyse der Kundenanforderungen und die Ermittlung der Kundenzufriedenheit erforderlich. Erst dadurch wird die Unternehmung befähigt, eine kunden- und marktorientierte Strategie über ausgewählte Maßgrößen zu spezifizieren und in Verbindung mit den übrigen Perspektiven zu definieren.

Für die Beurteilung der Beziehung zu den Kunden aus Unternehmungssicht ist auch erforderlich, dass die angebotenen Handelsleistungen von den Kunden ebenso in pekuniärer Hinsicht honoriert werden. Daher sind die absatzpolitischen Instrumente so einzusetzen, dass der Anteil rentabler Kunden erhöht und die optimale Ressourcenallokation erreicht werden. Viele Stammkunden sind noch kein Garant für wirtschaftlichen Unternehmungserfolg. Die qualitative Bewertung der Kundenbeziehung muss daher in eine finanzielle Zielgröße transformiert werden. Dafür wird die **Kundenprofitabilität** über Kundenwertanalysen ermittelt, und gegebenenfalls wird die Kundenstruktur bereinigt (hierzu exemplarisch Joas 1995; Knöbel 1998). Ergebnisse dieser Kundenanalysen führen zu verschiedenen Kundenstrategien, die in konkrete Maßnahmen der Marktbearbeitung umgesetzt werden müssen. Diese sind in ihrer Zielführung daran zu messen, ob neue Kunden gewonnen, bisherige Kunden zu Mehrkäufen animiert oder die Kauffrequenzen erhöht werden können. Das Ziel der Kundenbindung könnte u. a. durch Individualmarketing gesteigert werden. So zeigen geeignete Kundeninformationssysteme das Einkaufsverhalten der Kunden im zeitlichen Längsschnitt. Damit entsteht ein Früherkennungssystem, das z. B. entsprechende Mailingaktionen auslösen sollte. Dahinter kann beispielsweise die Sicherung des Ziels stehen, mindestens 80 % der Stammkunden zu halten. Weitere Ziele der Kundenperspektive werden z. B. durch die Maßgrößen Umsatz pro Kunde, durchschnittlicher Einkaufsbetrag, Kundenfrequenz, kundenspezifischer Deckungsbeitrag, Cross-Selling-Potenzial und Bedarfsdeckungsquote beschrieben.

Die **Lieferantenperspektive** beschreibt die strategischen Ziele der Handelsunternehmung in Bezug auf die externen Marktbeziehungen zu den Marktpartnern auf der Hersteller- oder Großhandelsseite. Besonders bei Wertschöpfungspartnerschaften ist eine enge Zusammenarbeit zur Erzielung von Wettbewerbsvorteilen zwischen den Partnern erforderlich, die durch geeignete Kennzahlen beurteilt werden kann. Hier ist z. B. eine Beurteilung der Total Cost of Operations (TCO) des Beschaffungsprozesses mittels der Prozesskostenrechnung notwendig, um alle Kosten zu erfassen, die mit der Beschaffung zusammenhängen (vgl. Belz 1998, S. 179). Dazu zählen nicht nur der reine Beschaffungspreis der Ware, sondern alle Kosten der Vorkauf-, Kauf- und Nachkaufphase, die durch die Zusammenarbeit mit dem Lieferanten pro Produkt in der Wertschöpfungskette entstehen. Ein Lieferant, der einen hohen Warenpreis fordert, kann sich z. B. bei Betrachtung aller Prozesskosten zu einem Low-cost-Lieferanten entwickeln, wenn z. B. durch die Verbesserung des Bestellwesens die Bestellkosten gesenkt, die Reichweiten ohne die Gefahr von Präsenzlücken reduziert oder kostengünstigere Entsorgungskonzepte angeboten werden können (hierzu Ellram 1995). Eine Wertschöpfungspartnerschaft mit den Lieferanten ist z. B. aufzubauen, um eine schnelle Verfügbarkeit innovativer Produkte sowie eine hohe Warenpräsenz bei geringen Kapitalbindungskosten zu gewährleisten. Hier wird dann wieder gleichzeitig ein Ziel der finanziellen Perspektive verfolgt. Als weitere Beispiele möglicher Kennzahlen dieser Lieferantenperspektive können genannt werden: Einfluss der Wareneinstandskosten auf die Wertschöpfung, Kostenentlastungen durch den Lieferanten, die Neuproduktrate und die Anzahl der Reklamationen pro Zeiteinheit.

Die **interne Prozessperspektive** kennzeichnet die Leistungsfähigkeit der Prozesse sowie damit der Leistungsfaktoren der Unternehmung in unmittelbarer Verbindung mit der Produktivität. Hier werden zunächst die Prozesse beurteilt, welche die von den Kunden geforderte Leistung erbringen und Kundennutzen vermitteln, aber gleichzeitig kosteneffizient sind. Zur Verwirklichung des Strategieelements „kompetente Beratung" ist u. a. das Ziel einer hohen Mitarbeiterkompetenz zu fördern, welches über Qualifizierungsmaßnahmen und anschließende Überprüfung des Schulungserfolges zu erreichen ist. Die im Rahmen der Geschäftstätigkeit anfallenden intra- und interorganisationalen Prozesse, die in der Verantwortung entsprechend geschulter Mitarbeiter stehen, können dann mit Kennzahlen der Dimensionen Prozesszeit, Prozesskosten, Prozessqualität und Prozesswert gemessen werden. Mögliche weitere Kennzahlen für Maßgrößen dieser Perspektive sind: Umschlagshäufigkeit, Prozesskosten pro Kundenauftrag, Reklamationsquote und Servicegrad.

Die Beispiele zeigen, dass **Maßgrößen** zu entwickeln und in quantitativer Hinsicht festzulegen sind, um die strategischen Ziele in den einzelnen Perspektiven auch konkret messen zu können, denn es gilt: „If you can't measure it, you can't manage it!" (Kaplan/Norton 1996, S. 21) Bei den Maßgrößen ist zwischen **Früh- und Spätindikatoren** zu unterscheiden. Die Frühindikatoren stellen Leistungstreiber dar, welche die zukünftigen Ergebnisse beeinflussen und somit verursachenden Charakter haben. Spätindikatoren sind Ergebniskennzahlen und beschreiben die erzielten Leistungen der Unternehmung. Die Fähigkeit, Kundenwünsche zu erfüllen (z. B. Kunden zum gewünschten Zeitpunkt zu beliefern, gemessen durch Liefertermintreue), stellt einen Leistungstreiber dar, der bewirkt, dass die Handelsunternehmung Kundenbindung (z. B. gemessen durch die Maßgröße „Bestellfrequenz der Stammkunden") erreicht.

Ausgehend von den strategischen Zielen und ihren Maßgrößen werden diese mit konkreten **Maßnahmen** zur Zielerreichung verknüpft. Eine Maßnahme zur Steigerung der Kundenbindung ist das Individualmarketing oder ein hervorragender After-Sales-Service. Die Mitarbeiterkompetenz wird durch Schulungen an entsprechenden Informationssystemen über das angebotene Sortiment erhöht, und ein schneller Ersatzteilservice wird durch Electronic Data Interchange (EDI) mit den Lieferanten ermöglicht.

Durch die Bildung von **Ursache-Wirkungs-Ketten** zwischen den einzelnen Maßgrößen wird ein gemeinsames Einflussmodell innerhalb und zwischen den Perspektiven geschaffen. Die Realisation aller strategischen Ziele darf nicht zu einer Suboptimierung führen, sondern muss die gesamte Unternehmungsstrategie in allen Perspektiven unterstützen, d. h. „balanced" sein. So wird das Ziel eines schnellen Services nicht nur durch eine verbesserte Zusammenarbeit mit dem Lieferanten erreicht (Perspektive „Lieferanten"), sondern auch durch eine Verkürzung der internen Durchlaufzeiten (Perspektive „Prozesse und Ressourcen"). Es wird deutlich, dass die Perspektiven, ihre strategischen Ziele, Maßgrößen und Maßnahmen eng miteinander verknüpft sind und einzelne Strategiekomponenten nur durch die Integration verschiedener Maßnahmen realisiert werden können. Dieses Ergebnis aus miteinander verknüpften Perspektiven, Zielen, Maßgrößen und Maßnahmen präsentiert die Balanced Scorecard der Unternehmungsleitung.

Die Anwendung der Balanced Scorecard ist auch für die **Steuerung dezentralisierter Unternehmungen** geeignet. Es kann eine Hierarchie von Balanced Scorecards aufgebaut werden, indem für die gesamte Unternehmung, einzelne Unternehmungseinheiten (z. B. Vertriebslinien, Filialen) bis hin zu den einzelnen Mitarbeitern (persönliche) Balanced Scorecards entwickelt werden. Für jede Unternehmungsebene ist somit ein schneller, ganzheitlicher Überblick über die jeweilige Leistung und den Beitrag zur Erreichung der Unternehmungsziele möglich.

Der Einsatz einer Balanced Scorecard erfordert die **Unterstützung durch geeignete Informationstechniken.** Denn es werden viele unterschiedliche Daten und Kennzahlen benötigt, die nicht nur durch das Rechnungswesen beschaffbar sind. Daher ist ein umfassendes Handelsinformationssystem aufzubauen, um den Anforderungen einer Balanced Scorecard im Hinblick auf Quellen, Inhalte, Aktualität, Quantität und Qualität von Daten gerecht zu werden. Der Aufbau einer entsprechenden IT-Unterstützung sollte mit der IT-Strategie der Handelsunternehmung kompatibel sein und die Komponenten des Handelsinformationssystems integrieren. Dabei ist besonders auf die Benutzerfreundlichkeit der IT-Unterstützung zu achten, damit auch jeder Mitarbeiter in der Lage ist, die für ihn bestimmten Informationen der Balanced Scorecard auszuwerten und seinen persönlichen Beitrag zur Umsetzung der Unternehmungsziele zu erkennen.

Die Balanced Scorecard bietet eine Möglichkeit zur ganzheitlichen Planung und Steuerung der Handelsunternehmung unter Berücksichtigung der zentralen strategischen Ziele, indem sie komplexe Zusammenhänge verdeutlicht und Kundenorientierung unter gleichzeitiger Beachtung von Kosteneffizienz schafft.

Andererseits sollte den Befürwortern der Balanced Scorecard gesagt werden, dass im Handel nicht nur Planungstiefe, Planungsakribie und Planungsintensität den Markterfolg bestimmen. Es gilt vielmehr, immer wieder durch innovative Konzepte die Diskontinuitäten des Marktes zu antizipieren und dann zu beherrschen.

Literaturverzeichnis

Ad Impact Monitor (2013): Handelswerbung funktioniert, http://bit.ly/1pDQPEM (Aufrufdatum: 02.06.2014).

Ahlert, D. (1972): Absatzförderung durch Absatzkredite an Abnehmer – Theorie und Praxis der Absatzkreditpolitik, Wiesbaden.

Ahlert, D. (1983): Die Bedeutung der offensiven Untereinstandspreispolitik (UEPP) im Handel für die Hersteller hochwertiger Markenartikel des aperiodischen Bedarfs, in: Wettbewerb in Recht und Praxis, Heft 9, S. 459-469.

Ahlert, D. (1986): Niedrigpreisstrategien und Untereinstandspreise, in: Markenartikel, Heft 6, S. 268-282 (Teil 1), Heft 7, S. 332-337 (Teil 2).

Ahlert, D. (1996): Distributionspolitik, 3. Aufl., Stuttgart u. a.

Ahlert, D. (1997): Warenwirtschaftsmanagement und Controlling in der Konsumgüterdistribution, in: Ahlert, D./Olbrich, R. (Hrsg.): Integrierte Warenwirtschaftssysteme und Handelscontrolling, 3. Aufl., Stuttgart, S. 3-112.

Ahlert D. (2001) (Hrsg.): Handbuch Franchising & Cooperation, Neuwied u. a.

Ahlert, D. (2010): Heterogenität in der Kooperationslandschaft, in Ahlert, D./Ahlert, M. (Hrsg.): Handbuch Franchising & Cooperation, Frankfurt am Main, S. 17-28.

Ahlert, D. (2012): Vielfalt durch Gestaltungsfreiheit im Wettbewerb: Ein ökonomisches Manifest zur Deregulierung der Konsumgüterdistribution, München.

Ahlert, D./Ahlert, M. (2010) (Hrsg.): Handbuch Franchising & Cooperation: Das Management kooperativer Unternehmensnetzwerke, Frankfurt am Main.

Ahlert, D./Bils, J./Rohlfing, M. (2009): Balanced Scorecard als Controllinginstrument der Internationalisierung im Bekleidungshandel, IMADI.net-Projektbericht 9, Münster.

Ahlert, D./Borchert, S. (2000): Kooperation und Vertikalisierung in der Konsumgüterdistribution: Die kundenorientierte Neugestaltung des Wertschöpfungsprozeß-Management durch ECR-Kooperationen, in: Ahlert, D./Borchert, S. (Hrsg.): Prozessmanagement im vertikalen Marketing – Efficient Consumer Response (ECR) in Konsumgüternetzen, Berlin u. a., S. 1-148.

Ahlert, D./Kenning, P. (2007): Handelsmarketing: Grundlagen der marktorientierten Führung von Handelsbetrieben, Berlin u. a.

Ahlert, D./Krönfeld, B. (1994): Erfolgsforschung in kooperierenden Handelssystemen – erste Erkenntnisse einer empirischen Untersuchung, in: Trommsdoff, V. (Hrsg.): Jahrbuch der Forschungsstelle für den Handel, Berlin u. a., S. 87-105.

Ahlert, D./Olbrich, R. (1999): Institutionelle Handelsbetriebslehre, Schriften zur Distributions- und Handelsforschung, Band 6, 2. Aufl., Münster.

Ahlert, D./Olbrich, R./Schröder, H. (2004) (Hrsg.): Internationalisierung von Vertrieb und Handel, Jahrbuch zum Vertriebs- und Handelsmanagement 2004, Frankfurt am Main.

Ahlert, D./Schröder, H. (1990): Voraussetzung einer erfolgreichen Internationalisierung im europäischen Einzelhandel: Strategisches Controlling als Kernfunktion des evolutionären Handelsmanagements, in: Trommsdorff, V. (Hrsg.): Handelsforschung 1990 – Erfolgsfaktoren und Strategien, Wiesbaden, S. 57-80.

Ahlert, D./Schröder, H.(1997): Benchmarking im Handel – Status Quo, Probleme und Lösungen, in: BBE Unternehmensberatung (Hrsg.): Der Handel – Strategie Outlook '98, Köln u. a., S. 1-111.

Ahlert, D./Schröder, H. (1999): Binnenhandelspolitische Meilensteine der Handelsentwicklung, in: Dichtl, E./Lingenfelder, M. (Hrsg.): Meilensteine im deutschen Handel – Erfolgsstrategien gestern, heute und morgen, Frankfurt am Main, S. 241-292.

Albers, S./Clement, M./Peters, K./Skiera, B. (2000): eCommerce: Einstieg, Strategie und Umsetzung im Unternehmen, 2. Aufl., Frankfurt am Main.

Albers, S./Peters, K. (1997): Die Wertschöpfungskette des Handels im Zeitalter des Electronic Commerce, in: Marketing ZFP, Heft 2, S. 69-80.

Albrecht C. C./Dean, D. L./Hansen, J. V. (2005): Marketplace and technology standards for B2B e-commerce: progress, challenges, and the state of the art, in: Information & Management, Issue 42, S. 865-875.

Algermissen, J. (1976): Der Handelsbetrieb, Frankfurt am Main u. a.

Algermissen, J. (1981): Das Marketing der Handelsbetriebe, Würzburg.

Amor, D. (2000): Dynamic Commerce, Bonn.

Andler, K. (1929): Rationalisierung der Fabrikation und optimale Losgröße, München.

Ansoff, I. (1957): Strategies for Diversification, in: Harvard Business Review, S. 113-124.

Anton, M. (1973): Die Ziele der Werbung in Theorie und Praxis, Wiesbaden.

Applebaum, W. S. (1968): The Profit "S-Curve", in: Guide to Store Location Research-With Emphasis on Super Markets, edited by C. Kornblau, Reading, Mass., S. 42-58.

Arbeitsgemeinschaft Fernsehforschung (AGF) (2013): Marktdaten TV, http://bit.ly/1miyxBL (Aufrufdatum: 06.06.2014).

Arbeitsgemeinschaft Media-Analyse e.V. (agma) (2014): ma 2014 Radio I, http://bit.ly/1tNHkj4 (Aufrufdatum: 06.06.2014).

Armbruster, K./Schober, F. (2002): Hybridstrategien im Multikanal-Vertrieb, in: WiSt – Wirtschaftswissenschaftliches Studium, Heft 6, S. 347-350.

Arnold, U. (1997): Beschaffungsmanagement, 2. Aufl., Stuttgart.

Ausschuss für Definitionen zu Handel und Distribution (Hrsg.): Katalog E, Definition zu Handel und Distribution, 5. Ausgabe, Köln.

Bachl, T. (1991): Profitbringer identifizieren – „Gewinner" im Regal verdienen attraktive Plazierung, in: Dynamik im Handel, Heft 1, S. 73-75.

Backhaus, K. (1999): Industriegütermarketing, 6. Aufl., München.

Backhaus, K./Erichson, B./Plinke, W./Weiber, R. (2011): Multivariate Analysemethoden: Eine anwendungsorientierte Einführung, 13. Aufl., Berlin u. a.

Bailom, F./Hinterhuber, H. H./Matzler, K./Sauerwein, E. F. (1996): Das Kano-Modell der Kundenzufriedenheit, in: Marketing Zeitschrift für Forschung und Praxis, Heft 2, S. 117-126.

Balderjahn, I. (1995): Aktuelle Aufgaben und Entwicklungen der Betriebswirtschaft: Beiträge zu einem gemeinsamen Symposium der Wirtschafts- und Sozialwissenschaftlichen Fakultät der Universität Potsdam und des Instituts für Unternehmungsführung und Unternehmensforschung der Ruhr-Universität Bochum, Bochum.

Bamberger, I. (1975): Lager und Lagerhaltung, in: Grochla, E./Wittmann, W. (Hrsg.): Handwörterbuch der Betriebswirtschaft, Band I/2, Stuttgart, Sp. 2423-2443.

Bamberger, I./Mair, L. (1976): Die Delphi-Methode in der Praxis – Ergebnisse einer exploratorischen Untersuchung zu Einsatzbereichen und Anwendererfahrungen, in: Management International Review, Heft 2, S. 81-91.

Bamberger, I./Wrona, T. (2004): Strategische Unternehmensführung: Strategien, Systeme, Prozesse, München.

Barnard, C. (1938): The Functions of the Executive, Cambridge (Mass.).

Barth, K. (1969): Die Unternehmungsplanung in den Großbetrieben des Einzelhandels, in: Mitteilungen des Instituts für Handelsforschung an der Universität zu Köln, Heft 12, S. 173-184.

Barth, K. (1973): Entwicklungsmöglichkeiten eines Kontenrahmens für den Handel, in: Leihner, E. (Hrsg.): Jahrbuch 1972 der Betriebswirtschaftlichen Beratungsdienste für den Einzelhandel, Köln, S. 62-70.

Barth, K. (1974a): Führung der Handelsbetriebe, in: Tietz, B. (Hrsg.): Handwörterbuch der Absatzwirtschaft, Band. IV, Stuttgart, Sp. 639-649.

Barth, K. (1974b): Ziele und Theoriesysteme der Handelsforschung, in: Tietz, B. (Hrsg.): Handwörterbuch der Absatzwirtschaft, Band IV, Stuttgart, Sp. 703-709.

Barth, K. (1975): Die Warenpräsentation in Einzelhandelsunternehmungen, in: Mitteilungen des Instituts für Handelsforschung, Heft 7, S. 93-97.

Barth, K. (1976): Systematische Unternehmungsführung in den Groß- und Mittelbetrieben des Einzelhandels, Göttingen.

Barth, K. (1979): Produktion im Handel, in: Kern, W. (Hrsg.): Handwörterbuch der Produktionswirtschaft, Stuttgart, Sp. 697-704.

Barth, K. (1980): Rentable Sortimente – Zufall oder Ergebnis operabler Entscheidungstechniken?, Sonderheft der Mitteilungen des Instituts für Handelsforschung an der Universität zu Köln, Heft 26, Göttingen.

Barth, K. (1984): Grundlagen einer segmentorientierten Marketingplanung in Einzelhandelsunternehmungen, in: Mitteilungen des Instituts für Handelsforschung an der Universität zu Köln, Heft 7, S. 81-84.

Barth, K. (1988): Betriebswirtschaftslehre des Handels, Wiesbaden.

Barth, K. (1991): Standortpolitik, in: Hermanns, A./Schmitt, W./Wißmeier, U. K. (Hrsg.): Handbuch Mode-Marketing, Frankfurt am Main, S. 735-747.

Barth, K. (1995): Handelsforschung, in: Tietz, B. (Hrsg.): Handwörterbuch des Marketing, 2. Aufl., Stuttgart, Sp. 864-875.

Barth, K. (1999): Standort- und Filialisierungspolitik, in: Hermanns, A./Schmitt, W./Wissmeier, U. K. (Hrsg.): Handbuch Mode-Marketing Band 2, 2. Aufl., Frankfurt am Main, S. 1025-1039.

Barth, K. (2009): Category Management in Apotheken – Fata Morgana oder Quelle des Profits?, in: Schröder, H./Olbrich, R./Kenning, P./Evanschitzky, H. (Hrsg.): Distribution und Handel in Theorie und Praxis, Wiesbaden, S. 181-200.

Barth, K./Blömer, F. (1995): Analyse neuer Werbeformen im Handel, Diskussionsbeiträge des Fachbereichs Wirtschaftswissenschaft der Gerhard-Mercator-Universität GH Duisburg, Nr. 221, Duisburg.

Barth, K./Hartmann, R. (1992): Strategische Marketingplanung im Einzelhandel, Möglichkeiten und Grenzen der Anwendung adäquater Planungstechniken, in: Trommsdorff, V. (Hrsg.): Handelsforschung 1991 – Erfolgsfaktoren und Strategien, Wiesbaden, S. 135-155.

Barth, K./Kellermann, G. (1999): Standortplanung für den Reifenhandel, in: Kaapke, A./Fröböse, M. (Hrsg.): Fallstudien zum Handelsmanagement, Stuttgart u. a., S. 169-190.

Barth, K./Kloth, R. (1999): Efficient Consumer Response, in: Hermanns, A./Schmitt, W./Wissmeier, U. K. (Hrsg.): Handbuch Mode-Marketing Band 1, 2. Aufl., Frankfurt am Main, S. 775-793.

Barth, K./Möhlenbruch, D. (1983): Betriebswirtschaftliche Bedenken gegen eine Trennung von Haupt- und Nebenleistungen in der Diskussion zur Nachfragemacht des Handels, in: Der Betrieb, Heft 11, S. 593-599.

Barth, K./Schmekel, V. (1998): Vertriebsmedium Internet. Chancen und Risiken für den Einzelhandel, Diskussionsbeiträge des Fachbereichs Wirtschaftswissenschaft der Gerhard-Mercator-Universität Gesamthochschule Duisburg, Nr. 255.

Barth, K./Stoffl, M. (1997): Hat das Marketing im Handel versagt? Die Kundenorientierung als Ansatz einer Neubesinnung, in: Trommsdorff, V. (Hrsg.): Handelsforschung 1997/98, Jahrbuch der Forschungsstelle für den Handel Berlin (FfH) e.V., Heidelberg u. a., S. 3-19.

Barth, K./Strobel, B. (1974): Betriebsvergleich, in: Marketing-Enzyklopädie, Band 1, München, S. 289-303.

Barth, K./Theis, H.-J. (1991a): Handelsmarktforschung – Welches Verfahren zur Abgrenzung des Einzugsgebietes von Handelsunternehmungen geeignet ist, in: Handel heute, Heft 6, S. 56-59.

Barth, K./Theis, H.-J. (1991b): Werbung des Facheinzelhandels, Wiesbaden.

Batzer, E. (1974): Großhandelsbetriebsformen, in: Marketing-Enzyklopädie, Band 1, München, S. 883-889.

Bauer, H.H. (1980): Die Entscheidung des Handels über die Aufnahme neuer Produkte, Berlin.

Baumeister, P. (1975): Die Auktion, Frankfurt am Main u. a.

Becker, J. (1992): Marketing-Konzeption, Grundlagen des strategischen Marketing-Managements, 5. Aufl., München.

Becker, J. (2002): Marketing-Konzeption: Grundlagen des zielstrategischen und operativen Marketing-Managements, 7. Aufl., München.

Becker, J./Winkelmann, A. (2008): Handelscontrolling – Optimale Informationsversorgung mit Kennzahlen, 2. Aufl., Berlin u. a.

Beeskow, W./Dichtl, E./Finck, G./Müller, S. (1983): Die Bewertung von Marketingaktivitäten, in: Gottschaldt, K./Lersch, P./Sandler, F./Thomae, H. (Hrsg.): Handbuch der Psychologie in 12 Bänden, 12. Band: Marktpsychologie, 2. Halbband: Methoden und Anwendungen in der Marktpsychologie, Göttingen u. a., S. 481-674.

Beeskow, W. (1987): Werbebudget, in: Koschnik, W.-J. (Hrsg.): Standard-Lexikon für Marketing, Marktkommunikation, Markt- und Mediaforschung, München u. a., S. 880-883.

Behrends, C. (1992): Direkte Produkt-Rentabilität, in: Diller, H. (Hrsg.): Vahlens großes Marketinglexikon, München, S. 203-205.

Behrens, K. C. (1972): Kurze Einführung in die Handelsbetriebslehre, 2. Aufl., Stuttgart.

Behrens, K. C. (1976): Absatzwerbung, 2. Aufl., Wiesbaden.

Belz, C. (1998): Akzente im innovativen Marketing, St. Gallen.

Benkenstein, M./Güthoff, J. (1996): Methoden zur Erfassung der Qualität komplexer Dienstleistungen – ein Vergleich qualitativer und quantitativer Methoden, in: von Ahsen, A./Czenskowsky, T. (Hrsg.): Marketing und Marktforschung: Entwicklungen, Erweiterungen und Schnittstellen im nationalen und internationalen Kontext, Hamburg, S. 514-536.

Benkenstein, M./Uhrich, S. (2009): Strategisches Marketing, 3. Aufl., Stuttgart.

Berekoven, L. (1986): Geschichte des deutschen Einzelhandels, Frankfurt am Main.

Berekoven, L. (1990): Erfolgreiches Einzelhandelsmarketing: Grundlagen und Entscheidungshilfen, München.

Berekoven, L. (1995): Erfolgreiches Einzelhandelsmarketing – Grundlagen und Entscheidungshilfen, 2. Aufl., München.

Berekoven, L./Eckert, W./Ellenrieder, P. (2009): Marktforschung – Methodische Grundlagen und praktische Anwendung, 12. Aufl., Wiesbaden.

Berger, C./Blauth, R./Boger, D./Bolster, C./Burchill, G./Du Muchel, W./Pouliout, F./Richter, R./Rubinoff, A./ Shen, D./Timko, M./Walden, D (1993): Kano´s Methods for Understanding Customer-defined Quality, in: Center for Quality Management Journal, Fall, S. 3-36.

Berger, S. (1977): Ladenverschleiß (store erosion): Ein Beitrag zur Theorie des Lebenszyklus von Einzelhandelsgeschäften, Göttingen.

Berndt, R. (1985): Kooperative Werbung – Organisation, Planung und Vorteilhaftigkeit kooperativer Werbemaßnahmen, in: WiSt – Wirtschaftswissenschaftliches Studium, Heft 1, S. 1-7.

Berndt, R. (1998) (Hrsg.): Unternehmen im Wandel: Change Management, Berlin u. a.

Bernskötter, H. (1991): Gehört die Zukunft den „hybriden" Verkaufs-Systemen?, in: Marketing-Journal, Heft 2, S. 122-129.

Bichler, K./Krohn, R./Riedel, G./Schöppach, F. (2010): Beschaffungs- und Lagerwirtschaft: Praxisorientierte Darstellung der Grundlagen, Technologien und Verfahren, Wiesbaden.

Bidlingmaier, J. (1975a): Die Festlegung der Werbeziele, in: Behrens, K. C. (Hrsg.): Handbuch der Werbung, Wiesbaden, S. 403-415.

Bidlingmaier, J. (1975b): Kategorien des Werbeerfolgs, in: Behrens, K. C. (Hrsg.): Handbuch der Werbung, Wiesbaden, S. 699-712.

Biester, S. (1998): Erfolgreicher Einstieg ins Data Warehousing, in: Lebensmittel Zeitung, Heft 25, S. 38-40.

Biester, S. (2002): Raum für kreatives Marketing, in: Lebensmittel Zeitung, Heft 23, S. 38-40.

Bleicher, K. (1971): Perspektiven für Organisation und Führung von Unternehmungen, Baden-Baden u. a.

Bliemel, F./Fassot, G. (2000): Produktpolitik im Electronic Commerce, in: Weiber, R. (Hrsg.): Handbuch Electronic Business, Wiesbaden, S. 504-521.

Bloech, J. (1997) (Hrsg.): Vahlens großes Logistiklexikon, München.

Bock, D./Hildebrandt, R./Krampe, H. (1993): Handelslogistik, in: Krampe, H./Lucke, H.-J. (Hrsg.): Grundlagen der Logistik – Einführung in Theorie und Praxis logistischer Systeme, München, S. 233-275.

Böcker, F. (1974): Die Analyse des Sortimentsverbundes – Eine empirische Untersuchung, in: Blümle, E. B./Ulrich, W. (Hrsg.): Perspektiven des Marketing im Handel, Freiburg (Schweiz), S. 55-81.

Böcker, F. (1987): Marketing, 2. Aufl., Stuttgart u. a.

Böcker, F./Merkle, E. (1975): Die Analyse des Sortimentsverbundes, in: Böcker, F./Dichtl, E. (Hrsg.): Erfolgskontrolle im Marketing, Schriften zum Marketing, Band 1, Berlin, S. 179-191.

Böhler, H. (1977): Methoden und Modelle der Marktsegmentierung, Stuttgart.

Böhlke, E. (1992): Trade Marketing – Neuorientierung der Hersteller-Handels-Beziehung, in: Zentes, J. (Hrsg.): Strategische Partnerschaften im Handel, Stuttgart, S. 187-203.

Bohrenfeld, S. (2005): Wege aus der Krise: Saubere Lösungen, in: Lebensmittel Praxis, Heft 11, S. 30-34.

Bordemann, H.-G. (1985): Analyse von Verbundbeziehungen zwischen Sortimentsteilen im Einzelhandel, Duisburg.

Bost, E. (1987): Ladenatmosphäre und Konsumentenverhalten, Heidelberg.

Bouffier, W. (1956): Betriebswirtschaftslehre als Funktionen- und Leistungslehre, in: Funktionen und Leistungsdenken in der Betriebswirtschaft, Festschrift für K. Oberparleiter, Wien.

Bounin, J. (2001): Strategien des Eintritts französischer Unternehmungen in den deutschen Markt – eine Analyse der Erfolgsvoraussetzungen in ausgewählten Branchen, Diplomarbeit am Lehrstuhl für Marketing und Handel in Essen, Universität Duisburg-Essen.

Boyens, F. W. (1981): Standardisierung als Element der Marketingpolitik von Filialsystemen des Einzelhandels, Thun u. a.

Brand, C. (2010): Multimediale Kommunikation am Point of Sale: eine empirische Untersuchung der Wirkungsweise von Digital Signage Lösungen am Beispiel der Thalia Holding GmbH Deutschland, Saarbrücken.

Braudel, F. (1986): Sozialgeschichte des 15.-18. Jahrhunderts, Band 3: Der Handel, München.

Bretzke, W.-R. (1995): Servicequalität in der Logistik, in: Zeitschrift für Logistik, Heft 3, S. 3 u. 16.

Bruhn, M. (2013): Qualitätsmanagement für Dienstleistungen, 9. Aufl., Berlin.

Bruhn, M./Homburg, C. (2004) (Hrsg.): Gabler Marketing Lexikon, Wiesbaden.

Brunnberg, J. (1970): Optimale Lagerhaltung bei ungenauen Daten, Wiesbaden.

Buddeberg, H. (1959): Betriebslehre des Binnenhandels, Wiesbaden.

Bühner, R. (1994): Personalmanagement, Landsberg u. a.

Bundeskartellamt (1981) (Hrsg.): Arbeitsunterlage für die Tagung des Arbeitskreises Kartellrecht am 5. und 6. Oktober 1981 („Sucker-Papier"), Berlin.

Buhr, C.-C. (2006): Verbundorientierte Warenkorbanalyse mit POS-Daten, Köln u. a.

Buhr, C.-C. (2007): Vergleich von Verfahren der verbundorientierten Sortimentserfolgsrechnung mittels Simulation, in: Ahlert, D./Olbrich, R./Schröder, H. (Hrsg.): Shopper Research – Kundenverhalten im Handel, Jahrbuch Vertriebs- und Handelsmanagement 2007, Frankfurt am Main, S. 195-215.

Burg, M. (1995): Der Einfluss des Dezentralisationsgrades auf die Ausgestaltung des Controlling – Dargestellt am Beispiel des filialisierenden Bekleidungseinzelhandels unter besonderer Berücksichtigung der Sortimentssteuerung, Frankfurt am Main u. a.

Burkheiser, U. (1970): Produktorientierte Absatzpolitik, Frankfurt am Main.

Buttkus, M./Neugebauer, A. (2012): Controlling im Handel: Innovative Ansätze und Praxisbeispiele, Wiesbaden.

bvh (2011): Bedeutende Umsatzsteigerungen in 2010 – Interaktiver Handel weiter auf Erfolgskurs, Boom dauert an, Pressemitteilung des Bundesverbands des Deutschen Versandhandels (bvh) vom 22.02.2011.

bvh (2013): Interaktiver Handel 2012: Erneuter Umsatzrekord – E-Commerce-Anteil überspringt die 27-Milliarden-Euro-Grenze, Pressemitteilung des Bundesverbands des Deutschen Versandhandels (bvh) vom 12.02.2013.

Category Management Subcommittee (1995): ECR Best Practices – Operating Committee and The Partnering Group, Category Management Report, o. C.

Chandler, A. D. Jr. (1962): Strategy and Structure: Chapters in the History of the Industrial Enterprise, Cambridge, Massachusetts: The M.I.T Press.

Chandon, P./Wansink, B./Laurent, G. (2000): A benefit congruency framework of sales promotion effectiveness, in: Journal of Marketing, Heft 4, S. 65-81.

Chandon, P./Hutchinson, J. W./Bradlow, E. T./Young, S. H. (2009): Does In-Store Marketing Work? Effects of the Number and Position of Shelf Facings on Brand Attention and Evaluation at the Point of Purchase, in: Journal of Marketing, Heft 6, S. 1-17.

Churchman, C. W./Ackoff, R. L./Arnoff, E. L. (1951): Operations-Research, Wien u. a.

CIMA (2010): Einzelhandelsstandortkonzept für die Stadt Grevenbroich, Fortschreibung 2009, http://bit.ly/1olOk32 (Aufrufdatum: 14.06.2012).

Coase, R. (1937): The Nature of the Firm, in: Economica, Heft 16, S. 386-405.

Coase, R. (1972): Durability and Monopoly, in: Journal of Law and Economics, S. 143-149.

Colonial-Studie (o. J.): Untersuchung über Umsatz, Kosten, Ertrag, Kundenverhalten und Verkaufstechniken amerikanischer Supermärkte, Köln.

Conradi, E. (1989): Ausgewählte Aspekte der Unternehmensführung, in: Bundesarbeitsgemeinschaft der Mittel- und Großbetriebe des Einzelhandels e.V. (BAG) (Hrsg.): Logistik zwischen Ein- und Verkauf, Tagungsband der 36. BAG-Tagung für Unternehmensführung am 8. u. 9. Mai 1989 in Baden-Baden, Köln, S. 98-110.

Conradi, E. (1999): Internationalisierung und Globalisierung – was sonst?, in: Beisheim, O. (Hrsg.): Distribution im Aufbruch, München, S. 39-60.

Conrads, B. (1975): Kooperation zwischen Großunternehmungen des Einzelhandels, Berlin.

Converse, P. D. (1949): New Laws of Retail Gravitation, in: Journal of Marketing, Heft 3, S. 379-384.

Corstjens, M./Doyle, P. (1981): A model for optimizing retail space allocations in Management Science, Heft 7, S. 822-833.

Corstjens, M./Doyle, P. (1983): A dynamic model for strategically allocating retail space, in: Journal of the Operational Research Society, Heft 10, S. 943-951.

Christenfeld, N. (1995): Choices from indentical options, in: Psychological Science, Heft 1, S. 50-55.

Dambmann, K. (1986): Strategische Planung im Einzelhandel, in: BAG-Nachrichten, Heft 11, S. 17-21.

d'Aveni, R. A. (1995): Hyperwettbewerb. Strategien für die neue Dynamik der Märkte, Frankfurt am Main.

Davies, R. (1996): Entwicklungen im Einzelhandel mit ladengestützten Informationssystemen – Ein Überblick, in: Zentes, J./Liebmann, H.-P. (Hrsg.): GDI-Trendbuch Handel, Heft 1, Düsseldorf u. a., S. 124-136.

Decker, R./Schimmelpfennig, H. (2002): Alternative Ansätze zur datengestützten Verbundmessung im Electronic Retailing, in: Ahlert, D./Olbrich, R./Schröder, H. (Hrsg.): Jahrbuch Handelsmanagement 2002 – Electronic retailing, Frankfurt am Main, S. 193-212.

Dennis, C./Newman, A./Michon, R./Brakus, J./Wright, L. T. (2010): The mediating effects of perception and emotion: Digital signage in mall atmospherics, in: Journal of Retailing and Consumer Services, Heft 3, S. 205-215.

Dichtl, E./Bauer, H. (1978): Hersteller-Handels-Kommunikation bei neuen Produkten, in: Lebensmittel Zeitung, Heft 22, S. 76-77.

Dickson, P. R./Sawyer, A. G. (1990): The price knowledge and search of supermarket shoppers, in: Journal of Marketing, Heft 3, S. 51-62.

Diller, H. (1991): Preispolitik, 2. Aufl., Stuttgart u. a.

Diller, H. (1997): Preisehrlichkeit – Eine neue Zielgröße im Preismanagement des Einzelhandels, in: Thexis, Heft 2, S. 16-21.

Diller, H. (1999): Discounting: Erfolgsgeschichte oder Irrweg?, in: Beisheim, O. (Hrsg.): Distribution im Aufbruch, München, S. 351-372.

Diller, H. (2000): Preispolitik, 3. Aufl., Stuttgart u. a.

Diller, H. (2008): Preispolitik, 4. Aufl., Stuttgart.

Dodt, U. (1980): Produktpräsentation – Mittel der Verkaufsförderung im Marketing, Köln.

Dolmetsch, R. (2000): eProcurement – Einsparungspotentiale im Einkauf, München.

Domsch, M./Ladwig, D. H. (1995): Arbeitszeitflexibilisierung für Führungskräfte, in: von Rosenstiel, L./ Regnet, E./Domsch, M. (Hrsg.): Führung von Mitarbeitern, 3. Aufl., Stuttgart, S. 837-849.

Drexel, G. (1981): Strategische Unternehmungsführung im Handel, Berlin u. a.

Drexel, G. (1982): Strategische Planung im Einzelhandel, in: FfH Mitteilungen 12 (1. Teil), S. 1-7.

Drexel, G. (1983): Strategische Planung im Einzelhandel, in: FfH Mitteilungen 1 (2. Teil), S. 1-8.

Dreyer, A./Dehner, C. (2003): Kundenzufriedenheit im Tourismus, 2. Aufl., München u. a.

Dréze, X./Hoch, S.-J./Purk, M.-E. (1994): Shelf management and space elasticity, in: Journal of Retailing, Heft 4, S. 301-326.

Druck, D. (2009): Innovative Dynamik – Maggi setzt Maßstäbe in Sachen Neuprodukte und Markenkommunikation, in: Lebensmittel Praxis, Heft 24, S. 43.

Dumke, S. (1996): Handelsmarkenmanagement, Band 11, Duisburger Betriebswirtschaftliche Schriften, Hamburg.

Dunst, K. H. (1983): Portfolio-Management-Konzeption für die strategische Unternehmensplanung, 2. Aufl., Berlin u. a.

Ebert, K. (1986): Warenwirtschaftssysteme und Warenwirtschafts-Controlling, in: Ahlert, D. (Hrsg.): Schriften zu Distribution und Handel, Band 1, Frankfurt am Main u. a.

ECR Best Practices Operating Committee (1995): Category Management Report, Category Management Subcommittee, o. O.

EHI Retail Institute (2002): Handel aktuell 2002, Köln.

EHI Retail Institute (2009): Handel aktuell 2009/2010, Köln.

EHI Retail Institute (2010): EHI Betriebsvergleich 2009 – Personalkosten der Lebensmittelgeschäfte nach Betriebsformen, Köln.

EHI Retail Institute (2013): Marketingmonitor Handel, Köln.

EHI Retail Institute (2014a): Shopping-Center in Deutschland von 1965 bis 2014, Köln.

EHI Retail Institute (2014b): EHI-Dossier 2014 — EHI-Sortimentsbreitenerhebung im deutschen Lebensmitteleinzelhandel nach Betriebsformen, Köln.

Ellram, L. (1995): Activity-Based Costing and Total Cost of Ownership: A Critical Linkage, in: Journal of Cost Management, Heft 4, S. 22-30.

Engelhardt, W. (1966): Grundprobleme der Leistungslehre – dargestellt am Beispiel der Warenhandelsbetriebe, in: ZfbF – Schmalenbachs Zeitschrift für betriebswirtschaftliche Forschung, S. 158-178.

Engfer, U. (1984): Rationalisierungsstrategien im Einzelhandel, Frankfurt am Main u. a.

Erdmann, B. (1992): Erfa-Gruppen als Instrument zur Leistungssteigerung im Facheinzelhandel, Göttingen.

Esch, F.-R./Billen, P. (1994): Ansätze zum Zufriedenheitsmanagement – Das Zufriedenheitsportfolio, in: Tomczak, T./Belz, C. (Hrsg.): Kundennähe realisieren, St. Gallen, S. 407-424.

Esch, F.-R./Thelen, E. (1997): Zum Suchverhalten von Kunden in Läden – Theoretische Grundlagen und empirische Ergebnisse, in: Der Markt, Heft 3/4, S. 112-125.

Esch, F.-R./Thelen, E. (1997): Ein konzeptionelles Modell zum Suchverhalten von Kunden in Einzelhandelsunternehmen, in: Trommsdorff, V. (Hrsg.): Handelsforschung 1997/98 – Kundenorientierung im Handel, Wiesbaden, S. 297-314.

Ettinger, A. (2010): Auswirkungen von Einkaufsconvenience, Frankfurt am Main.

Europäischer Gerichtshof (2014): Urteil des Gerichtshofs in der Rechtssache C-421/13, 10.07 2014, http://bit.ly/1s4Nc7T (Aufrufdatum: 22.07.2014).

Europäisches Parlament (2008): Richtlinie 2008/95/EG des europäischen Parlaments und des Rates zur Angleichung der Rechtsvorschriften der Mitgliedstaaten über die Marken, 22.10.2008, http://bit.ly/1kqDtd0 (Aufrufdatum: 12.08.2014).

Eurostaf (1997a): ABC lexical du marketing, Paris.

Eurostaf (1997b): Les enseignes de l'habillement, Paris.

Eurostat (2014): Methodologie Stadt-/Landgliederung, http://bit.ly/TlZ89b (Aufrufdatum: 26.06.2014).

Falk, B./Wolf, J. (1992): Handelsbetriebslehre, 11. Aufl., Landsberg am Lech.

Faßnacht, M. (1996): Preisdifferenzierung bei Dienstleistungen, Wiesbaden.

Fayol, H. (1929): Allgemeine und industrielle Verwaltung, München.

Feldbauer-Durstmüller, B. (2000): Handelscontrolling, in: Trommsdorff, V. (Hrsg.): Handelsforschung 2000/2001, Kooperations- und Wettbewerbsverhalten des Handels, Köln, S. 369-390.

Feldbauer-Durstmüller, B. (2001): Handelscontrolling – Eine Controlling-Konzeption für den Einzelhandel, Linz.

Feldbauer-Durstmüller, B. (2004): Balanced Scorecard im Handel, in: Trommsdorff, V. (Hrsg.): Handelsforschung 2004, Köln, S. 317-333.

Festinger, L. (1957): A Theory of Cognitive Dissonance, Stanford.

Filene, E. A. (1937): Next Steps Forward in Retailing, New York u. a.

Filmförderungsanstalt (ffa) (2013): Der Kinobesucher 2012, http://bit.ly/1aST2yI (Aufrufdatum: 22.07.14).

Finkenzeller, K. (2012): RFID-Handbuch: Grundlagen und praktische Anwendungen von Transpondern, kontaktlosen Chipkarten und NFC, 6. Aufl., München.

Fischer, H. (1985): Direktwerbung, in: Reiter, W. M. (Hrsg.): Werbeträger, Frankfurt am Main, S. 327-335.

Fischer, T. (1993): Computergestützte Warenkorbanalyse, Frankfurt am Main u. a.

Fischer, T. (1997): Computergestützte Warenkorbanalyse als Informationsquelle des Handelsmanagements – Umsetzung anhand eines praktischen Falls, in: Ahlert, D./Olbrich, R. (Hrsg.): Integrierte Warenwirtschaftssysteme und Handelscontrolling, 3. Aufl., Stuttgart, S. 281-312.

Flach, H. D. (1966): Sortimentspolitik im Einzelhandel, Köln.

Foscht, T./Swoboda, B. (2011): Käuferverhalten, 4. Aufl., Wiesbaden.

Frank, R./Massy, W. F. (1970): Shelf Position and Space Effects on Sales, in: Journal of Marketing Research, Heft 2, S. 59-66.

Franke, W./Dangelmaier, W. (2006) (Hrsg.): RFID – Leitfaden für die Logistik: Anwendungsgebiete, Einsatzmöglichkeiten, Integration, Praxisbeispiele, Wiesbaden.

Frese, E. (1993): Geschäftssegmentierung als organisatorisches Konzept, in: ZfbF – Schmalenbachs Zeitschrift für betriebswirtschaftliche Forschung, Heft 12, S. 999-1024.

Frese, E./Werder, A. v. (1994): Organisation als strategischer Wettbewerbsfaktor – Organisationstheoretische Analyse gegenwärtiger Umstrukturierungen, in: Frese, E./Maly, W. (Hrsg.): Organisationsstrategien zur Sicherung der Wettbewerbsfähigkeit, ZfbF-Sonderheft 33, S. 1-27.

Friege, C. (1995): Preispolitik für Leistungsverbunde im Business-to-Business-Marketing, Wiesbaden.

Fritz, W. (2001): Internet-Marketing und Electronic Commerce Grundlagen – Rahmenbedingungen – Instrumente, 2. Aufl., Wiesbaden.

Fritz, W. (2004): Internet-Marketing und Electronic Commerce, 3. Aufl., Wiesbaden.

Fritz, W./Förster, H./Raffée, H./Silberer, G. (1985): Unternehmensziele in Industrie und Handel, in: Die Betriebswirtschaft, Heft 4, S. 375-394.

Fritz, W./von der Oelsnitz, D. (2006): Marketing – Elemente marktorientierter Unternehmensführung, 4. Aufl., Stuttgart u. a.

Frost/Sullivan (2003): Frost Sullivan Kiosk Executive Summary Report, http://bit.ly/1slHAqY (Aufrufdatum: 04.06.2010).

Fröhling, O. (1996): Integriertes Kennzahlensystem für das Kosten- und Erfolgs-Controlling in Handelsunternehmen, in: Controller Magazin, Heft 2, S. 86-92.

Fröhling, O./Haiber, T. (1997): Kaufverbünde entschlüsselt?, in: Controlling, Heft 6, S. 424-427.

Fuchslocher, H. (1986): Abschriften im Brennpunkt, Sonderdruck zum 5. IGEDO-Symposium 1986, Düsseldorf.

Gabler (2004): Gabler Marketing Lexikon, 2. Aufl., Wiesbaden.

Galeria Kaufhof GmbH (2013): „Ihre Anfrage: Sortimentsgröße Kaufhaus". Email vom 10.07.2014.

Gedenk, K. (2002): Verkaufsförderung, München.

Gensler, S./Skiera, B. (2002): Empfehlungssysteme als Grundlage zur Personalisierung im Electronic Retailing, in: Ahlert, D./Olbrich, R./Schröder, H. (Hrsg.): Jahrbuch zum Handelsmanagement 2002 – Electronic Retailing, Frankfurt am Main, S. 239-264.

Gerstung, F. (1978): Die Servicepolitik als Instrument des Handelsmarketing, Band 59, Schriften zur Handelsforschung, Göttingen.

Geschka, H./Hammer, R. (1984): Szenario-Technik in der strategischen Unternehmensplanung, in: Hahn, D./Taylor, B. (Hrsg.): Strategische Unternehmensplanung – Stand und Entwicklungstendenzen, 3. Aufl., Würzburg u. a., S. 224-249.

Gierl, H. (1994): Werbung, die aktualisiert, in: absatzwirtschaft, Heft 1, S. 74-75.

Gierlich, W. (1982): Die Gemeinschaftswerbung, in: Tietz, B. (Hrsg.): Die Werbung, Handbuch der Kommunikations- und Werbewirtschaft, Band 3: Die Werbe- und Kommunikationspolitik, Landsberg am Lech, S. 2970-2990.

Graßhoff, J./Krey, A./Marzinzik, C./Niederhausen, S. (2003): Stand und Perspektiven des Handelscontrolling, in: Krey, A. (Hrsg.): Handelscontrolling – Neue Ansätze aus Theorie und Praxis zur Steuerung von Handelsunternehmen, 2. Aufl., Hamburg, S. 1-47.

Grey Strategic Planning (1996): Smart Shopping, in: Marketing Journal, Heft 1, S. 10-12.

Gritzmann, K. (1991): Kennzahlensysteme als entscheidungsorientierte Informationsinstrumente der Unternehmensführung in Handelsunternehmen, Göttingen.

Grochla, E. (1972): Unternehmungsorganisation, Reinbek bei Hamburg.

Grochla, E./Schönbohm, P. (1980): Beschaffung in der Unternehmung, Stuttgart.

Gröppel, A. (1991): Erlebnisstrategien im Einzelhandel: Analyse der Zielgruppen, der Ladengestaltung und der Warenpräsentation zur Vermittlung von Einkaufserlebnissen, Heidelberg.

Gröppel-Klein, A./Bartmann, B. (2008): Anti-Clockwise or Clockwise? The Impact of Store Layout on the Process of Orientation in a Discount Store, in: European Advances in Consumer Research, Heft 8, S. 415-416.

Gröppel-Klein, A. (2012): 30 Jahre Erlebnismarketing und Erlebnisgesellschaft – Die Entwicklung des Phänomens „Erlebnisorientierung" und State-of-the-Art der Forschung, in: Bruhn, M./Hadwich, K. (Hrsg.): Customer Experience, Wiesbaden, S. 37-60.

Grolimund, F. (1996): Managementinformationssystem bei Migros – Denn sie wissen, was sie tun, in: Logistik Heute, Heft 3, S. 70-72.

Grossekettler, H. (1978): Die volkswirtschaftliche Problematik von Vertriebskooperationen. Zur wettbewerbspolitischen Beurteilung von Vertriebsbindungs-, Alleinvertriebs-, Vertragshändler-, Franchisesystemen, in: ZfgG – Zeitschrift für das gesamte Genossenschaftswesen, Heft 4, S. 325-374.

Großweischede, M. (2001): Category Management im eRetailing – Konzeptionelle Grundlagen und Umsetzungsansätze am Beispiel der Lebensmittelbranche, in: Ahlert, D./Olbrich, R./Schröder, H. (Hrsg.): Jahrbuch Handelsmanagement 2001 – Vertikales Marketing und Markenführung im Zeichen von Category Management, Frankfurt am Main, S. 293-337.

Gümbel, R. (1963): Die Sortimentspolitik in den Betrieben des Wareneinzelhandels, Köln u. a.

Gümbel, R. (1969): Unternehmensforschung im Handel, Zürich.

Gümbel, R. (1974): Sortimentspolitik, in: Tietz, B. (Hrsg.): Handwörterbuch der Absatzwirtschaft, Stuttgart, Sp. 1884-1897.

Gümbel, R. (1995): Institutionenökonomik, in: Tietz, B./Köhler, R./Zentes, J. (Hrsg.): Handwörterbuch des Marketing, 2. Aufl., Stuttgart, Sp. 1008-1019.

Günter, B. (2012): Beschwerdemanagement, in: Simon, H./Homburg, C. (Hrsg.): Kundenzufriedenheit: Konzepte – Methoden – Erfahrungen, 8. Aufl., Wiesbaden, S. 325-348.

Günther, J. (1989): Handelscontrolling – Allgemeine Grundlagen des Controllingbegriffs und die Funktionen des Controlling im Steuerungssystem des stationären Einzelhandels, Frankfurt am Main u. a.

Günther, T./Mattmüller, R. (1993): Möglichkeiten und Grenzen der Regaloptimierung im Handel, in: Marketing ZFP, Heft 2, S. 77-86.

Guldin, A. (1997): Kundenorientierte Unternehmenssteuerung durch die Balanced Scorecard, in: Horváth, P. (Hrsg.): Das neue Steuerungssystem des Controllers, Stuttgart, S. 289-302.

Guldin, A./Neugebauer, A. (1998): Neue Blickwinkel für Management-Entscheidungen im Einzelhandel – Prozeßkostenmanagement bei Breuninger, in: Horváth & Partner GmbH (Hrsg.): Prozeßkostenmanagement, 2. Aufl., München.

Gutenberg, E. (1979): Grundlagen der Betriebswirtschaftslehre, Band 2: Der Absatz, 16. Aufl., Berlin u. a.

Halasz, J. (1976): Kommissionierungssysteme und -verfahren, in: Sonderpublikation der Zeitschrift „Materialfluß": Kommissionieren, München, S. 16-17.

Hallier, B. (1986): „Key Account" Kondition + Konzeption, in: Markenartikel: Zeitschrift für Markenführung, Heft 7, S. 340-343.

Hammann, P./Erichson, B. (1990): Marktforschung, Stuttgart.

Hampl, P. (1998): Europäische Marketing- und Einkaufsallianzen: EMD, in: Zentes, J./Swoboda, B. (Hrsg.): Globalisierung des Handels, Frankfurt am Main, S. 307-324.

Hanke, G. (1999): Verkauf unter Einstand „wie ein und je", in: Lebensmittel Zeitung, Heft 8, S. 4.

Hansen, T. H./Skytte, H. (1998): Retailer buying behaviour: a review, in: The International Review of Retail, Distribution and Consumer Research, Heft 3, S. 277-301.

Hansen, U. (1990): Absatz- und Beschaffungsmarketing des Einzelhandels, 2. Aufl., Göttingen.

Hansen, U./Hohm, D./Mekwinski, S. (2002): „Mass Customized Retailing": Eine strategische Option für das Informationszeitalter, in: Möhlenbruch, D./Hartmann, M. (Hrsg.): Der Handel im Informationszeitalter, Konzepte – Instrumente – Umsetzung, Festschrift für Klaus Barth zum 65. Geburtstag, Wiesbaden, S. 253-271.

Happel, H. (1983): Sympathiegewinn durch hochwertige Beilagen, in: Handelsblatt, Nr. 170, S. 14.

Hartmann, M. (2006): Preismanagement im Einzelhandel, Wiesbaden.

Hartmann, R. (1992): Strategische Marketingplanung im Einzelhandel: Kritische Analyse spezifischer Planungsinstrumente, Wiesbaden.

Hartmann, R. (2002): Customer Relationship Management – Stand und Entwicklungsperspektiven, in: Möhlenbruch, D./Hartmann, M. (Hrsg.): Der Handel im Informationszeitalter, Konzepte – Instrumente – Umsetzung, Festschrift für Klaus Barth zum 65. Geburtstag, Wiesbaden, S. 79-97.

Hascher, H.-S. (1996): Integration der Distribution – Ertragsreserven in der Lagerwirtschaft und beim Cross Docking, in: Lebensmittel Zeitung, Heft 23, S. 46.

Hasenauer, R. (1995): Höhere Datenproduktivität durch Data Mining, in: Der Markt, Heft 4, S. 125-127.

Hauptgemeinschaft des Deutschen Einzelhandels (1978): Diskriminierung oder Leistungswettbewerb, Schwarzbuch zur Novellierung des Kartellgesetzes, Köln.

Hauschildt, J. (1977): Entscheidungsziele, Tübingen.

Hayek, F. A. v. (1968): Der Wettbewerb als Entdeckungsverfahren, Kiel.

Heenan, D. A./Perlmutter, H. V. (1979): Multinational Organization Development – A Social Architectural Perspective, Reading.

Heidel, B. (1993): Scannerdaten im Einzelhandelsmarketing, in: Irrgang, W. (Hrsg.): Vertikales Marketing im Wandel – Aktuelle Strategien und Operationalisierungen zwischen Hersteller und Handel, München, S. 146-172.

Heidel, B./Müller-Hagedorn, L. (1989): Platzierungspolitik nach dem Verbundkonzept im stationären Einzelhandel: Eine Wirkungsanalyse, in: Marketing ZFP, Heft 1, S. 19-26.

Heinen, E. (1976): Grundlagen betriebswirtschaftlicher Entscheidungen. Das Zielsystem der Unternehmung, 3. Aufl., Wiesbaden.

Heinemann, M. (1976): Einkaufsstättenwahl und Firmentreue des Konsumenten, Wiesbaden.

Heinemann, G. (1989): Betriebstypenprofilierung und Erlebnishandel: eine empirische Analyse am Beispiel des textilen Facheinzelhandels, in: Schriftenreihe Unternehmensführung und Marketing, 22, Wiesbaden.

Helpup, A. (1998): Business Reengineering im Einzelhandel, Aachen.

Hemmer, K. (2005): Nutzung von Kundendaten im Lebensmitteleinzelhandel, Vortrag auf der 7. Jahrestagung Category Management am 12.2.2005 in Düsseldorf.

Henseler, R. (1977): Image und Imagepolitik im Facheinzelhandel, Frankfurt am Main u. a.

Hermanns, A. (1999): Grundlagen des Mode-Marketing, in: Hermanns, A. (Hrsg.): Handbuch Mode-Marketing: Grundlagen, Analysen, Instrumente; Ansätze für Praxis und Wissenschaft, Band 1, 2. Aufl., Frankfurt am Main, S. 9-65.

Herrmann, A./Johnson, M. D. (1999): Die Kundenzufriedenheit als Bestimmungsfaktor der Kundenbindung, in: ZfbF – Schmalenbachs Zeitschrift für betriebswirtschaftliche Forschung, Heft 6, S. 579-598.

Hertel, J. (1997): Warenwirtschaftssysteme, 2. Aufl., Heidelberg.

Hertel, J./Zentes, J./Schramm-Klein, H. (2011): Supply-Chain-Management und Warenwirtschaftssysteme im Handel, 2. Aufl., Berlin u. a.

Hessisches Ministerium für Wirtschaft, Energie, Verkehr und Landesentwicklung (2014): Was ist RFID?, http://bit.ly/1kPIOUu (Aufrufdatum: 06.06.2014).

Hinterhuber, H./Handlbauer, G./Matzler, K. (1997): Kundenzufriedenheit durch Kernkompetenzen: Eigene Potentiale erkennen – entwickeln – umsetzen, München.

Hodel, D./Jacobs, S. (2008): RFID in der Modebranche, Köln.

Hofmann, E. (2009): Berücksichtigung von Lieferantenkrediten in der Bestellmengenplanung, in: Voss, S./Pahl, J./Schwarze, S. (Hrsg.): Logistik-Management: Systeme, Methoden und Integration, Berlin, S. 139-159.

Homburg, C. (2012): Marketingmanagement, 4. Aufl., Wiesbaden.

Homburg, C./Giering, A. (1996): Konzeptualisierung und Operationalisierung komplexer Konstrukte – Ein Leitfaden für die Marketingforschung, in: Marketing ZFP, Heft 1, S. 5-24.

Homburg, C./Rudolph, B. (1995): Wie zufrieden sind Ihre Kunden tatsächlich?, in: Harvard Business Manager, Heft 1, S. 43-50.

Homburg, C./Rudolph, B. (1997): Theoretische Perspektiven zur Kundenzufriedenheit, in: Simon, H./Homburg, C. (Hrsg.): Kundenzufriedenheit: Konzepte – Methoden – Erfahrungen, 2. Aufl., Wiesbaden, S. 31-51.

Homburg, C./Stock-Homburg, R. (2012): Theoretische Perspektiven zur Kundenzufriedenheit, in: Homburg, C. (Hrsg.): Kundenzufriedenheit, 8. Aufl., Wiesbaden, S.17-52.

Horváth, P. (2011): Controlling, 12. Aufl., München.

Hruschka, H./Lukanowicz, M./Buchta, C. (1999): Cross-category sales promotion effects, in: Journal of Retailing, Heft 6, S. 99-105.

M+M-EUROdata/Lebensmittel Zeitung: Top 30 - Die größten Handelsunternehmen der Branche 2001, 21.03.2002.

Hübner, A. H./Isl, M./Kuhn, H. (2012): Bestellmengenplanung mit Rabatt, in: WiSt – Wirtschaftswissenschaftliches Studium, Heft 9, S. 465-472.

Hurth, J. (2001): Multi-Channel-Marketing, in: WiSt – Wirtschaftswissenschaftliches Studium, Heft 9, S. 463-469.

Huth, R./Pflaum. D. (1996): Einführung in die Werbelehre, 6. Aufl., Stuttgart u. a.

ICC Deutschland Internationale Handelskammer (2010): Incoterms® 2010 – Die Regeln der ICC zur Auslegung nationaler und internationaler Handelsklauseln, Publ. Nr. 715 ED, Berlin.

IfH (2010): Personalkosten im Einzelhandel: Preiswettbewerb führt zu ungleichen Verteilungen je nach Branche, Pressemitteilung vom 12.2.2010.

IfH (2011): IfH-Jahresbetriebsvergleich – Kosten im mittelständischen Schuheinzelhandel 2006-2009, in: Taschenbuch des Schuh- und Lederwareneinzelhandels, Düsseldorf.

Ifo-Institut (1993) (Hrsg.): Ifo Jahresbericht, München.

IRI/GfK (2005): Grundgesamtheiten Deutschland 2005, Nürnberg.

IRI Group (2011): Grundgesamtheiten Deutschland 2011, Düsseldorf.

Jacobi, H. (1975): Räumliche und zeitliche Koordination der Streumedien, in: Behrens, K. C. (Hrsg.): Handbuch der Werbung, 2. Aufl., Wiesbaden, S. 687-691.

Jansen, H. (1997): Grundlagen, Einsatzmöglichkeiten und Potentiale, in: EHI (Hrsg.): Neue Medien im Handel, Reihe Enzyklopädie des Handels, Köln, S. 8-14.

Joas, A. (1995): Strategien für profitables Wachstum, in: absatzwirtschaft, Heft 12, S. 58-61.

Johannsen, U. (1971): Das Marken- und Firmenimage – Theorie, Methodik, Praxis, Berlin.

Kaapke, A. (1996): Bericht über die Betriebsvergleichsergebnisse des Großhandels im Jahre 1995, in: Mitteilungen des Instituts für Handelsforschung an der Universität zu Köln, Heft 12, S. 197-213.

Kaapke, A. (2000): Der Jahresbetriebsvergleich der Einzelhandelsfachgeschäfte 1999, in: Mitteilungen des Instituts für Handelsforschung an der Universität zu Köln, Heft 11, S. 225-245.

Kaapke, A./Hudetz, K. (1998): Der Einsatz des Kano-Modells zur Ermittlung von Anforderungen zur Steigerung der Kundenzufriedenheit – dargestellt am Beispiel der Anforderungen von Senioren an Reisen, in: Mitteilungen des Instituts für Handelsforschung an der Universität zu Köln, Heft 3, S. 49-63.

Kaas, K. P. (1992): Marketing und Neue Institutionenlehre, Arbeitspapier Nr. 1 aus dem Forschungsprojekt Marketing und ökonomische Theorie am Lehrstuhl für Betriebswirtschaftslehre, insbesondere Marketing, Frankfurt am Main.

Kaas, K. P./Posselt, T. (2000): Convenience Shop oder Supermarkt – Ein ökonomischer Erklärungsversuch des Kundenverhaltens, in: Foscht, T./Jungwirth, G./Schnedlitz, P. (Hrsg.): Zukunftsperspektiven für das Handelsmanagement. Konzepte, Instrumente, Trends, Festschrift für Hans-Peter Liebmann, Frankfurt am Main, S. 333-351.

Kaas, K. P./Runow, H. (1984): Wie befriedigend sind die Ergebnisse der Forschung zur Verbraucherzufriedenheit?, in: Die Betriebswirtschaft, Heft 3, S. 451-460.

Kaiser, A. (1980): Werbung – Theorie und Praxis werblicher Beeinflussung, München.

Kaldik, M. (2000): Dienstleistungen eines Marktforschungsinstituts im Rahmen einer Category-Management-Kooperation zwischen Hersteller und Händler, in: Ahlert, D./Borchert, S. (Hrsg.): Prozessmanagement im vertikalen Marketing – Efficient Consumer Response (ECR) in Konsumgüternetzen, Berlin u. a.

Kanzok, W. (2005): RFID im Handel – Einsatzmöglichkeiten von RFID im Category Management, 8. Jahrestagung Category Management, Vortrag am 17.2.2005 in Düsseldorf.

Kapell, E. (1997): Innovative Kundenpolitik gesucht – Strategien im Großhandel, in: Lebensmittel Zeitung, Heft 38, S. 42-43.

Kaplan, R./Norton, D. (1996): The Balanced Scorecard: Translating Strategy into Action, Boston.

Kaplan, R./Norton, D. (1997): Balanced Scorecard: Strategien erfolgreich umsetzen, Stuttgart.

Kaupp, M. (2010): Digital Signage: Technologie, Anwendung, Chancen & Risiken, Hamburg.

Kholod, M./Takai, K./Yada, K. (2011): Clockwise and anti-clockwise directions of customer orientation in a supermarket: evidence from RFID data. Knowledge-Based and Intelligent Information and Engineering Systems, Berlin u. a., S. 304-309.

Kirchner, J. D. (1984): Selbstauskünfte und Handreichungen – Wie Sie Ihr Sortiment (auch ohne Computer) differenzierter betrachten können, in: Kirchner, J. D./Zentes, J. (Hrsg.): Führen mit Warenwirtschaftssystemen, Düsseldorf u. a., S. 163-183.

Kirsch, W. (1981): Die Koordination von Entscheidungen in Organisationen, in: Kirsch, W. (Hrsg.): Unternehmenspolitik von der Zielforschung zum strategischen Management, München, S. 82-120.

Klaus, P. (1997): Willkommen im ECR-Zeitalter – Logistischer Quantensprung für die Konsumwirtschaft?, in: Efficient Consumer Response und die Anforderungen an die Logistikkette, Tagungsband des 2. Wissenschaftssymposiums der Deutschen Logistik Akademie (DLA), Bremen, S. 7-15.

Klein-Blenkers, F. (1964): Die Ökonomisierung der Distribution, Band 27, Schriften zur Handelsforschung, Köln u. a.

Klein-Blenkers, F. (1972): Unternehmerziele im Facheinzelhandel, in: Mitteilungen des Instituts für Handelsforschung an der Universität zu Köln, Heft 7, S. 69-75, Heft 8, S. 81-83.

Klein-Blenkers, F. (1983): Sicherung des Betriebs als ein Führungsproblem mittelständischer Unternehmer, in: Mitteilungen des Instituts für Handelsforschung an der Universität zu Köln, Heft 9, S. 129-140.

Klein-Blenkers, F. (1991) (Hrsg.): Der Betriebsvergleich des Instituts für Handelsforschung – Methoden und Nutzungsmöglichkeiten, Mitteilungen des Instituts für Handelsforschung an der Universität zu Köln, Sonderheft 40, Göttingen.

Klement, D. (1985): Kino, in: Reiter, W. M. (Hrsg.): Werbeträger, Frankfurt am Main, S. 612-618.

Kline, B./Wagner, J. (1994): Information sources and retail buyer decision-making: The effect of product-specific buying experience, in: Journal of Retailing, Heft 1, S. 75-88.

Kloth, R. (1999): Waren- und Informationslogistik im Handel, Wiesbaden.

Knoblich, H. (1974): Warenorientierte Absatztheorie, in: Tietz, B. (Hrsg.): Handwörterbuch der Absatzwirtschaft, Stuttgart, Sp. 167-179.

Knöbel, U. (1998): Mit Customer Costing den Kundenwert steigern, in: Thexis, Heft 1, S. 57-59.

Köhler, F. W. (1990): Die „Dynamik der Betriebsformen des Handels" – Bestandsaufnahme und Modellerweiterung, in: Marketing ZFP, Heft 1, S. 59-64.

Köhler, R./Tietz, B./Zentes, J. (1995) (Hrsg.): Handwörterbuch des Marketing, Stuttgart.

Kohlhaas, H. (1989): Attraktivitätsfaktoren einbeziehen – Optimierungsprogramm muß ladenindividuelle Lösungen bieten, in: Dynamik im Handel, Heft 5, S. 44-46.

Kollmann, T. (2013): E-Business – Grundlagen elektronischer Geschäftsprozesse in der Net Economy, 5. Aufl., Wiesbaden.

Korndörfer, W. (1966): Die Aufstellung und Aufteilung von Werbebudgets, 2. Aufl., Stuttgart.

Kornmeier, M. (2007): Wissenschaftstheorie und wissenschaftliches Arbeiten, Heidelberg.

Korper, S./Ellis, J. (2001): The E-Commerce Book, San Diego.

Kotler, P./Bliemel, F. (2001): Marketing Management, 10. Aufl., Stuttgart.

Kotschedoff, M. (1976): Sozialphysikalische Modelle in der regionalen Handelsforschung – Ein Beitrag zur Standortplanung von Gewerbezentren, Berlin.

KPMG (2012): Trends im Handel.

Krampe, H./Lucke, H.-J. (1993): Grundlagen der Planungen logistischer Lösungen, in: Krampe, H./Lucke, H.-J. (Hrsg.): Grundlagen der Logistik – Einführung in Theorie und Praxis logistischer Probleme, München, S. 53-82.

Krcmar, H. (2000): Informationsmanagement, Berlin.

Krey, A. (2002): Controlling filialisierter Handelsunternehmen – Konzeption für ein empfängerorientiertes Controlling unter Berücksichtigung einer themenorientierten Warenpräsentation, Hamburg.

Kreilkamp, E. (1987): Strategisches Management und Marketing, Berlin u. a.

Kroebel-Riel, W./Weinberg, P. (2003): Konsumentenverhalten, 8. Aufl., München.

Krönfeld, B. (1995): Erfolgsforschung in kooperierenden Handelssystemen – eine empirische Analyse des organisationalen Lernens von erfolgreichen Vorbildern, Frankfurt am Main u. a.

Krüger, W. (1972): Grundlagen, Probleme und Instrumente der Konflikthandhabung in der Unternehmung, Berlin.

Kube, C. (1991): Erfolgsfaktoren in Filialsystemen: Diagnose und Umsetzung im strategischen Controlling, Wiesbaden.

Kuhlmeier, A. (1980): Die Betriebstypeninnovation als Bestandteil der Absatzpolitik im Einzelhandel, Göttingen.

Kupsch, P. (1979): Unternehmungsziele, Stuttgart u. a.

Kümpers, U. A. (1976): Marketingführerschaft – Eine verhaltenswissenschaftliche Analyse des vertikalen Marketing, Münster.

Küthe, E. (1980): Einzelhandelsmarketing, Stuttgart u. a.

Küting, K./Lorson, P. (1991): Grenzplankostenrechnung versus Prozeßkostenrechnung, in: Betriebsberater, Heft 21, S. 1421-1433.

Lackes, R./Mack, D. (1996): Konzeption, Modellierung und Implementierung von künstlichen neuronalen Netzen als Bestandteil von Personalinformationssystemen, in: N3 Nachrichten Neuronale Netze, Heft 1, S. 2-8.

Larson, J. S./Bradlow, E. T./Fader, P. S. (2005): An Exploratory Look at Supermarket Shopping Paths, in: International Journal of Research in Marketing, Heft 4, S. 395-414.

Laurent, M. (1996): Vertikale Kooperationen zwischen Industrie und Handel – neue Typen und Strategien zur Effizienzsteigerung im Absatzkanal, Frankfurt am Main.

Lausberg, I. (2002): Kundenpräferenzen für neue Angebotsformen im Einzelhandel – Eine Analyse am Beispiel von Factory Outlet Centern, Dissertation, Essen.

Lausberg, I./Schröder, H./Rödl, A. (2001): Factory Outlet Centers: Braucht die Industrie diesen Vertriebskanal?, in: Textilwirtschaft, Heft 11, S. 48-49.

Lausberg, I./Schröder, H. (2001): Betriebsformenwettbewerb im Bekleidungshandel – Factory Outlet Center im Nutzenvergleich, in: Trommsdorff, V. (Hrsg.): Handelsforschung 2000/01 – Kooperations- und Wettbewerbsverhalten des Handels, Köln, S. 347-367.

Lehmann, H. (1969): Leitungssysteme, in: Grochla, E. (Hrsg.): Handwörterbuch der Organisation, Stuttgart, Sp. 928-939.

Lehmann, F.-O. (1992): Zur Entwicklung eines koordinationsorientierten Controlling-Paradigmas, in: Zeitschrift für betriebswirtschaftliche Forschung, Heft 1, S. 45-61.

Leitherer, E. (1961): Geschichte der handels- und absatzwirtschaftlichen Literatur, Köln u. a.

Lerchenmüller, M. (1995): Handelsbetriebslehre, Ludwigshafen.

Leven, W. (1992): Warenpräsentation im Einzelhandel – Dargestellt am Beispiel der Zeitungs- und Zeitschriftenpräsentation, in: Marketing ZFP, Heft 1, S. 13-22.

Lewin, K. (1943): Forces behind Food Habits and Methods of Change, in: Bulletin of the National Research, Heft 108, S. 35-65.

Liebmann, H.-P./Zentes, J. (2001): Handelsmanagement, München.

Liebmann, H.-B./Zentes, J./Swoboda, B. (2008): Handelsmanagement, München.

Liening, B. (2009): Kundenfrequenz-Analyse: Viele Wege führen zum Ziel, in: Lebensmittel Praxis, Heft 5, S. 67-68.

Lingenfelder, M. (1996): Die Internationalisierung im europäischen Einzelhandel, Berlin.

Link, J. (1985): Organisation der strategischen Planung, Heidelberg.

Link, J./Gerth, N./Voßbeck, E. (2000): Marketingcontrolling, München.

Lotzkat, L. (2012): Konkurrenzvorteile am Point-of-Sale, Wiesbaden.

Lutz, U. (1994): Mehr Flexibilität bei der Ladengestaltung, in: Dynamik im Handel, Heft 6, S. 29-32.

Mahnkopf, D. (1992): Die Einsatzmöglichkeiten von Expertensystemen zur Unterstützung von Beschaffungsentscheidungen in Handelsbetrieben, Göttingen.

Maksymir, E. (1985): Anzeigenblätter, in: Reiter, W. M. (Hrsg.): Werbeträger, Frankfurt am Main, S. 117-124.

Malik, F./Probst, G. J. (1981): Evolutionäres Management, in: Die Unternehmung, Heft 2, S. 121-140.

March, J. G./Simon, H. A. (1958): Organizations, New York.

Marr, R./Kötting, M. (1993): Flexibilisierung von Entgeltsystemen als Herausforderung für personal-wirtschaftliche Forschung und Praxis, in: Weber, W. (Hrsg.): Entgeltsysteme, Festschrift zum 65. Geburtstag von E. Gaugler, Stuttgart, S. 213-232.

Marré, H. (1974): Handelsfunktionen, in: Tietz, B. (Hrsg.): Handwörterbuch der Absatzwirtschaft, Stuttgart, Sp. 711-715.

Marzen, W. (1986): Die „Dynamik der Betriebsformen des Handels" – aus heutiger Sicht. Eine kritische Bestandsaufnahme, in: Marketing ZFP, Heft 4, S. 279-285.

Mattmüller, R. (1990): Marketing-Prognosen für den Handel, Augsburg.

Mattmüller, R. (1997): Strategische Geschäftsfelder für Handelsbetriebe: Ein systemspezifischer Seg-mentierungsansatz, in: Trommsdorff, V. (Hrsg.): Handelsforschung 1997/98, Wiesbaden, S. 255-273.

Matzdorf, S. (2000): Theorien ohne Tempolimit, in: <e>Market, Heft 40, S. 16-20.

Mazanec, J./Wiegele, O. (1977): Zum praktischen Einsatz von Positionierungsmodellen in der Produkt-politik, in: Köhler, R./Zimmermann, H.-J. (Hrsg.): Entscheidungshilfen im Marketing, Stuttgart, S. 46-60.

Mazur, P. M. (1927): Principles of Organization Applied to Modern Retailing, New York u. a.

Mazur, P. M. (1928): Moderne Warenhausorganisation, für deutsche Verhältnisse bearbeitet von Fritz Neiser, Berlin.

McNair, M. P. (1931): Trends in Large-Scale-Retailing, in: Harvard Business Review, S. 30-39.

Meffert, H. (1974): Systemorientierte Absatztheorie, in: Tietz, B. (Hrsg.): Handwörterbuch der Absatz-wirtschaft, Stuttgart, Sp. 144 ff.

Meffert, H. (1985): Erfolgsfaktoren im Einzelhandelsmarketing, in: Bundesarbeitsgemeinschaft der Mittel- und Großbetriebe des Einzelhandels (Hrsg.): Erfolgreicher verkaufen – mit System – 32. Be-triebswirtschaftliche Arbeitstagung, Köln.

Meffert, H. (1992): Marketingforschung und Käuferverhalten, 2. Aufl., Wiesbaden.

Meffert, H. (1994): Marketing-Management: Analyse, Strategie, Implementierung, Wiesbaden.

Meffert, H. (2000): Neue Herausforderungen für das Marketing durch interaktive elektronische Medien – auf dem Weg zur Internet-Ökonomie, Institut für Wirtschaftswissenschaften der Universität Kla-genfurt (Hrsg.): Reihe BWL aktuell, Nr. 6, Klagenfurt.

Meffert, H./Bruhn, M. (2006): Dienstleistungsmarketing, 5. Aufl., Wiesbaden.

Mehling, K. (2001): Category Management in der Partievermarktung – Herausforderungen an die wirtschaftsstufenübergreifende Vermarktung von Aktionswaren, in: Ahlert, D./Olbrich, R./ Schröder, H. (Hrsg.): Jahrbuch zum Handelsmanagement 2001 – Vertikales Marketing und Marken-führung im Zeichen von Category Management, Frankfurt am Main, S. 233-260.

Meier, B. P./Robinson, M. D. (2004): Why the Sunny Side Is Up-Associations Between Affect and Verti-cal Position, in: Psychological Science, Heft 4, S. 243-247.

Meister, U./Meister, H. (1996): Kundenzufriedenheit im Dienstleistungsbereich, München.

Menge, R. G. (1983): Unterschiedliche Personalleistung und ihre Auswirkung auf Raumleistung, La-gerumschlag, Kosten und Gewinn, in: Grandel, K. (Hrsg.): Wie man die Personalkosten senkt und die Personalleistung steigert, Köln, S. 7-40.

Merkle, E. (1981): Die Erfassung und Nutzung von Informationen über den Sortimentsverbund in Han-delsbetrieben, Berlin.

Meyer, C. W. (1963): Der Zusammenhang von Funktionen und Betriebsformen des Warenhandels und seine Bedeutung für die Handelsbetriebsführung, in: Der österreichische Betriebswirt, Heft 3, S. 118-136.

Meyer, P. W. (1972): Polarität von Merchandising und Operating, in: Nieschlag, R./von Eckardstein, D. (Hrsg.): Der Filialbetrieb als System – Das Cornelius-Stüssgen-Modell, Köln, S. 135-145.

Meyer, A./Dornach, F. (1995): Das Deutsche Kundenbarometer 1995 – Qualität und Zufriedenheit – Jahrbuch der Kundenzufriedenheit in Deutschland, Deutsche Marketing-Vereinigung & Deutsche Post AG (Hrsg.), München.

Meyer, A./Mattmüller, R. (1987): Qualität von Dienstleistungen, in: Marketing ZFP, Heft 3, S. 187-195.

Michels, E. (1995): Datenanalyse mit Data Mining, in: Dynamik im Handel, Heft 11, S. 37-43.

Milde, H. (1997): Handelscontrolling auf der Basis von Scannerdaten – dargestellt auf der Grundlage von Fallbeispielen aus der Beratungspraxis der A.C. Nielsen GmbH, in: Ahlert, D./Olbrich, R. (Hrsg.): Integrierte Warenwirtschaftssysteme und Handelscontrolling, 3. Aufl., Stuttgart, S. 431-451.

Minninger, G. (1968): Der Funktionswandel in den Konsumgüter-Großhandlungen, Köln.

Möhlenbruch, D. (1993a): Die Artikelselektion als Entscheidungsproblem der Sortimentsplanung im Einzelhandel, in: WISU – Das Wirtschaftsstudium, Heft 1, S. 48-54.

Möhlenbruch, D. (1993b): Franchising, in: Lück, W. (Hrsg.): Lexikon der Betriebswirtschaft, 5. Aufl., Landsberg am Lech, S. 416-417.

Möhlenbruch, D. (1994): Sortimentspolitik im Einzelhandel – Planung und Steuerung, Wiesbaden.

Möhlenbruch, D./Meier, C. (1993): Leistungsfähigkeit und Grenzen von Spacemanagementsystemen, in: Trommsdorff, V. (Hrsg.): Handelsforschung 1993/94, „Systeme im Handel", Wiesbaden, S. 183-198.

Möhlenbruch, D./Meier, C. (1996): Stand und Entwicklungsperspektiven eines integrierten Controllingsystems für den Einzelhandel, Betriebswirtschaftliche Diskussionsbeiträge, Beitrag Nr. 96/09, Wirtschaftswissenschaftliche Fakultät, Martin-Luther-Universität Halle-Wittenberg, Halle.

Möhlenbruch, D./Meier, C. (1998): Komponenten eines integrierten Controlling-Systems im Einzelhandel, in: Controlling, Heft 2, S. 64-70.

Müller, J. (1997): Erfolg durch innovatives Handeln, in: Rossner, R. (Hrsg.): Logistik Jahrbuch 1997, Düsseldorf, S. 80-84.

Müller-Hagedorn, L. (1983): Wahrnehmung und Verarbeitung von Preisen durch Verbraucher: Ein theoretischer Rahmen, in: ZfbF – Schmalenbachs Zeitschrift für betriebswirtschaftliche Forschung, Heft 11, S. 939-951.

Müller-Hagedorn, L. (1985): Die Dynamik der Betriebsformen – Zum 80. Geburtstag von Prof. Dr. Robert Nieschlag, in: Marketing ZFP, Heft 1, S. 21-26.

Müller-Hagedorn, L. (1993): Handelsmarketing, 2. Aufl., Köln u. a.

Müller-Hagedorn, L. (1995): Die Fortentwicklung des Betriebsvergleichs zum Controlling-Tool, in: Trommsdorff, V. (Hrsg.): Handelsforschung 1995/96, Jahrbuch der Forschungsstelle für den Handel Berlin (FfH) e.V., Wiesbaden, S. 333-347.

Müller-Hagedorn, L. (1997): Stellenwert und Relevanz der Trendforschung, in: Zentes, J./Liebmann, H.-P. (Hrsg.): Zukunft im Handel, Band. 6, Trends im Handel, Frankfurt am Main, S. 1-24.

Müller-Hagedorn, L. (1998a): Der Handel, Stuttgart.

Müller-Hagedorn, L. (1998b): Ausgleichsträger und Ausgleichsnehmer – Chacun pour soi-même ou chacun pour tous?, in: Woratschek, H. (Hrsg.): Perspektiven ökonomischen Denkens. Klassische und neue Ansätze des Managements, Festschrift für Prof. R. Gümbel, Frankfurt am Main, S. 93-114.

Müller-Hagedorn, L. (1999): Bausteine eines Management-Informationssystems, in: Beisheim, O. (Hrsg.): Distribution im Aufbruch, München, S. 729-753.

Müller-Hagedorn, L. (2002): Controlling im Handel: Neue Entwicklungen, in: Handel im Fokus – Mitteilungen des Instituts für Handelsforschung an der Universität zu Köln, Heft 4, S. 262-273.

Müller-Hagedorn, L. (2009): Bau-, Miet- und Verkaufsflächen im Einzelhandel – Zur Diskussion um die Abgrenzung der Verkaufsfläche in: Schröder, H./Olbrich, R./Kenning, P./Evanschitzky, H. (Hrsg.): Distribution und Handel in Theorie und Praxis, Wiesbaden, S. 351-378.

Müller-Hagedorn, L./Bekker, T. (1994): Der Betriebsvergleich als Controllinginstrument in Handelsbetrieben, in: WiSt – Wirtschaftswissenschaftliches Studium, Heft 5, S. 231-236.

Müller-Hagedorn, L./Büchel, D. (1999): Zur Steuerung einer Handelsunternehmung mit der Balanced Scorecard, in: Mitteilungen des Instituts für Handelsforschung an der Universität zu Köln, Heft 8, S. 157-168.

Müller-Hagedorn, L./Erdmann, B. (1995): Betriebsvergleich, in: Tietz, B./Köhler, R./Zentes, J. (1995): Handwörterbuch des Marketing, 2. Aufl., Stuttgart, Sp. 274-285.

Müller-Hagedorn, L./Greune, M. (1992): Erfolgsfaktorenforschung und Betriebsvergleich im Handel, in: Mitteilungen des Instituts für Handelsforschung an der Universität zu Köln, Heft 9, S. 121-131.

Müller-Hagedorn, L./Seifert, B. (2007): Ladengestaltung nach den Prinzipien des Feng Shui –eine umweltökonomische Analyse, in: Ahlert, D./Olbrich, R./Schröder, H. (Hrsg.): Shopper Research – Kundenverhalten im Handel, Frankfurt am Main, S. 129-153

Müller-Hagedorn, L./Toporowski, W./Zielke, S. (2012): Der Handel: Grundlagen – Management – Strategien, 2. Aufl., Stuttgart.

Müller-Hagedorn, L./Wierich, R. (2003): Eine Scorecard für die Steuerung des Einkaufs im Handel, in: Handel im Fokus, Heft 4, S. 226-239.

Müller-Merbach, H. (1963): Optimale Einkaufsmengen, in: Ablauf- und Planungsforschung 4, Heft 3, S. 226-237.

Müller-Merbach, H. (1965): Optimale Losgrößen in der Einkaufs- und Fertigungsdisposition, in: ADL-Nachrichten, Heft 38, S. 641-656.

Müller-Merbach, H. (1973): Operations Research, 3. Aufl., München.

Naddor, E. (1971): Lagerhaltungssysteme, Frankfurt am Main u. a.

Nelson, P. (1970): Information and consumer behavior, in: Journal of political economy, S. 311-329.

Nenninger, M./Lawrenz, O. (2001): B2B Erfolg durch eMarkets, Wiesbaden.

Nielsen (2005): Universen 2005 – Daten zum Handel in Deutschland, Frankfurt am Main.

Nielsen (2008): Universen 2008 – Daten zum Handel in Deutschland, Frankfurt am Main.

Nieschlag, R. (1954): Die Dynamik der Betriebsformen im Handel, Essen.

Nieschlag, R. (1974): Dynamik der Betriebsformen des Handels, in: Tietz, B. (Hrsg.): Handwörterbuch der Absatzwirtschaft, Stuttgart, Sp. 366-376.

Nieschlag, R./Kuhn, G. (1980): Binnenhandel und Binnenhandelspolitik, 3. Aufl., Berlin.

Nieschlag, R./Dichtl, H./Hörschgen, E. (2002): Marketing, 19. Aufl., Berlin.

Nippa, M./Picot, A. (1996): Prozeßmanagement und Reengineering: Die Praxis im deutschsprachigen Raum: Konzepte und Praxisbeispiele, 2. Aufl., Frankfurt am Main.

O. V. (1972): So fließen Warenberge schneller und besser ab, in: Lebensmittel Zeitung, Heft 3, S. 56-57.

O. V. (1994): Intermarché – Nach Deutschland, in: Lebensmittel Praxis, Heft 18, S. 6.

O. V. (1995a): Intermarché Startschuss in Lörrach, in: Lebensmittel Praxis, Heft 17, S. 10.

O. V. (1995b): Intermarché macht Nägel mit Köpfen, in: Lebensmittel Zeitung, Heft 32, S. 6

O. V. (1996a): Intermarché zieht sich zurück, in: Lebensmittel Zeitung, Heft 46, S. 6

O. V. (1996b): Byerly's geht über die Grenze, in: Lebensmittel Zeitung, Heft 29, S. 40.

O. V. (1999): Junge Verbraucher greifen zur Handelsmarke, in: Markant HandelsMagazin, Heft 6, S. 32-33.

O. V. (2002): Couponing direkt am Point of Sale, in: Lebensmittel Zeitung, Heft 24, S. 44.

Oess, M. (2001): Einkaufsverbände: Leistungs-Check, in: Lebensmittel Praxis, Heft 12, S. 32-38.

Olbrich, R. (1992): Informationsmanagement in mehrstufigen Handelssystemen: Grundzüge organisatorischer Gestaltungsmaßnahmen unter Berücksichtigung einer repräsentativen Umfrage zur Einführung zentraler computergestützter Warenwirtschaftssysteme im Lebensmitteleinzelhandel, Frankfurt am Main.

Olbrich, R. (1998): Unternehmenswachstum, Verdrängung und Konzentration im Konsumgüterhandel, Stuttgart.

Olbrich, R. (1999): Die innovative Vertriebsform wächst fast automatisch, in: Frankfurter Allgemeine Zeitung (FAZ) vom 28.06.1999, S. 31.

Olesch, G. (1998): Internationale Beschaffungskooperationen, in: Zentes, J./Swoboda, B. (Hrsg.): Globalisierung des Handels, Frankfurt am Main, S. 283-305.

Olve, N. G./Roy, J./Wetter, M. (1999): Performance Drivers, Chichester.

Oversohl, C. (2002): Gestaltung von leistungsorientierten Konditionensystemen in der Konsumgüterindustrie, Aachen.

Pasdermadjian, H. (1950): Management Research in Retailing, London.

Paß, H. (1972): POP-Werbung – Werbung am Verkaufsort, in: Marketing Journal, Heft 5, S. 360-363.

Peppers, D./Rogers, M. (1997): Enterprise One-to-one: Tools for Competing in the Interactive Age, New York u. a.

Peters, H. W. (1982): Kino läßt die Kassen klingeln – Steigende Besucherzahlen, in: Markenartikel, Heft 1, S. 26-28.

Pfeiffer, P./Zeisel, S. (2003): Sonderangebote intelligent steuern – Die Methode: Es zählt der Deckungsbeitrag eines Warenkorbs und nicht nur der einzelner Artikel, in: Lebensmittel Zeitung, Heft 19, S. 60.

Pfohl, H.-C. (1993): Die Bedeutung der Entsorgung für die Unternehmenslogistik, in: Pfohl, H.-C. (Hrsg.): Ökologische Herausforderungen an die Logistik in den 90er Jahren, Berlin, S. 211-257.

Pfohl, H.-C. (1994): Interorganisatorische Probleme in der Logistikkette, in: Pfohl, H.-C. (Hrsg.): Management der Logistikkette, Berlin, S. 201-251.

Pfohl, H.-C. (2010): Logistiksysteme: Betriebswirtschaftliche Grundlagen, 8. Aufl., Berlin.

Pfohl, H.-C./Stölzle, W. (1995): Retrodistribution, in: Tietz, B./Köhler, R./Zentes, J. (Hrsg.): Handwörterbuch des Marketing, 2. Aufl., Stuttgart, Sp. 2234-2247.

Philippi, H. (1992): Bericht über die Ergebnisse des Betriebsvergleichs der Einzelhandelsfachgeschäfte im Jahre 1991, in: Mitteilungen des Instituts für Handelsforschung an der Universität zu Köln, Heft 11, S. 153-170.

Picot, A. (1986): Transaktionskosten im Handel, in: Betriebs-Berater, Beilage 13 zu Heft 27, S. 1-16.

Pigou, A. C. (1932): The economics of welfare, 4. Aufl., London.

Piller, F. T. (2003): Mass customization: ein wettbewerbsstrategisches Konzept im Informationszeitalter, Wiesbaden.

Plachetta, S. (2012): Ladenöffnungszeiten – Allzeit verfügbar?, in: Lebensmittel Praxis, Heft 3, S. 12-16.

Porter, M. E. (1980): Competitive Strategy: Techniques for Analyzing Industries and Competitors, New York.

Porter, M. E. (1999): Wettbewerbsstrategie. Methoden zur Analyse von Branchen und Konkurrenten, 10. Aufl., Frankfurt am Main.

Posselt, T./Gensler, S. (2000): Ein transaktionskostenorientierter Ansatz zur Erklärung von Handelsbetriebstypen. Das Beispiel Convenience Shops, in: Die Betriebswirtschaft, Heft 2, S. 182-198.

Poth, L.-G./Poth, G. S./Pradel, M. (2008): Gabler Kompakt-Lexikon Marketing, Wiesbaden.

Potucek, V. (1987): Die „Dynamik der Betriebsformen des Handels" – aus heutiger Sicht, Kritik einer Kritik, in: Marketing ZFP, Heft 4, S. 289-292.

Purper, G./Weinberg, P. (2007): Betriebsformen des Einzelhandels: ein Wechsel von der Anbieter- zur Nachfragerperspektive, in: Schuckel, M./Toporowski, W. (Hrsg.): Theoretische Fundierung und praktische Relevanz der Handelsforschung, Wiesbaden, S. 127-142.

Raffée, H. (1974): Konsumentenverhalten, in: Tietz, B. (Hrsg.): Handwörterbuch der Absatzwirtschaft, Stuttgart, S. 1025-1044.

Recht, P./Zeisel, S. (1995): Solving Category-Management Problems via the Conjoint Profit Model, Arbeitspapier Nr. 2, Fachgebiet Operations Research und Wirtschaftsinformatik, Universität Dortmund.

Recht, P./Zeisel, S. (1997a): Das Conjoint Profit Modell im Vertriebscontrolling, in: Zeitschrift für Planung, Heft 1, S. 99-118.

Recht, P./Zeisel, S. (1997b): Warenkorbanalyse in Handelsunternehmen mit dem Conjoint Profit-Modell, in: Controlling, Heft 2, S. 94-100.

Recht, P./Zeisel, S. (1998a): Unterstützung von verbundorientierten Sortimentsentscheidungen durch eine Sortimentserfolgsrechnung, in: ZfbF – Schmalenbachs Zeitschrift für betriebswirtschaftliche Forschung, Heft 5, S. 462-478.

Recht, P./Zeisel, S. (1998b): Conjoint Profit Model – Notizen zum Artikel „Kaufverbunde entschlüsselt?", in: Controlling, Heft 6, S. 382-383.

Reibnitz, U. v. (1983): Szenarien als Grundlage strategischer Planung, in: Harvard Manager, Heft 1, S. 71-79.

Reichmann, T. (2006): Controlling mit Kennzahlen und Management-Tools: die systemgestützte Controlling-Konzeption, 7. Aufl., München.

Reichwald, R./Picot, F. T. (2000): Mass Customization Konzepte im Electronic Business, in: Weiber, R. (Hrsg.): Handbuch Electronic Business, Wiesbaden, S. 359-382.

Reilly, W. T. (1931): The Law of Retail Gravitation, New York.

Reinelt, G. R. (2002): Multimediale Beschaffungsmarktforschung, in: Hahn, D./Kaufmann, L. (Hrsg.): Handbuch industrielles Beschaffungsmanagement, Wiesbaden, S. 563-592.

Reith, C. (2007): Convenience im Handel, Frankfurt am Main.

Resl, B./Windischbauer, H. (2006): Warenflusssteuerung mit RFID, in: Engelhardt-Nowitzki, C./Lackner, E. (Hrsg.): Chargenverfolgung – Möglichkeiten, Grenzen und Anwendungsgebiete, Wiesbaden, S. 59-72.

RGH (1979) (Hrsg.): Leistung und Leistungsbedingungen im Einzelhandel, Forschungsbericht, Köln.

Richter, C. (2005): Handelscontrolling: Das Basiswissen für den Einzelhandelscontroller, Renningen.

Richter, M. (1978): Der Werbeetat: Bestimmung seiner Höhe und Struktur, in: Koinecke, J. (Hrsg.): Handbuch Marketing, Band II, Rastatt, S. 1034-1037.

Riebel, P. (1994): Einzelkosten und Deckungsbeitragsrechnung, 7. Aufl., Wiesbaden.

Ritter, H./Klein, F. (1954): Die Betriebsvergleichszahlen im Einzelhandel, Schriften zur Handelsfor-schung, Heft 3, Köln u. a.

Robinson, O. P./Robinson, J. G./Matthews, M. P. (1957): Store Organization and Operation, 2. Aufl., New York.

Rogers, E. M. (1983): Diffusion of Innovations, 3. Aufl., New York u. a.

Rokohl, C. (1997): Prozeßorientiertes Kostenmanagement in Einzelhandelsbetrieben, Göttingen.

Rosik, U. (1997): Regaloptimierung bei der Karstadt AG, in: EHI (Hrsg.): Flächenmanagement – Ein Baustein des Category Management, Reihe Enzyklopädie des Handels, Köln, S. 47-49.

Roventa, P. (1981): Portfolio-Analyse und strategisches Management – Ein Konzept zur strategischen Chancen- und Risikohandhabung, 2. Aufl., München.

Rödl, A. (2003): Der Customer Lifetime Value von Kunden des Lebensmittel-Einzelhandels als Steue-rungsgröße im Category Management, in: Schröder, H. (Hrsg.): Category Management: Aus der Praxis für die Praxis – Konzepte – Kooperationen – Erfahrungen, Frankfurt am Main, S. 197-217.

Rödl, A. (2010): Kundenbewertung im Lebensmitteleinzelhandel: Die Analyse von Kundenpotenzialen mit Haushaltspaneldaten, 1. Aufl., Lohmar.

Rudolf-Sipötz, E. (2001): Kundenwert: Konzeption – Determinanten – Management, St. Gallen.

Saggau, B. (2007): Organisation elektronischer Beschaffung – Entwurf eines transaktionskos-tentheoretischen Beschreibungs- und Erklärungsrahmens, Wiesbaden.

Salfeld, A. (1998): Integrierte Führungs-Informations-Systeme im Handel, in: Ahlert, D./Becker, J./Olbrich, R./Schütte, R. (Hrsg.): Informationssysteme für das Handelsmanagement, Berlin u. a., S. 239-279.

Samhaber, E. (1993): Kaufleute wandeln die Welt – Die Geschichte des Handels von den Anfängen bis zur Gegenwart, 2. Aufl., Frankfurt am Main.

Sandt, B. (1976): Trade Marts: Konkurrenten der Messe?, in: Marketing Journal, Heft 5, S. 418-422.

Schanz, G. (2009): Wissenschaftsprogramme der Betriebswirtschaftslehre, in: Bea, F. X./Schweitzer, M. (Hrsg.): Allgemeine Betriebswirtschaftslehre, Band 1: Grundlagen, 10. Aufl., Stuttgart, S. 81-159.

Schär, J. F. (1921): Allgemeine Handelsbetriebslehre, 4. Aufl., Leipzig.

Scheld, M. (1985): Zeitungen, in: Reiter, W.-M (Hrsg.): Werbeträger, Frankfurt am Main, S. 79-116.

Schenk, H.-O. (1970): Geschichte und Ordnungstheorie der Handelsfunktionen, Berlin.

Schenk, H.-O. (1974): Dogmengeschichte des Handels, in: Tietz, B. (Hrsg.): Handwörterbuch der Ab-satzwirtschaft, Stuttgart, Sp. 487-504.

Schettgen, G. (2013): Kundenwissenscontrolling, Lohmar u. a.

Schmalen, H. (1995): Preispolitik, 2. Aufl., Stuttgart u. a.

Schmalen, H./Pechtl, H./Schweizer, W. (1996): Sonderangebotspolitik im Lebensmittel-Einzelhandel, Stuttgart.

Schmalen, H./Sauter, M. (2002): Musikkompression – Revolution im Musikvertrieb, in: Möhlenbruch, D./Hartmann, M. (Hrsg.): Der Handel im Informationszeitalter, Konzepte – Instrumente – Umset-zung, Festschrift für Klaus Barth zum 65. Geburtstag, Wiesbaden, S. 387-411.

Schmidt, A. (1985): Operative Beschaffungsplanung und -steuerung, Bergisch Gladbach u. a.

Schmidt, N. (2010): Auswirkungen des Strukturwandels der Wirtschaft auf den Bildungsstand der Bevölkerung, in: Statistisches Bundesamt (Hrsg.): Wirtschaft und Statistik 6.

Schmitz, G. (1974): Kostenstruktur der Handelsbetriebe, in: Tietz, B. (Hrsg.): Handwörterbuch der Absatzwirtschaft, Stuttgart, Sp. 1142-1150.

Schneider, D. (1994): Steuerung modischer Sortimente im filialisierten Einzelhandel, in: ZfB –Zeitschrift für Betriebswirtschaft, Heft 11, S. 1351-1371.

Schneider, J. (1968): Die Kostenrechnung im Lebensmitteleinzelhandel, Freiburg im Breisgau.

Schobert, R. (1980): Positionierungsmodelle, in: Diller, H. (Hrsg.): Marketingplanung, München, S. 145-161.

Schögel, M. (1997): Mehrkanalsysteme in der Distribution, St. Gallen u. a.

Schreyögg, G. (1984): Unternehmensstrategie – Grundfragen einer Theorie strategischer Unterneh-mensführung, Berlin u. a.

Schröder, H. (1990a): Vertikaler Markenschutz als Problem der Markenartikelindustrie, Frankfurt am Main u. a.

Schröder, H. (1990b): Markenschutz: Wenn die Handelswerbung zum Problem wird, in: absatzwirtschaft, Heft 7, S. 72-79.

Schröder, H. (1990c): Die DPR-Methode auf dem Prüfstand, in: absatzwirtschaft, Heft 10, S. 110-121.

Schröder, H. (1992): Marketing-Rechts-Management im Handel – Formale und materielle Aspekte der Bewältigung von Rechtsproblemen des Handelsmarketing als Gegenstand von Forschung und Lehre, in: Marketing ZFP, Heft 2, S. 111-123.

Schröder, H. (1994): Erfolgsfaktorenforschung im Handel – Stand der Forschung und kritische Würdigung der Ergebnisse, in: Marketing ZFP, Heft 2, S. 89-105.

Schröder, H. (1996a): Benchmarking im Handel: Minimalprogramm, in: absatzwirtschaft, Heft 9, S. 94-99.

Schröder, H. (1996b): Benchmarkorientiertes Positionierungsmanagement im Einzelhandel, in: Trommsdorff, V. (Hrsg.): Handelsforschung 1996/97 – Positionierung des Handels, Wiesbaden, S. 25-48.

Schröder, H. (1997a): Benchmarking – Konzept, Probleme und Erfolgsvoraussetzungen, in: Weber, R. (Hrsg.): Handbuch Servicemanagement, Landsberg.

Schröder, H. (1997b): Neuere Entwicklungen der Kosten- und Leistungsrechnung im Handel und ihre Bedeutung für ein integriertes Warenwirtschafts-Controlling, in: Ahlert, D./Olbrich, R. (Hrsg.): Integrierte Warenwirtschaftssysteme und Handelscontrolling, 3. Aufl., Stuttgart, S. 331-366.

Schröder, H. (1999a): Veränderung von Sortimentsstrukturen und Konsequenzen für das Handelsmarketing, in: Beisheim, O. (Hrsg.): Distribution im Aufbruch – Bestandsaufnahme und Perspektiven, München, S. 907-925.

Schröder, H. (1999b): Neue Formen des Direktvertriebs und ihre Rechtsprobleme, in: Tomczak, T./Belz, C./Schögel, M./Birkhofer, B. (Hrsg.): Alternative Vertriebswege, St. Gallen, S. 60-76.

Schröder, H. (1999c): Rechtliche Aspekte des Marketing im Versandhandel, in: Mattmüller, R. (Hrsg.): Versandhandels-Marketing, Frankfurt am Main, S. 579-623.

Schröder, H. (2001): Intransparenz und Kaufrisiken beim Electronic Shopping – Was E-Retailer über die Kunden im B2C-Bereich wissen sollten, Arbeitspapier Nr. 9 des Lehrstuhls für Marketing und Handel an der Universität Essen, Essen.

Schröder, H. (2002a): Informationsbarrieren und Kaufrisiken – Womit Electronic Shops ihre Kunden belasten, in: Möhlenbruch, D./Hartmann, M. (Hrsg.): Der Handel im Informationszeitalter, Konzepte – Instrumente – Umsetzung, Festschrift für Klaus Barth zum 65. Geburtstag, Wiesbaden, S. 273-295.

Schröder, H. (2002b): Rabatte und Zugaben – Chancen und Risiken, in: Das Spielzeug, Heft 8, S. 67-69.

Schröder, H. (2003) (Hrsg.): Category Management: Aus der Praxis für die Praxis – Konzepte – Kooperationen – Erfahrungen, Frankfurt am Main.

Schröder, H. (2004): Sortimentserfolgsrechnungen im Handel – Warum das Conjoint Profit-Modell nicht hält, was es verspricht, und was es zu tun gilt, in: Die Unternehmung, Heft 4, S. 477-492.

Schröder, H. (2005): Multichannel-Retailing – Marketing in Mehrkanalsystemen des Einzelhandels, Berlin u. a.

Schröder, H. (2006): Handelscontrolling in Theorie und Praxis – Besonderheiten, konzeptionelle Grundlagen und praktische Umsetzung, in: Reinecke, S./Tomczak, T. (Hrsg.): Handbuch Marketingcontrolling, 2. Aufl., Wiesbaden, S. 1047-1076.

Schröder, H. (2012a): Praktiken zur Steigerung der Effektivität und der Effizienz in der Distribution, in: WiSt – Wirtschaftswissenschaftliches Studium, Heft 3, S. 120-126.

Schröder, H. (2012b): Handelsmarketing – Strategien und Instrumente für den stationären Einzelhandel und für Online-Shops, Wiesbaden.

Schröder, H. (2013): Standortentscheidungen von Online-Händlern, in: WiSt – Wirtschaftswissenschaftliches Studium, Heft 7, S. 363-370.

Schröder, H./Feller, M./Rödl, A. (2003): Leistungen des Controlling für eine kundenorientierte Sortimentsgestaltung im Lebensmittel-Einzelhandel, in: Krey, A. (Hrsg.): Handelscontrolling – Neue Ansätze aus Theorie und Praxis zur Steuerung von Handelsunternehmen, 2. Aufl., Hamburg, S. 145-199.

Schröder, H./Großweischede, M. (2002): Sortimentsgestaltung in Mehrkanal-Systemen des Einzelhandels, in: Der Markt, Heft 2-3, S. 80-96.

Schröder, H./Lausberg, I./Rödl, A. (2001): Marktsegmentierung oder Markenverwässerung? Factory Outlet Center im Urteil von Bekleidungsherstellern, in: Markenartikel, Heft 2, S. 32-37.

Schröder, H./Mehling, K. (2001): Handels- und Exklusivmarken als Gegenstand der Partievermarktung, in: Bruhn, M. (Hrsg.): Handelsmarken – Entwicklungstendenzen und Perspektiven der Handelsmarkenpolitik, Stuttgart, S. 395-413.

Schröder, H./Rödl, A. (2006): Wenn die Datenmine zur Goldgrube wird – Was uns Kundendaten über das Kaufverhalten verraten, in: Essener Unikate, Heft 29, S. 54-67.

Schröder, H./Schettgen, G. (2004a): Kundenbezogene Erfolgsrechnung im Multichannel Retailing, in: Controlling, Heft 7, S. 377-384.

Schröder, H./Schettgen, G. (2004b): Kundencontrolling in Mehrkanalsystemen des Einzelhandels, in: Controller Magazin, Heft 4, S. 373-377.

Schröder, H./Zimmermann, G. (2002): Lieferkosten-Modelle im Electronic Retailing – Eine Bestandsaufnahme aus der Sicht der Anbieter und der Nachfrager, in: Ahlert, D./Olbrich, R./Schröder, H. (Hrsg.): Jahrbuch zum Handelsmanagement 2002 – Electronic Retailing, Frankfurt am Main, S. 337-361.

Schweiger, G./Schrattenecker, G. (2012): Werbung: eine Einführung, Konstanz.

Schuckel, M./Dobbelstein, T. (1998): Die Kategorisierung von Kundenanforderungen mit Hilfe der PRC-Analyse – dargestellt am Beispiel einer Studie zum Gebrauchtwagenmarkt, in: Mitteilungen des Instituts für Handelsforschung an der Universität zu Köln, Heft 5, S. 89-102.

Schüller, A. (1967): Dienstleistungsmärkte in der Bundesrepublik Deutschland, Köln u. a.

Schweitzer, M. (1979): Produktionsfunktionen, in: Kern, W. (Hrsg.): Handwörterbuch der Produktionswirtschaft, Stuttgart, Sp. 1494-1512.

Schwertfeger, M. (2012): Einkaufserlebnisse im Handel, Wiesbaden.

Seifert, D. (2002): Efficient Consumer Response als Ausgangspunkt von CPFR, in: Seifert, D. (Hrsg.): Collaborative planning, forecasting and replenishment: Ein neues Konzept für state of the art supply chain Management, Bonn, S. 27-53.

Senge, K. (2004): Der Fall Wal-Mart: Institutionelle Grenzen ökonomischer Globalisierung, Soziologische Arbeitspapiere Nr. 4, TU Dortmund.

SevenOne Media (2006): 10 Jahre AdTrend – Aktuelle Ergebnisse zur Werbewirkung.

Seÿffert, R. (1951): Wirtschaftslehre des Handels, Köln u. a.

Seÿffert, R. (1971): Über Begriff, Aufgaben und Entwicklung der Betriebswirtschaftslehre, 6. Aufl., Stuttgart.

Seÿffert, R. (1972): Wirtschaftslehre des Handels, 5. Aufl., Opladen.

Shaw, J. I./Bergen, J. E./Brown, C. A./Gallagher, M. E. (2000): Centrality preferences in choices among similar options, in: Journal of General Psychology, Heft 2, S. 157-164.

Shell Deutschland Oil GmbH (2009): Shell PKW-Szenarien bis 2030, Fakten, Trends und Handlungsoptionen für nachhaltige Auto-Mobilität, Hamburg.

Siegle, K.-P. (1994): Geschäftsprozesse und Kernkompetenzen, in: Gaitanides, M. (Hrsg.): Prozeßmanagement: Konzepte, Umsetzungen und Erfahrungen des Reengineering, München u. a., S. 164-180.

Silberer, G. (2006): Erkundung des Kundenlaufs und des Zuwendungsverhaltens am Point-of-Sale, Göttingen: Institut für Marketing und Handel.

Silberer, G. (2010): Digital Signage im stationären Handel – Das Anwendungs- und Wirkungspotenzial eines neuen POS-Mediums, in: Der Markt, Heft 2, S. 3-16.

Silberer, G./Engelhardt, J./Volland, M. (2004): POS – Terminals als Orientierungshilfe für den Ladenbesucher, in: Der Markt, Heft 2, S. 82-88.

Simon, H. (1983): Pulsierende Werbung, in: absatzwirtschaft, Heft 5, S. 60-63.

Simon, H. (1992): Preisbündelung, in: ZfB – Zeitschrift für Betriebswirtschaft, Heft 11, S. 1213-1235.

Simon, H. (1995): Preismanagement kompakt – Probleme und Methoden des modernen Pricing, Wiesbaden.

Simon, H. (1999): Selektives Preismanagement aus Sicht von Praxis und Wissenschaft, in: Meffert, H./Backhaus, K./Becker, J. (Hrsg.): Selektives Preismanagement, Dokumentation des Workshops vom 21. Juni 1999, Münster, S. 5-23.

Simon, H./Dolan, R. J. (1998): Price Customization, in: Marketing Management, Heft 3, S. 11-17.

Skiera, B. (2000): Preispolitik und Electronic Commerce – Preisdifferenzierung im Internet, in: Wamser, C. (Hrsg.): Electronic Commerce – Grundlagen und Perspektiven, München, S. 117-130.

Sölter, A. (1957): Das Rabattkartell im Gesetz gegen Wettbewerbsbeschränkungen (Teil I), in: Der Betrieb, Heft 37, S. 887-891.

Specht, G. (1998): Distributionsmanagement, 3. Aufl., Stuttgart u. a.

Staehle, W. H. (1994): Management, 7. Aufl., München.

Stahlschmidt, G. (1993): Das Multimedia-Konzept entwickelt dynamische Kräfte, in: Werben & Verkaufen, Heft 17, S. 12-16.

Statistisches Bundesamt (2012a): Arbeitsmarkt, Erwerbstätige im Inland nach Wirtschaftssektoren, Deutschland, GENESIS-Abfrage vom 23.04.2012.

Statistisches Bundesamt (2012b): „Statistisches Bundesamt, Kundennummer: 270240/350972", E-Mail vom 17.01.2012.

Statistisches Bundesamt (2012c): „Statistisches Bundesamt, Kundennummer: 270240/350953", E-Mail vom 17.01.2012.

Statistisches Bundesamt (2013a): Unternehmen, Beschäftigte, Umsatz und weitere betriebs- und volkswirtschaftliche Kennzahlen im Handel: Deutschland, Jahre, Wirtschaftszweige, GENESIS-Abfrage vom 21.02.2013.

Statistisches Bundesamt (2013b): Aufwendungen im Handel, Deutschland, Jahre, Aufwendungsarten, GENESIS-Abfrage vom 14.02.2013.

Stauss, B. (1989): Beschwerdepolitik als Instrument des Dienstleistungsmarketing, in: GfK-Nürnberg, Gesellschaft für Konsum-, Markt- und Absatzforschung e.V. (Hrsg.): Jahrbuch der Absatz- und Verbrauchsforschung, Berlin, S. 41-62.

Stauss, B. (1992): Dienstleistungsqualität aus Kundensicht, Regensburg.

Stauss, B./Seidel, W. (2003): Prozessuale Zufriedenheitsermittlung und Zufriedenheitsdynamik bei Dienstleistungen, in: Homburg, C. (Hrsg.): Kundenzufriedenheit: Konzepte – Methoden – Erfahrungen, 5. Aufl., Wiesbaden, S. 153-177.

Steffenhagen, H. (1975): Konflikt und Kooperation in Absatzkanälen: ein Beitrag zur verhaltensorientierten Marketingtheorie, in: Meffert, H. (Hrsg.): Schriftenreihe Unternehmensführung und Marketing, Band 5, Wiesbaden.

Steffenhagen, H. (1995): Werbewirkungsmessung, in: Tietz, B. (Hrsg.): Handwörterbuch des Marketing, 2. Aufl., Stuttgart, Sp. 2678-2692.

Stöckl, B. (2000): Aufgaben und Grenzen des Controlling in mittleren Handelsbetrieben unter besonderer Berücksichtigung der Instrumente des operativen Controlling, Erlangen-Nürnberg.

Stoffl, M. (1996): Personalmanagement in Großbetrieben des Einzelhandels, Wiesbaden.

Stoffl, M. (1997): Total Quality Management im Handel, in: WISU – Das Wirtschaftsstudium, Heft 4, S. 340-350.

Stoffl, M. (1999): Gaining competitive edge through pricing policy, in: Kaapke, A./Froböse, M. (Hrsg.): Fallstudien zum Handelsmanagement, Stuttgart u. a., S. 271-285.

Stopford, J. M./Wells, L. T. Jr. (1972): Managing the Multinational Enterprise, New York.

Sundhoff, E. (1953): Die Handelsspanne, Köln.

Sundhoff, E. (1965): Handel, in: Beckerarth, E. (Hrsg.): Handwörterbuch der Sozialwissenschaften, Band 4, Stuttgart, S. 762-779.

Sundhoff, E. (1976): Die Werbekosten als Determinante der Wirtschaftswerbung, Stuttgart.

Sydow, J. (1978): Sortimentspolitische Entscheidungsabsicherung im Einzelhandel, in: FfH-Mitteilungen, Heft 4, S. 1-6.

Szász, T. (1999): Consumer Direct: Food-Lieferdienste auf dem Weg zu einem neuen Handelskanal, in: Tomczak, T./Belz, C./Schögel, M./Birkhofer, B. (Hrsg.): Alternative Vertriebswege, St. Gallen, S. 360-387.

Szielasko, K. (1997): Kaufhauslogistik – Traditionelle Zielkonflikte lösen, in: Logistik Heute, Heft 6/7, S. 18-20.

Szyperski, N. (1971): Das Setzen von Zielen – Primäre Aufgabe der Unternehmungsleitung, in: ZfB – Zeitschrift für Betriebswirtschaft, S. 639-670.

Täger, U./Ahrens, C./Lachner, J./Nassua, T. (1994): Entwicklungsstand und -perspektiven des Handels mit Konsumgütern – Darstellung und Analyse der handels- und wettbewerbspolitischen Entwicklungen in der Bundesrepublik Deutschland, Berlin u. a.

Taylor, F. W. (1913): Die Grundsätze wissenschaftlicher Betriebsführung, München u. a.

Theis, H.-J. (1992): Einkaufsstätten-Positionierung: Grundlage der strategischen Marketingplanung, Wiesbaden.

Theis, H.-J. (1999): Handelsmarketing, Frankfurt am Main.

Theisen, P. (1970): Grundzüge einer Theorie der Beschaffungspolitik, Berlin.

Thies, D. (1978): Distributionsfunktionen und betriebliche Absatzpolitik, Göttingen.

Thom, N. (1973): Zur Leistungsfähigkeit der Projekt-Matrix-Organisation, in: Industrielle Organisation, Heft 3, S. 123-128.

Tietz, B. (1985): Der Handelsbetrieb – Grundlagen der Unternehmenspolitik, München.

Tietz, B. (1992): Positionierung und Stellenwert der Handelsforschung im Rahmen der empirischen Wirtschaftsforschung, in: Greipl, E./Laumer, H./Täger, U. C. (Hrsg.): Entwicklung der empirischen Handelsforschung in der Bundesrepublik Deutschland, München, S. 16-46.

Tietz, B. (1993): Der Handelsbetrieb – Grundlagen der Unternehmenspolitik, 2. Aufl., München.

Tietz, B./Zentes, J. (1980): Die Werbung der Unternehmung, Reinbek bei Hamburg.

Titus, P. A./Everett, P. B. (1995): The Consumer Retail Search Process – A Conceptional Model and Research Agenda, in: Journal of the Marketing Science, Heft 2, S. 106-119.

Toporowski, W. (1996): Logistik im Handel: Optimale Lagerstruktur und Bestellpolitik einer Filialunternehmung, Heidelberg.

Töpfer, A./Mann, A. (1996): Kundenzufriedenheit als Meßlatte für den Erfolg, in: Töpfer, A. (Hrsg.): Kundenzufriedenheit messen und steigern, Neuwied, S. 25-81.

Trommsdorff, V. (1975): Die Messung von Produktimages für das Marketing. Grundlagen und Operationalisierung, Köln u. a.

Trommsdorff, V./Bienert, M. (1992): Handelsforschung, in: Gabler Wirtschaftslexikon, S. 17-21.

Turban, L./Chung, D. (2000): Electronic commerce – A Managerial Perspective, New Jersey.

Trux, W. R. (1972): Einkauf und Lagerdisposition mit Datenverarbeitung: Bedarf, Bestand, Bestellung, Wirtschaftlichkeit. 2. Aufl., München.

Uebele, H. (1984): Marktsegmentierung im Investitionsgüterbereich, in ZfbF – Schmalenbachs Zeitschrift für betriebswirtschaftliche Forschung, Heft 2, S. 158-170.

Ulrich, H. (1970): Die Unternehmung als produktives soziales System, 2. Aufl., Bern u. a.

Urban, T. L.(1998): An Inventory-Theoretic Approach to Product Assortment and Shelf-Space Allocation, in: Journal of Retailing, Heft 1, S. 15-36.

Urwick, L. F. (1960): The Department Store. An Informal Talk on Store Organization, London.

Vahrenkamp, R. (1997): Efficient Consumer Response und Supply Chain Management, in: Efficient Consumer Response und die Anforderungen an die Logistikkette, Tagungsband des 2. Wissenschaftssymposiums der Deutschen Logistik Akademie (DLA), Bremen, 15.1., S. 19-30.

Valenzuela, A./Raghubi, P. (2009): Position-based beliefs: The center-stage effect, in: Journal of Consumer Psychology, Heft 2, S. 185-196.

Valenzuela, A./Raghubir, P./Mitakakis, C. (2013): Shelf space schemas: Myth or reality?, in: Journal of Business Research, Heft 7, S. 881-888.

Van Kerkom, K. (1998): Logistisches Handelscontrolling – Unternehmensspezifische Controllingsysteme im Einzelhandel, Wiesbaden.

Van Nierop, F./Fok, F. (2008): Interaction between shelf layout and marketing effectiveness, in: Marketing Science, Heft 6, S. 1065-1082.

Wagener, G. (1994): Swatch-Store just in time, in: Reiter, W. M. (Hrsg.): Coorganisation, Heft 2, S. 31-33.

Walter, E. (1985): Supplements, in: Werbeträger, Frankfurt am Main, S. 125-134.

Wang, H.-H. (2012): Orientierung in bekannten und unbekannten Ladenumwelten, Göttingen.

Wartenberg, F./Gaul, W./Decker, R. (1997): Computergestützte Regaloptimierung im Einzelhandel, in: Der Markt, Heft 3 u. 4, S. 185-196.

Weber, J./Schäffer, U. (1998): Balanced Scorecard – Gedanken zur Einordnung des Konzepts in das bisherige Controlling-Instrumentarium, in: Zeitschrift für Planung und Organisation, Heft 4, S. 341-365.

Weber, J. A. (1985): Identifying and Solving Marketing Problems with GAP Analysis, Notre Dame, Indiana.

Wechsler, W. (1978): Delphi-Methode, München.

Wehrle, F. (1981): Strategische Marketingplanung in Warenhäusern – Anwendung der Portfolio-Methode, Frankfurt am Main.

Wehrle, F. (1982): Strategische Marketing-Planung im Handel, in: Schöttle, K. (Hrsg.): Jahrbuch des Marketing, Essen, S. 160-179.

Weigert, S. (2007): Radio Frequency Identification (RFID) in der Automobilindustrie: Chancen, Risiken, Nutzenpotentiale, Wiesbaden.

Weinberg, G. M. (1970): Die Werbung im Einzelhandel. Ein Beitrag zu offenen Fragen der Werbeforschung, Berlin.

Weinberg, P./Purper, G. (2004): Die Merkmale der Betriebsformen des Einzelhandels aus der Sicht der Konsumenten, in: Trommsdorff, V. (Hrsg.): Handelsforschung 2004, Wiesbaden, S. 43-63.

Weinhold, H./Baumgartner, R. (1981): Konsumentenzufriedenheit. Auditorium, Uttwil.

Wernerfeldt, B. (1984): A resource-based view of the firm, in: Strategic Management Journal, Heft 5, S. 171-180.

Wiedmann, K.-P./Kreutzer, R. (1989): Strategische Marketingplanung – Ein Überblick, in: Raffée, H./Wiedmann, K.-P. (Hrsg.): Strategisches Marketing, 2. Aufl., Stuttgart, S. 61-141.

Wiedmann, K.-P./Buckler, F./Buxel, H. (2001): Data Mining – ein einführender Überblick, in: Wiedmann, K.-P./Buckler, F. (Hrsg.): Neuronale Netze im Marketing-Management, Wiesbaden, S. 15-33.

Wieland, H.-J. (1998): Anforderungsgerechte Personaleinsatzplanung, in: Dynamik im Handel, Heft 4, S. 93.

Wiese, C. (1996): Schneller ist auch billiger – durch CRP zu effizienten Beständen, in: Lebensmittel Zeitung, Heft 2, S. 44-76.

Wilde, O. (1979): Wettbewerbsverzerrungen und Wettbewerbsbeschränkungen durch Nachfragemacht, Freiburg im Breisgau.

Wirtz, B. (2000): Electronic Business, Wiesbaden.

Wirtz, B./Krol, B. (2002): Integrierte Multi-Channel-Geschäftsmodelle – Erfolgspotenziale im Electronic Retailing, in: Ahlert, D./Olbrich, R./Schröder, H. (Hrsg.): Jahrbuch zum Handelsmanagement 2002 – Electronic Retailing, Frankfurt am Main, S. 91-113.

Witt, F.-J. (1992): Handelscontrolling, München.

Wittenberg, R. (1998): Grundlagen computerunterstützter Datenanalyse, 2. Aufl., Stuttgart.

Wolf, J. (1981): Markt- und Imageforschung im Handel, Stuttgart.

Woratschek, H. (1995): Die Preisforschung als Informationsgrundlage für das Marketing, in: Trommsdorff, V. (Hrsg.): Handelsforschung 1995/96 – Informationsmanagement im Handel - Jahrbuch der Forschungsstelle für den Handel Berlin (FfH) e.V., Wiesbaden, S. 153-171.

Zeisel, S. (1999): Efficient Pricing und Efficient Assortment Planning für große Handels- und Dienstleistungssortimente, Münster.

Zentes, J. (1984): Technische, organisatorische und personelle Voraussetzungen der Einführung von Warenwirtschaftssystemen, in: Kirchner, J. D./Zentes, J. (Hrsg.): Führen mit Warenwirtschaftssystemen, Frankfurt am Main, S. 7-81.

Zentes, J. (1992a): Organisation der Handelsbetriebe, in: Handwörterbuch der Organisation, Band 2, 3. Aufl., Stuttgart, Sp. 755-770.

Zentes, J. (1992b): Warenwirtschaftssysteme (WWS), in: Diller, H. (Hrsg.): Vahlens großes Marketinglexikon, München, S. 1285-1286.

Zentes, J. (1996): GDI-Monitor: Fakten, Trends, Visionen, in: Zentes, J./Liebmann, H.-P. (Hrsg.): GDI-Trendbuch Handel No 1, Düsseldorf u. a., S. 10-36.

Zentes, J. (1997): Handelslogistik, in: Bloech, J./Ihde, G. B. (Hrsg.): Vahlens Großes Logistiklexikon, München, S. 365-367.

Zentes, J. (1998): Internationalisierung europäischer Handelsunternehmen – Wettbewerbs- und Implementierungsstrategien, in: Bruhn, M./Steffenhagen, H. (Hrsg.): Marktorientierte Unternehmensführung, 2. Aufl., Wiesbaden, S. 159-180.

Zentes, J./Exner, R./Braune-Krickau, M. (1989): Studie Warenwirtschaftssysteme im Handel, Essen u. a.

Zentes, J./Morschett, D./Schramm-Klein, H. (2011): Strategic Retail Management: Text and International Cases, Wiesbaden.

Zentes, J./Schramm-Klein, H. (2002): Multi-Channel-Retailing – Perspektiven, Optionen, Befunde, in: WiSt – Wirtschaftswissenschaftliches Studium, Heft 8, S. 450-460.

Zentes, J./Swoboda, B./Foscht, T. (2012): Handelsmanagement, 3. Aufl., München.

Zentes, J./Swoboda, B./Morschett, D./Schramm-Klein, H. (2012): Handbuch Handel: Strategien – Perspektiven – Internationaler Wettbewerb, 2. Aufl., Wiesbaden.

Zhang, J./Krishna, A. (2007): Brand-level effects of stockkeeping unit reductions, in: Journal of Marketing Research, Heft 4, S. 545-559.

Zielke, S. (2002): Kundenorientierte Warenplatzierung: Modelle und Methoden für das Category Management, Stuttgart.

Zielke, S. (2007): Verhaltenswissenschaftliche Preisforschung im Handel, in: Ahlert, D./Olbrich, R./Schröder, H. (Hrsg.): Shopper Research – Kundenverhalten im Handel, Jahrbuch Vertriebs- und Handelsmanagement 2007, Frankfurt am Main, S. 249-264.

Zielke, S. (2012): Sortimentspolitik, in: Zentes, J./Swoboda, B./Morschett, D./Schramm-Klein, H. (Hrsg.): Handbuch Handel, Wiesbaden, S. 507-526.

Zufoyden, F. S. (1986): A Dynamic Programming Approach for Product Selection and Supermarket Shelf-Space Allocation, in: Journal of the Operational Research Society, Heft 4, S. 413-422.

Stichwortverzeichnis

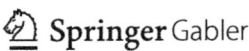

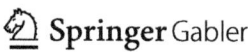
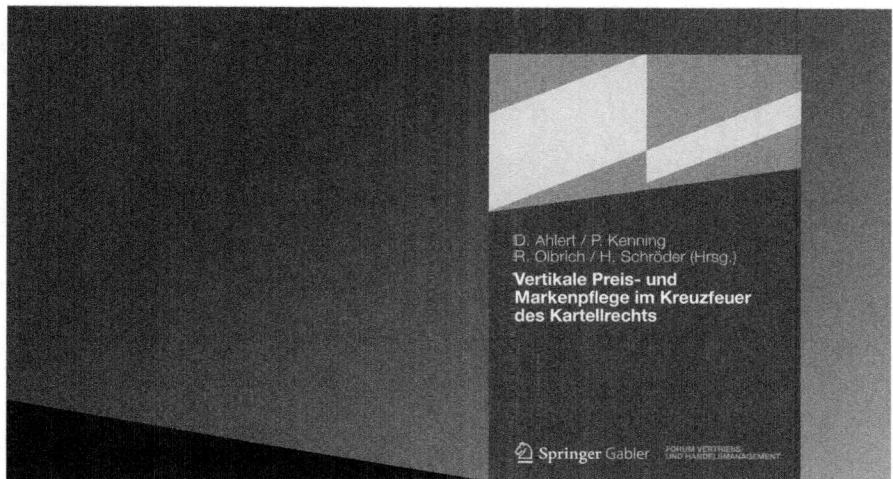

Printed by Amazon Italia Logistica S.r.l.
Torrazza Piemonte (TO), Italy

58269719R00275